Peter Rathnow
Internationales Management

Peter Rathnow

Internationales Management

Praxiserprobte Instrumente für den
General Manager

2., aktualisierte und erweiterte Auflage

DE GRUYTER
OLDENBOURG

ISBN 978-3-11-035302-0
e-ISBN (PDF) 978-3-11-035336-5
e-ISBN (EPUB) 978-3-11-039729-1

Library of Congress Cataloging-in-Publication Data
A CIP catalog record for this book has been applied for at the Library of Congress.

Bibliografische Information der Deutschen Nationalbibliothek
Die Deutsche Nationalbibliothek verzeichnet diese Publikation in der Deutschen Nationalbibliografie;
detaillierte bibliografische Daten sind im Internet über http://dnb.dnb.de abrufbar.

© 2014 Oldenbourg Wissenschaftsverlag GmbH, München
Ein Unternehmen von Walter De Gruyter GmbH, Berlin/Boston
Lektorat: Dr. Stefan Giesen, Annette Huppertz
Herstellung: Tina Bonertz
Titelbild: thinkstockphotos.de
Druck und Bindung: CPI books GmbH, Leck
♾ Gedruckt auf säurefreiem Papier
Printed in Germany

www.degruyter.com

FÜR

MEINE FAMILIE

Vorwort zur zweiten Auflage

Mittlerweile sind vier Jahre seit dem Erscheinen der ersten Auflage vergangen. Es gab viel positive Resonanz und – noch erfreulicher – eine Reihe von Hinweisen zur Weiterentwicklung: Von Manager-Seite wurde angeregt, Themen wie das Redesign von weltweiten Wertschöpfungsketten, das strategische Preismanagement oder M&A wegen deren hoher Praxisrelevanz ausführlicher zu behandeln. Studierende wünschten sich, dass einige Basisthemen, wie z. B. die Grundlagen des strategischen Managements, vertieft werden. Gerne habe ich diese Hinweise in der Neuauflage berücksichtigt – passen sie doch hervorragend zur Zielsetzung dieses Buches, fundiertes und praxisrelevantes Wissen darzustellen.

Wieder bin ich vielen Menschen zum Dank verpflichtet: Viele Fachkollegen und Manager haben Hinweise gegeben und Verbesserungen vorgeschlagen. Sehr geholfen haben auch die Studierenden, vor allem aus meinen Vorlesungen an der International School of Management und der Technischen Universität München, deren interessierten Fragen und Kommentaren ich eine Reihe von Anregungen verdanke. Die große Anzahl der Personen (und die Gefahr des unbeabsichtigten Vergessens) lässt mich von einer Einzelnennung Abstand nehmen.

Für ein solches Buch sind eine Vielzahl von Abbildungen zu erstellen und Texte zu überarbeiten. Hier haben Frau Kaethi Balzer und Frau Irena Rathnow Besonderes geleistet.

Last but not least danke ich dem Verlag De Gruyter Oldenbourg, hier insbesondere Herrn Dr. Stefan Giesen und Frau Annette Huppertz, für die sehr kompetente und angenehme Betreuung.

Grünwald, im August 2014

Peter Rathnow

Vorwort zur ersten Auflage

Bei der Beratung einer Reihe erfolgreicher Mittel- und Großunternehmen, aber auch während meiner Tätigkeit als Geschäftsverantwortlicher habe ich immer wieder folgende Entdeckung gemacht: Wenn Geschäfte systematisch und professionell geführt werden, war der Geschäftserfolg meist deutlich größer. Auch wirkte vieles „entspannter": Firmenspezifische Probleme traten seltener auf. Strukturkrisen konnten besser gemeistert werden. Eine Reihe von erfolgreichen Kollegen machte die gleiche Erfahrung.

Die Vorstellung begeisterte mich: Es war möglich, mit dem vergleichsweise einfachen Mittel eines professionellen Managementprozesses und entsprechenden (Management-)Instrumenten und Konzepten insgesamt erfolgreicher und auch in turbulenten Zeiten „entspannter" zu agieren.

Nicht ganz so einfach war es, meine Begeisterung für eine gewisse Systematik meinen Mitarbeitern und Klienten effizient weiterzugeben. Auf der Suche nach geeigneten Ratgebern machte ich immer wieder eine ähnliche Erfahrung: Es gab eine Vielzahl von Büchern, die sich mit dem Management weltweiter Geschäfte befassten. Der eine Teil davon behandelte das Thema umfassend. Die zugrunde liegenden Konzepte waren häufig hervorragend durchdacht. Bedingt durch ein Streben nach vollständiger Wiedergabe des *state of the* art waren sie allerdings meist sehr umfangreich und nur begrenzt fokussiert auf die Bedürfnisse eines Managers. Insbesondere gaben sie wenig Hilfestellung für die praktische Anwendung. Der andere Teil der Veröffentlichungen behandelte ausgewählte Konzepte. Sie wurden in großer Tiefe und oft auch mit hohem Praxisbezug dargestellt. Allerdings waren sie in der Regel auf ein Themenfeld fokussiert (und nicht selten von und für Spezialisten geschrieben). Kurzum: Es gab eine große Anzahl von Ratgebern. Viele waren gut. Allerdings war für mich nichts dabei, was sowohl eine ganzheitliche Perspektive als auch den nötigen Praxisbezug mitbrachte und meine Sicht als General Manager einnahm.

Meine Schwierigkeiten, die Überlegungen effektiv und effizient weiterzugeben, betrafen nicht nur meine Mitarbeiter und Klienten, sondern auch meine Studenten. Sie fanden meine Vorlesungen gut, hätten aber gerne auch schriftlich ausformulierte Gedanken mit nach Hause genommen.

So ist dieses Buch entstanden. Es will Kerngedanken eines professionellen Managementprozesses „anfassbar" machen und sie als eine Art Ratgeber für Geschäftsverantwortliche darstellen. Es basiert auf meinen Erfahrungen als Unternehmensberater für eine Vielzahl mittlerer und großer Unternehmen und zusätzlich auf mehr als zehn Jahren als Verantwortlicher für verschiedene weltweite Geschäfte eines Groß-konzerns sowie für dessen Planung und Controlling auf Gesamtkonzernebene.

Ein Buch wie dieses ist natürlich nicht das Werk eines Einzelnen. Ich bin vielen Menschen zum Dank verpflichtet: meinen Mitarbeitern und Kollegen in den verschiedenen Funktionen, die ich innehatte. Ohne sie wäre manche Idee nicht entstanden und viele Ideen nie Fallbeispiele geworden. Den Studenten, vor allem aus meinen Vorlesungen an der Technischen Universität München, deren interessierten Fragen und Kommentaren ich eine Reihe von Anregungen verdanke. Außerordentlich geholfen haben auch die Hinweise einer Reihe von Experten. Besonders sind zu nennen: Prof. Dr. Roland Alter, Hochschule Heilbronn; Prof. Dr. Dr. Gunther Friedl, Technische Universität München; Dr. Heiner Röhrl, Siemens Management Consulting; Christopher Schorling, McKinsey & Company sowie Prof. Dr. Dr. Enno Weiß, Friedrich-Alexander-Universität, Erlangen-Nürnberg.

Dieses Buch nutzt eine Vielzahl von Abbildungen. An ihrer Erstellung hat eine Reihe von Menschen mitgewirkt. Frau Sabine Pallas und Herr Christian Dengler vom Lehrstuhl Professor Friedl sowie vor allem Frau Kaethi Balzer haben hier Besonderes geleistet.

Last but not least danke ich dem Oldenbourg Verlag, hier insbesondere Herrn Dr. Jürgen Schechler und Frau Wencke Borde, für die kompetente und konstruktive Betreuung.

Grünwald, im Februar 2010

Peter Rathnow

Inhaltsübersicht

1   **Einleitung**   1

Teil 1: Der Gesamtprozess

2   **Management weltweiter Geschäfte: sehr herausfordernd,
aber keine Mission impossible**   7

3   **Basiselemente eines erfolgreichen Managementprozesses:
systematische Planung und Kontrolle**   21

4   **Steuerung geschäftsführender Einheiten:
Unternehmen im Kleinen systematisch führen**   91

Teil 2: Der Werkzeugkasten

5   **Handlungsbedarf erkennen: Ausgangspunkt und
Grundlage der Verbesserung**   119

6   **Maßnahmen zur grundlegenden Verbesserung
der Wettbewerbsposition definieren**   181

7   **Feedback-Zyklus: die Implementierung sichern**   351

8   **Zusammenfassung: Spitzenleistungen durch professionelles Management**   383

Abbildungsverzeichnis   389

Literaturverzeichnis   397

Über den Autor   403

Inhalt

1	**Einleitung**	**1**

Teil 1: Der Gesamtprozess

2	**Management weltweiter Geschäfte: sehr herausfordernd, aber keine Mission impossible**	**7**
2.1	Management als Verwirklichung der grundlegenden Ziele eines Unternehmens	7
2.2	Der äußere Rahmen: Globalisierung & Co.	11
2.3	Der Management-Prozess: hohe Komplexität, eingeschränkte Transparenz und begrenzter Durchgriff	14
2.4	Den Gesamtnutzen aus Local Responsiveness und Global Integration maximieren	17
3	**Basiselemente eines erfolgreichen Managementprozesses: systematische Planung und Kontrolle**	**21**
3.1	Strategische Planung als grundlegender Orientierungsrahmen	24
3.1.1	Elemente einer systematischen strategischen Planung	25
3.1.2	The essence of strategy is choosing what not to do	50
3.1.3	Prozess zur Strategieentwicklung	53
3.1.4	Fallen bei der Strategieentwicklung vermeiden	57
3.2	Operative Planung zur Konkretisierung der Strategie	58
3.2.1	Grundlegende Steuerungsprinzipien	58
3.2.2	Das Budget als Kernelement der kurzfristigen Planung	61
3.2.3	Zero-Base-Budgeting als radikale Form des Budgets	68
3.2.4	Budgetrealität: zu aufwendig, zu langsam und in Teilen kontraproduktiv	69
3.2.5	Die Lösung für die operative Planung	70
3.3	Kontrollprozess: durch den „Double Loop" die Zielerreichung absichern	72
3.3.1	Konzeptionelle Grundlagen der Kontrolle	73
3.3.2	Die strategische Kontrolle	75
3.3.3	Die operative Kontrolle	79
3.3.4	Strategische und operative Kontrolle als komplementäre Elemente zur Unterstützung der Planungsimplementierung	84
3.3.5	Kontrolle bzw. Controlling im internationalen Kontext	85
3.4	Verwirklichung der Unternehmensziele als kontinuierlicher Prozess	87

4   Steuerung geschäftsführender Einheiten: Unternehmen im Kleinen
        systematisch führen   91

4.1   Fallbeispiel: Benchmark bei Profitabilität und Wachstum
        durch systematisches Management 92

4.2   Eindeutige Business Target Agreements als wesentliches Element
        zur Koordination weltweiter Aktivitäten... 96

4.3   Programme als Mittel zur Implementierung erfolgskritischer Strategieelemente ... 100

4.4   Risikomanagement: „Kill the beast when it's small".................................... 103
4.4.1   Kardinalfehler eines Risikomanagements 104
4.4.2   Wesentliche Elemente eines Risikomanagement-Prozesses 105
4.4.3   Strukturierung und Priorisierung als wesentliche Erfolgsvoraussetzung 109
4.4.4   Wesentliche Aspekte der praktischen Durchführung im Unternehmen 111
4.4.5   Risikomanagement nur für Großbetriebe? 113
4.4.6   Chancenmanagement als Ergänzung des Risikomanagements 113

Teil 2: Der Werkzeugkasten

5   Handlungsbedarf erkennen:
        Ausgangspunkt und Grundlage der Verbesserung   119

5.1   Benchmarking: leistungsfähiges Werkzeug zur Zielermittlung und
        zur Motivation der Veränderer 120
5.1.1   Arten des Benchmarking.. 120
5.1.2   Konzeptdarstellung: Kosten-Benchmarking gegenüber dem Wettbewerb..... 122
5.1.3   Durchführung eines Benchmarking-Projekts 128
5.1.4   „Lean Benchmarking" als mögliche Alternative.. 131
5.1.5   Wesentliche Fallen beim Benchmarking vermeiden 132

5.2   Werkzeuge zur Umfeldanalyse 133
5.2.1   Absatzmarktorientierte Portfoliotechniken 133
5.2.2   Unternehmenswertorientierte Konzepte... 138
5.2.3   Kombinierte Portfoliotechniken: BCG Ampelportfolio 141
5.2.4   Technologie-Portfolio-Analyse: The future cannot be predicted,
        it must be invented 145
5.2.5   Five-Forces-Konzept zur frühzeitigen Identifikation von Chancen und
        Bedrohungen aus dem Branchenumfeld.. 152

5.3   Werkzeuge zur Unternehmensanalyse 156
5.3.1   Die Wertkette als Kernelement der Unternehmensanalyse 157
5.3.2   Source of Change: Veränderungen standardisiert analysieren 163
5.3.3   Break-Even-Analyse: Beschäftigungsschwankungen systematisch antizipieren 165

5.4   Ohne zutreffende Kosten- und Ergebnisdaten kein effektives Management.......... 169
5.4.1   Potentielle Verzerrungen des Kostenrechnungssystems 169
5.4.2   Konzept des Activity-Based-Costings.. 172
5.4.3   Drei Schritte zur praktischen Umsetzung... 173

5.4.4   Praxisbeispiel: Deutliche Profitabilitätssteigerung statt
         gefährlicher Abwärtsspirale...176
5.4.5   Activity-Based-Costing als Grundlage eines wertorientierten Managements 178

6   **Maßnahmen zur grundlegenden Verbesserung**
         der Wettbewerbsposition definieren   **181**
6.1   Laufende Optimierung von Teilelementen als Basis für den Erhalt
         der Wettbewerbsfähigkeit...183
6.1.1   Gemeinkostenwertanalyse: nicht neu, aber wirkungsvoll 183
6.1.2   Zero-Base-Budgeting: deutliche Kostensenkung differenziert bestimmen 185

6.2   Signifikante Verbesserung der Wettbewerbsposition durch konsequentes
         Komplexitätsmanagement 187
6.2.1   Komplexität – das schleichende Gift...188
6.2.2   Konzept zum Management der Komplexität 198
6.2.3   „Wachstum durch Verzicht" ermöglicht erfolgreichen Turnaround...................222
6.2.4   Schlüsselfaktoren für erfolgreiches Management der Komplexität....................226

6.3   Professionelles Pricing: wesentlicher (und häufig vernachlässigter)
         Ergebnishebel 229
6.3.1   Bedeutung des Preismanagements für die Unternehmensprofitabilität.................229
6.3.2   Basiselemente des Preismanagements...231
6.3.3   Preispositionierung als strategische Grundsatzentscheidung............................241
6.3.4   Die Kunst der Preisdifferenzierung 247
6.3.5   Internationales Preismanagement 252
6.3.6   Effektive Verankerung des Preismanagements im Unternehmen........................256
6.3.7   Vorgehen zur Neuausrichtung des Preismanagements...................................261
6.3.8   Praxisbeispiel: signifikante Ergebnisverbesserung durch Neuausrichtung
         des Preismanagements..265

6.4   Schaffung wesentlicher Wettbewerbsvorteile durch umfassendes Redesign
         der Wertschöpfungskette 270
6.4.1   Grundprinzipien zur Gestaltung und Optimierung von Wertschöpfungsketten.......270
6.4.2   Ablauf eines umfassenden Redesigns...276
6.4.3   Outsourcing: Viel mehr als „run my mess for less" 280
6.4.4   Praxisbeispiel: Schaffung grundlegender Wettbewerbsvorteile
         durch Redesign der globalen Wertschöpfung...301
6.4.5   Erhebliche Herausforderungen beim Redesign – frühzeitig berücksichtigen!.........304

6.5   Mergers & Acquisitions als grundlegendes Instrument zum Erhalt bzw.
         zum Ausbau der Wettbewerbsposition 306
6.5.1   Die Gesamtperspektive: M&A als Wellenphänomen...................................307
6.5.2   Grundlagen zu M&A-Transaktionen...312
6.5.3   Ablauf einer M&A-Transaktion 320
6.5.4   Due-Diligence-Prüfungen: Kernelemente einer Unternehmenstransaktion............327
6.5.5   Post-Merger Management als Schlüsselfaktor für wertsteigernde M&A 329

6.5.6   Notwendigkeit eines systematischen Akquisitions-Controllings 332
6.5.7   Erfolgsfaktoren von Akquisitionen: drei grundlegende Regeln beachten 333

6.6   Einsatz eines Unternehmensberaters richtig gemacht 341
6.6.1   Breites Angebot und Einsatzspektrum 341
6.6.2   Externe Beratung als Make-or-buy-Entscheidung 342
6.6.3   Inhouse Consulting als Alternative bzw. Ergänzung 345
6.6.4   Erfolgsfaktoren für den Beratereinsatz 348

7   Feedback-Zyklus: die Implementierung sichern   351

7.1   Erfolgsfaktoren einer Implementierung 352

7.2   Das Instrumentarium: einfach und effektiv trotz großer Komplexität der
         Rahmenbedingungen 355

7.3   Implementierungskontrolle: systematische Maßnahmen- und Impactkontrolle 355
7.3.1   Analysebeispiele zur Implementierungskontrolle 360
7.3.2   Herausforderungen bei der praktischen Durchführung 364
7.3.3   Systematische Qualitätssicherung als conditio sine qua non 365
7.3.4   Wesentliche Elemente bei der Einführung einer Implementierungskontrolle 366

7.4   (Advanced) Balanced Scorecard zur strategiefokussierten Ausrichtung des
         Unternehmens 367
7.4.1   Konzept der (Advanced) Balanced Scorecard 368
7.4.2   Vorgehen zur Erarbeitung der (Advanced) Balanced Scorecard 372
7.4.3   Beispiel einer erfolgreichen (Advanced) Balanced Scorecard 376
7.4.4   Breiter Nutzen der (Advanced) Balanced Scorecard 379
7.4.5   Sieben Fallstricke vermeiden 380

8   Zusammenfassung: Spitzenleistungen durch professionelles Management   383

Abbildungsverzeichnis   389

Literaturverzeichnis   397

Über den Autor   403

1 Einleitung

Das Management weltweiter Geschäfte ist eine Aufgabe, die immer mehr Unternehmen betrifft. Nicht nur Großkonzerne, sondern zunehmend auch mittelständische Unternehmen sehen sich angesichts der fortschreitenden Globalisierung der immer anspruchsvoller werdenden Aufgabe gegenüber, weltweite Geschäfte führen zu müssen

Die Wahrnehmung dieser Aufgabe variiert stark – das Spektrum reicht von glamourös bis furchteinflößend. Klar ist, dass eine Vielzahl nicht geringer Herausforderungen zu bewältigen ist: Wie wird eine konsistente Strategie für viele, mitunter hundert und mehr, Geschäftseinheiten in einer Vielzahl von Ländern erzeugt? Wie werden Marktanforderungen unterschiedlicher Länder mit der Nutzung unternehmensweiter Synergien in Einklang gebracht? Wie werden unternehmensgefährdende Entwicklungen in unterschiedlichsten Teilen der Welt frühzeitig erkannt? Wie werden unter Praxisbedingungen Maßnahmen so koordiniert, dass trotz unterschiedlichster und sich nicht selten widersprechender Individualziele der Handelnden das Gesamtziel der Unternehmenswertsteigerung erreicht wird? U.v.m.

Die Herausforderungen sind nicht neu und eine Reihe Instrumente seit Längerem vorhanden. Dennoch lässt die Zufriedenheit mit den Ergebnissen häufig zu wünschen übrig: Manager empfinden Strategien nicht selten als unklar oder inkonsistent. Die Budgetierung wird häufig als schwerfällig und teuer, mitunter sogar als obsolet und kontraproduktiv für unternehmerisches Handeln oder gar als Verschleuderung wertvoller Managementkapazität eingestuft. Kontrollen und Risikomanagement werden teilweise als untauglich angesehen, weil sie auf der einen Seite unternehmerisches Handeln unnötig einengen, auf der anderen Seite gleichzeitig wesentliche Chancen und Bedrohungen übersehen. Weiter wird geklagt, dass der Unternehmensalltag zu oft von „Crash-Aktionen" geprägt ist, weil unternehmensinterne Fehlentwicklungen und veränderte Umfeldbedingungen zu spät erkannt werden.

Die Wahrnehmung vieler Manager deckt sich mit der Einschätzung externer Beobachter: Diese konstatieren eine zu kurzfristige Orientierung der Unternehmen, eine unbalancierte Verteilung der Manager-Zeitbudgets zwischen strategischen und operativen Themen, eine teilweise irrationale Risikoneigung und eine Beschränkung auf inkrementale Verbesserungen selbst dort, wo Mut zu großen Schritten gefragt wäre. Kurzum: Der Managementprozess wird oft als wenig systematisch und beschränkt professionell eingeschätzt.

Nun wird es in der Unternehmensrealität unvorhergesehene Störungen und die Notwendigkeit von Ad-hoc-Aktionen immer geben. Auch ist Systematik keineswegs alles. Ein gesunder Pragmatismus ist unverzichtbar. Im Falle einer so komplexen Führungssituation wie dem Management internationaler Geschäfte muss Pragmatismus jedoch durch leistungsfähige Instrumente und Konzepte unterstützt werden.

Dieses Buch will einen Überblick über den *state of the art* des Managements weltweiter Geschäfte geben und die dazu notwendigen Instrumente und Konzepte vorstellen. Die Perspektive ist die eines General Managers. Im Fokus stehen damit die ganzheitliche Optimierung des Unternehmens, die Erarbeitung von Wettbewerbsvorteilen sowie die nachhaltige Steigerung des Unternehmenswertes. Entsprechend wird sich auf solche Werkzeuge beschränkt, die eine große Wirkkraft aufweisen und diese im Praxiseinsatz bewiesen haben. Bei allen Themen stehen weniger „technische" Details der Instrumente im Vordergrund, sondern ihre Integration in den Gesamtprozess und ihre Anwendung in der Unternehmenspraxis.

Entsprechend dieser Konzeption wendet sich dieses Buch primär an:

- (aktuelle und zukünftige) **Mitarbeiter in General-Management-Funktionen** sowie in wesentlichen Unterstützungsfunktionen des Managements (wie z. B. Mitarbeiter und Leiter von Controlling-Abteilungen). Sie erhalten einen Gesamtüberblick über das, was ein General Manager wissen sollte, um weltweite Geschäfte erfolgreich zu führen.
- **Studenten, insbesondere der Betriebswirtschaft und des Wirtschaftsingenieurwesens**, aber auch verwandter Disziplinen, die auf den Einsatz in Unternehmen vorbereiten. Sie erhalten eine wichtige Ergänzung und Abrundung zu den naturgemäß theorieorientierten Lehrinhalten.

Um eine ganzheitliche Sicht und den selektiven Tiefgang gleichermaßen zu ermöglichen, gliedert sich das Buch in zwei Teile mit jeweils drei Kapiteln:

- Im ersten Teil wird der **Gesamtprozess** mit seinen Schlüsselelementen dargestellt. Aufbauend auf einer kurzen Analyse der Rahmenbedingungen werden grundlegende Steuerungsinstrumente vorgestellt und ihre zweckmäßige Gestaltung beschrieben. Ausgangspunkt sind die Basiselemente eines erfolgreichen Managementprozesses: die strategische und operative Planung sowie Mechanismen zur effektiven Kontrolle. In einem zweiten Schritt werden diese Elemente ergänzt um grundlegende Teilaspekte des Managementprozesses, wie effektive Abstimmungsmechanismen zwischen Zentrale und regionalen Einheiten oder die zweckmäßige Gestaltung des Risikomanagements.
- Im zweiten Teil – im **Werkzeugkasten** – werden wichtige Instrumente und Konzepte zur Unterstützung der verschiedenen Phasen des Managementprozesses vorgestellt: Werkzeuge zur systematischen Identifikation von Hand-

lungsbedarf im Unternehmen, zur Erarbeitung effektiver Verbesserungsmaßnahmen sowie zur Sicherung von deren ergebniswirksamer Implementierung.

Die einzelnen Kapitel beginnen in der Regel mit einem konzeptionellen Überblick über die jeweilige Thematik. Weiter enthalten sie konkrete Hinweise zur Anwendung der Werkzeuge und zu *do's and don'ts* in der Praxis. Die Darstellung wird durch konkrete Praxisbeispiele ergänzt und erläutert. Erleichtert wird der Zugang durch eine Vielzahl unterstützender Abbildungen. (Ein Bild sagt häufig mehr als 1000 Worte!) Außerdem besteht die Möglichkeit, einen Großteil – den Werkzeugkasten – auch selektiv zu lesen.

Leitgedanke des Buches ist, dass es keine Patentrezepte, keine Bündel an Managementmaßnahmen gibt, welche für alle Unternehmen gleich gelten. Die internen Strukturen und Prozesse – und vor allem die Menschen – sind von Unternehmen zu Unternehmen verschieden; ebenso die Markt- und Wettbewerbskräfte, die auf das Unternehmen wirken. Die unterschiedlichen Bedingungen führen dazu, dass Patentrezepte wenig tauglich, oft sogar gefährlich sind. Entsprechend müssen unternehmensspezifische Lösungen gefunden werden.

Auf dieser Basis gelangt man doch zu einem „Patentrezept", wenn auch eigener Art: Ein professioneller Managementprozess kann entscheidend dazu beitragen, die Wettbewerbsposition signifikant zu verbessern und Weltklasse zu erreichen bzw. auszubauen. Eine Vielzahl von Beispielen wird es zeigen: Es ist nicht einfach, aber einfacher, als man glaubt, Probleme und Chancen frühzeitig zu erkennen, die Balance zu schaffen zwischen operativen und strategischen Aspekten, mit Risiken kontrolliert umzugehen, Mut zu großen Schritten aufzubringen und die Unternehmenswertsteigerung zu *everyone's everyday job* zu machen.

Wie dies geschehen kann, wird in den folgenden sieben Kapiteln beschrieben. Den Anfang macht die zweckmäßige Gestaltung des Gesamtprozesses. Dazu werden, aufbauend auf einer kurzen Analyse der Rahmenbedingungen, Basiselemente und grundlegende Einzelaspekte des Managementprozesses dargestellt.

Teil 1:
Der Gesamtprozess

Rahmenbedingungen und Schlüsselelemente eines
systematischen Managementprozesses

2 Management weltweiter Geschäfte: sehr herausfordernd, aber keine Mission impossible

Das vorliegende Buch will konkrete Gestaltungshilfen zum Management weltweiter Geschäfte geben. Wirksame Lösungen setzen ein Verständnis des zu lösenden Problems voraus. Dieses wird im folgenden Abschnitt kurz dargestellt. Zugrunde liegen drei einfache Fragen:

- Was bedeutet systematisches Management?
- Unter welchen Bedingungen muss der Managementprozess „funktionieren"?
- Was ist die besondere Herausforderung beim Management weltweiter Geschäfte?

2.1 Management als Verwirklichung der grundlegenden Ziele eines Unternehmens

Management (oder Unternehmensführung) im funktionalen Sinne umfasst alle Aufgaben und Handlungen der Planung, Steuerung und Kontrolle zur zielorientierten Gestaltung, Lenkung und Entwicklung eines Unternehmens. Die damit verbundenen Entscheidungen lassen sich zu drei weitgehend homogenen Aufgabenfeldern zusammenfassen, wobei die jeweils übergeordneten Ebenen den Rahmen für die Aufgaben der nachgeordneten Ebenen bilden (Abb. 2.1).

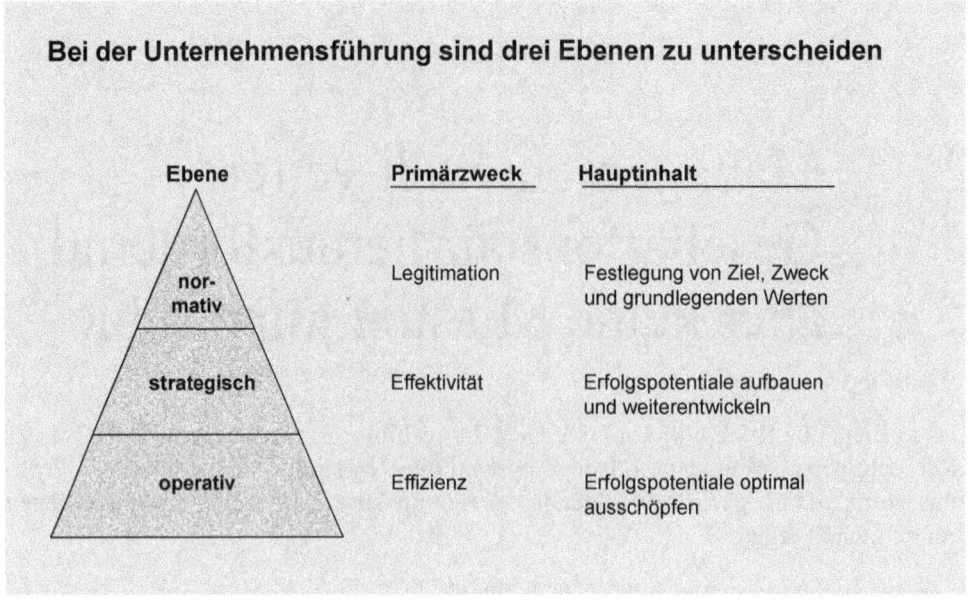

Abb. 2.1 *Ebenen der Unternehmensführung*

1. Die **normative Ebene** der Unternehmensführung ist Ausgangspunkt für sämtliche Handlungen und Entscheidungen. Sie stellt den Bezugsrahmen für die strategische und operative Ebene dar. Hierzu gehört die Unternehmensmission: Warum und wofür existiert das Unternehmen? Eine zentrale Frage sind auch die grundlegenden Werthaltungen und ethischen Ansprüche. Sie beschreiben die moralische und gesellschaftliche Verantwortung des Unternehmens und legitimieren das Handeln und letztlich die Existenz des Unternehmens.

Eine weitere Frage ist, welche grundlegenden Ziele das Unternehmen verfolgt. Sie bestimmt, wie Entscheidungsalternativen bewertet werden: Grundsätzlich ist davon auszugehen, dass unterschiedliche Personen, Gruppen oder Organisationen (Stakeholder) Interessen haben und Ansprüche an das Unternehmen stellen. Es ist zu entscheiden, welche Interessen als Ziele oder bei der Zielfindung berücksichtigt werden. In einer idealen Welt ohne sich widersprechende Interessen ist dies einfach. Eine grundlegende normative Frage entsteht dann, wenn Interessenskonflikte zu lösen sind.

Geht man davon aus, dass die Eigentümer als einzige unternehmerisches Risiko tragen, so wird man dieser Gruppe ein Vorrecht einräumen, d. h. oberstes Ziel wäre es in diesem Fall, den Wert des Unternehmens für seine Eigentümer nachhaltig zu erhöhen. Diese sogenannte **Shareholder-Orientierung** ist wegen einer in der Anwendung teilweise sehr kurzfristigen Ausrichtung in Verruf geraten. Grundsätzlich ist sie jedoch – richtig verstanden – keineswegs schlecht. So zeigen empirische Untersuchungen, dass erfolgreiche wertorientierte Unternehmen in der Lage sind, auch Ziele anderer Interessengruppen besser zu erfüllen. Versteht man Shareholder-Orientierung als ein langfristiges Konzept, so beinhaltet es quasi als Eigeninteresse, dass andere Interessen – z. B. von Mitarbeitern, Kunden, Staat, Gesellschaft – berücksichtigt werden.

Diese und andere grundlegende Festlegungen legitimieren das Handeln und die Existenz des Unternehmens sowie letztlich die gesamte Wirtschaftsordnung. Sie können und sollen hier jedoch nicht behandelt und entschieden werden. Im Nachfolgenden soll davon ausgegangen werden, dass es vorrangiges Gesamtziel ist, den Unternehmenswert aus Sicht der Eigentümer zu steigern. Hierfür spricht neben den obigen Überlegungen auch die praktische Handhabung. Die Erfüllung anderer Interessen wird damit natürlich nicht ausgeschlossen.

2. Auf der **strategischen Ebene** befasst sich Managementhandeln mit der Schaffung und Weiterentwicklung von Erfolgspotentialen. Ziel ist es, effektiv zu sein, d. h. die richtigen Dinge zu tun (plakativ: *Doing the right things*). Den Rahmen für diese Handlungen bilden die normativen Entscheidungen. Als der strategischen Ebene übergeordnet können (und sollen) sie durchaus beschränkend wirken und strategische Optionen ausschließen.

3. Die **operative Ebene** hat Planung, Steuerung und Kontrolle der laufenden Aktivitäten eines Unternehmens zum Inhalt. Zielsetzung ist es, die Erfolgspotentiale optimal auszuschöpfen. Es ist Ziel, die Dinge möglichst effizient, d. h. richtig, zu tun. (plakativ: *Doing the things right.*)

Die Aufgaben und Gestaltungsfragen der normativen Ebene unterscheiden sich signifikant von denen der beiden anderen Ebenen. Die normative Unternehmensführung bestimmt übergeordnete Ziele, Werte und Verhaltensnormen. Die damit verbundenen Fragestellungen sind in Teilen philosophischer Natur. Hinzu kommt, dass im Managementalltag die Grundausrichtung des Unternehmens in der Regel eine gegebene Größe ist. Beide Aspekte legen es nahe, die Betrachtung auf die strategische und operative Ebene zu fokussieren und normative Entscheidungen als (gegebene) Rahmendaten zu betrachten. Abb. 2.2 skizziert diese fokussierte Sichtweise.

Der Fokus liegt auf dem strategischen und dem operativen Management

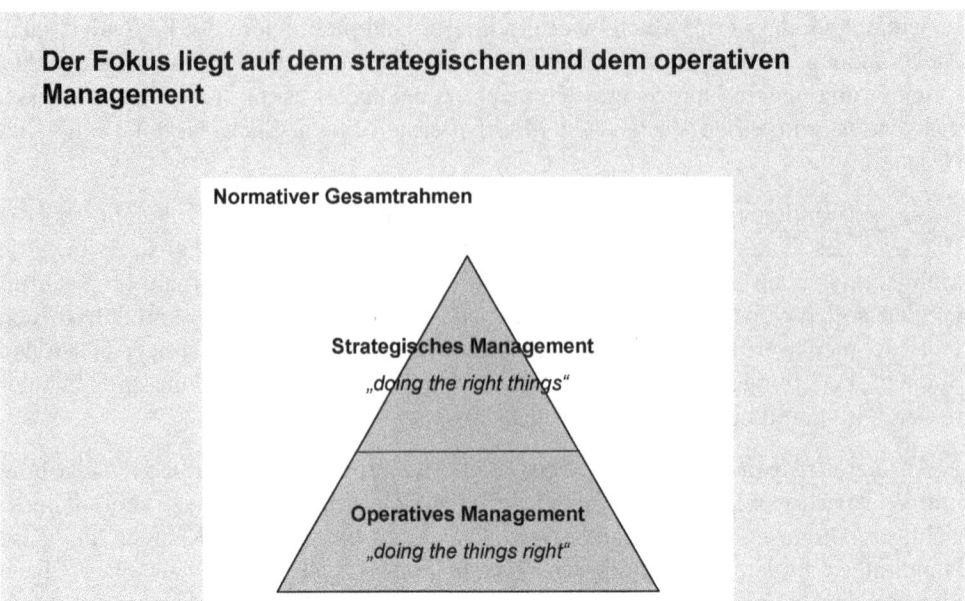

Abb. 2.2 *Management weltweiter Geschäfte*

Systematisches Management bedeutet damit, innerhalb des gegebenen Rahmens der grundlegenden Unternehmensausrichtung,

- Erfolgspotentiale aufzubauen, zu pflegen und weiterzuentwickeln (plakativ: *Doing the right things* oder Effektivität) und
- sie zu jedem Zeitpunkt optimal auszuschöpfen (plakativ: *Doing the things right* oder Effizienz).

Bei allem Nutzen, den diese fokussierte Sicht stiftet, muss man sich dessen bewusst sein, dass auch von den Festlegungen auf der normativen Ebene grundsätzliche Bedrohungen ausgehen können, etwa dann, wenn der Unternehmenszweck oder die grundlegenden Unternehmensziele falsch oder ungeeignet bestimmt wurden. Hatte etwa ein Unternehmer am Ende des 19. Jahrhunderts den Bau von Segeltransportschiffen als Unternehmenszweck, wurde sein Unternehmen, wenn er diesen Zweck nicht änderte, durch die für diese Aufgabe überlegenen Dampfschiffe ausgelöscht.

2.2 Der äußere Rahmen: Globalisierung & Co.

Die zweite Frage zum Verständnis des zu lösenden Problems ist: Unter welchen Bedingungen muss der Managementprozess „funktionieren"? Diese Frage ist von großer Bedeutung für die geeignete Gestaltung des Prozesses und die Gestaltung bzw. Auswahl des unterstützenden Instrumentariums.

Dabei müssen zwei unterschiedliche Aspekte betrachtet werden: Einerseits die Entwicklung der externen Herausforderungen, denen sich ein Unternehmen gegenüber sieht, und andererseits die unternehmensinternen Bedingungen, unter denen der Führungsprozess abläuft. In diesem Abschnitt sollen die generellen Rahmenbedingungen betrachtet werden.

Zur Entwicklung der generellen Rahmenbedingungen wurde und wird viel geschrieben. Trends überholen sich oft nur allzu schnell oder werden von grundlegenden Ereignissen, wie der 11. September 2001 oder die Welt-Finanzkrise von 2008, gebrochen. Hinzu kommt, dass die Rahmenbedingungen in der Regel für jedes Unternehmen anders sind. Statt vieler Trends sollen hier nur einige grundlegende Entwicklungen genannt werden:

Globalisierung als Generaltrend
Aufgrund der weltweiten marktwirtschaftlichen Liberalisierung verbunden mit der technischen Revolution der Telekommunikation, insbes. des Siegeszugs des Internets, hat sich eine grundsätzliche Veränderung der wirtschaftlichen, politischen und persönlichen Beziehungen und Kommunikationen ergeben – zusammengefasst in dem Schlagwort Globalisierung.

Wirtschaftlich bedeutet Globalisierung eine Zunahme internationaler grenzüberschreitender Aktivitäten und Abhängigkeiten. Um das fassbarer zu machen, nachfolgend einige grundlegende makroökonomische Veränderungen:

- **Zunahme des Außenhandels**: Wie Abb. 2.3 zeigt, hat sich der Außenhandel mehr als 20 Mal schneller entwickelt als die weltwirtschaftliche Leistung. Für die Unternehmen bedeutet dies eine Internationalisierung der Märkte für Waren und Dienstleistungen.

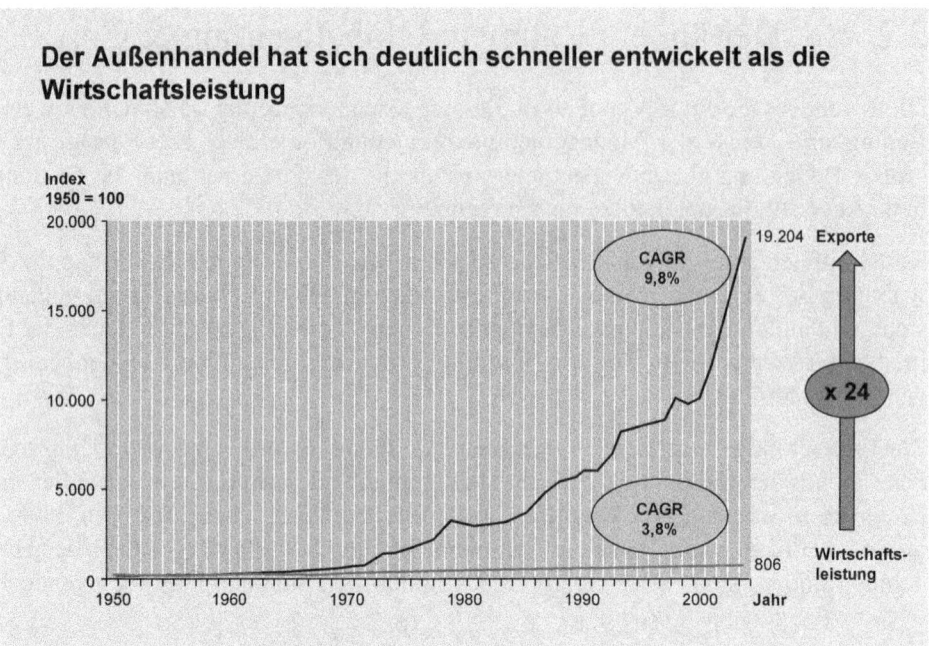

Abb. 2.3 *Entwicklung der weltweiten Exporte[1]*

- **Weit überproportionale Zunahme der internationalen Direktinvestitionen**: Dies reflektiert vor allem die Internationalisierung der Leistungserstellung in den Unternehmen, mit den neuen Anforderungen an das Design von Wertschöpfungsketten.
- **Deutlicher Anstieg der Finanzströme**, welcher die Bildung eines international integrierten Finanzmarkts fördert. Für die Unternehmen bedeutet dies deutlich höhere Anforderungen, z. B. für Finanzierung oder M&A-Transaktionen.
- **Verstärkte Migration von Arbeitskräften**, die zur Entstehung internationaler Arbeitsmärkte führte. Dies hat z. B. unmittelbare Rückwirkungen auf Vergütungshöhe und Anreizsysteme.

Wie diese Beispiele zeigen, hat die Globalisierung vielfältige Folgen für das Unternehmen und den Managementprozess. Die internationalen Verflechtungen nehmen zu: Der Wettbewerbsdruck führt zu immer stärkerer weltweiter Arbeitsteilung, sei es zur Ausnutzung von Lohnkostendifferenzialen oder zur Nutzung von Spezialisierungseffekten. Neue Formen der Zusammenarbeit, wie etwa das Arbeiten in Netzwerken, etablieren sich. Anforderungen wie internationales Preismanagement oder Konfiguration globaler Wertschöpfungsketten werden immer wichtiger.

---

[1]   Quelle: World Trade Organization

Damit zusammenhängend nimmt die Stabilität der Umweltbedingungen ab: Wettbewerberkonstellationen ändern sich häufig schnell, z. B. durch Übernahmen oder Zusammenschlüsse oder durch technologische Veränderungen, die bisher Unbeteiligte zu Wettbewerbern machen. Die Vermarktungszyklen werden kürzer. Die Notwendigkeit und Möglichkeit gleichzeitiger weltweiter Vermarktung nehmen zu.

Trend zur Dienstleistungsgesellschaft
Ein zweiter Fundamentaltrend mit erheblichen Auswirkungen ist der in vielen reiferen Volkswirtschaften zu beobachtende sektorale Strukturwandel, d. h. die Verschiebung vom primären Sektor (Land- und Forstwirtschaft) über den sekundären Sektor (produzierendes Gewerbe) hin zum tertiären Sektor (Dienstleistungen). Das Ausmaß dieses Strukturwandels zeigt Abb. 2.4. Fand in der EU in den 70er Jahren noch dreimal soviel Wertschöpfung im produzierenden Gewerbe statt, so hat sich das Verhältnis aktuell beinahe völlig umgekehrt.

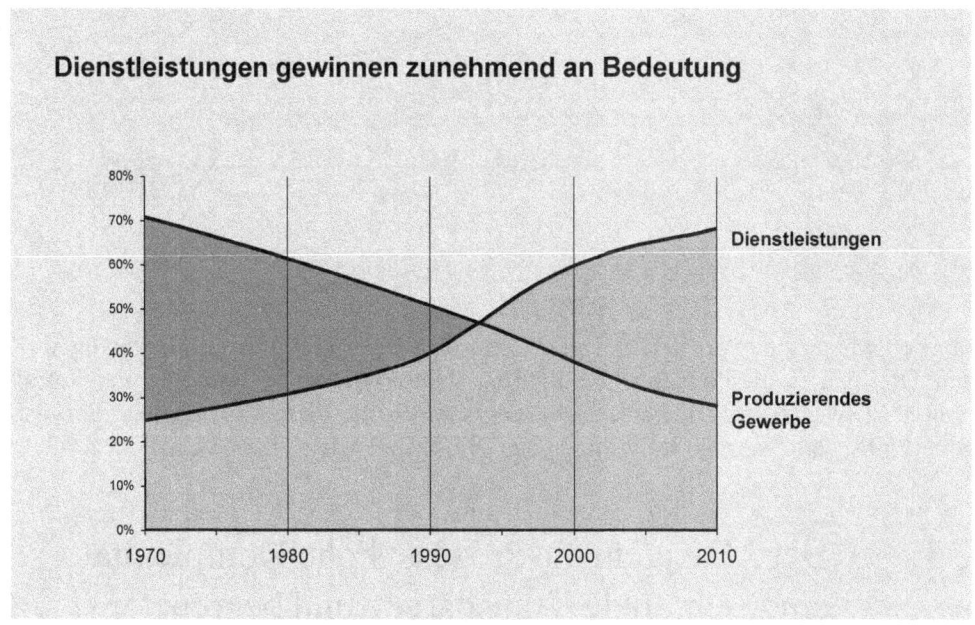

Abb. 2.4 Entwicklung der Bruttowertschöpfung in Europa nach Sektoren

Für die Unternehmen hat das vielfältige Konsequenzen. Im schlimmsten Fall gehen Unternehmen des produzierenden Bereichs in einzelnen Regionen der Welt völlig unter. Viel häufiger hat es Auswirkungen auf das Geschäftsportfolio. Eine nicht zu unterschätzende Auswirkung ist, dass das Produkt durch produktbegleitende Dienstleistungen, wie z. B. Wartung, Schulung, Beratung bis hin zum Betrieb, in seinem Nutzen gesteigert werden muss. Je reifer eine Branche ist, desto wichtiger ist eine gute Serviceposition für die Wettbewerbsposition eines Unternehmens (Abb. 2.5).

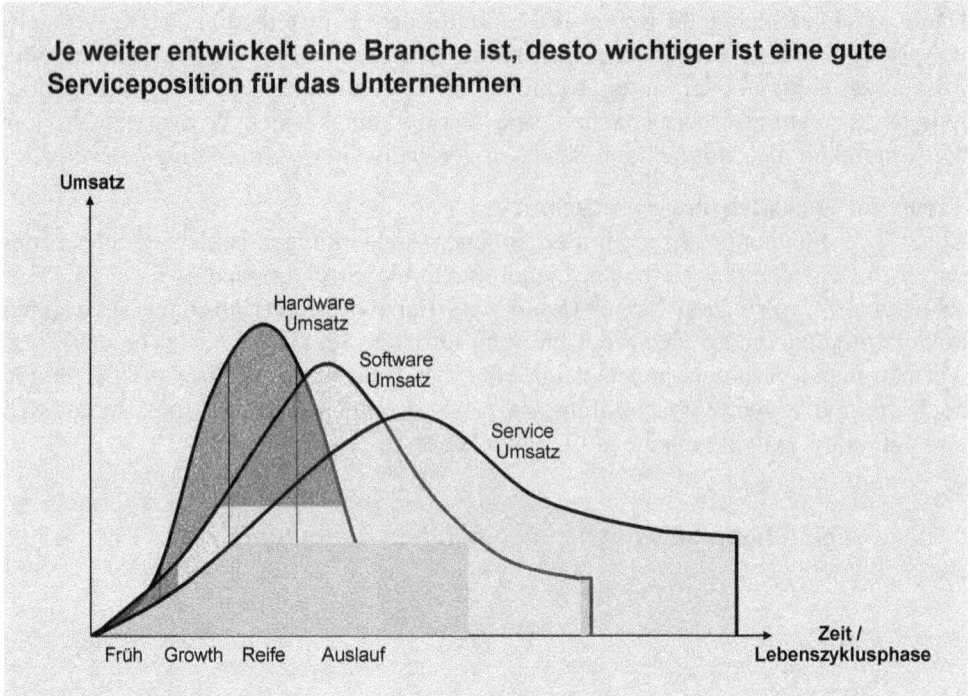

Abb. 2.5 *Bedeutung der Leistungskomponenten im Produkt-Lebenszyklus*

Für den Managementprozess bedeutet dies, dass neue Instrumente notwendig werden. Dies betrifft die Portfolio-Optimierung ebenso wie die Optimierung und Gestaltung der Dienstleistung. (Solche Instrumente, wie z. B. Yield Management, Service-BluePrinting etc., werden im Rahmen des Werkzeugkastens dargestellt.)

2.3 Der Management-Prozess: hohe Komplexität, eingeschränkte Transparenz und begrenzter Durchgriff

Um die Frage, unter welchen Bedingungen der Managementprozess „funktionieren" muss, zu beantworten, ist neben der Entwicklung der externen Herausforderungen zu klären, wie sich die unternehmensinternen Bedingungen darstellen, unter denen der Führungsprozess abläuft. Diese sollen nun betrachtet werden.

Betrachtet man die Bedingungen, unter denen der Managementprozess innerhalb des Unternehmens stattfindet, so ist der Regelfall durch folgende Charakteristika gekennzeichnet:

Vielzahl von Steuerungshandelnden: Arbeitsteilige Prozesse und weltweite Verteilung der Wertschöpfung führen zu einer sehr großen Anzahl von Steuerungshandelnden. Dies können Individuen oder Gremien sein. Abhängig von der Größe des Unternehmens wird die Steuerung durch ein meist vielstufiges Führungssystem wahrgenommen. Im Falle einer divisionalen Ausrichtung werden ausgehend von der Unternehmensleitung die Divisionsverantwortlichen gesteuert. Diese steuern die darunterliegenden Teileinheiten. Das Prinzip setzt sich meist über weitere Stufen fort. In international agierenden Unternehmen kommt noch eine Vielzahl von regionalen Verantwortlichen hinzu.

Große Anzahl rechtlich selbstständiger Gesellschaften: Ein verwandtes Thema, das die Steuerungsmöglichkeiten und die Durchsetzung weiter erschwert, sind eigenständige Gesellschaften. Ihre Anzahl wird selten unter zehn liegen, bei großen Unternehmen können es durchaus über tausend Gesellschaften sein.

Dies können 100 %ige Tochtergesellschaften sein, bei denen noch nennenswerte (oft aber überschätzte) Einflussmöglichkeiten bestehen. Aus rechtlichen oder geschäftspolitischen Gründen gibt es in der Regel auch eine erhebliche Anzahl rechtlich selbstständiger Gesellschaften, bei denen keine 100 %-Beteiligung besteht. In verschiedenen Ländern sind sogar z. B. aufgrund gesetzlicher Bestimmungen nur Minderheitenanteile möglich.

Die Situation bei den zu führenden Gesellschaften ist damit durch teilweise stark eingeschränkte Informationsrechte und Einflussmöglichkeiten gekennzeichnet.

Individuelle Nutzenoptimierung: Ein zentrales Charakteristikum des Planungs- und Durchsetzungsprozesses ist weiter, dass die (vielen) Beteiligten letztlich ihre (individuellen) Interessen verfolgen. Diese Interessen können ökonomischer Art – wie z. B. die Höhe der Entlohnung oder Incentivezahlungen oder der Arbeitsplatzerhalt – sein. Daneben bestehen vielfältige sozial-psychologische Interessen, wie der Erhalt von Status oder Privilegien, Traditionen oder die generelle Angst vor Veränderung. Auch bei hoher Identifikation der Mitarbeiter oder Manager mit dem Unternehmen sind diese individuellen Ziele keineswegs mit den Organisationszielen identisch. Bewusst oder unbewusst agieren die Beteiligten in mehr oder minder subtiler Weise als eine Art „Mikropolitiker", welche die Findung oder Implementierung von Entscheidungen im Sinne ihrer Interessen beeinflussen. Die Auswirkung auf die Unternehmensführung ist dabei umso größer, je stärker Individual- und Unternehmensinteressen auseinanderfallen.

Vielfältige „Informationspathologien": Gibt es bereits im nationalen Umfeld oft erhebliche Schwierigkeiten mit Aktualität, Qualität und Vollständigkeit der Daten, so verschärfen sich diese Probleme im internationalen Kontext durch eine Reihe von Faktoren: Hier wirken z. B. die unterschiedliche Ausgestaltung des Rechnungswesens, unterschiedliche Definitionen und Bewertungsverfahren. Hinzu kommen oftmals inkompatible oder nur sehr begrenzt kompatible Informationssysteme. Zusätzlich wird die adäquate Nutzung und Interpretation von Informationen durch Sprachprobleme und kulturelle Differenzen behindert. Diese und andere „Informationspathologien" erschweren das Management internationaler Geschäfte in vielfältiger Weise.

Für den Managementprozess schaffen diese Fakten eine sehr herausfordernde Bedingungslage. Sie betrifft sowohl die Entscheidungsfindung als auch die Entscheidungsdurchsetzung und lässt sich in drei Merkmalen zusammenfassen: hohe Komplexität, ein signifikantes Maß an Intransparenz und beschränkter Durchgriff bzw. erhebliche Durchsetzungsbarrieren. Oder – wie es ein lang gedienter Kenner globaler Geschäfte formulierte: Es ist sehr kompliziert, man versteht es nur eingeschränkt, und was man entschieden hat, kann man nur begrenzt durchsetzen.

- **Hohe Komplexität**: Viele der genannten externen und internen Rahmenbedingungen wirken in die gleiche Richtung: Die Vielzahl der Handelnden, die Vielzahl der Gesellschaften, die weltweit verteilten Prozesse der Leistungserstellung, sie alle erhöhen die Anzahl der Einflussfaktoren und die Vielfalt der Wirkungszusammenhänge, die bei der Unternehmensführung zu berücksichtigen sind.
- **Begrenzte Transparenz**: Die Komplexität reduziert auch die erreichbare Transparenz. Hinzu kommen Informationslücken etwa aufgrund legal beschränkter Informationsbereitstellung (z. B. im Falle von Minderheitsgesellschaften) oder unterlassener Weitergabe von Informationen aufgrund individueller Nutzenoptimierungsüberlegungen. Ebenso reduzieren die genannten Informationspathologien die tatsächliche Transparenz.
- **Beschränkter „Durchgriff" bzw. erhebliche Durchsetzungsbarrieren**: Die Durchsetzung getroffener Entscheidungen trifft auf vielfältige Barrieren. Diese ergeben sich z. B. durch die institutionellen Bedingungen: Man denke an gesetzliche Regeln, wie z. B. die Mitbestimmungsrechte der Arbeitnehmer. Einschränkungen gibt es auch bei rechtlich selbstständigen Einheiten. Dies gilt in besonderem Maße für Einheiten, bei denen nur eine Minderheitsbeteiligung gegeben ist. Neben diesen institutionellen Barrieren gibt es vielfältige Willensbarrieren, die meist aus der individuellen Nutzenoptimierung erwachsen. Sie können die Implementierung von Entscheidungen oder deren Wirksamkeit in erheblicher Weise einschränken.

Diese durch die drei Merkmale beschriebene (ungünstige) Bedingungslage liefert oft die Erklärung, warum konzeptionell exzellente Lösungen in der Praxis nicht funktionieren. Das Bessere ist nicht selten Feind des Guten! Entsprechend sind die Rahmenbedingungen stets zu berücksichtigen bzw. zu antizipieren, wenn über die Konzeption und Durchführung des Managementprozesses entschieden wird. Tendenziell machen sie es in vielen Fällen ratsam, auf einfache (aber funktionierende) Instrumente und Prozesse zu setzen.

2.4 Den Gesamtnutzen aus Local Responsiveness und Global Integration maximieren

Die dritte Frage zum Verständnis des zu lösenden Problems ist: Was ist die besondere Herausforderung beim Management internationaler Aktivitäten?

Jeder im Management internationaler Aktivitäten erfahrene Geschäftsverantwortliche wird zu dieser Fragestellung zwei oder mehr Einzelaspekte nennen. Leider sind diese in der Regel nur für einen engen Bereich gültig: das eigene Unternehmen, vielleicht die eigene Branche oder das spezifische Länderportfolio. Um generelle Empfehlungen zur Gestaltung des Managementprozesses abzuleiten, ist es zweckmäßig, auf die fundamentalen Zusammenhänge abzustellen.

Der Ausgangspunkt ist die Überlegung, dass sich der international agierende Unternehmer zwei entgegengesetzten Anforderungen gegenübersieht: der Notwendigkeit der Anpassung an unterschiedliche nationale Bedingungen und der Notwendigkeit der möglichst weltweiten Integration aller Aktivitäten:

- Es besteht ein Nutzen (und häufig sogar eine zwingende Notwendigkeit), sich an divergierende lokale Anforderungen anzupassen (**Local Responsiveness**). Die Unterschiedlichkeit der Anforderungen ist z. B. durch verschiedene Markt- und Wettbewerbsbedingungen begründet. Diese können in unterschiedlichen Kundenpräferenzen, länderspezifischen Regulierungen, abweichender Wettbewerbssituation u.v.m. bestehen. Neben den Marktbedingungen können wesentliche Unterschiede auch aufseiten der Leistungserstellung vorliegen, z. B. in der Qualifikation der Mitarbeiter oder in der Gestaltung der lokalen Produktionsanteile.
- Demgegenüber besteht ein Nutzen aus einem möglichst weltweit konzertierten Handeln (**Global Integration**). Dieser Nutzen kann begründet sein z. B. in Synergien bei der Nutzung von Forschungs- und Entwicklungsergebnissen oder in der Zusammenfassung von Produktionseinrichtungen, in Größenvorteilen, etwa aus der Bündelung von Beschaffungsvolumina (und den dann oftmals niedrigeren Einkaufspreisen), bis hin zu Anforderungen globaler Kunden, die eine weltweit einheitliche Behandlung nicht selten zur conditio sine qua non für eine Geschäftsbeziehung machen.

Die zentrale Aufgabe beim Management weltweiter Geschäfte besteht somit darin, den Nutzen, der sich aus der Anpassung an die jeweiligen lokalen Bedingungen ergibt, mit den Vorteilen aus einer Integration aller Aktivitäten ergebnismaximal bzw. wertmaximal auszubalancieren.

Betrachtet man diese Optimierungsaufgabe etwas näher, so wird schnell klar, dass die Bedeutung der beiden Komponenten stark variiert. So ist der Nutzen der Lokalisierung bei Produkten wie Passagierflugzeugen, Containerschiffen oder Turbinen in der Regel ungleich geringer als etwa bei den meisten Nahrungs- und Genussmitteln.

Analoges gilt für die Vorteile aus Standardisierung. Abhängig davon, ob die jeweiligen Wirkungen gering oder hoch ausgeprägt sind, lassen sich vier Optimierungssituationen unterscheiden. Für diese Situationen haben Bartlett und Ghoshal die Bezeichnungen export/international, multinational, global und transnational geprägt (Abb. 2.6).

Die Anforderungstypen variieren in ihrer Ausprägung mit der Branche. So handelt es sich bei der Flugzeugindustrie, den Baumaschinen, Foto- oder Unterhaltungselektronik tendenziell um globale, bei Pharmazeutika, Telekommunikation, Anlagenbau oder Rüstung tendenziell um transnationale Geschäfte. Außerdem gibt es einen gewissen Zusammenhang mit der Position im Lebenszyklus. Mit zunehmender Reife nimmt der Kostendruck, und damit die Notwendigkeit zur Integration bzw. Standardisierung, zu.

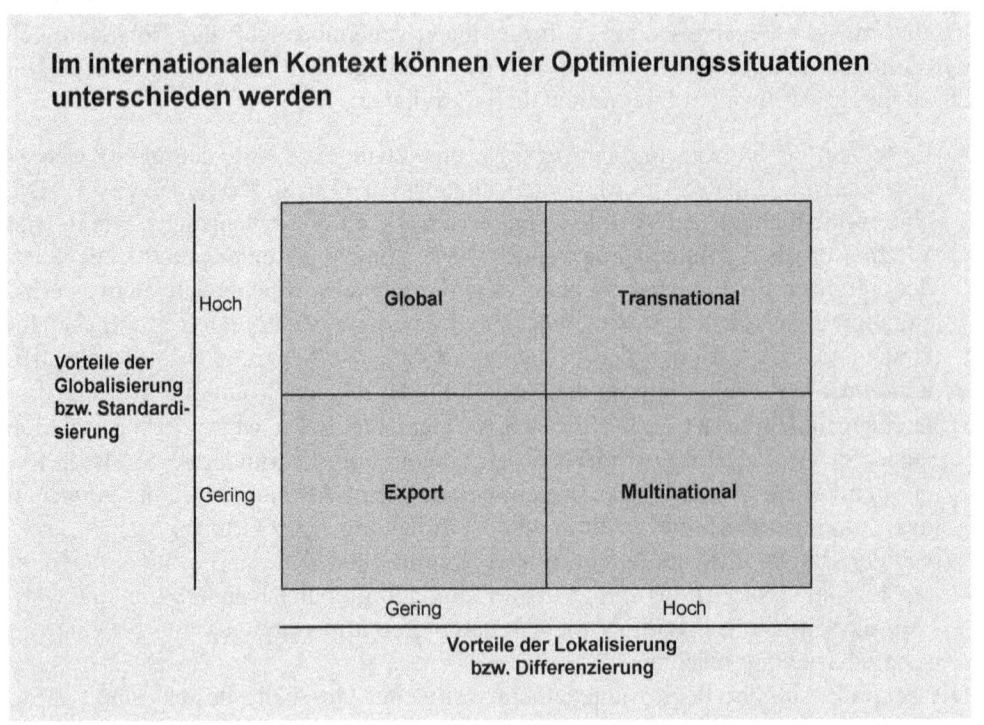

Abb. 2.6 Potentielle Optimierungssituationen international tätiger Unternehmungen

Für den Managementprozess bedeutet dies, dass, je nachdem, in welcher Situation sich ein Unternehmen befindet, das bestgeeignete Führungskonzept anders aussehen wird. Dies ist von weitreichender Bedeutung für die zweckmäßige Ausgestaltung: Es bedeutet z. B. andere strategische Optionen oder andere Planungs- und Kontrollprozesse. Es wirkt sich auf viele Einzelthemen aus, wie z. B. auf die Gestaltung der

Informationssysteme, die Personalpolitik oder die Erfolgsmessung und -beurteilung. Auf die konkreten Konsequenzen für die jeweils zweckmäßige Gestaltung wird im Weiteren – vor allem in Kapitel 3 – ausführlicher eingegangen.

3 Basiselemente eines erfolgreichen Managementprozesses: systematische Planung und Kontrolle

In Kapitel 2 wurde der Managementprozess mit seinen Rahmenbedingungen und Herausforderungen vorgestellt. In diesem und dem folgenden Kapitel wird seine zweckmäßige Gestaltung dargestellt. Zunächst werden die systematische Planung und Kontrolle als Basiselemente eines erfolgreichen Managements dargestellt.

Das Grundprinzip des Managementprozesses ist der Regelkreis: Ausgehend von Zielen werden Maßnahmen erarbeitet, die dann abhängig von den Implementierungsergebnissen und der Entwicklung der Rahmenbedingungen ggf. angepasst und neue Maßnahmen definiert werden (vgl. Abb. 3.1).

Probleme ergeben sich dann, wenn einzelne Segmente „nicht funktionieren"

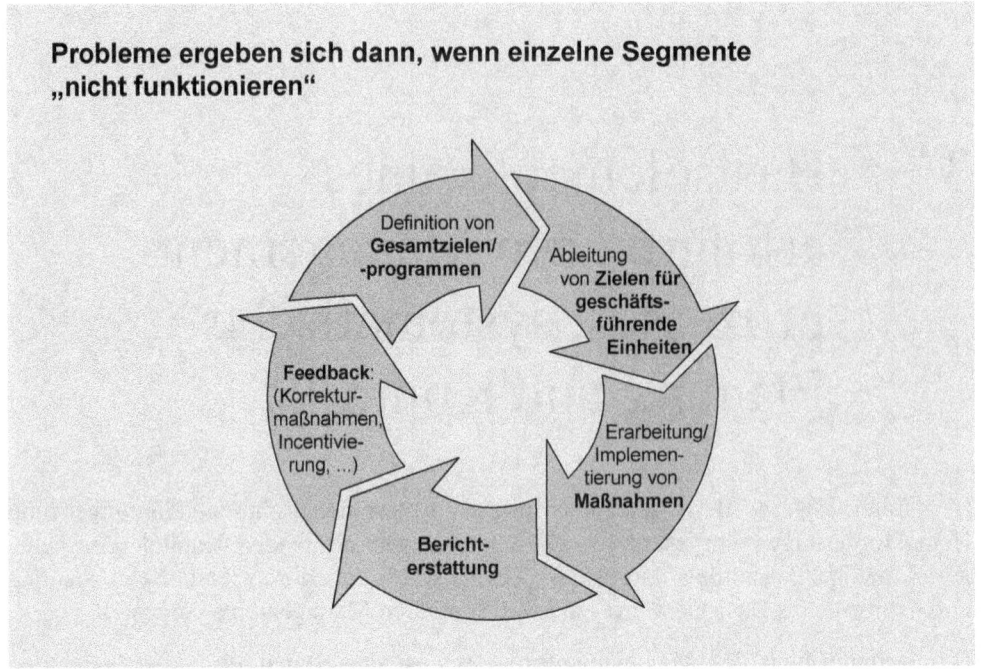

Abb. 3.1 *Grundprinzip des Managementprozesses*

Dieses einfache Konzept erlaubt es bereits, eine Vielzahl von potentiellen Problemen zu erkennen. Sie ergeben sich dann, wenn einzelne Segmente „nicht funktionieren". Dies ist etwa der Fall, wenn Maßnahmenpläne nicht mit den Unternehmenszielen konsistent sind (was viel häufiger auftritt, als man gemeinhin annimmt) oder wenn Abweichungen nicht erkannt werden bzw. zwar erkannt, aber keine Gegenmaßnahmen ergriffen werden.

In der Realität ist die Situation natürlich ungleich komplexer: Sie umfasst ein breites Feld von Umfeld- und Unternehmensdaten. Eine Vielzahl von Planungs- und Kontrollobjekten (Gesamtunternehmen, Geschäftseinheiten bis hin zur untersten betrachteten Ebene) muss berücksichtigt werden. Darüber hinaus bestehen zwischen den Themen und den Planungsobjekten vielfältige Abhängigkeiten. Abb. 3.2 zeigt ein stark vereinfachtes Beispiel eines Automobilkonzerns.

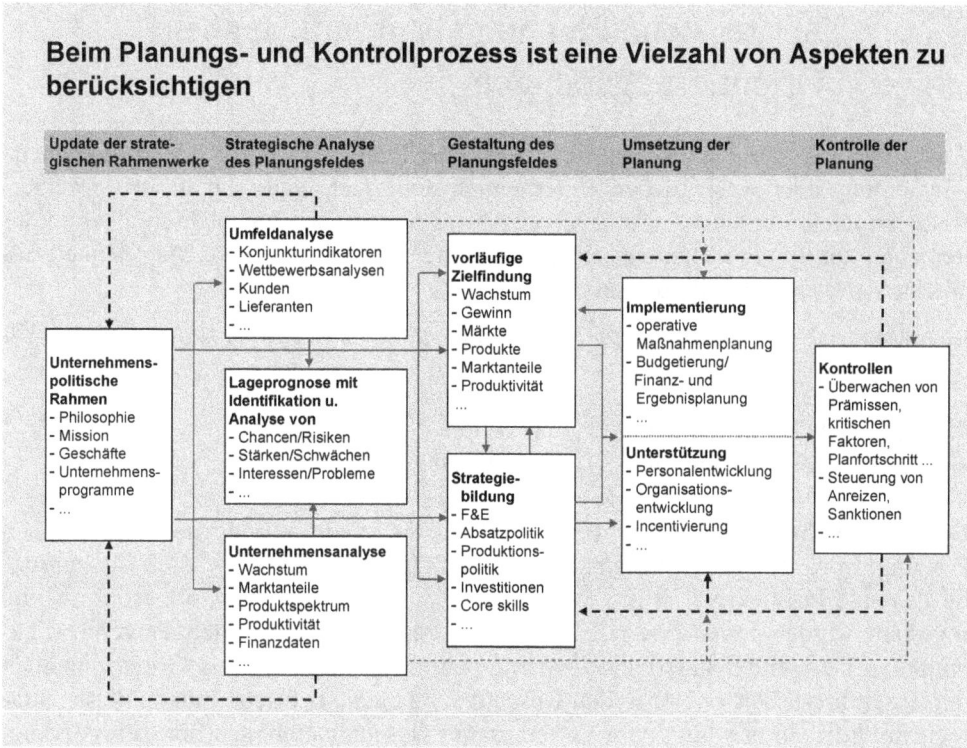

Beim Planungs- und Kontrollprozess ist eine Vielzahl von Aspekten zu berücksichtigen

Abb. 3.2 Beispiel: Themen des Planungs- und Kontrollprozesses

Die Gestaltung des Führungsprozesses und der eingesetzten Instrumente variiert deutlich in Abhängigkeit vom Unternehmen. Einige Grundelemente sollten jedoch in jedem Unternehmen vorhanden sein:

- eine strategische, (tendenziell) längerfristige Planung
- eine operative, (tendenziell) kurzfristige Planung
- ein Kontrollzyklus.

Die zweckmäßige Gestaltung dieser Elemente ist für ein erfolgreiches Management weltweiter Geschäfte von entscheidender Bedeutung. Sie wird im Folgenden ausführlicher dargestellt.

3.1 Strategische Planung als grundlegender Orientierungsrahmen

Ausgangspunkt der Planung ist die strategische Planung. Sie legt die grundlegende Ausrichtung aller wesentlichen Unternehmensteile fest. Naturgemäß ist sie längerfristig angelegt, umfasst also einen mehrjährigen Zeitraum. Unabhängig davon können auch kurzfristige Elemente durchaus strategischer Natur sein. Man denke etwa an einen größeren Beteiligungserwerb.

Innerhalb der strategischen Planung sollte zwischen zwei Perspektiven unterschieden werden:

- die Unternehmensgesamtstrategie (Corporate Strategy) und
- die Geschäfts(feld)strategie (Business Strategy).

Die **Unternehmensgesamtstrategie** klärt die erste Grundfrage der strategischen Planung: In welchen Geschäftsfeldern soll das Unternehmen aktiv sein? Die zugrunde liegende Perspektive ist die eines Investors, der entscheiden soll, wohin Mittel investiert werden sollen. Weitere Fragen sind die nach dem besten Träger von bestimmten Geschäften innerhalb des Unternehmens oder nach den Grundprinzipien der Zusammenarbeit zwischen den Geschäftseinheiten. Typische Inhalte dieser Strategie sind die Empfehlung zum Erwerb neuer Geschäftseinheiten und zum Verkauf von gesamten Geschäften – wie etwa die Entscheidung der Siemens AG, aus dem Automobilzuliefergeschäft auszusteigen und es an Continental zu veräußern, oder die Fokussierung der Linde AG auf technische Gase mit der damit einhergehenden Veräußerung des Gabelstapler-Geschäfts.

Die **Geschäfts(feld)strategie** klärt, wie der Wettbewerb in einem konkreten Geschäft zu bestreiten ist. Die zugrunde liegende Perspektive ist die eines Unternehmers. Typische Einzelfragestellungen sind: Welche Kundensegmente werden bedient? Welche Länder werden bedient? Wie ist die Fertigung strukturiert? Wie sieht die Vertriebsstrategie aus? Auch M&A-Transaktionen können im Rahmen der Geschäftsstrategie vorgesehen sein. Dabei handelt es sich jedoch in der Regel um weniger grundlegende Transaktionen: z. B. der Erwerb einer Vertriebsgesellschaft im Land X zur Unterstützung des Markteintritts.

Auf konzeptioneller Ebene ist die Unterscheidung nicht immer einfach zu treffen. In praxi unterscheiden sich die Endprodukte jedoch signifikant. Wichtig ist, zu berücksichtigen, dass beide in einer hierarchischen Beziehung zueinander stehen und eine hinreichende Konsistenz der Strategien vorliegen sollte, d. h. vor der Detaillierung der Geschäftsstrategie sollte geklärt sein, wie das entsprechende Portfolio-Element im Rahmen der Gesamtunternehmensstrategie positioniert ist.

3.1.1 Elemente einer systematischen strategischen Planung

Eine systematische strategische Planung sollte vier Elemente umfassen: Die Grundlage sind eine **Umfeldanalyse** und eine **Unternehmensanalyse**. Beide bilden zusammen die Basis für die Bestimmung der sinnvollen **strategischen Optionen** eines Unternehmens. Aus diesen strategischen Möglichkeiten muss dann in einem Bewertungsprozess (**Strategische Wahl**) unter Einbeziehung der Chancen und Bedrohungen des Umfelds sowie der Stärken und Schwächen des Unternehmens die bestgeeignete Strategie gefunden werden.

Das Endprodukt der Strategieerarbeitung ist eine ausformulierte Strategie inklusive der konkreten Programme, wie diese Strategie verwirklicht werden kann.[1]

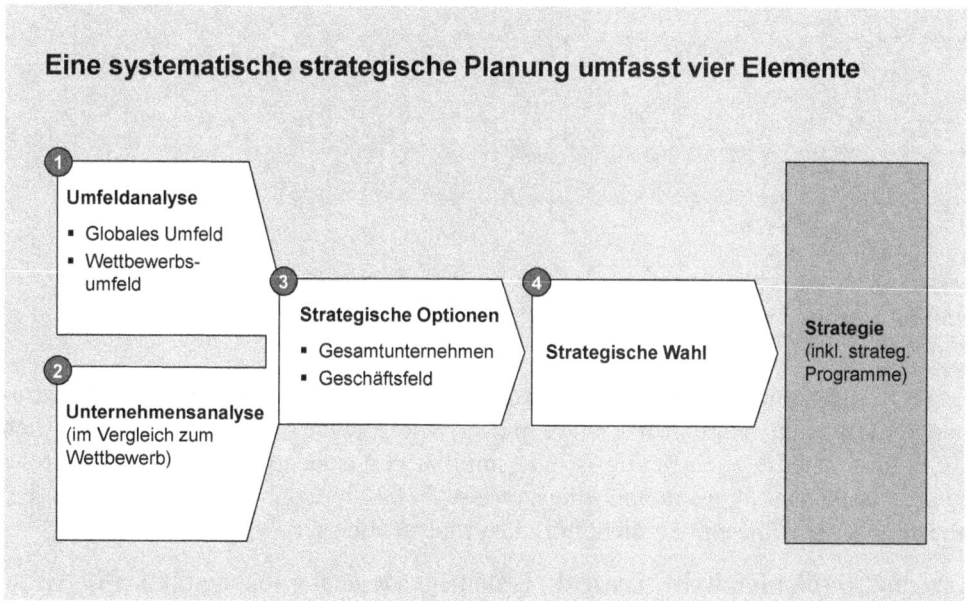

Abb. 3.3 *Elemente einer systematischen strategischen Planung*

Umfeldanalyse
Die Umfeldanalyse sollte stets zwei Elemente umfassen. Neben der Analyse des engeren ökonomischen Umfelds – des Wettbewerbsumfelds – sollte auch das breitere, globale Umfeld betrachtet werden.

---

[1] Die zweckmäßige Ausgestaltung der Programme (inkl. der zugehörigen Implementierungsprozesse) ist sehr themenspezifisch. Sie wird im Abschnitt zur Steuerung geschäftsführender Einheiten und insbesondere im Rahmen des „Werkzeugkastens" – dort vor allem im Kapitel 6 („Maßnahmen zur grundlegenden Verbesserung der Wettbewerbsposition definieren") – ausführlich dargestellt.

Bei der Umfeldanalyse werden globales Umfeld und Wettbewerbs-umfeld betrachtet

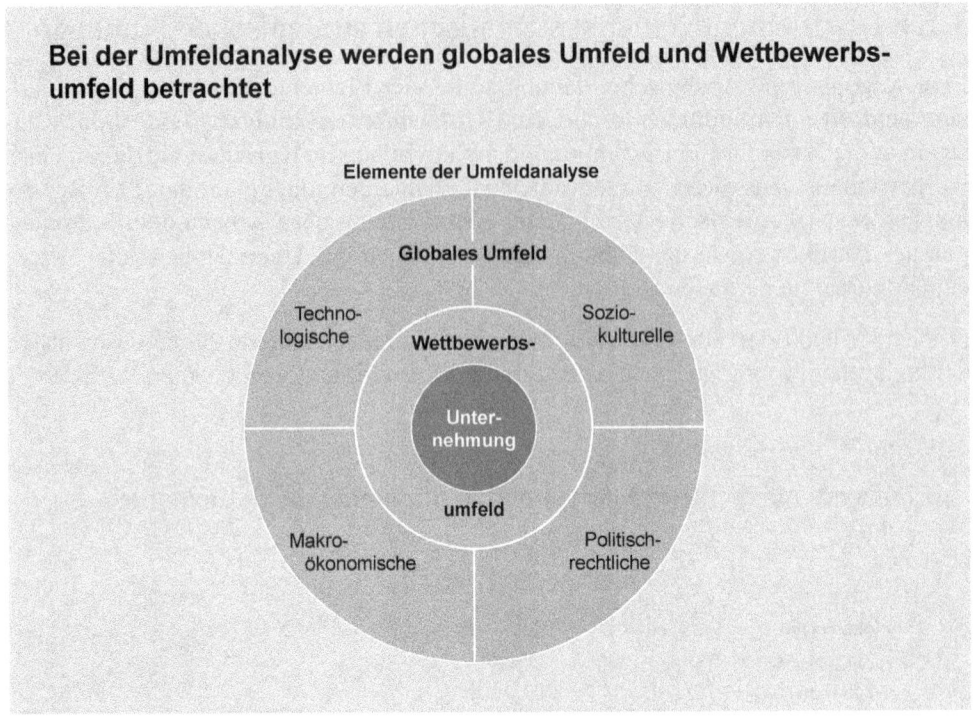

Abb. 3.4 Elemente der Umfeldanalyse

Bezüglich des **globalen Umfelds** ist davon auszugehen, dass Chancen und Bedrohungen aus allen möglichen Trends und Entwicklungen erwachsen können. Auch wenn dies grundsätzlich richtig ist und implizit berücksichtigt werden sollte, sollte für die praktische Anwendung eine gewisse Fokussierung vorgenommen werden. Hierfür hat sich eine engere Sicht mit vier Analysefeldern bewährt.

Das **makro-ökonomische Umfeld**: Grundlegende makro-ökonomische Entwicklungen – wie etwa die Entwicklung des Sozialprodukts, der Ölpreis oder Wechselkursentwicklungen – können in gravierender Weise auf das Unternehmen einwirken. Die Bedeutung dieser Größen wird dadurch verstärkt, dass, wenn die Relevanz erst mit dem Eintreten von krisenhaften Entwicklungen erkannt wird, für effektives Managementhandeln meist keine Zeit mehr bleibt. Man denke etwa an deutliche Veränderungen des US-Dollar-Kurses. Diese haben sich für eine Reihe von Unternehmen als gravierendes Ereignis erwiesen, während Konkurrenten, z. B. durch Absicherungen und/oder entsprechende Anpassung der Wertschöpfungsstruktur, so vorgesorgt hatten, dass sie gegenüber dem Wettbewerb sogar gestärkt wurden. Die Bestimmung und regelmäßige Verfolgung der für das Unternehmen relevanten Größen sollte daher stets Element einer fundierten Strategie sein.

Das **technologische Umfeld**: Technologische Veränderungen (sog. *disruptive technologies*) können die Wettbewerbsposition eines Unternehmens ebenso grundlegend beeinflussen. Dies ist keineswegs ein neues Phänomen: Die Substitution des Segelschiffs durch das Dampfschiff, das Auslöschen von weiten Teilen der mechanischen Uhrenindustrie durch das Quarzwerk oder der Niedergang der traditionellen Fotoverarbeitung durch die Digitalkamera sind nur einige von vielen Beispielen (Abb. 3.5). Ein prägendes Merkmal technologischer Veränderungen ist, dass die Bedrohung in der Regel nicht aus der eigenen Branche, sondern aus scheinbar nicht verwandten Feldern kommt. Fließen solche Entwicklungen nicht rechtzeitig in die Strategiedefinition ein, ist meist ein effektives Gegensteuern nicht mehr möglich.[2] Die Folge ist oft ein lang anhaltender Niedergang, bei dem man sich mit immer neuen Restrukturierungen dem grundlegenden Trend (letztlich chancenlos) entgegenstemmt. Besonders gefährdet sind die ehemaligen Pioniere oder Branchenführer. Um mit Foster zu sprechen: „Leaders tend to lose."

---

[2] Ein ausführlicher Analyserahmen findet sich in Pfeiffer/Weiß, Technologie-Management. Wesentliche Aspekte werden im Zusammenhang mit der Vorstellung der Technologie-Portfolio-Methode im zweiten Teil dieses Buches behandelt.

Technologiebrüche können Märkte grundlegend ändern

Etablierte Technologie (i.w.S.)	Disruptive Technologie
Segelschiff	Dampfschiff
Seil-Bagger	Hydraulik-Bagger
Integrierte Stahlwerke	Elektrostahlwerke („Minimills")
Mechanische Uhr	Quarzuhr
Enzyklopädie	„Wikipedia"
Festnetztelefonie	Mobilfunk-Telefonie
Analoge Fotografie	Digitale Fotografie
Traditionelle Fluglinie	Low-Cost-Airlines
Musik-CD	MP3
Print-Zeitungen	Elektronische Zeitungen
Reisebüro	Online-Buchungssysteme
Installierte Software	Software-as-a-service
Stationärer Handel	Online-Handel
Traditionelle Telefonie	Voice over IP
Offset-Druck	Digitaldruck
Röhrentechnik (z.B. TV)	Halbleiterelektronik
Gedrucktes Buch	E-Book
Traditionelle Leuchtmittel	LED
...	...

Abb. 3.5 *Beispiele für disruptive Technologien*

Das **politisch-rechtliche Umfeld**: Nicht erst seit der aktuellen Finanzkrise wirkt die politische Sphäre vor allem durch gesetzliche Regelungen und Verordnungen auf die wirtschaftlichen Bedingungen. Beispiele für Regelungen mit potentiell hoher strategischer Relevanz reichen von Abgas-Richtlinien über Regelungen zur Produzentenhaftung, die Raucherschutzgesetze und viele Teile der Steuergesetzgebung bis hin zu den Zulassungsbestimmungen für viele Produkte (z. B. Arzneimittel, Automobile). Neben den nationalen Regelungen sind auch inter- und supranationale Gesetze und Richtlinien zu berücksichtigen (z. B. EU-Richtlinien, Handelsrestriktionen, Zölle).

Das **sozio-kulturelle Umfeld**: Entwicklungen in der Demographie und Veränderungen von gesellschaftlichen Wertemustern haben durchaus das Potential zu erheblicher strategischer Relevanz. Man denke an Trends wie etwa die grundlegende Veränderung der Altersstruktur der Bevölkerung oder die zunehmende Verstädterung der Welt. Diese Trends können dazu führen, dass Kundensegmente „schleichend" erodieren oder wesentliche Produktmerkmale obsolet werden.

Zwar sind weite Teile des sozio-kulturellen Umfelds schwer fassbar, dies darf jedoch nicht zur völligen Vernachlässigung führen. Zumindest die großen Trends sind bei der Definition der Strategie zu berücksichtigen. Wie das Beispiel der Siemens AG zeigt, können solche Trends sogar ein explizites Strategie-Element werden. Siemens hat die zwei Megatrends „Urbanisierung" und „Demographischer Wandel" zum Gestaltungsprinzip seiner Strategie erhoben.

Um wesentliche Entwicklungen zu identifizieren und zu bewerten, könnten insbesondere drei Instrumente helfen:

- **Checklisten**: Instrumente wie z. B. die PESTEL-Analyse geben die Möglichkeit, schnell und breit Chancen und Gefahren zu identifizieren. Abb. 3.6 skizziert die Grundzüge des Analysemusters. Für die praktische Anwendung ist dieses branchen- und unternehmensspezifisch zu ergänzen.

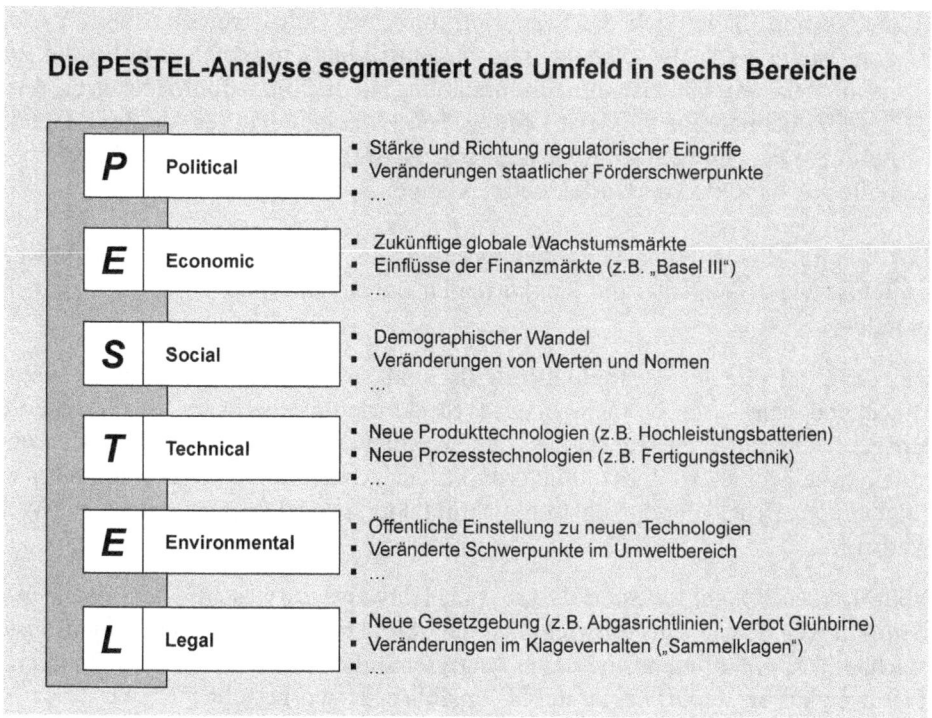

Abb. 3.6 PESTEL-Analyse[3]

---

[3]   Quelle: Alter, Strategisches Controlling (leicht modifiziert)

- **Frühaufklärungssysteme**: Diese setzen an sog. „schwachen Signalen" an, um komplexe Wirkungszusammenhänge zu identifizieren. Grundgedanke ist, dass sich unerwartete und scheinbar plötzlich auftretende Chancen und Bedrohungen, sog. Diskontinuitäten, bereits frühzeitig durch sog. schwache Signale ankündigen. So werden z. B. technologische Umbrüche oft viele Jahre vor dem wirtschaftlich relevanten Eintreten auf Entwicklerkongressen o. Ä. diskutiert. Ziel ist es, im Rahmen des sog. Environmental Scanning potentiell strategierelevante Entwicklungen zu erfassen und diese dann im Rahmen des sog. Environmental Monitoring vertiefter zu verfolgen. Zentral ist nicht der betriebene Aufwand, sondern die Sensibilisierung der Organisation. In einer einfacheren Form können auch vorauseilende Indikatoren, wie z. B. spezifische Patentanmeldungen, genutzt werden, um strategisch relevante Umfeldentwicklungen frühzeitig zu identifizieren.
- **Szenariobildung**: Um systematisch alternative Entwicklungsmöglichkeiten zu analysieren, bietet sich die Szenariotechnik an. Dabei werden, durch Variation von (wenigen) Schlüsselannahmen, Zukunftsbilder entworfen. Um für die Praxis handhabbar zu sein, ist die Beschränkung auf maximal fünf Szenarien ratsam. Oft gibt bereits eine einfache Lösung, bei der neben dem (erwarteten) Trendszenario ein *best* und ein *worst case* angesetzt ist, sehr gute Hinweise für die potentielle Auswirkung von Umfeldentwicklungen.

Das zweite Element der Umfeldanalyse ist die Betrachtung des **Wettbewerbsumfelds**. Diese beinhaltet die Konkurrentenanalyse und die Analyse des Branchenumfelds:

Bei der **Analyse des Branchenumfelds** sind sowohl Branchenstruktur als auch Branchendynamik zu betrachten. Zur Strukturierung hat sich das Five-Forces-Konzept von Porter bewährt, das fünf Wettbewerbskräfte betrachtet: Bedrohung durch neue Anbieter, Verhandlungsstärke der Abnehmer, Verhandlungsstärke der Lieferanten, Druck durch Substitutionsprodukte sowie Rivalität unter den Wettbewerbern.

Mithilfe dieses Analyserasters lassen sich Hinweise zu wesentlichen Chancen und Bedrohungen sowie zur Entwicklung der Attraktivität des Unternehmensumfelds machen. (Das Instrument und seine Analysemöglichkeiten werden im Rahmen des Werkzeugkastens – dort in Kapitel 5 – ausführlicher vorgestellt.)

Im Rahmen der **Konkurrentenanalyse** sind Daten zu den wettbewerbsrelevanten Stärken und Schwächen der wesentlichen Konkurrenten zu erheben. Wesentlich sind dabei nicht nur der oder die stärksten Hauptkonkurrenten, sondern auch kleinere Anbieter mit markantem Profil.

Zusätzlich zu dieser (eher gegenwartsbezogenen) Erhebung muss es Ziel sein, die voraussichtlichen strategischen Schritte der Konkurrenten möglichst zuverlässig zu prognostizieren. Dazu ist es erforderlich, die gegenwärtige Strategie, die zukünftigen Ziele sowie die Annahmen und Fähigkeiten der Konkurrenten zu untersuchen.

Ein wesentliches Problem der Konkurrentenanalyse (und der Umfeldanalyse generell) stellt die Beschaffung der notwendigen Daten und Informationen dar. Einmalaktionen, z. B. im Rahmen der Strategieerarbeitung, bringen bei entsprechender Intensität oftmals erstaunlich gute Resultate. Sehr hilfreich ist auch ein Benchmarking mit den Hauptwettbewerbern (ebenfalls ausführlicher dargestellt in Kapitel 5). Für wirklich gute und zeitnahe Transparenz wesentlicher Umfeldentwicklungen ist eine gewisse Institutionalisierung der Informationsbeschaffung, z. B. im Rahmen einer Marktforschungsstelle, unumgänglich. Ziel ist es, die relevanten internen und externen Quellen kontinuierlich zu verfolgen und vor allem erfolgskritische Daten regelmäßig zu sammeln bzw. zu aktualisieren.

Unternehmensanalyse
Das zweite Element der strategischen Analyse ist die Unternehmensanalyse. Ihr Ziel ist es, ein möglichst realistisches Bild der gegenwärtigen und zukünftigen Stärken und Schwächen des Unternehmens aufzuzeigen.

Eine sinnvolle Aussage zu Stärken und Schwächen ist nur möglich, wenn die eigenen Ressourcen zu den Ressourcen der wesentlichen Wettbewerber in Beziehung gesetzt werden: Eine kostengünstige Produktion kann eine große Stärke sein. Wenn jedoch auch die meisten Wettbewerber darüber verfügen, ist sie letztlich strategieneutral. Die Unternehmensanalyse sollte daher neben einer internen stets auch eine externe Betrachtungsperspektive haben.

Die Unternehmensanalyse umfasst drei Schritte: Die Ermittlung der Stärken und Schwächen, der Vergleich und die Bewertung sowie – als Endprodukt der Unternehmensanalyse – die Erstellung eines Stärken- und Schwächenprofils.

1. Ermittlung der Stärken und Schwächen: Grundsätzlich können Stärken und Schwächen, im Sinne von Wettbewerbsvorteilen und -nachteilen, in jedem Element der Wertschöpfungskette begründet sein. Entsprechend ist eine Analyse der Wertekette mit gewissem Tiefgang angezeigt (ausführlicher dazu Kapitel 5.3). Bei der Ermittlung ist auf strategisch relevante Stärken und Schwächen abzustellen. Strategische Relevanz erfordert, dass keine (kurzfristige) Möglichkeit besteht, diese Faktoren zu imitieren oder zu substituieren. Außerdem muss damit ein Kundennutzen verbunden sein.

2. Vergleich und Bewertung von Stärken und Schwächen: Wie eingangs festgestellt wurde, können die Stärken und Schwächen nur im Verhältnis zu den wesentlichen Wettbewerbern beurteilt werden. Daten für diesen Vergleich können der im Vorabschnitt vorgestellten Konkurrenzanalyse entnommen werden. Ein exzellentes Mittel zur Beurteilung sind auch Benchmarking-Analysen mit den jeweiligen Wettbewerbern.

Die zweite Sicht bei der Bewertung von Stärken und Schwächen ist die Kundenperspektive. Es ist erforderlich, die kaufentscheidenden Faktoren zu ermitteln und zu priorisieren. Für jede Wertaktivität ist zu prüfen, welchen Beitrag sie zur Erfüllung der kaufentscheidenden Faktoren liefert bzw. für jede ermittelte Stärke oder Schwäche ist die Relevanz aus Kundensicht zu bestimmen. Diese Betrachtung kann die Einschätzung relativieren oder erheblich verstärken, Letzteres etwa dann, wenn die Schwäche bei einem zentralen kaufentscheidenden Faktor auftritt.

3. Erstellung eines Stärken-Schwächen-Profils: Das Endprodukt der Unternehmensanalyse ist ein möglichst objektives Stärken-Schwächen-Profil. In der Praxis ist insbesondere die realistische Einschätzung nicht immer leicht, vor allem dann, wenn die Bewertung rein durch interne Stellen erfolgt. Der Hang zum „Kleinmachen" einerseits oder ein deutliches Überschätzen andererseits sind nicht selten anzutreffen. Möglichkeiten zur Objektivierung bieten Punktwert-Modelle, die dann jeweils durch mehrere unabhängige Personen oder Stellen bewertet werden. Hilfreich ist auch, wo möglich, externe Einstufungen – vor allem quantifizierter Art – heranzuziehen.

Bis hierher wurden die Umfeld- und die Unternehmensanalyse zum Zwecke der einfacheren Darstellung isoliert betrachtet. Eine Zusammenführung beider Felder liefert vielfach zusätzliche Erkenntnisse. Das Grundmuster dieser sog. **Chancen-/ Gefahrenanalyse** ist es, die wesentlichen Entwicklungen laut der Umfeldanalyse mit den Ergebnissen der Unternehmensanalyse zusammenzuführen. Trifft eine wesentliche (Umwelt-)Entwicklung auf eine Stärke des Unternehmens, so stellt sie eine Chance dar, da davon auszugehen ist, dass das eigene Unternehmen besser als die Konkurrenz in der Lage ist, Wettbewerbsvorteile aus der Entwicklung zu ziehen. Das Gegenteil gilt im umgekehrten Fall.

Eine gute Möglichkeit zur ganzheitlichen Darstellung der Umfeld- und Unternehmensanalyse ist die **SWOT-Matrix**. Sie kombiniert die priorisierten Stärken (S = Strengths) und Schwächen (W = Weaknesses) eines Unternehmens mit den Chancen (O = Opportunities) und Risiken (T = Threats) des Umfelds. Sie kann auch als Basis für die Bestimmung strategischer Optionen genutzt werden (ausführlicher im Folgeabschnitt).

Bestimmung der strategischen Optionen
Die Umfeld- und die Unternehmensanalyse bilden den Rahmen, um für das Unternehmen sinnvolle strategische Optionen zu bestimmen. Diese können letztlich nur unternehmensspezifisch ermittelt werden, da jedes Unternehmen in seiner Bedingungslage einzigartig ist. Normstrategien sind wenig erfolgversprechend, nicht zuletzt deshalb, weil sie im günstigsten Fall nur für kurze Zeit Gültigkeit hätten und dann durch neue Strategien außer Kraft gesetzt würden.

Wenn es auch keine Normstrategien i.S. von strategischen Gesetzen gibt, so kann es bei der Bestimmung der strategischen Optionen hilfreich sein, den Raum möglicher Optionen zu strukturieren und damit die Generierung der (einzelfallbezogenen!) Lösungen zu erleichtern.

Eine erste Strukturierung ermöglicht die auf der SWOT-Analyse basierende **TOWS-Matrix**. Ihr liegt das einfache, aber leistungsfähige Grundprinzip „Stärken betonen – Schwächen vermeiden" zugrunde. Auf Basis der SWOT-Komponenten lassen sich vier grundlegende Prinzipien ableiten (Abb. 3.7):

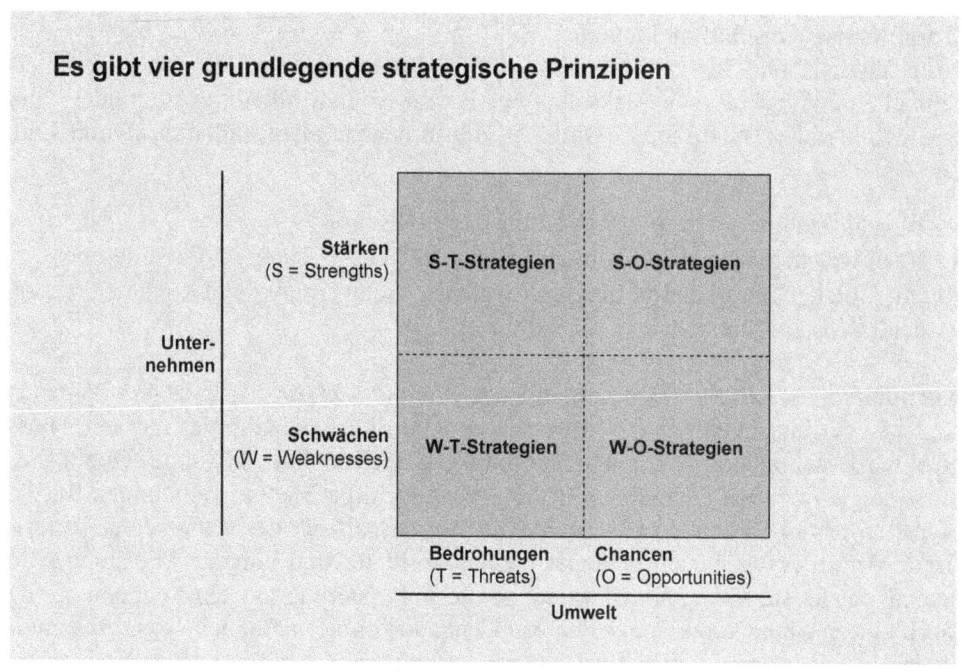

Abb. 3.7 Grundprinzipien der Strategieformulierung

- **S-O-Strategien**: Sie sind der Idealfall für ein Unternehmen. Eigene Stärken können genutzt werden, um Chancen des Umfelds wahrnehmen zu können. Diese Konstellation ist eine sehr gute Basis für Wachstumsstrategien.
- **W-O-Strategien**: Hier liegt die Situation vor, in der interne Schwächen beseitigt werden müssen, um Chancen des Umfelds wahrnehmen zu können. Mittelfristig sollen die Schwächen in Stärken transformiert werden, um in die (ideale) S-O-Position zu kommen.
- **S-T-Strategien**: Dieses Strategieprinzip zielt darauf ab, Stärken des Unternehmens zu nutzen, um Risiken und Gefahren des Umfelds zu reduzieren oder zu kompensieren. Eine typische S-T-Strategie ist es, bei Verschlechterung der Bran-

chenbedingungen die Erfolgsfaktoren des Unternehmens in anderen Branchen einzusetzen.

- **W-T-Strategien**: Sie stellen den unerfreulichen Gegenpol zur S-O-Strategie dar. Zielsetzung ist es, interne Schwächen zu minimieren und den Gefahren des Umfelds auszuweichen. Dieses Prinzip liegt nicht selten Zusammenschlüssen führender Unternehmen einer kriselnden Branche zugrunde.

Weitergehende strategische Optionen ergeben sich, wenn man die Thematik stärker inhaltlich betrachtet. Dazu ist es notwendig, nach den Ebenen der Strategie – Gesamtunternehmensstrategie und Geschäftsfeldstrategie – zu unterscheiden:

Optionen auf Geschäftsfeldebene

Grundsätzlich sind bei der Gestaltung einer Strategie viele, meist höchst unterschiedliche, Aspekte zu berücksichtigen. Es lassen sich allerdings zumindest drei wiederkehrende Grundfragen definieren, die in nahezu allen Fällen zu klären sind. Diese sind:

- Wo soll konkurriert werden? (Kernmarkt vs. Nische)
- Nach welchen Regeln soll konkurriert werden? (Anpassung vs. Veränderung)
- Mit welcher Stoßrichtung bzw. mit welchem Schwerpunkt soll konkurriert werden? (Kostenführerschaft vs. Differenzierung)

Kernmarkt vs. Nische: Der Umfang der Marktabdeckung ist eine grundlegende strategische Entscheidung. Die Alternativen sind die Bedienung des Gesamtmarkts oder die Beschränkung auf einen Teilmarkt („Nischen- oder Fokusstrategie"). Fokusstrategien können dann sinnvoll sein, wenn sich die Mehraufwendungen für die branchenweit operierenden Unternehmen nicht auszahlen oder wenn segmentspezifische Anforderungen nicht adäquat bedient werden. Sind hingegen Leistungen in einer Branche stark standardisiert, so ist die Fokussierung auf ein Segment wenig ratsam, wenn hier keine speziellen Kundenbedürfnisse vorhanden bzw. zu entwickeln sind. In diesem Fall wird der Gesamtmarktanbieter aufgrund von Economies of Scale bzw. Economies of Scope (Verbundeffekte) nachhaltige Wettbewerbsvorteile haben. Eine erfolgversprechende Nischenstrategie setzt voraus, dass die Nische nachhaltig ist, d. h. dass strukturelle Gründe (z. B. Produkttechnologie, Vertriebskanäle, Markenprofil) die Kernmarktanbieter an einer erfolgversprechenden Bedienung der Nische hindern. Beispiele für erfolgreiche Nischenstrategien sind Porsche, Krones (Abfüllanlagen), Herrenknecht (Tunnelbohranlagen) oder verschiedene Luxusuhrenanbieter.

Anpassung vs. Veränderung: Die zweite Grundfrage ist die, ob das Unternehmen innerhalb eines Marktsegments optimal angepasst werden soll oder ob die Marktbedingungen verändert werden sollen. Die Veränderung kann dabei z. B. in einer deutlichen Ausweitung der Marktmacht durch Übernahme von Wettbewerbern oder auch in einer grundlegenden Neudefinition der Wertaktivitäten eines Marktes liegen. Diese sog. New-Game-Strategien versuchen die Branchenlogik grundlegend zu ändern. Sie können sich auf alle Arten von Wertaktivitäten erstrecken. Sind sie erfolgreich, geben sie dem Unternehmen vielfältige Vorteile: Erfahrungskurvenvorteile, intensivere Kundenbindung (z. B. aufgrund von Umstellungskosten oder Image) oder die Sicherung knapper Ressourcen. In günstigen Fällen kommt es zu sog. Lock-in-Effekten, d. h. zu einer systematischen Verriegelung von Branchen, die praktisch nicht mehr aufgebrochen werden kann.

Beispiele erfolgreicher New-Game-Strategien sind das Möbelhaus IKEA, das Online-Versandhaus Amazon oder der Billigflieger Ryanair. Im Vergleich zur (konservativen) Anpassungsstrategie weisen Veränderungsstrategien im Falle des Erfolgs deutlich höhere Ertragsmöglichkeiten auf. Dem steht allerdings auch ein erheblich größeres Risiko gegenüber.

Kostenführerschaft vs. Differenzierung: Die dritte Grundfrage stellt darauf ab, ob das Unternehmen seinen Wettbewerbsvorteil primär aus einer überlegenen Kostenposition oder aus einer Differenzierung der angebotenen Leistung zieht.

Bei der Strategie der **Kostenführerschaft** muss die angebotene Leistung billiger entwickelt, produziert oder am Markt vertrieben werden, als die Wettbewerber dazu in der Lage sind. Diese Strategie bietet sich insbesondere bei stark standardisierten Produkten bzw. Dienstleistungen an, wo eine hohe Transparenz der Preise besteht. Solche sog. Commodities sind z. B. Stahl, Papier, Flachglas. Eine wichtige Grundlage des Kostenvorsprungs ist der sog. Erfahrungskurveneffekt. Dieser besagt, dass die Kosten bei einer Verdoppelung der kumulierten Menge um einen konstanten Prozentsatz sinken. Entsprechend wird derjenige Anbieter, der über die größte kumulierte Menge verfügt, die niedrigsten Kosten haben. Kostenführerschaft ist daher nahezu immer mit Größe verbunden. Entsprechend ist die größte Gefährdung ein Trendbruch, z. B. ein Technologiewechsel, welcher die bestehende Erfahrungskurve außer Kraft setzt.

Das Gegenstück zur Kostenführerschaft ist die **Differenzierungsstrategie**[4]. Ziel ist es, die Eigenschaften der Leistung so zu gestalten, dass sie sich vom Angebot der Wettbewerber markant unterscheidet. Voraussetzung dabei ist, dass die Kunden bereit sind, dafür eine hinreichende Preisprämie zu bezahlen. Außerdem muss sichergestellt sein, dass der Besonderheitscharakter nicht von den Konkurrenten imitiert werden kann. Wichtige Quellen für eine solche Differenzierung sind Qualität, Zeit, Marke oder Kundenbeziehung:

- **Differenzierung durch Qualität:** Die Qualität eines Produkts gehört in der Praxis zu den am häufigsten zu beobachtenden Ansatzpunkten, um Leistungsvorteile gegenüber dem Wettbewerb aufzubauen. Dabei geht es in der Regel nicht um

---

[4] Vgl zu den Strategien der Differenzierung insbes. Hungenberg, Strategisches Management, S. 232 ff.

Aspekte wie die Einhaltung technischer Spezifikationen oder besonders niedrige Ausschussquoten, sondern um die Eigenschaften eines Produkts oder einer Dienstleistung. Konkrete Ansatzpunkte für qualitätsbasierte Leistungsvorteile sind daher z. B. die Funktion, die Haltbarkeit, die Zuverlässigkeit oder die Ästhetik. In diesem Sinne können so unterschiedliche Unternehmen wie Lindt (Schokolade), Miele (Haushaltsgeräte) oder Bang & Olufsen (Unterhaltungselektronik) als erfolgreiche Qualitätsdifferenzierer gesehen werden.

- **Differenzierung durch Zeit:** Neben der Produktqualität hat sich zunehmend die Zeit zu einem wichtigen Ansatzpunkt der Differenzierung entwickelt. Ein wichtiger Grund hierfür ist, dass sich die Produktlebenszyklen deutlich verkürzt haben. Zeit spielt im Wettbewerb vor allem im Produktentwicklungs- und im Auftragsabwicklungsprozess eine wichtige Rolle. Die grundlegenden Ansatzpunkte für zeitbasierte Wettbewerbsvorteile sind Innovations- und Geschwindigkeitsvorteile. Während der Geschwindigkeitsaspekt in nahezu allen Märkten relevant ist, ist der Innovationsaspekt vor allem in schnell wachsenden Märkten, wie z. B. den sog. High-Tech-Märkten, von Bedeutung. Ein interessantes Beispiel für die Nutzung von Zeit als Wettbewerbsvorteil ist die spanische Modekette Zara. Hier ist es prägendes Strategiemerkmal, nicht neue Designs zu erfinden, sondern auftauchende Trends zu erkennen und möglichst schnell zu kopieren und in die Verkaufsfilialen zu bringen. Dies wird u. a. dadurch erreicht, dass Zara über eine deutlich schnellere und flexiblere Wertschöpfungskette verfügt als die Wettbewerber.

- **Differenzierung durch Marke:** Unter einer Marke versteht man ein in der Psyche des Kunden verankertes Vorstellungsbild von einem Produkt. Eine Marke ist strategisch relevant, wenn sie für den Kunden einen Mehrwert generiert, der über die objektiv fassbaren Elemente der Leistung hinausgeht. Dieser Mehrwert kann z. B. in der Beseitigung von Qualitätsunsicherheit, in Prestige oder im emotionalen Erleben liegen. Beispiele hierfür sind McDonald's, Rolex, Apple oder auch Harley-Davidson. Im Falle des Motorradherstellers Harley-Davidson ist die über die Produktmerkmale hinausgehende Bedeutung des Lebensgefühls oder der (wahrgenommenen) Zugehörigkeit zu einer Gruppe Gleichgesinnter besonders gut zu erkennen. Die Bedeutung dieses Differenzierungsmerkmals lässt sich auch anhand des Werts einschätzen, den man der Marke als Teil des Unternehmenswerts zurechnen kann. Auch wenn eine solche Wertermittlung analytisch nicht unproblematisch ist und nennenswerte Schwankungen im Zeitablauf auftreten, zeigen doch die Größenordnungen bereits, welche überragende Bedeutung die Marke hat (Abb. 3.8).

Die Marke stellt eine häufig ganz erhebliche Wertkomponente dar

Marke	Kategorie	Markenwert 2014 in Mio. USD	Markenbeitrag	Änderung Markenwert 2014 vs. 2013 in Prozent	Änderung Rang
Google	Technologie	158.843	3	40	1
Apple	Technologie	147.880	4	-20	-1
IBM	Technologie	107.541	4	-4	0
Microsoft	Technologie	90.185	4	29	3
McDonald's	Fast Food	85.706	4	-5	-1
Coca-Cola	Softgetränke	80.683	4	3	-1
VISA	Kreditkarten	79.197	4	41	2
at&t	Telekommunikation	77.883	3	3	-2
Marlboro	Tabakindustrie	67.341	3	-3	-1
amazon.com	Handel	64.255	3	41	4

Abb. 3.8 Wert von Marken[5]

- **Differenzierung durch Kundenbeziehung:** Eine weitere wichtige Differenzierungsquelle ist der Aufbau von langfristig stabilen und dadurch u. U. sogar exklusiven Kundenbeziehungen. Diese ist dann möglich, wenn dem Kunden ein nachhaltiger Kundennutzen geschaffen wird. Dieser kann in einer niedrigeren Qualitätsunsicherheit, in einer zielgenaueren Lösung oder in niedrigeren Transaktionskosten liegen. Einen solchen Sonderstatus genießen z. B. verschiedene Lieferanten von WalMart oder McDonald's. In der Beratungsbranche haben Firmen wie McKinsey & Company oder Boston Consulting Group sehr enge Beziehungen zu ausgewählten Klienten, die sich teilweise über viele Jahre zum beiderseitigen Nutzen weiterentwickelt haben. Ökonomisch bedeutet Kundenbindung z. B. wegfallende Akquisitionskosten, Gewinne durch Cross Selling, geringere Preissensitivität oder Weiterempfehlungen. Unterstützt werden kann eine engere Kundenbeziehung durch Communities und Kundenbindungsprogramme. Sehr erfolgreich wird dies z. B. von den Fluggesellschaften praktiziert.

---

[5]   Quelle: Millward Brown 2014

Welche Form – Kostenführerschaft oder Differenzierung – erfolgversprechender ist, ist anhand der spezifischen Stärken zu entscheiden. Faktoren wie etwa die Größe begünstigen eine Kostenorientierung, spezifische Produktkompetenzen dagegen eine Differenzierung. Kostenorientierung und Differenzierung schließen einander weitgehend aus, da Differenzierung in der Regel mit Mehrkosten verbunden ist, dagegen Kostenorientierung mit Menge und Standardisierung und damit dem Verlust der Besonderheit.

Nimmt man die Merkmalspaare, die sich aus den Entscheidungen zu den drei Grundfragen ergeben, erhält man für die Geschäftsfeldstrategie acht Basisoptionen – den sog. **Strategischen Würfel** (Abb. 3.9).

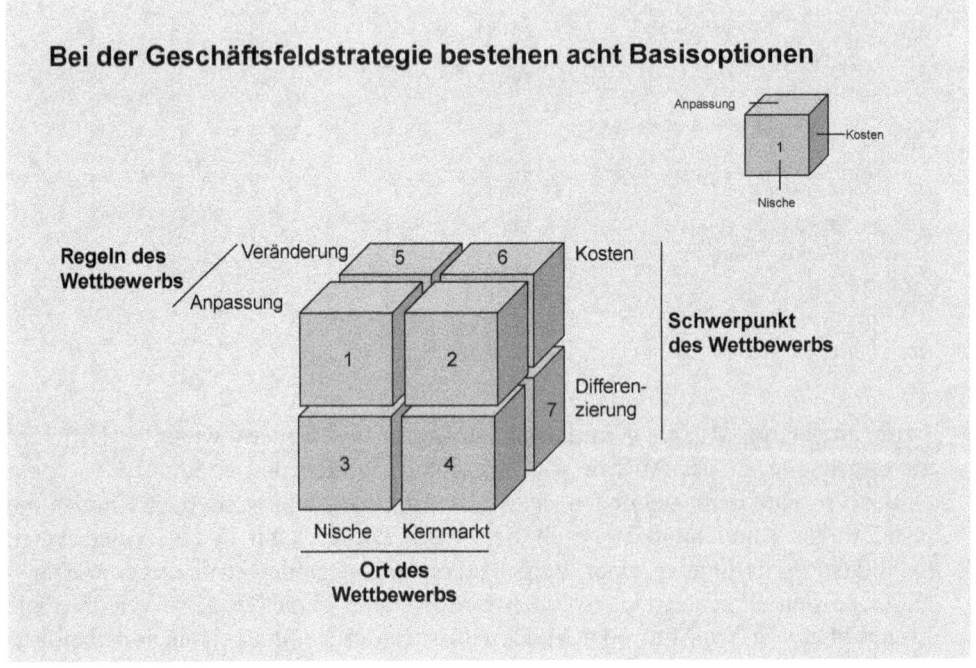

Abb. 3.9 *Strategischer Würfel*

Welche Strategie grundsätzlich geeignet ist und wie diese konkret aussieht, ist unternehmensspezifisch festzulegen. Dabei sollte es auf Basis der spezifischen Stärken und Schwächen des jeweiligen Unternehmens in der Regel möglich sein, die Anzahl der infrage kommenden Optionen deutlich zu reduzieren.

Optionen auf der Gesamtunternehmensebene
Ein Unternehmen verfügt in der Regel über mehrere Geschäftsfelder, deren Zusammenhang im Rahmen der Gesamtunternehmensstrategie (*corporate strategy*) be-

trachtet wird. Ökonomisch ist diese Bündelung allerdings nur sinnvoll, wenn dadurch ein nachhaltiger Mehrwert geschaffen wird, d. h. dass der Wert des Gesamtunternehmens größer ist als die Summe der Werte der einzelnen Geschäfte. Diesen Mehrwert (nach Abzug der Kosten für die Corporate-Ebene) nennt man „**corporate surplus**". Ist er nicht gegeben, bedeutet dies schlicht Wertvernichtung. Der Kapitalmarkt bestraft sie mit einem sog. *conglomerate discount.*

Ob durch die Unternehmensebene Mehrwert geschaffen wird, hängt von dem **strategischen Konzept** (d. h. der konzeptionellen Klammer über die einzelnen Geschäfte), der **Konfiguration** des Geschäfteportfolios und der **Koordination** der Einzelaktivitäten zur Realisierung von Synergien ab.[6]

Die wesentlichen strategischen Optionen auf Gesamtunternehmensebene ergeben sich hinsichtlich der **Konfiguration**, d. h. der Definition der produktbezogenen, geografischen oder vertikalen Grenzen des Unternehmens (Abb. 3.10). Hier gibt es zunächst zwei generische Ausrichtungen: Fokussierung und Diversifikation. Fokussierung ermöglicht die klare Ausrichtung des Unternehmens und die Konzentration aller Ressourcen, während Diversifizierung die Partizipation an neuen Wachstumsfeldern ermöglicht, potentielle zyklische Schwankungen reduziert und es ermöglicht, Synergien zu nutzen oder Kapazitäten besser auszulasten.

---

[6] Vgl. zum Folgenden vor allem Müller-Stewens/Lechner, Strategisches Management

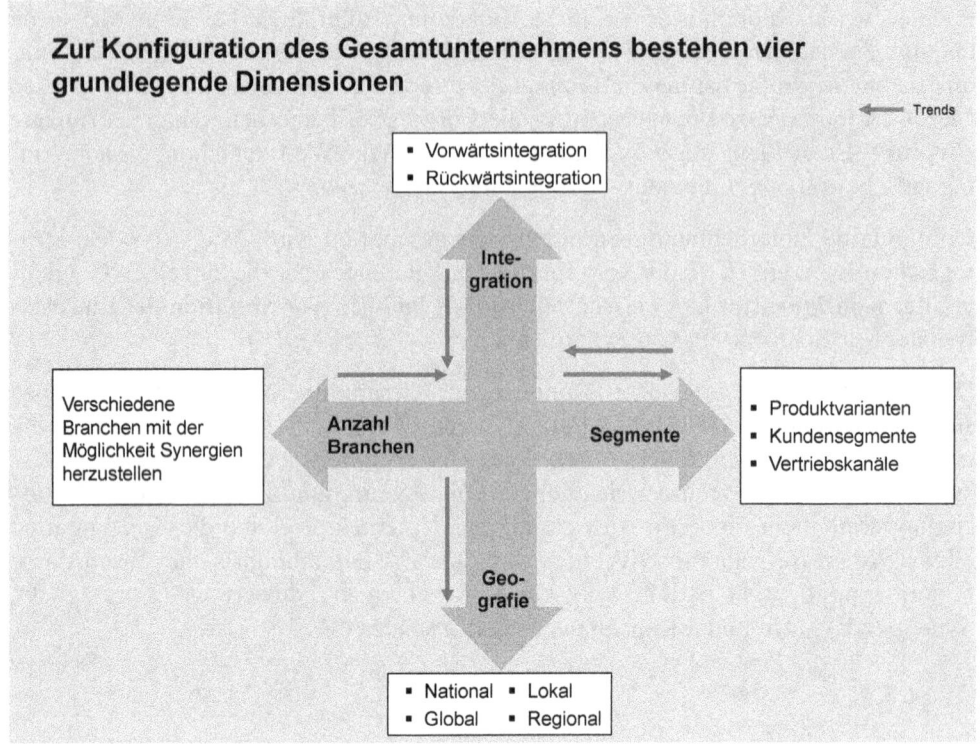

Abb. 3.10 *Optionen zur Konfiguration des Gesamtunternehmens*

Bei der **Diversifikation** sind zwei grundlegende Fragen zu klären: In *welche* neuen Geschäfte (Diversifikationsrichtung) soll *wie* (Diversifikationsmechanismen) vorgestoßen werden. Ein wichtiger Aspekt bei der Diversifikationsrichtung ist der Verwandtschaftsgrad der Geschäfte. Abb. 3.11 skizziert verschiedene Möglichkeiten. Grundsätzlich können bei der Diversifikation drei Richtungen unterschieden werden: Bei der horizontalen Diversifikation bewegt sich das Unternehmen in einem Feld, das in weiten Bereichen Gemeinsamkeiten mit den bestehenden Geschäften hat. Ziel ist meist, die Kernfähigkeiten des Unternehmens breiter zu nutzen. Bei der vertikalen Diversifikation werden vor- und nachgelagerte Wertschöpfungsstufen adressiert, z. B. um Synergien zu erschließen oder Felder mit höherem Gewinnpotential. (Ausführlicher hierzu die Profit-Pool-Analyse in Kapitel 5.4.) Bei der lateralen oder konglomeraten Diversifikation bestehen kaum noch Gemeinsamkeiten. Ziel ist es hier meist gesamtunternehmerische Risiken zu reduzieren.

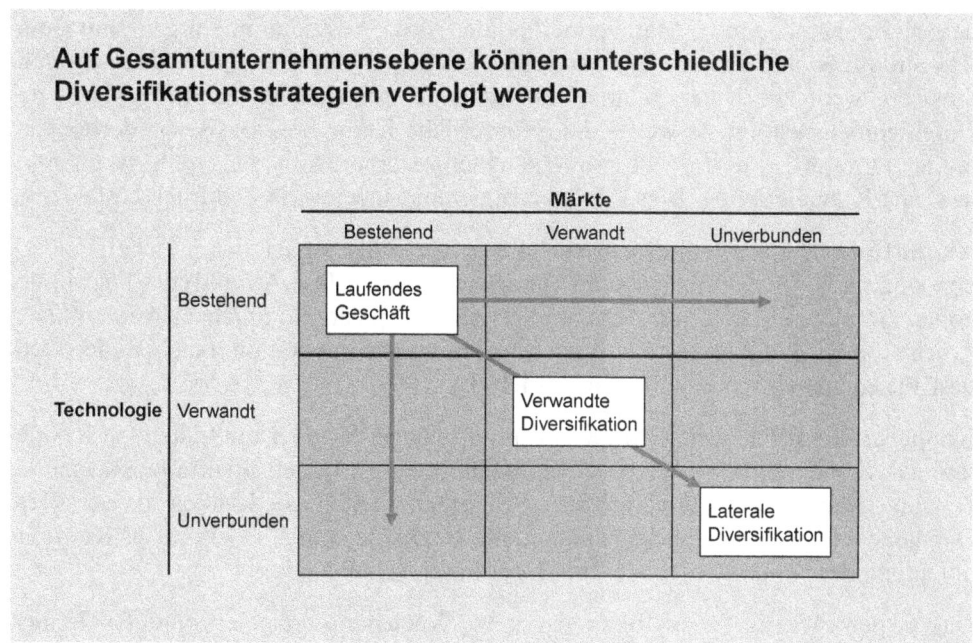

Abb. 3.11 Verwandtschaftsgrad von Geschäften

Je größer die Nähe der Geschäfte ist, desto größer sind in der Regel die Synergien aus der gemeinsamen Nutzung von Ressourcen. Solche Synergien können sich aus einer übergreifenden Nutzung von Entwicklungsleistungen, Größenvorteilen bei der Produktion oder der gemeinsamen Nutzung von Vertriebsressourcen ergeben. Als Gegenentwurf dazu steht die laterale Diversifikation. Mögliche Vorteile liegen hier in einer Risikostreuung oder in rein finanzwirtschaftlichen Effekten.

Grundsätzlich ist bei der Entscheidung für eine dieser Optionen stets die Frage zu beantworten, welcher zusätzliche Wettbewerbsvorteil aus der Integration der Geschäfte in einem Unternehmen erzeugt wird. Dieser ist den zusätzlichen Kosten (z. B. für die Koordination der verschiedenen Aktivitäten) gegenüberzustellen. Im Rahmen der Betrachtung ist auch die Frage zu beantworten, ob sich der angestrebte Nutzen nicht auch mit anderen Mitteln erzielen lässt. So lässt sich etwa Risikostreuung aus Sicht der Anteilseigner auch dadurch erreichen, dass parallel in Unternehmen mit unterschiedlichem Fokus investiert wird.

Hat man sich für die Diversifizierung entschieden, so bestehen drei **Vorgehensoptionen**: Organisches Wachstum, Akquisition und Kooperation (bzw. strategische Allianz):

Organisches Wachstum: Den geringsten Eingriff in das Unternehmen bedeutet in der Regel die interne Entwicklung. Bestehendes Know-how wird zum Aufbau des

neuen Geschäfts genutzt. Man vermeidet die Schwierigkeiten im Umgang mit frem-
den Strukturen und Kulturen. Organisches Wachstum ist insbesondere dann empfeh-
lenswert, wenn die Diversifikation auf Basis der bestehenden Kernfähigkeiten des
Unternehmens erfolgt. Je weiter die erforderliche Know-how-Basis von der existie-
renden entfernt ist, desto eher empfehlen sich externe Lösungen – d. h. Akquisitionen oder Kooperationen. Dies gilt in besonderem Maße, wenn Zeitdruck besteht.

Akquisition: Der Kauf eines Unternehmens, das in den anvisierten Geschäftsfeldern
bereits tätig ist, gilt oftmals als die einfachste Lösung. Ihre Attraktivität liegt in der
hohen Geschwindigkeit, mit der eine Wettbewerbsposition aufgebaut werden kann.
Erhebliche Risikofaktoren, vor allem im Bereich der Integration, machen diese Option allerdings teilweise sehr herausfordernd.

Kooperationen: Die dritte Vorgehensoption liegt in bi- oder multilateralen Kooperationen. Sie ermöglichen es, durch Bündelung von Kräften Zeitvorteile zu erschließen und Marktmacht zu vergrößern. Außerdem helfen sie Risiken zu verteilen.
Demgegenüber stehen allerdings potentielle Nachteile, wie z. B. ein hohes Konflikt-
potential oder hoher Steuerungs- und Koordinationsaufwand.

Das Gegenstück zu Diversifikations- bzw. Wachstumsstrategien sind **Rückzugs-
strategien**. Diese können einzelne unattraktive Geschäfte des Unternehmens-
portfolios betreffen oder auch die ganzheitliche Umsetzung einer Fokussierungs-
strategie umfassen. Zur Umsetzung einer Rückzugsstrategie besteht eine Reihe von
(**Ausstiegs-)Optionen**:

- **Direkter Verkauf:** Die häufigste Variante zum Ausstieg ist der direkte Verkauf
  an einen strategischen oder finanziellen Investor. Dem Mutterkonzern fließen
  dadurch entweder liquide Mittel, Aktien oder andere Vermögenswerte zu.
- **Spin-off:** Hier wird das Geschäft in eine neue Tochtergesellschaft ausgegliedert.
  Die Anteile gehen nicht an einen externen Käufer, sondern der Mutterkonzern
  gibt die Aktien am neuen Unternehmen an die eigenen Aktionäre ab.
- **Equity-Carve-out:** Hier werden – anders als beim Spin-off – die Aktien der
  neuen Tochtergesellschaft nicht an bestehende Aktionäre ausgegeben, sondern
  der Öffentlichkeit zum Kauf angeboten. Dies kann z. B. im Rahmen eines Initial
  Public Offerings (IPO) geschehen. Vorteil hierbei ist, dass dem Mutterkonzern
  flüssige Mittel zufließen.
- **Schließung/Liquidation:** Bei der Schließung einer Geschäftseinheit werden die
  vorhandenen Vermögenswerte einzeln oder im Kollektiv verkauft. Auch hier
  fließen dem Mutterkonzern Mittel zu – wenngleich meist deutlich geringere.
- **Dual-Track:** In der Praxis wird häufig die Festlegung auf eine Ausstiegsvariante
  vermieden und eine Mischlösung aus direktem Verkauf und Equity-Carve-out
  verfolgt. Ziel ist es dabei, die Risiken des Scheiterns der angestrebten Transaktion zu minimieren bzw. den Erlös zu maximieren.

Strategieoptionen im internationalen Kontext

Im internationalen Kontext gelten die bisherigen Überlegungen zur strategischen Analyse und zu den strategischen Optionen uneingeschränkt fort. Es kommen jedoch noch verschiedene Optionen hinzu. Sie betreffen z. B.:

- die Form des Eintritts bzw. der Bedienung eines Auslandsmarktes
- grundlegende Strategieoptionen für international tätige Unternehmen.[7]

Ein wichtiger strategischer Aspekt ist die Entscheidung über die Form des Eintritts bzw. die Form der Bedienung eines Auslandsmarktes. Hierfür bestehen vielfältige Möglichkeiten, wie z. B.:

- **Export**, d. h. reiner Warentransfer in das Zielland. Dabei kann zwischen direktem Export und dem Export unter Einschaltung eines Absatzmittlers unterschieden werden. Der Export ist in der Regel vergleichsweise kostengünstig. Allerdings sind nicht alle Produkte dafür geeignet. So können Haltbarkeit und schwere Transportierbarkeit dagegen sprechen. Möglicherweise gibt es auch Akzeptanzprobleme vor Ort. Außerdem ist die Reaktionsfähigkeit und -geschwindigkeit auf geänderte Anforderungen im Markt (*local responsiveness*) meist eingeschränkt.
- **Lizenzvergabe**, d. h. Verkauf bestimmter Rechte (z. B. Markenname, Patente, technisches Know-how, Fertigungsverfahren, Vertriebsrechte) an Unternehmen im betrachteten Land. Das wohl bekannteste Beispiel ist die Firma Coca Cola. Sie vergibt die Rechte zur Herstellung und Abfüllung der verschiedenen Coca-Cola-Getränke (z. B. Coke, Fanta, Sprite, Bonaqua, Kinley) an lokale Gesellschaften – teilweise mit und teilweise ohne Beteiligung von Coca Cola. Breit genutzt ist Lizensierung in der Pharmabranche. Lizensierung ermöglicht es, ohne großen finanziellen und personellen Ressourceneinsatz Märkte zu bedienen. Lizensierung ist auch ein probates Mittel, wenn die Abnehmer auf einer Produktion im Lande bestehen. So arbeitet etwa Heckler & Koch, Hersteller von Schnellfeuergewehren und Handfeuerwaffen, in breitem Umfang mit Lizensierung. Problematisch bei Lizensierung sind die begrenzte Kontrolle über die Aktivitäten des Lizenznehmers und der Schutz des Know-hows. Auch vertragliche Vereinbarungen haben hier in der Praxis Grenzen – vor allem in Ländern mit nur teilweise entwickeltem Rechtssystem bzw. einer nur rudimentären Anerkennung von geistigem Eigentum.
- **Franchising** ist ein verwandter Ansatz zur Marktbedienung. Dabei wird einem rechtlich selbstständigen Franchisenehmer ein eingeführtes und erprobtes Konzept zur Verfügung gestellt. Dieses sog. Business Package oder Business Format enthält typischerweise Beschaffungs-, Absatz-, Organisations- und Managementkonzepte. Beispiele für Unternehmen, die sich des Franchisings bedienen, sind

---

[7] Vgl. zum Folgenden: Kutschker/Schmid, Internationales Management

McDonald's, Burger King, Hertz, Avis, Accor, Holiday Inn, The Body Shop, Yves Rocher. Wie Lizensierung ermöglicht auch Franchising eine Expansion mit sehr geringem Ressourceneinsatz. Im Vergleich zur Lizensierung sind die Weisungs- und Kontrollrechte in der Regel deutlich weiter ausgebildet. Begrenzt wird Franchising dadurch, dass es in der Regel einen hohen Standardisierungsgrad erfordert. Auch besteht die Gefahr, dass Ruf und Image des gesamten Franchisesystems durch (Fehl-)Verhalten einzelner Franchisenehmer gefährdet werden können. Problematisch sind auch die potentiell hohen Steuerungs- und Kontrollkosten, bei gleichzeitig im Vergleich zu eigenen Gesellschaften geringeren Durchgriffsmöglichkeiten. Auch ist bei erfolgreichem Verlauf das Gewinnpotential geringer als im Falle eigener Gesellschaften.

- **Kooperationen**, wie z. B. Joint Ventures oder strategische Partnerschaften, werden immer häufiger genutzt, um in neue Länder einzutreten. Dies geschieht teilweise gezwungenermaßen – in Fällen, in denen eine Beteiligung von Inländern von Gesetz wegen zwingend vorgeschrieben ist. In dynamischen Geschäften wird jedoch die Zusammenarbeit mit einem Partner vielfach zur Erfolgsvoraussetzung. Kooperationen gibt es in einer großen Fülle an Formen. Diese reichen von sehr losen Formen der Zusammenarbeit über temporäre Übergangslösungen zum Markteintritt bis hin zu langfristig angelegten gemeinsamen Unternehmen. Kooperationen ermöglichen es, Kosten und Risiken zu teilen, an komplementärem Know-how gemeinsam zu partizipieren oder eine potentielle Rivalität zu reduzieren. Problematisch sind die oftmals divergierenden Interessen der Partner. Sie erfordern hohen Koordinationsaufwand und machen mitunter die Verfolgung einer über Ländergrenzen konsistenten Strategie nahezu unmöglich. Die genannten Probleme führen dazu, dass Kooperationen häufig nur über eine gewisse Zeitspanne erfolgreich sind. Dieser tendenziell temporäre Charakter ist jedoch per se nicht als grundlegendes Problem zu sehen. Gerade für die Markteintrittsphase sind sie ein wertvolles Vehikel, welches in einer späteren Phase durch eine eigene Aktivität ersetzt werden kann.

- Die am weitesten gehende Möglichkeit ist die 100 %ige **Tochtergesellschaft**. Tochtergesellschaften können das volle Wertschöpfungsspektrum umfassen oder auch nur Teile der Wertschöpfung. Beim Markteintritt ist die Form der Etablierung wichtig zu unterscheiden: Neugründung (Greenfield-Investment) oder Übernahme. Eine Mischform ist das sog. Brownfield-Investment, bei dem eine bestehende Gesellschaft akquiriert und entsprechend der eigenen Bedürfnissen umgestaltet wird. Im Vergleich zu den anderen Formen bestehen bei Tochtergesellschaften deutlich größere Steuerungs- und Kontrollmöglichkeiten. Auch zeigt ein solches Engagement ein deutlich größeres Commitment zum Gastland, welches in der Regel förderlich für Wahrnehmung und Absatzmöglichkeiten ist. Teilweise ist es via *local-content*-Regeln sogar gefordert oder wird – etwa durch Subventionen oder steuerliche Sonderregeln – gefördert. Erkauft werden diese Vorteile durch deutlich höheren Bedarf an finanziellen und personellen Ressourcen. Hinzu kommen höhere Risiken. Neben den typischen Geschäftsrisiken gehören hierzu vor allem in politisch instabilen Ländern Kapitalverkehrskontrollen und enteignungsgleiche Regelungen bis hin zur kompletten Verstaatlichung. Hinzu kommt der erhebliche Zeitbedarf – insbesondere im Fall von Greenfield-Investments.

Wie die Ausführungen zeigen, hat die Entscheidung für eine bestimmte Form der Marktbedienung in der Regel ganz erhebliche strategische Konsequenzen für den Finanzmittelbedarf, Kontrollmöglichkeiten sowie für Chancen und Risiken. Abb. 3.12 skizziert die Möglichkeiten geordnet nach dem für die Steuerung wichtigen Aspekt der Einfluss- und Kontrollmöglichkeiten.

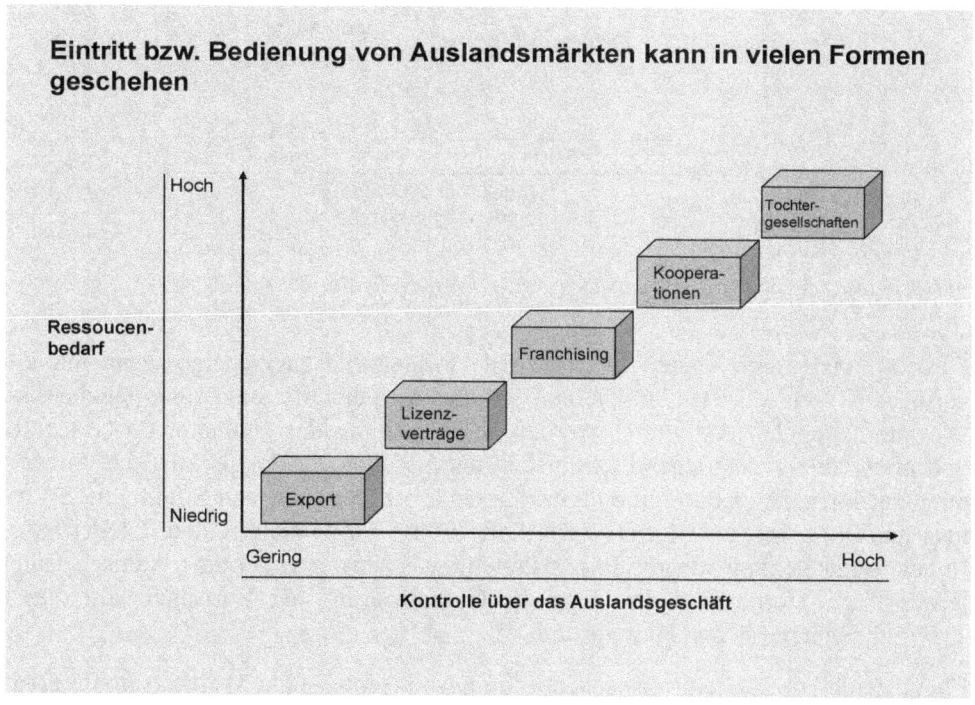

Abb. 3.12 *Möglichkeiten der Bedienung von Auslandsmärkten*

Grundlegende Strategieoptionen für international tätige Unternehmen ergeben sich, wenn man das in Kapitel 2 dargestellte Optimierungskalkül betrachtet: Es gilt die ergebnismaximale Lösung zwischen den Vorteilen aus der Anpassung an die jeweiligen lokalen Bedingungen und den Vorteilen einer weltweiten Integration aller Aktivitäten zu erreichen. Legt man diese beiden Kriterien zugrunde, ergeben sich in Abhängigkeit von der konkreten Bedingungslage vier Strategietypen. Sie werden in Abb. 3.13 skizziert.

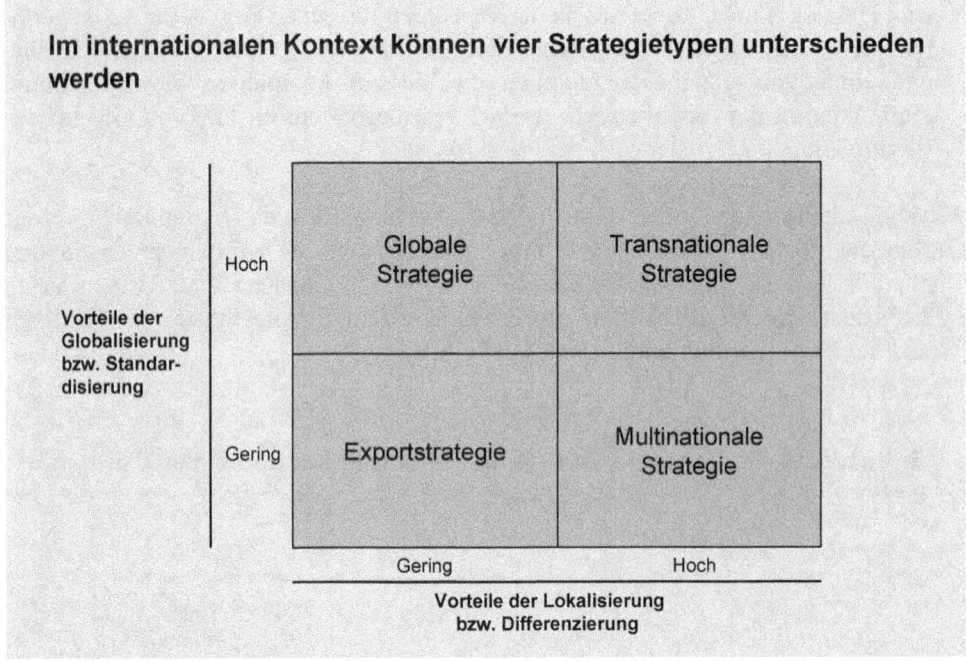

Abb. 3.13 *Strategiespektrum international agierender Unternehmen*

Die **Exportstrategie** (auch: Internationale Strategie) ist angezeigt, wenn nur ein geringer Nutzen aus Standardisierung und aus lokaler Differenzierung gegeben ist. Die internationalen Aktivitäten werden als Ergänzung des Heimatmarkt-Geschäfts und als Quelle zusätzlicher Ergebnisbeiträge gesehen. In der praktischen Anwendung zeichnen sie sich durch eine weitgehende Übertragung von Strukturen, Systemen und Prozessen der Muttergesellschaft auf die Aktivitäten in allen Ländern aus. In der Vergangenheit war die Exportstrategie das Muster vieler amerikanischer und japanischer Unternehmen. Im Zuge der Globalisierung der Wirtschaft tritt dieser Typus zunehmend in den Hintergrund.

Ein Gegenteil dieses zentralistischen Führungskonzepts ist die **Multinationale Strategie**. Sie strebt eine weitgehende Berücksichtigung der Bedingungen des Gastlandes an. Die zentralen Vorgaben sind in der Regel nur dort ausgeprägt, wo es unverzichtbar ist – z. B. für die Zwecke der Internationalen Rechnungslegung[8]. Um die lokalen Bedingungen bestmöglich zu berücksichtigen, sollten die Schlüsselpositionen so weit wie möglich mit lokalen Managern besetzt werden.

---

[8] Ausführlich zu den verschiedenen Aspekten der Internationalen Rechnungslegung z. B. Achleitner/Behr/ Schäfer, Internationale Rechnungslegung, oder Pellens, Internationale Rechnungslegung

Die **Globale Strategie** ist in gewissem Sinne eine Steigerung der Exportstrategie. Da die Bedingungslage hier durch einen hohen Nutzen aus der Integration geprägt ist, ist die weltweite Standardisierung der Strukturen, Systeme und Prozesse von besonderer Bedeutung. Erreicht wird dies durch eine ausgeprägte Zentralisierung aller wichtigen Entscheidungskompetenzen, ergänzt durch die Besetzung von Schlüsselstellen weitgehend durch Stammhausdelegierte. Die einheitliche Willensdurchsetzung wird in der Regel durch eine starke Präferenz für 100 %ige Tochtergesellschaften unterstützt.

Mithilfe einer **Transnationalen Strategie** wird versucht, nationale Unterschiede, Skaleneffekte und Verbundvorteile gleichzeitig auszunutzen. In der Praxis lässt sich dies nicht durch eine uniforme Stoßrichtung erreichen. Vielmehr ist eine Optimierung zwischen Differenzierung und Standardisierung für jedes Geschäftsfeld erforderlich. Auch werden zur Realisierung des Nutzens aus beiden Optimierungsgrößen in der Regel erhebliche Liefer- und Leistungsverflechtungen zwischen den verschiedenen Ländern erforderlich sein. Wegen dieser Komplexität stellt dieser Strategietyp auch hohe Anforderungen an das Management, insbesondere bei der Steuerung von Veränderungen in der Ausrichtung des Unternehmens. Gleiches gilt für die Mobilität der Ressourcen, was insbesondere an die Mitarbeiterressourcen große Herausforderungen stellt.

Die vier Strategietypen weisen stark unterschiedliche Charakteristika auf

	Export-Strategie	Multinationale Strategie	Globale Strategie	Transnationale Strategie
Primärer Fokus	• Übertragung heimischer Fähigkeiten auf andere Märkte	• Differenzierung der Leistungen entsprechend der Erfordernisse lokaler Märkte	• Kostengünstige Wettbewerbsposition	• Gleichzeitige Nutzung von Skalen-/ Verbundeffekten und lokale Anpassung
Schlüsselfähigkeiten	• Innovation und Wissenstransfer	• Responsiveness ggü. lokalen Unterschieden	• Integration weltweiter Aktivitäten	• Responsiveness, Innovation und Integration
Entwicklung und Transfer von Know-how	• Erwerb von Wissen in der Zentrale und Transfer in Auslandseinheiten	• Erwerb und Sicherung von Wissen in jeder Einheit	• Erwerb und Sicherung von Wissen in der Zentrale	• Gemeinsame Entwicklung und Nutzung von Wissen
Rolle Auslandsniederlassungen	• Anpassung/Anwendung von Kompetenzen der Zentrale	• Erkennen und Nutzen lokaler Marktchancen	• Umsetzung von Strategien der Zentrale	• Differenzierte Beiträge der nationalen Einheiten zu Integration weltw. Aktivitäten
Konfiguration von Fähigkeiten	• Kernkompetenzen zentralisiert; andere Kompetenzen dezentralisiert	• Dezentralisiert und im nationalen Rahmen unabhängig	• Zentralisiert und weltmarktorientiert	• Weitgestreut, interdependent und spezialisiert
Organisationsmodell	• Koordinierte Föderation	• Dezentralisierte Föderation	• Zentralisierte Knotenpunktstruktur	• Integriertes Netzwerk

Abb. 3.14 Merkmale internationaler Strategien[9]

Mit den vier Strategietypen ist ein Grundraster gegeben, um die Überlegungen zu strukturieren. Die konkrete Lösung erfordert auch hier eine unternehmensspezifische Betrachtung.

Klar ist, dass **Produkt bzw. Branche** einen wichtigen Einfluss auf die zweckmäßige Ausrichtung haben. So werden globale Produkte wie Passagierflugzeuge, Containerschiffe oder Gasturbinen andere Strategiemuster erfordern als stark lokal beeinflusste Produkte wie Lebensmittel, Versicherungen oder Gebäudeinstallation.

Ein zweiter, wichtiger Einflussfaktor ist das sog. **administrative heritage**, d. h. die Unternehmensgeschichte, Unternehmenskultur und die strukturellen Voraussetzungen eines Unternehmens. Diese wirken stark auf die Implementierung der Strategie bzw. auf Effizienz und Effektivität der Prozesse.

In der Praxis ist für die optimale Lösung auch zwischen den Teilelementen der Wertekette zu unterscheiden. So wird die optimale Lösung für Funktionen wie For-

---

[9]   Quelle: Kutschker/Schmid, Internationales Management (leicht modifiziert)

schung & Entwicklung und Beschaffung tendenziell stärker zentralisiert sein als für nachgelagerte Funktionen wie Produktion oder vor allem Vertrieb. Ausführlicher zu diesen Themen der Konfiguration in Kapitel 6.

Strategische Wahl
Die bisherigen drei Schritte dienten dazu, systematisch unternehmensspezifische Optionen zu entwickeln. Im letzten Schritt ist hieraus die am besten geeignete Strategie auszuwählen.

Die Eignung einer Strategie kann letztlich nur anhand der langfristigen Unternehmensziele beurteilt werden, zu deren Realisierung sie ja entworfen wurde. Will man strategische Optionen bewerten, sollten mindestens vier weitere Aspekte berücksichtigt werden:

- **Machbarkeit:** Es ist zu bewerten, ob und inwieweit die Organisation die Fähigkeiten zur Umsetzung der jeweiligen Option besitzt oder erlangen kann. Hierbei ist die finanzielle und inhaltliche Machbarkeit zu beurteilen. Dies lässt sich aus der Ressourcenlücke beurteilen: Inwieweit liegen IST-Zustand der personellen, finanziellen und technologischen Ressourcen und der angestrebte bzw. erforderliche SOLL-Zustand auseinander?
- **Rendite:** Strategische Optionen unterscheiden sich in der Regel ganz erheblich im Ertrag, der sich bei einer erfolgreichen Umsetzung ergibt. So wird eine New-Game-Strategie deutlich höhere Erträge bedeuten als eine bloße Anpassungsstrategie. Ein wichtiger Aspekt ist auch der zeitliche Anfall der Überschüsse. So werden die Rückflüsse im Falle eines Penetrations-Pricings deutlich später anfallen, als bei einer Skimming-Strategie (zu Pricing-Strategien s. Kapitel 6.3).
- **Risiko:** Der potentielle Ertrag darf auch nie isoliert gesehen werden, sondern ist stets zusammen mit dem Risiko der jeweiligen Option zu betrachten. Strategien können potentiell äußerst ertragreich sein, jedoch im Misserfolgsfall den Untergang des Unternehmens bedeuten. Entsprechend sind sowohl Risiko-Unterschiede zu berücksichtigen als auch Maximalrisiken (*risk appetite*) zu definieren.
- **Akzeptanz:** Neben den eher inhaltlichen Themen ist stets zu bewerten, inwieweit die verschiedenen Interessenträger die Strategie unterstützen oder ablehnen. Bei den Interessenträgern ist der Blick weit zu fassen (Abb. 3.15). Unternehmensverkäufe können für Gewerkschaften oder Kunden inakzeptabel sein. Diversifizierung in neue Produktkategorien kann Widerstände sozialer oder politischer Interessengruppen erzeugen, die bis zu Boykottmaßnahmen reichen können. Neben externen Interessenträgern ist auch die interne Akzeptanz kritisch zu hinterfragen. Stehen das Management bzw. die relevanten Mitarbeiter hinter der Strategie? Interne Widerstände sind vor allem dann kaum zu überschätzen, wenn es zu Schwierigkeiten bei der Implementierung kommt. Nicht selten ist hier der Grund für das Scheitern von Strategien zu finden.

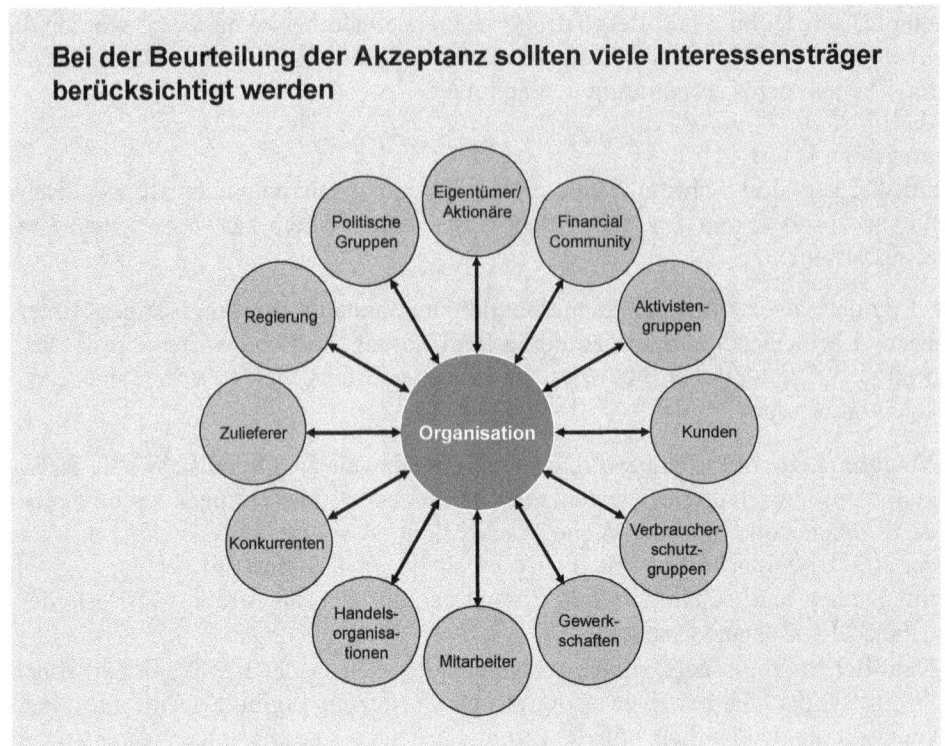

Bei der Beurteilung der Akzeptanz sollten viele Interessensträger berücksichtigt werden

Abb. 3.15 Potentielle Interessenträger

Die ganzheitliche Bewertung strategischer Optionen in der Praxis ist nicht einfach. So sind die genannten Kriterien oft interdependent. Eine New-Game-Strategie wird nicht nur deutlich höhere Erträge bedeuten, sondern auch deutlich höhere Risiken oder erhebliche Zusatzprobleme bei der Akzeptanz. Entsprechend muss man sich im Klaren sein, dass es *die* eindeutig beste Lösung – idealerweise rein rechnerisch begründet – nicht geben wird. Vielmehr muss in der Regel auf Basis quantitativer und qualitativer Argumente eine Management-Entscheidung getroffen werden.

3.1.2   The essence of strategy is choosing what not to do

Mit der strategischen Wahl ist die Strategiefindung abgeschlossen. Die strategische Wahl wurde als ein eigenständiger Schritt einer systematischen Strategiebildung angeführt. Zentral ist, dass am Ende des Strategieprozesses eine *echte* Entscheidung getroffen wird. Es gilt die in der Praxis nicht seltene Neigung zu sowohl-als-auch-Festlegungen zu vermeiden. Oder – um mit Porter zu sprechen: „The essence of strategy is choosing what *not* to do".

Wie die vorangegangenen Ausführungen gezeigt haben, sind viele Strategietypen nicht miteinander vereinbar. In besonderem Maße gilt dies für den Versuch, Differenzierung und Kostenführerschaft gleichzeitig anzustreben. Diese strategische Position wird als *stuck in the middle* bezeichnet. Sie geht nahezu immer mit erheblichen strategischen Problemen und unbefriedigenden Renditen einher. Beispiele für *stuck-in-the-middle*-Positionierungen sind etwa das typische Warenhaus, Airlines wie Air Berlin oder der traditionelle Möbeleinzelhandel (Abb. 3.16).

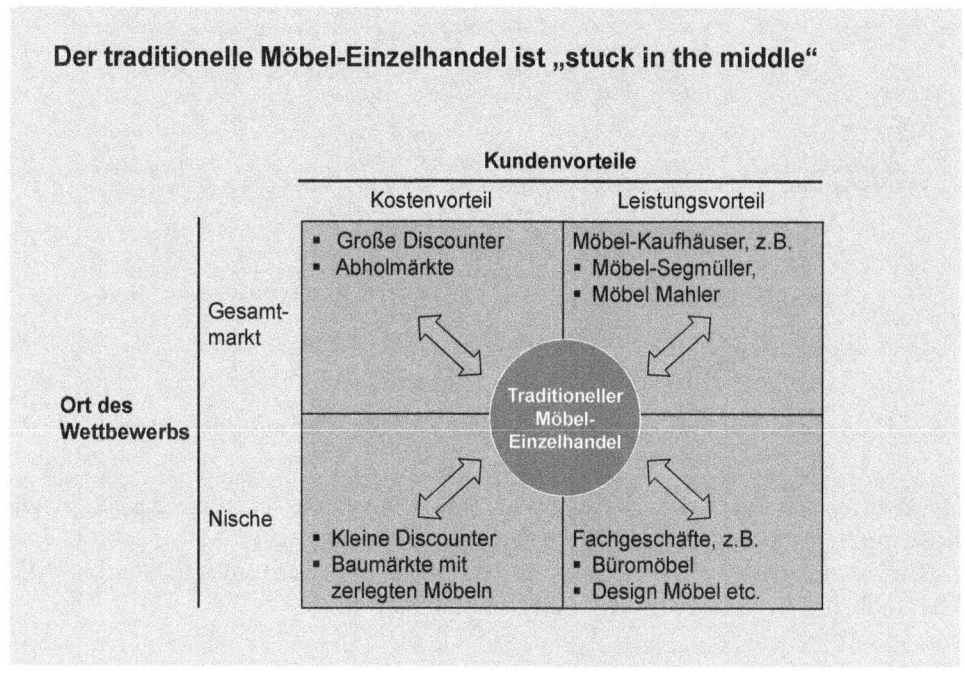

Abb. 3.16 *Die strategische Position des traditionellen Möbeleinzelhandels*

Das zugrunde liegende strategische Problem des *stuck in the middle* ist zunächst, dass jede Differenzierungskomponente Kosten verursacht und damit die Kostenführerschaft untergräbt. Analoges gilt für die Differenzierungstrategie. Noch deutlicher werden die Schwierigkeiten, wenn man sich die Erfolgsfaktoren der beiden Strategietypen ansieht. Kostenführerschaft und Differenzierung verlangen deutlich andere Fähigkeiten sowie andere organisatorische Strukturen und Prozesse (Abb. 3.17). So erfordert eine Kostenführerschaft u. a. standardisierte Produkte, eine konsequente Kostenkontrolle, eine straffe Mitarbeiterführung und eine klare Mengenorientierung in allen Elementen des Geschäftssystems. Für eine erfolgreiche Differenzierungsstrategie sind dagegen in der Regel ein möglichst genaues Eingehen auf bestimmte Kundenanforderungen, laufende Produktinnovationen (i.w.S.) sowie eine auf Kreativität und Innovation ausgerichtete Mitarbeiterauswahl und Führung notwendig.

Kostenführerschaft und Differenzierung erfordern deutlich unterschiedliche Fähigkeiten

	Kostenführerschaft	Differenzierung
Wichtige Fähigkeiten	• (Standardisierte) Produkte, die im Hinblick auf einfache Herstellung entworfen sind • Stetige Verfahrensinnovationen und Verfahrensverbesserungen • Kostengünstiges Vertriebssystem • Hohe Investitionen und Zugang zu Kapital • ...	• Stetige Produktinnovation • Kreativität • Guter Ruf in Sachen Qualität und technologische Spitzenstellung • Lange Branchentradition oder einmalige Kombination aus Fähigkeiten anderer Branchen • Gute Marketingfähigkeiten • ...
Organisatorische Anforderungen	• Intensive Kostenkontrolle • Häufige detaillierte Kontrollberichte • Klar gegliederte Organisation und Verantwortlichkeiten • Anreizsystem, das auf der strikten Erfüllung quantitativer Ziele beruht • ...	• Strenge Koordination von Tätigkeiten in der Forschung, Produktentwicklung und Marketing • Subjektive Bewertungen und Anreize anstelle von quantitativen Kriterien • Annehmlichkeiten, um hochqualifizierte Arbeitskräfte anzuziehen und zu halten • ...

Abb. 3.17 *Erfolgsfaktoren einer Kostenführerschaft bzw. einer Differenzierungsstrategie*

Stuck in the middle darf nicht dergestalt (miss-)verstanden werden, dass z. B. ein Kostenführer alle anderen Leistungselemente völlig ignorieren soll. Klar ist, dass z. B. eine *akzeptable* Qualität und ein *akzeptabler* Service unverzichtbar für alle Marktteilnehmer sind. Hier liegt selbstverständlich noch kein *stuck in the middle* vor.

Wie vieles in der Strategie darf auch *stuck in the middle* nicht dogmatisch gesehen werden. Es ist natürlich nicht ausgeschlossen, dass mit Erfolg beide generischen Strategien gleichzeitig verwirklicht werden. Man spricht dann von **hybriden Wettbewerbsstrategien** (auch: Outpacing-Strategien). Ein Beispiel ist die Modekette Zara, deren Strategie man als Mix von Kostenführerschaft und modischer Differenzierung verstehen kann. Ähnliches gilt für IKEA. Allerdings sind die Beispiele, in denen solche Strategien langfristig erfolgreich sind, rar. Außerdem ist zu berücksichtigen, dass hybride Strategien in der Regel voraussetzen, dass zunächst eine Kostenführerschaft bzw. eine Führerschaft in einer Differenzierungsdimension vorliegt.

Für die Praxis sollte man daher davon ausgehen, dass *stuck in the middle* eine nachhaltig überdurchschnittliche Rendite zwar nicht zwingend unmöglich macht, jedoch auch wenig wahrscheinlich. Entsprechend sollten sehr gute Gründe bestehen, wenn man sich für eine solche Stoßrichtung entscheidet.

3.1.3   Prozess zur Strategieentwicklung

Zur Entwicklung einer Strategie gibt es kein Patentrezept. Vielmehr zeigen empirische Untersuchungen, dass höchst unterschiedliche Vorgehensweisen sehr erfolgreich sein können. Wichtige Einflussfaktoren für die zweckmäßige Gestaltung sind die spezifischen Marktbedingungen (insbesondere die Dynamik des Marktes), die Komplexität des Unternehmens und die persönlichen Merkmale des agierenden (Top-)Managements.

In professionell geführten Unternehmen ist meist ein formalisierter, systematischer Strategieprozess vorzufinden, wie er auch diesem Buch zugrunde liegt. Bei dieser sog. **Strategischen Planung** wird im Gegensatz zum Kommandoansatz die Strategie nicht qua Macht vorgeschrieben, sondern wird aufbauend auf einem systematischen Analyseprozess mit Fakten und Kausalketten belegt. Letzteres erlaubt die Teilung und sequentielle Abarbeitung der Aufgaben und eine vielstufige Einbeziehung der Mitarbeiter in Strategieformulierung und -implementierung.

Der Prozess zur Strategieentwicklung ist idealtypisch ein Top-down-bottom-up-Prozess. Ausgehend von den Gesamtunternehmenszielen, werden Ziele für die darunter liegenden Einheiten (z. B. Sektoren, Business Units) definiert. Auf dieser Ebene werden Einzelstrategien entwickelt, die verdichtet und schließlich von der Unternehmensleitung und den Aufsichtsgremien verabschiedet werden (Abb. 3.18). Die wesentliche Voraussetzung für einen effizienten Prozess ist eine hinreichend klare Unternehmensgesamtstrategie. Insbesondere über die strategische Rolle der Teileinheiten sowie über die grundlegenden Eckdaten bzw. Ziele der weiteren Unternehmensentwicklung sollte ein grundsätzliches Verständnis vorliegen.

Ausgehend von der Gesamtstrategie werden die Geschäftsstrategien entwickelt und beschlossen

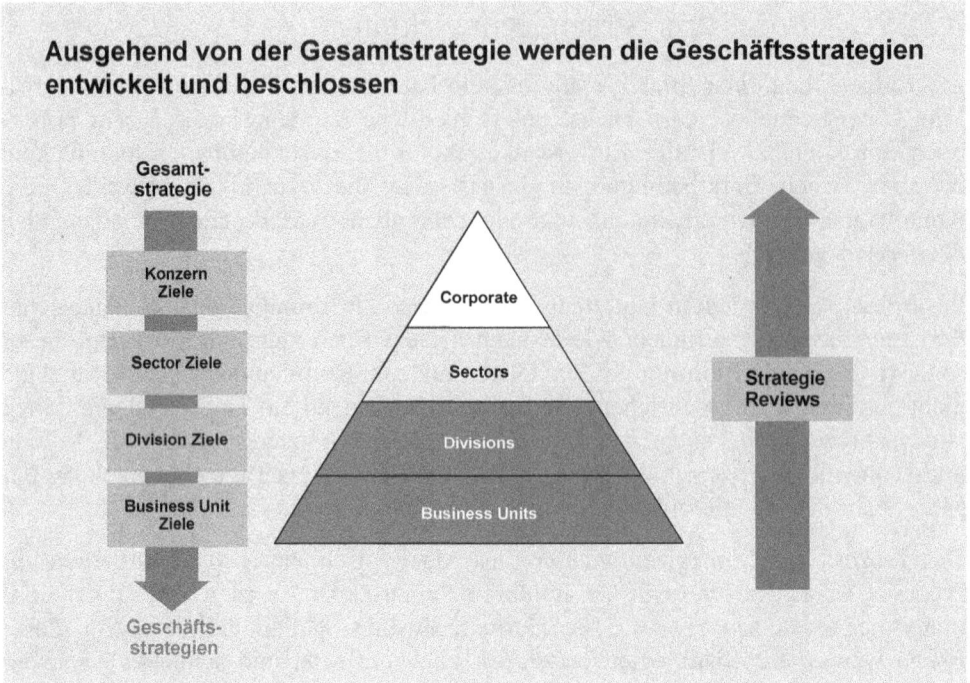

Abb. 3.18 Entwicklung von Geschäftsstrategien

Die Strategieentwicklung ist ein iterativer Prozess, da sich bei der Konkretisierung herausstellen dürfte, dass einzelne Ziele nicht erreichbar sind und andere zu wenig anspruchsvoll. Auch wird sich in der Regel bei Zusammenführung der Einzelelemente die Situation ergeben, dass Rahmenbedingungen der Gesamtunternehmung verletzt werden. So kann es z. B. sein, dass die Summe der in den Einzelstrategien benötigten Investitionen die Möglichkeiten des Gesamtunternehmens übersteigt.

Die konkrete Erarbeitung einer Strategie, z. B. die Strategie einer geschäftsführenden Einheit, ist ein mehrmonatiger Prozess, der in regelmäßigen Abständen durchlaufen werden soll. Wichtige Erfolgsvoraussetzung ist, dass auch eine genügende Beteiligung des obersten Managements der betrachteten Einheit gegeben ist. Strategie ist eine originäre Managementaufgabe!

Auch wenn (gute) Strategien längerfristig gültig sein sollten, ist eine regelmäßige Überprüfung zweckmäßig, wobei nicht jedes Mal jeder Analyseschritt durchlaufen werden muss. Sie sichert die Aktualität der Strategie und schafft bzw. erneuert das gemeinsame Verständnis von wesentlichen Inhalten der strategischen Ausrichtung im Managementteam.

Zur Unterstützung der einzelnen Phasen der Strategieentwicklung existiert eine Vielzahl von Instrumenten, die selektiv eingesetzt werden sollten. Wichtige Instrumente sind Portfolio-Analysen, Szenario-Techniken, Sensitivitätsanalysen und Benchmarking. Auf diese und weitere Instrumente wird im zweiten Teil des Buches ausführlich eingegangen.

Wie eingangs dieses Abschnitts bereits beschrieben, gibt es kein Patentrezept für diese Gestaltung des Strategieprozesses, vielmehr ist situationsspezifisch anzupassen. Vier weitere Vorgehensweisen zur Strategieentwicklung haben sich in spezifischen Situationen als erfolgreich erwiesen. Diese können in Reinkultur, als Mischformen sowie als Modifikation des eingangs beschriebenen Prozesses der strategischen Planung eingesetzt werden:[10]

- **Kommandoansatz:** Dieser orientiert sich am Urmodell des klassischen (militärischen) Strategieprozesses. Ausgangspunkt ist eine Top-down-Vorgabe, durch die die Führungsspitze Ziele und Strategien im Alleingang festlegt. Die Implementierung der Strategie wird durch Gestaltung von organisatorischen Parametern erreicht. Solche Parameter sind: Die Struktur der Organisation, die organisatorischen Prozesse sowie die Einflussnahme auf Auswahl und Verhalten der Mitarbeiter. Letzteres wird insbesondere durch Anpassung von Messung, Motivation und Kontrolle gesteuert. Der Vorteil dieses Ansatzes liegt in der Geschwindigkeit und Konsistenz der Zielformulierung. Er findet seine Grenzen in der Komplexität der zu lösenden Fragestellungen und in der ungeplanten Eigendynamik von Organisationen. Zu beobachten ist der Kommandoansatz in Unternehmen mit starken Führungspersönlichkeiten, vor allem in vom Gründer geführten Unternehmen bzw. Familienunternehmen.
- **Gelenkte Evolution**: Hier wird der Prozess der Strategieentwicklung aufgebrochen. Statt durch einen zentral festgelegten Plan wird mehrstufig vorgegangen. Das Management lenkt in der Rolle eines Architekten eine Reihe von Initiativen über mehrere Phasen (Abb. 3.19). In der Phase der Variation werden zunächst strategische Initiativen generiert. In der Selektionsphase werden die erfolgreichen dieser Initiativen identifiziert, mit deutlich mehr Ressourcen ausgestattet und vorangetrieben. Diejenigen Initiativen, die sich über den gesamten Lebenszyklus als erfolgreich erweisen, werden in der Organisation verankert (Retention). Dieser Ansatz ermöglicht es, Mitarbeiter breit einzubeziehen. Auch schafft er ein hohes Maß an Sicherheit, da letztlich der Erfolg am Markt auswahlentscheidend ist. Die stufenweise Vorgehensweise ist besonders in Situationen hoher Unsicherheit und Komplexität geeignet. Problematisch ist der hohe Zeitbedarf für Ideenentwicklung, Ressourcenausstattung und endgültige Selektion.

---

[10] Vgl. zum Folgenden: Müller-Stewens/Lechner, Strategisches Management

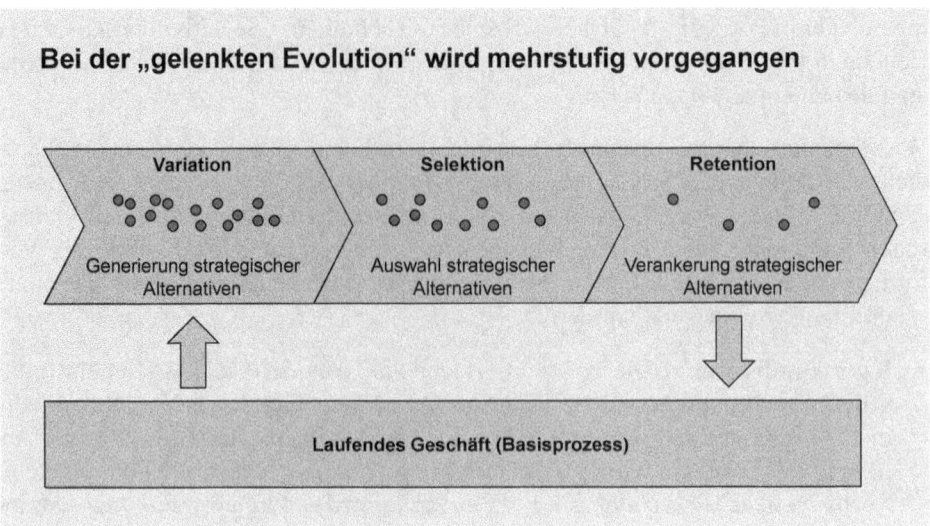

Abb. 3.19 *Strategieprozess „gelenkte Evolution"*[11]

- **Symbolischer Ansatz:** Dieser Ansatz ist dadurch gekennzeichnet, dass die Formulierung von Strategien durch die inspirierende Artikulierung und Realisierung einer überzeugenden Vision geprägt ist. Damit lässt er großen Raum für das Ableiten von Zielen und Maßnahmen. Statt klarer Anweisungen setzt dieser Prozess auf intrinsische Motivation. Die Unternehmensführung agiert als Coach, Motivations- oder Inspirationsquelle. Um den Ansatz allerdings erfolgreich anwenden zu können, muss es eine sinnstiftende, breit geteilte und handlungsleitende Vision geben sowie eine visionäre und charismatische Führungspersönlichkeit. Dies macht erfolgversprechende Anwendungssituationen eher zur Ausnahme als zur Regel.
- **Selbstorganisation:** Hier ist die Rolle des Topmanagements passiver als bei allen vorangegangenen Ansätzen. Seine Aufgabe liegt nahezu ausschließlich darin, Rahmenbedingungen zu schaffen, die möglichst optimal die selbstorganisierenden Prozesse im Unternehmen unterstützen. Diese Form der Strategieentwicklung ist keineswegs so weltfremd, wie man annehmen könnte. Zu beobachten ist sie in partnergeführten Organisationen wie Unternehmensberatungen, Wirtschaftsprüfer oder Werbeagenturen. Sie stellt allerdings hohe Anforderungen an die Mitarbeiter. Diese müssen sich aktiv einbringen und wie in eigener Sache unternehmerisch arbeiten. Problematisch kann das Zersplittern der Organisation in Einzelprojekte werden, die schlecht aufeinander abgestimmt sind. Statt Selbstorganisation entsteht dann mit großer Wahrscheinlichkeit Chaos.

---

[11]   Quelle: Müller-Stewens/Lechner, Strategisches Management

3.1.4 Fallen bei der Strategieentwicklung vermeiden

Die Strategie bestimmt in hohem Maße die Ausrichtung der nachfolgenden Aktivitäten. Entsprechend wirken sich Fehler in der Regel stark auf den Unternehmenserfolg aus. Einige Fallen gilt es zu vermeiden:

Nur auf das unmittelbare Unternehmensumfeld fokussieren: Viele Chancen und Bedrohungen haben ihren Ursprung außerhalb des engeren Unternehmensumfelds. Man denke z. B. an Technologieänderungen oder grundlegende Änderungen im politisch-rechtlichen Umfeld. Da solche Bedrohungen tendenziell zunächst vage und schwer quantifizierbar sind, besteht eine gewisse Neigung, sich auf das Bekannte – die eigene Branche, die aktuellen Wettbewerber – zu fokussieren. Erkennt man die Bedrohungen erst, wenn sie völlig konkret sind, ist die Möglichkeit effektiven Management-Handelns meist nicht mehr gegeben.

Vermeidung der Festlegung („Zwischen den Stühlen"): Strategieentwicklung bedeutet nach Abschluss der Analysearbeit auch Festlegung. Viele Strategietypen sind nicht miteinander vereinbar: Eine Differenzierungsstrategie etwa wird wegen zusätzlicher Aufwendungen zur Herstellung der differenzierenden Merkmale nahezu immer höhere Kosten bedeuten als eine Kostenführerschaft. Auch die Ausrichtung der Menschen ist in beiden Fällen unterschiedlich. Entsprechend wird der Versuch, die Entscheidung zu vermeiden und beides gleichzeitig zu erreichen, im Normalfall dazu führen, keines zu erreichen.

Die Akzeptanz vernachlässigen: Der Erfolg einer Strategie hängt nicht nur von der Qualität ihrer Inhalte ab, sondern auch von ihrer Umsetzung. Die Qualität der Umsetzung wiederum wird stark davon bestimmt, ob die wesentlichen internen und externen Interessenträger sie unterstützen oder sie ablehnen. Gerade dieser Prüfung der Machbarkeit sollte besondere Beachtung geschenkt werden, um ggf. rechtzeitig Modifikationen an besonders kritischen Themen vorzusehen oder flankierende Maßnahmen z. B. in Form einer weitergehenden Mitarbeitereinbindung durchzuführen.

Strategie als einmaliger Prozess: Strategien sollten grundsätzlich über einen längeren Zeitraum Gültigkeit haben. Allerdings hängen Strategien von einer Vielzahl von unternehmensinternen und -externen Daten ab. Diese unterliegen teilweise einer deutlichen Veränderung, die die gewählte Strategie zumindest in Teilen obsolet macht. Die Entwicklung der erfolgskritischen Parameter einer Strategie sollte daher regelmäßig verfolgt werden (ausführlicher im Kapitel 3.3.2 zur strategischen Kontrolle).

Strategie als „Geheimpapier" des Managements: In vielen Unternehmen ist immer noch eine Neigung festzustellen, Strategien als etwas Geheimes zu betrachten. Dies ist zweifellos für einzelne Elemente – etwa ein Akquisitionsvorhaben – angezeigt. Gleichzeitig nimmt man jedoch durch Geheimhaltung den Mitarbeitern die

Möglichkeit, ihre eigenen Aktivitäten an der Strategie auszurichten. Der daraus entstehende Schaden wird für weite Teile der Strategie den „Geheimhaltungsnutzen" übertreffen. Geeignete Möglichkeiten, um eine Strategie für die Mitarbeiter im Tagesgeschäft fassbar zu machen, werden in den Ausführungen zur strategiefokussierten Steuerung (im Rahmen des Moduls 3 im Werkzeugkasten, Kapitel 7) ausführlich behandelt.

3.2   Operative Planung zur Konkretisierung der Strategie

Strategien geben einen Orientierungsrahmen. Um eine Strategie Wirklichkeit werden zu lassen, muss sie konkretisiert werden. Außerdem müssen die Handlungen in den verschiedenen Teilen des Unternehmens aufeinander abgestimmt werden. Dies ist Aufgabe der operativen Planung. Sie ist in ihrer Ausrichtung kurzfristiger mit einem (Kern-)Zeithorizont von ein bis zwei Jahren angelegt.

Im Folgenden soll gezeigt werden, wie die für ein Unternehmen bestgeeignete Lösung zur operativen Planung aussehen sollte: Ausgehend von den grundlegenden Möglichkeiten zur Steuerung und Lenkung im Unternehmen sollen die Budgetierung als wichtigstes Steuerungsprinzip dargestellt und darauf aufbauend Ansätze zur unternehmensspezifischen Optimierung der operativen Planung aufgezeigt werden.

3.2.1   Grundlegende Steuerungsprinzipien

Um die Aktivitäten innerhalb eines Unternehmens aufeinander und auf die Gesamtzielsetzung abzustimmen, gibt es eine Vielzahl von Möglichkeiten. Es lassen sich vier grundlegende Steuerungsprinzipien unterscheiden: Zentralistische Führungssysteme, Budgetierungssysteme, Steuerung über Zielsysteme und Verrechnungspreissysteme. Abb. 3.20 gibt einen Überblick über diese vier Möglichkeiten mit ihren (idealtypischen) Merkmalen.

Diese Prinzipien oder Systeme unterscheiden sich im Wesentlichen im Grad der Zentralisation bzw. Dezentralisation von Entscheidungen. Mit der Zentralisierung von Entscheidungen wird der Wunsch verfolgt, Synergien zwischen den Einheiten zu nutzen. Der Grund für eine Dezentralisierung liegt im Wesentlichen in den Informationsasymmetrien zwischen Unternehmensleitung und den Teileinheiten bzw. in der begrenzten Informationsverarbeitungsmöglichkeit einer Zentrale. Außerdem verspricht man sich durch Dezentralisierung eine positive Wirkung auf die Motivation der Handelnden.

Es lassen sich vier grundlegende Steuerungsprinzipien unterscheiden

| | Zentralistische Führungs-systeme | Budge-tierungs-systeme | Zielsysteme | | Verrechnungs-preissysteme |
			Zielvorgabe	Bereichserfolg	
Organisation Entscheidungs-rechte	zentralisiert	Budgetfestlegung zentral, Operative Maß-nahmen delegiert	Durchführung dezentral, Partizipation durch Zielvereinbarung	starke Delegation, z.T. Partizipation bei zentralen Entscheidungen	starke Delegation, Partizipation bei zentralen Entscheidungen
Weisungsrechte	Einliniensystem	Ein- und Mehrliniensysteme	insb. Einliniensysteme	z.T. Mehrliniensysteme	Mehrliniensystem
Planung Verteilung der Planungs-aufgaben	zentralisiert	zentral: strategisch und taktisch dezentral: operativ	dezentralisiert	zentral: strategisch dezentral: operativ	zentral: strategisch Verrechnungspreise dezentral: operative Mengenentscheidungen
Planungsfolge	Top-down	z.T. Top-down, z.T. Bottom-up z.T. Gegenstrom	Top-down, z.T. Gegenstrom	Gegenstromverfahren	Gegenstromverfahren
Kontrolle Kontrollformen	Ergebniskontrollen	Ergebniskontrollen	Ergebniskontrollen, Eigenkontrollen	Ergebnis- und Verhaltenskontrollen	Ergebnis- und Verhaltenskontrollen
Personal Führungsstil	eher autoritär	weniger autoritär	eher kooperativ	kooperativ	kooperativ
Belohnung	ggf. Koppelung an Planvorgaben	ggf. Koppelung an Budgets	Koppelung an Zielerreichung	Koppelung an Bereichserfolg	Koppelung an Bereichserfolg ?
Informations-system	einheitliche Unternehmens-rechnung	ausgebaute Kosten-,Leistungs- u. Finanzrechnung	Kennzahlensystem	Bereichserfolgs-rechnungen	Bereichserfolgsrechnung u. segmentierte Unternehmensrechnung

***Abb. 3.20** Überblick über grundlegende Steuerungsprinzipien*[12]

Die unterschiedlichen Möglichkeiten zur Steuerung lassen sich – stark vereinfacht – folgendermaßen charakterisieren:

Zentralistische Führungssysteme sind gekennzeichnet durch eine Zentralisierung der Entscheidungs- und Weisungsrechte. Das Entscheidungsfeld wird so wenig wie möglich zerlegt, um die bestmögliche Ausrichtung auf das Unternehmensziel zu gewährleisten und Interdependenzen zwischen den Einzelelementen maximal zu berücksichtigen. Die Vorgaben geschehen top-down. Der Gestaltungsspielraum der nachgeordneten Einheiten ist minimiert.

Budgetierungssysteme geben (primär) wertmäßige Zielsetzungen vor, die durch die Entscheidungen und Handlungen der betreffenden Einheit innerhalb eines genau abgegrenzten Zeitraums erreicht werden sollen. Es werden nicht die konkreten Aktionen festgelegt, sondern das Ergebnis. Es besteht damit Gestaltungsspielraum für die nachgeordneten Einheiten.

---

[12] Quelle: Küpper/Friedl/Hofmann/Hofmann/Pedell, Controlling. Dort findet sich auch eine ausführliche Darstellung dieser übergreifenden Koordinationssysteme.

Bei der **Steuerung über Zielsysteme** werden den Einheiten jeweils konkrete Ziele vorgegeben. Um dies auch für die darunter liegenden Einheiten zu ermöglichen, werden die Ziele in Teilziele heruntergebrochen, wobei die einzelnen Teilziele dieses Zielsystems konsistent mit dem Unternehmensziel sein müssen. Abb. 3.21 zeigt ein einfaches Zielsystem, das sich am Gesamtziel Unternehmenswertsteigerung orientiert. Im Unterschied zu Budgetierungssystemen geschieht die Koordination und Steuerung nicht über die Beschränkung der einzelnen Handlungsspielräume, z. B. der Ausgaben für Entwicklung, Personal etc., sondern über die Vorgabe konkreter (Gesamt-)Ziele.

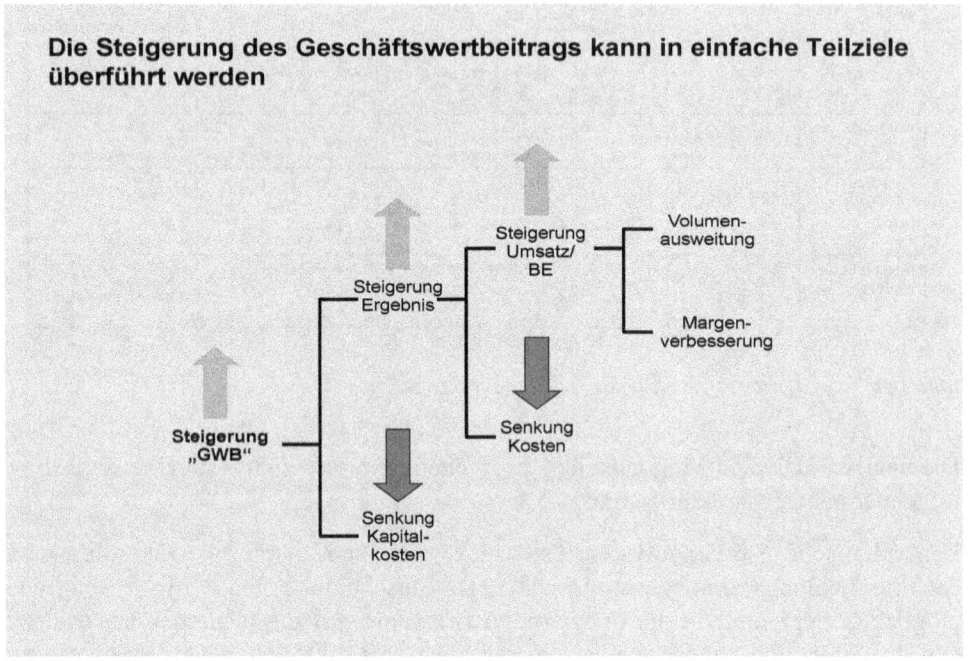

Abb. 3.21 Beispiel für Zielsystem zum Geschäftswertbeitrag

Die **Steuerung über Verrechnungspreise** schließlich delegiert nahezu alle Entscheidungs- und Weisungsbefugnis auf die dezentralen Leitungen. Die operative Planung ist völlig dezentralisiert. In der extremen Ausprägung beschränkt sich die Aufgabe der Unternehmensleitung auf die Gestaltung des Verrechnungspreissystems.

Jedes Steuerungssystem ist ein komplexes Zusammenwirken von vielen unterschiedlichen Elementen: Planungs- und Kontrollgestaltung, Aufbau und Ablauforganisation, Gestaltung der Anreizsysteme u.v.m. – mit jeweils entsprechenden Auswirkungen auf das Informationssystem. Weiter ist zu berücksichtigen, dass die einzelnen Prinzipien nicht ausschließend zu verstehen sind, sondern – innerhalb gewisser Grenzen – kombinierbar sind.

3.2.2 Das Budget als Kernelement der kurzfristigen Planung

Für die im Rahmen dieses Buches betrachteten Unternehmen sind Budgetierungssysteme das am häufigsten anzutreffende Steuerungsprinzip. Sie werden im Folgenden ausführlicher dargestellt.

Inhalte und wesentliche Gestaltungsmöglichkeiten
Wie in der Einführung skizziert, stellen Budgets in Geldeinheiten bewertete Plangrößen dar, die einem Verantwortungsbereich für eine klar abgegrenzte Periode vorgegeben werden. Der jeweilige Verantwortliche für die Einheit ist für die Einhaltung verantwortlich, wobei die Handlungen zur Budgeterfüllung – im Rahmen der generellen Unternehmensregeln und der budgetären Vorgaben – freigestellt sind.

Für die praktische Anwendung sollte der Inhalt von Budgets breiter verstanden werden: Neben den finanziellen Zielen müssen gleichzeitig wesentliche Aktionspläne zu deren Erreichung betrachtet werden. Nur so kann die Qualität des Budgets in angemessener Weise beurteilt werden.

Für die Steuerung eines Unternehmens ist im Normalfall ein Budgetsystem erforderlich. Neben einem Gesamtunternehmensbudget gibt es Budgets für die darunter liegenden Einheiten, die weiter ausdifferenziert sein können, bis schließlich die kleinste beplante Einheit erreicht ist (z. B. Kostenstellenbudget).

Budgets können in mannigfaltiger Weise gestaltet sein. Wichtige Gestaltungsmöglichkeiten mit erheblichem Einfluss auf die Leistungsfähigkeit in der Praxis sind folgende:

- Art der beplanten Größen
- Ausdifferenzierung der beplanten Größen (Planungsgranularität)
- Planungshorizont
- Planungsrhythmus
- Terminierung

Die **Art der Größen**, die beplant werden sollten, variiert stark. Grundsätzlich sollten jedoch die zentralen Ergebnisse der Unternehmenstätigkeit – Liquidität und Rentabilität – betrachtet werden. Typische beplante Felder und Größen sind:

- **Ergebnisplanung**: Gegenüberstellung der Aufwendungen und Erträge bzw. Kosten und Leistungen sowie verwandter Positionen. Solche Größen sind z. B. Auftragseingang, Umsatz, Kosten.
- **Finanzplanung**: Gegenüberstellung der Ein- und Auszahlungen der Planperiode. Die Budgetierung dieser Größen ist ein wichtiges Instrument zur Sicherstellung der Liquidität. Beplante Größen sind z. B. Working Capital, Investitionen, Geldsaldo.
- **Sonstige Planungsgrößen**: z. B. Personal, geschäftsspezifische Mengengrößen.

Als Resultante der beplanten Größen lassen sich Plan-Gewinn- und Verlust-
rechnungen und Planbilanzen erstellen. Sie erlauben die Ableitung von Gesamtaus-
sagen zu Rentabilität und Liquidität.

Neben der Art der beplanten Größen ist deren Ausdifferenzierung ein wichtiges
Gestaltungsmerkmal von Budgets (**Planungsgranularität**). Es können einerseits nur
Summengrößen (z. B. Working Capital Gesamt) geplant werden. Andererseits ist
vorstellbar, eine Feindetaillierung vorzunehmen (z. B. Working Capital in zehn Ein-
zelgrößen aufgespalten, differenziert nach Produkten, Ländern). Neben der Anzahl
der Budgetpositionen ist der zweite Faktor der Ausdifferenzierung die Anzahl der
budgetierten Einheiten.

Der **Planungshorizont** eines Budgets kann stark variieren. Die Größenordnung liegt
zwischen einem und fünf Jahren. Bei einem längeren Zeitraum empfiehlt es sich,
den Nahbereich detaillierter zu planen als den Fernbereich.

Der **Planungsrhythmus** bestimmt, wann und wie oft verbindliche Pläne geprüft,
konkretisiert und fortgeschrieben werden. Der Planungsrhythmus hat entscheidenden Einfluss auf die Flexibilität der Planung. Grundsätzlich lassen sich folgende
Planungsrhythmen unterscheiden:

- **Die anschließende Planung**: Jeder Plan wird nur einmal erstellt. Die einzelnen
  Pläne folgen einander unmittelbar und überschneidungsfrei. Angesichts der vielfältigen unternehmensinternen und -externen Störungsmöglichkeiten ist der sinnvolle Anwendungsbereich dieses Vorgehens begrenzt.
- **Die rollierende Planung**: In der Regel wird der kurzfristige Abschnitt detailliert
  geplant und der nachfolgende längerfristige grob geplant. Nach Abschluss des
  ersten Planabschnitts wird der Plan um den abgelaufenen Abschnitt verlängert
  (vgl. Abb. 3.22).
- **Die revolvierende Planung**: Hier liegt eine spezielle Form der rollierenden Planung vor. Sie hat eine höhere Planungsfrequenz für die Feinplanung. Abb. 3.23
  zeigt das Prinzip mit einer revolvierenden Quartalsplanung. Bei diesem Modell
  steht dem höheren Planungsaufwand eine deutlich höhere Flexibilität und Aktualität gegenüber. Auch wird das Problem des sog. „Geschäftsjahresendwunders"
  gelöst. Damit ist die in der Praxis nicht selten zu beobachtende Neigung gemeint,
  durch gezielte Vor- oder Nachverlagerung von budgetrelevanten Vorgängen,
  z. B. Verschiebung von Umsätzen oder Kosten, die Zielerreichung herzustellen
  oder „Reserven" für zukünftige Planungen zu legen.

Bei der rollierenden Planung wird in der Regel mit unterschiedlicher Tiefe geplant

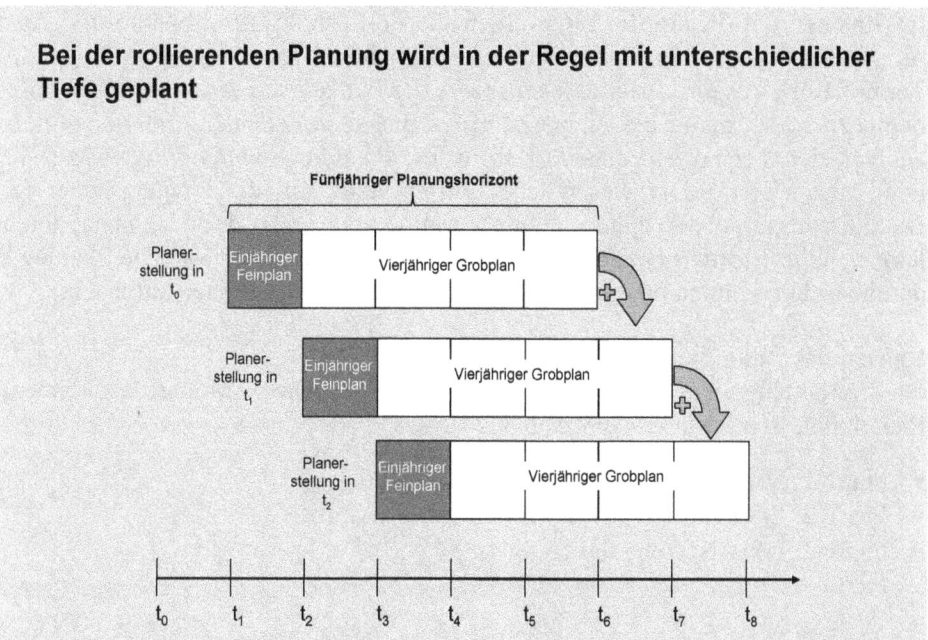

Abb. 3.22 Prinzip der rollierenden Planung

Die revolvierende Planung ist eine spezielle Form der rollierenden Planung

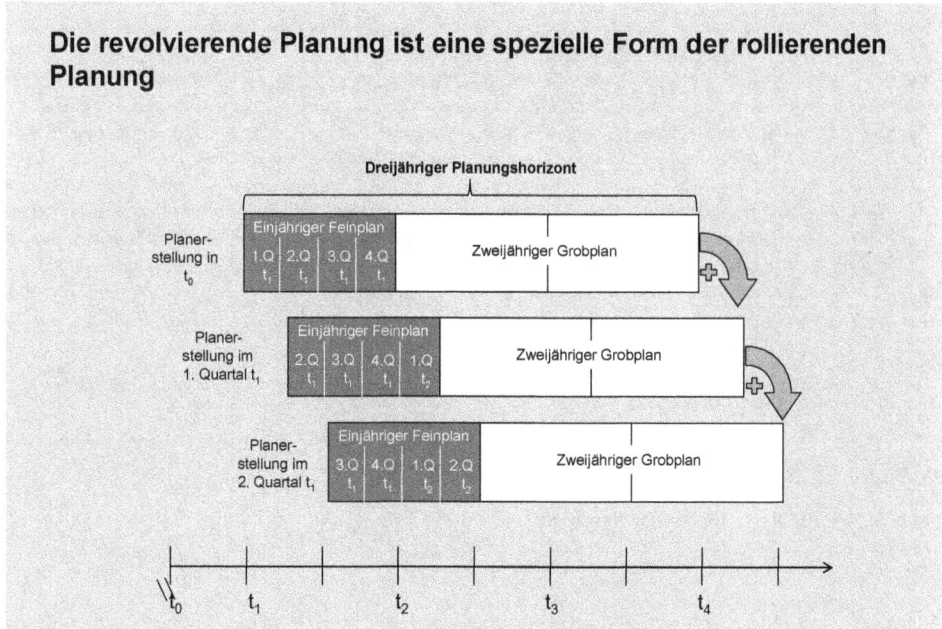

Abb. 3.23 Prinzip der revolvierenden Planung

Im Rahmen der **Terminierung** werden die Fertigstellungszeitpunkte und Ausführungsdauer für die einzelnen Budgetierungsschritte festgelegt. Das Dilemma der Terminierung besteht darin, dass einerseits der Planungsprozess so spät wie möglich beginnen sollte, damit die Planung auf möglichst aktuellen Informationen aufbaut, andererseits aber noch genügend Zeit für die inhaltliche Durchdringung zur Verfügung stehen sollte. Der wesentliche Einflussfaktor auf die Planungsdauer ist der Detaillierungsgrad der Pläne. Durch Verminderung z. B. der Planungsgranularität lässt sich die erforderliche Planungsdauer oft erheblich verkürzen. Die Planung kann damit später beginnen und dadurch auf aktuelleren Informationen aufbauen.

Phasen des Budgetierungsprozesses
Die Erarbeitung eines Budgets dauert in der Regel mehrere Monate. Es können drei Phasen unterschieden werden (Abb. 3.24):

- Phase 1: Definition von Prozess und Rahmendaten
- Phase 2: Erarbeitung des Budgets im engeren Sinne
- Phase 3: Inkraftsetzung des Budgets

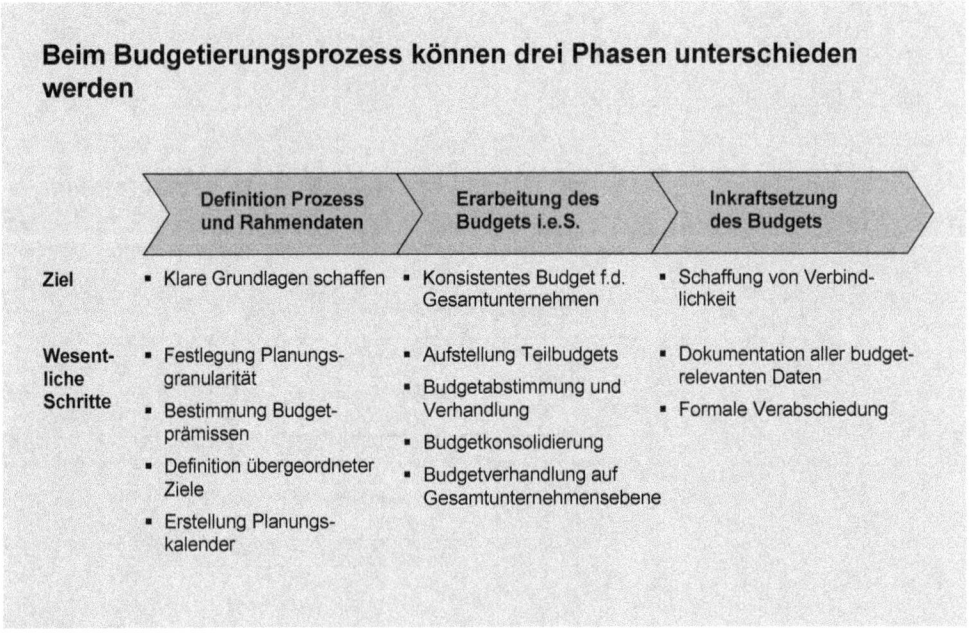

Abb. 3.24 Phasen des Budgetierungsprozesses

Phase 1: Die Definition von Planungsprozess und Rahmendaten
Wesentliche Voraussetzung für eine effektive und effiziente Budgetierung ist die klare Definition von Planungsprozess und Rahmendaten. Hierzu gehören:

- die Festlegung der Planungsgranularität, d. h. die Festlegung der zu beplanenden Größen und der kleinsten zu beplanenden Geschäftseinheit;
- die Bestimmung der Budgetprämissen, z. B. zu verwendende Wechselkurse, Annahmen zur Inflation u.v.m.;
- die Definition von übergeordneten Zielen bzw. Nebenbedingungen für die Planung, z. B. Erfolgsziele, Liquiditätserfordernisse, Ressourcenrestriktionen;
- die Erstellung des *Planungskalenders*. Er gibt die Termine und Verantwortlichkeiten für die einzelnen Aktivitäten der Budgetierung wieder. Der Planungskalender muss die Abhängigkeiten zwischen den Aktivitäten berücksichtigen. Um die Planungszeit so kurz wie möglich zu halten, sollten die Aktivitäten soweit wie möglich parallel stattfinden. Gleichzeitig gilt es jedoch, unnötige Rückkopplung wegen fehlender Vereinbarkeit zu vermeiden.

Phase 2: Erarbeitung des Budgets im engeren Sinne
Ein Kernproblem beim Ablauf der Planerstellung ist die inhaltliche Abstimmung der Teilpläne. Um das Gesamtoptimum zu erreichen, müssten alle Planinhalte gleichzeitig aufeinander abgestimmt werden. Eine solche simultane Planung ist allerdings nur in einer äußerst einfachen Planungssituation, z. B. der Belegungsplanung einer Maschine, möglich. In der Praxis müssen die Pläne sukzessiv, d. h. schrittweise nacheinander erstellt werden.

Die Erarbeitung des Budgets sollte partizipativ geschehen, d.h es sollten sowohl Top-down- und als auch Bottom-up-Elemente verwendet werden. Dieses sog. Gegenstromverfahren trägt der Gesamtsicht Rechnung (in Form des Top-down-Elements). Gleichzeitig wird das in der Regel größere Detailwissen der dezentralen Entscheidungseinheiten genutzt und die Motivation dieser Einheiten zur Budgeterfüllung erhöht. Bei diesem sog. Gegenstromverfahren sind grundsätzlich zwei Varianten denkbar: Bottom-up mit Top-down-Abgleich und Top-down mit Bottom-up-Abgleich. Beide werden in der Praxis nennenswert angewandt (Abb. 3.25). Je größer das planende Unternehmen, desto eher empfiehlt es sich, mit einer Top-Down-Vorgabe der Unternehmensleitung zu starten. Dies wirkt in der Regel günstig auf zeitlichen und personellen Aufwand.

Bei der Top-down-bottom-up-Vorgehensweise wird das Budgetierungsverfahren mit einer groben Top-down-Vorgabe durch die Unternehmensleitung eröffnet. Auf der Ebene der operativen Einheiten werden danach Teilbudgets erstellt, die dann – mit diversen Rückkopplungen – wieder zu Gesamtbudgets aggregiert werden. Wesentliche Einzelschritte sind:

- **Aufstellung von Teilbudgets**: Auf Basis der heruntergebrochenen Ziele und Rahmendaten sowie der geplanten Maßnahmen erstellen die Linienverantwortlichen einen Budgetentwurf für ihren Verantwortungsbereich.

- **Budgetabstimmung und --verhandlung**: Für die Budgets der verschiedenen Verantwortungsbereiche muss eine hinreichende Konsistenz erzielt werden, d. h. es müssen Konflikte und Inkonsistenzen aufgedeckt und bereinigt werden. Man spricht von horizontaler Koordination. Außerdem muss ein akzeptables Anspruchsniveau erreicht werden. Dazu finden in der Regel verschiedene Budgetdurchsprachen auf den verschiedenen Führungsebenen des Unternehmens statt.

- **Budgetkonsolidierung**: Aus den Teilbudgets muss eine Gesamtunternehmenssicht hergestellt werden. Ziel ist es, das Unternehmen als eine Einheit zu betrachten, unabhängig von den rechtlichen Strukturen. Dazu müssen die unternehmensinternen Beziehungen vollständig eliminiert und alle Teilbudgets überlappungsfrei aggregiert werden. Angesichts der meist erheblichen Anzahl von Gesellschaften und den meist nennenswerten Liefer- und Leistungsbeziehungen zwischen den Teileinheiten ist die Budgetkonsolidierung eine anspruchsvolle Aufgabe.

- **Budgetverhandlung auf Gesamtunternehmensebene**: Anhand der konsolidierten Daten kann dann die Erreichung der Gesamtunternehmensziele beurteilt werden. In der Regel führt dies zu weiteren mehrstufigen Überarbeitungen der Teilbudgets. Diese umgangssprachlich mit Begriffen wie „Knautschphase" oder „Knetphase" bezeichnete Verhandlung ist meist ziemlich zeitaufwendig. Sie ist jedoch für die inhaltliche Qualität und für die Motivation der Manager von großer Bedeutung.

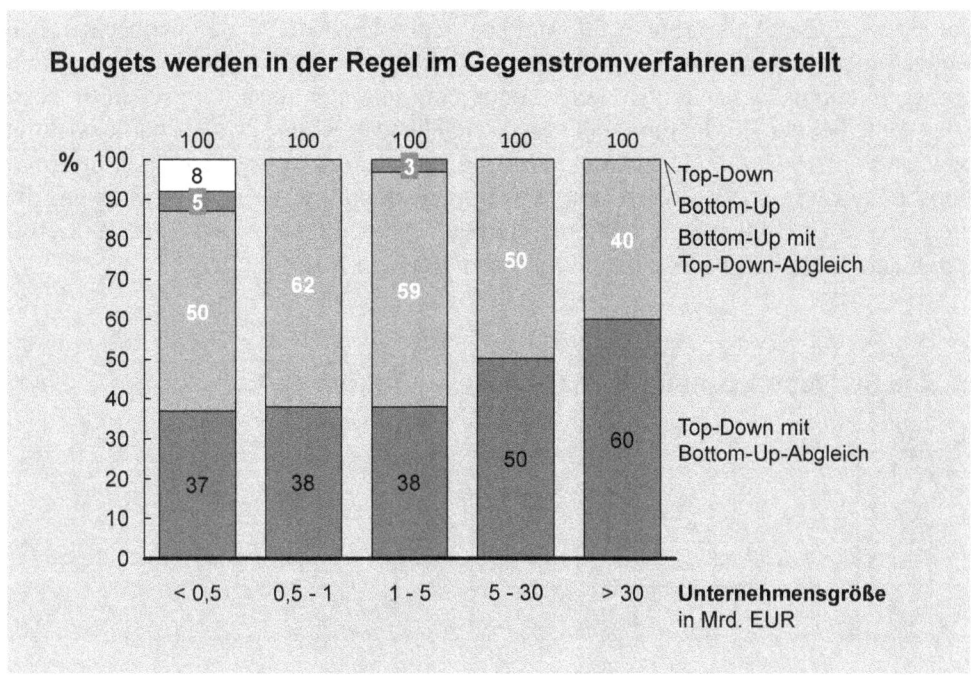

Abb. 3.25 *Ableitungsrichtung von Budgets in der Unternehmenspraxis[13]*

Phase 3: Inkraftsetzung des Budgets
Ein wesentlicher Zweck eines Budgets ist die verbindliche Festlegung der Ziele und Eckdaten sowie der Leistungsmaßstäbe für die folgende Geschäftsperiode. Sie bildet auch die Basis für die Budgetkontrolle. Damit die nötige Verbindlichkeit gegeben ist, sind eine klare und vollständige Dokumentation aller budgetrelevanten Daten, z. B. Budgetprämissen, vereinbarte Budgetwerte, Implikationen wesentlicher Chancen und Risiken, erforderlich. Auch sollte ein formaler Akt zur Inkraftsetzung vorgesehen sein, z. B. Verabschiedung im Aufsichtsrat, und zwar auch dann, wenn es nicht durch die Unternehmensverfassung oder andere Regelungen zwingend gefordert ist.

Budgetierung als politischer Prozess
Die drei Phasen beschreiben die wesentlichen Schritte bei der Budgeterarbeitung. (Abb. 3.26 skizziert die Vorgehensweise.) Neben den genannten inhaltlichen Aspekten sollte stets berücksichtig werden, dass sich der Budgetprozess nicht in einem interessenfreien Raum vollzieht: Budgets steuern die Ressourcenbereitstellung bzw. die Chancen und Risiken einer Über- bzw. Untererfüllung. Auch sind sie in der Re-

---

[13] Daten: PWC-Studie, Frankfurt 2006, zitiert aus Friedl/Hofmann/Pedell, Kostenrechnung, S.532

gel ein wichtiger Aufsatzpunkt für Anreizsysteme. Die Handelnden beobachten den Budgetprozess und versuchen, ihn in eine Richtung zu lenken, die ihren Interessen entgegenkommt. Es handelt sich in besonderem Maße um einen politischen Prozess. Dies sollte bei der Erarbeitung und der anschließenden Kontrolle stets berücksichtigt bzw. antizipiert werden. Die Mittel hierfür reichen von einer unabhängigen Informationsbeschaffung (z. B. über Marktentwicklungen) bis hin zu Anreizsystemen, die die Anreize zu Budgetmanipulationen geringer werden lassen. Letzteres kann etwa durch eine Einheiten-übergreifende Incentivierung gefördert werden.

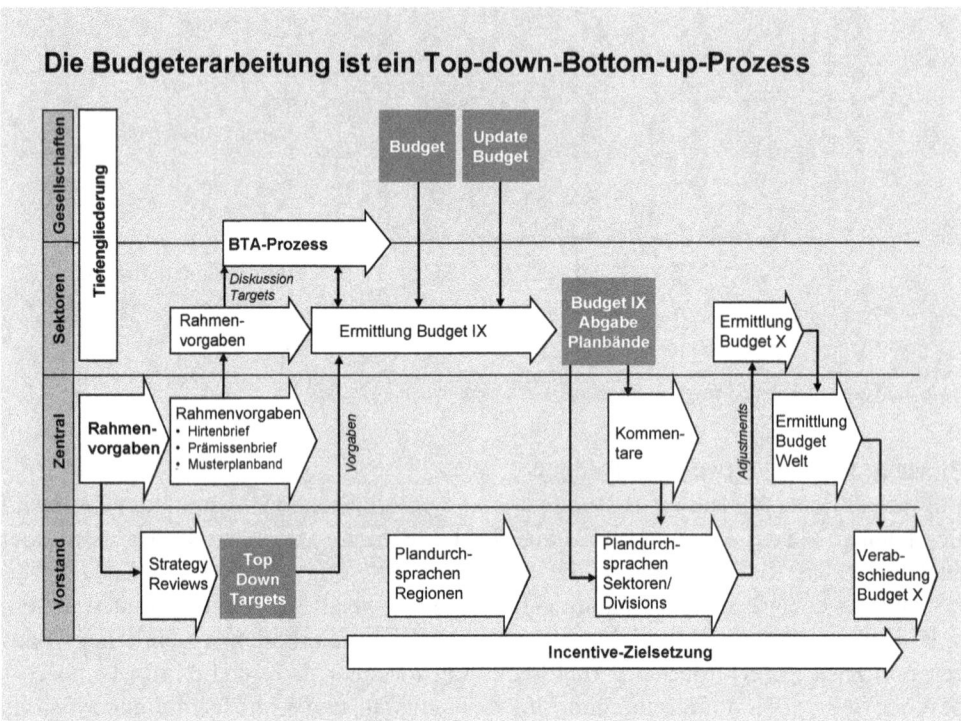

Abb. 3.26 *Praxisbeispiel: Budgetplanungs- und -verabschiedungsprozess*

3.2.3 Zero-Base-Budgeting als radikale Form des Budgets

In der Anwendungspraxis ist das Budget in der bisher beschriebenen Form eine mehr oder minder kontinuierliche Fortentwicklung der Vergangenheit. Der Gegenentwurf hierzu ist das Zero-Base-Budgeting. Dabei werden alle Programme als disponibel angenommen. Alle Annahmen müssen erneut überdacht und begründet werden. Das implizite Grundmuster des Budgets, wonach der Vorperiodenwert der Aufsatzpunkt ist, gegenüber dem die Veränderung der jeweiligen Budgetpositionen zu begründen ist, wird außer Kraft gesetzt.

Ein zweifellos großer Nutzen des Zero-Base-Budgeting liegt in der Vermeidung der „Fortschreibungsmentalität" des Budgets. Damit trägt es insbesondere in Zeiten deutlicher Veränderungen im Unternehmensumfeld diesen tendenziell besser Rechnung. Demgegenüber stehen jedoch erhebliche praktische Schwierigkeiten bei seiner Durchführung: Die grundlegende Infragestellung des Gegebenen macht den Prozess der Erarbeitung sehr schwierig und langwierig. Damit ist die Anwendung eher auf Sondersituationen (wie z. B. Turnaround, spezifische Projekte o. Ä.) zu beschränken. Zero-Base-Budgeting ist auch ein guter Aufsatzpunkt zur Definition von Verbesserungsmaßnahmen. Hierauf wird im Rahmen des Werkzeugkastens – in Kapitel 6 – detaillierter eingegangen.

3.2.4 Budgetrealität: zu aufwendig, zu langsam und in Teilen kontraproduktiv

Betrachtet man die Budgetanwendung in vielen Unternehmen, so ist in einer Vielzahl von Fällen ein deutliches Unbehagen festzustellen. Wesentliche Kritikpunkte sind:

Der Budgetprozess ist zu aufwendig und verschleudert wertvolle Managementkapazität: Eine Reihe von Untersuchungen belegt, dass für den Budgetprozess in ganz erheblichem Maße Aufwand entsteht. So schätzt die Ford Motor Company ihren Aufwand für Budgetierung auf 1,2 Mrd. US-Dollar. Eine Benchmarking-Studie der Firma Hackett geht von einem durchschnittlichen Aufwand von 25 000 Manntagen pro Milliarde US-Dollar Umsatz aus. Neben den Kosten i. e. S. ist zu berücksichtigen, dass durch den Budgetierungsprozess in ganz erheblichem Maße (knappe) Managementkapazität gebunden wird, die sonst für unternehmenswertsteigernde Aktivitäten eingesetzt werden könnte.

Der Budgetprozess ist zu langsam – Budgets oft obsolet: Der Budgeterarbeitungsprozess dauert für die Mehrzahl der Unternehmen zwischen vier und acht Monaten. Geht man davon aus, dass die Mehrzahl der Unternehmen mit einem Jahresbudget arbeitet, bedeutet das, dass zwischen der Budgeterarbeitung und dem budgetierten Realprozess im Extremfall 20 Monate liegen. Angesichts der Umweltdynamik, der sich viele Unternehmen gegenübersehen, ist es damit nur allzu wahrscheinlich, dass viele Budgetvereinbarungen zumindest teilweise obsolet sind. Neben der Tatsache, dass die Kontrolle solcher Budgets letztlich eine Blindleistung darstellt, ist auch die motivatorische Wirkung fragwürdig: Haben sich die Bedingungen zum Guten verändert, ist das Budgetziel zu wenig anspruchsvoll gewählt. Lag eine Veränderung zum Schlechten vor, kann damit eine Unerreichbarkeit der Budgetziele gegeben sein, die die Motivation ebenfalls negativ beeinflusst.

Budgets fördern teilweise kontraproduktives Verhalten: Budgets begünstigen das „Etatdenken", d. h. die Neigung überschüssige Beträge auch dann auszugeben, wenn sie zur Aufgabenerfüllung nicht erforderlich sein sollten (Budget Wasting).

Weiter begünstigen Budgets Abteilungs- bzw. Bereichsegoismen. Maßnahmen, die für die eigene Einheit günstig sind, werden unabhängig von ihrer Wirkung auf das Gesamtunternehmen durchgeführt.

Analysiert man diese Kritikpunkte näher, so hängen sie sehr stark von der Ausgestaltung und Handhabung des Budgetierungsprozesses ab: So hängen Kosten und Zeitbedarf für den Budgetprozess ganz entscheidend von der gewählten Planungsgranularität ab. Der zeitliche Abstand von Planungshandlung und Realprozess kann durch einen rollierenden und insbesondere revolvierenden Planungsrhythmus entscheidend verkürzt werden. Dem Etatdenken kann durch (selektive) Anwendung des Zero-Base-Budgeting-Konzepts entgegengewirkt werden. Abteilungsegoismen können z. B. durch Incentivierung der Beteiligten an gemeinsamen Zielen begrenzt werden.

Eine tiefer liegende Ursache für die unbefriedigenden Ergebnisse liegt häufig darin, dass der Budgetierungsprozess in vielen Unternehmen ein über Jahre oder teilweise Jahrzehnte gewachsener Prozess ist. Dies begünstigt die Neigung, im Laufe der Zeit immer neue Planungsinhalte hinzuzufügen, ohne obsolete Elemente zu beseitigen. Unterbleiben regelmäßige Überprüfungen des Gesamtsystems, sind eine schleichende Aufblähung und der schleichende Verlust an innerer Konsistenz des Planungssystems – und damit die oben genannten Probleme – beinahe eine zwangsläufige Folge.

3.2.5   Die Lösung für die operative Planung

Die offenkundigen Mängel lassen ein „Weiter so" als nicht sinnvoll erscheinen. Zur Neuausrichtung bestehen zwei grundlegende Möglichkeiten: Eine Möglichkeit ist die generelle Ablehnung der Budgetierung und ihr vollständiger Ersatz durch dezentrale Führungsmechanismen, wie sie unter dem Schlagwort Beyond Budgeting[14] propagiert wird. Die zweite Möglichkeit ist evolutionärer Natur. Sie kann unter dem Begriff Advanced Budgeting zusammengefasst werden. Ihr Ziel ist es, durch Überarbeitung (v.a. Fokussierung) und Weiterentwicklung (v.a. Markt- und Strategieorientierung) die Budgetierung einfacher, flexibler und (daten-)qualitativ besser zu machen. Tendenziell wird sich für die hier betrachtete komplexe Führungssituation eher eine Weiterentwicklung empfehlen.

Wie sollte nun die operative Planung konkret aussehen? Wie für viele andere Managementfragen sind hier allgemeingültige Rezepte wenig hilfreich. Vielmehr ist das für ein konkretes Unternehmen bestgeeignete Vorgehen unter Berücksichtigung der spezifischen Bedingungen, z. B. Komplexität der Steuerungssituation, und der konkreten Steuerungsziele, z. B. Erschließung von Synergien und Motivation, unter-

---

[14]   Ausführlich dazu siehe Hope/Fraser, Beyond Budgeting

nehmensspezifisch zu bestimmen. Einige Gestaltungsregeln helfen dabei, die richtige Lösung für das eigene Unternehmen zu finden:

Intelligente Kombination verschiedener Steuerungsprinzipien
Betrachtet man die Fragestellung zunächst aus Sicht der eingangs dargestellten Steuerungsprinzipien, so wird für komplexe, weltweite Aktivitäten die beste Lösung in einer Mischung liegen, bei der ein (optimiertes) Budgetierungssystem mit anderen Steuerungsprinzipien kombiniert wird.

Dabei können ergänzende zentralistische Führungselemente für Teilfunktionen die Synergieerschließung unterstützen, plakative Ziele, z. B. Zielrenditen, die Koordination von Einzelfunktionen erleichtern und Verrechnungspreise die Komplexität des Steuerungsprozesses reduzieren helfen. Gute Unterstützung wird in vielen Fällen auch die in Kapitel 7.4 ausführlich dargestellte Balanced Scorecard leisten können.

Im Zweifel die Überarbeitung der völligen Neugestaltung vorziehen
Angesichts der Komplexität des Planungssystems sind Änderungen nicht unproblematisch. So erfordern Änderungen in der Planung eine Umgestaltung der Kontrollmechanismen. Neue Steuerungsprinzipien implizieren eine veränderte organisatorische Gestaltung. Das Steuerungssystem als Ganzes erfordert zum Funktionieren eine entsprechende Änderung der Anreizsysteme sowie eine neue IT-Unterstützung. Die Gefahr, dass es bei Systemwechseln zu grundlegenden Problemen kommt, nimmt mit dem Umfang der Änderungen überproportional zu.

Dies macht es in vielen Fällen zur besseren Lösung, das bestehende Vorgehen anzupassen. Wie die vorangegangenen Ausführungen gezeigt haben, lassen sich eine Reihe von Problemen durch Modifikationen lösen, ohne dabei das ganze System zu verwerfen. Zur evolutionären Weiterentwicklung gelangt man in drei Schritten:

- **Schritt 1: Optimierung der Planungs- und Kontrollinhalte**. Zentraler Stellhebel ist die Detaillierung der Planung. Durch die Konzentration auf wirklich erfolgskritische Parameter lässt sich der Detaillierungsgrad der Planung meist deutlich senken. Dies wirkt in vielfacher Weise positiv: weniger zu planende Größen, weniger Planungsaufwand, weniger Zeitbedarf, höhere Aktualität, weniger Kontrollen.
- **Schritt 2: Verbesserung des Planungs- und Kontrollablaufs**. Sind die Inhalte optimiert, kann der Ablauf verbessert werden. Praktisch bedeutet das eine Überarbeitung des Planungskalenders. Ein wichtiger Einzelhebel ist die Vermeidung zeitaufwendiger Planungsschleifen. Hier besteht die Möglichkeit z. B. durch verbesserte Top-down-Vorgaben und deren konsequentere Durchsetzung ein erhebliches Maß an „Blindleistung" zu vermeiden.
- **Schritt 3: Verbesserung der Unterstützung durch Informationssysteme**. In vielen Unternehmen beschränkt sich die Unterstützung der Planung auf den Einsatz einfacher Tabellenkalkulationsprogramme – z. B. Microsoft Excel. Diese verursachen zwar nur geringe Kosten und sind einfach zugänglich, für komplexe

Planungsaufgaben sind sie jedoch nur eingeschränkt geeignet. Hier sollte der Einsatz spezieller Planungssoftware geprüft werden. Wichtig ist jedoch, dass die Schrittfolge eingehalten wird: Zunächst sind Inhalte und Abläufe zu optimieren. Erst dann sollte über die geeignete Unterstützung durch Informationssysteme nachgedacht werden.

Aus dem bestehenden Zustand maximal lernen
Das Führungssystem ist ein außerordentlich komplexes Zusammenwirken von vielen unterschiedlichen Elementen: Planungs- und Kontrollgestaltung, Anreizsysteme, Aufbau- und Ablauforganisation u.v.m. Ein wichtiger Impulsgeber zur Gestaltung liegt daher in der Analyse des bestehenden Planungssystems. Sie gibt vielfältige Hinweise auf die Probleme, die es bei einer Neuausrichtung bzw. Anpassung zu lösen gilt.

Veränderungen sorgfältig vorbereiten
Die Risiken sollen selbstverständlich nicht daran hindern, erforderliche Anpassungen oder eine komplette Neuausrichtung zu initiieren. Die Implementierung sollte jedoch entsprechend sorgfältig vorbereitet werden. Außerdem sollten in genügendem Maße risikoreduzierende Strategien, z. B. Pilotierung, Parallellauf, stufenweise Einführung, eingesetzt werden.

Regelmäßig Prüfung des Planungsprozesses vorsehen
Wie bereits dargestellt, besteht eine Neigung zur schleichenden Aufblähung des Planungssystems. Daher sollten regelmäßig dessen Eignung und Konsistenz überprüft werden. Eine Möglichkeit dazu ist z. B., im Anschluss an jeden Planungszyklus mit ausgewählten Beteiligten eine systematische Analyse des Planungsprozesses (Planungs-Debriefing) durchzuführen.

3.3   Kontrollprozess: durch den „Double Loop" die Zielerreichung absichern

Beim Management weltweiter Geschäfte sind ungeplante Veränderungen der Umfeldbedingungen und unternehmensinterne Störungen der Normalfall. Um die Unternehmensziele tatsächlich zu verwirklichen, müssen die Erarbeitung und Implementierung der strategischen und operativen Planungen kontinuierlich von einer systematischen Kontrolle begleitet werden. Es ist laufend zu verfolgen, *ob* das Unternehmen auf dem richtigen Weg ist und *wie* es bei der Implementierung vorankommt.

Korrespondierend mit den Planungen lassen sich zwei unterschiedliche Kontrollen unterscheiden: die strategische und die operative Kontrolle. Sie werden im Folgenden dargestellt. Den Ausgangspunkt bilden die konzeptionellen Grundlagen der Kontrolle.

3.3.1   Konzeptionelle Grundlagen der Kontrolle

Das Grundmuster aller Kontrollen ist einfach: Eine zu prüfende Größe (Kontrollgröße) wird mit einem Vergleichsmaßstab verglichen. Bei Abweichungen werden – nach einer Analyse der Ursachen – Korrekturmaßnahmen ergriffen.

Kontrollen lassen sich nach vielfältigen Kriterien klassifizieren. Eine besondere Relevanz für den Managementprozess haben die Unterscheidungen nach dem Zeitpunkt der Kontrolle im Führungsprozess und nach den für die Kontrolle herangezogenen Vergleichsgrößen.

Hinsichtlich des Zeitpunkts der Kontrolle im Führungsprozess lassen sich drei Typen unterscheiden:

- Die vorauseilende bzw. antizipierende Kontrolle – **Feed-forward-Kontrolle**: Geplante Werte werden vor der Durchführung mit prognostizierten Werten verglichen. Sie erlauben z. B. das frühzeitige Erkennen von Planungsmängeln.
- Die mitlaufende Kontrolle – **Planfortschrittskontrolle**: Geplante Werte werden während der Durchführung mit bereits realisierten Zwischenergebnissen verglichen. Der Vergleich findet in der Regel zu bestimmten Terminen oder beim Erreichen festgelegter Meilensteine statt. Im Falle nennenswerter Abweichungen können damit frühzeitig Gegensteuerungsmaßnahmen eingeleitet werden, um die Planziele noch erreichen oder die Abweichungen begrenzen zu können.
- Die nachlaufende Kontrolle – **Realisationskontrolle** oder **Feed-back-Kontrolle**: Hier werden die geplanten Werte nach der Durchführung mit den realisierten Endergebnissen verglichen, um Abweichungen und deren Ursachen festzustellen. An den Ergebnissen selbst ist hier nichts mehr zu ändern. Es können jedoch Folgerungen für die Performancebeurteilung und für die zukünftige Gestaltung vergleichbarer Aktionen gezogen werden.

Hinsichtlich der **Vergleichsgrößen der Kontrolle** lassen sich sowohl für die Kontrollgröße als auch für deren Vergleichsmaßstab drei unterschiedliche Ausprägungen unterscheiden: realisierte Ergebnisse (IST), prognostizierte Werte (WIRD) und geplante Größen (SOLL). Legt man dies zugrunde, lassen sich sechs sinnvolle Kontrollformen identifizieren (Abb. 3.27):

- **Ex-post-Kontrolle** (IST-IST): der nachträgliche Vergleich realisierter Größen. Diese können z. B. die Entwicklung im Zeitablauf sein oder sich auf unterschiedliche Organisationseinheiten zu einem gegebenen Zeitpunkt beziehen.
- **Forecastgütekontrolle** (WIRD-IST): Anhand des Vergleichs prognostizierter Größen mit tatsächlich eingetretenen Werten können die Güte der Prognosen

festgestellt und Ansätze zu deren Verbesserung identifiziert werden. Diese Kontrolle ist eine wichtige Ergänzung zur weiter unten dargestellten Zielerreichbarkeitskontrolle.

- **Prognosekonsistenzkontrolle** (WIRD-WIRD): Hier liegen Prognosen zu unterschiedlichen Zeitpunkten oder mittels unterschiedlicher Methoden zugrunde. Dieser Vergleich hilft, unzutreffende Prognosen zu erkennen und/oder widersprüchliche Erwartungen zu verhindern. Dies erlaubt es, bereits frühzeitig Planänderungen oder Gegenmaßnahmen einzuleiten. Ein praktisches Beispiel hierzu wird weiter unten im Zusammenhang mit dem Forecast-Prozess vorgestellt.

- **Zielerreichbarkeitskontrolle** (SOLL-WIRD): Anhand des Vergleichs zwischen geplanten und prognostizierten Werten kann beurteilt werden, ob bzw. inwieweit die Zielerreichung noch wahrscheinlich ist. Auch sie unterstützt die frühzeitige Problemerkennung und damit die frühzeitige Einleitung von Gegenmaßnahmen. Sie ist ein wichtiges Element eines effektiven Budgetcontrollings (ausführlicher dort).

- **Zielkonsistenzkontrolle** (SOLL-SOLL): Diese Kontrolle bezieht sich auf die Planung selbst und nicht auf deren Durchführung. Sie dient der Erkennung von Zielkonflikten. Ein Beispiel hierfür ist der Vergleich der Ziele der Unternehmensleitung mit den Einzelplanungen im Rahmen des im Vorabschnitt dargestellten Budgetierungsprozesses.

- **Ergebniskontrolle** (SOLL-IST): Der Vergleich der realisierten Ergebnisse mit der gewünschten Zielausprägung ist der am häufigsten angewandte Vergleich. Sie kann als (mitlaufende) Fortschrittskontrolle oder als nachlaufende Realisationskontrolle gestaltet sein.

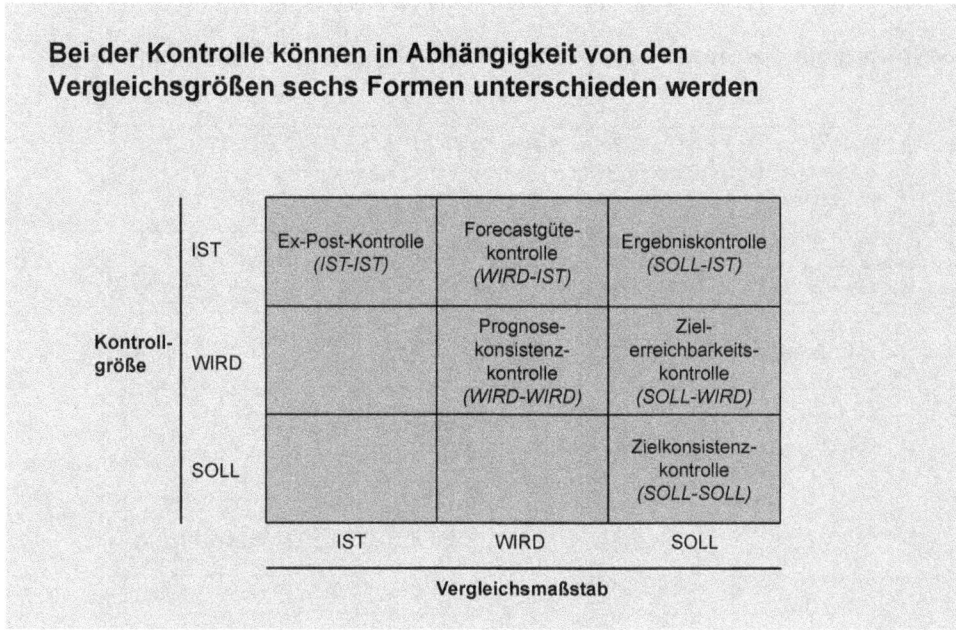

Bei der Kontrolle können in Abhängigkeit von den Vergleichsgrößen sechs Formen unterschieden werden

Kontroll-größe		Vergleichsmaßstab		
	IST	Ex-Post-Kontrolle (IST-IST)	Forecastgüte-kontrolle (WIRD-IST)	Ergebniskontrolle (SOLL-IST)
	WIRD		Prognose-konsistenz-kontrolle (WIRD-WIRD)	Ziel-erreichbarkeits-kontrolle (SOLL-WIRD)
	SOLL			Zielkonsistenz-kontrolle (SOLL-SOLL)
		IST	WIRD	SOLL

Abb. 3.27 Mögliche Kontrollformen

Für die Effektivität der Kontrolle ist der Zeitpunkt der Abweichungsidentifikation von großer Bedeutung. Je früher Fehlentwicklungen erkannt werden, desto eher ist es in der Regel möglich, Abweichungen im späteren IST abzuschwächen oder sie gar nicht entstehen zu lassen.

3.3.2 Die strategische Kontrolle

Die strategische Kontrolle soll die Zielerreichung auf der strategischen Ebene absichern. Um dies leisten zu können, ist ein vergangenheitsorientiertes Betrachten von Abweichungen von geringem Nutzen. Entsprechend sind rückwärtsgerichtete Kontrollformen (Feed-back-Kontrollen) wenig zweckmäßig, da sie dem Management keine Möglichkeit zu korrektiven Eingriffen gibt. Die Kontrollen müssen primär zukunftsorientiert, vorgekoppelt (feed-forward), ausgerichtet sein und parallel zu den Planungs- und Implementierungsprozessen erfolgen. Konzeptionell lassen sich drei unterschiedliche Kontrollaktivitäten unterscheiden: Die strategische Prämissenkontrolle, die strategische Konsistenzkontrolle und die strategische Durchführungskontrolle (Abb. 3.29).

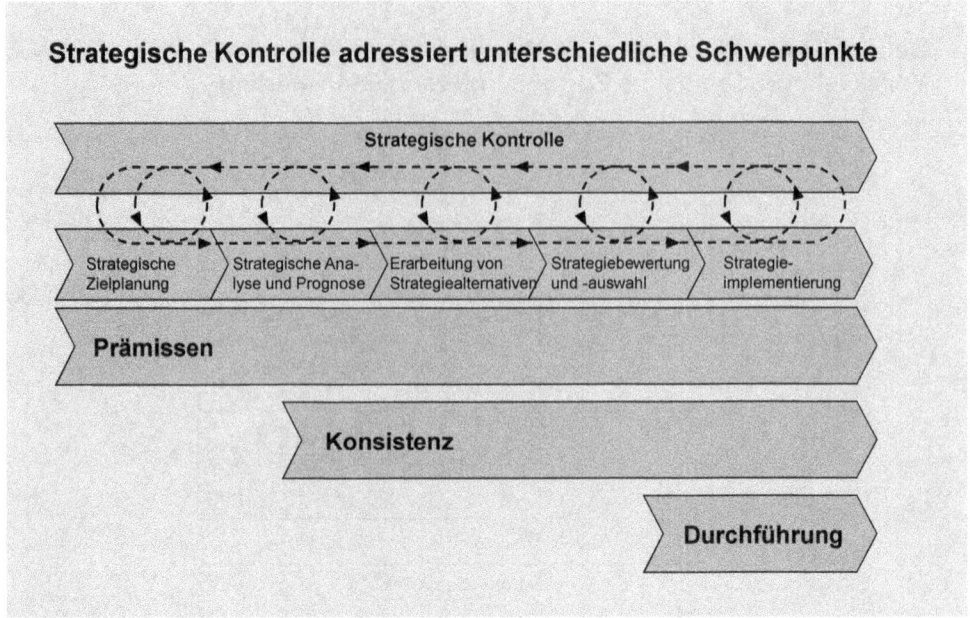

Abb. 3.28 *Grundkonzept der Strategischen Kontrolle[15]*

Strategische Prämissenkontrolle: Um eine strategische Planung überhaupt durchführen zu können bzw. um die Effizienz des Planungsprozesses zu erhöhen, werden an vielen Stellen Prämissen gesetzt (Abb. 3.29). Dies geschieht bewusst (z. B. eine explizite Annahme zu staatlichen Subventionen oder zur Entwicklung des weltweiten Sozialprodukts) oder unbewusst (z. B. die implizite Annahme einer Konstanz des Wettbewerberverhaltens). Gleichzeitig sind strategische Maßnahmen oft durch lange Zeiträume für die Strategieentwicklung und für die nachfolgende Implementierung gekennzeichnet. Während dieser Zeit kann es zu relevanten Veränderungen bei den Prämissen kommen, die dazu führen, dass die ursprünglich getroffene Entscheidung falsch ist.

Entsprechend sind die für den Strategieerfolg kritischen Prämissen frühzeitig zu identifizieren und anschließend laufend daraufhin zu überwachen, ob sie weiterhin Gültigkeit haben. Um dies zu erreichen, müssen bereits während der Planerarbeitung Prämissen dokumentiert werden. Für einen effektiven Kontrollprozess ist außerdem eine Priorisierung unverzichtbar. Für die dabei als kritisch eingestuften Prämissen ist dann frühzeitig ein Reviewprozess zu definieren.

---

[15]   Quelle: Alter, Strategisches Controlling

Strategien basieren auf externen und internen Prämissen

Externe Prämissen		Interne Prämissen

• Generelle Umwelt
  – Wirtschaftswachstum
  – Gesetzeslage
  – Internationaler Handel
  – Internationaler Kapitalfluss
  – ...
 	
• Branche – Konkurrenz
  – Wettbewerberstruktur
  – Strategie der
    Wettbewerber
  – Eintritt neuer
    Wettbewerber
  – Substitutionsprodukte
  – ...
	• Branche – Markt/Kunden
	  – Marktgröße-Stück
	  – Marktgröße-Wert
	  – Kaufentscheidende
	    Kriterien
	  – Lebenszyklusdauer des
	    Produktes
	  – Kundenstruktur
	  – ...
	
	• Branche – Lieferanten
	  – Lieferantenstruktur
	  – Rohstoffverfügbarkeit/
	    -preise
	  – ...
	
	• Branche – Banken
	  – Zinssatz
	  – Kreditvolumen
	  – ...
		• Eigentümererwartung
		  – Rendite
		  – ...
		
		• Personelle Ressourcen
		  – Eignung
		  – Verfügbarkeit
		  – ...
		
		• Technische Ressourcen
		  – Eignung
		  – Verfügbarkeit
		  – ...
		
		• Finanzielle Ressourcen
		  – Cashflow aus lfd. Geschäft
		  – ...
		
		• Strukturen und Systeme
		  – Eignung zur
		    Strategieumsetzung
		  – Akzeptanz
		  – ...

Abb. 3.29 Beispiele für Prämissen[16]

Strategische Konsistenzkontrolle: Angesichts der hohen Komplexität der Führungssituation darf die Konsistenz der Teilplanungen keineswegs als gegeben angenommen werden. Vielmehr ist sie systematisch zu überprüfen. Hierbei sind zwei Teilaspekte zu adressieren: die inhaltliche und die methodische Konsistenz.

• Bei der methodischen Konsistenz sind die Informationsgrundlagen, die eingesetzten Instrumente und die Logik bei der Ableitung der Planungsergebnisse sicherzustellen. Hierzu gehören z. B. die Verwendung einheitlich ermittelter Marktdaten oder gleiche Instrumente zur Begründung von Investitionsentscheidungen.

• Bei der inhaltlichen Konsistenzprüfung geht es darum die Widerspruchsfreiheit der Pläne untereinander (horizontale Konsistenz) und mit den übrigen Führungsaufgaben (vertikale Konsistenz) sicherzustellen. Hierzu gehört z. B. die Widerspruchsfreiheit der Planungen der verschiedenen Geschäfteinheiten oder die Stimmigkeit der darunter liegenden Funktionalstrategien. Man mag einwenden, dass diese Forderung akademisch ist. Angesichts der Komplexität der Planungs-

---

[16] Quelle: Alter, Strategisches Controlling

situation bereits bei mittelgroßen Unternehmen ist ihre Umsetzung allerdings alles andere als trivial.

Unterstützen können bei der Konsistenzprüfung unternehmensspezifisch ausgearbeitete Checklisten. Weiter ist es hilfreich, sämtliche Planungen in konzentrierter Form, z. B. im Rahmen *eines* Workshops, zu betrachten. Wichtig ist außerdem, dass die Konsistenzkontrolle nicht nur während des Planungsprozesses erfolgt, sondern auch während der Realisation. Bedingt durch Plan- oder Bedingungsänderungen treten auch dann häufig Inkonsistenzen auf.

Strategische Durchführungskontrolle: Drittes Teilelement ist die Kontrolle, ob wesentliche Elemente der Strategie planmäßig implementiert werden. Für diese Kontrolle sollten strategische Zwischenziele (Meilensteine) definiert werden, anhand derer Störungen frühzeitig erkannt und damit Gegenmaßnahmen frühzeitig eingeleitet werden können. Hilfreiche Instrumente sind hier die Meilenstein-Trendanalyse, Implementierungscockpits oder die Balanced Scorecard. (Ausführlich zur Implementierungskontrolle in Kapitel 7 dieses Buches.)

Die vorgenannten drei Formen der strategischen Kontrolle sind vergleichsweise strukturiert und konkret. Es verbleibt jedoch das Problem, dass es unmöglich ist, alle kritischen Prämissen und Meilensteine vorausschauend zu erkennen, und dass es viele Störungen außerhalb der Strategie gibt, die den strategischen Kurs gefährden können. Daher ist eine zusätzliche ungerichtete Kontrollaktivität vorzusehen, die man als Strategische Überwachung kennzeichnen kann.

Die Ausführungen zu den Kontrollaktivitäten sollten auch gezeigt haben, dass die strategische Kontrolle in ihrer Natur eher unspezifisch ist und sich damit einem standardisierten Kontrollprozess weitgehend entzieht. Drei Grundregeln zur zweckmäßigen Gestaltung sollten jedoch beachtet werden:

Regelmäßige fundierte Strategie-Reviews vorsehen
Diese Forderung hört sich zunächst trivial an. Viele empirische Untersuchungen zeigen jedoch, dass sich die Mehrzahl der Managementteams im Durchschnitt weniger als eine Stunde im Monat mit strategischen Themen auseinander setzt. Es ist offenkundig, dass dies für eine fundierte Analyse nicht ausreicht. Sinnvollerweise sollte mindestens ein bis zwei Mal pro Jahr ein fundierter Review vorgesehen werden. Dieser sollte eine Einzeldurchsprache aller wichtigen Teilsegmente des Unternehmens unter Beteiligung des Topmanagements der Einheiten und des Gesamtunternehmens beinhalten. Praktisch kann dies dadurch realisiert werden, dass ein gesonderter Tagesordnungspunkt in den Budget- bzw. Fortschrittsdurchsprachen vorgesehen wird. Damit die Einzelthemen nicht den Blick für das Ganze verstellen, sollte zusätzlich regelmäßig eine Gesamtdurchsprache der Unternehmensstrategie erfolgen. Dies könnte z. B. im Rahmen einer Wochenendklausur der Unternehmensleitung erfolgen.

Geeignete Unterstützung und Vorbereitung sicherstellen
Die strategische Kontrolle ist eine originäre Aufgabe des Managements. Auch wenn die Themen in der Regel wenig strukturiert sind, können Teilelemente durchaus durch Stäbe vorbereitet werden. Man denke etwa an Meilensteinanalysen, Prämissenreviews, Entwicklung von Geschäfteportfolios, Konzeption und Durchführung von Checklisten-Reviews u.v.m. Eine solche Vorbereitung unterstützt die Effizienz und Effektivität des Kontrollprozesses in der Regel ungemein. Daher bietet es sich an, die Arbeit der obersten Führung durch eine zentrale Stabsstelle (z. B. Zentralstelle Unternehmensplanung) zu unterstützen – wobei dies nicht als Ersatz dezentraler Kontrollaktivitäten zu verstehen ist, sondern als deren Ergänzung.

Zusätzlich ist es hilfreich, strategische Themen mehr mit dem Tagesgeschäft zu verbinden. Ein Instrument, das dies sehr gut leisten kann, ist die (Advanced) Balanced Scorecard. Sie wird in Kapitel 7.4 ausführlich vorgestellt.

Strategieorientierte Verhaltensqualitäten fördern: Neben den beiden eher technischen Elementen spielt bei der strategischen Kontrolle die Verhaltensqualität eine große Rolle. Es gilt – ohne unkonstruktiv zu sein – das Bestehende laufend infrage zu stellen und auch bereit zu sein, in der Vergangenheit getroffene Entscheidungen zu revidieren. Dazu sind autonomes Denken und der Mut erforderlich, auch divergierende Sichtweisen zum Ausdruck zu bringen. Diese Eigenschaften gilt es im Leitungsteam zu fördern. Eine Möglichkeit dazu sind z. B. Teamtrainings des gesamten Management-Kreises.

3.3.3   Die operative Kontrolle

Die zweite Komponente zur Absicherung der Planung ist die operative Kontrolle. Sie enthält prinzipiell alle Elemente einer strategischen Kontrolle. Die Gewichte der einzelnen Elemente sind jedoch grundlegend anders verteilt: Der Schwerpunkt liegt eindeutig auf Planfortschritts- und Realisationskontrollen. Entsprechend wird auch die inhaltliche Ausgestaltung der operativen Kontrolle weitgehend durch die zugrunde liegende Planung definiert.

Elemente der operativen Kontrolle
Bei der Durchführung der operativen Kontrolle in der Praxis sollten einige Aspekte beachtet werden. Sie werden im Folgenden dargestellt. Dazu wird der Prozess in Anlehnung an das bereits beschriebene Regelkreis-Prinzip in fünf Elemente gegliedert:

- Bestimmung des Vergleichsmaßstabs
- Ermittlung der Kontrollgröße
- Vergleich und Abweichungsermittlung
- Abweichungsanalyse
- Berichterstattung

Bestimmung des Vergleichsmaßstabs: Jeder Vergleich setzt die Existenz von Vergleichsmaßstäben voraus. Diese ergeben sich in einer Reihe von Fällen „automatisch" aus den zugrunde liegenden Planungen (z. B. Budgetwerte). Auch in Fällen, in denen dies nicht unmittelbar gegeben ist, sind nach Möglichkeit eindeutig messbare Größen anzustreben. Sie erhöhen in ganz entscheidender Weise die Akzeptanz und Effizienz der Planung.

Ermittlung der Kontrollgröße: Grundlegende Voraussetzung für einen Vergleich ist, dass die Größen auch wirklich vergleichbar sind. Entsprechend ist stets darauf zu achten, dass sie sachlich und zeitlich kongruent sind. Im Falle von Standardplanungen ist dies im Normalfall unproblematisch. Schwieriger ist es bei operativen Projektkontrollen.

Vergleich und Abweichungsermittlung: Wichtig bei der Ermittlung ist, dass sowohl positive als auch negative Abweichungen betrachtet werden. In der Praxis besteht häufig die Neigung dazu, nur auf negative Abweichungen abzustellen. Dies ist aus mehreren Gründen nicht sinnvoll: So ist durchaus vorstellbar, dass Übererfüllungen in einem Teilbereich gar nicht im Interesse des Ganzen sind. Man denke etwa an eine deutliche Überschreitung von Produktionsmengen oder Umsatzzielen, die z. B. Liquiditätsprobleme auslösen können. Ein weiterer Grund ist die Sicherung der Planungsqualität. Die Vernachlässigung positiver Abweichung begünstigt die zukünftige Aufstellung „defensiver" Budgets und gefährdet damit deren Aussagekraft.

Abweichungsanalyse: Die Ermittlung von Abweichungen ist wenig hilfreich, wenn nicht gleichzeitig die Ursachen festgestellt werden. Dazu sollte zunächst sichergestellt sein, dass die Werte für die Kontrollgrößen zutreffen und die Abweichung richtig ermittelt wurde. Ist dies gewährleistet, lassen sich drei **wesentliche Ursachenklassen** identifizieren:

- **Planungsfehler**, d. h. Nicht-Berücksichtigung (oder falsche Berücksichtigung) bekannter Einflussfaktoren;
- **Störgrößen**, d. h. unvorhersehbare, die Grundlagen der Planung verändernde Effekte;
- **abweichende Performance**, d. h. Mehr- oder Minderleistung, Fehlentscheidung oder Fehlverhalten.

Um den Ressourcenbedarf für die Abweichungsanalyse zu begrenzen und genügend Zeit für die Analyse großer Abweichungen zu haben, ist eine Fokussierung der Analysen sinnvoll. Ein einfaches Mittel dazu sind Schwellenwerte für kritische Abweichungen.

Berichterstattung: Im Regelfall sind die Ergebnisse der Kontrolle auch außerhalb der durchführenden Einheit von Bedeutung. Entsprechend ist eine geeignete horizontale und vertikale Berichterstattung vorzusehen. Hier gilt es insbesondere, der

Gefahr einer zu ausgeprägten Informationsfilterung entgegenzuwirken. In der Praxis besteht häufig die Neigung dazu, die Übermittlung schlechter Nachrichten zu vermeiden bzw. zu verzögern. Damit geht jedoch in der Regel wertvolle Zeit für die Ergreifung effektiver Gegenmaßnahmen verloren. Dem gilt es durch flankierende Maßnahmen, wie der Definition von Pflichtinhalten der Berichterstattung und der Förderung einer offenen Kommunikation, entgegenzuwirken.

Der Forecast-Prozess als wichtiges Element der operativen Kontrolle
Die genannten Schritte gelten grundsätzlich für alle Vergleichsgrößen einer Kontrolle. Um frühzeitig Abweichungen zu erkennen, sollten die Kontrollen möglichst bereits während der Durchführung die Zielerreichbarkeit prüfen. Dies setzt Prognosewerte für wesentliche Planinhalte voraus.

Im Falle der Standardberichterstattung sollte die Ermittlung dieser Prognosewerte durch einen formalisierten Forecast-Prozess geschehen: Dazu sollten – vorzugsweise monatlich oder vierteljährlich – die Prognosen für relevante Geschäftswerte (z. B. Auftragseingang, Umsatz, Ergebnis) ausgehend von den einzelnen Geschäftseinheiten bzw. Gesellschaften ermittelt und über die jeweils darüber liegenden Gliederungsebenen verdichtet werden. Endprodukt sind Aussagen zur voraussichtlichen Entwicklung wesentlicher Geschäftswerte für das aktuelle Quartal, das bzw. die Folgequartale und das laufende Geschäftsjahr. Die Forecast-Werte werden dann mit den entsprechenden Sollwerten verglichen. Abb. 3.30 skizziert den Weg der Forecast-Ermittlung.

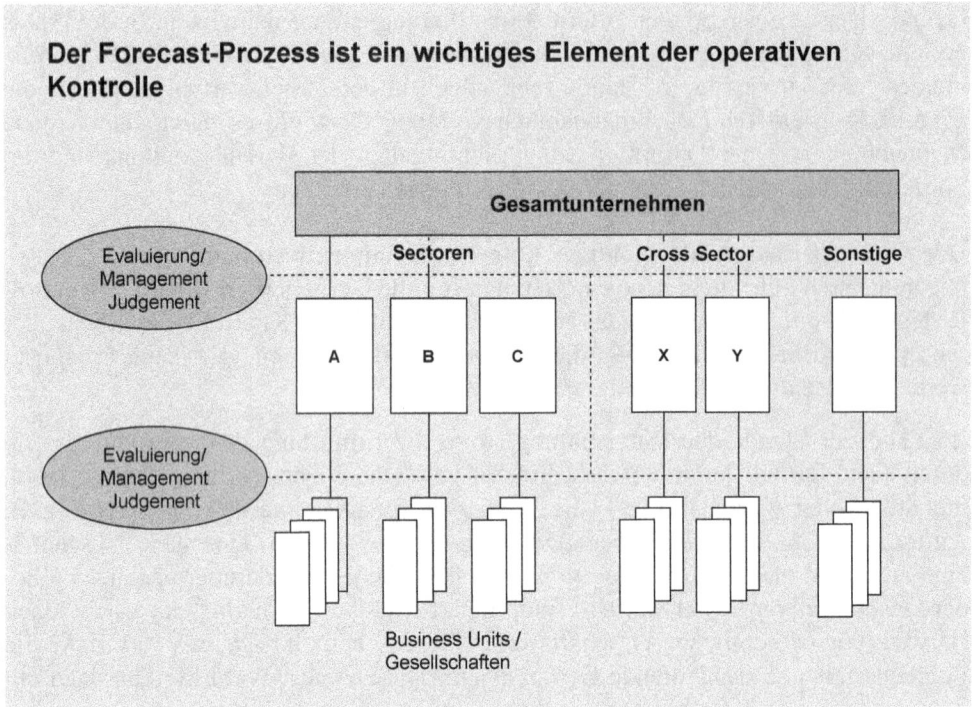

Der Forecast-Prozess ist ein wichtiges Element der operativen Kontrolle

Abb. 3.30 *Prinzipdarstellung des Forecast-Prozesses*

Für die praktische Anwendung ist zu berücksichtigen, dass der Forecast-Prozess in der Regel nicht unbeeinflusst von Bereichs- und Individualinteressen ist. Diese Interessen können z. B. dazu führen, Risiken oder Chancen über- oder unterzugewichten. So wird ein anstehender Budgetierungsprozess tendenziell dazu führen, die Erwartungen für das aktuelle Jahr – sofern es Bezugsbasis für das Budget ist – abzusenken. Umgekehrt kann eine begründete oder auch nur wahrgenommene Angst vor Sanktionen dazu führen, erkannte Risiken nicht im Forecast zu berücksichtigen. Daher sind im Zusammenhang mit dem Forecast-Prozess stets auch flankierende qualitätssichernde Maßnahmen sinnvoll. Solche Maßnahmen könnten z. B. sein:

- eine **Forecastgütekontrolle**, d. h. ein Vergleich zwischen Forecast und tatsächlichem Wert mit entsprechender Abweichungsanalyse;

- eine **Forecast-Trend-Analyse**, d. h. ein Vergleich von Forecasts, die zu unterschiedlichen Zeitpunkten zum gleichen Sachverhalt abgegeben wurden.

- Weiter könnte parallel zum formalen Forecast-Prozess ein **unabhängiger Topdown-Forecast** erstellt werden, d. h. es könnten Schlüsselgrößen, z. B. Umsatz, Ergebnis, aus den fundamentalen Daten und aus Antizipation von systematischen Verzerrungen prognostiziert werden. Nach Erfahrung des Verfassers ist durch den Top-down-Forecast bei entsprechender Kompetenz (Geschäftsverständnis, analytische Durchdringung) der Schätzenden eine hohe Prognosegüte zu erreichen.

Praxisbeispiel: laufende Kontrolle von operativen Kernparametern auf Gesamtunternehmensebene
Die operative Kontrolle umfasst die Kontrolle von Standardplänen und von Projekten. Die Kontrolle von Projekten variiert naturgemäß sehr stark in Abhängigkeit von den konkreten Projektinhalten. Sie soll an späterer Stelle im Zusammenhang mit der Darstellung unterschiedlicher Maßnahmentypen vertieft werden.

Ein unverzichtbarer Bestandteil der operativen Kontrolle ist die Analyse geschäftlicher Kernparameter wie Auftragseingang, Umsatz und Ergebnis, ergänzt um ausgewählte Liquiditätsgrößen. Wegen ihrer hohen Bedeutung sollten diese Größen regelmäßig und in kurzen Abständen betrachtet werden. Auch mit Blick auf die Kapitalmarkt-Kommunikation ist für die meisten größeren Unternehmen eine quartalsweise Grundtaktung der Innen- und Außenkommunikation erforderlich. Um ungeplante Entwicklungen frühzeitig zu erkennen und Möglichkeiten zur effektiven Gegensteuerung zu haben, bieten sich damit ein bis drei Reviews pro Quartal an.

Abb. 3.31 zeigt den operativen Reviewprozess auf Gesamtunternehmensebene für ein weltweit agierendes Großunternehmen. Das operative Geschäft wird dort dreimal pro Quartal unter Beteiligung der Konzernleitung analysiert. An dem Beispiel kann man verschiedene Merkmale eines systematischen Review-Prozesses erkennen:

- Zunächst erfolgt der Review auf Basis monatlich aktualisierter Forecasts. Damit können drohende Abweichungen frühzeitig erkannt werden, so dass Zeit für effektive Gegenmaßnahmen verbleibt. Gleichzeitig ist eine Analyse der Forecastqualität vorgesehen. Damit wird die Sicherung bzw. Verbesserung der Datenqualität bei diesem wichtigen Element unterstützt.
- Weiter werden externe Sichten (Kapitalmarkt und Wettbewerber) in den Review explizit einbezogen. Der Neigung zur bloßen Innensicht wird damit entgegengewirkt.
- In den Quartalsgesprächen werden gleichzeitig auch strategische Aspekte adressiert. Damit wird die wichtige Kopplung von Strategie und Tagesgeschäft unterstützt.
- Schließlich sind an verschiedenen Stellen „Commitments" der Geschäftsverantwortlichen vorgesehen. Diese Personifizierung der Verantwortung fördert erfahrungsgemäß die Erreichung der Forecasts. Auch erlaubt die unmittelbare Beteiligung der Geschäftsverantwortlichen dem Topmanagement eine bessere Einschätzung der Eintrittswahrscheinlichkeiten.

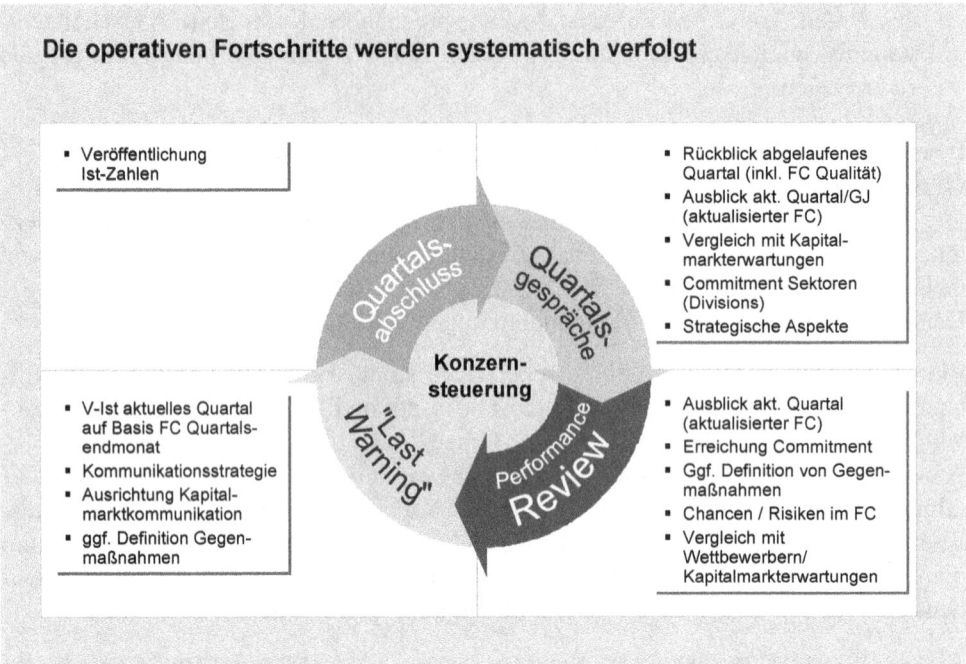

Abb. 3.31 *Beispiel eines operativen Reviewprozesses*

3.3.4   Strategische und operative Kontrolle als komplementäre Elemente zur Unterstützung der Planungsimplementierung

Die beiden Elemente einer Kontrolle – strategische und operative Kontrolle – unterscheiden sich grundlegend in den mit ihnen verfolgten Zielen:

Die strategische Kontrolle hat die Richtigkeit der formulierten Strategie (*Are we doing the right things?*) im Fokus, während die operative Kontrolle prüft, ob die in der operativen Planung festgelegten Maßnahmen geeignet waren, den Planerfolg zu sichern (*Doing the things right?*). Es werden damit unterschiedliche, aber komplementäre Ziele verfolgt.

Wie dargelegt, besteht in der Unternehmensrealität eine gewisse Neigung dazu, strategischen Themen weniger Beachtung zu schenken als operativen Themen. Dies begünstigt eine (gefährliche) Vernachlässigung der strategischen Kontrolle. Werden jedoch grundlegende strategische Chancen und vor allem Bedrohungen nicht rechtzeitig wahrgenommen, kann auch die beste operative Planung und Implementierung nur mehr wenig retten. Im Extremfall beschäftigt sich das Management „mit der Feinausrichtung der Deckbestuhlung auf der Titanic".

Für eine erfolgreiche Unternehmenssteuerung ist die regelmäßige Durchführung beider Kontrollen – der *double loop* – zwingend erforderlich. Das Grundmuster dieser Kontrollen wurde in diesem Abschnitt aufgezeigt. Im zweiten Teil dieses Buches – dem Werkzeugkasten – finden sich eine Vielzahl von Instrumenten und Konzepten, um den Analyseprozess zu unterstützen.

3.3.5   Kontrolle bzw. Controlling im internationalen Kontext

Die bisherigen Ausführungen zur Kontrolle gelten grundsätzlich auch im internationalen Kontext. Dies gilt nicht nur für den (engen) Aspekt der Kontrolle, sondern auch für das Controlling-Konzept insgesamt.

Die Ausgestaltung des Controllings hängt von der gewählten Strategiealternative und damit vom Führungskonzept ab. Entsprechend kann in vier idealtypische Gestaltungsalternativen zum Controlling unterschieden werden:

Internationales Controlling: Hier liegt der Fall zugrunde, bei dem die Vorteile aus der globalen Standardisierung gering sind und ebenso die Vorteile aus einer lokalen Anpassung. Es besteht daher wenig Grund zu Anpassungen gegenüber dem Controllingvorgehen einer nationalen Unternehmung. Methodik und Erfolgsgrößen sollten sich stark am Vorgehen der Muttergesellschaft orientieren. Diese sollte auch der dominante Träger der Controlling Aufgabe sein. Abb. 3.32 fasst die Merkmale für diese und die drei anderen Gestaltungsalternativen zusammen.

Multinationales Controlling: Hier liegen signifikante Vorteile aus einer Lokalisierung bzw. lokalen Differenzierung vor. Entsprechend sollte das Controlling sehr stark lokal getragen sein. Aus Sicht der Zentrale sollten die Gesellschaften eher als ein Portfolio unabhängiger Aktivitäten betrachtet werden. Der Erfolg sollte anhand monetärer Kennzahlen beurteilt werden. Wegen der hohen lokalen Komponente muss der Vergleichsmaßstab für die Beurteilung weniger in Gesellschaften des eigenen Unternehmens, sondern in Aktivitäten anderer vergleichbarer Unternehmen im betrachteten Land gesucht werden.

Globales Controlling: In diesem Fall liegt ein erheblicher Nutzen in einer globalen Standardisierung, während der Nutzen aus einer lokalen Differenzierung eher gering ist. Entsprechend sollte das zentrale Ziel des Controllings darin bestehen, eine weltweit gleichgerichtete Ausrichtung aller Unternehmenseinheiten sicherzustellen. Die Instrumente und Erfolgskriterien sollten daher weitgehend standardisiert sein, Träger des Controllings ist die Muttergesellschaft.

Transnationales Controlling: Diese Art des Controllings ist dann angezeigt, wenn sowohl erheblicher Nutzen aus einer globalen Standardisierung als auch aus einer lokalen Differenzierung besteht. Dies erhöht die Komplexität der Controllingsituation beträchtlich, weil in der Regel erhebliche Leistungsverflechtungen erforderlich sind, um beide Vorteile gleichzeitig nutzen zu können. Dadurch wird zunächst die Erfolgsbeurteilung erschwert. So ist es geradezu der Regelfall, dass die Leistung in einem Land stark von Entscheidungen und Entwicklungen in anderen Einheiten abhängig ist. Da dies vielfach nicht adäquat über Transferpreise abzubilden ist, wird eine rein monetäre Erfolgsmessung problematisch und häufig sogar dysfunktional, was die Motivation der Beteiligten anbetrifft. Dies legt es nahe, die Messgrößen um landesspezifische (meist nicht-monetäre) Elemente wie Marktausschöpfung, Kundenzufriedenheit oder Prozessparameter zu ergänzen. Eine zweite Komponente hat beim Transnationalen Controlling einen besonderen Stellenwert: Ein länderübergreifendes Informationssystem. Angesichts der komplexen Optimierungssituation muss es in der Lage sein, auch nicht standardisierte Analysen und landesspezifische Betrachtungen zu ermöglichen. Dies setzt eine entsprechende Gestaltung der Daten- und Anwendungsarchitektur, z. B. Data Warehouses, Führungsinformationssysteme, Portalsysteme, voraus. Außerdem gilt es, eine hinreichende technische Kompatibilität der Infrastruktur zu gewährleisten. Gerade letztes stellt für viele größere Unternehmen eine ganz erhebliche Herausforderung dar.

Die Controlling-Strategie unterscheidet sich in Abhängigkeit von der Führungssituation

Controlling-Strategie Merkmale	International	Multinational	Global	Transnational
Controllingziele	Finanzieller Betrag der ausländischen Tochtergesellschaften zum Erfolg der Muttergesellschaft	Effizienz der ausländischen Tochtergesellschaften	Effizienz der Gesamtunternehmung	Effizienz der Gesamtunternehmung
Dominierende Controlling-Träger	Muttergesellschaft	Tochtergesellschaften	Muttergesellschaft	Selbstkontrolle sowie gegenseitige Kontrolle der Unternehmungseinheiten
Standardisierungsgrad der Controlling-Instrumente	Hoch	Sehr gering	Sehr hoch	Gering
Erfolgsbeurteilungskriterien	Wie in der Muttergesellschaft	Monetäre, an die landesspezifischen Bedingungen angepasste Kennzahlen	Standardisierte, primär monetäre Kennzahlen, die von der Muttergesellschaft vorgegeben werden	Individuelle, sowohl monetäre als auch nicht-monetäre Kennzahlen
Umfang und Richtung des Informationsflusses	Gering von den Tochtergesellschaften zur Muttergesellschaft	Gering von den Tochtergesellschaften zur Muttergesellschaft	Intensiv von den Tochtergesellschaften zur Muttergesellschaft	Sehr intensiv und wechselseitig zwischen allen Unternehmungseinheiten

Abb. 3.32 *Ausprägung der Controlling Merkmale bei verschiedenen Strategietypen*[17]

---

[17]   Quelle: Welge/Holtbrügge, Internationales Management (leicht modifiziert)

Abschließend sei noch auf einen wesentlichen generellen Aspekt zur Kontrolle internationaler Aktivitäten hingewiesen: Unabhängig von der Controllingkonzeption, ist stets zu gewährleisten, dass die Unternehmensleitung einen hinreichenden Überblick über die Risikosituation des Gesamtunternehmens hat. Dies ergibt sich aus der Tatsache, dass unternehmensbedrohende Risiken aus allen Teilen des Unternehmens kommen können (eine Tatsache, die nicht erst seit der Finanzkrise 2008/2009 gilt).

Nach deutschem Recht ist ein solches Überwachungssystem für Aktiengesellschaften sogar eine gesetzliche Pflicht. Sie wurde im Rahmen des Gesetzes zur Kontrolle und Transparenz im Unternehmensbereich (KonTraG) in das Aktiengesetz eingeführt. Dort heißt es, dass der Vorstand „geeignete Maßnahmen zu treffen, insbesondere ein Überwachungssystem einzuführen (hat), damit den ortbestand der Unternehmung gefährdende Entwicklungen früh erkannt werden" (§ 91, II AktG). An die Verletzung dieser Pflicht knüpft das Gesetz verschärfte Schadensersatzregelungen an.

3.4 Verwirklichung der Unternehmensziele als kontinuierlicher Prozess

Im vorliegenden Kapitel wurden die zentralen Komponenten des Managementprozesses – die strategische Planung, die operative Planung und der Kontrollzyklus – vorgestellt. Nach der Darstellung dieser Einzelkomponenten soll der Blick nun wieder auf das Ganze gerichtet werden.

Ziel des Managementprozesses ist es letztlich, die realen Handlungen so auszurichten, dass die grundlegenden Unternehmensziele verwirklicht werden können (vgl. Abb. 3.33). Die verschiedenen Planungsinstrumente haben dabei die Funktion, diese Unternehmensziele zu konkretisieren. Sie stehen dazu in einem hierarchischen Zusammenhang: Die Strategie gibt die generelle Ausrichtung vor, die dann in den verschiedenen operativen Planungen sukzessive konkretisiert wird.

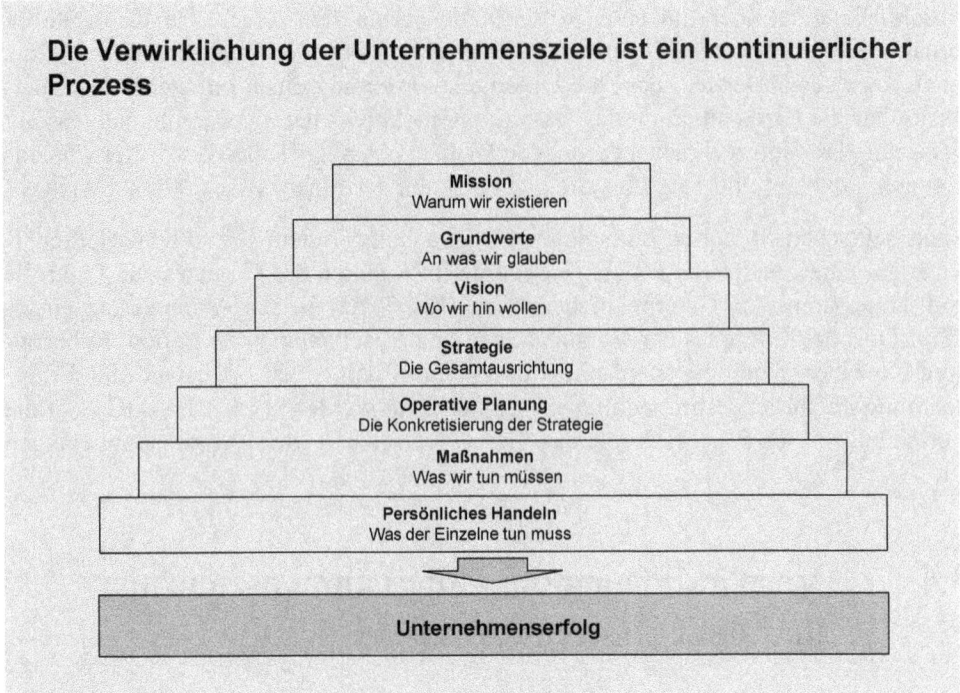

Abb. 3.33 *Prozess zur Verwirklichung der Unternehmensziele*[18]

In dieser streng sequentiellen Form entspricht der Prozess natürlich nicht der Unternehmensrealität. Der Fall, in dem eine Strategie formal aufgeschrieben, dann über operative Planungen konkretisiert und schließlich exakt wie geplant realisiert wird, ist nur in akademischen Lehrbüchern und in ex post rekonstruierten Fallstudien zu finden. In der Praxis werden laufend Strategieelemente explizit oder implizit verworfen und es kommen neue, ungeplante Elemente hinzu. Gleiches gilt für die operativen Planungen.

Das bedeutet nicht, dass Planungen – vor allem grundlegende Strategien – als beliebig verstanden werden sollten. Das Gegenteil ist der Fall: Eine systematische Planung – vor allem eine klare Strategie – ist eine Schlüsselvoraussetzung für ein erfolgreiches Management weltweiter Geschäfte. Allerdings darf das Management seine Aufmerksamkeit nicht nur auf formale Strategie- und Umsetzungsarbeit richten, sondern muss die Unternehmensführung als einen kontinuierlichen Prozess verstehen, bei dem (idealtypisch) kontinuierlich das Handeln der Einzelnen auf die Gesamtziele ausgerichtet wird.

---

[18] Quelle: in Anlehnung an Norton/Kaplan: Strategiefokussierte Organisation

Für die Anwendung bedeutet das, dass Strategie*formulierung* und *-implementierung* nicht voneinander getrennt betrachtet werden dürfen. Wesentliche Handlungen und Entscheidungen des Tagesgeschäfts müssen in Bezug zur Strategie (und damit letztlich zu den grundlegenden Unternehmenszielen) stehen.

Die Brücke zu schlagen von Strategie zum Tagesgeschäft ist unter Praxisbedingungen nicht immer einfach. Entsprechend wird diese Verbindung häufig nicht oder nicht systematisch hergestellt. Ein möglicher Grund hierfür ist, dass dazu zusätzlich zum intellektuellen Verstehen des Zusammenhangs auch eine geeignete instrumentelle Unterstützung erforderlich ist. Ihre Aufgabe ist es, diese Übersetzungsleistung einfach – auch im Sinne von Praxistauglichkeit – zu leisten. Auf die Möglichkeiten hierzu wird später, vor allem im Rahmen des Werkzeugkastens, ausführlich eingegangen.

4 Steuerung geschäftsführender Einheiten: Unternehmen im Kleinen systematisch führen

Bei größeren Organisationen kann die Unternehmensführung nicht alleine von der Unternehmensspitze erfolgen. Die Bedingungen in den Teileinheiten sind zu unterschiedlich. Entsprechend sind die Unternehmensaktivitäten in mehr oder minder autonome Teileinheiten aufzuspalten. Das Gliederungsprinzip kann dabei funktionaler Natur (d. h. nach Unternehmensfunktionen, wie z. B. Einkauf, Vertrieb) oder divisionaler Natur (z. B. nach Produkten oder Geschäften) sein. Neben der Komplexitätsreduktion für die Unternehmensführung ist damit in der Regel auch eine positive Wirkung auf die Motivation der Verantwortlichen der Teileinheiten verbunden.

Eine solche Aufspaltung erfordert eine spezifische Rollenverteilung zwischen Unternehmensleitung und den einzelnen „geschäftsführenden" Einheiten. Für den Fall der divisionalen Organisation – auf die sich hier zur Vereinfachung der Darstellung beschränkt wird – ergibt sich folgendes Grundmuster:

Die Rolle der Unternehmensleitung besteht im Kern in der Vorgabe von Rahmendaten. Dies sind die gesamtstrategische Positionierung und die Definition des Geschäftsauftrags, d. h. der Bestimmung und Abgrenzung der geschäftlichen Aufgaben inkl. der Abgrenzung von den anderen Geschäftseinheiten des Unternehmens. Die Gesamtpositionierung wird ergänzt durch Eckdaten zur Geschäftsgestaltung, etwa die Vereinbarung von Budgets für Kerngrößen des Geschäfts (z. B. Umsatz, Ergebnis, Investitionen).

Die geschäftsführende Einheit übernimmt die inhaltliche und geschäftsspezifische Ausgestaltung innerhalb des vorgegebenen Rahmens. Hierzu gehören z. B. die Geschäftsstrategie mit den zugehörigen Programmen, die operativen Pläne für das betrachtete Geschäft sowie die zugehörigen Kontrollen. Die inhaltliche Ausstattung der geschäftsführenden Einheiten variiert stark. Werden sie als Profitcenter geführt – was sich in vielen Fällen anbieten dürfte –, so sollten die wesentlichen ergebnisbeeinflussenden Wertschöpfungselemente in der Einheit liegen oder von ihr zumindest unmittelbar beeinflusst werden können.

Was die Mittel zum systematischen Management angeht, so gelten die im vorangegangenen Kapitel getroffenen Aussagen zu Planung und Kontrolle fort. Im Folgenden wird der Managementprozess weiter konkretisiert. Es wird z. B. dargestellt, wie
die zielgerichtete Beeinflussung von weltweit verteilten Aktivitäten erfolgt oder wie
Risiken frühzeitig erkannt werden können. Als Bezugsbasis und zur Veranschaulichung wird ein konkretes Fallbeispiel genutzt. Darauf aufbauend werden wesentliche Elemente einzeln vorgestellt.

4.1   Fallbeispiel: Benchmark bei Profitabilität und Wachstum durch systematisches Management

Die Vorgehensweise zum systematischen Management geschäftsführender Einheiten
soll anhand eines konkreten Fallbeispiels erläutert werden. An ihm werden die generellen Elemente des Managementprozesses veranschaulicht. Gleichzeitig ist es geeignet, den effektiven Umgang mit einer speziellen, aber durchaus häufigen Managementsituation – dem Turnaround – aufzuzeigen.

Bei der Einheit handelte es sich um ein Geschäftsgebiet eines Großkonzerns. Es bot
mit mehr als 10 000 Mitarbeitern in über 50 Ländern weltweit Dienstleistungen für
Telekommunikationsbetreiber an und erzielte damit einen Umsatz im Milliarden-
Euro-Bereich. Die Geschäftseinheit konnte durch konsequente Anwendung systematischer Management-Techniken aus einer Verlustsituation in eine führende Wettbewerbsposition gebracht werden und Benchmarks bei Rentabilität und Wachstum
setzen. Wesentliche Instrumente und Konzepte zum Management der weltweiten
Aktivitäten dieser Geschäftseinheit waren die folgenden (Abb. 4.1):

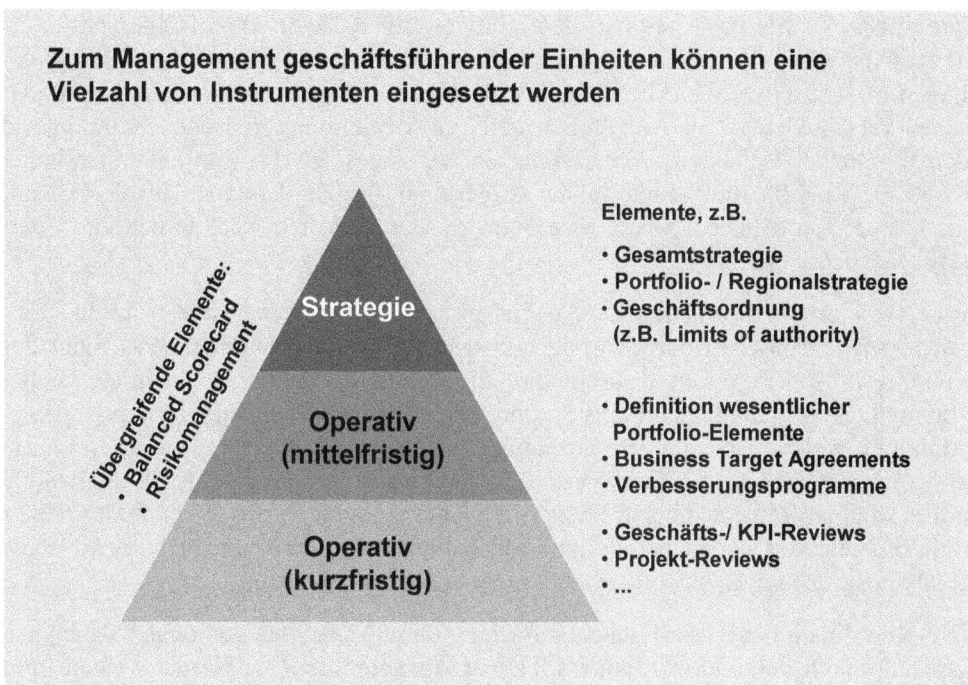

Zum Management geschäftsführender Einheiten können eine Vielzahl von Instrumenten eingesetzt werden

Strategie

Operativ (mittelfristig)

Operativ (kurzfristig)

Übergreifende Elemente:
• Balanced Scorecard
• Risikomanagement

Elemente, z.B.

• Gesamtstrategie
• Portfolio- / Regionalstrategie
• Geschäftsordnung
  (z.B. Limits of authority)

• Definition wesentlicher
  Portfolio-Elemente
• Business Target Agreements
• Verbesserungsprogramme

• Geschäfts-/ KPI-Reviews
• Projekt-Reviews
• ...

Abb. 4.1 Management geschäftsführender Einheiten

Basis der Neuausrichtung war eine umfassende **Geschäftsstrategie**. Schwerpunkte der Strategie waren die Gestaltung und Entwicklung des Angebotsportfolios sowie die Regionalstrategie. Letztere definierte das Vorgehen in den wesentlichen Ländern bzw. Ländergruppen. Die Ableitung der Ziele geschah auf Basis eines systematischen Wettbewerber-Benchmarkings. Betrachtet wurden hierzu die wesentlichen Wettbewerber ganzheitlich und bezogen auf die wichtigen Teilprozesse. Die erstmalige Erarbeitung der Strategie, inkl. eines detaillierten Turnaround-Konzepts, beanspruchte etwa sechs Monate und entsprach dem in Kapitel 3 dargestellten Vorgehen. Aufgrund der Ausgangslage „Turnaround-Situation" war die Strategie als eine Art Masterplan strukturiert, welcher beschrieb, wie innerhalb von drei Jahren eine führende Marktposition erreicht werden sollte. Durch eine Reihe von Meilensteinen war der Fortschrittspfad für alle Beteiligten – vom einzelnen Mitarbeiter bis zum obersten Führungsgremium des Konzerns – nachvollziehbar. Das schaffte Transparenz und Vertrauen. Außerdem erlaubte es, evtl. Handlungsbedarf jederzeit objektiv zu erkennen. An der Strategieerarbeitung waren die beiden oberen Managementebenen der Geschäftseinheit intensiv beteiligt. Zur Vertiefung verschiedener Markt- und Wettbewerbsthemen wurde ein externer Unternehmensberater herangezogen. Ein Review der Strategie fand halbjährlich im Rahmen einer mehrtägigen Managementklausur statt.

Die **operative Planung** geschah über Budgets für die einzelnen Teilgeschäfte, ergänzt um spezifische Ziele (z. B. Geschäftswertbeiträge, Ergebnismargen, Risikovolumen und -struktur). Um die Komplexität der Planung zu reduzieren, wurden zwischen verschiedenen internen Stellen und zur Abstimmung zwischen Zentrale und den regionalen Einheiten Verrechnungspreise eingesetzt. Es war ein monatlicher Kontrollzyklus für die Standardpläne vorgesehen. Projektplanungen wurden abhängig von der jeweiligen Risikoklasse und Priorität zwischen wöchentlich und quartalsweise betrachtet.

Eine **Geschäftsordnung** regelte die Zusammenarbeit zwischen den zentralen Einheiten sowie zwischen der Zentrale und den regionalen Einheiten. Aus Sicht des Führungsprozesses waren insbesondere die Limits of Authority wichtig. Sie bestimmen, ab welchen quantitativen und qualitativen Schwellen die explizite Zustimmung welcher Instanz erforderlich ist. Die Kriterien hierfür wurden durch ein systematisches Risiko-Screening ermittelt. Ziel war es, zum einen den Einheiten ein hohes Maß an Entscheidungsfreiheit zu geben, zum anderen für Risikofelder potentielle Fehlentwicklungen bereits im Frühstadium anzugehen, um nicht gewünschte Risikopositionen möglichst überhaupt nicht entstehen zu lassen.

Die Koordination der Aktivitäten von der Zentrale und den regionalen Einheiten geschah durch detaillierte **Business Target Agreements.** (Sie werden wegen ihrer grundsätzlichen Bedeutung für das Management weltweiter Geschäfte weiter unten ausführlich erläutert.)

Die strategischen Kernthemen der Geschäftseinheit – Wachstum, Margenverbesserung durch Neugestaltung des Preismanagements, Produktivitätssteigerung und eine Verbesserung bestimmter Elemente des Asset Managements – wurden durch eigenständige (Verbesserungs-)**Programme** konkretisiert. Bestandteil dieser Programme war eine detaillierte Maßnahmenplanung mit klaren Meilensteinen und Verantwortlichen sowie ein programmspezifisches Kontrollkonzept. Die Programme wurden jeweils im Rahmen gesonderter Projekte erarbeitet. Für die Programmrealisierung war jeweils ein Leitungskreismitglied verantwortlich.

Neben der operativen Kontrolle der Standardpläne fanden – der Natur des Geschäfts entsprechend – regelmäßige Durchsprachen der weltweit wichtigsten Projekte statt. Die Häufigkeit und Intensität ergab sich aus der jeweiligen Risikoeinstufung des Projekts. Außerdem wurde die Prozessperformance in regelmäßigen Abständen anhand eines Kennzahlensystems (KPI-Indicator) untersucht.

An übergreifenden Instrumenten sind insbesondere der Einsatz der (Advanced) Balanced Scorecard und eines Risikomanagement-Systems zu nennen:

Mit der **(Advanced) Balanced Scorecard** wurden die entscheidenden Strategieelemente in messbare Größen des Tagesgeschäfts überführt. Neben zentralen finanziellen Größen lag der Fokus auf wesentlichen, den Geschäftserfolg signifikant beeinflussenden nicht-finanziellen Parametern wie Prozessperformance, Mitarbeiter- und Kundenzufriedenheit. Für jeden der insgesamt 16 Parameter gab es eine personifizierte Verantwortung. Eventuelle kritische Entwicklungen wurden monatlich durchgesprochen und falls erforderlich Korrekturmaßnahmen eingeleitet. Die (Advanced) Balanced Scorecard wurde gleichzeitig zur Mitarbeiterinformation eingesetzt und unterstützte die Mitarbeiter bei der strategiekonformen Ausrichtung ihrer Aktivitäten. Die Verwirklichung der Strategie, und damit die Unternehmenswertsteigerung wurde so zu *everyone's everyday job*.

Als weltweit agierender Anbieter von Serviceleistungen war das Geschäft in besonderem Maße bestandsgefährdenden Risiken ausgesetzt, die an sehr vielen Stellen weltweit auftreten konnten. Daher war ein effektives **Risikomanagement** außerordentlich wichtig. Große Risiken sollten damit frühzeitig identifiziert und bewertet werden, um auf dieser Basis geeignete Strategien zur Risikosteuerung festzulegen. Durch das systematische Risikomanagement hatte die Geschäftsführung auch laufend einen Überblick darüber, ob die Gesamtrisikoposition der gewollten Position entsprach. Dies ermöglichte einen permanenten kontrollierten Umgang mit den Risiken. (Das Risikomanagement wird wegen seiner grundsätzlichen Bedeutung für das Management weltweiter Aktivitäten weiter unten ausführlich erläutert.)

Neben der Veranschaulichung des generellen Managementprozesses für geschäftsführende Einheiten zeigt das Beispiel auch gut den effektiven Umgang mit einer Turnaround-Situation:

Grundlage war ein zu Beginn des Turnarounds erstellter Masterplan. Dieser orientierte sich in seiner (End-)Zielsetzung nicht an graduellen Verbesserungen, sondern am Erreichen einer Weltklasseposition im Wettbewerb. Gleichzeitig enthielt er eine Reihe klarer (Zwischen-)Ziele und Meilensteine. Dies machte einerseits den enormen Verbesserungssprung fassbar, andererseits hatten dadurch alle Beteiligten stets das Gesamtziel „Weltklasse erreichen" vor Augen.

Inhaltlich wurden von Anfang an Kostensenkung, Geschäftsbereinigung und Wachstum gleichzeitig angestrebt. Eine einseitige Beschränkung auf bloße Kostensenkung oder bloßes Wachstum wurde vermieden. Die Kostensenkung wurde so zum Wachstumsmotor eigener Art, indem sie es z. B. erlaubte, neue Marktsegmente zu besetzen, deren wirtschaftliche Bedienung in der Vergangenheit wegen der unzureichenden Kostenposition nicht möglich war. Es wurde ein Wachstum durch Verzicht möglich (ausführlicher dazu in Modul 2 des Werkzeugkastens, Kapitel 6.2).

Die Maßnahmen zur Verbesserung stützten sich auf zwei Säulen: Zum einen erfolgten laufende graduelle Optimierungen von Einzelelementen, zum anderen wurden selektiv grundlegende Verbesserungen initiiert. Hierzu gehörten eine völlige Neuausrichtung des Preismanagements und ein grundlegendes Redesign der weltweiten Wertschöpfung. Die laufenden kleinen Verbesserungen waren unverzichtbar für die

Gesundung der Geschäftseinheit. Doch erst der Mut zu großen Schritten machte es möglich, die erheblichen Lücken zu schließen und Wettbewerbsvorteile aufzubauen.

Die Ergebnisse können sich sehen lassen: Es konnte ein durchschnittliches jährliches Wachstum von 30 % erreicht werden – dreimal so schnell wie der Markt. Die Kostenposition wurde pro Jahr zwischen 10 und 20 % verbessert. Beides zusammen ermöglichte es, die Profitabilität um mehr als 30 Prozent*punkte* (!) zu steigern – und sich damit zum profitabelsten Unternehmen im Markt zu entwickeln. Zusätzlich war es durch ein gleichzeitiges Asset-Management-Programm möglich, dieses Ergebnis, trotz des enormen Wachstums, vollständig Cash-wirksam zu realisieren.

Die wesentlichen Faktoren für einen solchen Erfolg sind wenig spektakulär: Es sind neben harter Arbeit und Konsequenz vor allem die Anwendung der Instrumente eines systematischen Managements.

Im konkreten Fall kam eine Reihe der Instrumente und Konzepte eines systematischen Managements zum Einsatz: Zum Erkennen des Handlungsbedarfs und zum Setzen konkreter Ziele wurde insbesondere Benchmarking eingesetzt (ausführlicher in Modul 1 des Werkzeugkastens, Kapitel 5.1), als Werkzeuge zur Erarbeitung grundlegender Verbesserungsmaßnahmen wurden Pricing und Redesign weltweiter Wertschöpfungsketten genutzt (Modul 2, Kapitel 6.3 und 6.4). Zur Sicherung der Implementierung der Programme wurden vor allem die Konzepte einer systematischen Maßnahmen- und Impactkontrolle sowie die (Advanced) Balanced Scorecard eingesetzt (Modul 3, Kapitel 7.4).

Neben diesen spezifischen Werkzeugen, die im zweiten Teil des Buches vorgestellt werden, sind noch drei generelle Elemente des Managements weltweiter Geschäfte von besonderer Relevanz: Business Target Agreements, Programme und Risikomanagement. Sie werden in den folgenden Teilabschnitten behandelt.

4.2   Eindeutige Business Target Agreements als wesentliches Element zur Koordination weltweiter Aktivitäten

Wie bereits dargestellt, besteht die zentrale Aufgabe beim Management weltweiter Geschäfte darin, die Vorteile, die sich aus der Anpassung an die jeweiligen lokalen Bedingungen ergeben, mit den Vorteilen einer weltweiten Integration aller Aktivitäten ergebnismaximal auszubalancieren.

Um dies zu erreichen, ist es erforderlich, die Aktivitäten der verschiedenen weltweit verteilten Einheiten abzustimmen. In welcher Art und in welchem Maße dies möglich ist, wird entscheidend von der Form der Marktbedienung bestimmt (vgl. hierzu ausführlicher Kapitel 3.1 über strategische Optionen). Geschieht die Marktbedienung über unabhängige Absatzmittler, so werden in der Regel nur geringe Einflussmöglichkeiten bestehen. Im Falle einer 100%igen Tochtergesellschaft bestehen dagegen – zumindest potentiell – erhebliche Möglichkeiten zur Einflussnahme.

Die Gestaltung der Regionalstrategie hängt von der konkreten Ausgangslage des Unternehmens ab. Sind wegen erheblicher Vorteile aus einer weltweiten Integration der Aktivitäten signifikante Koordinierungsmaßnahmen sinnvoll – das dürfte in der Mehrzahl der hier betrachteten Unternehmen gelten –, werden Formen wie enge Joint Ventures oder Tochtergesellschaften zur Marktbedienung sinnvoll sein.

Wurde eine solche (enge) Form gewählt, gilt es, die potentiellen Einflussmöglichkeiten auch tatsächlich zu nutzen. Ein wichtiges Element dafür ist eine eindeutige Zielvereinbarung zwischen der Zentrale und den lokalen Einheiten – im Folgenden Business Target Agreement (kurz: BTA) genannt.

Mit dem BTA werden die Ziele und die wesentlichen Aktionen für die einzelnen Einheiten vereinbart und dokumentiert. Abb. 4.2 zeigt anhand eines Beispiels, welche Themen in einem BTA geregelt werden können.

Mit dem Business Target Agreement wird eine Vielzahl von geschäftsrelevanten Themen vereinbart bzw. dokumentiert

- Gesamtziele für: Auftragseingang, Umsatz, Ergebnis, Kapitalumschlag, Einkaufspotential-Erschließung

- P&L-Rechnungen auf Segmentebene

- Asset Management/Personalentwicklung /Entwicklung ausgewählter Kostenpositionen

- Strategische Stoßrichtungen und wesentliche strategische Initiativen

- Markt- & Wettbewerbsentwicklung

- Verbesserungsprogramme

- Planung „Corporate Accounts"

- ...

Abb. 4.2 Praxisbeispiel: Inhalte eines Business Target Agreements

Das BTA unterstützt das Management geschäftsführender Einheiten in vielfältiger Weise:

- Zunächst ist es ein Mittel zum strukturierten Informationsaustausch zwischen der Zentrale und den regionalen Einheiten. Es beinhaltet wesentliche lokale Entwicklungen (z. B. Wettbewerberverhalten, Kundentrends) und übergreifende Aspekte (z. B. Unternehmensgesamtstrategie, Handlungsschwerpunkte der Gesamtunternehmung).
- Es erhöht die Prozesseffizienz durch eindeutige Dokumentation der Rechte und Pflichten beider Seiten.
- Es koordiniert die Ziele und Handlungen an den verschiedenen Orten eines Unternehmens – im optimalen Falle von den Einzelaktivitäten bis zur Gesamtzielsetzung. Abb. 4.3 skizziert, wie das Wachstumsziel des Gesamtunternehmens auf einzelne Kundenprojekte heruntergebrochen wird.
- Neben der Abstimmung der Planungen legt das BTA auch die Basis für die operative Kontrolle. Es werden quantifizierte Vergleichsgrößen z. B. für Planfortschritts- oder Realisationskontrollen geschaffen.

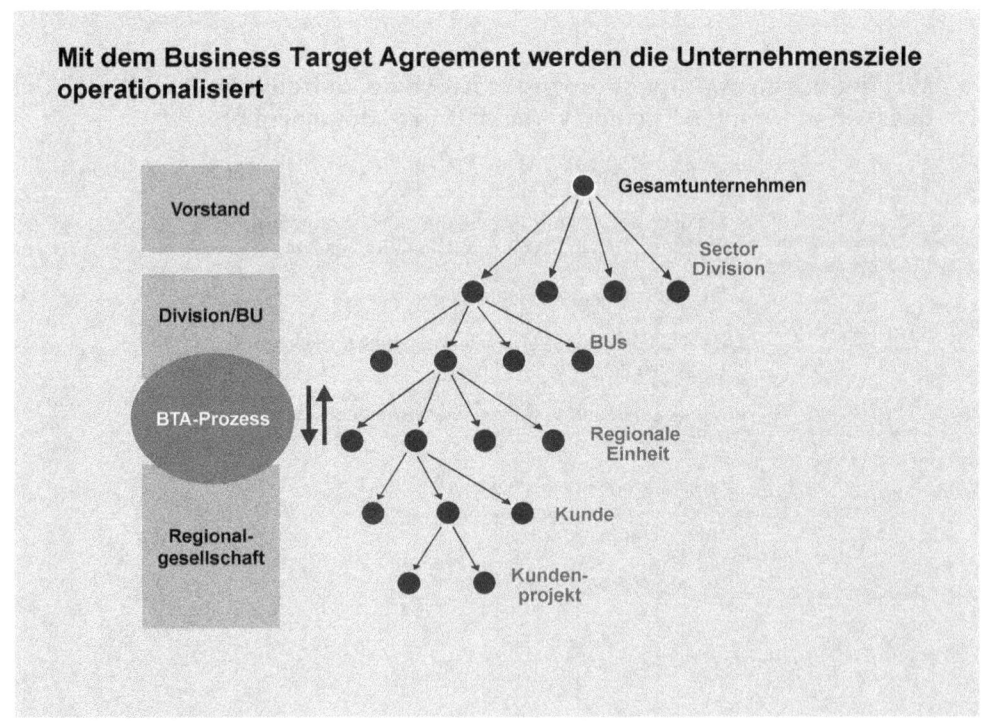

Abb. 4.3 BTA als Transmissionsmechanismus für die Unternehmensziele

Damit das BTA seinen Zweck voll erfüllen kann, muss auf eine hinreichende Klarheit geachtet und auf wichtige Sonderthemen Rücksicht genommen werden:

Ein Problem, welches in nahezu allen Fällen zu lösen ist, ist die adäquate Behandlung von Währungsschwankungen. Aus Sicht des Gesamtunternehmens wird der Erfolg z. B. einer Tochtergesellschaft nicht nur durch die dort realisierten Preise und Mengen, sondern auch durch die Veränderung des Wechselkurses beeinflusst. Es muss daher sichergestellt werden, dass solche Veränderungen in adäquater Weise für Kontrollen oder bei der Erfolgsbeurteilung berücksichtigt werden. Zur Verbesserung der Akzeptanz sollte die jeweilige Behandlung schon vor Abschluss des BTA allen Beteiligten transparent sein.

Aus geschäftlichen Überlegungen oder aufgrund nationaler Rechtslagen werden Beteiligungssituationen vorliegen, bei denen keine vollständige Eigentümerschaft gegeben ist. In diesen Situationen wird es naturgemäß zu Interessenkonflikten kommen. Diese sollten bei der Vereinbarung antizipiert werden. Oftmals werden zur Erreichung eines Gesamtoptimums ergänzende Vereinbarungen, z. B. eine modifizierte Gewinnermittlung, erforderlich sein.

Zwischen den Einheiten besteht in der Regel ein Leistungsaustausch. Entsprechend wird das Ergebnis oft nennenswert durch die zugrundeliegenden Verrechnungspreise beeinflusst. Zur Vermeidung von späteren Konflikten oder Unstimmigkeiten sollten diese Preise – oder wo dies nicht möglich ist: der Preisbildungsmechanismus – ebenfalls vor Abschluss der Vereinbarung definiert sein.

Themen aus spezifischen regionalen Sonderbedingungen (z. B. spezifische legale Regelungen, Steuerbehandlung etc.) müssen mit einbezogen werden. Zur effektiven Koordination der Aktivitäten hilft auch hier eine frühe Offenlegung und Dokumentation.

Erarbeitet werden BTAs im Rahmen bilateraler Vereinbarungen zwischen der Zentrale und den regionalen Einheiten. Der geeignete Grad der Partizipation hängt dabei vom jeweiligen Strategietypus ab. Im Falle einer Globalen Strategie wird sie weniger partizipativ sein als im Falle einer Multinationalen Strategie. Unabhängig hiervon empfiehlt es sich, zur Effizienzsteigerung in gewissem Umfang mit Top-down-Vorgaben zu arbeiten. Da ein erhebliches Datenvolumen (Anzahl der BTAs, Anzahl der zu regelnden Punkte etc.) zu bewältigen ist, ist es zweckmäßig, für den BTA-Prozess eine geeignete IT-Unterstützung vorzusehen.

4.3 Programme als Mittel zur Implementierung erfolgskritischer Strategieelemente

Ein weiteres wesentliches Element eines systematischen Managements sind Programme. Programme legen für Maßnahmenbereiche, die für den Unternehmenserfolg als kritisch angesehen werden, eine konkrete Vorgehensweise fest. Sie übernehmen damit eine Brückenfunktion zwischen der Strategie und den operativen Einzelaktivitäten.

Beim Management im internationalen Kontext übernehmen Programme eine zentrale Funktion zur Koordination der Aktivitäten. Betrachtet man etwa die im Vorabschnitt vorgestellten Business Target Agreements, so ist es extrem unwahrscheinlich, dass bilaterale Vereinbarungen, geschlossen von unterschiedlichsten Individuen auf beiden Seiten, eine optimale Lösung für das Gesamtunternehmen ergeben. Programme können hier einen wichtigen Beitrag leisten, um erfolgskritische Aktivitäten im Sinne der Gesamtzielsetzung zu koordinieren. Abb. 4.4 skizziert den konzeptionellen Zusammenhang.

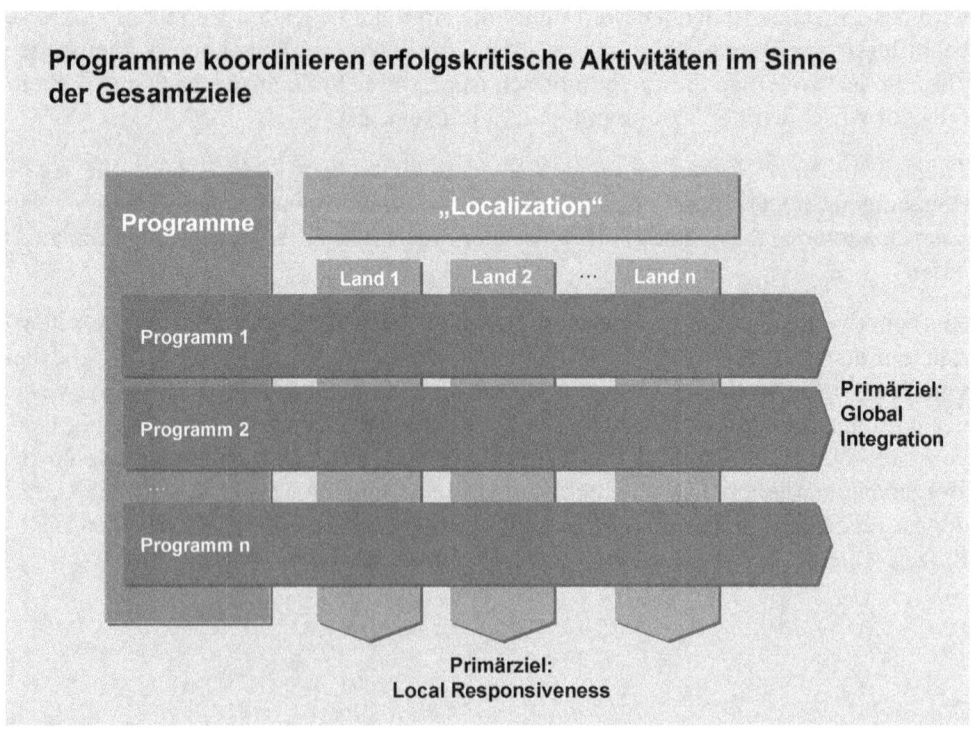

Abb. 4.4 *Rolle von Programmen im internationalen Kontext*

Systematische Programme haben folgende Inhalte:

- **Eindeutiges Ziel**, konsistent mit dem Unternehmensziel: Ein eindeutiges, möglichst quantifiziertes Ziel mit einem klaren Bezug zu dem durch das Programm verfolgten übergeordneten strategischen Ziel. Die Konsistenz mit den Unternehmenszielen ist für eine zielgerichtete Koordination von zentraler Bedeutung. (Dieser Zusammenhang ist – obwohl konzeptionell trivial – in der Praxis keineswegs immer gegeben.)
- **Konkrete Maßnahmen**, wie diese Ziele erreicht werden sollen: Hierzu gehören auch klare Termine sowie Verantwortlichkeiten und Zuständigkeiten.
- **Kontroll-Konzept**: Das geeignete Kontroll-Konzept ist stark von der Art der zu verfolgenden Maßnahmen abhängig. Ein Pricing-Programm ist anders zu verfolgen als ein Produktivitätssteigerungsprogramm. Entsprechend sollte jedes Programm ein auf die spezifischen Bedingungen zugeschnittenes Kontroll-Konzept haben. Unabhängig von der konkreten Ausgestaltung sollte es neben (ex post) Feedbackelementen auch Elemente zur Unterstützung einer vorauseilenden Kontrolle vorsehen (z. B. Zwischenziele, Meilensteine), um Implementierungsstörungen frühzeitig zu erkennen. Ebenso sollten neben sachbezogenen auch verhaltensbezogene Ziele verfolgt werden.

Um die Umsetzung der Strategie wirkungsvoll zu unterstützen, sollten die einzelnen Programme nicht isoliert gesehen werden, sondern als Teil eines konsistenten Gesamtprogramms. Abb. 4.5 und Abb. 4.6 zeigen dies am Beispiel der in Kapitel 4.1 dargestellten Geschäftseinheit.

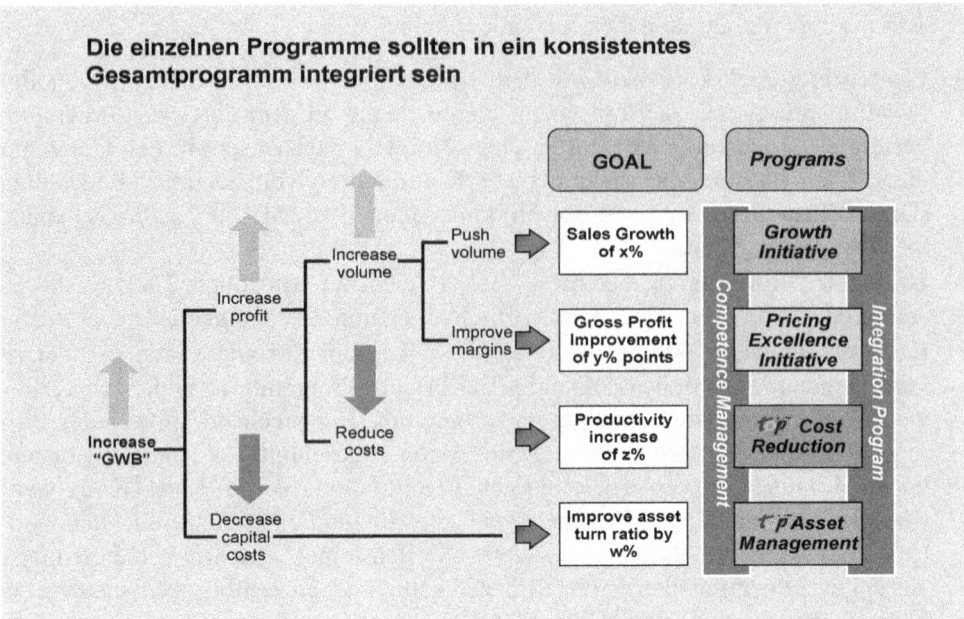

Abb. 4.5 *Praxisbeispiel: Gesamtprogramm einer Geschäftseinheit (1)*

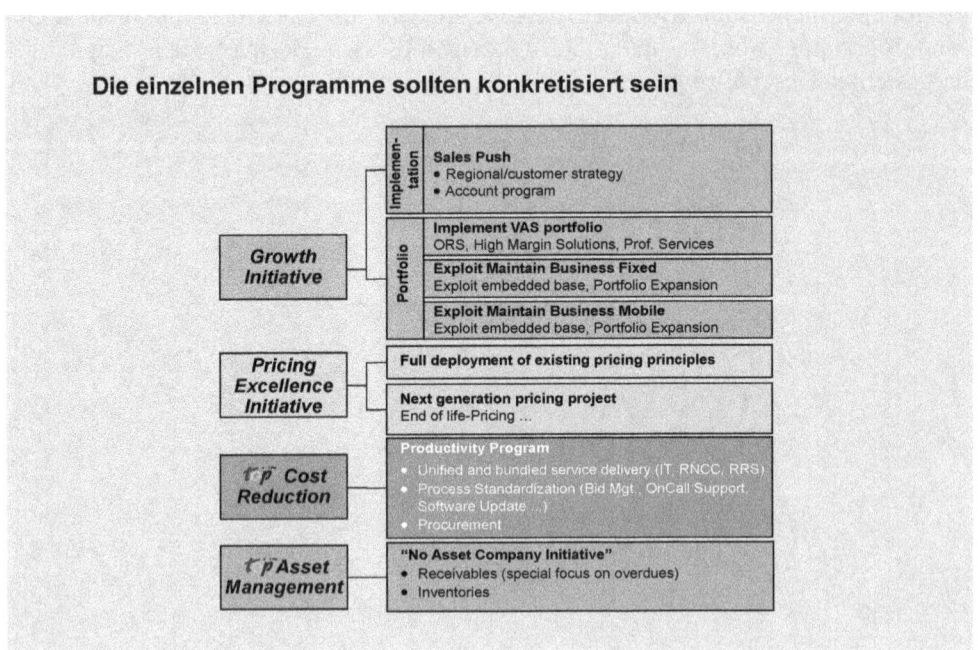

Abb. 4.6 *Praxisbeispiel: Gesamtprogramm einer Geschäftseinheit (2)*

Man erkennt an diesem Beispiel einige wichtige **Merkmale eines systematischen Gesamtprogramms**:

- Jedes Programm steht in einem klaren Bezug zum Unternehmensziel, hier: die Steigerung des Unternehmenswertes.
- Die Anzahl der Programme ist begrenzt. Dies ist ein wichtiger Faktor für den Implementierungserfolg. Die Beschränkung auf wenige, wirklich wichtige Themen erlaubt es, Managementkapazität fokussiert einzusetzen und die Mitarbeitermobilisierung effektiv durchzuführen.
- Die Ausrichtung ist sehr konkret. Hinter den einzelnen Themen liegen sehr konkrete Maßnahmen mit Meilensteinen und Verantwortlichkeiten sowie ein detailliertes Kontroll-Konzept.

4.4 Risikomanagement: „Kill the beast when it's small"

Die Unternehmensrealität ist geprägt durch viele ungeplante Entwicklungen innerhalb und außerhalb des Unternehmens. Manche dieser Entwicklungen können eine erhebliche Beeinträchtigung der Unternehmenszielerreichung bis hin zur Bedrohung seiner Existenz bedeuten. Insbesondere solche grundlegenden Bedrohungen gilt es rechtzeitig zu erfassen. Dies ist bei weltweit agierenden Unternehmen besonders herausfordernd: Zum einen können große Risiken überall auf der Welt entstehen. Zum anderen können sich kleinere Risiken, die an verschiedenen Stellen bestehen, zu einem bestandsgefährdenden Großrisiko kumulieren.

Die Grundregel eines effektiven Krisenmanagements gilt auch hier: Maßnahmen sind in der Regel umso effektiver, je früher sie ergriffen werden. Ein Brand ist sehr leicht zu löschen, wenn er gleich bei seinem Entstehen bekämpft wird. Wenn er sich bereits zu einem Großbrand entwickelt hat, sind, trotz ungleich höherem Aufwand, die Schäden meist signifikant größer.

Ein Risikomanagement-System, welches Risiken frühzeitig identifiziert und Gegenmaßnahmen entwickelt und implementiert, ist daher für das erfolgreiche Management weltweiter Aktivitäten unverzichtbar. Daneben besteht in Deutschland und in einer Reihe anderer Länder eine gesetzliche Verpflichtung zur Einrichtung eines Überwachungssystems zur Erkennung bestandsgefährdender Risiken.

Im Folgenden sollen wesentliche Aspekte eines Risikomanagement-Systems skizziert werden, welches einen effektiven Umgang mit Risiken bei weltweiten Geschäften erlaubt.

4.4.1   Kardinalfehler eines Risikomanagements

Die Ausgestaltung eines Risikomanagements ist grundsätzlich abhängig von der konkreten Unternehmenssituation, d. h. von Faktoren wie Komplexität und Transparenz der Unternehmensstrukturen oder Art und Umfang potentieller Risikoquellen. Einige „Kardinalfehler" gilt es jedoch in jedem Falle zu vermeiden:

Risiken erst erfassen, wenn sie hinreichend konkret und quantifizierbar sind: Diese Vorgehensweise hat zwar den Vorteil, dass Risiken dann klar und eindeutig beschrieben werden können. Dieser wird jedoch durch den Nachteil erkauft, dass die Zeit für Gegenmaßnahmen und damit deren potentielle Wirkkraft meist sehr gering sind.

„Bottom-up-Falle" (bloße Aggregation aus Einzelrisiken): Großrisiken zeichnen sich nicht selten dadurch aus, dass sie an vielen Stellen des Unternehmens bestehen, in jedem einzelnen Falle jedoch vergleichsweise klein sind. Dadurch gehen sie bei der Verdichtung vom Einzelgeschäft zum Gesamtunternehmen oftmals unter. Man denke z. B. an Länderrisiken oder an ungünstige Wechselkursentwicklungen. Aus der Sicht des einzelnen Geschäftsbereichs handelt es sich nur um ein kleineres Risiko, welches bei den Verdichtungsschritten eines stufenweisen Analyseprozesses in der Regel ausgeblendet würde. Wenn es in fast allen Geschäften eines Unternehmens auftritt, kann es sich aber bei entsprechender Anzahl von Geschäften durchaus zu einem unternehmensgefährdenden Risiko entwickeln.

Risikomanagement als reine Stabsaufgabe: Risikomanagement ist eine originäre Aufgabe des (Top-)Managements. Stäbe sind wichtig, um die nötige Entscheidungsvorbereitung zu leisten. Naturgemäß verfügen sie jedoch in der Regel nicht über alle Geschäftsinformationen. Dies ist insofern problematisch, als manche Entwicklungen erst durch zusätzliche Informationen als Risiko identifizierbar werden. Hinzu kommt, dass im Management die Fähigkeit zur zutreffenden Gesamtbewertung in der Regel stärker vorhanden ist. Eine Beschränkung des Risikomanagements auf eine reine Stabsaufgabe vermindert daher die Qualität der Risikoidentifikation und -bewertung. Außerdem vermindert sie die persönliche Identifikation mit den Gegenmaßnahmen.

Risiken undifferenziert managen: Innerhalb eines Unternehmens kann nur eine sehr begrenzte Anzahl von Risiken aktiv „gemanagt" werden. Es gilt auch hier: Wer alles gleichzeitig möchte, wird nichts erreichen. Entsprechend geht es nicht ohne eine starke Priorisierung.

Vernachlässigen des (Risiko-)Kulturaspekts: Die Zeiten, in denen der Überbringer schlechter Nachrichten dies mit dem Leben bezahlte, sind (hoffentlich) vorbei. Gleichwohl ist die offene Kommunikation von Problemen in vielen Unternehmen auch heute oftmals nicht von Vorteil. Entsprechend ist eine teilweise erhebliche Neigung zu beobachten, schlechte Nachrichten zu vermeiden. Dies führt nicht selten dazu, Risiken und Bedrohungen so lange totzuschweigen, bis sie nicht mehr zu übersehen sind. Dann jedoch ist die Möglichkeit effektiver Gegenmaßnahmen in der Regel sehr gering. Entsprechend ist neben einer geeigneten Risikomanagement-Systematik auch dem Kulturaspekt große Aufmerksamkeit zu schenken. Ein wichtiger Faktor hierfür ist das Beispiel der oberen Führung.

4.4.2 Wesentliche Elemente eines Risikomanagement-Prozesses

Beim Umgang mit Risiken ist stets zu berücksichtigen, dass nichts ohne Risiko geschieht, dass aber auch ohne Risiko nichts geschieht. Entsprechend ist das Ziel eines Risikomanagements *nicht die völlige Vermeidung* von Risiken, *sondern ein permanenter, kontrollierter Umgang* mit Risiko.

Ausgangspunkt eines Risikomanagements ist das Festlegen einer unternehmensspezifischen Risikopolitik. Kernelement dieser Risikopolitik ist der sog. **Risk Appetite**. Dieser beschreibt, welches Maß an Risiko das Unternehmen bereit ist einzugehen. Hierbei handelt es sich um eine sehr grundsätzliche Abwägungsfrage: Zu wenig Risikobereitschaft ist ebenso schädlich wie zu viel. Soll nahezu jedes Risiko vermieden werden, wird auch die Unternehmensrendite in der Regel nur niedrig sein – und dies kann selbst zum Risiko werden.

Der Risk Appetite wird beeinflusst durch das existierende Risikoprofil und die Risikotragfähigkeit, d. h. das maximale Risiko, das ein Unternehmen absorbieren kann, bevor eine Insolvenz eintritt. Die Risikopolitik ist hinreichend konkret zu beschreiben. Fragen, die dabei zu klären sind, sind z. B.: Wie hoch darf die maximale Höhe von Verlusten im Vergleich zum Budget oder zu anderen Referenzgrößen sein? Wie hoch ist die Bereitschaft einen möglichen Schaden für die Unternehmensreputation hinzunehmen? Gibt es spezielle Risiken, die auf keinen Fall akzeptiert werden?

Auf dieser Basis muss ein effektives Risikomanagementsystem relevante (Groß-) Risiken frühzeitig identifizieren, geeignete Gegenmaßnahmen entwickeln und deren Implementierung sicherstellen. Daneben muss sichergestellt sein, dass das System laufend an neue Entwicklungen angepasst wird. Im Folgenden sollen wesentliche Elemente eines Risikomanagement-Systems vorgestellt und erläutert werden (Abb. 4.7).

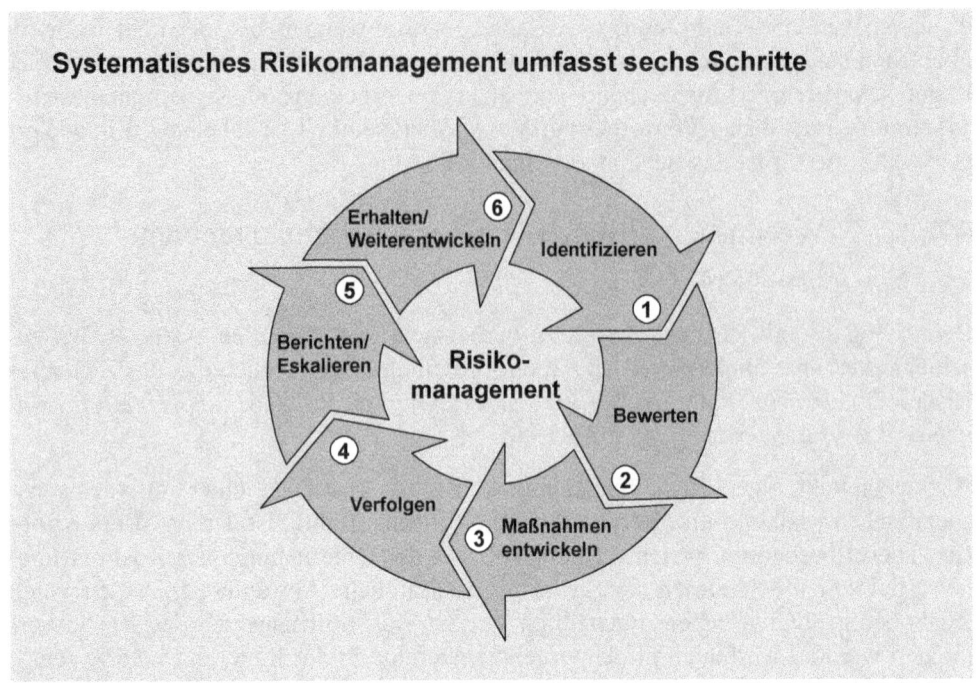

Abb. 4.7 Elemente eines Risikomanagement-Systems

Schritt 1: Risiken identifizieren

Ausgangsbasis ist eine möglichst vollständige Identifikation der relevanten Risiken. Was nicht erkannt wird, kann auch nicht „gemanagt" werden! Grundsätzlich können Risiken in drei große Kategorien eingeteilt werden:

- **Risiken höherer Gewalt**: unvorhersehbare (Natur-)Katastrophen außerhalb des Unternehmens – wie etwa Erdbeben, Orkane, aber auch Kraftwerkskatastrophen;
- **politische und ökonomische Risiken**: Risiken aus grundlegenden Veränderungen des gesellschaftlichen oder ökonomischen Umfelds;
- **Unternehmensrisiken**: Risiken, die sich aus den unternehmerischen Aktivitäten ergeben. Dabei lassen sich drei Unterkategorien unterscheiden: Geschäfts-, Finanz- und Betriebsrisiken.

Entsprechend dieses breiten Spektrums sollte die Analyse weit angelegt werden. Helfen können bei der Identifizierung sog. **Ereignisinventare**, bei denen basierend auf Unternehmens-, Branchen- und allgemeinen Geschäftserfahrungen Risiken strukturiert dokumentiert sind. Ein systematisches Abarbeiten von Risikofeldern kann durch **Risiko-Checklisten** (Abb. 4.8) unterstützt werden.

Eine Checkliste erleichtert das systematische Abarbeiten von Risikofeldern

Strategische Risiken	Marktrisiken	Finanzmarkt-risiken	Risiken aus Compliance & Corp. Governance	Supply Chain Risiken/Leistungs-risiken	Außerordentliche und spezielle operationelle Risiken	
1 Geschäftsfelder-struktur und Portfoliorisiken	1 Markttrends	1 Zinsrisiken	1 Rechnungslegung, Vollständigkeit und Einhaltung von Standards	1 Akquisition und Vertriebsprozesse	1 Kalkulationsrisiken bei Projekten und langen Vertrags-laufzeiten	10 F&E-Prozesse und technologische Risiken
2 Unsichere Prämis-sen und Konsistenz der Strategie	2 Struktur der Wett-bewerbskräfte	2 Währungsrisiken	2 Internes Kontroll-system und Umsetzung von Legal Compliance	2 Angebote, Kalku-lation und Preis-setzung	2 Ausfall zentraler Produktionskom-ponenten	11 Datensicherheit
3 Bedrohung kriti-scher Erfolgs-faktoren und strategischer Ziele	3 Substitutionsrisiken (z.B. neue Produk-te)	3 Wertschwankungen bei Wertpapieren (UV)	3 Unternehmens-kultur und Risiko-kommunikation	3 Einkaufs- und Eingangslogistik, Lieferantenwahl	3 Schwankungen der sonstigen Kosten	12 IT-Verfügbarkeit
4 Finanzstruktur (insbes. Eigen-kapitalquote und Kostenstruktur)	4 Abhängigkeit von einzelnen Kunden	4 Risiken aus Einsatz von Derivaten	4 Investor Relation-ship und Public Relationship	4 Auftragsplanung	4 Schwankungen der Personalkosten	13 Arbeitssicherheit
5 M&A-Risiken Beteiligungswerte	5 Abhängigkeit von Lieferanten	5 Forderungsausfälle	5 Entlohnungs- und Anreizsysteme	5 Service und Lieferfähigkeit	5 Ausfall Schlüssel-personen	14 Umweltrisiken
6 Megatrends und Trendrisiken: Chancen und Gefahren	6 Bedrohung von Marktposition und Wettbewerbs-vorteilen	6 Wertschwankun-gen von Beteiligu-ngen, Impairment-risiko	6 Zielkongruenz ökonomischer Entscheidungs-regeln	6 Ausgangslogistik	6 Sachanlage-schäden (z. B. durch Feuer)	15 Vorteilsnahme, Untreue, Fraud und Betrug
	7 Markteintritt neuer Wettbewerber	7 Immobilien und sonstige Asset-Klassen	7 Führungsstil, Betriebsklima und Motivation	7 Abrechnung/ Faktura	7 Markenrisiken/ Imagerisiko	16 Allgemeine Haftpflicht
	8 Absatzmengen-schwankungen	8 Finanzielle Stabili-tät, Rating und Liquidität (Kredit-linie, Covenants)	8 Rechtliches und politisches Umfeld	8 Lieferantenausfall	8 Werkschutz, exoge-ne kriminelle Aktivi-täten, Sicherheits-organisation	17 Produkthaftung
	9 Absatzpreis-schwankungen		9 Sonstige organi-satorische Risiken (Strukturen, Pro-zesse)	9 Spezielle Projektrisiken	9 Planungs-, Prog-nose- und Früh-warnsysteme	18 Management-risiken/Entschei-dungsrisiken
	10 Beschaffungs-marktrisiken (Materialkosten, Rohstoffpreise)		10 Konventionalstra-fen, Bürgschaften oder andere Vertragsrisiken			

Abb. 4.8 Beispiel Risiko-Checkliste[1]

Bei der Ermittlung sind neben den von den Teileinheiten gemeldeten Risiken gleich-zeitig auch sog. Top-down-Risiken zu ermitteln. Bei der Risiko-Identifikation müs-sen neben geschäftsspezifischen Risiken auch regionenspezifische Risiken betrachtet werden. Zur Clusterung und Priorisierung sollten Risiken zu gleichartigen Gruppen (*risk themes*) zusammengefasst werden.

Schritt 2: Risiken bewerten
Zur Vermeidung einer kurzfristigen Sicht sollte ein genügender Zeithorizont gewählt werden. Als Größenordnung bietet sich ein Zeitrahmen von zwei bis fünf Jahren an. Bei der Bewertung sollten neben quantifizierbaren Effekten auch qualitative Wir-kungen berücksichtigt werden.

---

[1] Quelle: Alter, Strategisches Controlling, S. 392

Schritt 3: Den Umgang mit dem Risiko definieren und ggf. Gegenmaßnahmen entwickeln

Sind Risiken erkannt, müssen der Umgang mit ihnen definiert und konkrete Maßnahmen und Verantwortlichkeiten zur Risikohandhabung erarbeitet werden. Ziel ist es hier, die Auswirkung eines Risikos auf das Unternehmen soweit möglich bzw. sinnvoll zu reduzieren. Hierzu bestehen grundsätzlich verschiedene Möglichkeiten (Abb. 4.9):

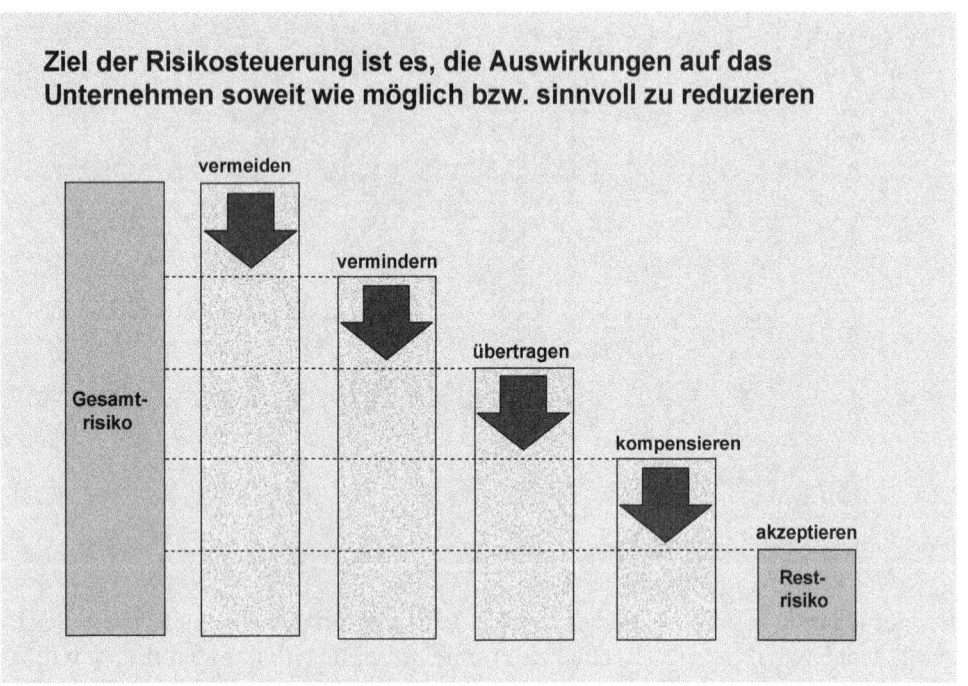

Abb. 4.9 Strategien zur Risikosteuerung

- **Vermeiden**: Die Risikoposition eines Unternehmens kann dadurch begrenzt werden, dass z. B. auf bestimmte risikobehaftete Geschäftschancen bewusst verzichtet wird.
- **Vermindern der Auswirkung**: Definition von Maßnahmen, die die Eintrittswahrscheinlichkeit oder die Schadenshöhe eines bestimmten Risikos reduzieren.
- **Übertragen**: Risiken können z. B. auf Geschäftspartner oder auf Versicherungen übertragen werden. Dabei muss insbesondere bei der Übertragung auf Geschäftspartner sichergestellt sein, dass diese das Risiko auch tatsächlich tragen können, ansonsten nutzen auch die besten vertraglichen Regelungen wenig zum Risikomanagement.

- **Kompensieren**: Risiken können auch durch gezielte Ausgleichsmaßnahmen behandelt werden. Beispiele hierfür sind die regionale Anpassung der Wertschöpfung (z. B. Fertigungsverlagerung) zur Vermeidung von Wechselkurseffekten oder die gezielte Diversifikation bei der Auswahl der Geschäftsfelder.

Schritt 4: Laufende Verfolgung
Die Entwicklung der einzelnen Risiken muss regelmäßig verfolgt werden. Frequenz und Intensität richten sich dabei nach der Risikoeinstufung (siehe weiter unten). Zusätzlich sind – z. B. im Rahmen der Risikoassessments – übergreifende Analysen zur Entwicklung von Risikoumfang und -struktur durchzuführen. Dabei ist z. B. zu überprüfen, ob die tatsächliche Gesamtrisikosituation der gewollten Risikosituation, dem unternehmerischen „Risiko-Appetit", entspricht. Hilfreich sind auch Trendanalysen zu wesentlichen Risiken (z. B.: hat sich das Risiko im Vergleich zu den vergangenen Assessments auffällig vergrößert oder verkleinert?).

Schritt 5: Berichterstattung und Eskalation
Es ist regelmäßig an den für die jeweilige Risikoeinstufung relevanten Managementkreis (siehe unten) zu berichten. Zweckmäßig ist es, sowohl eine periodische Berichterstattung, als auch – bei Überschreiten von Schwellenwerten – ein Ad-hoc-Berichtswesen vorzusehen. Großrisiken sollten darüber hinaus in übergreifende Informationssysteme wie die (Advanced) Balanced Scorecard integriert werden.

Schritt 6: Erhaltung und Weiterentwicklung des Risikomanagementsystems
Weiter ist auch das Risikomanagement-System selbst regelmäßig auf seine Wirksamkeit und Angemessenheit zu überprüfen. Hierzu gehören auch regelmäßige Überprüfungen zu seiner Einhaltung sowie ein Abgleich von gewollter und tatsächlicher Risikoposition des Unternehmens. Wichtig ist auch eine Analyse und Förderung einer angemessenen Risikomanagement-Kultur.

4.4.3 Strukturierung und Priorisierung als wesentliche Erfolgsvoraussetzung

Angesichts der Begrenztheit von Managementkapazität ist eine wesentliche Voraussetzung für das effektive Management von Risiken eine konsequente Strukturierung und Priorisierung von Risiken. Diese kann folgendermaßen vor sich gehen:

- Ausgangspunkt einer systematischen Analyse ist eine Bündelung gleichartiger Risiken zu Risiko-Komplexen (**risk themes**). Durch eine systematische Klassifikation wird es möglich, verwandte Risiken auch bei unterschiedlichen Begrifflichkeiten zu identifizieren. Dies unterstützt in vielfältiger Weise eine Gesamteinschätzung für das Unternehmen und eine Beurteilung der Relevanz unterschiedlicher Bedrohungen.

- Weiter sind die Risiken entsprechend ihrer Relevanz für das Unternehmen einzustufen. Als Dimensionen zur Einstufung in **Risikoklassen** haben sich die Auswirkung auf das Unternehmen und die Wahrscheinlichkeit des Eintritts bewährt.
  Abb. 4.10 skizziert ein Modell zur Einstufung in vier Risikoklassen.
- Um die Matrix zu kalibrieren, ist die **Risiko-Toleranz** zu berücksichtigen. Sie
  hilft zu konkretisieren, was ein kleines und was ein großes Risiko ist.
- Aus der Clusterung der Risiken unter Berücksichtigung der Risiko-Toleranz
  können dann die **Anforderungen an die Risikomanagement-Maßnahmen** ab-
  geleitet werden. Hierbei sollte nach drei Dimensionen differenziert werden:
  - Anforderungen an die Detaillierung der Gegenmaßnahmen: Wie konkret muss
    die Maßnahme ausgearbeitet werden? Genügt eine Kurzbeschreibung oder ist
    ein detaillierter Aktionsplan mit Einzelverantwortlichkeiten und ausführlichen
    Vorgehensbeschreibungen zu erstellen?
  - Anforderungen an die verantwortliche Management-Ebene: Auf welcher Ebe-
    ne ist die Maßnahmenverantwortlichkeit anzusiedeln? Genügt die Ansiedlung
    auf der operativen Mitarbeiter-Ebene oder sollte die Verantwortlichkeit un-
    mittelbar bei einem Vorstandsmitglied liegen?
  - Anforderungen an den Review-Zyklus: Wie häufig ist das Risiko in Reviews
    zu betrachten? Genügt eine jährliche Wiedervorlage oder ist eine monatliche
    oder wöchentliche Beschäftigung angezeigt, oder sogar ein noch kürzerer
    Zeitraum?[2]

---

[2]   Dass Risiken mitunter extrem kurz betrachtet werden müssen, zeigt das Beispiel der KfW Bank, bei der eine
       Überweisung an die zu diesem Zeitpunkt Insolvenz-gefährdete Bank Lehmann Brothers anstand. Das Insol-
       venz-Risiko wurde damals nicht hinreichend kurz getaktet überprüft. Dadurch kam es, dass die Überweisung
       trotz der über das Wochenende eingetretenen Insolvenz durchgeführt wurde. Es entstand ein Schaden von über
       300 000 000 Euro.

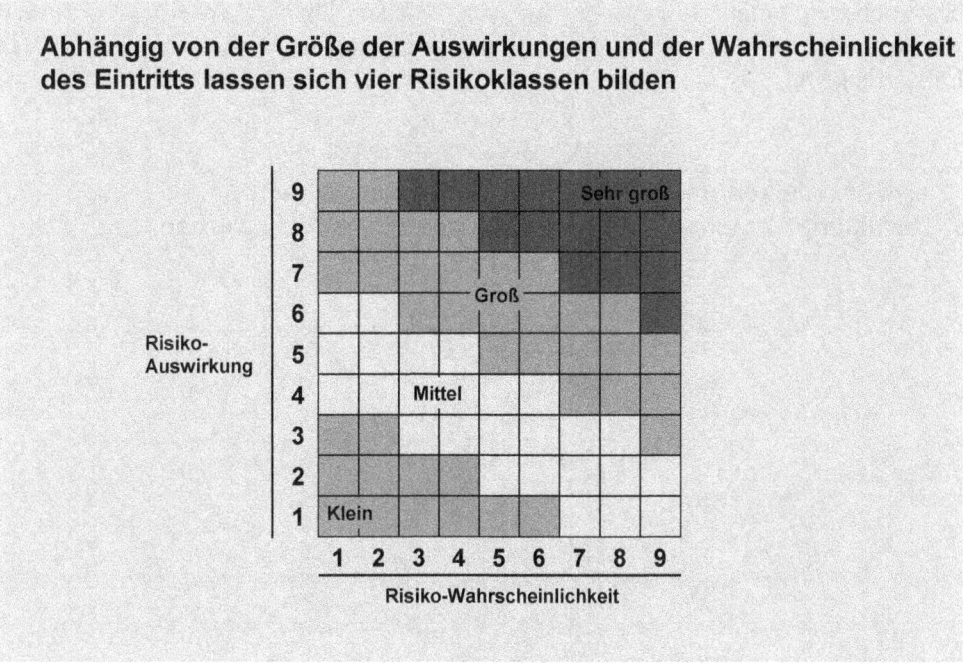

Abb. 4.10 *Bildung von Risikoklassen*

4.4.4 Wesentliche Aspekte der praktischen Durchführung im Unternehmen

Um Risiken hinreichend vollständig zu erkennen und zu bewerten, sollten die Risiken ausgehend von den Einzeleinheiten betrachtet werden und dann, abhängig von der Unternehmensgröße, in einer oder mehreren Stufen immer weiter verdichtet werden, bis schließlich die Gesamtunternehmenssicht erreicht ist.

Auf jeder dieser Aggregationsstufen bieten sich Workshops mit Erfahrungsträgern der unterschiedlichsten Disziplinen an. Um effizient zu sein, sollten diese Workshops durch strukturierte Voraberhebungen von Risiken vorbereitet werden.[3]

Bei der inhaltlichen Risikoermittlung ist darauf zu achten, dass alle wesentlichen Strukturdimensionen eines Unternehmens abgedeckt werden. Bei weltweiten Geschäften bedeutet dies in der Regel, dass die Workshops sowohl für die verschiedenen Geschäfte als auch für die verschiedenen Regionen stattfinden sollten. Nur so ist eine vollständige Erfassung der Risiken wahrscheinlich. Damit wird der eingangs

---

[3] Hilfreich hierbei ist die Anwendung einheitlicher Checklisten. Beispiele für Checklisten finden sich z. B. bei Keitsch, Risikomanagement

beschriebenen Gefahr entgegengewirkt, dass Risiken übersehen werden, z. B. weil sie für das einzelne Geschäft nur mittlere Bedeutung haben (man denke z. B. an Länderrisiken).

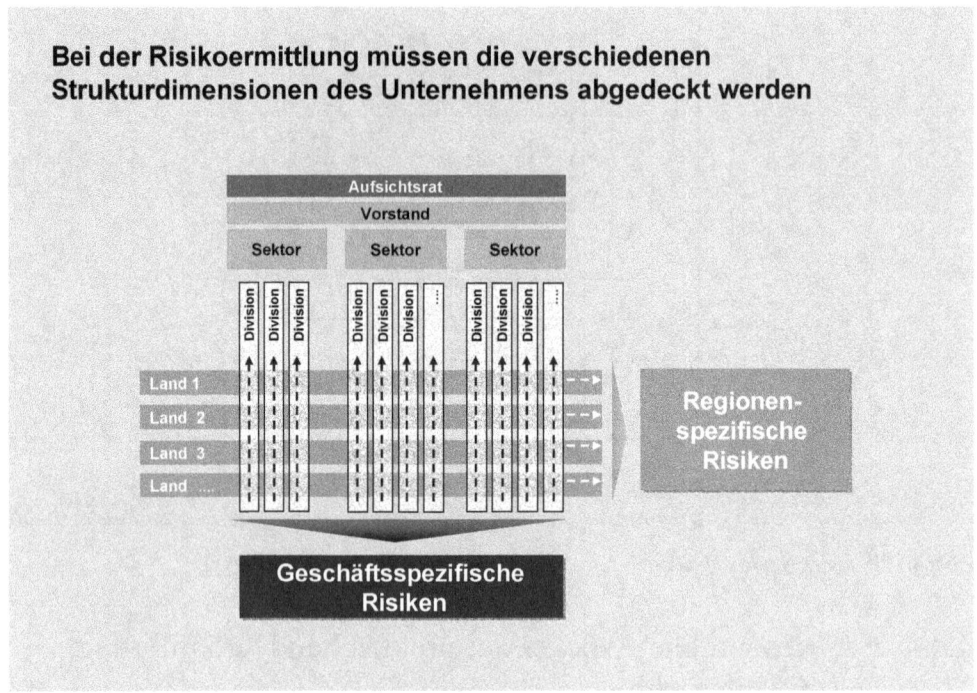

Abb. 4.11 *Analysedimensionen eines Risikomanagements*

Ergänzt werden sollte dieser Prozess durch eine Top-down-Bestimmung von Risikothemen. Dies betrifft vor allem übergreifende Themen wie Währungsentwicklungen, konjunkturelle Trends u. Ä. Wichtige Anhaltspunkte für solche Top-down-Themen können z. B. aus den strategischen Umfeld- oder Unternehmensanalysen gewonnen werden.

Bei allen Teilprozessen ist eine angemessene Partizipation des (Top-)Managements sicherzustellen. Sie ist eine entscheidende Voraussetzung für effektives Risikomanagement. Sie beeinflusst alle Phasen des Risikomanagement-Prozesses: von der vollständigen Identifikation, der zutreffenden Bewertung bis hin zur erfolgreichen Maßnahmenimplementierung. Risikomanagement ist eine Führungsaufgabe!

Wichtig für die Sicherung der unternehmensweiten Einheitlichkeit und Konsistenz ist eine klare Dokumentation wesentlicher Einzelelemente, z. B. mittels eines **Risikohandbuchs**. Dieses sollte enthalten:

- die Aufbau- und Ablauforganisation des Risikomanagements (inkl. klaren Aufgabenbeschreibungen und Verantwortlichkeiten);
- die Grundsätze zur Ermittlung und Bewertung (z. B. Risikokategorien, *risk themes*, Messmethoden);
- die Gestaltung des Controllings und des Berichtswesens (z. B. Berichtsintervalle, -umfang, -inhalte, -adressaten).

Neben der Unterstützung eines einheitlichen Vorgehens ist das Handbuch auch Bezugspunkt für Kontrollmaßnahmen. Außerdem hilft es der Unternehmensleitung im Fall der Fälle dabei, den Nachweis zu erbringen, dass sie den gesetzlichen Verpflichtungen nachgekommen ist.

4.4.5   Risikomanagement nur für Großbetriebe?

In Diskussionen mit mittelständischen Unternehmen erlebt man nicht selten eine gewisse Ablehnung eines systematischen Risikomanagements. Man scheut den Aufwand und gewisse Formalia und weist darauf hin, dass man ohnehin alles „im Griff" hat. Gerade letztere Einschätzung ist oftmals eine Illusion. Die Komplexität auch kleinerer Unternehmen übersteigt schnell das vom Unternehmer überschaubare Maß. Risiken aus Auslandsgesellschaften, die Nichtverlängerung von Krediten oder Kunden- bzw. Lieferanten-Insolvenzen können durchaus unternehmensgefährdende Dimensionen erreichen – und waren schon häufig der Grund für den Untergang eines Lebenswerkes. Eine regelmäßige Betrachtung der Risiko-Situation des Unternehmens ist daher dringend angeraten – auch für die Fälle, in denen es nicht durch gesetzliche Regelungen gefordert wird.

Was die Ausgestaltung des Systems, und damit den Aufwand, angeht, ist bei kleineren Unternehmen oft eine einfache Vorgehensweise hinreichend: Bei einer durchdachten Systematik genügen wenige, strukturierte Workshops mit gewisser Vor- und Nachbereitung zur Statusbestimmung. Wird dies durch einen schlanken Mechanismus zur regelmäßigen Aktualisierung ergänzt, so kann bei geringen Kosten eine deutlich erhöhte Transparenz und Beherrschung von Risiken erreicht werden.

4.4.6   Chancenmanagement als Ergänzung
des Risikomanagements

Wie die vorangegangenen Ausführungen zeigen, ist Risikomanagement eine unverzichtbare Aufgabe der Unternehmensführung. Dabei darf jedoch nicht übersehen werden, dass Unternehmertum letztlich nicht die Vermeidung von Risiken, sondern die Nutzung von Chancen ist. Entsprechend sollte auch ein „Chancenmanagement" systematisch betrieben werden. Dies wird in der Regel am besten durch unternehmensspezifische Prozesse zu realisieren sein.[4]

Grundsätzlich kann man auch den oben dargestellten Risikomanagement-Prozess dafür nutzen, um systematisch Chancen zu ermitteln. Der Kreis der Teilnehmer und ebenso die Strukturierung der Workshops sind hierfür mit graduellen Ergänzungen gut geeignet. Die solcherart ermittelten Chancen könnten dann Eingang in die Weiterentwicklung der Unternehmens- bzw. Geschäftsstrategie finden.

---

[4]   So könnte man etwa den Investmentprozess von Warren Buffet und seiner Investmentgesellschaft Berkshire Hathaway als konsequentes Chancenmanagement ansehen.

Teil 2:
Der Werkzeugkasten

Instrumente und Konzepte für das Management
weltweiter Geschäfte

Im ersten Teil des Buches wurde der Gesamtprozess der Unternehmenssteuerung mit seinen Grundprinzipien und Basiselementen behandelt. Nun bedeutet Management letztlich konkrete Veränderungen herbeizuführen, die den Unternehmenswert steigern. Im zweiten Teil werden wesentliche Instrumente und Konzepte dargestellt, um systematisch solche Veränderungen herbeizuführen.

Zur Strukturierung der Darstellung wird der Managementprozess in drei einfache Elemente unterteilt. Diese bilden die Module des Werkzeugkastens:

- Handlungsbedarf erkennen (Modul 1)
- Maßnahmen definieren (Modul 2)
- Implementierung sichern (Modul 3)

Der Ausgangspunkt ist das **Erkennen von Handlungsbedarf**. Angesichts der hohen Komplexität und der Intransparenz der Steuerungssituation ist das zuverlässige Erkennen von Handlungsbedarf in der Praxis eine herausfordernde Aufgabe. → **Kapitel 5** zeigt ausgewählte Instrumente, um diesen Prozess systematisch zu unterstützen.

Ist der Handlungsbedarf erkannt, müssen geeignete **Maßnahmen definiert** werden. Diese können die Unternehmensstruktur grundlegend ändern (z. B. Mergers & Acquisitions), wesentliche Teile des Unternehmens neu gestalten (Komplexitätsmanagement; Redesign weltweiter Wertschöpfungsketten) oder Einzelfunktionen optimieren (z. B. Einkaufspotentialerschließung, Straffung des Vertriebs, der Verwaltung etc.). → **Kapitel 6** stellt leistungsfähige Ansätze vor.

In der Unternehmensrealität sind Implementierungsstörungen und veränderte Umfeldbedingungen der Regelfall. Um trotzdem eine **erfolgreiche Implementierung** und damit die Verwirklichung der Unternehmensziele **sicherzustellen**, kommt dem Feedbackzyklus große Bedeutung zu. Es muss verfolgt werden, ob die Maßnahmen implementiert wurden und ob die beabsichtigte Wirkung eingetreten ist. Die hohe Komplexität der Steuerungssituation stellt auch hier besondere Anforderungen. Geeignete Instrumente werden in → **Kapitel 7** dargestellt.

Diese drei Module bilden den Werkzeugkasten, der dem Manager hilft, auch unter herausfordernden Bedingungen weltweite Geschäfte zu gestalten und zu optimieren. Abb. T2.1 gibt einen Überblick über den Werkzeugkasten.

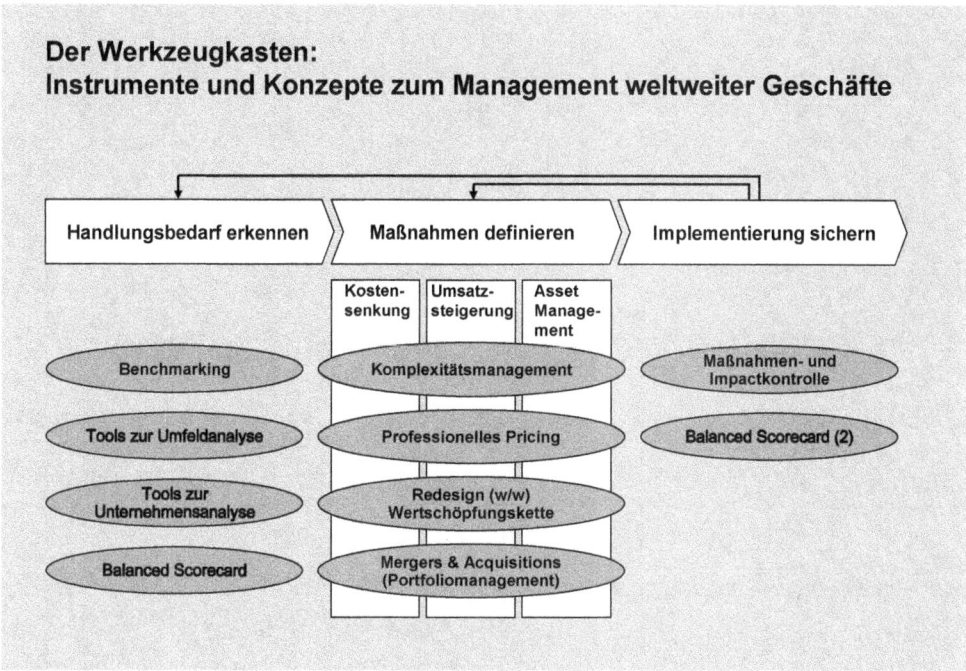

Abb. T2.1 *Der Werkzeugkasten für das Management weltweiter Geschäfte*

5 Handlungsbedarf erkennen: Ausgangspunkt und Grundlage der Verbesserung

Ausgangspunkt und Grundlage für die Verbesserung der Unternehmensleistung ist das Erkennen von Handlungsbedarf. Besonders wichtig für ein effektives Management ist, dass Handlungsbedarf frühzeitig erkannt wird. Konzeptionell ist dies einfach. Unter Praxisbedingungen mit ihrer begrenzten Transparenz und teilweise hochkomplexen Zusammenhängen ist dies oft sehr herausfordernd. Eine Reihe von Instrumenten und Konzepten können das Management bei diesem Prozess unterstützen:

Benchmarking stellt ein umfassendes Werkzeug zur Standortbestimmung und differenzierten Zielermittlung dar und gibt gute Hinweise zur Maßnahmenausrichtung → **Kapitel 5.1**.

Handlungsbedarf kann sich aus externen und internen Entwicklungen ergeben. Im zweiten Teilabschnitt sollen **Werkzeuge zur systematischen Analyse des Unternehmensumfelds** betrachtet werden. Es werden verschiedene Portfoliotechniken und ein umfassendes Konzept zur Identifikation von Chancen und Bedrohungen aus dem Branchenumfeld vorgestellt → **Kapitel 5.2**.

Handlungsbedarf kann auch aus unternehmensinternen Bedingungen und Entwicklungen erkannt werden. Vielfältige **Werkzeuge zur systematischen Unternehmensanalyse** unterstützen dies: Mit der Wertkette wird ein leistungsfähiges Werkzeug zur Strukturierung interner Analysen vorgestellt. Außerdem werden Source-of-Change- und Break-Even-Analyse dargestellt, die mit einfachen Mitteln die Identifikation von Chancen und Bedrohungen für das Unternehmen erlauben. → **Kapitel 5.3**.

In der Unternehmensrealität mit ihrer hohen Anzahl von Ad-hoc-Themen werden kritische Entwicklungen – obwohl meist in gewissem Umfang bekannt – nicht selten übersehen. Die (Advanced) Balanced Scorecard ist eine gute Möglichkeit, um wesentlichen Handlungsbedarf in komplexen Steuerungssituationen zuverlässig zu erkennen.[1]

Zentrale Voraussetzung für das Erkennen des tatsächlichen Handlungsbedarfs und für eine zielgerichtete Maßnahmenentwicklung ist eine **zutreffende Datenbasis**. In der Praxis ist diese vor allem bei Kosten- und Ergebnisdaten häufig nicht gegeben. Wo Probleme auftreten können und wie diese gelöst werden sollten, wird in → **Kapitel 5.4** dargestellt.

5.1 Benchmarking: leistungsfähiges Werkzeug zur Zielermittlung und zur Motivation der Veränderer

Benchmarking ist eine Methode, mit der die Leistung einer Geschäftseinheit oder eines gesamten Unternehmens mit beliebigen anderen Analyseeinheiten verglichen werden kann. Auf diese Weise kann ein Unternehmen sein Leistungsvermögen in einem breiten Kontext messen und eine Vorstellung über Best Practice bekommen. Daneben kann Benchmarking auch hervorragend zur Motivation der „Veränderer" und damit zur Einleitung der Veränderung genutzt werden.

5.1.1 Arten des Benchmarking

Benchmarking kann in außerordentlich vielfältiger Gestaltung geschehen. Ausgehend von den Parametern Untersuchungsgegenstand, Zielgröße und Vergleichsobjekt lassen sich eine Vielzahl von Varianten des Benchmarking unterscheiden:

Untersuchungsgegenstand können Produkte, Prozesse oder Methoden sein. Neben dem Gesamtunternehmen können einzelne Funktionen wie Einkauf, Produktion, Logistik oder Service „gebenchmarkt" werden.

Als **Zielgrößen** werden z. B. Qualität, Innovationsleistung, Kundenzufriedenheit oder – am häufigsten – Kosten betrachtet.

Hinsichtlich des **Vergleichsobjekts** lassen sich drei Klassen unterscheiden (Abb. 5.1): das interne Benchmarking, das Wettbewerber-Benchmarking und das Benchmarking mit den Prozessführern (Best of Best):

---

[1]   Die Balanced Scorecard unterstützt sowohl die Phasen „Handlungsbedarf erkennen" (Kapitel 5) als auch den Feedbackzyklus (Kapitel 7). Da die Darstellung der Balanced Scorecard außerdem teilweise Elemente aus Kapitel 6 voraussetzt, wird sie vollständig im Kapitel zum Feedbackzyklus behandelt.

- **Internes Benchmarking**: Die einfachste Form des Benchmarkings ist der unternehmensinterne Vergleich. Dieser kann zwischen verschiedenen Einheiten eines Unternehmens oder für eine Einheit im Zeitablauf geschehen. Der interne Vergleich ermöglicht die detailliertesten Informationen, da keine zwischenbetrieblichen Schranken zu überwinden sind. Auch ist in der Regel eine hohe ex ante Vergleichbarkeit gegeben. Damit ist internes Benchmarking oft hilfreich zum Identifizieren von kurzfristig realisierbaren Verbesserungsansätzen. In der großen Nähe der Vergleichsobjekte liegen allerdings auch seine Grenzen: Hinweise auf grundlegende Verbesserungsmöglichkeiten sind im Normalfall nicht zu erwarten.

- **Wettbewerber-Benchmarking**: Das Wettbewerber-Benchmarking hilft, den „Elfenbeinturm" des eigenen Unternehmens zu verlassen. Vergleichsobjekte können wesentliche Wettbewerber oder der Branchenführer sein. Der Datenzugang ist meist schwieriger und langwieriger, die unmittelbare Vergleichbarkeit meist geringer als beim internen Benchmarking. Aufgrund des naturgemäß ähnlichen Angebots von Wettbewerbern besteht meist eine hohe Übertragbarkeit von Ansätzen. Auch können Unterschiede in der Gesamtperformance der Unternehmen gut erklärt werden. Zielsetzung des Wettbewerber-Benchmarkings ist es in der Regel, das eigene Unternehmen auf Wettbewerbsniveau zu bringen.

- **Benchmarking mit den Prozessführern (Best of Best)**: Der Vergleich mit den Prozessführern des eigenen Landes oder weltweit gibt den Blick auf grundlegende Verbesserungsmöglichkeiten frei. Er unterstützt damit Ansätze zum Überholen des Wettbewerbs oder zum weiteren Ausbau einer Weltklasseposition. Da keine Wettbewerbssituation besteht, ist der Datenzugang in der Regel einfacher als beim Wettbewerber-Benchmarking. Dagegen ist die Vergleichbarkeit häufig problematisch. Auch sind Produktvergleiche naturgemäß nicht möglich.

Die genannten Varianten des Benchmarking sind nicht ausschließlich zu verstehen. Sie können selbstverständlich kombiniert bzw. in einem Unternehmen parallel eingesetzt werden – je nachdem, welche Ziele verfolgt werden und welche Möglichkeiten des Datenzugangs gegeben sind.

Abb. 5.1 *Vergleichsobjekte eines Benchmarking*

5.1.2   Konzeptdarstellung: Kosten-Benchmarking gegenüber dem Wettbewerb

Im Folgenden wird das zweckmäßige Analyseprinzip am Beispiel des häufigsten Vergleichs – des Kosten-Benchmarkings gegenüber dem Wettbewerb – dargestellt.

Ziel eines Kosten-Benchmarkings ist es, die relative Kostenposition des eigenen Unternehmens im Vergleich zum Wettbewerb zu bestimmen. Als Analyseinstrument hierfür hat sich die sog. **Zwölffelder-Matrix** bewährt (Abb. 5.2). Sie

- analysiert die Kostenposition anhand von **vier Verbesserungshebeln** (Produktdesign, Effizienz, Volumen und Faktorkosten) und
- differenziert nach **drei Hauptkostenarten** (Personal, Kapital sowie Material/ Sach- und Dienstleistungen).

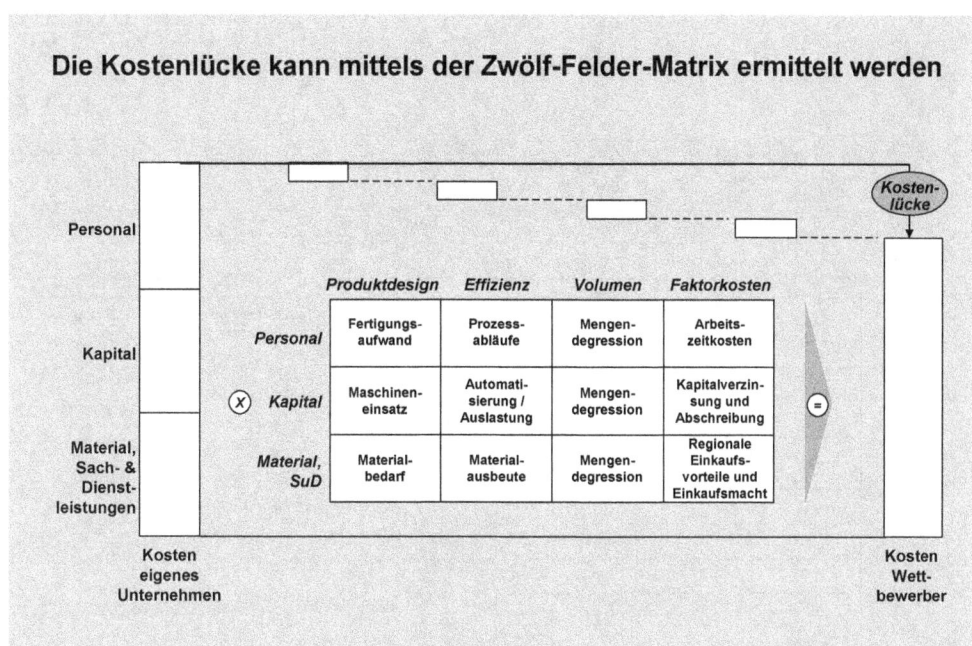

Abb. 5.2 *Kosten-Benchmarking mit dem Wettbewerb*

Idealerweise wird für jedes dieser zwölf Felder ein Kostenunterschied ermittelt und daraus die Gesamtkostenposition im Vergleich zum jeweiligen Wettbewerber abgeleitet. In Praxi werden dazu – gleich einem Puzzle – aus den zur Verfügung stehenden Daten, ergänzt z. B. um Prozess-Benchmarks, die einzelnen Unterschiede ermittelt. Die zwölf Felder sind dabei als eine Art Checkliste zu verstehen, d. h., es ist nicht zwingend erforderlich, alle zwölf Unterschiede zu ermitteln. Vielmehr sind abhängig von der konkreten Situation Schwerpunkte zu setzen. Die Ermittlung orientiert sich zweckmäßigerweise an den vier Verbesserungshebeln.

Verbesserungshebel Produktdesign: Das Produktdesign ist häufig der größte Hebel für Kostenunterschiede. Ein wichtiges Hilfsmittel zur Analyse ist das sog. **Reverse Engineering**. Dabei werden die Kosten des eigenen Produktes mit denen des Wettbewerberproduktes verglichen (Abb. 5.3). Um den Blick auf alternative Lösungsprinzipien nicht zu verstellen, ist es wichtig, nicht auf konkrete Lösungen, sondern auf funktionale Einheiten abzustellen. (Auf diese wichtige Betrachtungsweise wird im Rahmen der Technologie-Portfolio-Analyse ausführlicher eingegangen.)

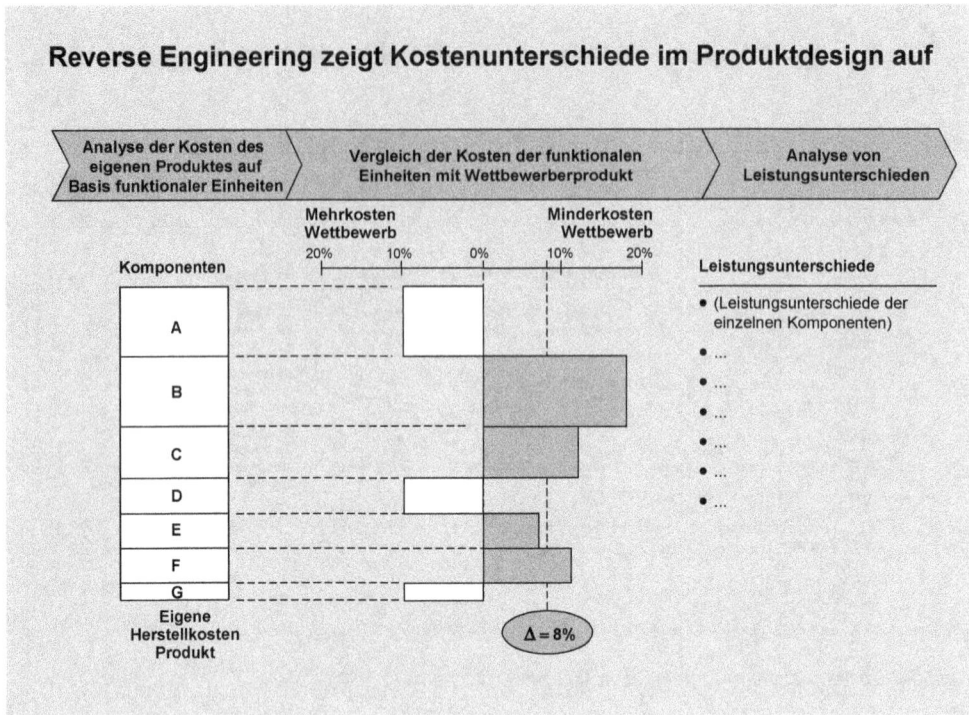

Abb. 5.3 *Analysebeispiel zu Reverse Engineering*

Für die Kostenunterschiede werden anschließend die Ursachen ermittelt: Teile der
Kostendifferenz werden auf Leistungs- oder Nutzenunterschiede zurückzuführen
sein. Mit Blick auf die später zu bestimmenden Maßnahmen sollte bei diesen genau
unterschieden werden, ob hierfür vom Kunden eine Preisprämie bezahlt wird oder
nicht. Weitere Ursachen sind Konstruktionsunterschiede und Unterschiede im Fertigungsverfahren. Betrachtet man zusätzlich die Unterschiede, die den anderen drei
Verbesserungshebeln zuzurechnen sind, lässt sich ein vollständiger Produktkosten-
vergleich darstellen (Abb. 5.4). Insgesamt wird durch Reverse Engineering eine
differenzierte Lückenermittlung ermöglicht, die sehr konkrete Hinweise auf Verbesserungsmöglichkeiten gibt.

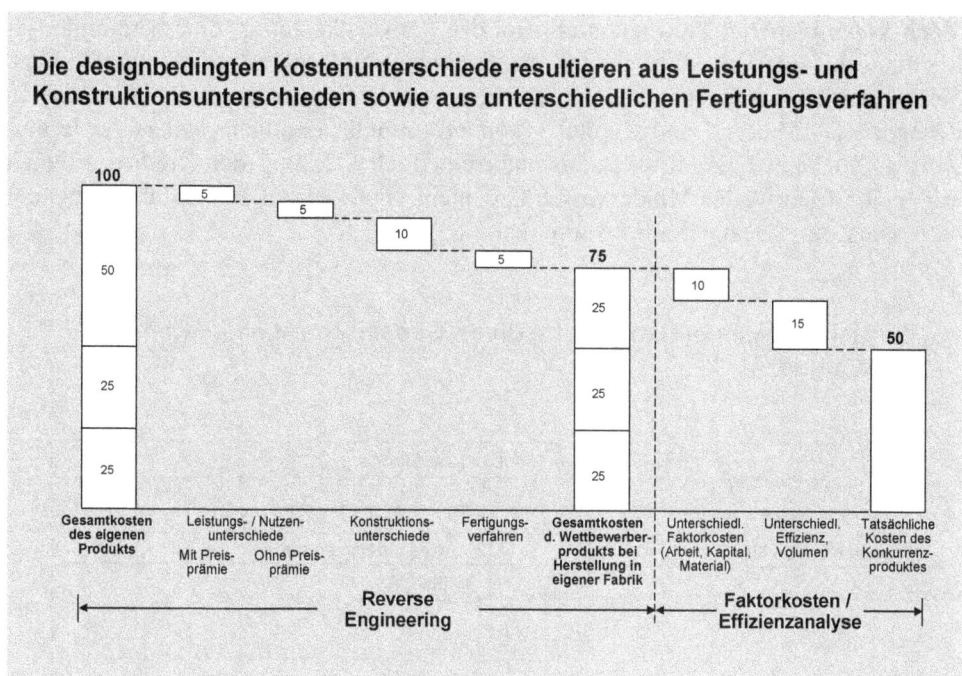

Die designbedingten Kostenunterschiede resultieren aus Leistungs- und Konstruktionsunterschieden sowie aus unterschiedlichen Fertigungsverfahren

Abb. 5.4 Kostenvergleich auf Basis eines Reverse Engineering

Verbesserungshebel Effizienz: Bei der Effizienz kann nach Personal-, Kapital- und Materialeffizienz unterschieden werden. Grundlagen bei der Ermittlung der Personaleffizienz sind die Produktivitäten in den verschiedenen Prozessen. Bei der Kapitaleffizienz wird für die wichtigsten Vermögenspositionen die Effizienz ermittelt. Bei der Materialeffizienz werden z. B. Verluste aus Verschnitt, Bruch, Verwurf u. Ä. bestimmt und daraus die Effizienz abgeleitet.

Verbesserungshebel Volumen: Dieser Hebel setzt an den Größenvorteilen an. Dazu werden für wesentliche Kostenarten und Unternehmensfunktionen die Fixkosten ermittelt und deren Verhalten bei Volumenänderung analysiert. (Auf diesen Aspekt wird im Rahmen der Darstellung der Break-Even-Analyse noch ausführlicher eingegangen.)

Verbesserungshebel Faktorkosten: Bei den Personalkosten ist eine bereinigte Betrachtung erforderlich, d. h. es sind die gesamten Personalkosten ins Verhältnis zu den tatsächlich geleisteten Stunden zu setzen (Abb. 5.5). Auch die beiden anderen Kategorien – Material und Kapital – können mitunter deutliche Unterschiede aufweisen. So kann beim Kapital ein unterschiedliches Rating der Kreditwürdigkeit erhebliche Mehr- oder Minderkosten bedeuten. Gleiches gilt für ein abweichendes nationales Zinsniveau oder Subventionen.

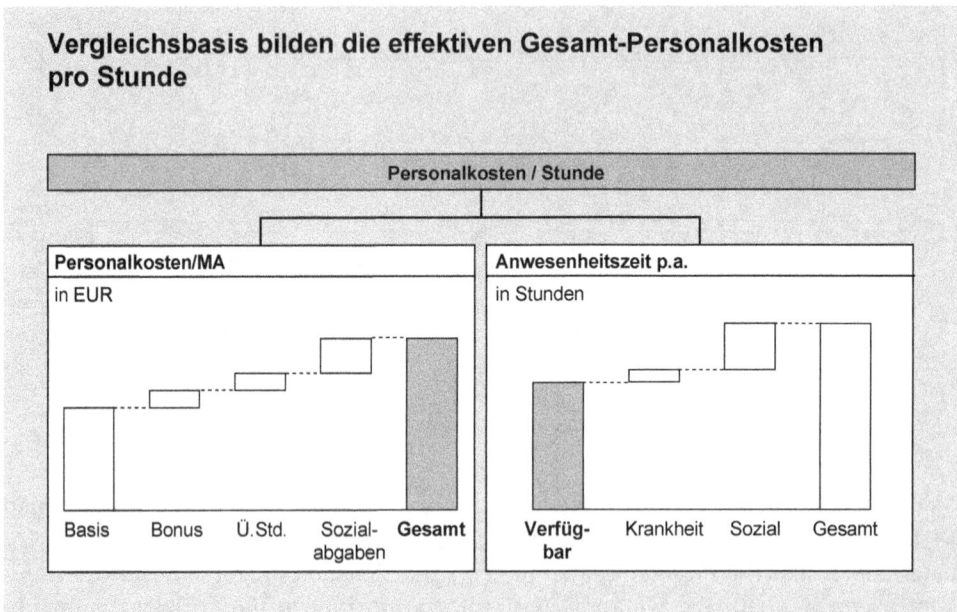

Abb. 5.5 *Effektive Personalkosten*

Bei der Bestimmung der zwölf Felder darf das Analyseziel nicht aus den Augen verloren werden: Ziel ist es, eine *begrenzte* Anzahl von *konkreten* Hebeln zu identifizieren, die es erlauben, die Kostenlücke zu schließen bzw. einen Vorsprung vor dem Wettbewerb zu erarbeiten (Abb. 5.6).

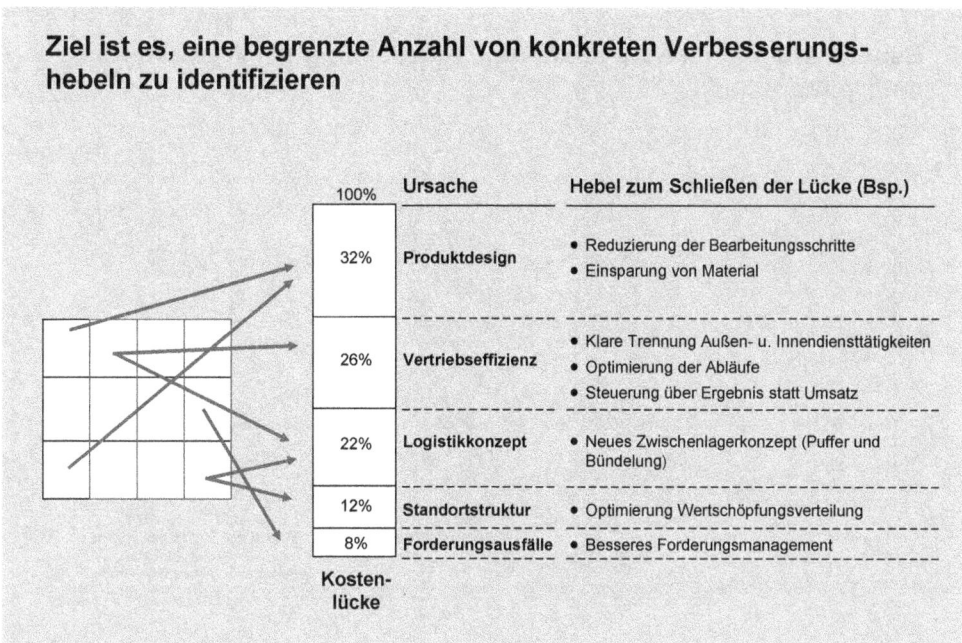

Ziel ist es, eine begrenzte Anzahl von konkreten Verbesserungs-hebeln zu identifizieren

	Ursache	Hebel zum Schließen der Lücke (Bsp.)
100%		
32%	Produktdesign	• Reduzierung der Bearbeitungsschritte • Einsparung von Material
26%	Vertriebseffizienz	• Klare Trennung Außen- u. Innendiensttätigkeiten • Optimierung der Abläufe • Steuerung über Ergebnis statt Umsatz
22%	Logistikkonzept	• Neues Zwischenlagerkonzept (Puffer und Bündelung)
12%	Standortstruktur	• Optimierung Wertschöpfungsverteilung
8%	Forderungsausfälle	• Besseres Forderungsmanagement

Kosten-lücke

Abb. 5.6 Beispiel: Kostenlücke nach Ursachen

Wichtig ist weiter, nicht nur die aktuelle Kostenlücke zu betrachten, sondern auch den Fortschritt des Wettbewerbers im Zeitraum bis zur vollständigen Wirksamkeit der Verbesserungsmaßnahmen. Die Bemessung des Ziels an der sog. **dynamischen** Lücke (Abb. 5.7) verhindert, dass nach Implementierung der Maßnahmen eine neue Lücke entstanden ist, d. h., dass eine Art „Hase-Igel-Situation" entsteht.

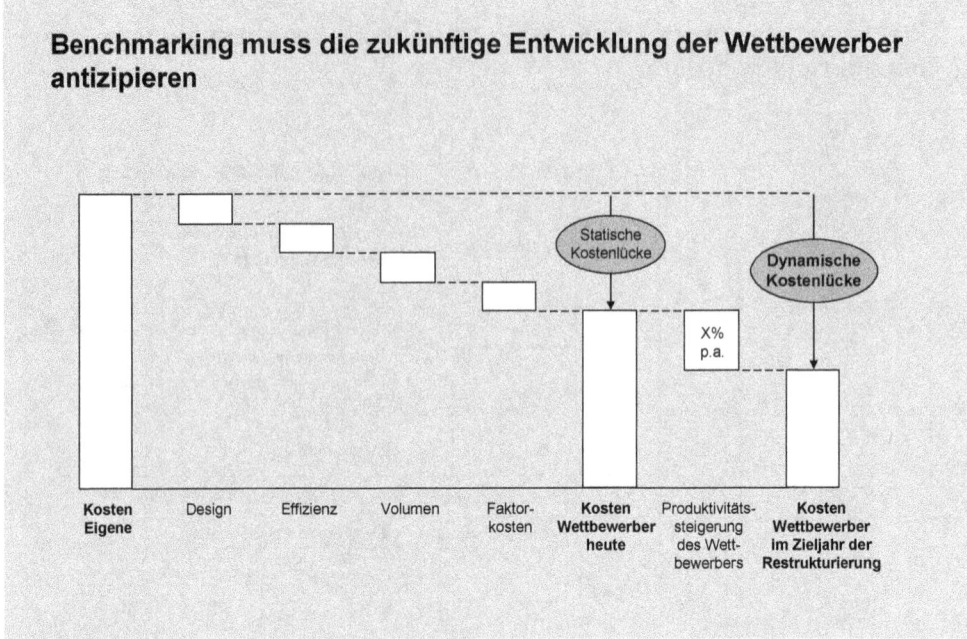

Abb. 5.7 *Berechnung der dynamischen Kostenlücke*

5.1.3   Durchführung eines Benchmarking-Projekts

Die Durchführung eines Benchmarking-Projekts in der Praxis ist ein aufwendiger Vorgang. Es ist von einem Zeitbedarf von mehreren Monaten und von einem nennenswerten Ressourcenbedarf auszugehen. Bei der Durchführung kann man drei Phasen unterscheiden: die Vorbereitungsphase, die Durchführungsphase und die Nachbereitungsphase mit der Vorbereitung von Maßnahmenprogrammen (Abb. 5.8):

Phase 1: Vorbereitungsphase
In der Vorbereitungsphase werden wichtige Grundlagen für das gesamte Projekt gelegt. Sie sollte in ihrer Bedeutung nicht unterschätzt werden. Wesentliche Inhalte der Vorbereitungsphase sind:

- **Konkretisierung der Benchmarking-Ausrichtung**: Eine klare Beschreibung des Untersuchungsumfangs, des Analyseziels sowie eines konkreten Zeitplans mit Verantwortlichkeiten sind eine wesentliche Voraussetzung für eine fokussierte Durchführung eines Benchmarking-Projekts.
- **Basisanalyse zu Markt, Wettbewerb und Kunden**: Ohne ein grundlegendes Verständnis zu Markt, Wettbewerb und Kunden besteht die erhebliche Gefahr, dass wesentliche Aspekte unberücksichtigt bleiben oder falsch eingeschätzt wer-

den. Zu dieser Basisanalyse gehören auch Outside-in-Analysen zu möglichen Benchmarking-Partnern.

- **Auswahl des/der Benchmarking-Partner**: Sie sollte auf rationalen Kriterien beruhen, die sich wiederum an dem konkreten Analyseziel orientieren. Es gilt der Gefahr zu widerstehen, nur eine emotionale oder zufällige Auswahl zu treffen („darüber habe ich unlängst einen interessanten Artikel gelesen" o. Ä.). Außerdem sollte die Anzahl der Partner stark beschränkt werden. Ansonsten wird der Aufwand zu groß bzw. bleibt die Analyse zu sehr an der Oberfläche.
- **Entwicklung eines Fragebogens**: Der Fragenkatalog ist der rote Faden bei der Durchführung. Er hilft, die Überlegungen des Benchmarking-Teams zu ordnen, und unterstützt die Vollständigkeit der Datengewinnung. Wichtig sind eine genügende Konkretisierung der verwendeten Begriffe und deren unternehmensübergreifende Verständlichkeit und Eindeutigkeit. Zur Vermeidung von Problemen wettbewerbsrechtlicher Art sollte bei der Gestaltung des Fragebogens (wie bei der Gestaltung der Zusammenarbeit mit dem Benchmarking-Partner insgesamt) juristischer Rat eingeholt werden.
- **Aufbereitung der internen Daten**: Benchmarking baut auf Gegenseitigkeit auf. Entsprechend müssen die betrachteten Prozesse und Inhalte so aufbereitet werden, dass die Fragen auch für das eigene Unternehmen beantwortet werden können. Bei der praktischen Durchführung ist oft überraschend, wie aufwendig sich dieser Prozess gestaltet. Er kann durchaus zur Veränderung des Fragebogens und sogar des Analyseziels führen.
- **Kontaktaufnahme mit Benchmarking-Partner**: Sobald eine hinreichende Klärung der Inhalte gegeben ist, sollte der oder die Benchmarking-Partner kontaktiert werden. Zweckmäßigerweise sollten die erste Kontaktierung und die Abstimmung der Grundprinzipien auf Leitungsebene erfolgen. Dies erleichtert die anschließenden Phasen und beugt späteren Irritationen vor. Insbesondere bei Wettbewerber-Benchmarkings sind in der Regel eine besonders sensible Handhabung sowie das Vorsehen von vertrauensbildenden Maßnahmen angezeigt.

Phase 2: Durchführung des Benchmarking

Ist die grundlegende Ausrichtung bestimmt, kann das Benchmarking im engeren Sinne erfolgen. Wesentliche Schritte sind hier:

- **Vertiefte Outside-in-Analysen zum Benchmarking-Partner**: Für den oder die ausgewählten Benchmarking-Partner ist die Analyse zu vertiefen. Es gilt vor dem Datenaustausch einen hohen Vorbereitungsgrad zu schaffen. Er erlaubt es, Informationen besser zu interpretieren und zu plausibilisieren. Auch vermittelt er dem Partner das Gefühl der professionellen Handhabung.
- **Austausch von Fragebögen**: Dies beinhaltet zunächst eine Abstimmung der Fragen. Ist hierüber Einvernehmen gegeben, sollten die ausgefüllten Fragebögen dem jeweiligen Partner vor den Benchmarking-Besuchen zur Verfügung gestellt

werden. Dies verbessert die Möglichkeit zur Vorbereitung und ermöglicht Vorab-
analysen. Damit werden Effizienz und Effektivität der Besuche erhöht. Außerdem stellt es in gewissem Sinne eine vertrauensbildende Maßnahme dar.

- **Benchmarking-Besuche**: Kernelement eines vollständigen Benchmarking sind
  gegenseitige Besuche. Gerade bei grundlegenden Unterschieden sind sie sowohl
  für das inhaltliche Verständnis als auch für die Motivation der Veränderer entscheidend. Basis sollte ein klares Verständnis der zu klärenden Fragen sowie eine
  abgestimmte Agenda sein. Endprodukt des Besuchs ist ein zeitnah erstellter Er-
  gebnisbericht.
- **Datenanalyse und -verfeinerung**: Die gewonnenen Informationen sind zeitnah
  zu analysieren und zu verifizieren. Weiter ist die hinreichende Vergleichbarkeit
  herzustellen. Dies wird im Normalfall Vertiefungen und Ergänzungen mit dem
  Benchmarking-Partner erfordern. Zum Abschluss der Analysen sollte bei den
  Teammitgliedern und den Verantwortlichen innerhalb des eigenen Unternehmens
  ein Konsens über die Ergebnisse bestehen. Dies ist eine wichtige Voraussetzung
  für die erfolgreiche Maßnahmenerarbeitung.

Phase 3: Vorbereitung von Maßnahmenprogrammen

Die Erkenntnisse über die Unterschiede sind nur wertvoll, wenn sie außerhalb des
Benchmarking-Teams bekannt sind und Konsequenzen daraus gezogen werden.

- Benchmarking dient letztlich der Identifikation von Maßnahmen zur Verbesserung der eigenen Leistung. Entsprechend sind konkrete Maßnahmen zur Elimina-
  tion der identifizierten Lücken zu bestimmen und Programme zu deren Implementierung zu konzipieren.
- Interne Kommunikation der Ergebnisse: Sofern nicht gravierende Gründe dagegen sprechen, sind die Ergebnisse in geeigneter Weise im Unternehmen zu kom-
  munizieren. Dabei sind selbstverständlich die mit dem Benchmarking-Partner getroffenen Vereinbarungen zur Vertraulichkeit zu beachten.

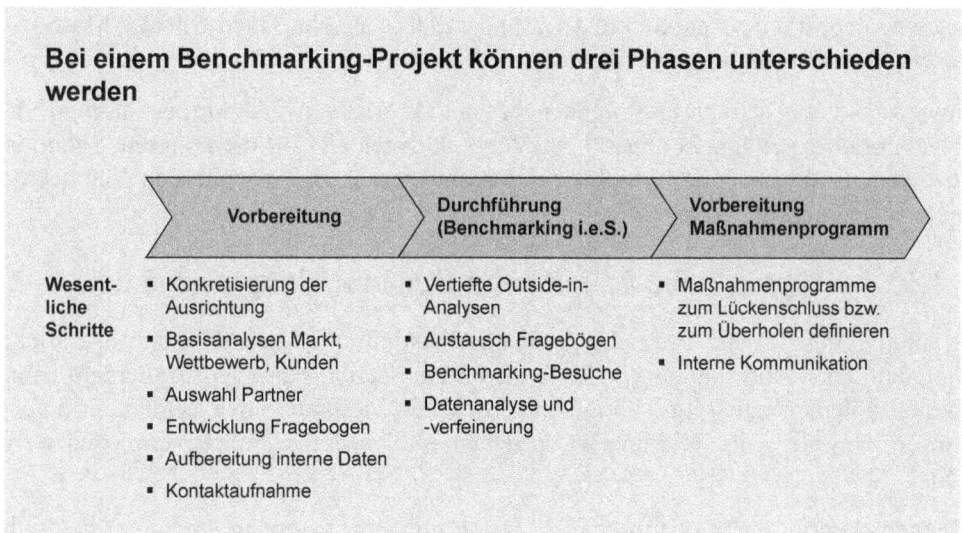

Bei einem Benchmarking-Projekt können drei Phasen unterschieden werden

	Vorbereitung	Durchführung (Benchmarking i.e.S.)	Vorbereitung Maßnahmenprogramm
Wesentliche Schritte	• Konkretisierung der Ausrichtung • Basisanalysen Markt, Wettbewerb, Kunden • Auswahl Partner • Entwicklung Fragebogen • Aufbereitung interne Daten • Kontaktaufnahme	• Vertiefte Outside-in-Analysen • Austausch Fragebögen • Benchmarking-Besuche • Datenanalyse und -verfeinerung	• Maßnahmenprogramme zum Lückenschluss bzw. zum Überholen definieren • Interne Kommunikation

Abb. 5.8 Phasen eines Benchmarking-Projekts

5.1.4 „Lean Benchmarking" als mögliche Alternative

Die Ausführungen zum Vorgehen sollten auch gezeigt haben, dass ein vollwertiges Benchmarking mit erheblichem Zeit- und Kostenaufwand verbunden ist. Um diesen Aufwand zu reduzieren, gibt es verschiedene vereinfachte Vorgehensweisen. In diversen Praxisprojekten hat sich folgende Vorgehensweise bewährt:

Ausgangspunkt ist eine Grobanalyse des Markt- und Wettbewerbsumfelds. Hieraus werden wesentliche Herausforderungen sowie die sie repräsentierenden Wettbewerber abgeleitet.

Für jeden dieser Wettbewerber wird ein Kurz-Benchmarking durchgeführt. Dazu wird zunächst die Kostenlücke Top-down ermittelt und anschließend für die wesentlichen Unterschiede die Hauptursachen ermittelt. Erfahrungsgemäß lassen sich mit begrenztem Aufwand etwa 80 % der Unterschiede identifizieren. Die Analysen dazu sind Outside-in, d. h., ein Benchmarking-Besuch findet nicht statt. Auf dieser Basis wird ein Aktionsplan skizziert und verabschiedet.

Bei entsprechendem Verständnis von Markt- und Wettbewerbern ist ein Lean Benchmarking mit internen Kräften innerhalb von vier bis acht Wochen durchführbar. Je nach Detaillierungsgrad werden die Kosten 50 bis 80 % unter denen eines umfassenden Benchmarkings liegen.

Der Vorteil eines Lean Benchmarking ist neben dem geringeren Zeit- und Ressourcenbedarf auch, dass keine internen Daten an Wettbewerber gegeben werden müssen. Als Nachteil ist insbesondere der wesentlich geringere Detaillierungsgrad zu nennen – vor allem, was konkrete Lösungsansätze angeht. Auch tritt der Motivationseffekt nur deutlich schwächer auf.

Inwieweit dieses verkürzte Vorgehen bei der erstmaligen Standortbestimmung via Benchmarking genügt, ist anhand der Vor- und Nachteile für die konkrete Situation abzuwägen. Gut geeignet ist es für eine Aktualisierung im Anschluss an eine detaillierte Benchmarking-Analyse.

5.1.5   Wesentliche Fallen beim Benchmarking vermeiden

Benchmarking ist sehr hilfreich zur Standortbestimmung, zur Ableitung operativer Ziele und zur Identifikation von konkreten Verbesserungsansätzen. Außerdem kann es die Implementierung durch eine entsprechende Motivation der Veränderer unterstützen. Um die volle Wirkung zu erreichen, sollten einige Fallen vermieden werden.

Unzureichende Vorbereitung: Viele Daten und Informationen sind aus öffentlich zugänglichen Quellen erhältlich. Es ist daher nicht erforderlich, sie zum Inhalt des Datenaustausches mit dem Benchmarking-Partner zu machen. Dies wirkt gegenüber dem Partner professioneller. Auch wird damit die Notwendigkeit bzw. moralische Verpflichtung, die entsprechenden Daten des eigenen Unternehmens herauszugeben, vermieden. Der zweite wichtige Aspekt einer guten Vorbereitung ist ein vollständiger Fragebogen. Ist dieser nicht inhaltlich und konzeptionell durchdacht, ist es wenig wahrscheinlich, dass durch das Benchmarking ein wirklich konsistentes Gesamtbild erreicht wird.

Bloße Nachahmung: Jedes Unternehmen ist anders. Entsprechend sind Geschäftspraktiken nur eingeschränkt übertragbar. Es gilt „adaptieren statt adoptieren", d. h. die Erkenntnisse sind die Basis, die dann an die spezifischen Bedingungen des eigenen Unternehmens angepasst werden müssen. Dazu ist es erforderlich, das Grundlegende dessen zu verstehen, was man tun möchte. Das „schamlose Abkupfern", das Benchmarking häufiger vorgeworfen wird, ist nur in den seltensten Fällen ein Erfolgsrezept.

Unzureichende Vergleichbarkeit: Die erhobenen Daten sind bereits bei unternehmensinternem Benchmarking nur eingeschränkt vergleichbar. Dies gilt noch mehr beim Benchmarking mit Dritten. Eine hinreichende Vergleichbarkeit herzustellen, ist ein mühevoller Prozess. Wird er jedoch unterlassen, reduziert das die Aussagekraft der Ableitungen gravierend. Neben dem inhaltlichen Aspekt kommt hinzu, dass auch die Akzeptanz untergraben wird – und damit die motivierende Wirkung der Erkenntnisse.

Benchmarking ohne Maßnahmenprogramm: Benchmarking ist nur ein Mittel, um die Leistungsfähigkeit des Unternehmens zu verbessern. Die Kenntnis über etwaige Lücken gegenüber anderen Unternehmen oder sonstigen Vergleichsmaßstäben alleine nutzt wenig. Werden die gefundenen Ansätze nicht in konkrete Verbesserungsprogramme überführt, degeneriert Benchmarking zur l'art pour l'art.

Fehlende Dynamisierung: Maßnahmen benötigen bis zur wirksamen Implementierung oftmals mehrere Quartale, mitunter sogar mehrere Jahre. Wird die Fortentwicklung des Wettbewerbs während der Implementierungszeit nicht antizipiert, entsteht die bereits angesprochene „Hase-Igel-Situation", bei der dem Wettbewerb immer nur hinterher gelaufen wird.

5.2   Werkzeuge zur Umfeldanalyse

Professionelles Management bedeutet eine laufende Beobachtung und Analyse des Unternehmensumfelds. Um die Wettbewerbsposition zu erhalten bzw. auszubauen müssen aus den unterschiedlichsten Entwicklungen rechtzeitig die relevanten Folgerungen für die Ausrichtung des Unternehmens gezogen werden.

Die Umfeldanalyse ist insofern nicht einfach, als sie der Natur nach eher unspezifisch ist. Relevante Entwicklungen können aus den unterschiedlichsten Quellen erwachsen. Auch sind die Wirkungszusammenhänge mitunter sehr komplex. Für die instrumentelle Unterstützung in der Praxis bedeutet dies: Gefragt sind hinreichend einfache Instrumente, die bei einer systematischen Analyse helfen und handlungsorientiert sind.

Im Folgenden werden Instrumente vorgestellt, die dies unter Praxisbedingungen leisten können: Die vorgestellten Werkzeuge können sowohl zur Unterstützung der strategischen Analyse im Rahmen der Strategieerarbeitung als auch isoliert zur laufenden oder fallweisen Analyse des Unternehmensumfelds eingesetzt werden.

5.2.1   Absatzmarktorientierte Portfoliotechniken

Die Portfolio-Analyse ist ein leistungsfähiges Instrument, um komplexe Sachverhalte in Unternehmung und Markt auf ein übersichtliches Maß – in der Regel eine zweidimensionale Matrix – zu reduzieren. Dazu werden Analysegegenstände (z. B. Geschäftseinheiten, Produkte oder Technologien) in einer Matrix positioniert, bei der eine Dimension vom betrachteten Analysegegenstand beeinflussbar ist, die andere Dimension dagegen nicht. Es lassen sich verschiedene Konzepte unterscheiden. Die Klassen mit hoher Relevanz in der Praxis sind: absatzmarktorientierte Konzepte, unternehmenswertorientierte Konzepte sowie die Technologie-Portfolio-Analyse.

Das Grundmuster der absatzmarktorientierten Konzepte ist eine Positionierung mit den Dimensionen Marktattraktivität (i. w. S.) und der Wettbewerbsstärke der betrachteten Einheit. Hierfür gibt es eine Vielzahl von Varianten. Die in der Praxis am meisten genutzten Lösungen sind:

- die Marktwachstums-Marktanteils-Matrix der Boston Consulting Group und
- die Marktattraktivitäts-Geschäftsfeldstärken-Matrix von McKinsey & Company.

Marktwachstums-Marktanteils-Matrix (BCG I Matrix)
Diese Form positioniert die Geschäftseinheiten bzw. Produkte anhand der Dimensionen Marktwachstum und relative Marktposition (Abb. 5.9). Konzeptionell basiert sie auf zwei Säulen. Der Einschätzung der Marktattraktivität liegt das Lebenszyklus-Konzept zugrunde (Abb. 5.10). Die strategische Relevanz des relativen Marktanteils leitet sich aus dem Erfahrungskurveneffekt ab: Je höher der relative Marktanteil ist, desto höher ist die kumulierte Produktionsmenge und desto größer sind die Kostenvorteile gegenüber der Konkurrenz.

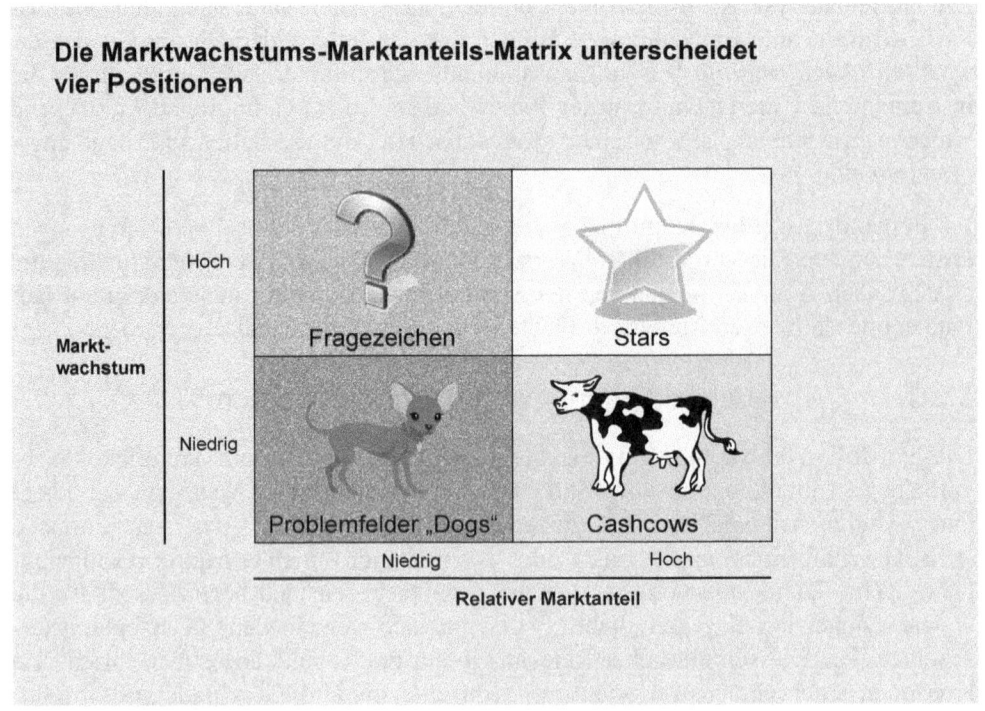

Abb. 5.9 Positionierungen innerhalb der Marktwachstums-Marktanteils-Matrix

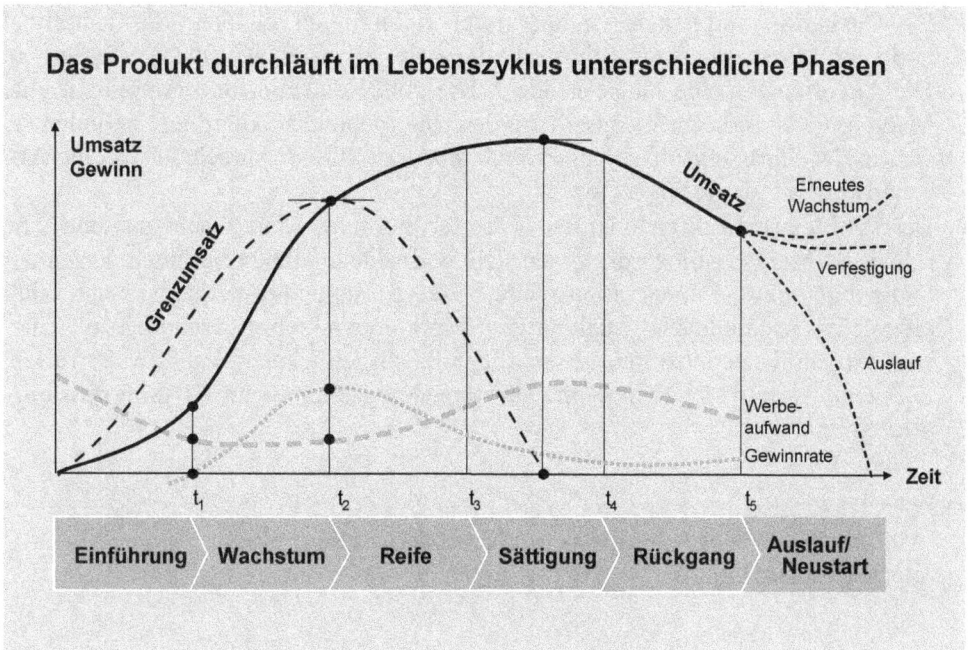

Das Produkt durchläuft im Lebenszyklus unterschiedliche Phasen

Abb. 5.10 Produktlebenszyklus

Klassifiziert man die beiden Dimensionen in die Ausprägungen „niedrig" und „hoch", so lassen sich vier Felder mit unterschiedlichen Bedingungslagen ableiten, für die jeweils unterschiedliche Handlungsorientierungen angezeigt sind (Abb. 5.11):

- Die **Nachwuchsprodukte oder Fragezeichen** sind durch hohe Marktwachstumsraten bei meist niedrigem Marktanteil gekennzeichnet. Um Kostendegressionspotentiale aufzubauen, würde es sich empfehlen, Marktanteilssteigerungen anzustreben. Dabei ist zu berücksichtigen, dass diese Produkte sich meistens durch einen negativen Cashflow auszeichnen. Die erzielbaren Preise genügen meist nicht, um die Anlaufkosten – wie z. B. Forschung und Entwicklung oder den Aufbau des Vertriebs – zu decken. Um die Unternehmung nicht zu überfordern, kann es durchaus angezeigt sein, eine **Selektion** vorzunehmen.
- Bei den **Stars** ist bereits eine führende Marktposition erreicht. Es ist ein weiterer Ausbau der Kapazitäten mindestens in Höhe des Marktwachstums angezeigt – also eine **Wachstumsstrategie**. Da bereits hohe Rückflüsse vorliegen, können die zusätzlichen Investitionen damit gedeckt werden. Die Cash-Situation ist tendenziell ausgeglichen. Ein Mittelüberschuss sollte in dieser Situation nicht forciert werden, da damit die Fähigkeit zur Cash-Bildung in späteren Phasen untergraben würde.

- Die **Cashcows** sind gekennzeichnet durch einen hohen relativen Marktanteil bei geringem Marktwachstum. Erhebliche Investitionen sind nicht mehr erforderlich. Die Anlaufkosten sind längst gedeckt. Die gute Kostenposition ermöglicht gute Margen. Es sind die Erfolgsprodukte des Unternehmens. Allerdings befinden sie sich in der Sättigungsphase des Produktlebenszyklus. Entsprechend ist eine **Abschöpfungsstrategie** angezeigt.
- Bei **Problemprodukten** oder **Dogs** treffen geringes Marktwachstum und eine schwache Marktposition zusammen. Die betrachtete Einheit befindet sich in der Sättigungs- bzw. Degenerationsphase. Die zunehmende Wettbewerbsintensität angesichts der tendenziell rückläufigen Marktentwicklung, verbunden mit einer ungünstigen Kostenposition, lassen allenfalls ausgeglichene Cashflows erwarten. Dies legt – sofern sich hierzu eine günstige Gelegenheit bietet – **Desinvestitionsstrategien** nahe.

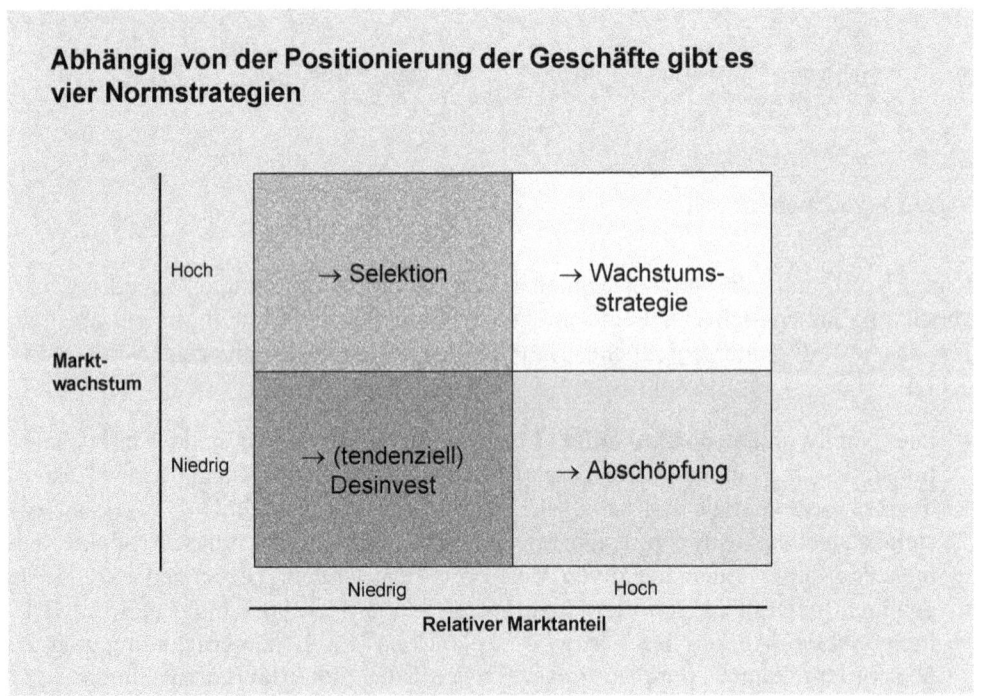

Abb. 5.11 *Normstrategien der Marktwachstums-Marktanteils-Matrix*

Betrachtet man die einzelnen Geschäftseinheiten, so ergeben sich bereits aus der Einzelpositionierung Hinweise auf Handlungsbedarf, z. B. die Forcierung des Wachstums oder die Desinvestition. Weitere wichtige Erkenntnisse können sich aus dem Gesamtbild der Geschäftseinheiten ergeben. Dieses kann z. B. zeigen, dass es an Nachwuchsprodukten oder Stars mangelt und damit auf potentielle Cash- und

Ergebnisprobleme in der Zukunft hinweisen. Werden auf Basis dieser Analyse solche Probleme rechtzeitig erkannt, können Gegenmaßnahmen eingeleitet werden.

Die Marktwachstums-Markanteils-Matrix gibt mit sehr geringem Analyseaufwand einen guten Überblick über evtl. Schieflagen im Portfolio und über die empfehlenswerte (wenn auch generelle) Handlungsausrichtung.

Nicht ganz unproblematisch ist die hohe Vereinfachung, wie sie durch die starke Fokussierung auf nur zwei Größen – Marktwachstum und relativer Marktanteil – bedingt ist. Wie z. B. die Existenz vieler kleiner, aber sehr erfolgreicher Unternehmen zeigt, ist der relative Marktanteil kein unbedingt zuverlässiger Indikator für den Erfolg einer Geschäftseinheit. Dennoch ist die Marktwachstums-Marktanteils-Matrix in einfach gelagerten Fällen ein guter erster Problem- und Ausrichtungsindikator.

Marktattraktivitäts-Geschäftsfeldstärken-Matrix
Die Marktattraktivitäts-Geschäftsfeldstärken-Matrix von McKinsey überwindet die enge Sicht auf Marktwachstum und Marktanteil, indem sie beide Dimensionen als Multifaktoren-Größen betrachtet. Dabei wird

- die **Marktattraktivität** durch Teildimensionen, wie Marktwachstum, Marktgröße, Marktrisiko, Konkurrenzsituation u. a. gebildet;
- die **Geschäftsfeldstärke** oder relative Wettbewerbsstärke durch die Teildimensionen Marktanteil, Produktqualität, Vertriebsvorteile u. a. bestimmt.

Ordnet man den beiden Dimensionen jeweils die Ausprägungen „niedrig", „mittel" und „hoch" zu, so ergibt sich eine Neun-Felder-Matrix. Für diese Felder lassen sich folgende Normstrategien ableiten (Abb. 5.12):

- **Investitions- und Wachstumsstrategien** sind dort angezeigt, wo eine hohe Marktattraktivität und eine gute Wettbewerbsposition gesehen werden. Um die zukünftigen Erfolgspotentiale zu erschließen, muss die Wettbewerbsstärke ausgebaut oder zumindest gesichert werden. Für die Cash-Situation bedeutet dies, dass die benötigten Mittel in der Regel die erwirtschafteten Mittel überschreiten, d. h. ein negativer Cashflow vorliegt.
- **Abschöpfungs- und Desinvestitionsstrategien** sind dort angezeigt, wo ein nur geringes Erfolgspotential zu erwarten ist. Ziel ist es, eine möglichst große Gewinnabschöpfung zu erreichen oder – wenn sich eine gute Gelegenheit dazu ergibt – das Geschäftsfeld zu desinvestieren bzw. zu liquidieren.
- Zwischen den beiden Zonen sind **Selektionsstrategien** angezeigt. Es ist eine feldspezifische Vorgehensweise zu bestimmen. Bei einer hohen Marktattraktivität (Feld 1) wird tendenziell eine offensive Investitionsstrategie angezeigt sein, während im unteren Teil (Feld 9) eine Desinvestionsstrategie angezeigt sein dürfte.

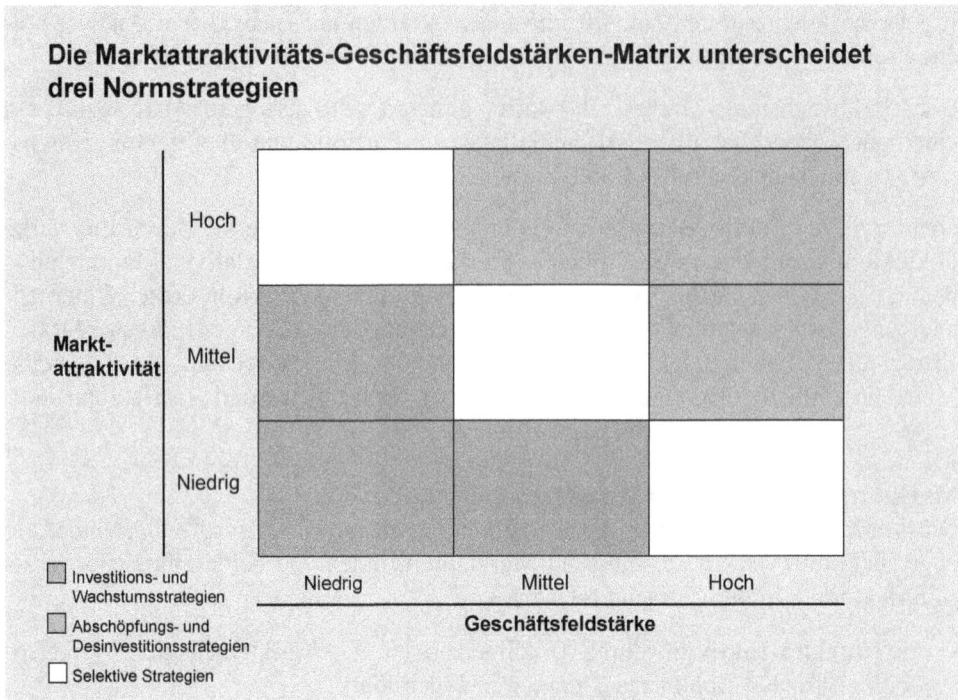

Abb. 5.12 *Normstrategien der Marktattraktivitäts-Geschäftsfeldstärken-Matrix*

Für die Auswertemöglichkeiten der Marktattraktivitäts-Geschäftsfeldstärken-Matrix gilt Ähnliches wie bei der Marktattraktivitäts-Marktanteils-Matrix: Auch sie ist gut dafür geeignet, einen Überblick zu gewinnen und grundlegende Schieflagen zu erkennen. Gegenüber der Marktwachstums-Marktanteils-Matrix hat sie den Vorteil der differenzierteren Betrachtung der Faktoren. Sie relativiert so die Bedeutung von Marktanteil und Marktwachstum. Damit entspricht sie eher der Komplexität der Umwelt- und Unternehmensbedingungen. Allerdings ist hier auch ein aufwendigerer Bewertungsprozess erforderlich. Um zu tragfähigen Ergebnissen zu kommen, ist insbesondere auf die Fundierung und Objektivierung des Bewertungsprozesses zu achten.

5.2.2   Unternehmenswertorientierte Konzepte

Neben der absatzmarktorientierten Betrachtung kann sich die Klassifizierung auch an der Unternehmenszielsetzung einer Steigerung des Unternehmenswertes (Shareholder-Value) orientieren. Der Grundgedanke ist es, Wert erzeugende und Wert vernichtende Geschäftseinheiten zu identifizieren. Um dies zu erreichen, wird die klassische Portfolio-Analyse um die Betrachtung der Wertsteigerungspotentiale der Geschäfteinheiten ergänzt.

Hierzu gibt es eine Reihe verschiedener Konzepte. Stellvertretend sei die **Value-Creation-Matrix** vorgestellt. Diese klassifiziert nach den zwei Größen:

- aktuelle IST-Performance gemessen am ROI-Spread, d. h. der Return of Investment abzüglich der Kapitalkosten;
- zukünftige Planperformance gemessen am Kapitalwert (Net Present Value) der jeweiligen Geschäftseinheit.

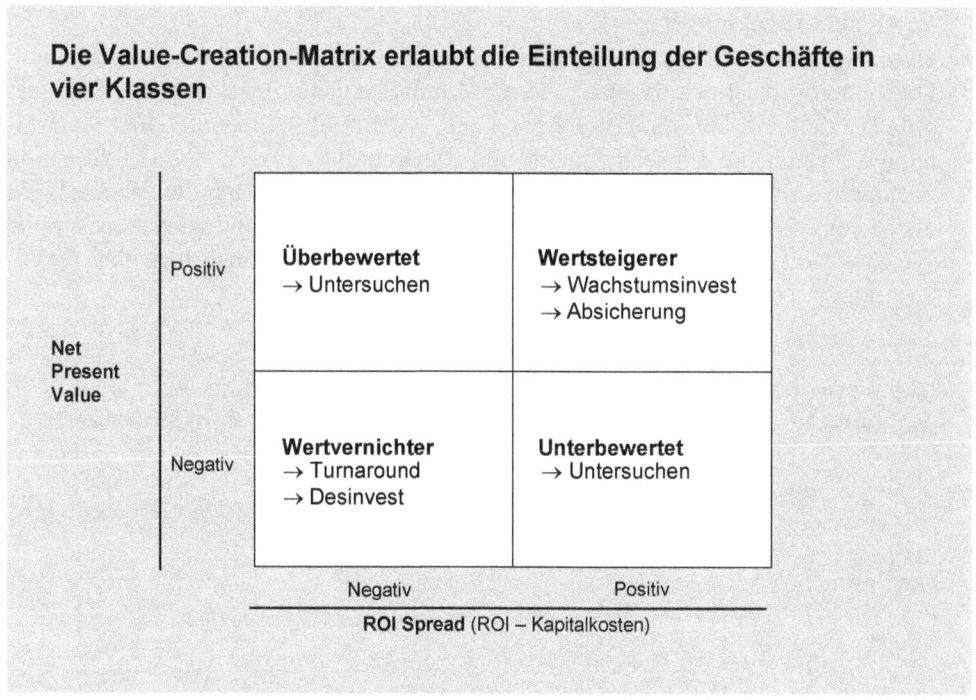

Abb. 5.13 *Value-Creation-Matrix*

Unterscheidet man bei beiden Dimensionen die Ausprägungen „positiv" und „negativ", ergibt sich eine Vier-Felder-Matrix, aus der sich Handlungsempfehlungen ableiten lassen (Abb. 5.13).

- **Wertsteigernde Geschäftsbereiche**: Hier weisen sowohl die IST-Performance als auch die zukünftig geplante Performance positive Werte auf. Entsprechend sind **Wachstumsinvestitionen** angezeigt.
- **Wertvernichtende Geschäftsbereiche**: Diese weisen die genau umgekehrten Bedingungen auf. Die jeweilige Einheit vernichtet Unternehmenswert. Sofern ein **Turnaround** nicht möglich oder nicht wahrscheinlich ist, ist hier eine **Desinvestitionsstrategie** (Abschöpfung, Verkauf, Liquidation) angezeigt.

- **Überbewertete Geschäftsbereiche**: Hier ist der gegenwärtige Wertbeitrag zwar negativ, jedoch wird für die Zukunft Positives erwartet. Dies ist per se nicht problematisch. Vor der Festlegung weiterer Schritte empfiehlt es sich jedoch, zunächst genauer zu **untersuchen**. Letztlich beruht der Net Present Value auf Einschätzungen. Wurde hier sehr optimistisch geplant, d. h., wurde z. B. bezüglich der Cashflows ein „Hockey-Stick" angesetzt, kann der Kapitalwert durchaus (falsch) positiv sein. Umgekehrt sollte auch geprüft werden, ob die (negative) Gegenwartssituation nicht aufgrund von Sondereffekten (z. B. Forderungsausfälle, Anlaufkosten) eingetreten ist.
- **Unterbewertete Geschäftsbereiche**: Hier liegt die umgekehrte Situation vor. Die Gegenwart ist positiv, während die Zukunft negativ gesehen wird. Dies legt grundsätzlich Desinvestitionsstrategien nahe. Allerdings sollten auch hier vor weiteren Schritten die Einschätzungen und die Repräsentativität der IST-Situation nochmals **untersucht** werden. Bestätigt diese Analyse den Handlungsbedarf, gilt es, wie bei vernichtenden Geschäftsbereichen, den Turnaround zu prüfen, um die Wertlücke zu schließen (Abb. 5.14). Die Ultima Ratio ist auch hier eine Desinvestition.

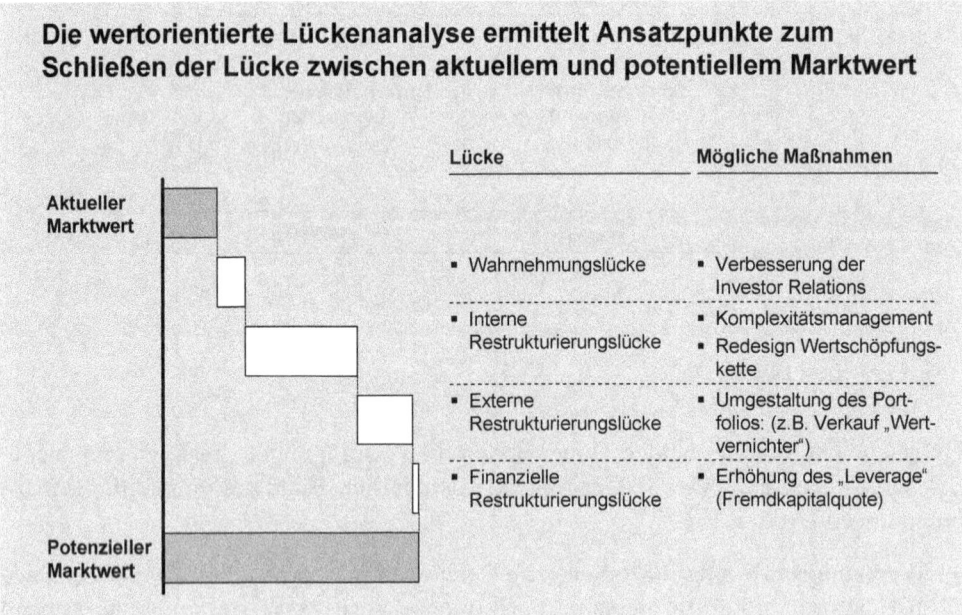

Abb. 5.14 *Konzept der wertorientierten Lückenanalyse*

Grundsätzlich gibt auch die Value-Creation-Matrix mit begrenztem Aufwand gute Hinweise auf Problemfelder bzw. auf ergänzenden Untersuchungsbedarf. Der Preis der Einfachheit ist allerdings, dass die Handlungsempfehlungen auf Basis der Value-

Creation-Matrix – wie auch die der beiden absatzmarktorientierten Ansätze – genereller Natur sind und inhaltliche Empfehlungen zur Ausrichtung nicht gegeben werden. Nicht ganz unproblematisch bei der praktischen Anwendung ist auch die Bestimmung des Net Present Value. Hier sollte eine realistische Einschätzung durch fallweise vertiefende Analysen unterstützt werden.

5.2.3   Kombinierte Portfoliotechniken: BCG Ampelportfolio

In den vorangegangenen Abschnitten wurden Konzepte vorgestellt, die sich entweder am Absatzmarkt oder am Unternehmenswert orientierten. Darauf aufbauend wurden in jüngerer Zeit auch kombinierte Portfolio-Techniken entwickelt, die beide Dimensionen simultan erfassen. Ein sehr gutes Beispiel hierfür ist das Ampelportfolio der Boston Consulting Group.

Das BCG Ampelportfolio betrachtet die Geschäfte mit Blick auf das strategische Potential und das Wertschaffungspotential (Abb. 5.15). Diese werden zunächst isoliert ermittelt und die Ergebnisse zu einer Matrix zusammengefasst.

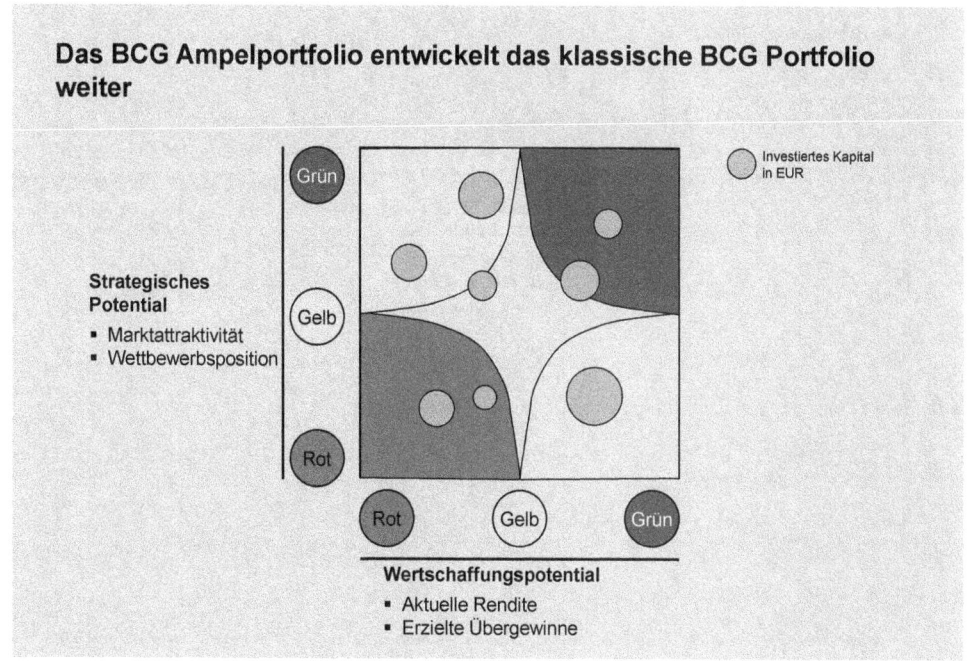

Abb. 5.15 BCG Ampelportfolio[2]

---

2   Quelle hier und für die folgenden fünf Abbildungen: The Boston Consutling Group (modifiziert)

Für die Ermittlung des **strategischen Potentials** wird eine Matrix genutzt, die sich auf die klassischen absatzmarktorientierten Dimensionen Marktattraktivität und Wettbewerbsposition stützt (Abb. 5.16). Um zu der jeweiligen Positionierung zu gelangen, ist ein Punktbewertungsverfahren (Scoring Model) hilfreich. Dazu werden zu den beiden Dimensionen Kriterien ermittelt und diese mit Punktwerten und Gewichten versehen Auf dieser Basis kann dann die (Teil-)Portfolioposition für eine konkrete Geschäftseinheit ermittelt werden (Abb. 5.17).

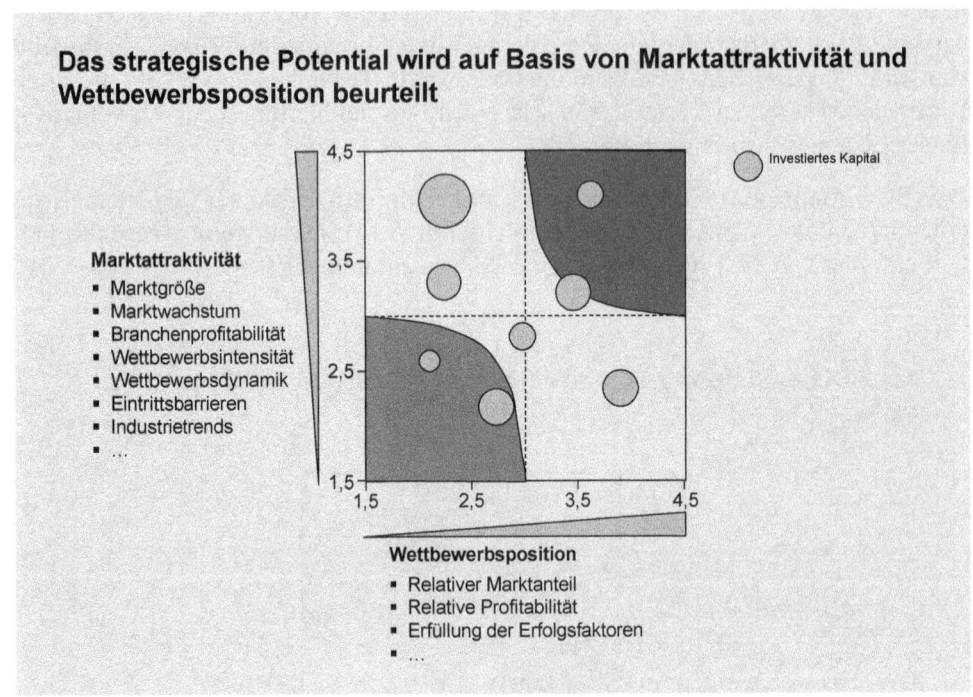

Abb. 5.16 *Teilmatrix zur Ermittlung des strategischen Potentials*

Die Bewertung geschieht mit einem ein Scoring-Modell

	Kriterien	Gewichtung	Bewertung											
			0	1	2	3	4	5	6	7	8	9	10
Markt-attraktivität	Marktgröße in Mrd. EUR	10%	< 3	< 5	< 7	< 10	< 15	< 20	< 25	< 30	< 40	< 50	> 50
	Marktwachstum p.a.	40%	< -5%	< -3,5%	< -2,0%	< -0,5%	< 1,0%	< 2,5%	< 4,0%	< 5,5%	< 7,0%	< 8,5%	> 8,5%
	Wettbewerbs-intensität	15%	Sehr hoch					Mittel					Sehr niedrig
	Wettbewerbs-dynamik	15%	Sehr hoch					Mittel					Sehr niedrig
	Trends: Chancen vs. Risiken	20%	Risiken >> Chancen				Chancen = Risiken				Chancen >> Risiken		
Wett-bewerbs-position	Relativer Marktanteil	60%	< 0,05	< 0,15	< 0,30	< 0,45	< 0,60	< 0,75	< 0,90	< 1,05	< 1,20	< 1,35	>1,35
	Erfüllung Erfolgsfaktoren	40%	<< Wettbewerb				= Wettbewerb				>> Wettbewerb		

Abb. 5.17 Scoring-Model zur Ermittlung des strategischen Potentials

In analoger Form wird das **Wertschaffungspotential ermittelt.** Ausgangspunkt sind hier die aktuelle Rendite und die erzielten Übergewinne. Für die aktuelle Rendite wird bei BCG die Kennzahl CFROI, also eine spezielle Form der Kapitalrendite, gewählt. Grundsätzlich könnte hier allerdings auch die weit verbreitete Kennzahl zur Renditemessung ROCE herangezogen werden. Beide beschreiben die prozentuale Verzinsung des eingesetzten Kapitals. Dem gegenübergestellt wird der Cash Value Added (CVA), ein spezieller Cashflow, der nach Abzug der Kapitalkosten erwirtschaftet wurde. Mit diesen beiden Größen kann dann die jeweilige (Teil-)Portfolioposition bestimmt werden (Abb. 5.18).

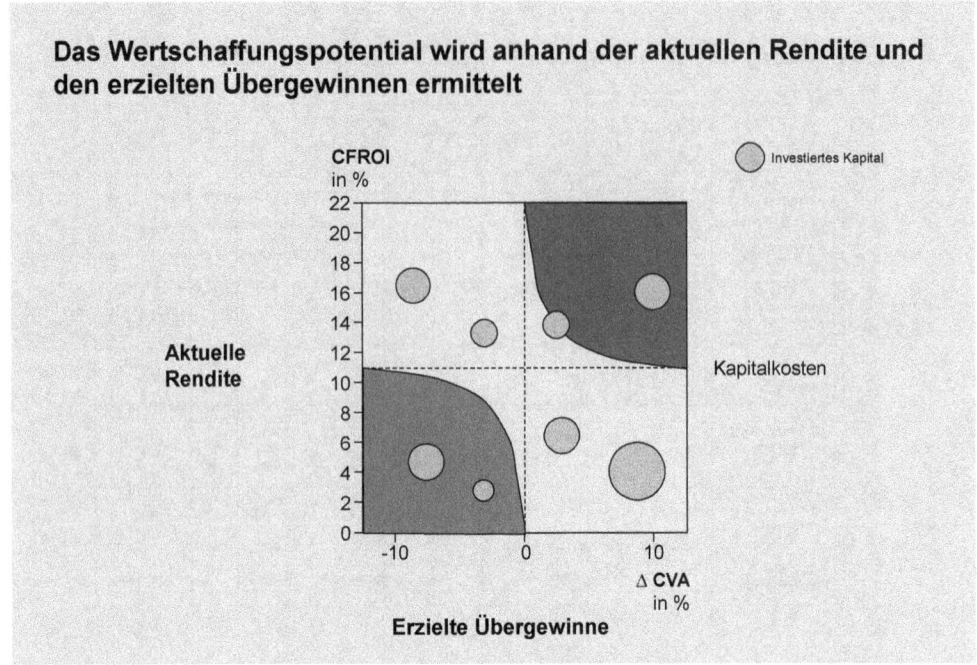

Das Wertschaffungspotential wird anhand der aktuellen Rendite und den erzielten Übergewinnen ermittelt

Abb. 5.18 *Teilmatrix zur Ermittlung des Wertschaffungspotentials*

Führt man die Ergebnisse der beiden Teile zusammen, so ergibt sich die eingangs beschriebene Matrix. Auf dieser Basis können anschließend fünf Normstrategien abgeleitet werden. Für die Felder mit jeweils geringem bzw. hohem Potential in beiden Dimensionen ist dies einfach. Hier ergibt sich Ausbau bzw. Prüfung des Exit. In den „gelben" Feldern ist es etwas komplexer. Bei unzureichendem Wertschaffungspotential, jedoch gutem strategischen Potential sind operative Verbesserungen, z. B. ein Effizienzsteigerungsprogramm, angezeigt, im gegenteiligen Fall eine Cash-Out-Strategie. Im mittleren Bereich ist schließlich eine strategische Richtungsentscheidung erforderlich. Hier ist sowohl ein Exit als auch ein signifikante Investitionen denkbar (Abb. 5.19).

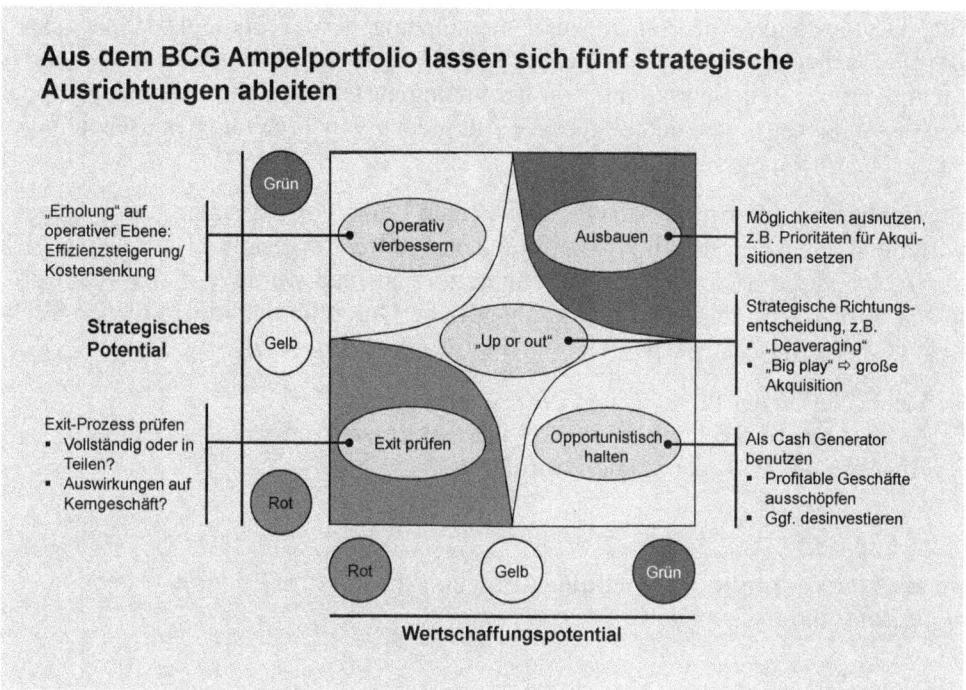

Abb. 5.19 Normstrategien zum BCG Ampelportfolio

Das BCG Ampelportfolio erlaubt im Gegensatz zur traditionellen BCG Matrix eine deutlich differenziertere Analyse der strategischen Position. Allerdings erfordert die erfolgversprechende Anwendung dieses Verfahrens eine wesentlich intensivere methodische und inhaltliche Auseinandersetzung sowohl bei den Durchführenden als auch beim Topmanagement. Kann dies geleistet werden, trägt es der Multidimensionalität von strategischen Analysen deutlich besser Rechnung.

5.2.4 Technologie-Portfolio-Analyse: The future cannot be predicted, it must be invented

Innovationen sind eines der wesentlichen Schlüsselelemente für den dauerhaften Erfolg eines Unternehmens. Wie bereits im Rahmen der strategischen Analyse (Kapitel 3.1) dargestellt, sind technologische Veränderungen gleichzeitig Quelle grundlegender Risiken für den Fortbestand des Unternehmens. Entsprechend ist ein gezieltes Technologie-Management eine Kernaufgabe einer erfolgreichen Unternehmensführung.

Ein leistungsfähiges Instrument zur Unterstützung des Technologie-Managements ist die Technologie-Portfolio-Analyse (TPF-Analyse). Sie ermöglicht die aktive Identifizierung und Beurteilung von Technologien und (neuen) Technologietrends bzw. Lösungskonzepten und erlaubt die Anbindung von Technologieentscheidungen an die Unternehmensstrategie.

Zur Technologie-Portfolio-Analyse gibt es eine Reihe von Varianten. Im Folgenden wird die Technologie-Portfolio-Analyse nach Pfeiffer vorgestellt.[3] Sie zeichnet sich durch eine umfassende theoretische Fundierung aus und wurde in vielen Praxisprojekten erfolgreich eingesetzt. Die systematische Durchführung einer solchen Technologie-Portfolio-Analyse geschieht in drei Phasen (Abb. 5.20):

1. Identifikation der Produkt- und Prozesstechnologien
2. Bewertung von Technologieattraktivität und Ressourcenstärke
3. Auswertung des Technologie-Portfolios

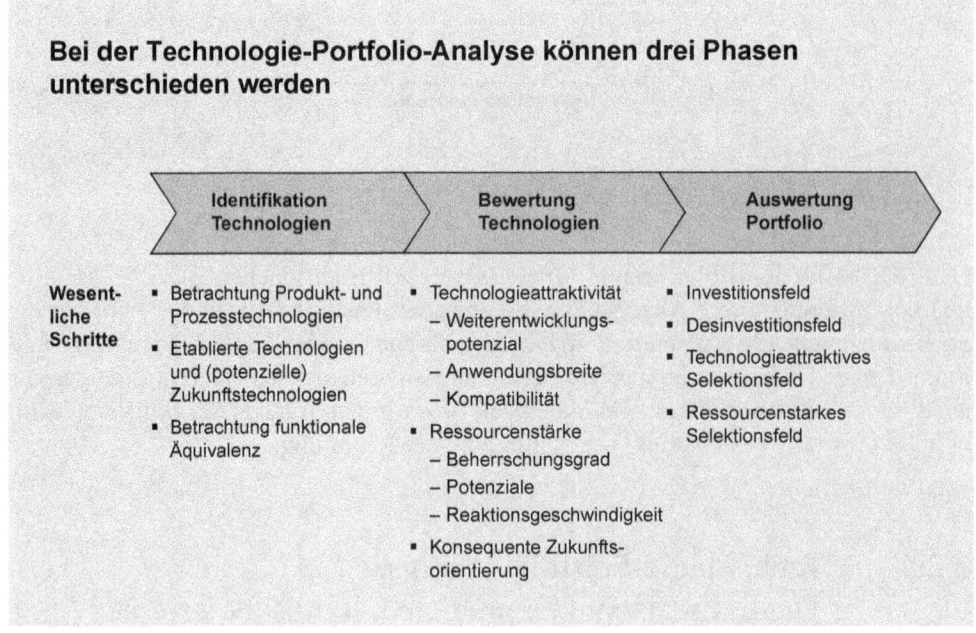

Abb. 5.20 *Vorgehen zur Technologie-Portfolio-Analyse*

Diese drei Phasen werden im Folgenden dargestellt und anhand von Beispielen erläutert.

---

[3]   Ausführlicher zu Konzept und Grundlagen: Pfeiffer u.a., Technologie-Portfolio.

Phase 1: Identifikation der Produkt- und Prozesstechnologien
Bewertungsobjekte einer TPF-Analyse sind Produkt- und Prozesstechnologien. Im Zuge der Identifikation sollen außer den etablierten Technologien, die bereits marktfähigen Produkten zugrunde liegen, auch diejenigen (neuen) Technologien erkannt werden, die aufgrund ihrer Funktion langfristig als Alternativen in Frage kommen und für heutige Technologien eine Substitutionsgefahr darstellen. Zum Planungszeitpunkt befinden sich neue Technologien in einem Frühstadium ihrer Entwicklung. Entscheidendes Suchkriterium für die Technologieidentifikation ist deshalb vor allem die grundlegende funktionale Eignung einer Technologie bzw. die funktionale Äquivalenz neuer Technologien gegenüber etablierten.[4]

Dies sei an einem Beispiel erläutert: Ein Hersteller von mechanischen Schlüsseln und Schließsystemen muss die Technologieidentifikation mit der Perspektive durchführen, mit welchen Technologien die Funktion „Zugangskontrolle" gleichermaßen realisiert werden könnte. Funktional äquivalent zu seiner bisherigen Technologie sind unter anderem biometrische Verfahren, Verfahren zur Abfrage von Codes (z. B. PINs) und Lösungen auf der Grundlage mikroelektronischer Bauelemente (z. B. Chipkarte als Schlüssel).

Phase 2: Bewertung von Technologieattraktivität und Ressourcenstärke
Ein Technologie-Portfolio bildet die betrachtete (Produkt- bzw. Prozess-)Technologie in Bezug auf zwei Größen ab: die Technologieattraktivität und die Ressourcenstärke (Abb. 5.21).

---

[4] Die funktionale Äquivalenz ist ein wesentliches Element des sog. Funktionalmarkt-Konzepts. Es unterstützt entscheidend die Identifikation der von neuen technologischen Potentialen ausgehenden Chancen und Bedrohungen. (Eine gute Darstellung dazu gibt: Weiß, Functional Market Concept (2004).)

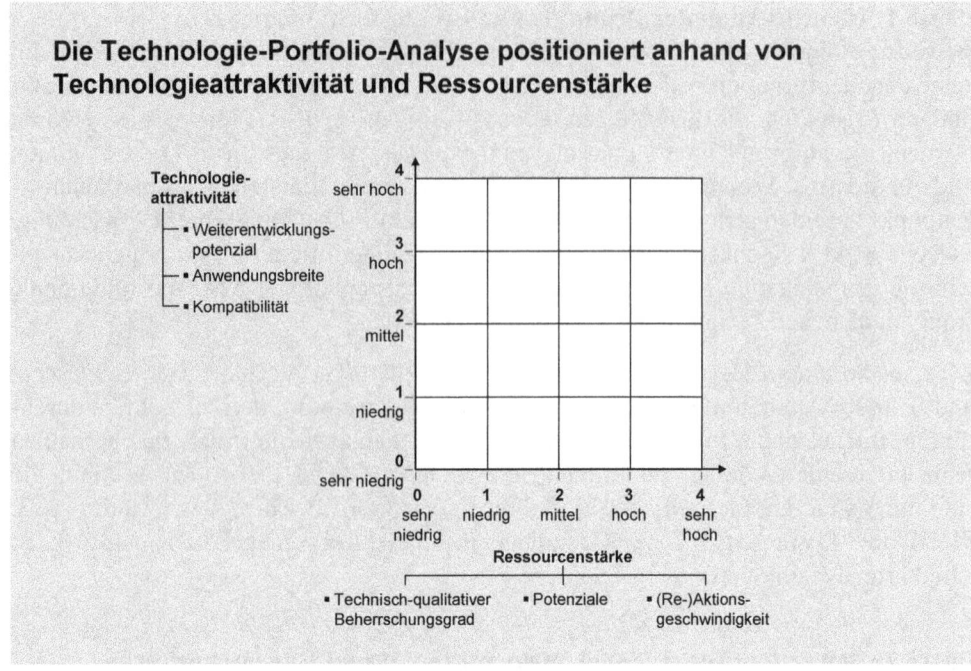

Die Technologie-Portfolio-Analyse positioniert anhand von Technologieattraktivität und Ressourcenstärke

Abb. 5.21 Technologie-Portfolio nach Pfeiffer

Die **Technologieattraktivität** ist, vereinfacht ausgedrückt, die Summe aller technisch-wirtschaftlichen Vorteile, die durch das Ausschöpfen der in einem Technologiegebiet steckenden strategischen Weiterentwicklungsmöglichkeiten gewonnen werden können. Die Technologieattraktivität ist einerseits von den Technologieeigenschaften (Potentialseite) und andererseits von den Anforderungen (zukünftiger) Anwender (Bedarfsseite) abhängig.

Die Technologieattraktivität stellt ein aggregiertes Bewertungsergebnis aus drei tiefer liegenden Indikatoren dar:

- **Weiterentwicklungspotential**: In welchem Umfang sind eine technische Weiterentwicklung und damit Leistungssteigerungen und/oder Kostenreduzierung möglich?
- **Anwendungsbreite**: Wie sind die Anzahl möglicher Einsatzbereiche der Technologie und die Mengen je Einsatzbereich einzuschätzen?
- **Kompatibilität**: Mit welchen negativen oder positiven Auswirkungen ist im Unternehmensumfeld zu rechnen (Innovationshemmnisse, -treiber)?

Die **Ressourcenstärke** drückt aus, in welchem Ausmaß die bewertete Unternehmung im Vergleich zu den potentiellen Konkurrenten über die Voraussetzungen verfügt, die betrachtete technologische Alternative erfolgreich, d. h. zeitgerecht und in Form marktfähiger Produkte, zur Anwendung zu bringen. Sie ist ein Maß für die technische und wirtschaftliche Stärke oder Schwäche eines Unternehmens bezüglich einer Technologie relativ zu den Konkurrenten. Sie kann anhand von drei Indikatoren bestimmt werden:

- **Technisch-qualitativer Beherrschungsgrad**: Wie ist das technologiespezifische Know-how im Verhältnis zur Konkurrenz einzuschätzen? Besteht ein Entwicklungsvorsprung oder -rückstand?
- **Potentiale**: In welchem Umfang stehen finanzielle, personelle und sachliche Ressourcen zur Verfügung, um das bestehende Weiterentwicklungspotential der Technologie auszuschöpfen?
- **(Re-)Aktionsgeschwindigkeit**: Wie schnell kann das bewertende Unternehmen im Vergleich zur Konkurrenz das Weiterentwicklungspotential der Technologie ausschöpfen?

Ein wesentliches Charakteristikum der Technologiebewertung im Rahmen einer Technologie-Portfolio-Analyse ist die Zukunftsorientierung bzw. längerfristige Ausrichtung. Sowohl für leistungs- und kostenbezogene Technologieeigenschaften als auch für die Anforderungen von Seiten der Kunden bzw. Anwender sind potentielle Zukunftsentwicklungen abzuschätzen. Hilfreiche Konzepte zur Abschätzung des zukünftigen Technologiepotentials sind z. B. das S-Kurven- und das Erfahrungskurvenkonzept. Für Prognosen über die Entwicklung der Anwenderseite können Szenarioanalysen eingesetzt werden.

Wichtig für eine angemessene Beurteilung ist die Umfeldperspektive, die über einzelne Technologien hinausreicht. Zum einen bedeutet dies, dass das technische Umfeld in die Analyse einbezogen werden muss (z. B. der für eine Durchsetzung von Brennstoffzellenantrieben für Pkw erforderliche Aufbau einer Methanol- oder Wasserstoff-Versorgungsinfrastruktur). Zum anderen sind auch nicht-technische Rahmenbedingungen für die Technologiebewertung maßgeblich (im Falle des Brennstoffzellenantriebs z. B. die mögliche Verschärfung der Abgasgesetzgebung).

Die Ausführungen werden anhand der im Rahmen der strategischen Umfeldanalyse diskutierten Verdrängung der analogen Fotografie durch die Digitalfotografie deutlich: Spätestens Anfang der 1980er Jahre stellte sich für Hersteller von Kameras und Filmen die strategische Planungsaufgabe, die langfristige Attraktivität der beiden Technologien „Chemische (analoge) Fotografie" und „Digitalfotografie" zu bewerten. In der 1980er und 1990er Jahren waren die technisch-funktionale (Bildqualität, Auflösung) und die ökonomische Eignung (Kosten bzw. Preis für Kamera und Abzüge) der Digitalfotografie gegenüber der analogen Fotografie zwar nicht konkurrenzfähig (in Deutschland übertraf die Verkaufsmenge von Digitalkameras erst etwa 2003 diejenige von analogen Kameras). Mit einer langfristigen Planungsperspektive hätte aber schon frühzeitig die höhere Technologieattraktivität der Digitalfotografie erkannt werden können. Anhand Moores Gesetz für die langfristige Entwicklung des Preis-Leistungs-Verhältnisses bei Halbleiterbauelementen konnte das Weiterentwicklungspotential der Digitalfotografie als sehr hoch erkannt werden. Zusätzlich begünstigte auf der Anwenderseite der allgemeine Trend zur wachsenden Ausstattung von Privathaushalten mit der benötigten Computerinfrastruktur die Digitalfotografie.

Phase 3: Auswertung des Technologie-Portfolios
Wie schon in den anderen Portfolioansätzen spannen zwei Dimensionen – hier die Technologieattraktivität und die Ressourcenstärke – eine Matrix auf. Im Falle der Technologie-Portfolio-Analyse lassen sich innerhalb dieser Matrix vier Handlungsempfehlungen unterscheiden (Abb. 5.22):

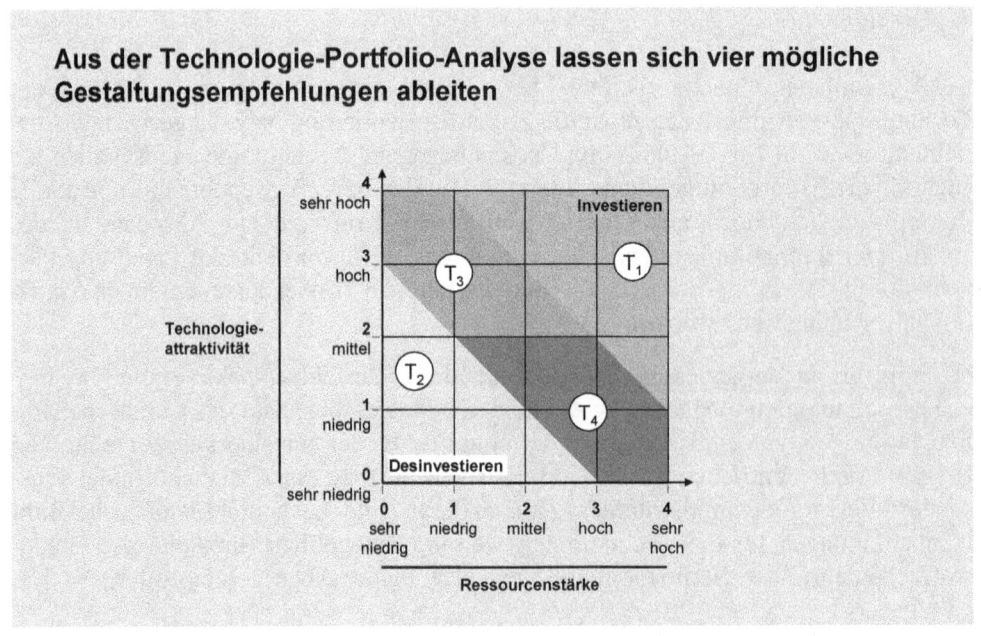

Abb. 5.22 Handlungsempfehlungen auf Basis der Technologie-Portfolio-Analyse

- **Investitionsfeld**: Bei einer hohen Technologieattraktivität in Kombination mit einer hohen Ressourcenstärke (Feld oben rechts mit Technologie T1) ist eine Technologie zu fördern. Finanzielle Mittel sollen weiter in diese Technologien investiert werden, um die gute eigene Wettbewerbsposition in wirtschaftlich attraktiven Anwendungen zu stärken.
  Beispiel: Das Darmstädter Unternehmen Merck ist für Flüssigkristalle (LCs), die für die Produktion von LCD-Displays in Flachbildschirmen benötigt werden,

Markt- und Technologieführer. Insbesondere bei LCs für LCD-Flachbildschirme auf Basis der Vertical-Alignment-Technologie hält Merck weltweit alle wichtigen Patente (sehr hohe Ressourcenstärke). Gleichzeitig ist die Technologieattraktivität von LCs und LCDs hoch.

- **Desinvestitionsfeld**: Umgekehrt ist bei einer Kombination von niedriger Technologieattraktivität mit niedriger Ressourcenstärke (Feld unten links mit Technologie T2) von Investitionen abzuraten. Unternehmen, die bisher auf diesen unattraktiven Technologiefeldern nicht aktiv waren, sollten einen Einstieg nicht versuchen. Wer sich bisher bei schwacher eigener Ressourcenstärke mit Technologien in diesem Feld beschäftigte, sollte den Wechsel auf überlegene Technologien vorbereiten.

  Beispiel: Als Technologien mit (sehr) niedriger Technologieattraktivität sind z. B. die klassische chemisch-analoge Fotografie (Filme und Kameras) sowie Kathodenstrahlröhren für TV-Bildschirme einzustufen. Für Unternehmen mit einer niedrigen Ressourcenstärke ergibt sich bei diesen Technologien eine klare Ausstiegsempfehlung.

- **Technologieattraktives Selektionsfeld**: Bei einer Position mit hoher Technologieattraktivität, aber niedriger Ressourcenstärke (Feld oben links mit Technologie T3) ergeben sich zwei generelle Handlungsalternativen: (1) Ausstieg (bzw. Nichteinstieg) angesichts schwacher eigener Ressourcenstärke oder (2) Ausbau (bzw. Einstieg) in die Technologie mit massiven Investitionen, um den bestehenden Entwicklungsrückstand aufzuholen. Wenig erfolgversprechend ist es in diesen Fällen, die Technologieentwicklung „auf Sparflamme" zu betreiben.

- **Ressourcenstarkes Selektionsfeld**: Eine Position mit hoher Ressourcenstärke, aber niedriger Technologieattraktivität (Feld unten rechts mit Technologie T4) birgt die Gefahr der Fehlsteuerung finanzieller Mittel und personeller Ressourcen. Die Weiterentwicklung von Technologien, die gegenwärtig noch die Basis zahlreicher Produkte bilden und so kurzfristig für einen hohen Mittelzufluss sorgen, bindet häufig einen großen Teil des Budgets in Forschung und Entwicklung („wo viel herkommt, muss viel hin fließen"), während Invest und Wissensaufbau in neuen Technologiefeldern zu kurz kommt.

  Beispiel: Eine fundierte Bewertung hätte bereits Ende der 1960er Jahre elektromechanische Lösungen für Registrierkassen als wenig attraktiv eingestuft. Für ein Unternehmen wie National Cash Register (NCR) mit einer sehr großen Ressourcenstärke in Bezug auf die Elektromechanik hätte frühzeitig die Handlungsempfehlung abgeleitet werden können, Investitionen in diese (alte) Technologie drastisch zu kürzen und stattdessen den Wechsel zur (Mikro-)Elektronik zu forcieren.

Wie die Ausführungen zeigen, sind mittels der Technologie-Portfolio-Methode in hohem Maße Chancen und Bedrohungen zu erkennen. Sie stellt damit ein wertvolles

Instrument für die Analyse der technologischen Umwelt dar und gibt sehr konkrete Gestaltungsempfehlungen.

Bei der Anwendung ist allerdings zu berücksichtigen, dass für sinnvolle Aussagen ein nennenswerter Aufwand (Zeit und Qualifikation der analysierenden Mitarbeiter) betrieben werden muss. Die Bedeutung der Technologie für den Unternehmenserfolg sowie die Breite und Tiefe der gewonnenen Erkenntnisse rechtfertigen diesen Aufwand in vielen Fällen.

5.2.5   Five-Forces-Konzept zur frühzeitigen Identifikation von Chancen und Bedrohungen aus dem Branchenumfeld

Eine Vielzahl von Chancen und Bedrohungen haben ihren Ursprung im engeren Unternehmensumfeld – vor allem in Entwicklungen im Branchenumfeld. Ein leistungsfähiges Konzept zur Ermittlung dieses Handlungsbedarfs ist das Five-Forces-Konzept von Porter. [5]

Das Konzept erlaubt die systematische Beurteilung der Branchenattraktivität. Bezogen auf die vorgestellten Portfolio-Techniken unterstützt es damit die Bewertung der Marktdimension und ist darüber hinaus auch ein wichtiger Bestandteil der Umfeldanalyse im Rahmen der Strategieerarbeitung. Unabhängig davon erlaubt es auch eine isolierte Analyse des Wettbewerbsumfelds auf etwaige Chancen und Bedrohungen.

Grundlage des Konzepts sind fünf Wettbewerbskräfte (Abb. 5.23). Sie bestimmen entscheidend über die durchschnittliche Rentabilität einer Branche. Diese Wettbewerbskräfte sind:

1. Bedrohung durch neue Anbieter
2. Verhandlungsstärke der Abnehmer
3. Verhandlungsstärke der Lieferanten
4. Gefahr durch Substitutionsgüter
5. Rivalität unter den bestehenden Wettbewerbern

1. Bedrohung durch neue Anbieter: Neue Anbieter erhöhen die Kapazitäten innerhalb der Branche, senken das Preisniveau und reduzieren damit die Rentabilität der Branche. Die Wahrscheinlichkeit des Eintritts neuer Anbieter hängt von der Höhe der Eintrittsbarrieren und der erwarteten Reaktion der etablierten Wettbewerber ab. Je höher die Barrieren sind, desto geringer ist die Bedrohung durch neue Konkurrenten. Die Eintrittsbarrieren werden im Wesentlichen durch folgende Faktoren bestimmt:

---

[5]   Vgl. zum Folgenden: Porter, Wettbewerbsstrategie. Dort finden sich auch vielfältige ergänzende Hinweise zur Strategieformulierung in Abhängigkeit von der jeweiligen Bedingungslage des Unternehmens.

- **Größeneffekte (Economies of Scale)**: Bestehen nennenswerte Mengen-degressionseffekte, so begünstigt dies die etablierten Anbieter. Neue Anbieter werden zunächst nicht in der Lage sein, die nötigen Betriebsgrößen auszulasten. Sie werden damit Kostennachteile aufweisen.
- **Kapitalbedarf**: Erfordert ein Neueintritt eine erhebliche Anfangsinvestition (z. B. in Produktionsanlagen oder Forschung und Entwicklung), so stellt dies eine nennenswerte Eintrittsbarriere dar. Dies beschränkt den Zugang zu Branchen wie die Telekommunikation, Automobile oder Kraftwerksbau.
- **Produktdifferenzierung**: Differenzierungsvorteile etablierter Anbieter beruhen auf dem Bekanntheitsgrad ihrer Produkte und der Käuferloyalität. Neue Anbieter sind oft gezwungen, erhebliche Mittel aufzuwenden, um die bestehende Käufer-loyalität zu überwinden.
- **Zugang zu Vertriebskanälen**: Wesentliche Vertriebskanäle können bereits durch vertragliche Bindungen besetzt sein. Ein Beispiel hierfür sind Gaststätten, die nicht selten fest an Getränkelieferanten gebunden sind. Neu eintretende Wettbewerber müssen dann ein eigenes Vertriebssystem aufbauen. Dies ist in der Regel mit erheblichen Investitionen verbunden. Auch wenn keine festen Bindungen bestehen, können erhebliche Mittel erforderlich sein, um bestehende Anbieter in den Kanälen zu verdrängen.
- **Vertragliche Bindungen der Abnehmer**: Sind die Abnehmer (längerfristig) an bestimmte Lieferanten gebunden, erschwert dies den Zugang. Dies ist z. B. häufig bei Versicherungen, Stromlieferanten oder Mobilfunkunternehmen gegeben.
- **Umstellungskosten**: Hierunter sind die einmaligen Kosten für den Abnehmer beim Produktwechsel zu verstehen. Diese können in Schulungskosten für Mitarbeiter oder in technischen Anpassungen liegen. Die Kosten einer Umstellung stellen z. B. in der Softwareindustrie oft eine entscheidende Barriere dar. Sind die Umstellungskosten hoch, so müssen neue Anbieter (deutlich) günstigere Preise anbieten. Außerdem können Umstellungshilfen oder zusätzlicher Service erforderlich sein.

2. Verhandlungsstärke der Abnehmer: Starke Abnehmer können die Rentabilität einer Branche durch die Forderung nach niedrigeren Preisen, höherer Qualität oder umfangreicherem Service beeinträchtigen. Die Verhandlungsstärke wird wesentlich durch folgende Faktoren beeinflusst:

- **Konzentrationsgrad der Abnehmer**: Wenige große Abnehmer können einen erheblichen Einfluss auf die Angebotsstruktur nehmen, dies umso mehr, je zer-splitterter die Lieferanten sind.
- **Wert des Produkts**: Ein Produkt, das einen hohen Anteil am Einkaufsbudget hat, wird bewusster eingekauft. Die Preisempfindlichkeit der Abnehmer ist höher und auch der Aufwand für Informationsbeschaffung über günstigere Alternativen und für die Verhandlung mit den Lieferanten.

- **Standardisierungsgrad der Produkte**: Je weniger die Produkte differenziert sind, desto höher ist die Macht der Abnehmer. Zum einen bedeutet fehlende Differenzierung auch fehlende Umstellungskosten, zum anderen erhöht sie die unmittelbare Vergleichbarkeit des Marktangebots.
- **Gefahr der Rückwärtsintegration**: Sind die Abnehmer hinreichend groß und kapitalkräftig, so können sie sich zusätzlichen Handlungsspielraum durch die Androhung von Rückwärtsintegration schaffen.
- **Markttransparenz**: Je umfassender die Abnehmer über Marktangebot und -preise informiert sind, desto größer wird ihre Verhandlungsstärke sein. Markttransparenz wird durch einen hohen Standardisierungsgrad der Produkte begünstigt.

Beispiele für hohe Verhandlungsstärke ist die Macht von (großen) Reiseveranstaltern oder Großunternehmen gegenüber Fluggesellschaften. Geringe Macht der Abnehmer liegt in der Regel in der Pharmaindustrie vor, solange die Medikamente patentgeschützt sind und keine Substitutionsmöglichkeiten bestehen.

3. Verhandlungsstärke der Lieferanten: Der Zusammenhang ist hier analog. Je größer die Verhandlungsstärke der Lieferanten ist, desto geringer wird die Gewinnspanne des Unternehmens sein. Die Faktoren entsprechen denen der Abnehmerbetrachtung.

Hohe Lieferantenmacht liegt beispielsweise bei den Mineralölkonzernen. Beispiele für eher geringe Macht stellen die Grundstofflieferanten in der Pharmaindustrie oder Teile der Zulieferindustrie für die Automobilindustrie dar.

4. Gefahr durch Substitutionsgüter: Hier liegt die Bedrohung darin, dass Produkte oder Leistungen der einen Branche durch Produkte oder Leistungen anderer Branchen ersetzt werden können. Substitutionsprodukte definieren letztlich eine Preisobergrenze für das Produkt der betrachteten Branche. Kritisch sind insbesondere solche Substitutionsprodukte, deren Preis-Leistungs-Verhältnis sich verbessert.

Beispiele für Substitutionsgüter sind die Substitution von Flugreisen durch Bahnreisen auf der Kurzstrecke oder in der Pharmaindustrie die Gefahr durch Generika nach Ablauf des Patentschutzes.

5. Rivalität unter den bestehenden Wettbewerbern: Die Rivalität unter den Wettbewerbern äußert sich in vielfältigen Verhaltensweisen, z. B. in aggressivem Preiswettbewerb oder Werbeschlachten. Eine hohe Rivalität senkt die Rentabilität einer Branche mitunter drastisch. Rivalität ergibt sich meist als Folge aus dem Zusammenwirken mehrerer struktureller Faktoren. Wichtige Faktoren sind z. B.:

- **Kapazitätsauslastung**: Nicht ausgelastete Kapazitäten begünstigen eine höhere Rivalität, da die Unternehmen versuchen werden, ihre Kapazitäten auszulasten. Besonders verschärfend wirkt es, wenn hierzu eine aggressive Preispolitik mit Deckungsbeitragsüberlegungen eingesetzt wird.
- **Wachstum der Branche**: Bei langsamem oder fehlendem Wachstum wird die Konkurrenz um Marktanteile tendenziell wesentlich höher sein als bei starkem Wachstum.
- **Differenzierungsgrad**: Fehlt die Produktdifferenzierung, so begünstigt dies einen intensiven Wettbewerb auf Basis des Produktpreises.
- **Austrittsbarrieren**: Austrittsbarrieren können ökonomische, aber auch emotionale Faktoren sein, die bewirken, dass Unternehmen nicht aus dem Markt ausscheiden, obwohl keine ausreichenden Ergebnisse erzielt werden. Ökonomische Austrittsbarrieren hängen häufig mit *sunk costs* zusammen, d. h. Vermögensgegenstände haben außerhalb der betrachteten Branche keine produktive Verwendung und damit keinen Wert. Auch können strategische Überlegungen einen Austritt trotz nachhaltiger Verluste verbieten.

Zur Bestimmung der Branchenattraktivität werden die fünf Wettbewerbskräfte mit ihren wesentlichen Faktoren ganzheitlich betrachtet. Dabei ist zu beachten, dass diese Kräfte die Wettbewerbsintensität nicht in gleichem Maße beeinflussen. Entscheidend ist der jeweils stärkste Faktor (ggf. die zwei stärksten Faktoren). Wichtig bei der gesamten Betrachtung ist, dass neben der aktuellen Situation stets auch die weitere Entwicklung der Faktoren abgeschätzt wird.

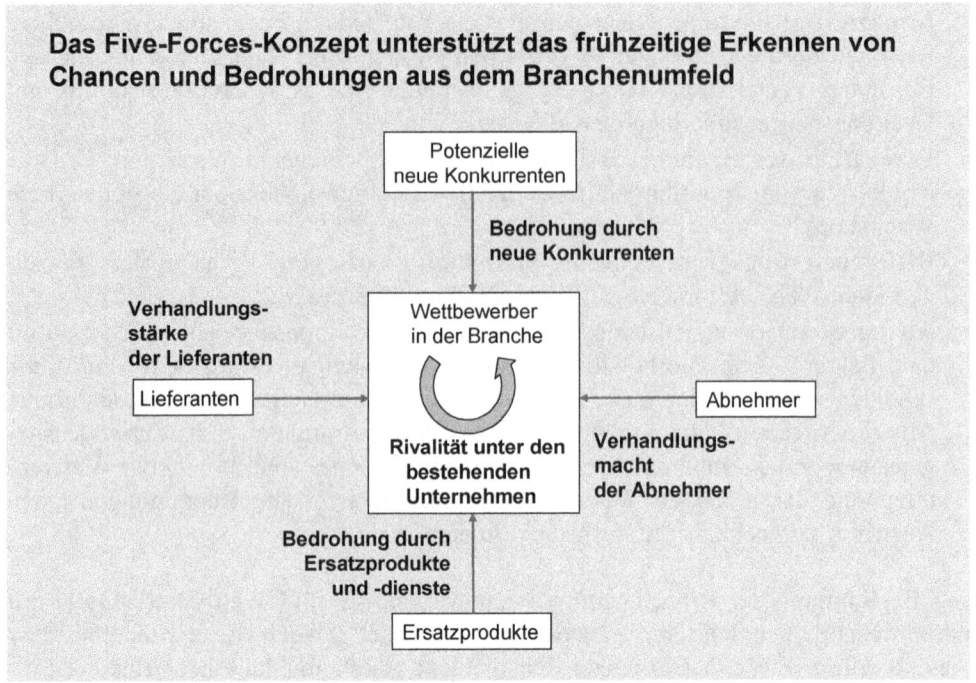

Das Five-Forces-Konzept unterstützt das frühzeitige Erkennen von Chancen und Bedrohungen aus dem Branchenumfeld

Abb. 5.23 Porters Five-Forces-Konzept

Insgesamt stellt das Five-Forces-Konzept ein gutes Hilfsmittel dar, um die Branchensituation systematisch zu analysieren. Es kann damit die bestgeeignete Positionierung des Unternehmens unterstützen. Außerdem erlaubt es, Veränderungen der Wettbewerbssituation zu antizipieren, und gibt damit die Möglichkeit, frühzeitig Anpassungsmaßnahmen einzuleiten. Nicht unterschätzt werden sollte bei der praktischen Anwendung der Wert, der bereits darin liegt, die eigene Situation mittels einer systematischen Checkliste zu analysieren. Sie alleine gibt schon wertvolle Hinweise auf Chancen und Bedrohungen.

5.3   Werkzeuge zur Unternehmensanalyse

Die Werkzeuge, die im vorangegangenen Abschnitt vorgestellt wurden, dienten primär der Analyse des Unternehmensumfelds. Nun wird der Fokus auf die internen Strukturen und Prozesse gelegt. Auf dieser Basis werden Chancen und Bedrohungen ermittelt und Ansatzpunkte für den Unternehmenswert steigernde Maßnahmen identifiziert. Ebenso wie die Instrumente zur Umfeldanalyse können auch diese Analysen sowohl zur isolierten Bestimmung von Handlungsbedarf als auch als Teil der strategischen Planung eingesetzt werden.

Zur Unternehmensanalyse gibt es eine kaum überschaubare Anzahl von Instrumenten und Konzepten. Was ist nun wirklich wichtig? Wie immer kann diese Frage abschließend nur unternehmensspezifisch geklärt werden. Eine gewisse Grundrichtung ist jedoch einfach erkennbar: Betrachtet man ein Unternehmen abstrakt, so ist es eine Ansammlung von Tätigkeiten, durch die sein Produkt entworfen, hergestellt, vertrieben, ausgeliefert und unterstützt wird. Die Gestaltung dieser sog. Wertkette (Value Chain) bestimmt Leistung und Kosten des Unternehmens. Aus ihr erwachsen letztlich die Wettbewerbsvorteile und -nachteile. Entsprechend ist die systematische Betrachtung der Wertkette der zentrale Inhalt der Unternehmensanalyse.

Neben einem **Instrumentarium zur Wertketten-Analyse** sollen ergänzend zwei breit einsetzbare Werkzeuge vorgestellt werden, die es erlauben, mit begrenztem Aufwand systematisch Handlungsbedarf zu identifizieren: die **Source of Change** und die **Break-Even-Analyse**.

5.3.1 Die Wertkette als Kernelement der Unternehmensanalyse

In der Praxis lassen sich Effektivität und Effizienz eines Unternehmens nicht zielführend analysieren, wenn das Unternehmen als Ganzes betrachtet wird: Zum einen werden Probleme und Chancen nur allzu leicht übersehen, zum anderen sind Empfehlungen oft nicht konkret genug, um Handlungsorientierung zu geben. Ein leistungsfähiger Ansatz, um ein Unternehmen zu strukturieren, ist das Konzept der Wertkette (Value Chain) von Porter.[6]

Konzept der Wertkette
Ausgangspunkt ist das bereits skizzierte Verständnis, dass jedes Unternehmen eine Ansammlung von Tätigkeiten ist, durch die sein Produkt entworfen, hergestellt, vertrieben ausgeliefert und unterstützt wird. Bei der Wertkette (Abb. 5.24) werden diese in primäre und unterstützende Aktivitäten unterschieden:

Die **primären Aktivitäten** dienen der physischen Herstellung des Produkts oder der Dienstleistung und der Versorgung des Marktes. Nach Porter lassen sich bei den primären Aktivitäten fünf Kategorien unterscheiden:

- **Eingangslogistik**: Dies sind die Tätigkeiten im Zusammenhang mit dem Empfang, der Lagerung und der Distribution der Roh-, Hilfs- und Betriebsstoffe.
- **Operations**: Die eigentliche Produktion bzw. Leistungserstellung.

---

[6] Die Wertkette und ihre Analyse werden ausführlich dargestellt bei Porter, Wettbewerbsvorteile. Dort finden sich auch umfangreiche Hinweise zu weiteren Analysemöglichkeiten.

- **Ausgangslogistik**: Analog zur Eingangslogistik sind dies alle Tätigkeiten im Zusammenhang mit der Lagerung und physischen Distribution des Endprodukts (i.w.S.) an die Abnehmer. Solche Aktivitäten sind z. B. Auftragsabwicklung, Fertigwarenlager, Transport.
- **Marketing und Vertrieb**: Diese Kategorie umfasst sämtliche Tätigkeiten zur Vermarktung des Produkts oder der Dienstleistung. Hierzu gehören z. B. Preisfestsetzung, Verkaufsförderung, Außendienst, Werbung.
- **Kundendienst**: Die Tätigkeiten im Zusammenhang mit Dienstleistungen zur Installation und Werterhaltung des Produkts. Hierzu gehören z. B. Schulung der Kundenmitarbeiter, Reparaturen, Ersatzteilversorgung.

Die **unterstützenden Aktivitäten** umfassen diejenigen Tätigkeiten, die zur Ausübung der primären Aktivitäten notwendig sind. Porter unterscheidet hier vier Kategorien:

- **Beschaffung**: Die Beschaffung umfasst die Funktion des Einkaufs sämtlicher verwendeter Inputs (während das physische Handling zur Eingangslogistik gehört, s.o.). Dazu gehören neben den zur unmittelbaren Leistungserstellung erforderlichen Inputs (Roh-, Hilfs- und Betriebsstoffe) auch zugekaufte Dienstleistungen, Technologien etc.
- **Technologieentwicklung**: Diese Kategorie umfasst alle Aktivitäten, die sich im weiteren Sinne mit der Produkt- oder Prozessverbesserung befassen. Die genannten Technologien können in jeder Wertaktivität gebunden sein.
- **Personalwirtschaft**: Sie umfasst die personalbezogenen Aktivitäten eines Unternehmens, wie z. B. Personalauswahl, -einsatz, -entlohnung oder Aus- und Weiterbildung.
- **Unternehmensinfrastruktur**: Sie umfasst das gesamte Führungs- und Informationssystem der Unternehmung Hierzu gehören z. B. Geschäftsführung, Planung, Revision, Rechnungswesen.

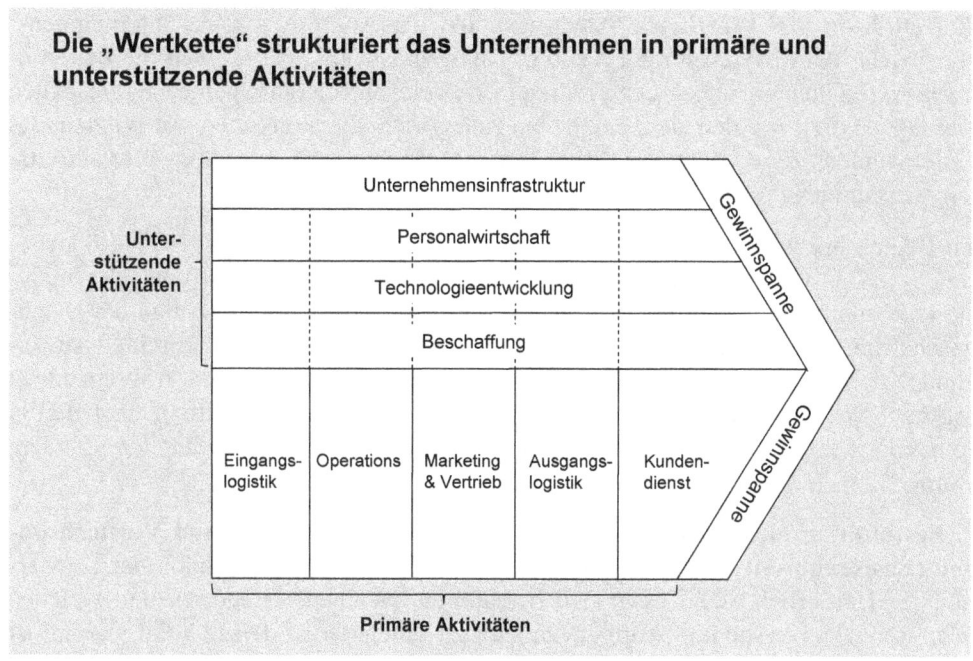

Die „Wertkette" strukturiert das Unternehmen in primäre und unterstützende Aktivitäten

Abb. 5.24 Wertkette eines Unternehmens

Grundsätzlich können die Leistung oder die Kosten eines jeden Elements der Wertkette entscheidend für einen Wettbewerbsvorteil sein. Die Bedeutung der einzelnen Elemente variiert zwischen Unternehmen und zwischen Branchen. So wird die Logistik bei einem Handelsunternehmen sehr wichtig sein, während sie bei einer Bank nur von nachrangiger Bedeutung sein dürfte.

Zu beachten ist, dass Wertketten innerhalb einer Branche sehr ähnlich, aber auch sehr unterschiedlich sein können. Vergleicht man z. B. IKEA und den traditionellen Möbelhandel oder Lufthansa und eine Billigfluglinie, so dürfte dies einfach erkennbar sein.

Vorgehensweise zur Wertkettenanalyse
Die Durchführung der Wertkettenanalyse kann in sehr unterschiedlicher Weise erfolgen. Die zweckmäßige Vorgehensweise hängt stark vom konkreten Analyseziel und vom gewünschten Tiefgang ab. Eine vollständige Wertkettenanalyse sollte folgende vier Schritte umfassen (Abb. 5.25):

1. Definition der Wertkette
2. Bestimmung der Schwerpunkte sowie der Verknüpfungen und Verflechtungen (Basisanalyse)
3. Analyse der Kostenschwerpunkte
4. Analyse der Differenzierungsschwerpunkte

1. Definition der Wertkette: Ausgangspunkt der Analyse ist eine unternehmens-spezifische Ausdifferenzierung des o.g. Analyserasters. Dazu müssen die betrieblichen Aktivitäten in abgegrenzte, strategisch relevante Komponenten aufgespalten werden. Hierzu werden den einzelnen Kategorien die konkreten Aktivitäten des Unternehmens zugeordnet und diese dann zu Obergruppen – den sog. Wertaktivitäten – zusammengefasst.

Zu Beginn der Analyse ist es zweckmäßig, sich bei der Definition der Wertkategorien bzw. -aktivitäten an der aufbau- und ablauforganisatorischen Struktur des analysierten Unternehmens zu orientieren. Dies erleichtert die Zuordnung und die Datenbeschaffung. Bei einer feineren Analyse werden sich jedoch nahezu immer Abweichungen zwischen den Wertaktivitäten und den organisatorischen Abgrenzungen ergeben. So kann eine Organisationseinheit an mehreren Wertaktivitäten beteiligt sein oder eine Wertaktivität durch verschiedene Organisationseinheiten erbracht werden.

2. Bestimmung der Schwerpunkte sowie der Verknüpfungen und Verflechtungen (Basisanalyse): Im zweiten Schritt ist zunächst eine Identifikation der Schwerpunkte erforderlich, d. h., es gilt zu bestimmen, welchen Kategorien und welchen Wertaktivitäten besondere Aufmerksamkeit zu schenken ist. Diese Fokussierung ist wegen des nicht unerheblichen Analyseaufwands bei den anschließenden Vertiefungen von hoher praktischer Bedeutung.

Weiter gilt es, die Zusammenhänge zwischen den Wertaktivitäten zu untersuchen. Diese treten in Form von Verknüpfungen und Verflechtungen auf:

- **Verknüpfungen** beschreiben Verbindungen zwischen den Aktivitäten einer Wertkette, z. B. wenn mehrere Organisationseinheiten an einer Wertaktivität beteiligt sind. Durch Analyse der Verknüpfungen können unnötiger Koordinationsbedarf aufgedeckt und Hinweise auf eine strategieorientierte Reorganisation gewonnen werden. Es können durch eine ganzheitlich optimierte Gestaltung der Verknüpfungen Kosten- oder Differenzierungsvorteile erreicht werden. So ist es z. B. vorstellbar, dass sich durch eine intensivere Wareneingangskontrolle im Produktionsbereich die Kosten der Qualitätssicherung oder der Ausschuss reduzieren lassen. Damit kann insgesamt eine Verbesserung der Kostenposition des Unternehmens erreicht werden. In analoger Weise können auch Verknüpfungen (sog. vertikale Verknüpfungen) zu den Weteketten der Lieferanten und Abnehmer optimiert werden.
- **Verflechtungen** bezeichnen Verbindungen zwischen den Wertketten verschiedener Geschäftseinheiten einer Unternehmung. Durch entsprechende Gestaltung können weitreichende Verbesserungen in Form von Kosten- oder Differenzierungsvorteilen erreicht werden. So kann z. B. durch Synergien aus einer gemeinsamen Produktion oder der gemeinsamen Nutzung von Vertriebseinrichtungen die Kostenposition deutlich verbessert werden. Weiter ist denkbar, dass durch

Plattformbildung nicht nur Entwicklungskosten gesenkt, sondern, z. B. aufgrund einer damit verbundenen erhöhten Kompatibilität der Produkte, zusätzlicher Kundennutzen – ein Differenzierungsvorteil – geschaffen werden kann.

3. Analyse der Kostenschwerpunkte: Im dritten Schritt gilt es, konkrete Ansätze zur nachhaltigen Kostensenkung zu identifizieren.

Dazu müssen zunächst die Kosten der einzelnen Wertaktivitäten ermittelt werden. Dies ist in praxi meist nicht einfach, da die zugrunde liegenden Kostendaten des Berichtswesens an Kostenstellen orientiert sind und diese in der Regel nicht deckungsgleich mit den Wertaktivitäten sind. Entsprechend werden zusätzliche Erhebungen und Analysen erforderlich sein. Qualifizierte Schätzungen können hier oftmals helfen, den Aufwand auf ein sinnvolles Maß zu begrenzen.

Anschließend sind der oder die Kostentreiber für jede Wertaktivität zu ermitteln. Neben der aktuellen Situation ist hier auch die voraussichtliche zukünftige Entwicklung abzuschätzen. Ausführlicher wird die Kostenanalyse im Abschnitt zu Activity-Based-Costing in Kapitel 5.4 beschrieben.

Auf dieser Basis können dann Ansätze ermittelt werden, um die Kostenposition zu verbessern. Diese können in der Optimierung der einzelnen Wertaktivitäten oder in der Neustrukturierung der Wertkette liegen. (Auf Aspekte der Maßnahmenerarbeitung wird im 2. Modul des Werkzeugkastens ausführlich eingegangen.)

4. Analyse der Differenzierungsschwerpunkte: Neben der Kostensenkung ist die Identifikation von Differenzierungsmaßnahmen das zweite Kernelement der Wertkettenanalyse. Die Differenzierung ermöglicht es der Unternehmung, die eigene Leistung zu einem höheren Preis abzusetzen als der Wettbewerb bzw. vergleichbare Vorteile wie eine höhere Wiederkaufrate oder höhere Käuferloyalität zu erreichen.

Ausgangspunkt für die Identifikation von Differenzierungsmöglichkeiten ist eine Kundenanalyse. Es gilt die Kundenstruktur, das Kaufverhalten der Kunden und die Bestimmungsfaktoren der Kundenzufriedenheit zu verstehen. (Die Kundennutzenbetrachtung sowie Möglichkeiten zur Ermittlung des Kundennutzens werden ausführlicher im Rahmen des Komplexitätsmanagements im 2. Modul des Werkzeugkastens behandelt.)

Anschließend sind die Differenzierungsquellen in der Wertkette zu analysieren. Es ist zu untersuchen, wie sich die einzelnen Wertaktivitäten auf die Kaufkriterien der Kunden auswirken. Wichtig dabei ist es, neben den bestehenden Quellen der Differenzierung auch nach neuen Quellen zu suchen. Da Differenzierungsvorteile relativer Natur sind, gilt es, sich auch mit den Wertketten der Wettbewerber zu vergleichen.

Neben der Nutzendimension sind auch die Kosten der Differenzierung zu betrachten. Letztlich sind nur solche Differenzierungen wirtschaftlich sinnvoll, bei denen die zusätzlichen Kosten zumindest vollständig vom Kunden vergütet werden. Basis für die Abschätzung sind die Kostenanalysen im Rahmen von Schritt 3.

Endprodukt von Schritt 4 ist es – analog zur Kostenseite – eine Strategie zur Schaffung nachhaltiger Differenzierungsvorteile zu erarbeiten. Bestandteil dieser Strategie sollten in der Regel auch Maßnahmen zur Beherrschung der Differenzierungskosten sein.

Die vier Schritte können nur das Grundmuster der Analyse skizzieren. Die konkrete Ausgestaltung ist anhand der Unternehmenssituation und mit Blick auf die Art der beabsichtigten Maßnahmen auszudifferenzieren. Wichtige Unterstützung können hierbei das in Kapitel 5.1 vorgestellte Benchmarking sowie die verschiedenen Konzepte zur Erarbeitung von Verbesserungsmaßnahmen in Kapitel 6 leisten.

Die Wertkettenanalyse geschieht in vier Schritten

Bestimmung der Wertkette	Durchführung Basisanalysen	Analyse der Kostenschwerpunkte	Analyse der Differenzierungsschwerpunkte
Ziel			
• Schaffung eines unternehmensspezifischen Bezugsrahmens	• Fokussierung der Analyse und Ermittlung erster Ansätze	• Maßnahmen zur nachhaltigen Verbesserung der Kostenposition	• Maßnahmen zur nachhaltigen Verbesserung der Differenzierung
Inhalte			
• Identifikation konkreter Aktivitäten des Unternehmens • Zuordnung zu Kategorien • Zusammenführung zu Wertaktivitäten	• Bestimmung der Analyseschwerpunkte • Analyse der Verbindungen zwischen den Aktivitäten einer Wertkette ("Verknüpfungen") • Analyse der Verbindungen zwischen den Wertketten der Geschäftseinheiten ("Verflechtungen")	• Ermittlung der Kosten der einzelnen Wertaktivitäten • Bestimmung Kostentreiber (inkl. deren zukünftige Entwicklung) • Ermittlung von Ansätzen zur Optimierung einzelner Aktivitäten bzw. zur Neustrukturierung der Wertkette	• Kundenanalyse (Kundenstruktur, Kaufverhalten, Bestimmungsfaktor der Kundenzufriedenheit) • Bestimmung der Differenzierungsquellen • Bestimmung der Kosten der Differenzierung • Entwicklung einer Differenzierungsstrategie

Abb. 5.25 Vorgehen zur Durchführung der Wertkettenanalyse

Insgesamt ist die Wertkettenanalyse ein gutes Instrument zur systematischen Analyse des Innenbereichs einer Unternehmung unter einem strategischen Blickwinkel. Bei der Anwendung muss man sich allerdings bewusst sein, dass vor allem die Beschaffung der erforderlichen Daten oft sehr aufwendig ist. Dies gilt in besonderem Maße, wenn auch Wertketten von Konkurrenten, Lieferanten oder Kunden betrachtet werden. Statt einer vollständigen Wertkettenanalyse hat sich in der Praxis auch eine „Light Version" bewährt, bei der das Konzept nur als Grobraster zur Strukturierung bzw. als eine Art Checkliste zur Ideenfindung genutzt wird.

5.3.2 Source of Change: Veränderungen standardisiert analysieren

Eine häufige Herausforderung bei der Identifikation von Handlungsbedarf ist die präzise Ursachenidentifikation. In der Praxis ist hierfür oft das Aufspalten komplexer Veränderungsgrößen in ihre Einzelkomponenten erforderlich. Ein Instrument, welches solche Analysen mit sehr geringem Aufwand ermöglicht, ist die **Source of Change**.[7]

Die Source of Change ist ein Analyseinstrument, um Veränderungen (z. B. des Umsatzes oder der Profitabilität) standardisiert zu analysieren. Bei den zu vergleichenden Größen ist ein breites Spektrum denkbar, z. B.:

- der Zeitvergleich (z. B. Veränderung Geschäftsjahr ggü. dem Vorjahr);
- der Vergleich von Plan- und IST-Größen (z. B. Ursachen für Planabweichungen);
- der Vergleich zwischen verschiedenen (Unternehmens-)Einheiten.

Als generelles Instrument kann die Source of Change Teil eines Planungs- und Kontrollinstrumentariums sein. Sie kann aber auch zur isolierten Ermittlung von Handlungsbedarf eingesetzt werden.

Grundgedanke ist es, die fundamentalen Ursachen von Veränderungen zu identifizieren und diese standardisiert zur Analyse heranzuziehen. Im Falle der Ergebnisanalyse sind die fundamentalen Elemente folgende: Volumenänderungen, Produktivitätsänderungen sowie Preis- und Kostenänderungen. Hinzu kommt eine Kategorie „Sondereffekte", die Artefakte eliminiert und ggf. die Vergleichbarkeit herstellt. Sondereffekte können in außerordentlichen Ergebniswirkungen oder in der Anpassung zwischen verschiedenen Rechenwerken bestehen. Gegebenenfalls können die vier genannten Ursachen durch wesentliche unternehmens- oder branchenspezifische Komponenten ergänzt werden.

Abb. 5.26 zeigt ein Praxisbeispiel zur Source of Change. Dabei wird die Ergebnisveränderung einer großen Geschäftseinheit zwischen zwei Geschäftsjahren analysiert. Die Überleitung folgt grundsätzlich dem vorgestellten Grundmuster. Bei der Produktivitätsbetrachtung wurde in drei Teilkomponenten aufgespalten: Progressions-/Degressionseffekte, Effekte aus Kostensenkungsmaßnahmen und zusätzlichen Produktivitätseffekten. Diese Aufspaltung unterstützt die Implementierungskontrolle – ausführlich dazu in Kapitel 7.

---

[7] Für das vorgestellte Konzept gibt es vielfältige Bezeichnungen. So wird die Source of Change mit Blick auf ihre häufigste Verwendung z. B. auch mit „Ergebnisüberleitung" bezeichnet.

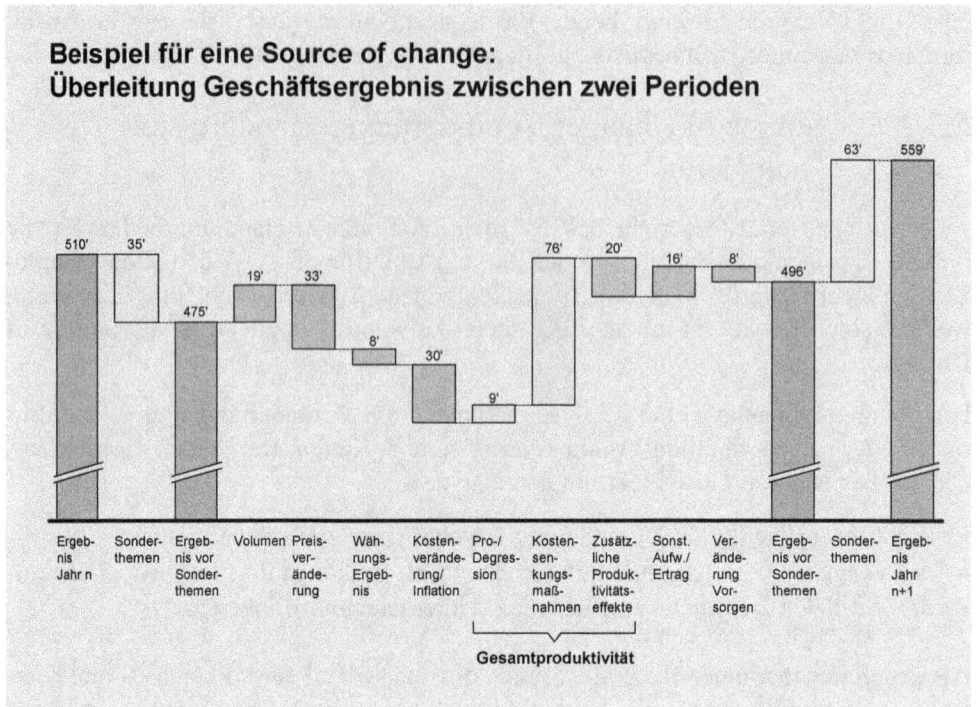

Beispiel für eine Source of change:
Überleitung Geschäftsergebnis zwischen zwei Perioden

Abb. 5.26 Praxisbeispiel zur Source of Change

Abhängig von der jeweiligen Verwendungssituation lassen sich vielfältige Fragen beantworten. Dazu einige Beispiele:

Source of Change zur Bestimmung von Zielen

Betrachtet man die Produktivität als Residualgröße, so lässt sich die für ein bestimmtes Ergebnisziel erforderliche Produktivitätssteigerung ermitteln. Im Falle des Praxisbeispiels könnte sogar unterschieden werden, welcher Teil der Produktivitätssteigerung durch Pro- bzw. Degression, d. h. ohne spezifische Verbesserungsmaßnahmen, entstehen würde, und für welchen Umfang Maßnahmen zu definieren wären. Die Source of Change kann so zur Ermittlung der (quantifizierten) Zielsetzung für ein Verbesserungsprogramm genutzt werden.

Source of Change zur Plausibilisierung von Planungen

Eine Planung kann plausibilisiert werden, indem man für die wesentlichen Komponenten zwischen IST und Plan die Realisierbarkeit bzw. die Wahrscheinlichkeit des Eintretens bestimmt. Wird etwa ein hoher Ergebnisbeitrag aus einer Volumensteigerung geplant, so kann diese Steigerung an den Markt- und Wettbewerbsbedingungen gespiegelt werden.

Source of Change zur Ursachenanalyse im Rahmen der Ergebniskontrolle
Bei der Abweichungsanalyse im Rahmen der Ergebniskontrolle kann zwischen den
Plan- und den IST-Werten übergeleitet und so die Herkunft von Planabweichungen
ermittelt und quantifiziert werden. Dies unterstützt wesentlich die konkrete Identifikation von Ursachen (z. B. Planungsfehler, Störgrößen, abweichende Performance)
und erlaubt fokussierte Reaktionen des Managements.

Source of Change zur Validierung der Implementierungskontrolle
Vergleicht man die Fortschrittswerte der Verbesserungsprogramme mit den Produk-
tivitätssteigerungen auf Basis der Source of Change, so sollten diese übereinstimmen bzw. rechnerisch überleitbar sein. Letztlich müssen sich alle Verbesserungen
auch in den gebuchten Werten wiederfinden lassen! (Ausführlicher hierzu im Abschnitt zur Implementierungskontrolle, Kapitel 7.3.)

Insgesamt ist die Source of Change ein gutes Instrument, um Veränderungen systematisch zu analysieren. Sie ist auf allen Organisationsebenen anwendbar. Analog
zur Break-Even-Analyse wandelt sich mit zunehmender Aggregationsebene ihr Charakter von einem Analyseinstrument hin zu einem Plausibilisierungs- bzw. Indikati-
onsinstrument.

Hilfreich ist der standardisierte Einsatz der Source of Change in größeren Unternehmen. Sofern die gleiche Struktur und die gleiche Definitorik der Überleitungspo-
sitionen gewährleistet sind, unterstützt sie die einheitliche Beurteilung unterschiedlicher Geschäftseinheiten.

5.3.3   Break-Even-Analyse: Beschäftigungsschwankungen systematisch antizipieren

In Zeiten von Beschäftigungsschwankungen ist es wichtig, klare Informationen über
die damit verbundenen Ergebniswirkungen zu haben. Hierzu dient die in ihrer Leistungsfähigkeit oftmals unterschätzte Break-Even-Analyse (auch: Gewinnschwellen-
analyse).

Konzept der Break-Even-Analyse
Das Grundprinzip der Break-Even-Analyse ist folgendes: Es wird dasjenige Erlösni-
veau gesucht, bei dem weder Gewinn noch Verlust auftritt, sondern die gesamten
Fixkosten und die den abgesetzten Mengen zurechenbaren Kosten voll gedeckt sind.
In der häufigsten Form der Break-Even-Analyse wird dabei von einem linearen Kos-
ten- und Erlösverlauf ausgegangen. Abb. 5.27 skizziert das Grundprinzip.

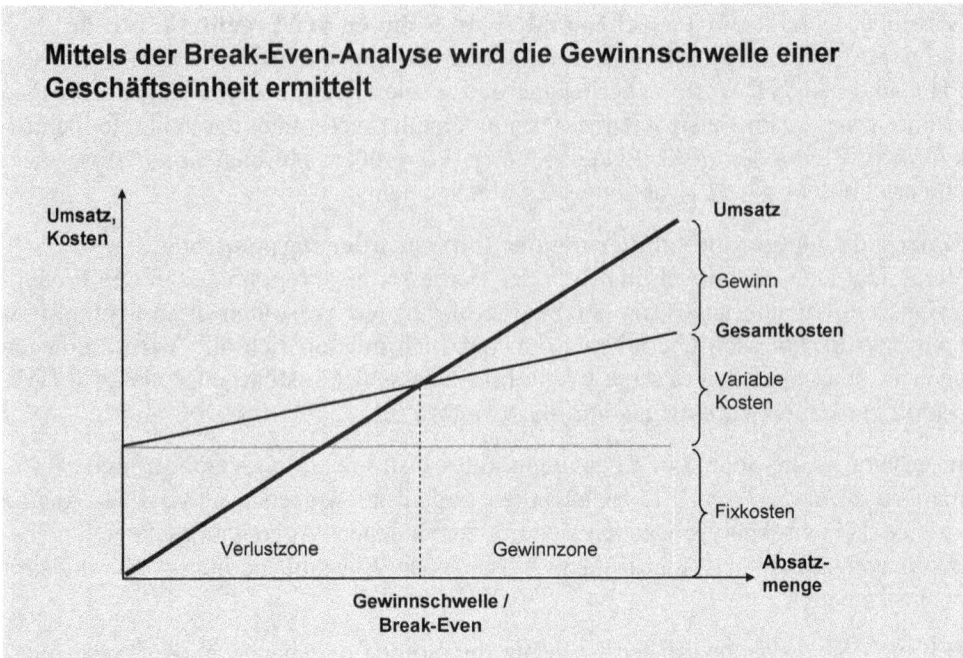

Mittels der Break-Even-Analyse wird die Gewinnschwelle einer Geschäftseinheit ermittelt

Abb. 5.27 Basismodell der Break-Even-Analyse

Anhand dieses einfachen Konzepts lassen sich zunächst die drei konzeptionellen Möglichkeiten zur Senkung des Break-Even-Punktes erkennen: die Erhöhung des Absatzpreises, die Senkung der variablen Kosten und die Senkung der Fixkosten.

Analysebeispiele zur Break-Even-Analyse
Trotz der Einfachheit des Konzepts kann man damit in der Praxis eine Reihe wertvoller Erkenntnisse erhalten. Es kann sowohl auf die einzelne Geschäftseinheit als auch auf das gesamte Geschäfteportfolio eines Unternehmens angewandt werden.

Wendet man es auf eine **einzelne Geschäftseinheit** an, so kann ermittelt werden, wie eine Veränderung der proportionalen Kosten, der fixen Kosten oder des Preises die Break-Even-Menge verändert. Weiter kann man die generelle Volumenssensitivität der Geschäftseinheit ermitteln.

Vielfältige konkrete Fragen lassen sich beantworten, z. B.: Was passiert mit der Rendite im Fall des Best/Medium/Worst Case für die Marktentwicklung? Oder: Welche Volumensteigerung ist zur Erreichung eines angestrebten Gewinnziels erforderlich? Auch können im Rahmen der Gewinnkontrolle abgegebene Forecasts plausibilisiert werden u.v.m.

Die Analysemöglichkeiten gehen deutlich weiter: Es kann die **Gesamt-unternehmensperspektive** eingenommen und das Geschäftsportfolio betrachtet werden. Ein Beispiel hierfür gibt Abb. 5.28. Dort werden die Geschäftseinheiten eines Großunternehmens in einer Matrix positioniert. Sie hat die Dimensionen Sicherheitskoeffizient – d. h. wie weit liegt der Umsatz der Einheit über dem Break-Even-Umsatz – und geplantes Wachstum. Anhand dieser Kategorien lassen sich vier Risikoklassen unterscheiden. Im dargestellten Beispiel weisen die Geschäftseinheiten E, F und I ein geringes Wachstum bei gleichzeitig unterdurchschnittlichem Risikopuffer auf. Dies weist auf die wahrscheinliche Notwendigkeit von Break-Even-senkenden Maßnahmen hin (z. B. Verringerung der Wertschöpfung durch Outsourcing, Einsatz von Leiharbeitern statt festangestellter Kräfte).

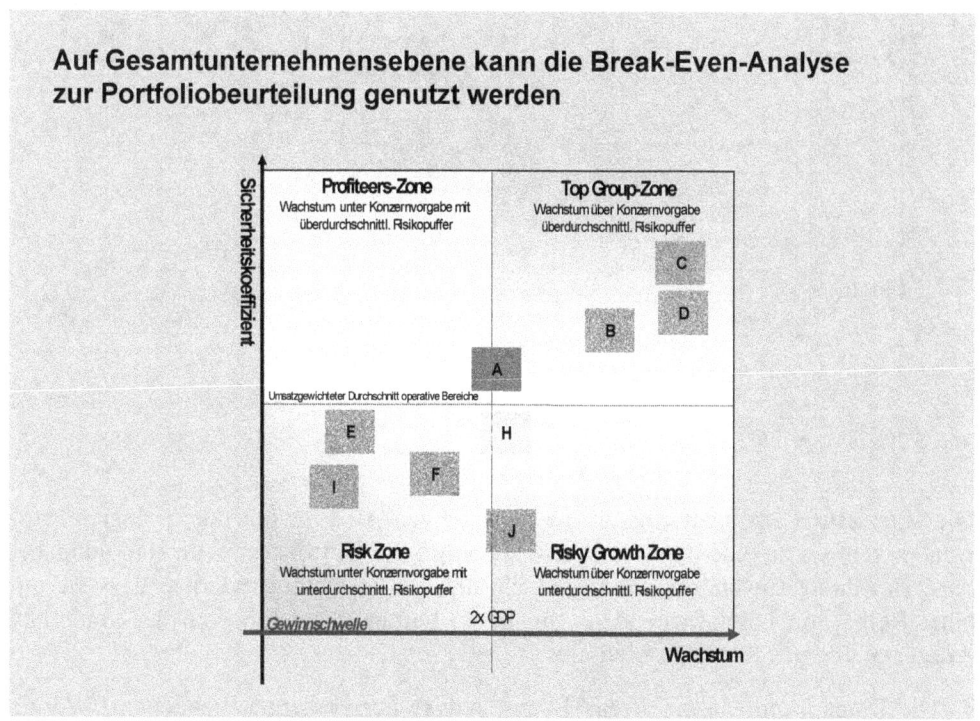

Abb. 5.28 Nutzung der Break-Even-Analyse zur Portfoliobeurteilung

Möglichkeiten und Grenzen der Break-Even-Analyse
Insgesamt gestattet die Break-Even-Analyse vielfältige Möglichkeiten zur Analyse der Auswirkung von Beschäftigungsschwankungen auf das Unternehmen. Die Betrachtung kann dabei vom Ein-Produkt-Fall bis zur Unternehmensebene reichen. Abhängig davon ändert sich natürlich die Aussagekraft der Analyse (Abb. 5.29).

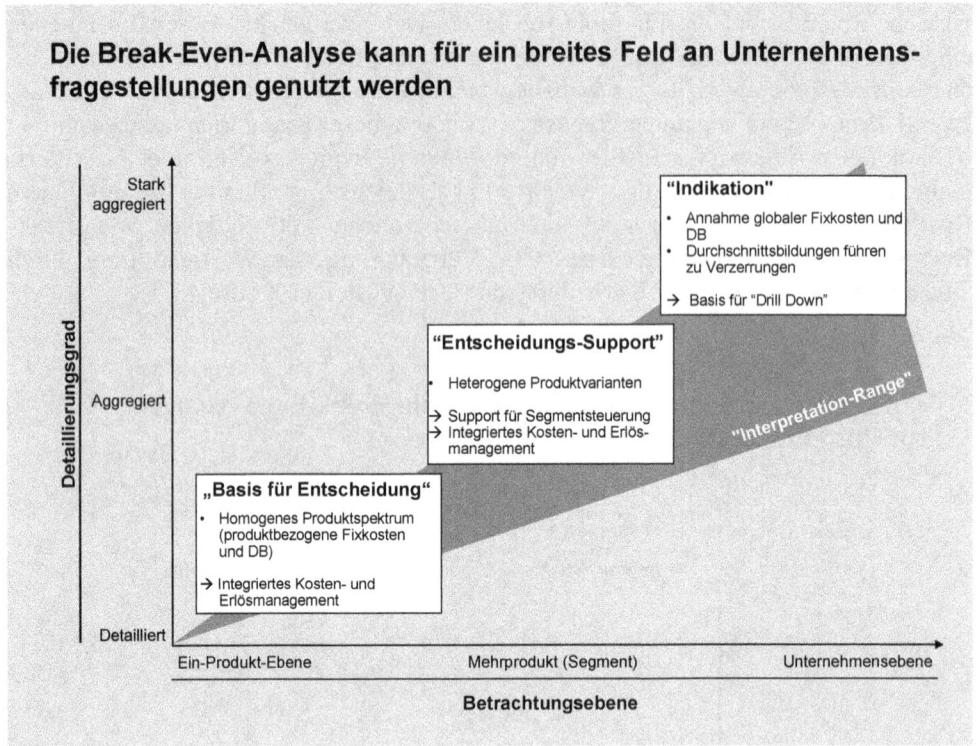

Abb. 5.29 *Einsatzbereich der Break-Even-Analyse*

Die skizzierte Leistungsfähigkeit der Break-Even-Analyse bei nur geringem Aufwand macht sie zu einem attraktiven Werkzeug zur Identifikation von Handlungsbedarf. Bei ihrer Anwendung sollte jedoch stets berücksichtigt werden, dass sie auf einer Reihe von vereinfachenden Annahmen beruht. Abhängig von der konkreten Ausgestaltung des Konzepts sind dies:

- Die Datengrundlage der Break-Even-Analyse beruht neben (gebuchten) Werten aus dem Rechnungswesen zusätzlich auf „manuell" zu ermittelnden Daten bzw. Schätzungen. Dies beeinträchtigt möglicherweise die Qualität der zugrunde liegenden Daten.
- Die Break-Even-Analyse unterstellt im Normalfall eine lineare Erlös- und Kostenfunktion:
  - Der Preis wird damit meist als unabhängig von der Menge angesehen. In der Realität ist dies keineswegs immer der Fall.

- Es wird von der gleichen Kostenabhängigkeit bei steigendem und fallendem Output ausgegangen. In der Realität sind allerdings meist auch die sog. variablen Kosten bei fallendem Output in einem bestimmten Umfang fix (Remanenzkosten).
- Sprungfixe Kosten können oft nicht explizit berücksichtigt werden.

• Je stärker das Geschäft von wenigen Projekten abhängig ist, umso weniger eignet sich eine Break-Even-Betrachtung zur betriebswirtschaftlichen Analyse. Daher sind die Anwendungsmöglichkeiten im Produktgeschäft tendenziell besser als im Anlagen- bzw. Projektgeschäft.

Die genannten Punkte können die Aussagekraft der Analyse in verschiedenen Fällen erheblich einschränken. Sie sollten jedoch nicht überbewertet werden. Vielmehr sollten sie dazu anhalten, Vertiefungen und Plausibilisierungen durchzuführen, bevor konkrete Maßnahmen abgeleitet werden.

5.4 Ohne zutreffende Kosten- und Ergebnisdaten kein effektives Management

Unverzichtbare Voraussetzung bei der Identifikation und Beurteilung von Handlungsbedarf ist die zutreffende Kenntnis der tatsächlichen Kosten- und Ergebnissituation. Daher muss die Eignung des Kostenrechnungsinstrumentariums sichergestellt sein. Im Folgenden wird dargestellt, welche Probleme in der Praxis häufig auftreten und wie diese nachhaltig überwunden werden können.

5.4.1 Potentielle Verzerrungen des Kostenrechnungssystems

Diskutiert man mit Managern über ihre Entscheidungsgrundlagen, so ist nicht selten ein gewisses Unbehagen auszumachen: Ergebnisaussagen zu Produkten oder Kunden sind aus den realen Verhältnissen teilweise nicht erklärbar. Wettbewerberpreise sind nicht rekonstruierbar. Kundenreaktionen auf Preissetzungen sind häufig nicht nachvollziehbar. Kurzum: die „gefühlte" Welt und die ausgewiesenen Zahlen passen irgendwie nicht zusammen.

Dies kann durchaus seine Ursache im Kostenrechnungssystem haben. Betrachtet man das Kalkulationssystem vieler Unternehmen, so weist es im Normalfall die folgende (oder ähnliche) Struktur auf: Grundlage ist meist eine **Vollkostenrechnung**. Diese ist gekennzeichnet durch eine Produktergebnisrechnung mit einem mehrstufigen Verteilungssystem: Von den gesamten Kosten werden dem einzelnen Produkt (oder sonstigen Kostenobjekten) direkt nur die unmittelbaren Kosten – das sind typischerweise Material und der direkte Lohn – zugeordnet. Die übrigen (Gemein-)Kosten wie Entwicklungs-, Verwaltungs-, Lager- oder Vertriebskosten werden zunächst auf Kostenstellen gesammelt und dann in Form eines meist prozentualen Zuschlags auf Material, direkten Lohn oder einer damit eng verbundenen Bezugsbasis den Produkten zugeordnet. Daneben existiert häufig eine **Marginalrechnung**, bei der in einer oder mehreren Stufen der sog. „Deckungsbeitrag" als Differenz zwischen Verkaufserlös und – ggf. verschieden definierten – variablen Kosten ausgewiesen wird. Betrachtet man diese Vorgehensweise mit Blick auf eine zutreffende Wiedergabe der Kosten, so ist sie in mehrfacher Hinsicht problematisch:

Bei der Vollkostenrechnung ist zunächst die Bezugsbasis für die Kostenzurechnung fragwürdig. Der Wert des Materials steht nur in einem sehr mittelbaren Zusammenhang mit dem Umfang der innerbetrieblichen Wertschöpfung, also mit dem zu verteilenden Kostenblock. Gleiches gilt in zunehmendem Maße für den direkten Lohn, wobei hier noch hinzukommt, dass sich sein Umfang angesichts fortschreitender Automatisierung immer mehr zur Marginalgröße reduziert. Weiter negiert die unterstellte Volumenproportionalität, unabhängig davon, ob mengen- oder wertgetrieben, völlig die Kostenwirkungen der Komplexität.[8] Für die Allokation der Gemeinkosten bedeutet dies, dass Kleinmengenprodukten tendenziell weniger Kosten zugerechnet werden, als sie verursacht haben, und Großenmengenprodukten umgekehrt. Bei der typischen Vollkostenrechnung werden daher die ausgewiesenen Kosten (und damit Ergebnisse) systematisch verzerrt und zwar umso mehr, je größer die Anzahl der unterschiedlichen Produkte mit gemeinsam genutzten Fertigungs- oder Vertriebsressourcen und je größer die Volumendivergenz zwischen den Produkten ist.

Doch auch die Marginalrechnung ist keineswegs unproblematisch, ermutigt doch ein „Deckungsbeitrag" geradezu, z. B. zusätzliche Varianten ins Programm aufzunehmen, weil er suggeriert, dass damit ein Beitrag zur Deckung der vermeintlich ohnehin anfallenden Fixkosten entsteht. Nun sind die als „fix" qualifizierten Kosten aber mitnichten fix, sondern steigen – wenngleich mit zeitlicher Verzögerung – durchaus an.

Die Kostenwirkungen einer gestiegenen Komplexität bleiben jedoch unberücksichtigt. Dies hat die fatale Folge, dass z. B. eine Sortimentsverwilderung sogar dann noch argumentativ unterstützt wird, wenn eigentlich ein radikaler Widerstand angebracht wäre. Pointiert ausgedrückt: Die Marginalbetrachtung ist nicht Teil der Lösung, sondern Teil des Problems eines geeigneten Variantenmanagements!

Die Konsequenzen aus der fehlenden Eignung des Instrumentariums zur Erfassung der Komplexitätswirkungen werden noch deutlicher, wenn man die Thematik im Kontext des Steuerungsprozesses betrachtet. Es sind unschwer instabile Zustände vorstellbar, bei denen sich das Unternehmen zunehmend vom optimalen Zustand entfernt. Dies sei an einem in der Praxis häufig vorfindbaren Ablauf erläutert, den

---

[8] Eine solche Vorgehensweise würde etwa für eine Verzehnfachung der Variantenzahl bei jeweils 10 Prozent der bisherigen Mengen (bzw. Werte) die gleichen Gesamtkosten ausweisen.

man als **Varianten-Teufelskreis** bezeichnen könnte. Ausgangspunkt sind hier z. B. Sättigungserscheinungen des Marktes, die zum Rückgang der Absatzvolumina oder zur Abschwächung der Wachstumsraten führen, aber auch das Bestreben, zusätzliches Unternehmenswachstum zu realisieren. Um die jeweiligen Zielsetzungen zu erreichen, wird versucht, mittels zusätzlicher Varianten neue Marktsegmente zu erschließen. Geht man davon aus, dass das Unternehmen die für sich am besten geeigneten Segmente bereits zu einem früheren Zeitpunkt erschlossen hat, so werden die neuen Segmente tendenziell zu den weniger attraktiven gehören. Bedient werden diese Segmente dennoch, kann doch der vermeintliche Nutzen solcher Aktivitäten mittels einer Deckungsbeitragskalkulation meist gut begründet werden. Aufgrund der faktisch geringen Segmentattraktivität stellen sich jedoch nur vergleichsweise geringe Mengenausweitungen ein. Gleichzeitig führen die zusätzlichen Varianten zur Steigerung der Innenkomplexität des Unternehmens. Die entsprechenden Kostenwirkungen erhöhen, entsprechend den Prinzipien der Zuschlagskalkulation, die Stückkosten für das ganze Programm oder zumindest für Teile desselben. Der so entstehende Kostendruck löst seinerseits über kurz oder lang Preiserhöhungen aus und leitet damit eine weitere Verschlechterung der Absatzsituation ein. Der Kreis hat sich geschlossen! Der Wirkungszusammenhang ist in Abb. 5.30 zusammengefasst. Der beschriebene Zusammenhang wird hier zwar nur für ein Produktgeschäft beschrieben. Er ist aber im Dienstleistungsgeschäft gleichermaßen (wenn nicht sogar häufiger) zu beobachten.

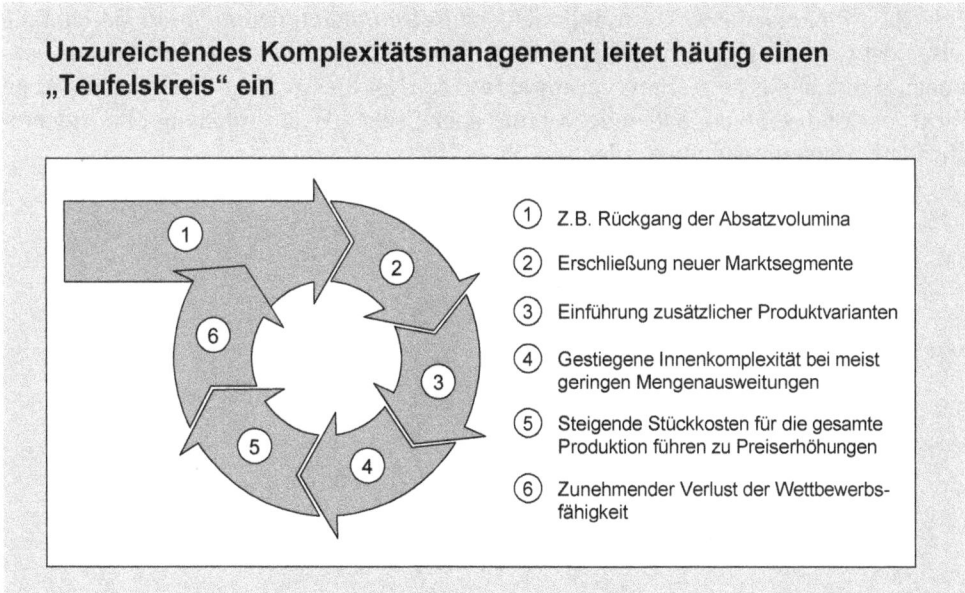

Unzureichendes Komplexitätsmanagement leitet häufig einen „Teufelskreis" ein

1. Z.B. Rückgang der Absatzvolumina
2. Erschließung neuer Marktsegmente
3. Einführung zusätzlicher Produktvarianten
4. Gestiegene Innenkomplexität bei meist geringen Mengenausweitungen
5. Steigende Stückkosten für die gesamte Produktion führen zu Preiserhöhungen
6. Zunehmender Verlust der Wettbewerbsfähigkeit

Abb. 5.30 Varianten-Teufelskreis

In der Praxis ist es keineswegs ungewöhnlich, dass Kosten- und Ergebnis-
informationen nur bedingt verwendbar sind und teilweise sogar kontraproduktiv
wirken. Erschwerend kommt hinzu, dass die Fehlsteuerung nicht notwendigerweise
auf einen zwar schlechteren, jedoch stabilen Zustand hinsteuert, sondern durchaus
eine nachhaltige Verschlechterung – im Extrem eine im wahrsten Sinne des Wortes:
Todesspirale – einleiten bzw. begünstigen kann.

5.4.2   Konzept des Activity-Based-Costings

Wie sollte nun ein Konzept zur zutreffenden Kostenzuordnung aussehen? Wichtig
ist zunächst eine bereichsübergreifende Erfassung und Bewertung der Kostenkonsequenzen. Weiter muss der gesamte Lebenszyklus der Produkte betrachtet werden.

Sichern diese Merkmale die Vollständigkeit der einbezogenen Wirkungen, so muss
gleichzeitig die *richtige Zuordnung* der Gesamtkosten zum jeweiligen Kostenobjekt
– z. B. Produkt(-gruppe), Kunde(-ngruppe) – gewährleistet sein, d. h., dass sich die
Zuordnung an den *tatsächlich* kostenverursachenden Faktoren orientieren muss. Für
die Vollkostenrechnung ist dabei der zentrale Problembereich die Zurechnung der
Gemeinkosten. Hauptproblem ist hier, dass die unterstellte Volumensabhängigkeit
der Kosten für weite Teile dieser Kosten nicht gegeben ist. Ein Rüstvorgang etwa
fällt bei einem Loswechsel an. Der damit verbundene administrative Aufwand ist
weitestgehend unabhängig davon, ob anschließend *eine* Einheit oder *eine Million*
Einheiten produziert werden. Dies legt es nahe, die Verteilung dieser Kosten an den
einzelnen Prozessen oder Transaktionen anzusetzen, durch deren Anfall sie letztlich
ausgelöst werden. Kostenträger in einem solchen System sind zunächst die Transaktionen. Für sie muss ein „Preis" ermittelt werden. Ist dieser „Preis" bekannt, so kann
für jedes Analyseobjekt abhängig von der spezifischen Beanspruchung eine entsprechende Kostenzurechnung erfolgen (Abb. 5.31).

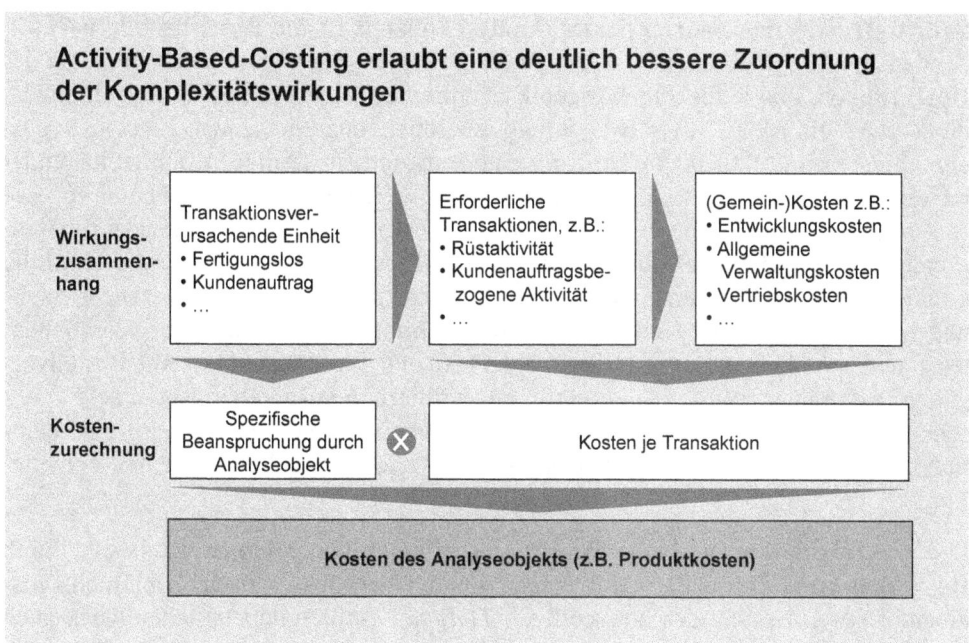

Abb. 5.31 Konzeptionelle Darstellung des Activity-Based-Costing

Bei der Marginalrechnung muss zur Ermittlung der variablen Kosten der angemessene Betrachtungshorizont gewählt werden. Dieser ist bei einer Produktentscheidung tendenziell längerfristig. Das bedeutet, dass neben den bisher einbezogenen *kurzfristig* variablen Kosten, wie dem Fertigungsmaterial, auch *mittelfristige* Kostenkonsequenzen, wie die Komplexitätswirkungen, in die Entscheidungsfindung eingehen müssen.

Mit diesem Konzept wird die Identifikation und Trennung von fixen und variablen Kosten unterstützt und eine sinnvolle Zuordnung der Gemeinkosten auf Produkte bzw. Services ermöglicht. Im Folgenden wird die praktische Anwendung des Konzepts dargestellt.

5.4.3 Drei Schritte zur praktischen Umsetzung

Um zu einer zutreffenden Kostenzuordnung und damit zu effektiven Management-Maßnahmen zu gelangen, hat sich in der Praxis folgende Vorgehensweise bewährt: Es ist zunächst ein (prozessorientiertes) Analysekonzept für das Unternehmen (bzw. den untersuchten Bereich) zu entwickeln. Im zweiten Schritt sind auf Kostenstellenebene die angefallenen Kosten zuzuordnen. Dies bildet die Grundlage für die entscheidungsorientierte Analyse.

Schritt 1: Ein prozessorientiertes Analysekonzept ist die Basis für alle nachfolgenden Analysen. Wichtigstes Element hierbei ist es, die wesentlichen Prozesse des Unternehmens sowie die zugehörigen Kostentreiber zu bestimmen. Dies stellt eine – nicht ganz einfache! – Gratwanderung zwischen unzureichender Entscheidungseignung aufgrund fehlendem Tiefgang einerseits und ausufernder Komplexität andererseits dar. Ein Beispiel: Angenommen, das Unternehmen sieht als Hauptprozesse Beschaffung, Produktion, Vertrieb, Kundendienst und Qualitätswesen, dann ist zumindest eine zusätzliche Analyseebene vorzusehen. Am Beispiel der Beschaffung könnten dies Lieferantenauswahl, Lieferantenbeurteilung, Bestellwesen, Bestellüberwachung etc. sein. Damit würde berücksichtigt, dass die einzelnen Komponenten unterschiedlichen Kostentreibern (hier: Anzahl Lieferanten, Anzahl Bestellvorgänge) gehorchen, Wird eine zu geringe Detaillierung vorgesehen, so ist sehr zweifelhaft, ob später konkrete Maßnahmen abgeleitet werden können. Wird eine deutlich höhere Analysetiefe vorgesehen, so besteht die erhebliche Gefahr der Verzettelung.

Die Identifikation der wesentlichen Kosteneinflussgrößen geschieht am besten durch Befragung von Mitarbeitern mit einem guten Überblick über die Unternehmensabläufe. Zur Erzielung des notwendigen Tiefgangs sollten neben Generalisten auch die wesentlichen Know-how-Träger der einzelnen Unternehmensfunktionen befragt werden. Einzelinterviews sind Gruppeninterviews vorzuziehen, da sie größeren Raum für Offenheit bzw. Vertraulichkeit lassen.

Schritt 2: Bei der anschließenden **prozessorientierten Kostenzuordnung** werden die (originären) Kostenstellenkosten daraufhin untersucht, durch welche Transaktionen (Kostentreiber) sie jeweils ausgelöst werden und wie sich die Kosten bei einer veränderten Beanspruchung verhalten. Auch dies sollte auf Basis von Interviews geschehen, wobei es hier auf eine differenzierte Kenntnis der Prozesse aufseiten des Befragten ankommt. Analyseinhalt ist hier z. B. die Verteilung der persönlichen Arbeitszeit (bzw. des Mitarbeitereinsatzes einer Abteilung) auf die in Schritt 1 definierten Aktivitäten. Auch hier gilt es, zwischen Genauigkeit und Aufwand abzuwägen. Ein nicht zugeordneter Ressourceneinsatz von 10–20 % ist meist durchaus vertretbar.

Flankierend zur Kostenzuordnung i. e. S. sollte eine Aggregation der Einzelergebnisse auf Unternehmensebene durchgeführt werden. Aus einer Diskussion auf Basis der Gesamtsicht entwickeln sich in der Regel eine Reihe zusätzlicher Fragen, Testmöglichkeiten etc., durch deren Abarbeitung die Qualität der gesamten Datengrundlage gesteigert bzw. gesichert werden kann. Über den Qualitätsaspekt hinaus begünstigt sie auch die Akzeptanz späterer Resultate – ein Faktum, das angesichts der späteren, häufig überraschenden Ergebnisse nicht unterschätzt werden sollte.

Schritt 3: Mit den vorangegangenen Schritten ist die Basis gelegt für die **entschei-dungsorientierte Analyse.** Ihre konkrete Ausgestaltung bestimmt sich durch das Analyseziel (z. B. den Management-Entscheidungen, die sie unterstützen sollen).

Sollen etwa die Kostenkonsequenzen einer generellen Veränderung bei Kosten-treibern bestimmt werden (z. B. die Kostenreduktion bei einer deutlichen Komplexi-tätsreduktion), genügen meist aggregierte Werte, um die zielgerichtete Ausrichtung der anschließenden wertsteigernden Maßnahmen sicherzustellen.

Sollen z. B. Kunden- oder Produktergebnisrechnungen erstellt werden, so ist für das jeweilige Analyseobjekt die Infrastrukturbeanspruchung, gemessen in der transakti-onsverursachenden Einheit, zu bestimmen und mit ihren Kosten zu bewerten. Hie-rauf aufbauend ist die Kostenzurechnung durchzuführen und durch Differenzbildung mit den Erlösen das jeweilige Ergebnis zu ermitteln.

Für komplexere Fragestellungen kann es sinnvoll sein, Simulationsmodelle einzu-setzen. Dies bietet sich an, wenn z. B., ausgehend von Markt- oder Wettbewerbs-szenarien, Mengen- und Beschäftigungskonsequenzen geplant werden sollen. Eben-so, wenn grundlegende Änderungen der Produkt- oder Kundenstruktur bewertet werden sollen.

Hinsichtlich der erforderlichen IT-Unterstützung gilt Folgendes: Für die erstmalige Kostenanalyse ist auch bei größeren Unternehmen in den meisten Fällen ein han-delsübliches Tabellenkalkulationsprogramm ausreichend. Es ermöglicht die Durch-führung der nicht unerheblichen Rechenschritte und kann darüber hinaus als Proto-typ für eine endgültige Lösung genutzt werden. Entscheidet man sich aufgrund der Erfahrungen für einen dauerhaften Einsatz der Prozesskostenrechnung, wird der Einsatz einer dedizierten Softwarelösung sinnvoll. Hierfür wird eine Reihe von Software-Paketen am Markt angeboten, etwa als Teil von ERP-Systemen. Die best-geeignete Lösung hängt im Wesentlichen von der Kompatibilität mit den vorhande-nen IT-Systemen ab.

Für die Durchführung der Analysen empfiehlt sich ein multidisziplinärer Teaman-satz. Der Ressourcenbedarf für die erstmalige Durchführung einer Grundanalyse der beschriebenen Art liegt bei etwa drei bis fünf Mitarbeitern über den Zeitraum von drei Monaten. Zusätzlich werden temporär Know-how-Träger aus den unterschiedli-chen Unternehmensfunktionen benötigt. Ergänzend dazu ist die aktive Unterstützung der Geschäftsleitung erforderlich. Sie sollte sich in einer entsprechenden Kommuni-kation, aber auch in der Teilnahme an Fortschrittsmeetings u. Ä. äußern. Ohne diese Unterstützung sind sowohl die erforderliche Ressourcenbereitstellung als auch die Qualität und Akzeptanz der Ergebnisse in hohem Maße gefährdet.

5.4.4   Praxisbeispiel: Deutliche Profitabilitätssteigerung statt gefährlicher Abwärtsspirale

Welche Konsequenzen sich bereits aus der Kenntnis des tatsächlichen Produkt- oder Kundenergebnisses ergeben können, veranschaulicht das folgende Beispiel: Ein großer Hersteller von Kunststoffprodukten hatte den Wunsch, die Kosteninformationen seiner verschiedenen europäischen Produktionsstandorte vergleichbar zu machen. Ziel war es, die aufgrund der Liberalisierung des Transportwesens steigenden ökonomischen Radien der Standorte zur Kostenminimierung zu nutzen. Außerdem empfand eine Reihe von Führungskräften ein merkliches Unbehagen mit der Ergebnisrechnung, war doch die ausgewiesene Ergebnislage in verschiedenen Fällen völlig inkonsistent mit den realen Fähigkeiten des Unternehmens im Vergleich zum Wettbewerb. So hatte das Unternehmen in seinem Kerngeschäft, den „Großmengen-Standard-Produkten", erhebliche Schwierigkeiten, seine Leistungen zu wettbewerbsfähigen Preisen anzubieten. Dies war insofern erstaunlich, als man gerade für dieses Segment die besten Voraussetzungen mitbrachte: Man hatte als Marktführer die größte Einkaufsmacht und verfügte über Produktionseinrichtungen, die der Konkurrenz zumindest gleichwertig waren. Im Logistikbereich hatte man sogar anerkanntermaßen das branchenweit kostengünstigste Distributionssystem für Großmengen. Trotz der damit gegebenen hervorragenden Voraussetzungen für eine Kostenführerschaft wies die Kostenrechnung für diese Kundengruppe ein kaum ausgeglichenes Ergebnis auf.

Es wurde daher vom Topmanagement ein Projekt zur umfassenden Kostenanalyse gestartet. Zu diesem Zweck wurden die gesamten Kosten in der im Vorabschnitt beschriebenen Weise verursachungsgerecht zugeordnet und darauf aufbauend Kundengruppen- und Produktgruppen-Ergebnisrechnungen erstellt. Die Analysearbeiten wurden durch ein cross-funktionales Team mit Know-how-Trägern aus den analysierten Unternehmensteilen sowie durch zwei Fachleute aus dem Rechnungswesen durchgeführt. Eine methodische Unterstützung erfolgte durch eine externe Unternehmensberatung. Trotz der nennenswerten Datenmengen erwies sich zur technischen Abwicklung der Basisanalysen ein handelsübliches Tabellenkalkulationsprogramm als ausreichend.

Ein Vergleich des bisherigen Ergebnisausweises mit dem verursachungsgerecht ermittelten Ergebnis gab dem intuitiven Unbehagen Recht: So erwies sich das eingangs angeführte Geschäft tatsächlich als überdurchschnittlich profitabel. Wie sich im Übrigen auch herausstellte waren die niedrigeren Angebote der beiden wesentlichen Wettbewerber mitnichten einem leistungsfähigeren Kostenrechnungssystem zuzuschreiben – die dort verwendeten Systeme waren tendenziell sogar weniger leistungsfähig –, sondern der Tatsache, dass bei beiden Firmen die Fehlallokation aufgrund ihrer schmäleren Produkt- und Kundenpalette deutlich weniger zum Tragen kam. Auch für andere Geschäftssegmente ergaben sich teilweise gravierende

Veränderungen. Abb. 5.32 zeigt stellvertretend einen Renditevergleich auf Kunden-gruppenebene. Man erkennt, dass sich die Profitabilität für einige Gruppen signifi-kant veränderte und sich diese in zwei Fällen sogar umkehrte.

Die neuen Informationen lösten eine ganze Reihe von Anpassungen aus: So wurde die unbefriedigende Ergebnissituation der Kundengruppe B angegangen. Zum einen wurden dort die Preise erhöht und für mehrere Zusatzleistungen Preise neu einge-führt, zum anderen wurden stark kostenverursachende Verhaltensweisen der Kunden mit diesen diskutiert und teilweise verändert.

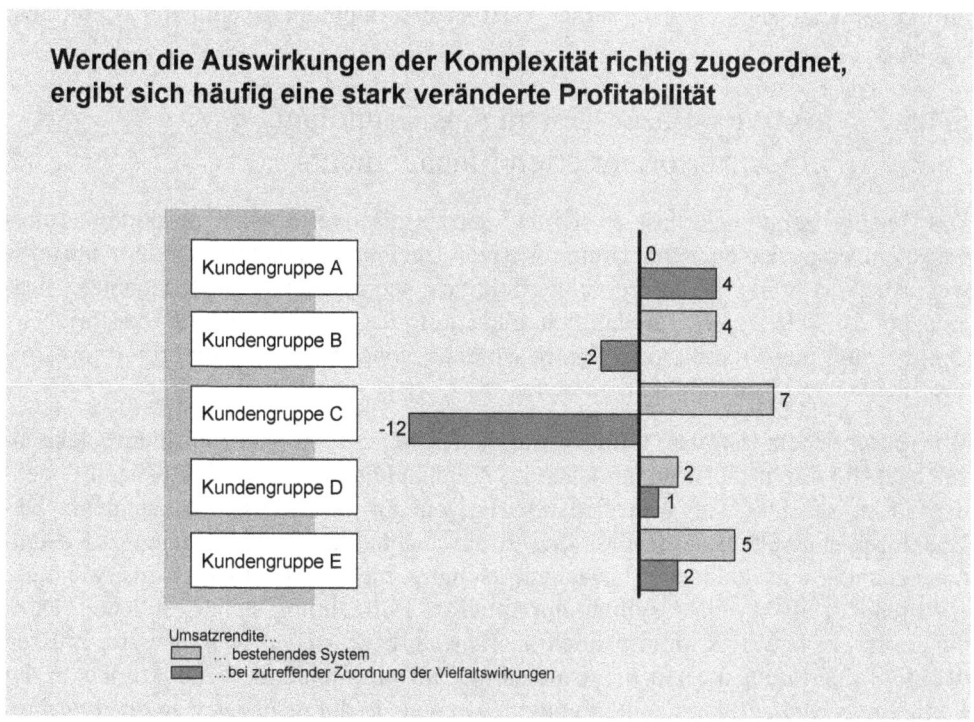

Abb. 5.32 *Praxisbeispiel: Renditevergleich auf Kundengruppenebene*

Für die bisher als sehr profitabel erachtete Kundengruppe C waren solche Korrektu-ren nicht mehr möglich: Hier offenbarte die Analyse, dass diese Kunden die Infra-struktur in außerordentlich hohem Maße beanspruchten. Das ging so weit, dass Teile der Infrastruktur – ein spezieller Beratungsservice – von kleinen Ausnahmen abge-sehen faktisch nur für diese Kundengruppe bereitgehalten wurden. Da das erforder-liche Maß an Verhaltens- bzw. Preisänderung nicht durchsetzbar war, wurden die Segmentbedienung weitgehend eingestellt und, nach geringfügiger Reduktion von Leistungselementen für andere Produkte, die entsprechenden Infrastrukturelemente abgebaut.

Daneben ergaben sich eine Reihe übergreifender Konsequenzen; machte die Kostenzurechnung doch deutlich, dass das ursprüngliche Kerngeschäft nach wie vor profitabel war und die neuen Geschäfte bei zutreffender Kostenzurechnung keineswegs die Profitabilität aufwiesen, die man sich davon versprochen hatte. Dies blieb nicht ohne Folgen für die Ressourcenallokation, und zwar sowohl hinsichtlich der finanziellen Mittel als auch hinsichtlich der Aufmerksamkeit des Managements.

An diesem Beispiel lässt sich gut erkennen, welche Gefahren durch die ungeeignete Ausrichtung des Informationssystems ausgelöst werden, stand der Klient doch bereits am Anfang einer Spirale, die ihn, durch Erschließung immer neuer vermeintlich profitabler Kleinsegmente, in seiner Wettbewerbsfähigkeit zunehmend beeinträchtigt hätte.

5.4.5 Activity-Based-Costing als Grundlage eines wertorientierten Managements

Das Beispiel zeigt auch, dass es sich bei der zutreffenden Kostenzuordnung keineswegs um eine akademische Übung eifriger Buchhalter handelt, sondern um eine wesentliche Voraussetzung für ein effektives, wertorientiertes Management. Das Konzept ist dabei selbstverständlich nicht auf die im Vorabschnitt beschriebene Optimierung des Produktportfolios beschränkt, sondern zur Optimierung von Prozessen aller Art gleichermaßen geeignet.

Wie beschrieben, ist das traditionelle Vorgehen zur Kostenzuordnung gekennzeichnet durch ein meist unzureichendes Verständnis der hinter den Kosten liegenden Prozesse. Das hat weitreichende Folgen für das Kostenmanagement. Das Hauptproblem besteht darin, dass die für ein nachhaltiges und intelligentes Kostenmanagement entscheidende Ursachenforschung nicht unterstützt wird. Vielmehr wird tendenziell bei einer symptomorientierten Betrachtung stehengeblieben. Dazu ein Beispiel: Wie in Kapitel 6 noch ausführlich beschrieben werden wird, müssen überhöhte Fertigungskosten nicht unbedingt auf eine fehlende Produktivität in der Fertigung zurückzuführen sein. Vielmehr können sie durchaus auch in einer zu großen Produktvielfalt begründet sein. Damit liegt die Ursache des Kostenproblems an einer völlig anderen Stelle des Unternehmens (Vertrieb, Marketing oder Entwicklung), als es durch den Kostenausweis suggeriert wird (Fertigung). Die traditionelle Betrachtung überdeckt dies, während eine prozessorientierte Treiberanalyse die Ursachen – und damit die wahren Ansatzpunkte für Verbesserungsmaßnahmen – klar aufzeigen würde.

Angesichts der fehlenden Differenzierung bzw. des fehlenden Verständnisses der dahinter liegenden Prozesse ist leicht nachvollziehbar, dass die auf Basis traditioneller Kostendaten getroffenen Kostensenkungsentscheidungen oft wenig effektiv sind: Sie beschränken sich häufig auf pauschale Reduktionen und auf die Streichung von Sonderpositionen, wie etwa Marketing-Kampagnen, Messeauftritte oder Beauftragung externer Forschungs- oder Entwicklungsaktivitäten. Pauschale Kürzungen („Rasenmäher-Ansatz") entziehen effizienten Bereichen oft über das sinnvolle Maß hinaus Mittel, während Rationalisierungspotentiale in ineffizienten Bereichen nicht genutzt werden. Die Ad-hoc-Streichung von Sonderpositionen ist selten nachhaltig, oft sogar langfristig schädlich.

Erst das Verständnis der Kosten wesentlicher Prozesse sowie der wesentlichen Kostentreiber ermöglicht es, Handlungsbedarf präzise zu identifizieren und effektive Verbesserungsmaßnahmen zu entwickeln. Dies ist keineswegs auf Kostenmanagement im engen Sinne beschränkt, sondern gilt auch für die Maßnahmenerarbeitung in vielen anderen Feldern, z. B. im Preismanagement, beim Redesign von Wertschöpfungsketten oder für das Komplexitätsmanagement. Die genannten Konzepte werden in Modul 2 des Werkzeugkastens ausführlicher behandelt.

6 Maßnahmen zur grundlegenden Verbesserung der Wettbewerbsposition definieren

Im vorangegangenen Kapitel – dem ersten Modul des Werkzeugkastens – wurden Instrumente und Konzepte vorgestellt, um Handlungsbedarf systematisch zu erkennen. Ist der Handlungsbedarf identifiziert, müssen geeignete (Verbesserungs-)Maßnahmen definiert werden, um die erkannten Lücken zu schließen bzw. die identifizierten Chancen zu nutzen. Die Instrumente hierzu sind Inhalt von Modul 2 des Werkzeugkastens (Abb. 6.1).

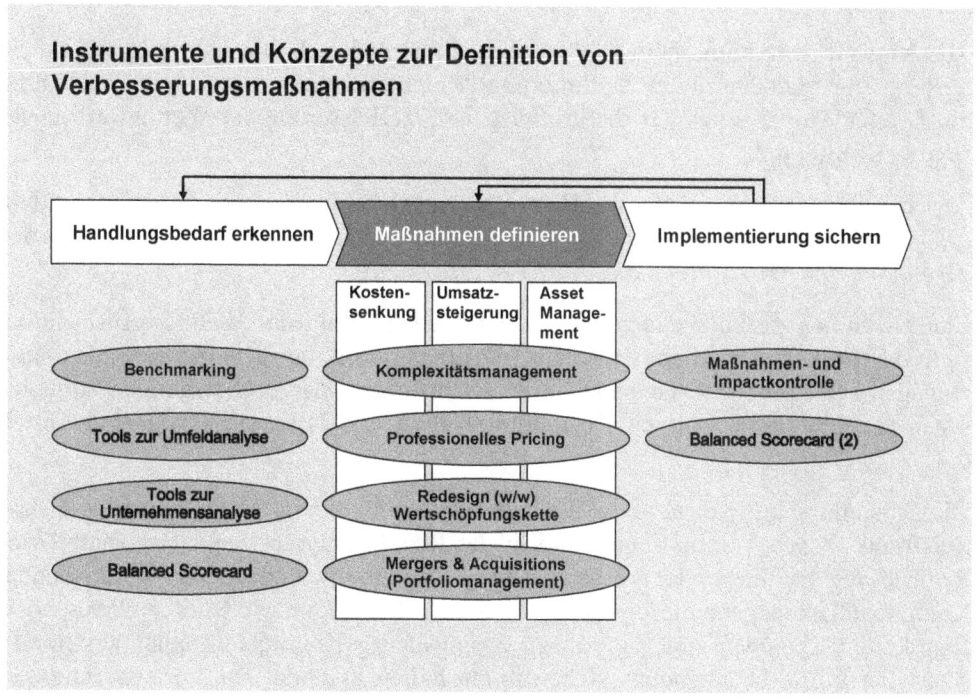

Abb. 6.1 *Werkzeugkasten Modul 2*

In der Realität sind hierzu (meist größere) Bündel von Einzelmaßnahmen erforderlich. Man spricht daher von **Maßnahmenprogrammen**. Um umfassende Zielsetzungen, wie z. B. die Steigerung des Unternehmenswerts oder die grundlegende Verbesserung der Marktposition, zu erreichen, können dabei auch mehrere Maßnahmenprogramme erforderlich sein.

Wesentliche Voraussetzung für Maßnahmenprogramme sind konkrete, quantifizierte Ziele. Ohne sie ist weder eine effektive Maßnahmenerarbeitung noch eine wirksame Kontrolle möglich. (*What you can't measure, you can't manage!*)

Die Maßnahmen und damit die Ausrichtung der Maßnahmenprogramme können sehr unterschiedlicher Natur sein: Sie können die Unternehmensstruktur grundlegend ändern, wesentliche Teile des Unternehmens neu ausrichten oder auch nur Einzelfunktionen des Unternehmens optimieren.

Zur Erarbeitung von Maßnahmen gibt es eine Vielzahl an Konzepten für unterschiedlichste Situationen und Zielsetzungen. Die meisten beziehen sich auf die **Optimierung von Einzelfunktionen**. Stellvertretend werden einige Konzepte in → **Kapitel 6.1** kurz dargestellt.

In den Kapiteln 6.2 bis 6.5 soll der Fokus auf solche Konzepte gelegt werden, die potentiell in der Lage sind, die Wettbewerbsposition grundlegend zu verändern:

Mit **Komplexitätsmanagement** wird ein umfassender Ansatz zur grundlegenden leistungs- und kostenseitigen Optimierung des Unternehmens vorgestellt. Wie kaum ein zweiter Ansatz erlaubt er die grundlegende Verbesserung der Wettbewerbsposition → **Kapitel 6.2**.

Anschließend soll mit professionellem **Pricing** der Einzelhebel mit der potentiell größten Wirkung zur Verbesserung der Ergebnissituation eines Unternehmens vorgestellt werden → **Kapitel 6.3**.

Einen weiteren grundlegenden Ansatz zur Verbesserung der Wettbewerbsposition stellt das **Redesign weltweiter Wertschöpfungsketten** dar. Wie das Komplexitätsmanagement erlaubt es die ganzheitliche Umsetzung der grundlegenden strategischen Gestaltungsalternativen Kostenführerschaft und Differenzierung → **Kapitel 6.4**.

Die Darstellung der Konzepte wird abgerundet durch die Thematik **Mergers & Acquisitions**. M&A-Transaktionen sind in der Regel unverzichtbarer Bestandteil zur Realisierung grundlegender Verbesserungsprogramme, wie z. B. eines umfassenden Komplexitätsmanagementprogramms oder des Redesigns weltweiter Wertschöpfungsketten. Daneben sind sie nahezu zwangsläufig Konsequenz eines systematischen Portfolio-Managements. Neben ihrem hohen Potential zur Verbesserung der Wettbewerbsposition sind sie aber auch durch eine hohe Misserfolgsquote gekennzeichnet. Auf beides wird in → **Kapitel 6.5** eingegangen.

Ein wichtiger, oft kontrovers diskutierter Aspekt bei der Erarbeitung von Verbesserungsprogrammen ist der **Einsatz externer Unternehmensberater**. Er wird in → **Kapitel 6.6** diskutiert.

6.1 Laufende Optimierung von Teilelementen als Basis für den Erhalt der Wettbewerbsfähigkeit

Die laufende Optimierung des Unternehmens ist die Basis für den Erhalt der Wettbewerbsposition. Sie wirkt der schleichenden Erosion der Leistungsfähigkeit eines Unternehmens entgegen und hilft, große Turnaround-Programme mit harten Einschnitten zu vermeiden.

Die Maßnahmen zur laufenden Optimierung setzten tendenziell an Einzelfunktionen bzw. Teilelementen eines Unternehmens an: Beispiele sind die Steigerung der Produktivität in der Produktion, im Vertrieb oder in der Verwaltung, eine Optimierung der Lagerhaltung u.v.m.

Für beinahe jeden Zweck gibt es Konzepte zur Optimierung. Als Beispiele seien genannt: Asset Optimierungsprogramme, Center-Konzept, Einkaufspotentialerschließungsprogramme, Productclinic, Qualitätszirkel, Six Sigma, Supply-Chain-Optimizing, Umsatzsteigerungsprogramme, Zero-Base-Budgeting. Die Reihe ließe sich beliebig fortsetzen.

Obwohl viele dieser Ansätze unstritig einen hohen Wert haben, muss angesichts der Fülle auf eine breitere Darstellung verzichtet werden. Um das wichtige Thema der laufenden Optimierung von Einzelelementen nicht völlig unbehandelt zu lassen, werden stellvertretend zwei Ansätze kurz skizziert: das Zero-Base-Budgeting und die Gemeinkostenwertanalyse.

6.1.1 Gemeinkostenwertanalyse: nicht neu, aber wirkungsvoll

Die Gemeinkostenwertanalyse ist ein Instrument des Gemeinkostenmanagements basierend auf der in den USA entwickelten Methode der Overhead-Value-Analysis (OVA). Es handelt sich um ein systematisches Verfahren zur Kostensenkung in den indirekten Leistungsbereichen eines Unternehmens. Bei der Gemeinkostenwertanalyse werden Kosten und Nutzen der Leistungen ausgewählter Gemeinkostenbereiche untersucht, um Möglichkeiten zum Abbau nicht notwendiger Leistungen sowie zur rationelleren Leistungserbringung zu finden. Die Hauptbeteiligten des Verfahrens sind ein Lenkungsausschuss aus Mitgliedern der Geschäftsleitung, mehrere Teams aus Linienführungskräften, Methodenexperten sowie die Leiter der betroffenen Gemeinkostenstellen. Die praktische Vorgehensweise bei der Gemeinkostenwertanalyse unterscheidet drei Phasen:

Phase 1: Vorbereitungsphase

Die Vorbereitungsphase umfasst die Definition der Projektorganisation, die Bestimmung und Abgrenzung der Untersuchungseinheiten sowie die Auswahl der Projektmitglieder. Diese erhalten in der Regel vor der Analysephase mehrtägige Schulungen zu Methodik und unternehmensspezifischer Vorgehensweise.

Phase 2: Analysephase

Die Analysephase stellt den eigentlichen Kern der Gemeinkostenwertanalyse dar. Dabei werden für jede Untersuchungseinheit alle in einer Periode angefallenen Kosten sowie der Personaleinsatz (in Personaljahren) ermittelt. Wichtig ist dabei die Wahl des zugrunde liegenden Analysezeitraums (letztes Quartal, letzte Abrechnungsperiode). Dieser muss repräsentativ sein. Anschließend werden die angefallenen Kosten in Personalkosten, personenabhängige Sachkosten (z. B. Raumkosten, Reisekosten) sowie Sachkosten (z. B. fremdvergebene Leistungen) gegliedert. Auf Grundlage der ermittelten Daten wird ein Leistungskatalog erstellt. Er enthält die Beschreibung der Leistung der Untersuchungseinheit, die Häufigkeit der ausgeführten Leistung, die Empfänger der Leistung sowie den Zeitbedarf für die Erstellung der Leistung.

Aus diesen Daten lassen sich dann Einsparungsideen entwickeln. Diese sind auf ihre Realisierbarkeit hin zu überprüfen. Dabei sind Wirtschaftlichkeit und Fristigkeit, der Kosteneffekt sowie die sozialen Konsequenzen und die Motivationswirkung auf die Mitarbeiter zu berücksichtigen. Diejenigen Ideen, die auf Basis dieser Kriterien als realisierungswürdig angesehen werden, sind zu konkreten Maßnahmen weiterzuentwickeln. Dies umfasst neben einer hinreichend genauen Beschreibung der Aktivitäten die Festlegung von Terminen und Verantwortlichkeiten sowie die Bestimmung von Art und Umfang der finanziellen Wirkungen (Einmalaufwand zur Implementierung, laufende Einsparungen).

Das Wirkungspotential der Analyse kann deutlich ausgeweitet werden, wenn neben der isolierten Betrachtung der einzelnen Organisationseinheiten auch eine abteilungsübergreifende Optimierung betrieben wird. Dazu können für ausgewählte Themen cross-funktionale Teams eingesetzt werden, die übergreifende Verbesserungsmaßnahmen entwickeln. Hilfreich zur Unterstützung ist hier häufig eine Prozesskostenanalyse, wie sie im ersten Teil des Werkzeugkastens vorgestellt wurde.

Phase 3: Realisierungsphase

In der Realisierungsphase werden die Einheiten der Primärorganisation mit der Durchführung und Umsetzung der Maßnahmen beauftragt. Dabei erfolgt eine ständige Umsetzungskontrolle durch den Lenkungsausschuss. Während der Umsetzungsphase erfolgt eine kontinuierliche Verfolgung der Maßnahmenimplementierung sowie des Eintritts der geplanten Verbesserungswirkungen. Damit können bei Bedarf zeitnah Plankorrekturen und Gegenmaßnahmen initiiert werden. Die

Implementierungskontrolle wird ausführlicher vorgestellt im Modul 3 des Werkzeugkastens.

Auch wenn der Gemeinkostenwertanalyse der Ruf eines etwas antiquierten Konzepts anhaftet, ist sie dennoch ein wertvolles Instrument zur Kostensenkung. Bereits die Zusammenführung der in unterschiedlichen Abteilungen anfallenden Kostenwirkungen bestimmter Leistungsanforderungen unterstützt die Fokussierung von Kürzungsmaßnahmen auf wirklich relevante Felder. Auch ermöglicht sie es, qualifizierte Kosten-Nutzen-Kalküle zu bestimmten Leistungsanforderungen durchzuführen. Positiv hervorzuheben ist auch, dass die Kostensenkungsmaßnahmen von den unmittelbar betroffenen Führungskräften definiert werden. Dies unterstützt Realitätsnähe und Akzeptanz der Maßnahmen und erhöht damit deren Realisierungswahrscheinlichkeit.

6.1.2 Zero-Base-Budgeting: deutliche Kostensenkung differenziert bestimmen

Wie im Abschnitt zur operativen Planung beschrieben, geht mit der Budgetierung die Neigung einher, die Vergangenheitssituation fortzuschreiben. Um Kostensenkungen einzuleiten, bedient man sich in der Regel dem Mittel pauschaler Kürzungen. Dieses Vorgehen, im Betriebsalltag oftmals abfällig mit „Rasenmäher-Ansatz" bezeichnet, trägt jedoch den oft sehr unterschiedlichen Möglichkeiten der verschiedenen Abteilungen nicht Rechnung.

Soll differenziert gekürzt werden, kann dies durch die im Rahmen der Budgetierungssysteme in Kapitel 3.2 angesprochene Konzeption des Zero-Base-Budgeting (ZBB) geschehen. Dabei werden alle Aktivitäten als disponibel angenommen. Jeder Verantwortliche muss sein Budget für sämtliche Aktivitäten neu begründen. Es wird untersucht, ob und in welcher Qualität die Aktivitäten des Verantwortungsbereichs zu erbringen sind und wie dies zu möglichst geringen Kosten erfolgen kann. Das implizite Grundmuster des Budgets, wonach der Vorperiodenwert der Aufsatzpunkt ist, gegenüber dem die Veränderung der jeweiligen Budgetpositionen zu begründen ist, wird außer Kraft gesetzt.

Ausgangspunkt des ZBB ist die Entscheidung, welche Abteilungen bzw. Funktionen zum Erreichen der Unternehmensziele erforderlich sind und welche Ziele die jeweiligen Einheiten erreichen sollen. Die praktische Vorgehensweise des ZBB folgt dann dem folgenden Sechs-Schritte-Muster (Abb. 6.2):

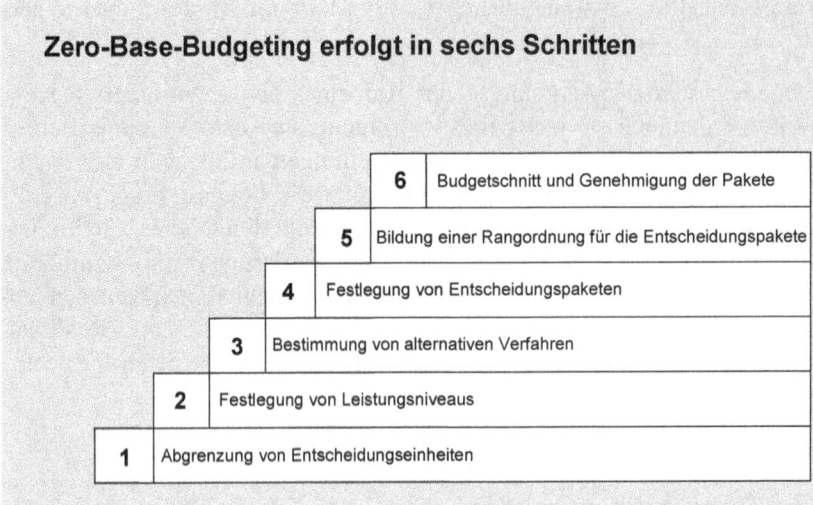

Abb. 6.2 *Vorgehensweise zum Zero-Base-Budgeting*

Schritt 1: Abgrenzung von Entscheidungseinheiten

Basis des ZBB bildet die Analyse sog. Entscheidungseinheiten. Diese Entscheidungseinheiten werden unabhängig von der bestehenden Organisation unter Zusammenfassung inhaltlich ähnlicher Aktivitäten oder Funktionen gebildet. Sie stellen letztlich die Organisationseinheiten dar, für welche die Budgets zu bestimmen sind.

Schritt 2: Festlegung von Leistungsniveaus

Im zweiten Schritt werden für jede Entscheidungseinheit Leistungsniveaus festgelegt. Das Leistungsniveau bezieht sich auf das qualitative und quantitative Arbeitsergebnis der Entscheidungseinheit. Für jede Entscheidungseinheit sind drei Leistungsniveaus festzulegen. Als mittleres Leistungsniveau ist das realisierte Arbeitsergebnis anzusehen. Zusätzlich werden ein niedrigeres und ein höheres Niveau bestimmt. Das obere Leistungsniveau beschreibt die wünschenswerten Leistungen, das untere Niveau das Minimum an Leistungen, welches für eine Aufrechterhaltung der Geschäftstätigkeit unbedingt notwendig erscheint. Bei Nutzung im Zusammenhang mit einer Turnaround-Situation kann hier und in den folgenden Schritten der Fokus auf das mittlere und niedrigere Leistungsniveau gelegt werden.

Schritt 3: Bestimmung von alternativen Verfahren

Im dritten Schritt werden für jedes Leistungsniveau unterschiedliche Verfahren ermittelt und verglichen, um das effizienteste Verfahren zu bestimmen.

Schritt 4: Festlegung von Entscheidungspaketen
Aus Schritt 3 heraus werden Entscheidungsvorlagen, sog. Entscheidungspakete, erarbeitet, in denen jeweils drei Leistungsniveaus – Mindestniveau, Normalniveau und Wunschniveau – dargestellt werden. Jedes Entscheidungspaket bezieht sich auf ein Leistungsniveau.

Schritt 5: Bildung einer Rangordnung für die Entscheidungspakete
Anschließend werden die Entscheidungspakete auf Basis von Kosten-Nutzen-Kalkülen in eine Prioritätenreihenfolge gebracht. Dies geschieht in der Regel in mehreren Stufen. Aus den Vorschlägen der Einheiten bildet die nächsthöhere Hierarchieebene eine übergreifende Rangordnung. Dies wiederholt sich in weiteren Ebenen so lange, bis eine Gesamtordnung über alle vorgeschlagenen Entscheidungspakete erreicht ist.

Schritt 6: Budgetschnitt und Genehmigung der Pakete
Im abschließenden Schritt werden die priorisierten Entscheidungspakete dem, entsprechend der gewünschten Kostensenkung gekürzten, Budget gegenübergestellt. Durch diesen sog. Budgetschnitt (*cut off*) ergeben sich Art und Umfang der durchzuführenden Aktivitäten. Vor einer endgültigen Entscheidung ist es allerdings wichtig, nochmals zwischen der gewünschten Kostensenkung und der Sicherung der notwendigen Leistungserbringung abzuwägen.

Ein zweifellos großer Nutzen des ZBB liegt in der Vermeidung der Fortschreibungsmentalität des Budgets und der damit verbundenen Fortführung von unnötigen Aufgaben und ineffizienter Aufgabenerfüllung. Kürzungen erfolgen differenziert und nicht nach der Rasenmähermethode. Damit sind die Akzeptanz und Maßnahmenqualität in der Regel deutlich höher als bei pauschalen Kürzungen. Wegen des ganz erheblichen Aufwands bei der Durchführung ist die Anwendung des ZBB allerdings tendenziell auf Sondersituationen, wie z. B. Turnarounds, spezifische Projekte, Optimierung einzelner Teilfunktionen o. Ä., beschränkt.

6.2 Signifikante Verbesserung der Wettbewerbsposition durch konsequentes Komplexitätsmanagement

Die Bestimmung und Beherrschung der angebotenen Produktvielfalt ist eine zentrale Managementaufgabe. Konzeptionell ist das Problem ein ganz einfaches: Produktvielfalt hat einen Nutzen – mehr erreichbare Kunden und damit mehr Umsatz –, gleichzeitig verursacht die bessere Anpassung an die Kundenbedürfnisse Kosten. Die Lösung liegt darin, den Punkt zu finden, an dem der Nutzenüberschuss maximal ist. Abb. 6.3 skizziert das Optimierungsziel.

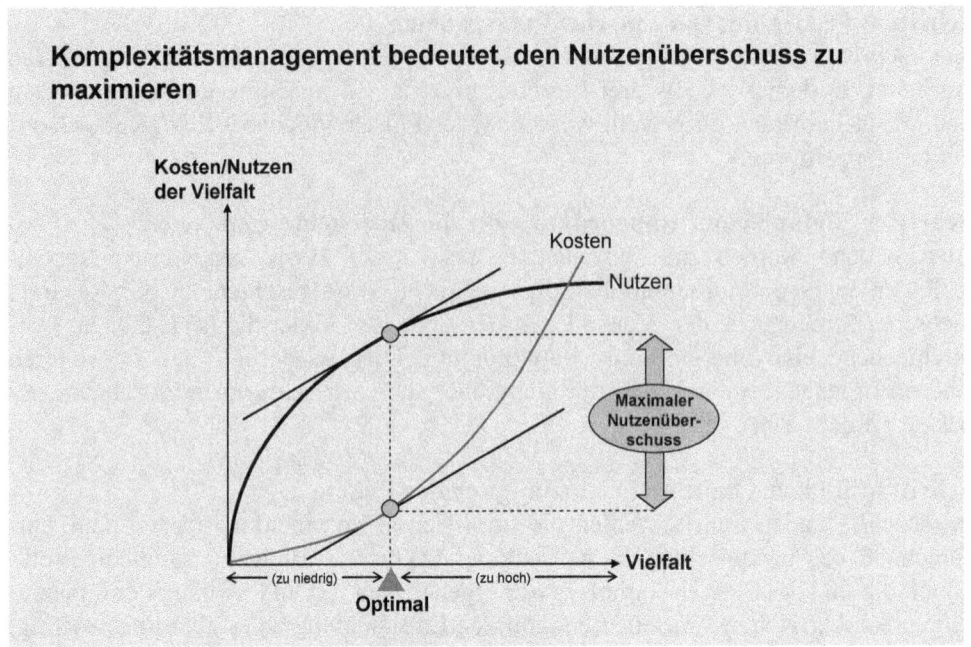

Abb. 6.3 Optimierungsziel eines Komplexitätsmanagements

Soweit die Theorie! In der Praxis ist es deutlich schwieriger. Die Anzahl der Unternehmen, die letztlich an einem unzureichenden Komplexitätsmanagement gescheitert sind oder zu scheitern drohten, kann kaum überschätzt werden. Umgekehrt stellt effektives Komplexitätsmanagement eine große Chance zur grundlegenden Verbesserung der Wettbewerbsposition dar.

Im Folgenden werden wesentliche Aspekte eines Komplexitätsmanagements dargestellt. Ziel ist es:

- die Wirkung der Komplexität auf das Unternehmen zu verstehen,
- praxiserprobte Konzepte und Tools zur gezielten Optimierung zu kennen und
- wesentliche Erfolgsfaktoren für den Einsatz der Instrumente und den Komplexitätsmanagementprozess als Ganzen zu verstehen.

6.2.1   Komplexität – das schleichende Gift

Manager, die erfolgreich mit Komplexität umgehen, zeichnet zunächst aus, dass sie ein Gefühl für die Wirkung der Komplexität auf ihr Unternehmen haben. Um dieses Gefühl zu entwickeln, sollte man einige Facetten dieses Phänomens verstehen:

Erhebliche Wirkungen bereits bei kleineren Produktvariationen
Große Produktvariationen ziehen nennenswerte Kosten nach sich. Dies ist unmittelbar einsichtig. Beinahe schlimmer, da oft nicht erkannt, sind die Kostenwirkungen der vielen kleinen Produktvariationen. Dies sei an einem konkreten Beispiel veranschaulicht:

Ein Hersteller z. B. von Spülmaschinen beabsichtigt, Varianten seiner bestehenden Produktreihe etwa nach Skandinavien zu exportieren. Es handelt sich hierbei um eine kleinere Variation, die – aus Sicht des Vertriebes! – sogar „aus dem Stand" durchzuführen sein müsste.

Betrachtet man zunächst die einmaligen Kostenwirkungen, so ergibt sich bereits ein vergrößerter Handlungsbedarf. So sind Äußerlichkeiten – wie etwa die Blendenbeschriftung – zu ändern und eine Bedienungsanleitung in der entsprechenden Landessprache zu erstellen. Außerdem sind meist, wenn auch in beschränktem Umfang, technische Anpassungen vorzunehmen, im Falle des gewählten Beispiels etwa die Auslegung der Elektrik auf 60 Hertz. Diese und andere Änderungen führen zu vielfältigen Aktivitäten in den verschiedenen Funktionsbereichen des Unternehmens:

Im Entwicklungsbereich muss der Wunsch des Vertriebes zunächst in die Begriffswelt des Entwicklers übersetzt werden – ein in der Praxis keineswegs problemloses Unterfangen. Anschließend müssen Zeichnungen erstellt, vom Vertrieb/Marketing begutachtet und ggf. überarbeitet werden. Nach der Freigabe sind Gerätestammsatz, Arbeitspläne, Stücklisten und Prüfpläne zu erstellen und zu erfassen. Zusätzlich müssen in unserem Falle z. B. für die Blende Bedruckungsvorlagen angefertigt werden. Darüber hinaus sind vielfach schon bei kleineren Anpassungen Werkzeugänderungen erforderlich, für die Zeichnungen und Materialvorgaben zu erstellen sind. Schließlich ist bei einer Vielzahl von Ländern die Approbation des zuständigen Genehmigungsinstituts einzuleiten. Dies erfordert zunächst eine Bemusterung, anschließend die Betreuung der zuständigen Stellen der Approbationsinstanz sowie nach Abschluss des Verfahrens die Durchführung mehr oder minder großer konstruktiver Änderungen sowie die entsprechende Anpassung sämtlicher Unterlagen.

Im Einkauf sind im günstigen Falle die zusätzlich erforderlichen Teile in eine bestehende Rahmenvereinbarung aufzunehmen, in weniger günstigen Fällen ist eine neue Bezugsquelle zu ermitteln. Zusätzliche Kosten dürften anfallen, weil der Lieferant Werkzeugkosten (im beschriebenen Falle etwa die Siebdruckvorlage für die Blendenbedruckung) zumindest anteilig belasten wird und ggf. auch Mindermengenzuschläge wegen weiterer Aufspaltung des Gesamtbedarfs in geringere Teilmengen fordern wird.

Im Produktionsbereich müssen die Arbeitsablaufbeschreibungen entsprechend den Entwicklungsvorgaben modifiziert werden. Bei etwas umfangreicheren Änderungen müssen neue Werkzeuge bestellt oder bestehende Werkzeuge geändert und mitunter Fertigungsversuche und Nullserien durchgeführt werden. Da Variantenänderungen meist auch die Arbeitsinhalte beeinflussen, muss die Abstimmung der einzelnen Arbeitsschritte – die sog. Eintaktung – angepasst werden, ebenso evtl. Optimierungsalgorithmen des PPS-Systems, z. B. die Rüstmatrix.

Im Vertrieb müssen z. B. Prospekte, Preis- und Bestelllisten geändert oder neu erstellt sowie die Vertriebsmitarbeiter informiert und ggf. geschult werden.

Vom Kundendienstbereich ist zunächst eine Bedienungsanleitung zu erstellen. Eine solche umfasst in diesem Falle nicht nur die Übersetzung der Anleitung und die Erstellung neuer Druckvorlagen, sondern auch Tests hinsichtlich der Verständlichkeit sowie die juristische Überarbeitung zur Absicherung gegen die Schadensersatznormen des jeweiligen Landes. Weiter müssen Ersatzteillisten und Reparaturanleitungen angepasst, die Änderungen erfasst und kontrolliert werden. Außerdem muss das Kundendienstpersonal informiert und ggf. geschult werden. Schließlich sind die neuen Ersatzteile (in unserem Falle z. B. die neue Blende und der veränderte Antrieb) in das Ersatzteillager aufzunehmen.

Neben den einmaligen Kosten, die bereits bei solch einfachen Änderungen ein erhebliches Ausmaß erreichen können, fallen laufende Kosten an: So müssen sämtliche Konten (Artikelkonten, Fertigungspläne, Stücklisten etc.) geführt und bei Änderungen gepflegt werden. Es sind zusätzliche Umrüstvorgänge erforderlich. Dies verzehrt Betriebsmittelkapazität und erhöht die Qualitätskosten. Weiter steigen die Bestände an Material, Unfertigen Erzeugnissen und Fertigerzeugnissen. Außerdem müssen diese Prozesse geplant und gesteuert werden, was Ressourcen bindet und weitere Kosten verursacht. Hinzu kommt, dass eine gestiegene Variantenvielfalt die Planungs- und Optimierungsvorgänge erschwert und damit den Optimalitätsgrad dieser Planungen verschlechtert oder u. U. sogar dazu führt, dass eine Optimierung gar nicht mehr möglich ist. Schließlich müssen für den Kundendienst Ersatzteile bevorratet werden. Hier ist zu berücksichtigen, dass – was vielfach bei der Variantengenerierung übersehen wird – diese Bevorratung nicht nur für den Marktzyklus des Produkts geschehen muss, sondern, abhängig von den Marktusancen, fünf bis zehn Jahre länger. Überdies muss wegen des erheblichen Zeitbedarfs einer nachträglichen Einzelanfertigung meist eine den tatsächlichen Bedarf deutlich übersteigende „Schlusseindeckung" vorgenommen werden. Eine Verrechnung all dieser Kosten an den Kunden ist im Normalfall nur eingeschränkt möglich.

Soweit eine kurze Skizze der Kostenwirkungen. Jeder Kenner der Betriebswirklichkeit wird diese Aufzählung noch um den einen oder anderen Punkt ergänzen können. Jedoch sollte erkennbar sein, dass schon einfache Produktvariationen oft erhebliche Kosten verursachen. Bereits die einmaligen Kosten für die beschriebene Variante lagen bei einem Hersteller langlebiger Gebrauchsgüter bei ca. 80 000 Euro.

Viele Faktoren erschweren das Management der Komplexität
Anhand des Beispiels lässt sich eine ganze Reihe von Merkmalen der Kostenwirkungen erkennen, die für den Umgang mit Produktvielfalt von Bedeutung sind:

Die **funktionsübergreifende Wirkung**: Die Auswirkungen der Produktvielfalt lassen sich offenkundig nicht an einer Funktion des Unternehmens festmachen, sondern wirken vielmehr auf nahezu alle Unternehmensfunktionen und während des gesamten Produktlebenszyklus. Abb. 6.4 skizziert das Gesamtspektrum.

Komplexität wirkt auf sämtliche Funktionen des Unternehmens und während des gesamten Produktlebenszyklus

Funktion / Produktlebenszyklus	Entwicklung	Einkauf	Produktion	Vertrieb/ Marketing	Kundendienst
Entstehungszyklus	• Zusätzliche Konstruktionszeichnungen • Stücklisten • Versuche	• Zusätzliche Lieferantensuche/ -auswahl	• Zusätzliche Werkzeuge • Zusätzliche Arbeitspläne	• Zusätzliche Mitarbeiterschulung • Aufwendigere Preissetzung	• Zusätzliche Kundendienstunterlagen • Zusätzliche Mitarbeiterschulung
Marktzyklus	• Anpassung der Varianten an technische oder sonstige Änderungen	• Mengen für spezifische Materialien sinken: • Weniger Mengennachlässe • Ausfall potenziell interessanter Anbieter (z.B. Südostasien)	• Aufwendigere Fertigungssteuerung • Höhere Rüstkosten/Anlaufverluste • Höhere Bestände • Aufwendigere Qualitätssicherung	• Höhere Fertigerzeugnisbestände zur Herstellung der Lieferbereitschaft • Größere Fehlerhäufigkeit bei Auftragsbearbeitung	• Verminderung der für die Kundenzufriedenheit wichtigen "Fix-it-right-first-time-Quote"
Entsorgungszyklus	• Zusätzliche Datenbereinigung	• Aufwendigere Auslaufplanung	• Betriebsmittel-/ Werkzeugentsorgung	• Aufwendigere Auslaufplanung	• Ersatzteilbevorratung oft über 5-10 Jahre nach Produktauslauf

Abb. 6.4 Spektrum der potentiellen Kostenquellen bei steigender Produktvielfalt

Diese Zersplitterung einer in ihrer Gesamtheit erheblichen Wirkung lässt den Effekt einer beschränkten Ausweitung der Produktvielfalt auf die einzelnen Unternehmensfunktionen und noch mehr auf die einzelne Kostenstelle vergleichsweise klein ausfallen. Dies begünstigt einen schleichenden Aufbau der Innenkomplexität.

Das **zeitverzögerte Auftreten der Kostenwirkungen**: Als Beispiel für die Wirkung auf die einzelne Abteilung oder Kostenstelle dient die Fertigungsvorbereitung. Dort wirkt sich die gestiegene Vielfalt z. B. in Form von zusätzlichen Fertigungslosen aus. Für die Abteilung bedeutet es eine Reihe zusätzlicher Aktivitäten, wie die Einplanung des Loses in den Gesamtablauf, die Bereitstellungsplanung für Werkzeuge und Mitarbeiter, die Erstellung von Fertigungsunterlagen. Betrachtet man die Kos-

tenwirkung, so werden hier geringe Änderungen der Vielfalt zunächst ohne Auswirkungen bleiben. Ab einer gewissen Mehrbelastung wird jedoch die Qualität der Aktivitäten spürbar leiden und es wird erforderlich sein, zusätzliche Mitarbeiter einzusetzen. Ähnlich verhält es sich bei den Betriebsmitteln: Ein DV-System wird ab
einer gewissen Belastung seine Funktion nicht mehr angemessen erfüllen können,
mit der Konsequenz, dass die Programme grundlegend überarbeitet oder die Hardware erweitert werden muss, um den Anforderungen wieder zu genügen. Man erkennt in beiden Fällen neben der zeitverzögerten Auswirkung auch einen sprunghaf-
ten Aufbau mit Kostensteigerungen von 50 000 bis 100 000 Euro im Falle des zusätzlichen Mitarbeiters und durchaus in Millionen-Höhe im Falle eines neuen DV-
Systems. Dieser Aufbau kann auch durch die striktesten Budgetvorgaben und -
kontrollen nicht nachhaltig verhindert werden, ohne dass anderweitig Wirkungen
eintreten.

Das **asymmetrische dynamische Verhalten**: Eine dritte Charakteristik liegt darin,
dass die Kosteneffekte von Komplexitätsaufbau und -reduktion asymmetrisch wirken. Bei steigender Produktvielfalt ist es meist erforderlich, zusätzliche Strukturen
zu schaffen, um die erhöhte Komplexität zu beherrschen. Solche Strukturen können
z. B. sein: flexiblere (und damit teurere) Maschinen oder eine aufwendigere DV-
Systemlandschaft. Bei einem Rückgang der Produktvielfalt können diese Kosten
jedoch nicht im gleichen Maße abgebaut werden. Es verbleibt – meist über einen
längeren Zeitraum – eine Ertragslücke (Abb. 6.5). Dabei ist es irrelevant, ob der
vorangegangene Strukturaufbau willentlich oder – wie häufig zu beobachten – das
Ergebnis eines unerkannten sukzessiven Aufbauprozesses ist.

Das **Auseinanderfallen von Komplexitätsverursachung und Kostenanfall**: Erschwert wird der Umgang mit Komplexität oft auch dadurch, dass Verursacher und
„Kostenträger" vielfach nicht identisch sind. Ganz offenkundig ist dies im vorangegangenen Beispiel, in dem die Variante vom Vertrieb ausgelöst wurde, die wesentlichen Kostenwirkungen jedoch in Entwicklung, Konstruktion und Kundendienst
anfallen. Dieses Merkmal tritt jedoch auch in subtilerer Weise auf: Wenn etwa ein
Konstrukteur bei einem fehlenden Teil ein neues Teil kreiert, statt mit (für ihn) hohem Aufwand ein Gleichteil aus Teilekatalogen herauszusuchen, so trifft der Schaden in Form von zusätzlichem Planungsaufwand und ggf. zusätzlichen Werkzeugen
oder Vorrichtungen den Produktionsbereich. Aufgrund dieser Diskrepanz kann, bei
deutlich differierender Drittwirkung der Alternativen, leicht die Situation eintreten,
in der der Entscheider (guten Gewissens) für seinen Bereich optimiert, mit dieser
Optimierung jedoch die Gesamtsituation des Unternehmens verschlechtert wird.
Abb. 6.6 skizziert diesen Fall.

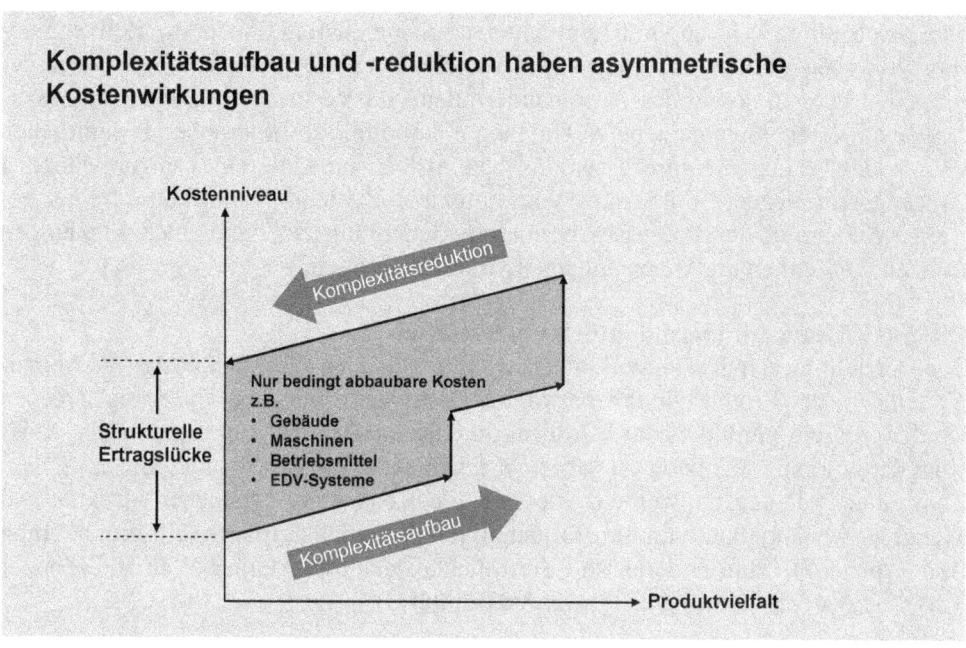

Abb. 6.5 Dynamisches Verhalten der Komplexitätswirkungen

Abb. 6.6 Auseinanderfallen von Einzel- und Gesamtoptimierung

Die gleichzeitige Wirkung auf sämtliche Unternehmensfunktionen, die Zeitverzöge-
rung zwischen Vielfaltsänderung und Kostenwirkung, die Remanenz von Teilen der
Kostenwirkungen sowie das Auseinanderfallen von Verursachung und Verantwortung erschweren einen geeigneten Umgang mit Vielfaltsanforderungen in sämtlichen
Phasen des Managementprozesses und begünstigen im Falle eines unzureichenden
Umgangs eine weitere Entfernung vom optimalen Zustand. Damit kommt einer gezielten Steuerung des Prozesses besondere Bedeutung zu, um Fehlentwicklungen
frühzeitig erkennen und ihnen entgegenwirken zu können.

Die Auswirkungen: meist deutlich unterschätzt

Zur Darstellung der Kostenwirkungen werden zunächst die Stückkosten in Abhän-
gigkeit von der Produktvielfalt bestimmt. Dabei kann nur eine Näherung gegeben
werden, um ein Gefühl für die Größenordnung und damit für die spezifische Rele-
vanz der Variantenthematik zu schaffen. Es seien zwei Blickwinkel eingenommen:
Zum einen soll gezeigt werden, wie sich die Kosten bei gegebener Struktur und
Menge in Abhängigkeit von der Variantenvielfalt verhalten (dargestellt durch Graph
A in Abb. 6.7). Zum anderen soll die Stückkostenentwicklung bei entsprechender
Variation der Struktur aufgezeigt werden (Graph B).

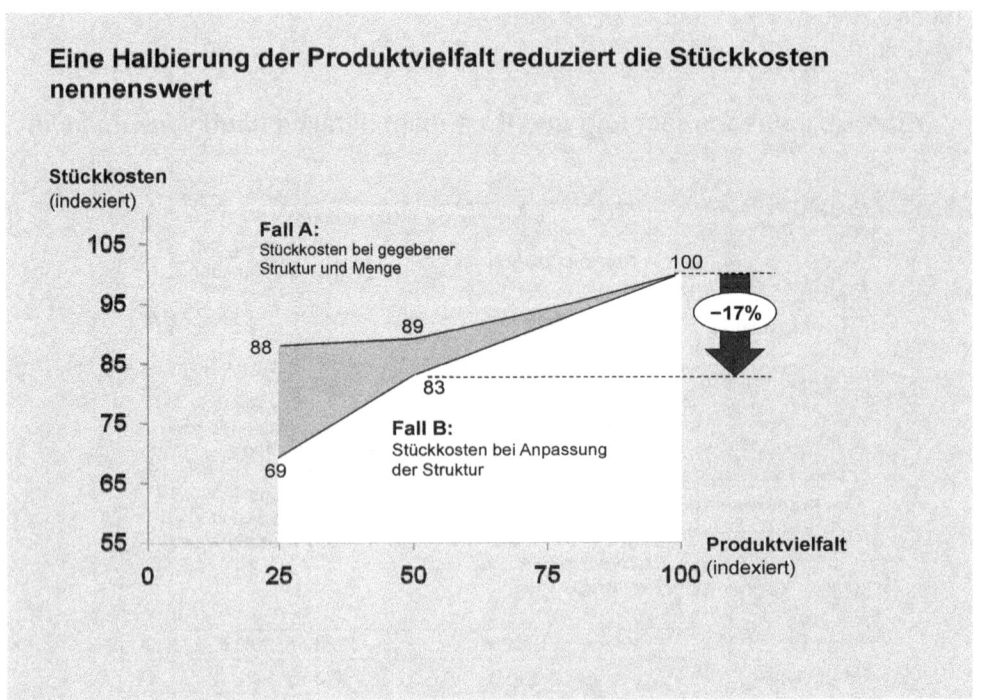

Abb. 6.7 *Stückkostenänderung in Abhängigkeit von den Vielfaltsanforderungen*

Man erkennt, dass die Halbierung (bzw. eine Verdoppelung) der Vielfalt eine Stück-kostenänderung in der Größenordnung von 15 bis 20 % bedeutet. Bezieht man die Kostenwirkung auf die durchschnittliche Wertschöpfung, dem Kostenteil, bei dem die größten Freiheitsgrade für die Beeinflussung durch das Unternehmen bestehen, so sind es über 40 %! Diese Größenordnungen zeigen das enorme Potential dieses Verbesserungshebels.

Die Hauptwirkung der Vielfalt liegt dabei – wie aufgrund der vorangegangenen Analysen nicht anders zu erwarten ist – im Gemeinkostenbereich. Wie empfindlich dieser Bereich auf Vielfaltsanforderungen reagieren kann, zeigt Abb. 6.8. Hier sind die volumenbereinigten Werksgemeinkosten für verschiedene Werke eines Herstel-lers mit jeweils unterschiedlichen Vielfaltsanforderungen dargestellt. Man erkennt z. B., dass sich bei einer Ausweitung von 20 auf 50 Produktfamilien die Gemeinkos-tenlast (wohlgemerkt volumenbereinigt) mehr als verdoppelt.

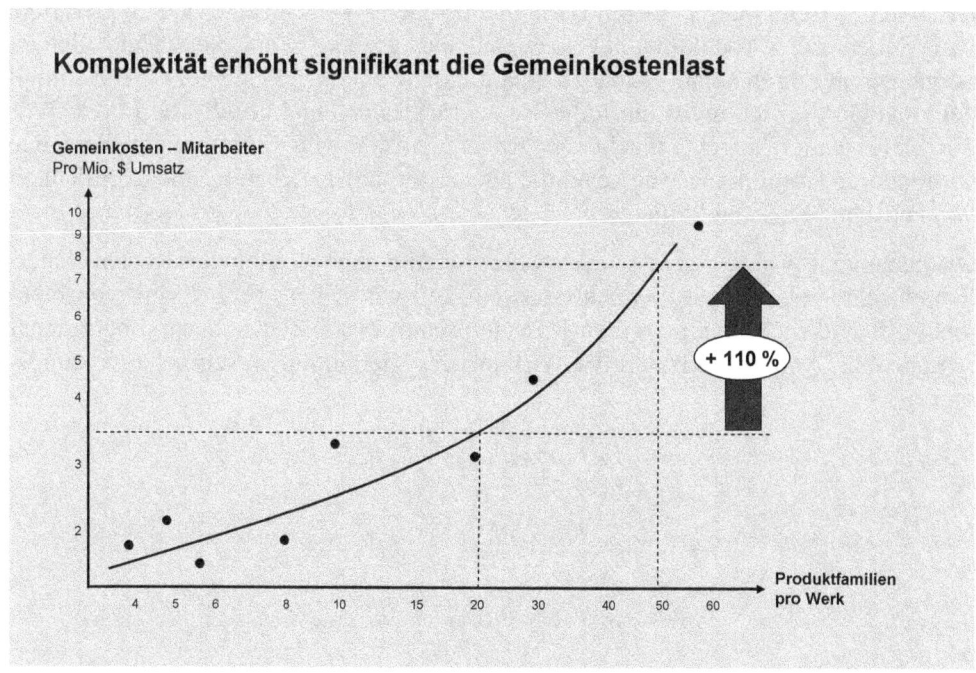

Abb. 6.8 Werksgemeinkosten in Abhängigkeit von der Anzahl der Produktfamilien

Nun wirkt die Komplexität nicht nur auf die Kosten i. e. S., sondern auch auf andere wichtige Leistungsmaße wie Zeit und Qualität:

Auf die Zeitdimension wirkt eine höhere Produktvielfalt in zweierlei Hinsicht ver-zögernd: Für die laufende Produktgeneration verlängert sich tendenziell die Durch-laufzeit. Dies ergibt sich bereits aus der Notwendigkeit zur Bündelung von Produktionsmengen bei gemeinsamer Nutzung von Betriebsmitteln. Zwar kann dieser Effekt u. U. durch Lagerbildung kompensiert werden, doch wird hier bei höherer Vielfalt die Wahrscheinlichkeit von „stock-outs" erhöht und damit die von den Abnehmern wahrgenommene Lieferzeit. Noch stärker kommt der gestiegene Zeitbedarf zum Tragen, wenn die Vielfalt eine Bevorratung nicht mehr erlaubt und damit die Verzögerung direkt zu Lasten des Abnehmers geht. Darüber hinaus besteht ein größerer Zeitbedarf für die Umstellung auf eine Nachfolgegeneration, bedingt durch die größere Anzahl der erforderlichen Anpassungsaktivitäten. Dies hat zur Folge, dass entweder für eine Übergangszeit ein Mischprogramm aus alten und neuen Typen angeboten werden muss – mit der Konsequenz des uneinheitlichen Erscheinungsbildes, der funktionalen Inkompatibilität, des (vorübergehenden) Teileaufbaus etc. – oder die Markteinführung erst später erfolgen kann, Letzteres mit negativen Folgen für den Preisdurchsatz. Dies gilt insbesondere für innovative Produkte mit erheblichem Preisverfall.

Bezüglich der Qualität ist ebenfalls eine tendenzielle Verschlechterung zu erwarten. Auf Seiten der Produktqualität bedeutet die größere Zahl von Umstellungsvorgängen mit ihren anlaufbedingten Qualitätsschwankungen eine höhere Instabilität der Qualität, die sich meist nur teilweise „heraustesten" und nachbessern lässt. Was die Lieferqualität angeht, macht die größere Anzahl von Störmöglichkeiten eine verminderte Termintreue wahrscheinlicher und erhöht gleichzeitig die Möglichkeit von Fehl- und Falschlieferungen.

Die genannten Wirkungen lassen sich unter Inkaufnahme zusätzlicher Kosten sicherlich einschränken. Es wird jedoch meist ein Teil verbleiben, der sich mit vertretbarem Aufwand nicht kompensieren lässt und damit eine Belastungswirkung eigener Art darstellt. Abb. 6.9 skizziert die Wirkung der Vielfalt auf wesentliche Leistungsmaße.

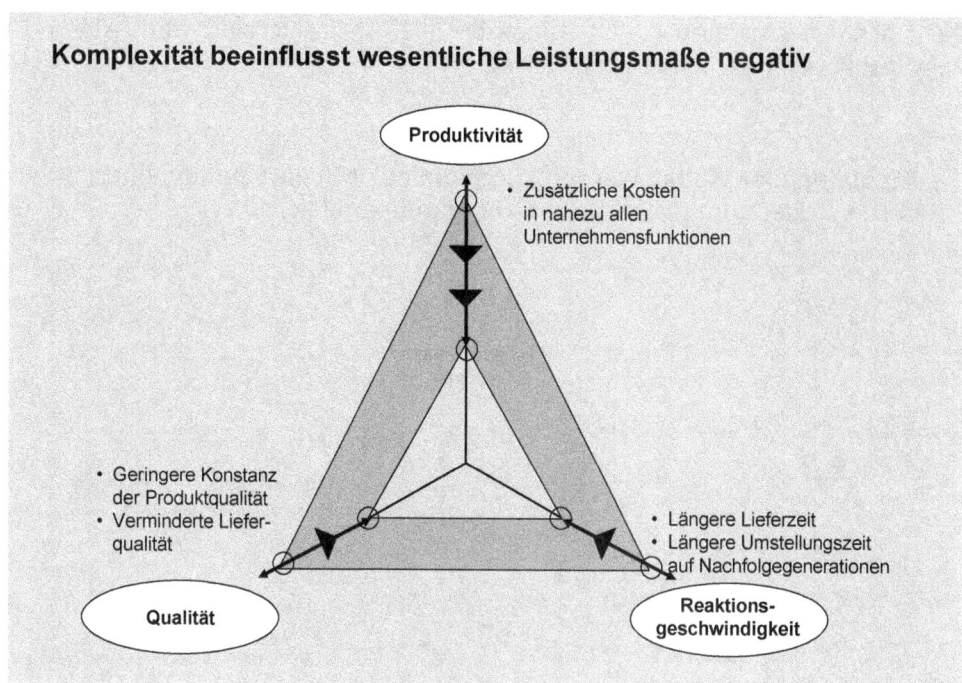

Komplexität beeinflusst wesentliche Leistungsmaße negativ

Produktivität

• Zusätzliche Kosten
in nahezu allen
Unternehmensfunktionen

• Geringere Konstanz
der Produktqualität
• Verminderte Liefer-
qualität

• Längere Lieferzeit
• Längere Umstellungszeit
auf Nachfolgegenerationen

Qualität

Reaktions-
geschwindigkeit

Abb. 6.9 *Wirkung der Vielfalt auf die wesentlichen Leistungsmaße*

Der Irrglaube von der Mengendegression

Wenn neue Produktvielfalt aufgebaut wird, geht damit meist ein gewisser Mengeneffekt einher, der den durch sie ausgelösten Kostenwirkungen entgegenwirkt. Entsprechend wird dieser Mengeneffekt oft angeführt, wenn über den Nutzen einer
neuen Variante diskutiert wird. Auch liegt er implizit vielen M&A-Transaktionen
zugrunde, wo er unter dem Zauberwort „Synergie" gehandelt wird.

Bei aller grundsätzlichen Berechtigung unterliegen diese Betrachtungen jedoch häufig zwei Fehleinschätzungen. Zum einen werden die Wirkungen der *Volumeneffekte*
oder *economies of scale* tendenziell überschätzt: Ist ein gewisses Ausbringungsni-
veau erreicht und die kritische Größe zur Nutzung der effizientesten Technologie
überschritten, so sind die Stückkostenwirkungen nur noch marginal. Zum anderen
werden die *Vielfaltswirkungen* oder *diseconomies of scope* tendenziell drastisch
unterschätzt. Beide (Fehl-)Einschätzungen begünstigen einen unangebrachten Komplexitätsaufbau mit den bekannten Konsequenzen.

Zwar müssen für eine zutreffende Entscheidung über die optimale Leistungsvielfalt
beide Kostenwirkungen uneingeschränkt eingehen. Bei einem bereits hohen Aus-
gangsniveau von Vielfalt und Volumen sind eine erhebliche Skepsis und eine besonders sorgfältige Analyse angebracht, bevor eine signifikante Kompensation oder

gar Überkompensation der vielfaltsinduzierten Kosten unterstellt wird. Abb. 6.10 zeigt den konzeptionellen Zusammenhang.

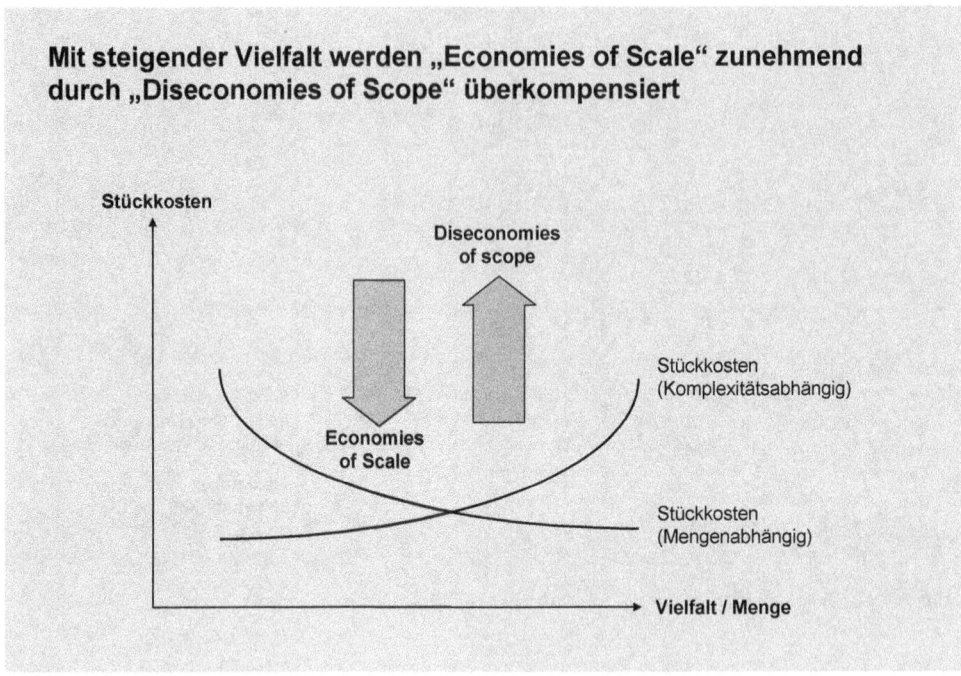

Abb. 6.10 *Zusammenhang (konzeptionell) zwischen Komplexitäts- und Mengeneffekt*

6.2.2   Konzept zum Management der Komplexität

Wie sollte nun in der Praxis mit Produktvielfalt umgegangen werden? Die Stellhebel dazu sind unterschiedlich: Auf der Nutzenseite können Produktausstattung und Produktprogramm beeinflusst werden. Auf der Kostenseite ist die Beeinflussung über die Positionierung des Unternehmens im Wertschöpfungszusammenhang – für welchen Teil der Leistung soll die Wertschöpfung selbst erbracht und welche Teile sollen durch Dritte bereitgestellt werden? – sowie durch die vielfaltsgerechte Ausgestaltung möglich.

Die Lösung dieses Optimierungsproblems setzt grundsätzlich eine simultane Optimierung sämtlicher Stellhebel voraus. Dies entspricht offenkundig nicht dem zweckmäßigen Vorgehen in der Unternehmensrealität, wo eine simultane Optimierung angesichts der Komplexität des Problems nicht praktikabel ist. Auch mit Blick auf eine klare Darstellung wird zur Beschreibung des Optimierungsvorgehens folgende sequenzielle Struktur gewählt (Abb. 6.11):

1. Im ersten Schritt wird die angebotene Leistungsvielfalt isoliert optimiert. Dazu wird die Gestaltung des Unternehmens als gegeben betrachtet und sich darauf konzentriert, ergebnismaximale Produktausstattung und Produktprogramm zu bestimmen (**Leistungsoptimierung**).
2. Im zweiten Schritt wird die Betrachtungsweise umgekehrt und ermittelt, wie eine als richtig angenommene Vielfalt bestmöglich beherrscht werden kann, d. h., wie die Kostenkonsequenzen minimiert werden können (**Strukturoptimierung**).
3. Im dritten Schritt werden beide Teillösungen zusammengeführt und unter Berücksichtigung der bestehenden Interdependenzen sowie der Rahmenbedingungen zu einer gesamtoptimalen Lösung weiterentwickelt (**Gesamtoptimierung**).

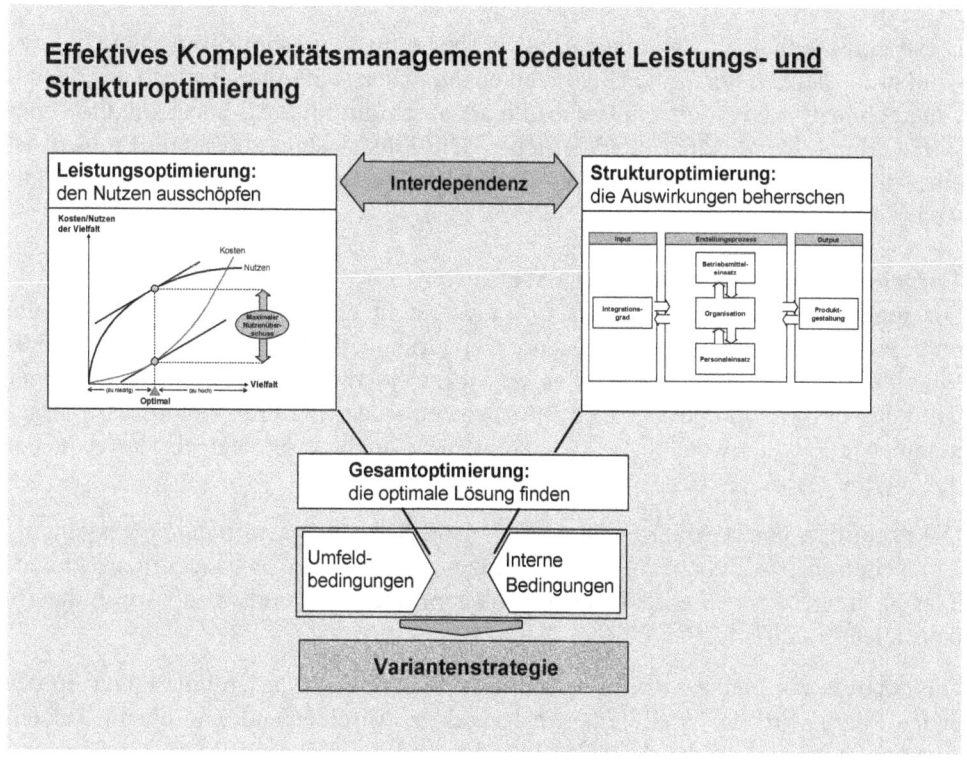

Abb. 6.11 Gesamtkonzept zur Optimierung der Produktvielfalt

Leistungsoptimierung: Den Nutzen der Vielfalt ausschöpfen

Ziel der Leistungsoptimierung ist es, die optimale Produktvielfalt zu bestimmen. Das Prinzip ist denkbar einfach: Neue Varianten sind gut, solange die zusätzlichen Erlöse die zusätzlichen Kosten aus der Variantenbereitstellung übersteigen. In der

Praxis sieht es ungleich schwieriger aus. Es sind eine Reihe von Problemen zu lösen. So muss zunächst sichergestellt sein, dass das Kostenrechnungssystem die tatsächlichen Kosten und deren Entwicklung richtig wiedergibt. Mögliche Probleme und geeignete Maßnahmen zu deren Lösung wurden in Modul 1 des Werkzeugkastens darstellt.

Noch schwieriger ist die konkrete Bestimmung der Nutzenwirkungen. Es gilt etwa den Wert der verschiedenen tatsächlichen oder möglichen Produktausprägungen zu bestimmen. Es sind Fragestellungen zu beantworten wie z. B.: Welche Mehrerlöse bringen 10 PS mehr Motorleistung oder eine Verbrauchsminderung von 0,5 Liter auf 100 km? Weiter muss der sog. Spill-over-Effekt ermittelt werden: Ein zusätzliches Produkt wird bereits aufgrund der Tatsache, dass es in der Regel nicht nur Neukunden anzieht, sondern auch Nachfrage absorbiert, die bisher anderen Varianten des gleichen Herstellers galt, den Nutzen dieser Varianten reduzieren.

Diese Fragestellungen sind einer Analyse eher schwer zugänglich und führen – obwohl grundsätzlich durch die Unternehmen anerkannt – oft ein Schattendasein in der Unternehmenspraxis, dort meist substituiert durch intuitive Ad-hoc-„Kalküle" oder (meist) durch das Postulat des Vertriebes. Die Praxislösung zu diesem Problem ist eine an die spezifischen Erfordernisse der Vielfaltsthematik angepasste Conjoint-Analyse.

Vorgehen zur Kundennutzen-Analyse
Die praktische Durchführung dieser Analyse stellt eine analytisch anspruchsvolle und zeitlich aufwendige Aufgabe dar. Der Grundgedanke ist, dass ein rationales Individuum ein Produkt nur dann kaufen wird, wenn die empfangene Leistung – hier der durch das Produkt gestiftete (Brutto-)Nutzen – den Kaufpreis (inklusive wahrgenommener Folgeaufwendungen) übersteigt bzw. mehr übersteigt als das Angebot des Wettbewerbs.

Die nachfolgenden Ausführungen zum Vorgehen dienen einem tieferen Verständnis der technischen Möglichkeiten und Grenzen. Der nur an den Gesamtzusammenhängen interessierte Leser kann sie überspringen und mit den Anwendungsbeispielen (S. 207) fortfahren.

Die Analyse zur Nutzenquantifizierung lässt sich in drei Phasen unterteilen: In der ersten Phase wird das Analysedesign festgelegt. Anschließend sind die Basisdaten zu erheben. Den Kern der Analyse bildet Phase drei, in der auf Basis diverser Auswertungen konkrete Produkt- und Programmalternativen entwickelt werden. Die wesentlichen Schritte zur Kundennutzen-Analyse sind in Abb. 6.12 zusammengefasst.

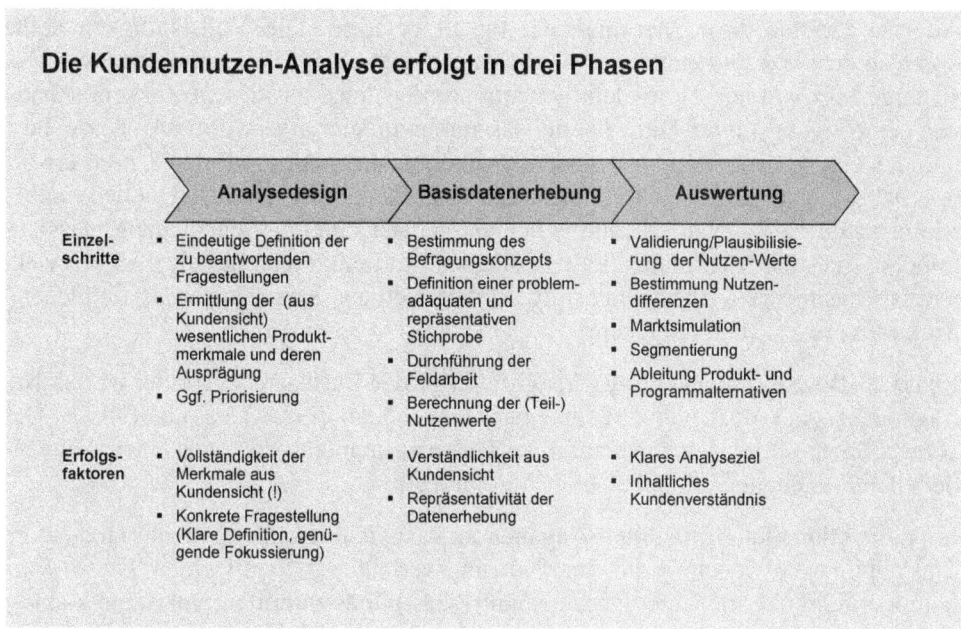

Die Kundennutzen-Analyse erfolgt in drei Phasen

	Analysedesign	Basisdatenerhebung	Auswertung
Einzel-schritte	• Eindeutige Definition der zu beantwortenden Fragestellungen • Ermittlung der (aus Kundensicht) wesentlichen Produktmerkmale und deren Ausprägung • Ggf. Priorisierung	• Bestimmung des Befragungskonzepts • Definition einer problemadäquaten und repräsentativen Stichprobe • Durchführung der Feldarbeit • Berechnung der (Teil-) Nutzenwerte	• Validierung/Plausibilisierung der Nutzen-Werte • Bestimmung Nutzendifferenzen • Marktsimulation • Segmentierung • Ableitung Produkt- und Programmalternativen
Erfolgs-faktoren	• Vollständigkeit der Merkmale aus Kundensicht (!) • Konkrete Fragestellung (Klare Definition, genügende Fokussierung)	• Verständlichkeit aus Kundensicht • Repräsentativität der Datenerhebung	• Klares Analyseziel • Inhaltliches Kundenverständnis

Abb. 6.12 Vorgehen zur Kundennutzen-Analyse

Der Prozess stellt eine Mischung aus kreativen Phasen und operativer Abarbeitung dar. Während in der ersten und dritten Phase die Qualität der Gesamtanalyse durch die kreative und konzeptionelle Leistung bestimmt wird, handelt es sich bei Phase 2 primär um operative Exekution. Im Folgenden werden die drei Phasen detaillierter dargestellt und wesentliche Faktoren für eine erfolgreiche Durchführung aufgezeigt.

Phase 1: Definition des Analysedesigns: Im ersten Schritt wird das betrachtete Produkt in seine wichtigsten Merkmale disaggregiert und die einzelnen Merkmale durch eine Skala von Ausprägungen beschrieben. Aus interviewtechnischen und methodischen Gründen sollte die Anzahl der Merkmale auf maximal 20 beschränkt sein. Sofern kein computergestütztes Verfahren mit individuell wichtigen Merkmalen angewandt wird, vermindert sich die Anzahl der Merkmale auf fünf bis acht. Gewonnen werden die Merkmale und deren mögliche Ausprägungen durch Kundeninterviews, Expertenbefragungen, unterstützt durch Fokusgruppengespräche und den Einsatz kreativer Techniken. Anschließend muss die meist stark an der technischen Lösung orientierte Beschreibung in die Nutzendimensionen des Befragten transformiert werden.

Von zentraler Bedeutung bei diesem Schritt ist die richtige und vollständige Erfassung der aus Kundensicht wesentlichen Merkmale. Eine der Prämissen von Conjoint ist, dass die verwendeten Merkmale bzw. Merkmalsausprägungen das Produkt vollständig beschreiben und entsprechend alle abgeleiteten Aussagen aus der Conjoint-

Analyse nur für diese Merkmale Gültigkeit besitzen. Die Vollständigkeit sollte durch intensive Kundeninterviews, ggf. unterstützt durch Fokusgruppengespräche, sichergestellt werden. Besonders gewarnt werden muss in diesem Zusammenhang vor der Neigung, unter Hinweis auf das umfangreiche eigene Produkt-Know-how und das eigene differenzierte Kundenverständnis, das man in all den Jahren erworben habe, die Produktbeschreibung allein auf Basis von internen Quellen zu bestimmen: Es ist Standarderkenntnis beinahe jeder Conjoint-Untersuchung, dass zumindest eines der Merkmale, die vom eigenen Marketing oder der eigenen Entwicklung als besonders wichtig eingestuft wurden, sich aus Kundensicht als weitgehend irrelevant erweist (und umgekehrt).

Phase 2: Basisdatenerhebung: Als Grundlage der Basisdatenerhebung ist das Befragungskonzept festlegen und in einen Fragebogen (i.w.S.) zu überführen. Der „Fragebogen" sollte sich dabei aus zwei Teilen zusammensetzen: aus einem konventionellen Fragebogenteil und einem Conjoint-Teil.

Im konventionellen Teil sollten Angaben zu soziodemographischen Merkmalen, zu Einstellungen sowie zum Kauf- und Nutzungsverhalten gefragt werden. Dieses Verfahren ermöglicht, die Conjoint-Daten auf Plausibilität zu prüfen; vor allem kann es genutzt werden, um Kundensegmente – wie sie ggf. in weitergehenden Segmentierungsanalysen identifiziert werden können – konkret zu beschreiben.

Für den Conjoint-Teil ist das Forschungsdesign zu klären. Dafür sind primär der Aufbau der Trade-off-Analyse und die Befragungstechnik festzulegen. Bei der Befragungstechnik stellt sich das Problem, ob ein statisches oder ein dynamisches Verfahren gewählt werden soll. Ein Charakteristikum der Conjoint-Befragung ist, dass theoretisch jede Merkmalsausprägung mit jeder anderen in Beziehung gesetzt werden muss. Dadurch ergibt sich bereits bei einer geringen Anzahl von Merkmalen die Situation, dass die einem Befragten maximal zumutbare Befragungsdauer von ein bis zwei Stunden gewöhnlich bereits bei fünf bis sieben Merkmalen erreicht wird. Nun ist unmittelbar einsichtig, dass sich bei komplexeren Produkten wie Automobilen oder Werkzeugmaschinen die kaufentscheidenden Merkmale für sämtliche Käufer nicht auf fünf bis sieben verdichten lassen. Als Ausweg bietet sich an, lediglich diejenigen Merkmale abzufragen, die für das befragte Individuum wichtig sind. Anders als die insgesamt wichtigen Merkmale sind die individuell wichtigen Merkmale in der Regel auch bei komplexen Produkten meist deutlich weniger als zehn. Dies legt es nahe, sich bei der Einzelbefragung auf die individuell wichtigen Merkmale zu konzentrieren.

Besonders wichtig ist es, möglichst früh konkrete Vorstellungen über die Endprodukte der Gesamtanalyse zu entwickeln, um hierauf aufbauend das Befragungskonzept und die Merkmalsdefinitionen entsprechend gestalten zu können. Die „Universal-Conjoint", die es erlaubt, das gesamte Antwortspektrum mit einer einzigen Analyse hinreichend und aussagefähig abzudecken, gibt es nicht.

Nachdem der „Fragebogen" erstellt ist, gilt es, die Basisdaten operativ im Feld zu erheben. Hierzu ist es erforderlich, eine repräsentative Stichprobe zu definieren und die eigentliche Feldarbeit durchzuführen. Bei der Definition einer repräsentativen Stichprobe stellt sich zunächst die Frage nach dem Untersuchungsgebiet. Diese ist grundsätzlich beantwortet durch die regionale Stoßrichtung, die das Unternehmen verfolgt. Aus Kostengründen ist es oftmals sinnvoll, sich auf eine repräsentative Auswahl an Regionen zu beschränken, insbesondere dann, wenn das Unternehmen eine europa- oder weltweite Stoßrichtung verfolgt. Anschließend gilt es, die Befragtenauswahl zu definieren. Dies sollte in der Weise geschehen, dass deren Meinung tatsächlich das Verhalten bei den relevanten Kaufentscheidungen widerspiegelt. Als letzter wichtiger Punkt bei der Stichprobendefinition stellt sich die Frage nach der Stichprobenlänge. Hierbei steht man vor einem Optimierungsproblem: Einerseits werden die Feldarbeitskosten, und damit die Gesamtkosten der Analyse, wesentlich von der Befragtenanzahl getrieben; andererseits sind Aussagen zu Marktsegmenten nur signifikant, wenn in dem betrachteten Segment eine genügende Anzahl an Beobachtungen vorliegt. Da Aussagen über die eigenen Produkte abgeleitet werden sollen, liegt die erforderliche Anzahl umso höher, je geringer der eigene Marktanteil ist bzw. sein wird. Entsprechend müssen bei der Stichprobendefinition bereits konkrete Vorstellungen darüber vorliegen, ob und ggf. für wie viele Kundensegmente separate Aussagen abgeleitet werden sollen und welche Position das eigene Unternehmen in den betrachteten Segmenten haben wird.

Danach ist die eigentliche Feldarbeit durchzuführen. Hierbei sollte man sich eines spezialisierten Marktforschungsinstituts bedienen. Im Sinne einer erfolgreichen Interviewdurchführung ist es darüber hinaus in vielen Fällen erforderlich, Anreize für die Befragten zu schaffen, die sie zu einer Teilnahme an dem Interview bewegen.

Nach der Feldarbeit müssen aus den Antworten die Teilnutzenwerte für jeden einzelnen Befragten und für alle Ausprägungsstufen eines jeden Merkmals errechnet werden. Werkzeug hierfür sind die eingangs beschriebenen multivariaten Schätzverfahren. Außerdem müssen die durchschnittlichen Nutzenwerte für alle Ausprägungsstufen bestimmt werden. Mit der Durchführung der Datentransformation ist die Basisdatenerhebung abgeschlossen.

Phase 3: Auswertung einer Kundennutzen-Analyse: Um aus dem umfangreichen Datenbestand tatsächlich Hinweise zur optimalen Gestaltung des Produktangebots zu extrahieren, muss dieser erst entsprechend interpretiert werden. Die hierzu vorgeschlagenen Analysen umfassen eine Reihe unterschiedlichster Einzelauswertungen sowie – bei Ergänzung mit zusätzlichen Informationen – vollständige Marktsimulationen und -segmentierungen.

Der wohl einfachste Teil der Analyse ist die Bestimmung der relativen Wichtigkeit der einzelnen Merkmale. Sie ergibt sich aus den durchschnittlichen Nutzendifferenzen zwischen den verschiedenen Ausprägungen eines Merkmals. Je weiter die Nutzenwerte auseinander liegen, desto wichtiger ist das Merkmal bei der Kaufentscheidung. Will man die Gefahren einer Durchschnittsbetrachtung umgehen, so kann man Nutzendifferenzfunktionen auf individueller Basis ermitteln. Dabei wird die Nutzendifferenz zwischen zwei Ausprägungen eines Merkmals für jeden einzelnen Befragten bestimmt und nach absteigender Größe angetragen. Anhand dieser Analyse kann bereits eine Grobbeurteilung von Produktvarianten vorgenommen werden. Betrachtet man etwa das in Abb. 6.13 dargestellte Beispiel, so erkennt man, dass zwar über 80 % der Befragten Ausprägung 1 der Alternativausprägung vorziehen, jedoch allenfalls ein Marginalsegment bereit ist, auch nur die variablen Kosten zu vergüten. Das Angebot einer solchen Produktvariante (oder Variantengruppe mit dieser Ausprägung als differenzierendem Faktor) ist damit aus Sicht einer isolierten Kosten-Nutzen-Betrachtung in hohem Maße unattraktiv.

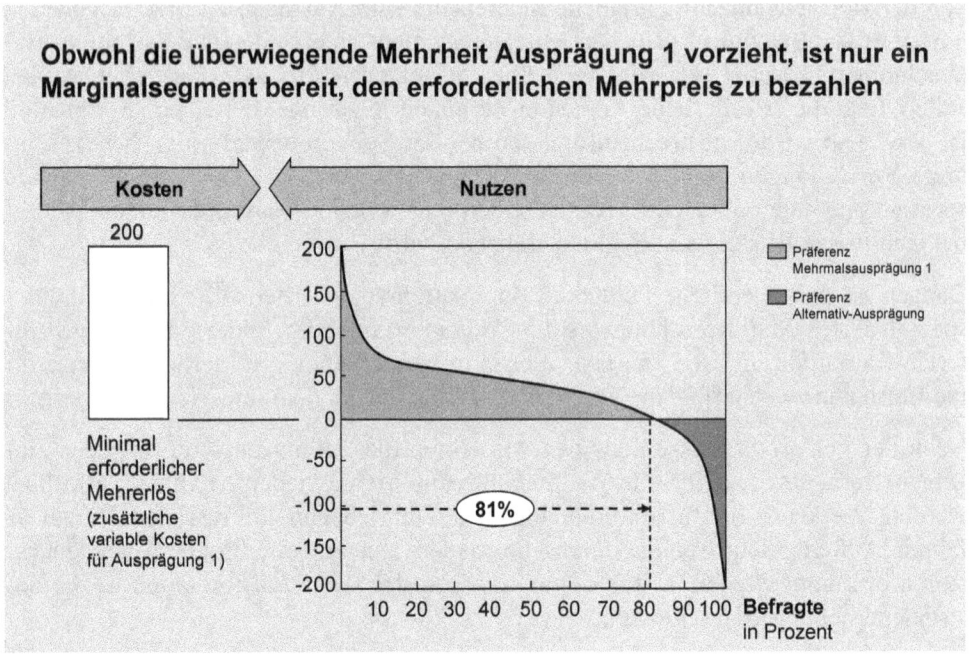

Abb. 6.13 *Kosten-Nutzen-Beurteilung von Produktmerkmalen*[1]

Die Analyse dieser Einzelvergleiche gibt zwar eine Reihe wertvoller Hinweise zur Produkt- und Programmoptimierung, doch wird durch diese isolierten Einzel-

---

[1]   Quelle; Conjoint Analyse Klienet xyz. Erläuterung: Die blaue Fläche kennzeichnet die Bevorzugung von Merkmalsausprägung 1. Die orange Fläche beschreibt die Befragten, die die Alternativausprägung präferieren. Lesebeispiel: Etwa 30 % der Befragten sind bereit, mehr als 50 Geldeinheiten zusätzlich zu vergüten, wenn sie Merkmalsausprägung 1 (statt der Alternativausprägung) erhalten.

aussagen das volle Potential der Methode bei Weitem nicht genutzt. So kann etwa die Eingangsfrage nach dem Wert zusätzlicher Varianten nur in klaren Fällen – und auch dort nur grob – beantwortet werden, fehlt hier doch bereits die Information darüber, ob der Kunde voraussichtlich ein anderes Produkt der eigenen Marke oder ein Konkurrenzprodukt wählen wird.

Zur Klärung von differenzierteren Fragestellungen bedarf es ergänzender Unterstützung durch ein Marktmodell, welches den Kaufentscheidungsprozess simuliert (vgl. Abb. 6.14). Es bedient sich der individuellen Nutzenfunktionen und bewertet damit Produkte, definiert durch die jeweiligen Ausprägungen der in der Conjoint-Analyse betrachteten Merkmale. Unterstellt man, dass der Kunde ein Produkt mit höherem Gesamtnutzen einem mit niedrigerem Nutzen vorzieht, so kann damit für jeden einzelnen Kunden die Kaufentscheidung simuliert werden. Durch dieses Modell – ggf. verfeinert durch die Ergänzung spezifischer Bedingungen des betrachteten Marktes – ergibt sich eine Reihe vorzüglicher Analysemöglichkeiten:

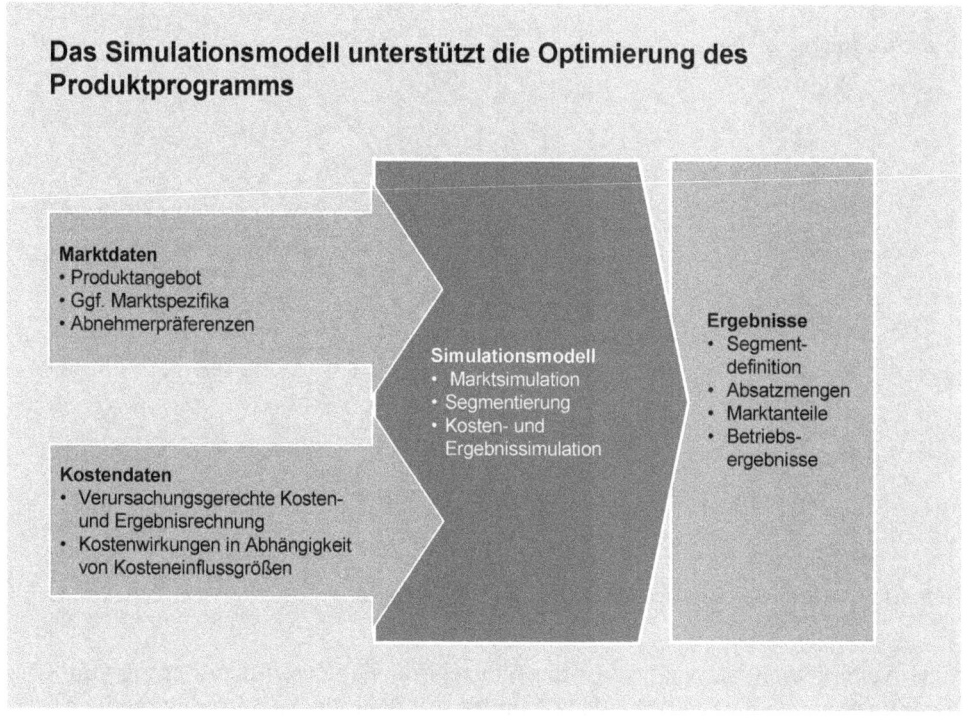

Abb. 6.14 *Simulationsmodell zur Optimierung der Produktvielfalt*

So kann die eingangs gestellte Frage nach den Zusatzerlösen für eine Variante beantwortet werden, indem man die Differenz zwischen den Modell-Absatzmengen mit und ohne Berücksichtigung der betrachteten Variante bildet. Weitere wertvolle

Erkenntnisse ergeben sich, wenn man die Produktausstattung variiert. Hierdurch kann man näherungsweise die absatzmaximale Einzelproduktausstattung und das absatzmaximale Produktprogramm bestimmen.

Darüber hinaus kann der Preis der Produkte variiert werden. Dadurch wird es möglich, die Preis-Absatz-Funktion für einzelne Produkte oder Produktgruppen zu ermitteln. Hieraus lassen sich in einem weiteren Schritt Preiselastizitäten und damit mögliche Preissetzungsspielräume ableiten. Abb. 6.15 zeigt ein Beispiel einer unter Einsatz von Teilnutzenwerten generierten Preis-Absatz-Funktion. Schließlich kann durch Verknüpfung der beiden letzten Analysen auch das umsatzmaximale Produktionsprogramm bestimmt werden.

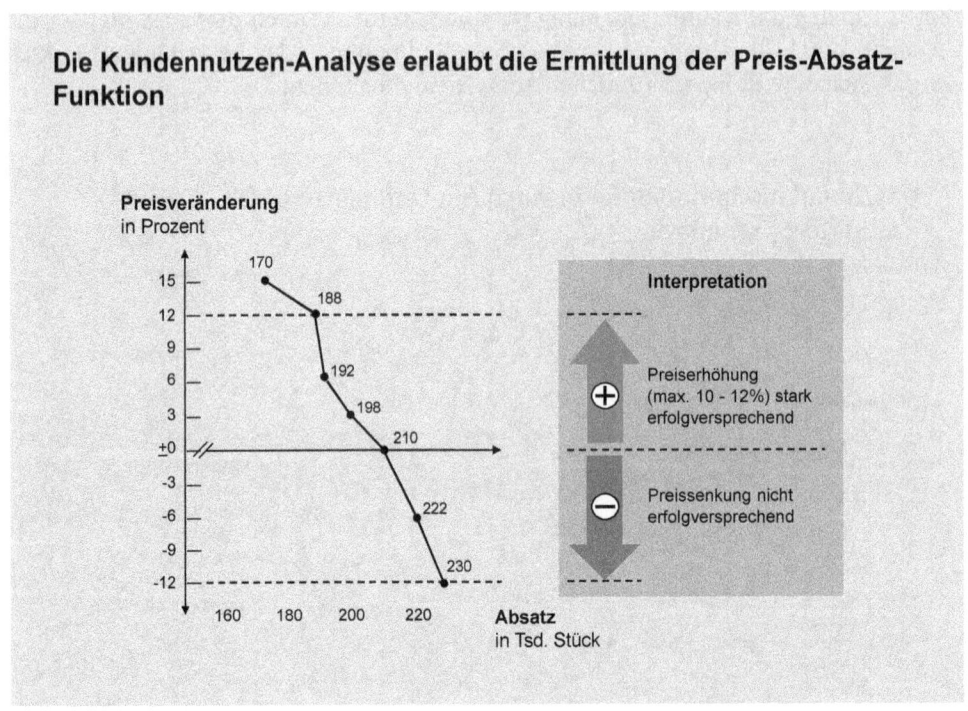

Abb. 6.15 *Praxisbeispiel: modellgenerierte Preis-Absatz-Funktion*

Eine weitere wichtige Analyse ist die (konzeptionelle) Zusammenführung von Kundeninteressen, so dass verschiedene Kunden mit dem gleichen Produkt bedient werden können. Diese Bündelung bestimmt, ob ein gegebener Umsatz (bzw. Ergebnis) mit vielen oder wenigen Varianten erreicht wird.

Für die Identifikation solcher Bündel gilt das Gleiche wie für die vorangegangenen Abschnitte: Die Vielfalt der gleichzeitig zu berücksichtigenden Einflussgrößen verbietet eine intuitive Lösung und erfordert stattdessen Methoden, die zum einen geeignet sind, die Über-alles-Betrachtung mit ihrer impliziten Durchschnittsbildung aufzubrechen, und die zum anderen in der Lage sind, Substrukturen zu „entdecken" und so die Komplexität des Optimierungsproblems auf ein entscheidbares Maß zu reduzieren.

Zweckmäßiger Ansatzpunkt für eine solche Strukturierung sind die Marktanforderungen. Dies ergibt sich daraus, dass die Produktgestaltung stets zumindest vereinbar mit den Abnehmeranforderungen sein muss, damit eine angemessene Vergütung erzielt werden kann. Gesucht werden demnach Segmente – und damit letztlich Teilmärkte –, die bezüglich der Produktanforderungen *in sich* möglichst *homogen* und *untereinander* möglichst *heterogen* sind. Ausführlicher wird die Segmentierung im 2. Anwendungsbeispiel zur Nutzenquantifizierung dargestellt.

Anwendungsbeispiele zur Nutzenquantifizierung
Die beschriebene Anwendungsbreite wird anhand zweier konkreter Praxisbeispiele deutlich. Neben der zugrunde liegenden Fragestellung und den aus der Nutzenquantifizierung ableitbaren Ergebnissen werden wesentliche Aspekte bei der Analysedurchführung aufgezeigt.

Beispiel 1: Produktions- und Entwicklungsausrichtung
Die Leistungsfähigkeit des Ansatzes zur (Produktprogramm-orientierten) Produktions- und Entwicklungsausrichtung zeigt sich am ersten Beispiel. Ein großer Hersteller langlebiger Gebrauchsgüter hatte, bedingt durch eine Reihe von Akquisitionen, auch einige Fertigungsstätten in mehreren europäischen Ländern erworben. Die Geschäftsführung fragte sich, wie diese in den Produktionsverbund integriert werden sollten. Außerdem wollte sie für den Bereich Forschung und Entwicklung (F&E) wissen, welche zusätzlichen Aktivitäten im Hinblick auf die zunehmende Internationalisierung des Geschäfts in das Entwicklungsportfolio aufgenommen werden sollten.

Zur Lösung dieser Fragen wurden in den relevanten europäischen Märkten Conjoint-Analysen mit jeweils 200 Befragten je Land durchgeführt. In die Befragung gingen 15 Produktmerkmale ein, darunter auch das Herstellungsland des Geräts. Letzteres war erforderlich, um bei der Optimierung der Produktionsstrategie auch durch das jeweilige Herstellungsland bedingte Erlösdifferenzen berücksichtigen zu können. Die Analyse war nach der modifizierten Full-Profile-Bewertung basierend auf den individuell wichtigen Merkmalen aufgebaut und fand vollständig computergestützt statt. Um die in diesem Fall außerordentlich wichtige Vergleichbarkeit der Aussagen und Vollständigkeit der Merkmale und Merkmalsausprägungen sicherzustellen, wurde vor der Durchführung der eigentlichen Feldarbeit das gesamte Design in Fokusgruppengesprächen in jedem betrachteten Land mehrmals getestet. Die operative Durchführung dieser Tests sowie der Feldarbeit wurde einem internationalen Marktforschungsinstitut übertragen, für dessen Auswahl insbesondere die umfangreiche Erfahrung mit Conjoint Measurement sowie die eigene Infrastruktur in allen betrachteten Ländern ausschlaggebend war, Letzteres im Hinblick auf die Vergleichbarkeit der Ergebnisse

Zur Analyse der Daten wurde ein Marktsimulationsmodell der beschriebenen Art eingesetzt. Erweitert wurde das Modell nur um die gewichtete Distributionsleistung der verschiedenen Anbieter, ein für die betrachteten Marktteilnehmer stark differierendes Merkmal mit erheblicher Bedeutung für die Kaufentscheidung. Trotz des vergleichsweise einfachen Modells ergab die Simulation mit dem aktuellen Marktangebot eine erstaunlich hohe Übereinstimmung zwischen Modell-Marktanteil und tatsächlichem Marktanteil: Der Korrelationskoeffizient lag in sämtlichen Ländern zwischen 0,70 und 0,91. Die Erarbeitung der Empfehlungen erfolgte in einem wiederholten Wechselspiel zwischen Modellsimulationen und Experten-Workshops, in denen die Ergebnisse verfeinert und Anschlussanalysen definiert wurden. An den Workshops waren permanent Vertreter aus Entwicklung, Marketing und Vertrieb beteiligt. Sie wurden fallweise unterstützt durch Know-how-Träger aus Produktion und Rechnungswesen, Letztere zur Kostenkalkulation.

Als Ergebnis konnte eine ganze Reihe konkreter Empfehlungen abgeleitet werden, die letztlich zu einer beinahe grundlegenden Neuausrichtung von Produktion und Entwicklung führten: Für den Produktionsbereich ergab sich, dass eine komplette Fertigung stillzulegen war und darüber hinaus ein geplantes Werksneubauvorhaben eingestellt werden konnte. In beiden Fällen war es möglich, die gefertigten bzw. zu fertigenden Produkte durch ähnliche Produkte aus anderen Standorten zu substituieren und damit eine signifikante Verbesserung der Kostenposition zu erreichen. Außerdem konnten spezifische Empfehlungen zum erforderlichen Kapazitätsaufbau an den verbliebenen Standorten formuliert werden. Im Entwicklungsbereich konnten einige neue Themen identifiziert werden, wobei die Ursache hierfür nicht – wie erwartet – in den neuen Anforderungen aufgrund der Internationalisierung lag, sondern in der Identifikation attraktiver neuer Nutzendimensionen für den Heimatmarkt. Weiter hatte sich quasi en passant ergeben, dass wesentliche Produkteigenschaften wohl von der Mehrzahl der Kunden gewünscht, jedoch bei Weitem nicht im erforderlichen Maße vergütet wurden. Als Folge daraus konnte das Produktprogramm um eine Variantengruppe und damit auch das Entwicklungsportfolio um eine Reihe von Aktivitäten bereinigt werden.

Beispiel 2: Steigerung der Varianteneffektivität

Ein großer europäischer Hersteller von Gebrauchsgütern hatte eine Schieflage seiner Variantenpolitik identifiziert. Seine Varianteneffektivität war höchst unbefriedigend. Eine Grobanalyse zeigte, dass beinahe 90 % des Umsatzes und über 120 % des Ergebnisses mit nur etwa 20 % der Varianten erzielt wurden (Abb. 6.16). Der Anteil der eindeutigen Streichungsfälle war gering und diese von einer so heterogenen Struktur, dass eine Streichung auf der untersten (Varianten-)Ebene verblieben wäre und somit keine nennenswerten Verbesserungen gebracht hätte. Das Management traf die Entscheidung, die Variantenstrategie des Unternehmens grundlegend zu untersuchen.

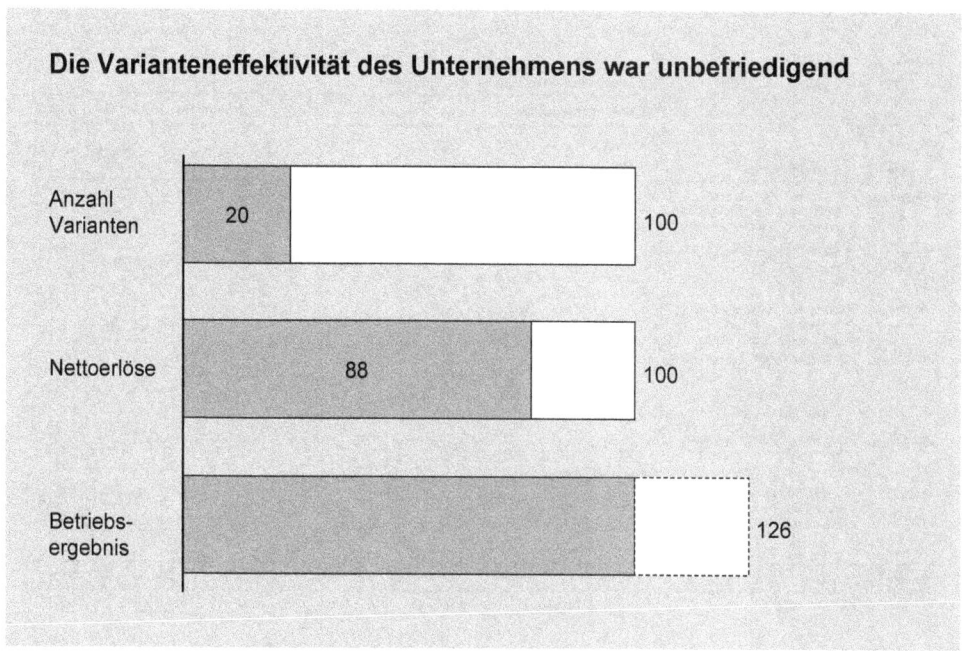

Abb. 6.16 *Praxisbeispiel: Ausgangssituation bei der Varianteneffektivität*

Hierzu wurde eine Segmentierungsanalyse durchgeführt, bei der die Nutzenwerte einer vorangegangenen Conjoint-Analyse zur Segmentierung herangezogen wurden. Als Endergebnis der Marktsegmentierung ergaben sich sieben Teilmärkte, die – mit Ausnahme des Residualsegments (Sonstige) – hinsichtlich interner Homogenität und externer Heterogenität genügend signifikant waren und auch die Anforderungen der Substantialität und Erreichbarkeit erfüllten. Abb. 6.17 zeigt eine Grobdarstellung der Segmentcharakteristika.

Auf Basis der Kundennutzenanalyse lassen sich klar abgegrenzte Marktsegmente identifizieren

| | | Erwartungen ggü. Produkt (Durchschnittswerte in Nutzeneinheiten) | | | | | | | | | | |
| | | Leistungsmerkmale | | | | | | | Komfortmerkmale | | | |
Segment	Charakteristik	Öko-logie	B	C	D	E	F	...	G	H	Marke	Preis
Ökologie	Sehr hohe Bewertung von Spitzenwerten bei ökologisch relevanten Produktmerkmalen	120	20	30	20	10	20	...	30	20	30	10
Con-venience	Sehr hohe Bedeutung einer komfortstiftenden Produkt-ausstattung	40	20	30	40	30	40	...	70	90	40	30
B,C-Typ	Starke Bedeutung der technischen Merkmal mit besonderem Fokus auf die Merkmale B und C	40	80	70	30	40	30	...	20	20	40	40
D-Typ	Wie vor, jedoch Kaufentschei-dung klar bestimmt durch hohe Leistung bei Merkmal D	30	40	20	100	20	10	...	20	30	40	30
Marke	Kaufentscheidung wird von Herstellermarke dominiert	50	30	20	20	30	20	...	40	30	80	30
Preis	Starke Betonung des Preises, dabei Fokus auf untere Preisklasse	20	30	40	40	30	20	...	30	20	30	100
...	...											
Gesamt	Gesamtmarkt	50	40	35	40	25	25	...	30	30	40	55

Abb. 6.17 Praxisbeispiel: teilnutzenbasierte Segmentcharakteristik

Anhand der segmentierten Daten wurde schnell klar, dass eine ganze Reihe von Ausprägungsvariationen nicht erforderlich war, weil sie von der Mehrheit der Abnehmer nicht verlangt wurden. Bereinigte man diese unnötigen oder zumindest nicht genügend substantiellen Varianten, so ergab sich, dass bereits etwa 50 % der bisherigen Variantenanzahl genügen, um beinahe den gesamten Markt zu bedienen – was mit den bestehenden Varianten nicht möglich war.

Auf der Basis des segmentierten Marktes wurden in einem weiteren Schritt unter Berücksichtigung der Umfeldbedingungen und der Möglichkeiten des Klienten Zielsegmente ausgewählt. Dadurch schied ein Segment aus Gründen der Unvereinbarkeit mit der Unternehmensphilosophie aus. Die Belieferung eines weiteren Segments war aus Wettbewerbsgründen wenig erfolgversprechend und wurde daher verworfen. Weitere Ausgrenzungen von Subsegmenten ergaben sich im Hinblick auf die Mitarbeiterfähigkeiten und -willigkeit, Letztere zur Verbesserung der Implementierungschancen.

Insgesamt reduzierte sich – trotz Einbau von „Sicherheiten" – die Variantenzahl um beinahe 40 %, und das bei einem sogar noch vergrößerten erreichbaren Markt und einer auch unter Berücksichtigung der Wettbewerbssituation gestiegenen Umsatzerwartung. Da die fokussierte Produktausrichtung den Verzicht auf mehrere Variantengruppen und zwei komplette Baureihen ermöglichte, ging mit der Variantenreduktion eine signifikante Kostensenkung einher. Daneben ergaben sich aus der Segmentierung eine Reihe konkreter Hinweise zur fokussierten Gestaltung der vertrieblichen Aktivitäten.

Strukturoptimierung: Die Auswirkungen der Vielfalt beherrschen
Der zweite Aspekt eines Komplexitätsmanagements ist die bestmögliche Beherrschung der Auswirkungen der Vielfalt. Hierzu bestehen fünf Stellhebel. Der Ausgangspunkt ist die Entscheidung darüber, welche Leistung die Unternehmung selbst erbringt, d. h. das Ausmaß der vertikalen Integration; kurz: der Integrationsgrad. Bei der selbst erstellten Leistung können die Produktgestaltung und der Prozess der Leistungserstellung betrachtet werden, wobei sich bei Letzterem Betriebsmittel, Personal und als Kombinationsprinzip die Organisation unterscheiden lassen (Abb. 6.18).

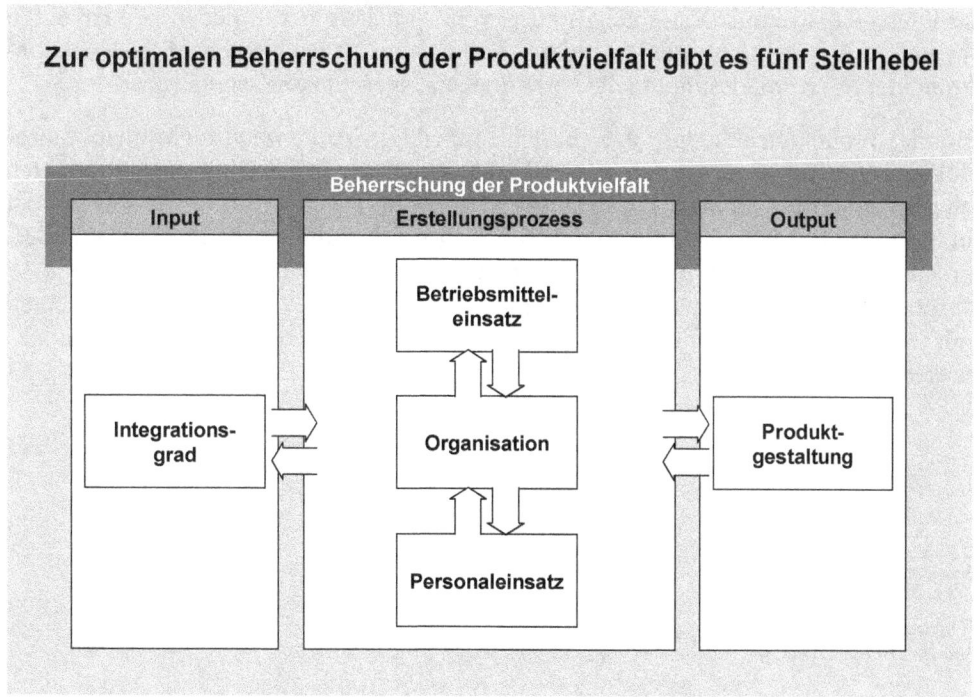

Abb. 6.18 *Die fünf Stellhebel zur Beherrschung der Produktvielfalt*

Maßnahmen in jedem der fünf Felder können entscheidend helfen, die Vielfaltsbeherrschung grundlegend zu verbessern. Die konkrete Lösung muss abhängig von den spezifischen Bedingungen bestimmt werden. Den Königsweg zur Beherrschung der Vielfalt gibt es nicht. Vielmehr ist ein differenziertes Abwägen von Nutzen und Kosten der verschiedenen Ansätze erforderlich. In vielen Fällen können folgende drei Ansätze die Vielfaltsbeherrschung deutlich verbessern:

Ansatz 1: Vielfaltsbeherrschung durch variantengerechte Produktgestaltung

Ansatz 2: Vielfaltsbeherrschung durch intelligente Bereinigung des Eigenfertigungsvolumens

Ansatz 3: Vielfaltsbeherrschung durch optimierte Eigenerstellung, insbesondere durch konsequente Nachverlagerung der Komplexität

Ansatz 1: Vielfaltsbeherrschung durch variantengerechte Produktgestaltung
Durch eine geeignete Gestaltung der Produkte lassen sich die Auswirkungen der Vielfalt in ganz erheblichem Maße von vornherein vermeiden oder zumindest deren Bewältigung deutlich erleichtern. Die ultimativen Vermeidungsmöglichkeiten liegen im Bereich der Programmdefinition: Es können Marktsegmente entweder gar nicht beliefert – und damit Variantengruppen von vorneherein vermieden – oder durch Typung, d. h. durch die Standardisierung der angebotenen Eigenschaftenkombination, zumindest graduelle Variationen ausgeschlossen werden.

Bei der Produktgestaltung i. e. S. besteht die Möglichkeit, wenn nicht gleiche Produkte so doch gleiche Komponenten herzustellen, die in verschiedenen Produkten eingesetzt werden können. Dieses Prinzip, meist als Modularprinzip bezeichnet, ist in besonderem Maße geeignet, durch Nutzung des Kombinatorikeffekts eine außerordentlich hohe Vielfalt bei nur begrenzten Innenwirkungen darzustellen. Abb. 6.19 skizziert einen Modulbaukasten. So lassen sich bereits bei nur acht Komponenten mit jeweils nur vier Ausführungen theoretisch über 65 000 verschiedene Endprodukte erstellen.

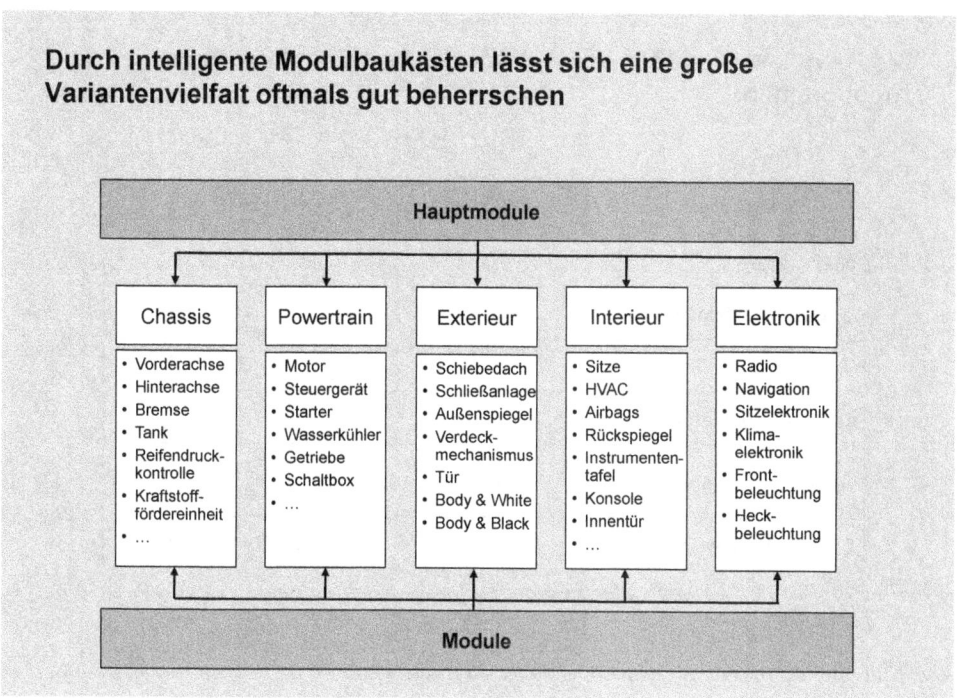

Abb. 6.19 *Beispiel Modulbaukasten in der Automobilbranche*[2]

Die Anwendungsmöglichkeiten dieses Prinzips sind denkbar breit: Sie reichen von Fertighäusern über Automobile und Elektronikprodukte bis hin zu Uhren oder – trivialer – dem Speisenangebot chinesischer Restaurants. Seine Grenzen findet das Modularprinzip in der tendenziellen Überdimensionierung zur Herstellung der Kombinierbarkeit und in der Heterogenität der Endprodukte.

Ein anderes wichtiges Prinzip zur Produktgestaltung sind Plattformstrategien. Dabei wird die technische Basis der Produkte vereinheitlicht, während die äußere Wahrnehmung deutlich variiert werden kann. Auf diese Weise wird es möglich, so unterschiedliche Produkte wie den Audi TT und den VW Caddy auf der gleichen technischen Basis aufzubauen. Plattformstrategien machten es der Automobilindustrie überhaupt erst möglich, große Baureihenvielfalt zu vertretbaren Kosten anzubieten. Abb. 6.20 skizziert die Entwicklung der Baureihenvielfalt für Mercedes-Benz.

---

[2]   Quelle: Hüttenrauch et al.: Effiziente Vielfalt (modifiziert)

Die Baureihenvielfalt in der Automobilbranche hat deutlich zugenommen

Segment	1980	2010
Kleinwagen		
Untere Mittelklasse		A B
Mittelklasse		C CLK CLC
Ober-/Luxusklasse	E S	E R S CL CLS
Sportwagen/Cabrio	SL	SLR SLK SL CLK-/G-Cabriolet
SUV/Geländewagen	G	M G GL GLK

Abb. 6.20 *Entwicklung der Baureihen-Vielfalt bei Mercedes-Benz*

Weitere wichtige Ansätze zur variantengerechten Produktgestaltung sind die Teile-familienbildung, die Wiederholteilverwendung und die Normung.

Ein anderer Aspekt der Produktgestaltung ist die (fremd-)vergabegerechte Gestaltung. Sie wird vor allem dadurch erreicht, dass die nicht erforderliche Spezifität der Komponenten minimiert wird. Dies ist am ehesten zu erreichen, wenn die Zulieferer möglichst früh einbezogen werden. Ist diese Vorgehensweise, etwa aufgrund der geringen Bedeutung des Teils oder der noch ausstehenden Bestimmung des Lieferanten, nicht angezeigt, so kann eine kostengünstige Fremdvergabe dadurch unterstützt werden, dass die Teilespezifizierung in Anlehnung an überbetriebliche Normen oder Standards geschieht. In vielen Fällen lässt sich eine aus Sicht eines Zulieferers schädliche Spezifität auch dadurch vermeiden, dass auf eine detaillierte Vorgabe verzichtet und stattdessen die einzelne Komponente nur hinsichtlich ihrer Funktion und der Schnittstellenanforderungen definiert wird.

Insgesamt bestehen eine Vielzahl von Möglichkeiten, durch variantengerechte Produktgestaltung die Belastung des Erstellungsprozesses mit Vielfaltswirkungen von vornherein ganz oder zumindest teilweise zu vermeiden. Sie ist geradezu Voraussetzung für eine effiziente Leistungserstellung, sei es durch das Unternehmen selbst oder durch Zulieferer. Abb. 6.21 fasst die Möglichkeiten zusammen.

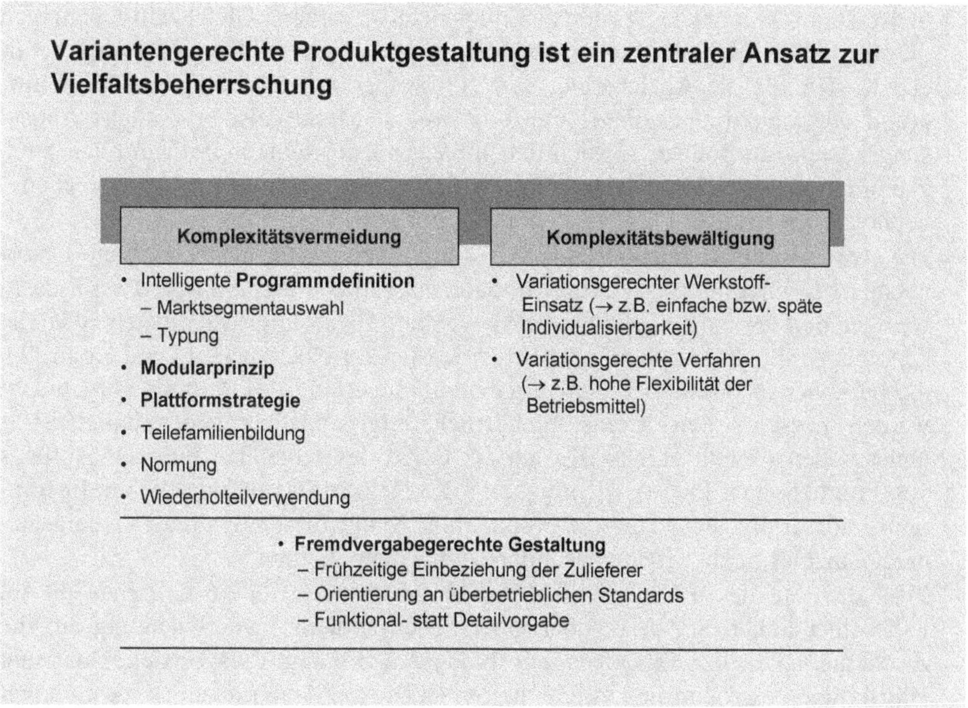

Variantengerechte Produktgestaltung ist ein zentraler Ansatz zur Vielfaltsbeherrschung

Komplexitätsvermeidung	Komplexitätsbewältigung

• Intelligente **Programmdefinition**
  – Marktsegmentauswahl
  – Typung
• **Modularprinzip**
• **Plattformstrategie**
• Teilefamilienbildung
• Normung
• Wiederholteilverwendung
	• Variationsgerechter Werkstoff-
	  Einsatz (→ z.B. einfache bzw. späte
	  Individualisierbarkeit)
	• Variationsgerechte Verfahren
	  (→ z.B. hohe Flexibilität der
	  Betriebsmittel)

• **Fremdvergabegerechte Gestaltung**
 – Frühzeitige Einbeziehung der Zulieferer
 – Orientierung an überbetrieblichen Standards
 – Funktional- statt Detailvorgabe

Abb. 6.21 *Möglichkeiten zur Vielfaltsbeherrschung durch Produktgestaltung*

Ansatz 2: Vielfaltsbeherrschung durch intelligente Bereinigung des Eigenfertigungsvolumens

Der zweite wichtige Ansatz zur Beherrschung der Vielfalt ist die Gestaltung der Wertschöpfungstiefe. Sie beeinflusst ganz entscheidend den Umfang und die Qualität der von einem bestimmten Leistungsangebot ausgelösten Innenkomplexität.

Welche Elemente sinnvollerweise eigenerstellt bzw. fremdbezogen werden sollten, unterliegt den üblichen Kriterien einer Make-or-Buy-Entscheidung. Die gesamten Kosten des Fremdbezugs sind den entscheidungsrelevanten Kosten der Eigenfertigung gegenüberzustellen. Dabei sind Kosten umfassend zu verstehen, also z. B. auch strategische „Kosten" zu berücksichtigen. Dieses Kalkül ist grundsätzlich für jedes in Frage kommende Element unternehmensspezifisch durchzuführen. Um die Überlegungen schnell auf Erfolg versprechende Fälle zu fokussieren, sollten vier Faktoren betrachtet werden:

• Das **Ausmaß der Spezifität**: Die Spezifität, die in der intuitiv nahe liegenden Form dedizierter Anlagen und Werkzeuge ebenso liegen kann wie in der räumlichen Ansiedlung des Produktionsstandorts, beeinflusst den zweckmäßigen Integrationsgrad in erheblichem Maße: Bei hoher Spezifität sind im Fremdbezugsfalle meist kaum Mengendegressionswirkungen zu erwarten. Gleichzeitig bedingen die mit hoher Spezifität einhergehenden gegenseitigen Abhängigkeiten erhebliche Kosten für die Absicherung der Vertragspartner. Hinzu kommt, dass aufgrund der (spezifitätsbedingt) meist fehlenden Marktpreise vor allem Anpassungskosten nur schwer hinsichtlich ihrer Angemessenheit zu beurteilen sind. Damit empfiehlt sich tendenziell – falls nicht andere Gründe dagegen sprechen – bei hoher Spezifität ein hoher Integrationsgrad.

- Die **strategische Bedeutung** eines Leistungselements für das betrachtete Unternehmen. Je wichtiger es ist, desto höher muss der Integrationsgrad sein, desto weniger darf es außer Haus gegeben werden. Diese intuitiv einleuchtende Erkenntnis ergibt sich aus den erheblichen Kosten für Überwachung und Kontrolle, die bei einer (typischen) Fremdvergabe zur Sicherung des Vorteils aufgebracht werden müssen – soweit eine solche Sicherung dann überhaupt möglich ist –, und aus den (Opportunitäts-)Kosten als Folge des fehlenden internen Aufbaus von Produkt- (und Prozess-)Know-how. Die Notwendigkeit eines hohen Integrationsgrads ergibt sich dabei in besonderem Maße für innovative Leistungselemente, da hier beide Effekte besonders zum Tragen kommen.

- Zusätzlich zu diesen Grundindikatoren bestehen zwei weitere Kriterien, die im Falle einer hohen Spezifität oder einer hohen strategischen Bedeutung auf die Zweckmäßigkeit der Eigenfertigung hindeuten. Es sind dies **Unsicherheit** und **Häufigkeit**: Je größer die Unsicherheit in Bezug auf Änderungen ist, desto höher sind die Transaktionskosten zur Kodifizierung der Beziehung und zur Kontrolle einer angemessenen Preissetzung. Im Falle der Häufigkeit des Auftretens eines Leistungselements macht eine stärkere Ausprägung das Erreichen der für eine Eigenfertigung kritischen Menge wahrscheinlicher. Eine hohe Unsicherheit und eine große Häufigkeit sprechen damit für einen hohen Integrationsgrad.

Betrachtet man die vier Indikatoren, so erkennt man, dass sie eine unterschiedliche Qualität aufweisen: Während hohe Ausprägungen bei den Eigenschaften „Spezifität" und „strategische Relevanz" bereits einen höheren Integrationsgrad zweckmäßig erscheinen lassen, gilt dies nur bedingt für die Merkmale „Unsicherheit" und „Häufigkeit": So muss keineswegs jedes Teil, das in großer Menge benötigt wird, auch selbst gefertigt werden und ebenso können stark änderungsbedürftige Teile bei fehlender Spezifität und Relevanz fremdbezogen werden. Für das Verhältnis der beiden Einflussgrößen „Spezifität" und „strategische Relevanz" ist weiter zu erkennen, dass sie in gewissem Maße korrelieren: So wird ein strategisch wichtiger Leistungsbestandteil in der Regel auch ein differenzierendes Element der Unternehmensleistung sein und damit ein hohes Maß an Spezifität aufweisen. In umgekehrter Richtung gilt dies allerdings in deutlich eingeschränktem Maße. So sind durchaus hoch spezifische Teile vorstellbar, die allenfalls marginale strategische Bedeutung besitzen.

Weiter muss die Veränderlichkeit der Eigenschaften im Zeitablauf beachtet werden. Was heute noch spezifisch und strategisch wichtig ist, kann morgen schon Standard sein. Den „Erbhof" früherer Zeiten gibt es immer weniger. Dies ist bei der Maßnahmenableitung stets zu berücksichtigen.

Für die Fokussierung der Make-or-Buy-Entscheidung bedeutet dies, dass vor allem solche eigenerstellten Leistungskomponenten zur Disposition stehen sollten, die keine erhebliche strategische Bedeutung oder keine hohe Spezifität aufweisen. Dies gilt in besonderem Maße, wenn geringe Unsicherheit und/oder eine begrenzte Häufigkeit vorliegt. Das Analoge gilt für bisher fremdbezogene Artikel. Abb. 6.22 skizziert ein einfaches Suchraster.

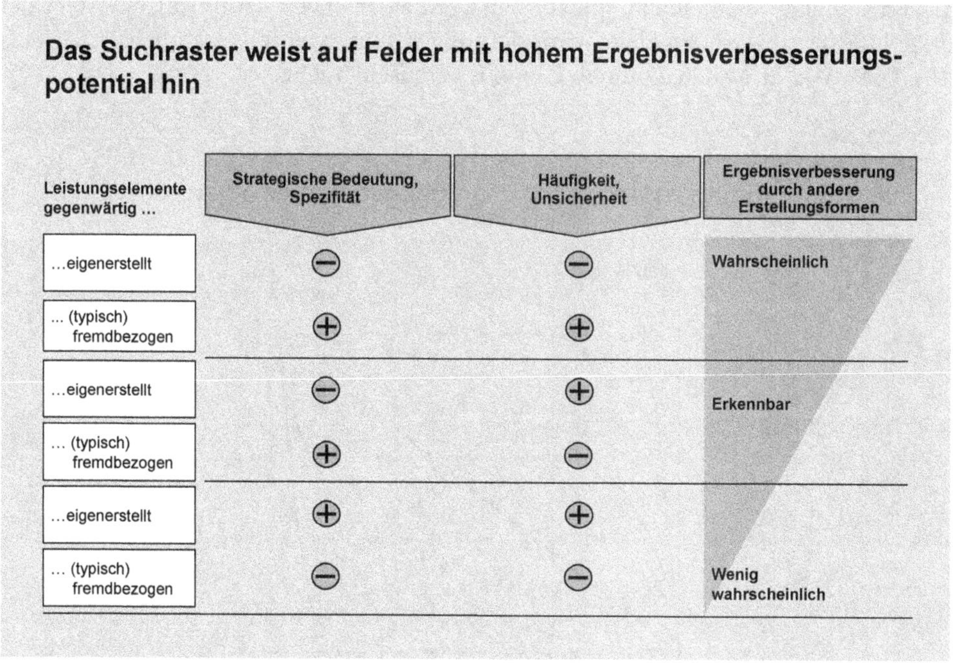

Das Suchraster weist auf Felder mit hohem Ergebnisverbesserungspotential hin

Leistungselemente gegenwärtig ...	Strategische Bedeutung, Spezifität	Häufigkeit, Unsicherheit	Ergebnisverbesserung durch andere Erstellungsformen
...eigenerstellt	⊖	⊖	Wahrscheinlich
... (typisch) fremdbezogen	⊕	⊕	
...eigenerstellt	⊖	⊕	Erkennbar
... (typisch) fremdbezogen	⊕	⊖	
...eigenerstellt	⊕	⊕	
... (typisch) fremdbezogen	⊖	⊖	Wenig wahrscheinlich

Abb. 6.22 Suchraster zur Optimierung des Integrationsgrades[3]

Als Generalrichtung zum „richtigen" Umfang der Wertschöpfung lässt sich – wiederum mit allen Einschränkungen, die für solche Aussage gelten – feststellen, dass im Zweifel eine Verringerung der eigenerstellten Wertschöpfung anzustreben ist.

---

[3] Erläuterungen zur Abbildung:
   + : mindestens einer der beiden Indikatoren hat die Ausprägung „hoch"
   – : beide Indikatoren haben die Ausprägung „niedrig"
   So ist die erste Zeile folgendermaßen zu lesen: Bei einem bisher eigenerstellten Produkt, das bezüglich aller vier Indikatoren die Ausprägung „niedrig" aufweist, ist wahrscheinlich, dass ein Übergang zu Fremdbezug eine Ergebnisverbesserung bringt. Ein möglicher Fremdbezug sollte daher unbedingt näher untersucht werden.

Ansatz 3: Vielfaltsbeherrschung durch optimierte Eigenerstellung, insbesondere durch konsequente Nachverlagerung der Komplexität

Die Leistungserstellung im engeren Sinne lässt sich durch vielfältige, meist auf Flexibilisierung ausgerichtete Maßnahmen optimieren. Da jedoch Flexibilität oft mit erheblichen Kosten verbunden ist, sind hier stets Kosten-Nutzen-Abwägungen erforderlich. Oft wird gelten, dass die beste Beherrschung die Vermeidung ist, d. h., dass zunächst die Leistungserstellung weitestgehend zu vereinfachen ist. Erst dann sollte über eine Flexibilisierung oder Automatisierung nachgedacht werden.

Ein generelles Konzept zur Optimierung der Leistungserstellung zielt darauf, bereits die Entstehung von Innenkomplexität zu vermeiden. Dies wird erreicht, wenn der Erstellungsprozess so angelegt wird, dass die Komplexität erst möglichst spät auftritt. Dies wird in Abb. 6.23 durch Graph E veranschaulicht.

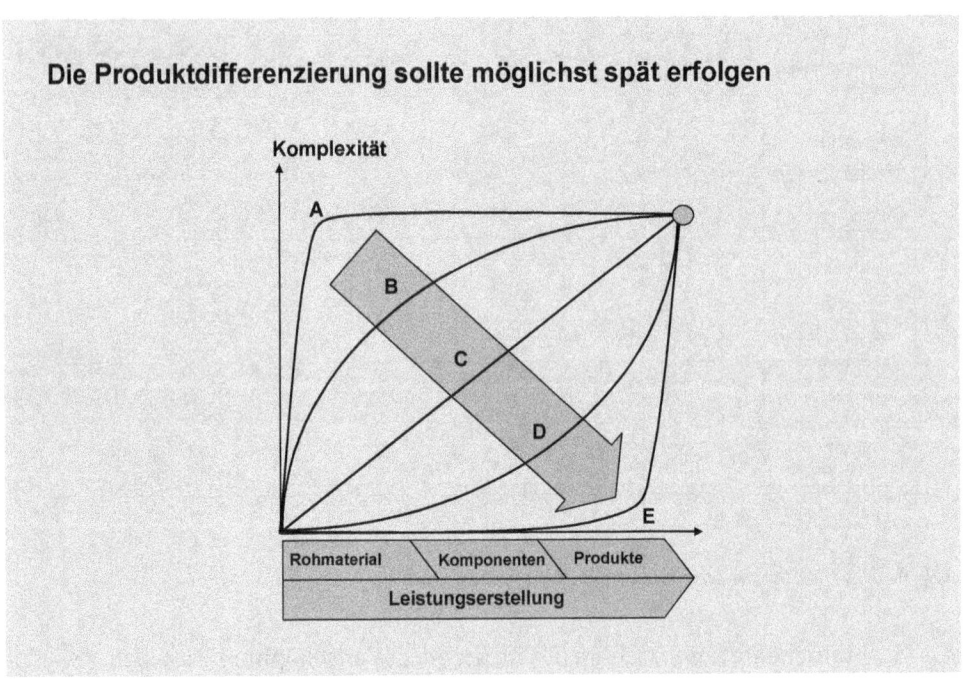

Abb. 6.23 *Alternative Komplexitätsentwicklung bei gegebener Produktvielfalt*

Anders als im Fall A, in dem die Vielfalt von Anfang an in vollem Umfang den Leistungserstellungsprozess belastet, sollte die Differenzierung der Produkte zum spätestmöglichen Zeitpunkt – idealerweise erst mit dem letzten Produktionsschritt – eingeführt werden. Damit kann eine hohe Vielfalt über weite Strecken zu den Bedingungen einer Massenfertigung erzeugt werden: Der Planungs- und Steuerungsaufwand wird reduziert. Es können Anpassungen an Nachfrageänderungen später durchgeführt und unnötiger Fertigerzeugnisbestandsaufbau vermieden werden. Außerdem werden geringere Bestände an Rohstoffen und Unfertigen Erzeugnissen benötigt.

Die Wirkung, die die Nachverlagerung der Varietät haben kann, wird beispielsweise in Teilen der Modeindustrie genutzt: Dort lässt man gewisse Teile der Produktion zunächst ungefärbt. Der letzte Schritt, die Fixierung des Hauptvariationsfaktors „Farbe", wird in Abhängigkeit von der konkreten Nachfrageentwicklung durchgeführt. Damit ist das Unternehmen mit geringen Beständen lieferfähig und vermeidet dennoch das in der Bekleidungsbranche erhebliche Risiko der (modischen) Veralterung. Außerdem kann kurzfristig auf neue Farbtrends reagiert werden. Eine andere wichtige Anwendung des Prinzips ist der Ersatz von Hardware-Varianten durch Software-Varianten. So ist es beispielsweise möglich, Motoren teilweise erst im letzten Produktionsschritt hinsichtlich der endgültigen Leistungsdaten festzulegen.

Anwendungsbeispiel zur besseren Vielfaltsbeherrschung
Die Ansätze zur besseren Vielfaltsbeherrschung und deren Zusammenwirken lassen sich gut am Beispiel der Firma Sharp aufzeigen, deren Waschmaschinenbereich vor einigen Jahren vor dem Problem stand, dass die (japanischen) Marktbedingungen eine stärkere Anpassung der Geräte an die Umgebungsbedingungen des Aufstellorts erforderten. Da man bereits unter der bestehenden Vielfalt litt, beschloss man, vor einer weiteren Vielfaltausweitung zunächst das gesamte Produkt-Prozess-Konzept zu überarbeiten.

Die Überarbeitung ergab, dass die bestehenden fünf, weitgehend selbstständigen Produktlinien in zwei Grundmodelle überführt wurden, die durch Einsatz unterschiedlicher, vor allem das äußere Erscheinungsbild betreffender Baugruppen, wie Gehäuse, Instrumentierung, variiert werden konnten. Ein weiteres wesentliches Variationselement war (anders als in Europa) die Farbe. Sie bot auf der einen Seite ganz erhebliche Möglichkeiten zur Produktvariation, stellte jedoch die Produktion vor erhebliche Probleme, da laufende Farbwechsel ohne gleichzeitige Beeinträchtigung der Lackierqualität technisch wie ablaufmäßig sehr aufwendig zu realisieren sind. Also konzipierte man den Erstellungsprozess so, dass, statt am Ende des Prozesses das geschnittene und geformte Blech zu lackieren, bereits von Anfang an lackierte Bleche eingesetzt werden konnten, die überdies so gestaltet wurden, dass sie problemlos fremdbezogen[4] werden konnten. Nun konnte durch Anwendung des

---

[4] Am Beispiel der lackierten Bleche lässt sich auch gut das Indikatorenraster zum Integrationsgrad veranschaulichen. Dort wären die (eigengefertigten) Bleche mit „Verbesserungspotential durch Fremdvergabe wahrscheinlich" klassifiziert worden: Sie weisen als (Standard-)Bleche, lackiert in (Standard-)Möbelfarbtönen, kaum Spezifität auf. Eine strategische Bedeutung ist für die Gehäusequalität nach Einhaltung von Grundanforderungen nicht auszumachen. (Das muss nicht zwingend so sein: So kann man etwa den Gehäuseteilen der Firma Miele, deren emaillierte Gehäuse auch nach 20 Jahren noch „wie neu" aussehen, eine gewisse strategische Relevanz und – wegen des erforderlichen Emailliervorgangs – auch eine nennenswerte Spezifität nicht absprechen.) Die Häufigkeit ist, gemessen an dem für Lackiereinrichtungen erforderlichen Investitionsbedarf, allenfalls mittel.

Modularprinzips zwar eine größere Vielfalt angeboten werden, wegen der bereitzu-
stellenden Kompatibilität der Komponenten erhöhte sich jedoch der Materialeinsatz.
Durch gleichzeitige Änderungen im Erstellungsprozess konnte dies jedoch überkompensiert werden. Aufgrund der deutlich angewachsenen Mengen gleicher Elemente, Baugruppen etc. wurde es möglich, eine ganze Reihe von „unsichtbaren"
Komponenten (z. B. Trommel, Schwingsystem) mit erheblichen Kostenvorteilen auf
(starr) hoch mechanisierten Anlagen zu fertigen. Hinzu kam der Einsatz eines neuen
Druckverfahrens, das ein qualitativ einwandfreies Bedrucken der vorlackierten Bleche zuließ. Damit konnte die erhebliche Vielfalt der Beschriftungen, die eine Vereinfachung des Erstellungsprozesses empfindlich behindert hätte, ungleich besser
beherrscht werden.

Als Ergebnis dieser auf Vielfaltsbeherrschung ausgerichteten Neukonzeption ergab
sich, dass eine um Faktor 15 (!) erhöhte Vielfalt zu 15 % niedrigeren Stückkosten
angeboten werden konnte. Daneben wurden Qualität und Lieferzeit erheblich verbessert. An diesem Beispiel ist deutlich zu erkennen, dass signifikante Ergebnisse
erst durch das Zusammenwirken verschiedener Konzepte zu erreichen sind. Zusammenwirken impliziert hier auch, dass prinzipiell attraktive Konzepte nicht verfolgt
werden, wenn dies im Sinne der gesamtoptimalen Lösung ist. So läuft etwa die Entscheidung, bereits zu Beginn der Gehäuseproduktion vorlackierte Bleche zu verwenden, dem Konzept der möglichst späten Fixierung der differenzierenden Produktmerkmale diametral zuwider; die daraus erwachsenden Nachteile werden jedoch
durch eine deutliche Vereinfachung des Betriebsmitteleinsatzes überkompensiert.

Gesamtoptimierung: Entwicklung der Variantenstrategie
Die Abschnitte zu Leistungs- und Strukturoptimierung zeigen, wie der Nutzen der
Vielfalt maximiert und deren Auswirkungen minimiert werden können (Abb. 6.24).
Dies muss in eine konkrete Variantenstrategie überführt werden.

Schließlich ist auch die Unsicherheit angesichts der Stabilität des (primär ersatzbedarfsbestimmten) Waschma-
schinenbedarfs sehr begrenzt.

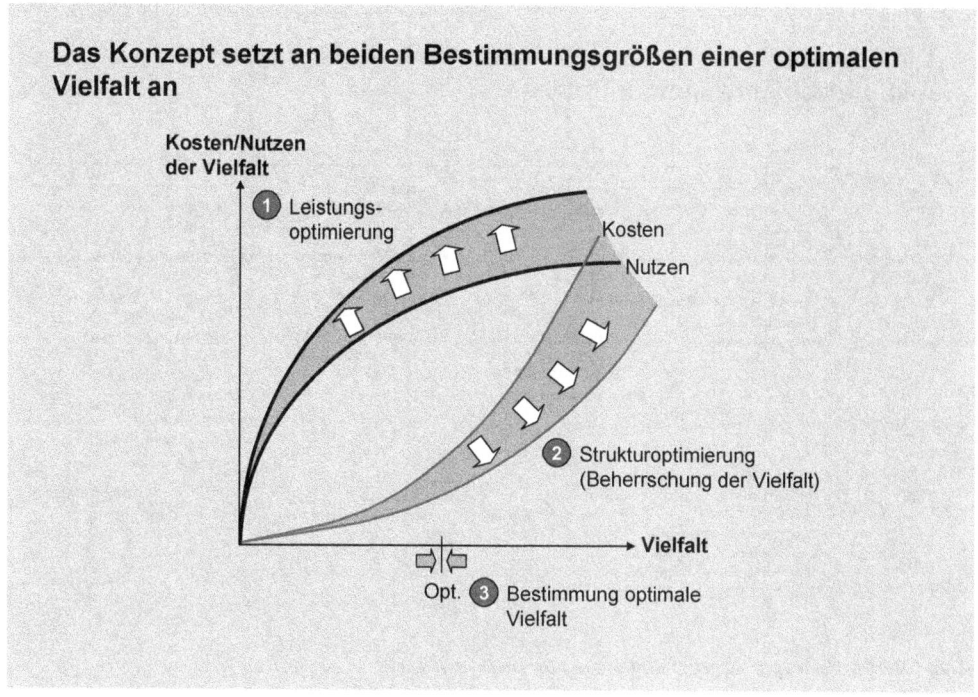

Abb. 6.24 *Wirkungsweise von Leistungs- und Strukturoptimierung*

Um unter Praxisbedingungen eine effektive Lösung zu finden, ist ein schrittweises Vorgehen angezeigt, bei dem vorläufige Lösungen entwickelt, verfeinert und ggf. wieder verworfen werden. Ausgangspunkt ist eine Unternehmens- und Umfeldanalyse. Dies beinhaltet insbesondere ein klares Verständnis der Wirkungen der Komplexität im Unternehmen sowie eine fundierte Kundennutzen-Analyse (z. B. durch Conjoint Measurement) und ein Verständnis der Wettbewerberpraktiken. Auf dieser Basis werden alternative Möglichkeiten zur Leistungs- und Strukturoptimierung entwickelt und priorisiert. Die Ansatzpunkte und Instrumente hierzu wurden in den vorangegangenen Abschnitten dargestellt. Bei der Alternativenbewertung ist wichtig, dass die Vereinbarkeit mit der Gesamtstrategie, die Ressourcenverfügbarkeit und die notwendige Bereitschaft der Organisation zur Umsetzung gegeben sind. Im Zusammenhang mit der Implementierungsplanung ist auf eine klare Definition des Zielzustandes und auf genügend konkrete Maßnahmen und Meilensteine zu achten. Bei grundlegenden Veränderungen im Produktprogramm und in der Unternehmensstruktur kann die Bedeutung von begleitenden Kommunikationsmaßnahmen kaum überschätzt werden. Da in der Regel ein längerer Implementierungsprozess erforderlich sein wird, ist eine klare und verständliche Dokumentation wichtig. Sie unterstützt auch die Entwicklung und Implementierung der Kontroll- und Kommunikationsmaßnahmen. Abb. 6.25 fasst wesentliche Arbeitsschritte zusammen.

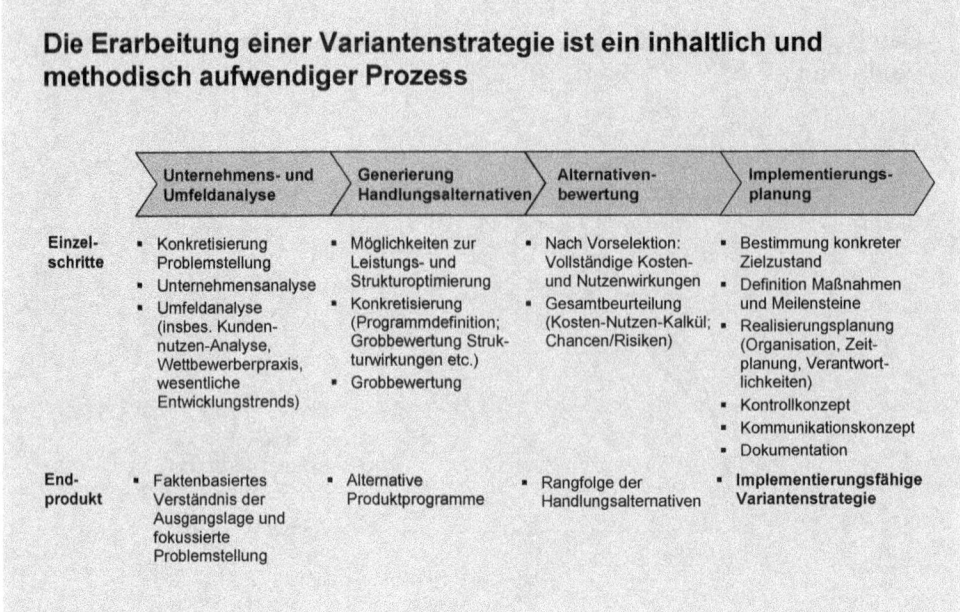

Die Erarbeitung einer Variantenstrategie ist ein inhaltlich und methodisch aufwendiger Prozess

	Unternehmens- und Umfeldanalyse	Generierung Handlungsalternativen	Alternativen- bewertung	Implementierungs- planung
Einzel- schritte	• Konkretisierung Problemstellung • Unternehmensanalyse • Umfeldanalyse (insbes. Kunden- nutzen-Analyse, Wettbewerberpraxis, wesentliche Entwicklungstrends)	• Möglichkeiten zur Leistungs- und Strukturoptimierung • Konkretisierung (Programmdefinition; Grobbewertung Struk- turwirkungen etc.) • Grobbewertung	• Nach Vorselektion: Vollständige Kosten- und Nutzenwirkungen • Gesamtbeurteilung (Kosten-Nutzen-Kalkül; Chancen/Risiken)	• Bestimmung konkreter Zielzustand • Definition Maßnahmen und Meilensteine • Realisierungsplanung (Organisation, Zeit- planung, Verantwort- lichkeiten) • Kontrollkonzept • Kommunikationskonzept • Dokumentation
End- produkt	• Faktenbasiertes Verständnis der Ausgangslage und fokussierte Problemstellung	• Alternative Produktprogramme	• Rangfolge der Handlungsalternativen	• **Implementierungsfähige Variantenstrategie**

Abb. 6.25 Vorgehen zur Erarbeitung einer Variantenstrategie

Damit ist die Darstellung des Optimierungskonzepts abgeschlossen. Die Ausführungen sollten gezeigt haben, dass Komplexitätsmanagement ein inhaltlich und methodisch aufwendiger und anspruchsvoller Prozess ist. Davon sollte man sich allerdings nicht abschrecken lassen, da es gleichzeitig die Möglichkeit eröffnet, die Wettbewerbsposition grundlegend zu verbessern.

6.2.3 „Wachstum durch Verzicht" ermöglicht erfolgreichen Turnaround

Komplexitätsmanagement hat in vielen Produkt- und Dienstleistungsunternehmen unterschiedlichster Branchen große Erfolge erzielt. Abb. 6.26 zeigt die Bandbreite der Kostensenkungen aus einer Vielzahl von Projekten. Stellvertretend für viele sei das Beispiel eines weltweit agierenden Elektronikunternehmens gezeigt. Dieses wurde mittels eines konsequenten Komplexitätsmanagements wieder auf die Erfolgsspur gebracht.

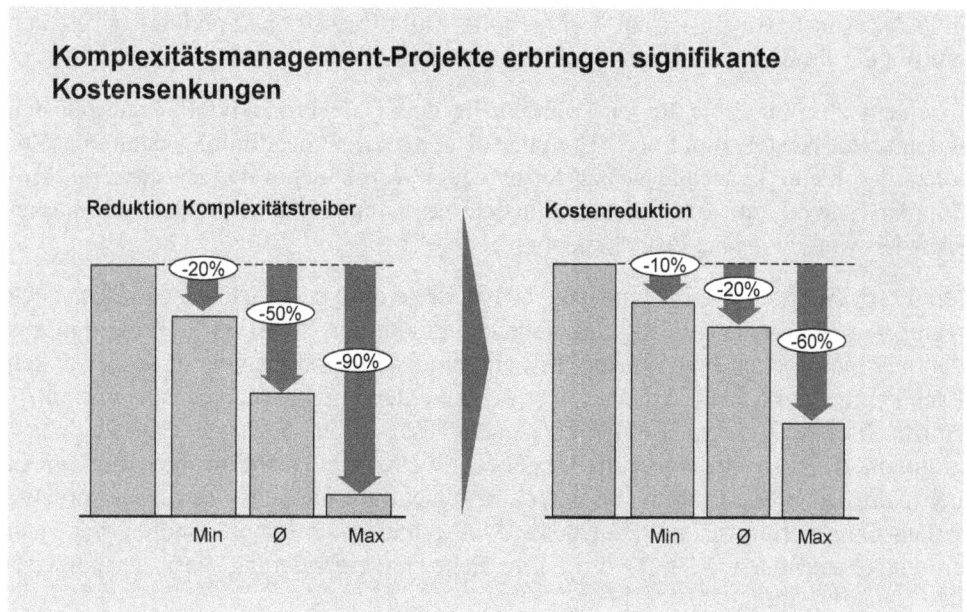

Abb. 6.26 *Ergebnisse von Komplexitätsmanagement-Projekten*

Die Ausgangslage war nicht erfreulich: Obwohl das Unternehmen in den bedienten Marktsegmenten auf den Plätzen 1 bis 3 positioniert war, war es in eine hoch defizitäre Ergebnissituation gelangt. Das Management fühlte seit Längerem ein Unbehagen mit den Instrumenten und Konzepten seines Komplexitätsmanagements. Da sich trotz verschiedener Bereinigungsaktionen kein Erfolg einstellte, sondern die Lage sich im Gegenteil weiter verschlechterte, beschloss die Geschäftsleitung, das Problem im Rahmen eines Projekts grundlegend anzugehen.

Ausgangspunkt der Analysen war eine Überprüfung des Kostenrechnungssystems. Die angemessene Berücksichtigung der Komplexitätskosten brachte überraschende Ergebnisse: Die meisten der vermeintlich hochprofitablen High-End-Segmente erwiesen sich als hochdefizitär. Gleiches galt für die Bedienung einer Reihe von Auslandsmärkten.

Anschließend wurde das Produktangebot untersucht. Dem Klienten war klar: Hier ging es nicht um die Streichung einzelner defizitären Produktvarianten, vielmehr war das gesamte Produktprogramm grundlegend neu auszurichten. Dazu wurden zunächst die zu bedienenden Marktsegmente neu definiert und anschließend die Produkte zielgenau auf die Anforderungen der Marktsegmente ausgerichtet. „Blattschuss statt Schrotschuss" hieß das Motto. Weiter wurden die Produkte zur regionalen Marktabdeckung zusammengefasst. Die Belieferung kleiner Märkte mit spezifischen Anforderungen wurde – von wenigen Ausnahmen im Wesentlichen aufgrund globaler Abnehmer abgesehen – eingestellt. Ziel dieses Projektmoduls war es, den Nutzen der Produktvielfalt möglichst gut auszuschöpfen.

In einem zweiten Projektmodul wurden die durch die Produktvielfalt ausgelösten Komplexitätskosten minimiert. Haupthebel hierzu war die Produktgestaltung. Vor allem durch eine konsequente Plattformstrategie verbunden mit einer stärkeren Modularisierung konnte die unternehmensinterne Komplexität noch deutlich stärker reduziert werden als die Produktpalette.

Die Erarbeitung des Maßnahmenpakets erforderte etwa sechs Monate. Eingebunden waren Know-how-Träger aus Entwicklung, Produktion, Vertrieb, Service und aus den kaufmännischen Funktionen. Hinsichtlich der Methodik sowie in ausgewählten Fachthemen wurden die Arbeiten durch einen externen Unternehmensberater unterstützt. Zusätzlich waren im Lenkungsausschuss – dem höchsten Entscheidungsgremium des Projekts – die Leitungen der betroffenen Unternehmensfunktionen vertreten. Die breite Einbindung unterstützte nicht nur die teilweise sehr anspruchsvollen Optimierungen im Rahmen der Maßnahmengenerierung, sondern war auch ein entscheidender Faktor für die erfolgreiche Implementierung dieser grundlegenden Neuausrichtung.

Die genannten Ansätze und eine Vielzahl weiterer kleinerer Maßnahmen führten zu beeindruckenden Ergebnissen: Mit der Neuausrichtung des Produktprogramms wurde die Erzeugnisvielfalt um über 50 % reduziert. Durch das gleichzeitige Redesign der Produkte konnte die Anzahl der zugehörigen Komplexitätstreiber (in diesem Fall Flachbaugruppen und Bauelemente) sogar um über 80 % gesenkt werden. Die Stückkosten wurden so um 40 % reduziert, wobei die größere Reduktion – der Natur der Komplexität entsprechend – bei den Gemeinkosten lag (Abb. 6.27).

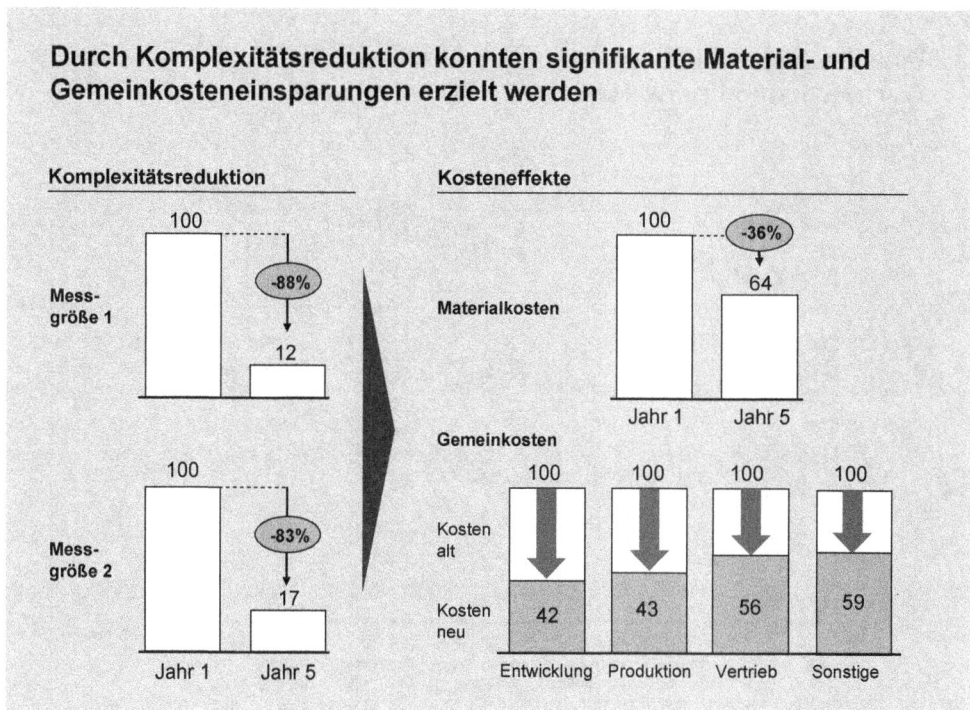

Abb. 6.27 Praxisbeispiel: Verbesserungspotentiale eines umfassenden Komplexitätsmanagements

Durch die grundlegende Neuausrichtung konnte gleichzeitig die Voraussetzung für eine Umsatzsteigerung um mehr als ein Drittel geschaffen werden. Durch eine intelligente Variantendefinition und die verbesserte Kostenposition war es dem Unternehmen möglich, neue Kundensegmente zu erschließen (Abb. 6.28).

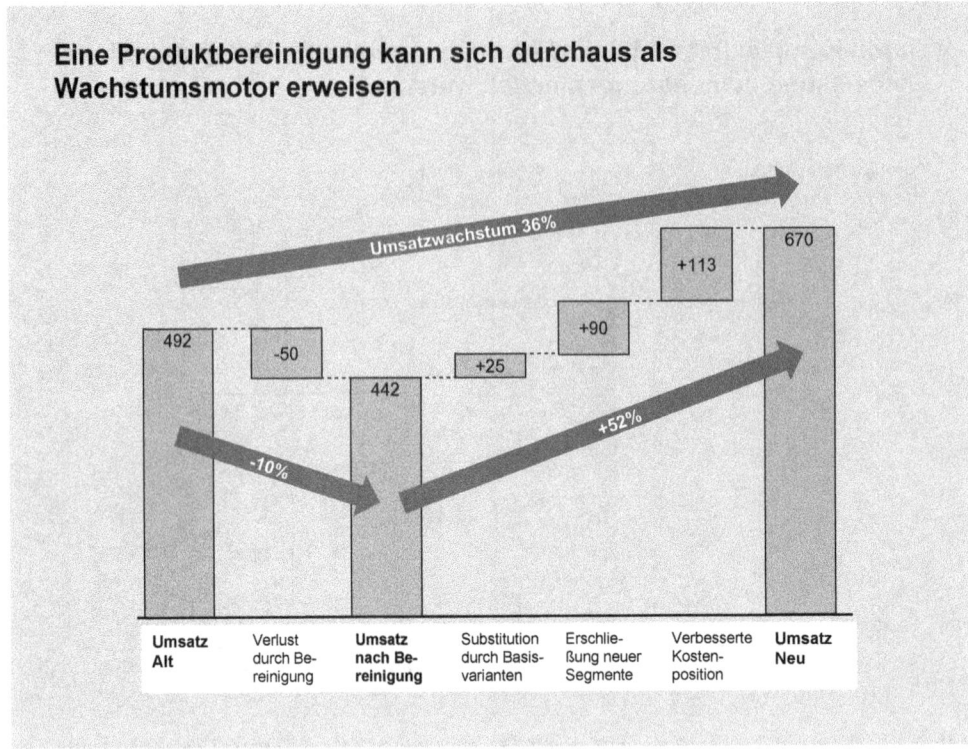

Abb. 6.28 Komplexitätsmanagement als Wachstumsmotor

Das Beispiel zeigt das große Potential eines konsequenten Komplexitätsmanagements zur Verbesserung der Wettbewerbsposition. Auch zeigt es, dass die oftmals propagierte Zwangsläufigkeit „weniger Varianten, weniger Umsatz" bei Anwendung eines ganzheitlichen Instrumentariums oftmals nicht gilt, d. h. ein „Wachstum durch Verzicht" ist durchaus möglich.

6.2.4 Schlüsselfaktoren für erfolgreiches Management der Komplexität

Wie bei vielen leistungsfähigen Konzepten sind auch beim Komplexitätsmanagement generell gültige Rezepte wenig zielführend. Vielmehr sind auch hier unternehmensspezifische Lösungen zu entwickeln. Die Erfolgsfaktoren für eine solche Entwicklung sind folgende:

Kühles Kosten-Nutzen-Kalkül: Das Prinzip des Komplexitätsmanagements ist denkbar einfach: Neue Varianten sind gut, solange die zusätzlichen Erlöse die zusätzlichen Kosten aus der Variantenbereitstellung überschreiten. An die Stelle heutiger Ansätze, die bloß auf Streichung gerichtet sind und damit Wachstumschancen durch neue Varianten verschenken, treten Offenheit und unvoreingenommenes Kosten-Nutzen-Kalkül. Bei diesem Kalkül ist allerdings zu berücksichtigen, dass unter Praxisbedingungen viele Wirkungszusammenhänge außerordentlich komplex sind. Dies mache eine hinreichend gute Lösung oft nur bei Nutzung anspruchsvoller Methoden wahrscheinlich. Auch wenn diese Instrumente durchaus aufwendig sind, sind sie bei kritischen Entscheidungselementen meist unverzichtbar. Postulat und Vermutung sind hier oft schlechte Ratgeber.

Aktive und bereichsübergreifende Steuerung: Vielfaltsgetriebene Wirkungen haben zwar ein erhebliches, aber meist nur mittel- bis langfristig gestaltbares Volumen. Eine gesamtoptimale (Selbst-)Steuerung auf Funktionsbereichs- oder gar Einzelabteilungsebene ist wegen des Auseinanderfallens von Komplexitätsverursachung und Kostenverantwortung nicht zu erwarten. Hinzu kommt, dass ein unzureichendes Management vielfach nicht auf einen zwar schlechteren, jedoch dann stabilen Zustand zusteuert, sondern eine fortwährende Verschlechterung wahrscheinlich ist (vgl. hierzu den „Teufelkreis-Effekt"). Diese Merkmale machen eine laufende Verfolgung und fallweise eine gezielte Gegensteuerung notwendig.

Frühzeitig und fokussiert: Die maximale Wirkung ergibt sich, wenn die Beeinflussung bereits vor der Variantenentstehung ansetzt. Werden existierende Varianten gestrichen, sind erhebliche Teile der Kosten bereits ausgegeben. Man denke beispielsweise an die Konstruktionsleistungen, die Mustererstellung und den Werkzeugbau. Daneben ist stets die Variantenhierarchie zu berücksichtigen: Die Streichung einer gesamten Baureihe hat eine signifikant höhere Wirkung als Streichungen auf Einzelvariantenebene. Entsprechend der spezifischen Kostenwirkung sollten daher Streichungen bei einer möglichst hohen Variationsklasse einsetzen, da hierdurch erheblich größere Potentiale erreichbar sind als bei einem Ansatz auf Einzelvariantenniveau. Analoges gilt für Ausweitungen, für die eine möglichst niedrige Klasse gewählt werden sollte. In Abb. 6.29 sind die Kostenbeeinflussungspotentiale unterschiedlicher Vielfaltsänderungen grob quantifiziert.

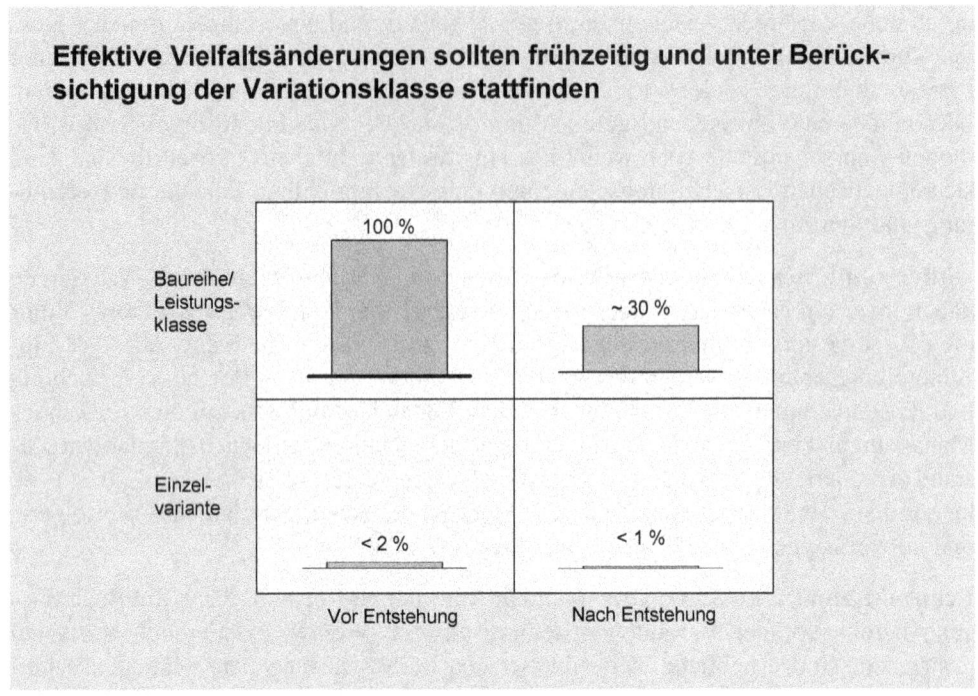

Abb. 6.29 *Kostenbeeinflussungspotential von Vielfaltsänderungen*

Mut zu signifikanten Eingriffen: Nur bei Überschreiten einer kritischen Größenordnung wird es möglich sein, im Falle von Variantenstreichungen den Strukturabbau auch tatsächlich – und nicht nur rechnerisch – vornehmen zu können. Die vielfach als Variantenmanagement betrachtete Streichung defizitärer Einzelvarianten bringt dagegen, außer dem beruhigenden Gefühl, etwas getan zu haben, wenig. Zwar ist sie wichtig, um Wildwuchs frühzeitig einzudämmen, doch sollte nicht mehr als eine geringfügige Ergebniswirkung erwartet werden. Bei der häufig praktizierten „scheibchenweisen" Bereinigung ist u. U. sogar eine kontraproduktive Wirkung vorstellbar: dann nämlich, wenn statt eines größeren Einschnitts mehrere kleine Schritte durchgeführt werden und die Bruchteilseinsparungen zwischenzeitlich erodieren.

In abgeschwächtem Maße gilt dies auch bei einer Variantenausweitung. Hier rechtfertigt mitunter erst ein signifikanter Aufbau eine tatsächliche Strukturänderung und vermeidet so die Gefahr, zu einer Auslegung zu gelangen, die bereits im Widerspruch zur bestehenden Struktur steht, jedoch noch nicht genügend für eine neue Konzeption ist – ein Zwischen-den-Stühlen-Sitzen. Damit entstehen zwangsläufige Kostennachteile im Vergleich zu eindeutiger ausgerichteten Wettbewerbern.

Zusammenfassend kann gesagt werden, dass das Konzept des Komplexitäts-managements nicht risikofrei ist und im nennenswerten Maße Know-how und Res-sourcen erfordert. Professionell erarbeitet und konsequent umgesetzt ermöglicht es jedoch wie kaum ein zweites Instrument grundlegende Verbesserungen der Wettbe-werbsposition.

6.3 Professionelles Pricing: wesentlicher (und häufig vernachlässigter) Ergebnishebel

Preismanagement (Pricing) umfasst die Bestimmung und Durchsetzung des Preises für das Leistungsangebot eines Anbieters. Ob und inwieweit der richtige (im Sinne von gewinnmaximale) Preis bestimmt und durchgesetzt wird, beeinflusst die Unter-nehmensprofitabilität in ganz entscheidendem Maße. Maßnahmen zur Verbesserung des Preismanagements sind daher ein wesentlicher Hebel zur Verbesserung der Un-ternehmenssituation.

Im Zusammenhang mit einem systematischen Preismanagement werden folgende Aspekte eingehender betrachtet: die Bedeutung des Pricing für die Unternehmens-profitabilität, konzeptionelle Grundlagen – wie das Konzept des Pocket-Price, Prin-zipien zur Preisbestimmung sowie dynamische Aspekte der Preissetzung –, der Pro-zess zur Verbesserung der Pricing Performance sowie ein konkretes Praxisbeispiel, das aufzeigt, wie durch verbessertes Preismanagement eine signifikante Steigerung der Profitabilität erreicht wurde.

6.3.1 Bedeutung des Preismanagements für die Unternehmensprofitabilität

Die Relevanz des Preismanagements ergibt sich zum einen aus der quantitativen Bedeutung des Hebels „Preis" für die Unternehmensprofitabilität und zum anderen aus den veränderten Rahmenbedingungen der Kaufentscheidung.

Die quantitative Bedeutung des Pricings als Hebel zur Verbesserung der Unterneh-mensprofitabilität kann man sich mit einer einfachen Überlegung klarmachen: Nimmt man die durchschnittlichen Daten der Standard & Poor Top-500-Unternehmen und fragt nach der Wirkung einer 1 %igen Verbesserung eines jeden der vier Haupt-faktoren – Preis, Volumen, variable Kosten und Fixkosten –, so ergibt sich eine klare Antwort: Eine 1 %ige Steigerung des Preisniveaus bedeutet eine 9 %ige Ergebnisver-besserung. Der Effekt ist mehr als viermal so groß wie der einer entsprechenden Fixkostensenkung. Der Preis ist damit der **am stärksten wirkende Einzelhebel zur Verbesserung der Unternehmensprofitabilität** (Abb. 6.30). Das gilt auch im um-

gekehrten Fall. Dort gilt – plakativ formuliert –: Was man beim Preis verliert, holt
man bei den Kosten nie auf!

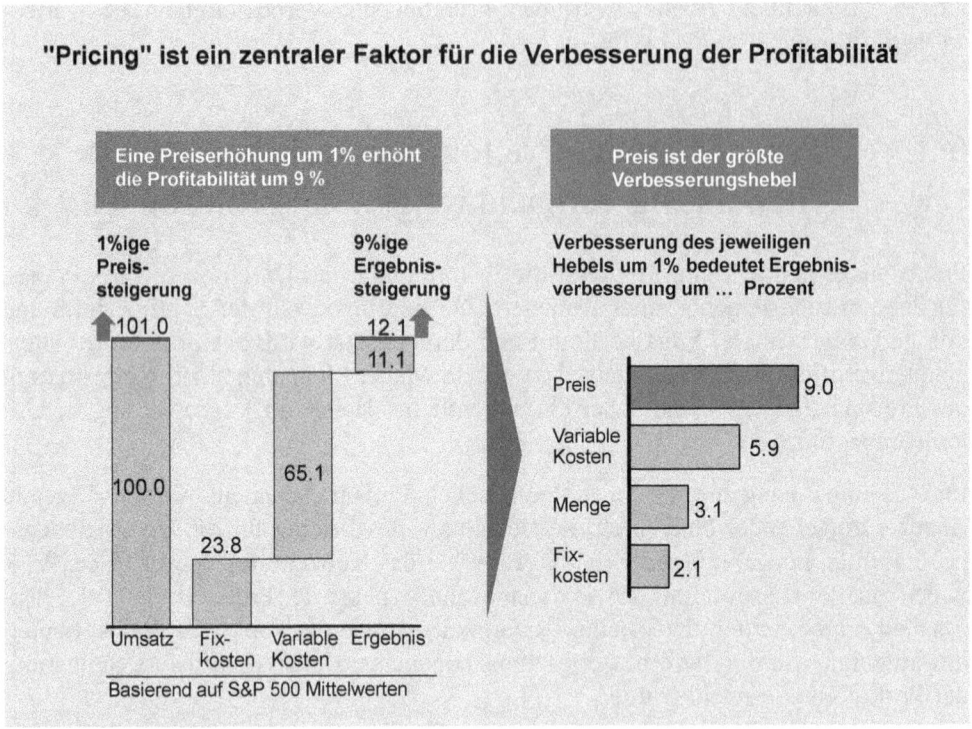

Abb. 6.30 Wirkung verschiedener Verbesserungshebel auf die Unternehmensprofitabilität

Der zweite Grund für die Bedeutung eines effektiven Preismanagements sind die
geänderten Rahmenbedingungen. Diese haben in den letzten zehn Jahren zu einer
deutlichen Zunahme des Preisdrucks auf die Anbieter geführt. Wesentliche Gründe hierfür sind:

- die Professionalisierung der Einkaufsorganisationen bzw. die entsprechende
  Aufklärung aufseiten der Verbraucher;
- eine deutlich gestiegene (weltweite) Preistransparenz aufgrund des Internets;
- eine deutliche Ausweitung des geographischen Suchfeldes („Global Sourcing")
  und damit Zugang zu Bezugsquellen mit grundlegend anderen Wettbewerbsbedingungen;
- neue Formen der Preisfindung (z. B. Internet Auctions) und der Zusammenarbeit
  (z. B. Open Book Costing).

Diese Faktoren erhöhen den Druck auf die Preisniveaus und führen dazu, dass Fehler im Preismanagement mit deutlicher Preiserosion bestraft werden.

Angesichts dieser Rahmendaten ist nicht überraschend, dass eine Neudefinition bzw. Überarbeitung des Preismanagements in vielen Fällen zu einer signifikanten Verbesserung der Unternehmensprofitabilität führt. Eine Untersuchung der Beratungsfirma McKinsey zu Ergebnisverbesserungen aufgrund eines verbesserten Preismanagements bestätigt dies nachdrücklich: Die Umsatzrendite steigerte sich je nach Branche zwischen 2 und 9 Prozentpunkten bereits im ersten Jahr (Abb. 6.31).

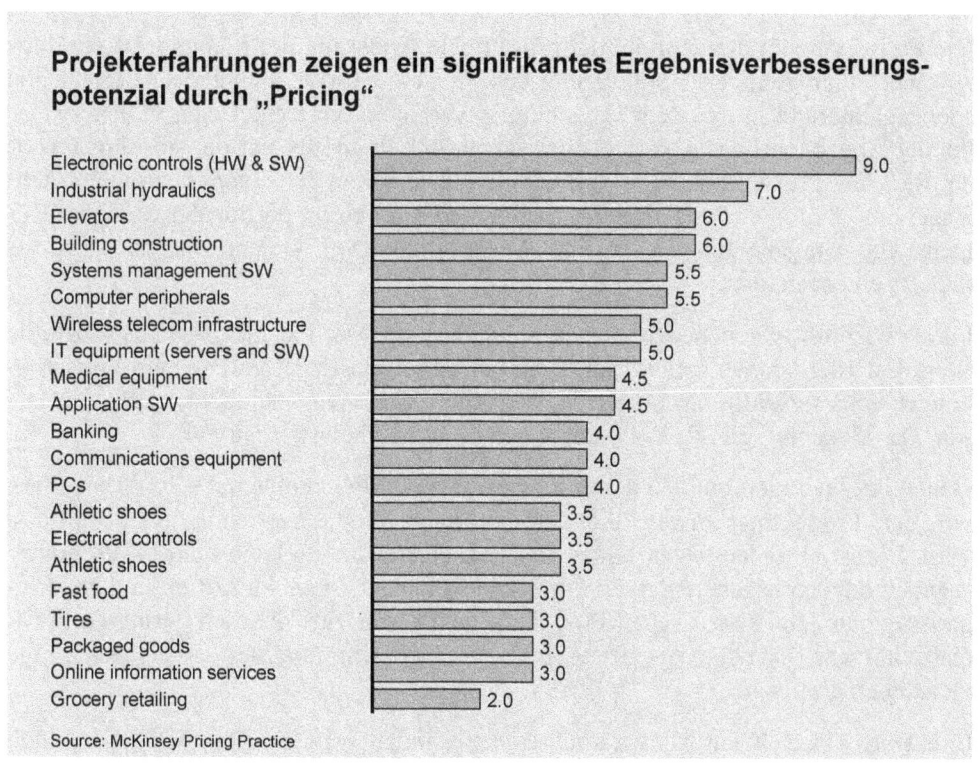

Projekterfahrungen zeigen ein signifikantes Ergebnisverbesserungspotenzial durch „Pricing"

Electronic controls (HW & SW)	9.0
Industrial hydraulics	7.0
Elevators	6.0
Building construction	6.0
Systems management SW	5.5
Computer peripherals	5.5
Wireless telecom infrastructure	5.0
IT equipment (servers and SW)	5.0
Medical equipment	4.5
Application SW	4.5
Banking	4.0
Communications equipment	4.0
PCs	4.0
Athletic shoes	3.5
Electrical controls	3.5
Athletic shoes	3.5
Fast food	3.0
Tires	3.0
Packaged goods	3.0
Online information services	3.0
Grocery retailing	2.0

Source: McKinsey Pricing Practice

Abb. 6.31 *Ergebniswirkungen von Pricing-Projekten*

6.3.2 Basiselemente des Preismanagements

Zum Preismanagement gibt es eine große Anzahl von Konzepten. Es sollte dabei berücksichtigt werden, dass das bestgeeignete Vorgehen eine sehr spezifische Angelegenheit ist. So unterscheidet sich das Preismanagement gravierend in Abhängigkeit von der Branche: Preismanagement im Handel sieht anders aus als in der Industrie oder bei Dienstleistungen. Pricing bei Konsumgütern unterscheidet sich deutlich von Investitionsgütern. Weiter beeinflusst die konkrete Wettbewerbssituation signifikant Möglichkeiten und Grenzen der Preispolitik. Die Reihe ließe sich fortsetzen. Für die praktische Anwendung bedeutet dies, dass Patentrezepte gefährlich sind und stattdessen unternehmensspezifische Lösungen gesucht werden müssen. Um dies erfolgreich tun zu können, sind zunächst einige generelle Aspekte wichtig:

Preiselastizität der Nachfrage als analytischer Ausgangpunkt

Ob Preisänderungen erfolgreich sind oder nicht, entscheidet letztlich der Kunde. Das zentrale Instrument, um dessen Verhalten zu messen, ist die Preiselastizität der Nachfrage. Auch wenn diese vordergründig als theoretisches Konzept gesehen wird, hat sie eine enorme Relevanz für die Praxis.

Die Preiselastizität ε beschreibt die prozentuale Änderung der Menge im Verhältnis zu einer einprozentigen Veränderung des Preises. Obwohl sich Preisänderung und Mengenänderung in der Regel gegenläufig verhalten, verzichtet man üblicherweise bei der Angabe auf das negative Vorzeichen, d. h. man gibt nur den absoluten Wert an. Bei einer Preiselastizität von größer eins spricht man von einer elastischen Nachfrage, d. h. bei einer Preiserhöhung ergibt sich ein überproportionaler Mengenrückgang. Das Umgekehrte gilt für eine Preiselastizität von kleiner eins. Sie wird als inelastisch bezeichnet.

Für Preisanpassungen bedeutet dies, dass man im Vorfeld die produktspezifische Preiselastizität kennen sollte. Liegt eine hohe Preiselastizität vor, so sind Preiserhöhungen sehr sorgfältig zu prüfen, da sie erhebliche Mengeneinbußen erwarten lassen. Das Gegenteil gilt für Preissenkungen im stark unelastischen Fall.

Generelle Aussagen zur Höhe der Preiselastizität sind problematisch, da sie stark von den Produktmerkmalen und der konkreten Wettbewerbssituation beeinflusst wird. Einige Grundaussagen lassen sich jedoch treffen. So kann man im Premiumsegment davon ausgehen, dass die Elastizität geringer ist als im Mittel- und Niedrigpreissegment. Bei spezifischen Produkten liegt meist eine deutlich geringere Preiselastizität vor als bei unspezifischen. Bei reinen Commodities ist die Nachfrage meist hoch elastisch.

Eine erste Einschätzung zu den konkreten Elastizitäten liefert Abb. 6.32. Sie enthält ausgewählte empirisch ermittelte Werte aus Projekten der Management-Beratung Simon-Kucher & Partners. Sie bestätigen die o.g. Tendenz. Gleichzeitig zeigen sie eine nennenswerte Varianz, die letztlich den höchst unterschiedlichen Bedingungen der betrachteten Unternehmen geschuldet ist.

Die tatsächlichen Preiselastizitäten variieren stark

Produktgruppe			Absolute Preiselastizität
Konsumgüter	• Verbrauchsgüter • Gebrauchsgüter		Meist > 2 Große Variation
Pharmazeutika	• Innovative Produkte • Mee-Too-Produkte • Generika • Frei verkäufliche Medikamente		0,2 - 0,7 0,5 - 1,5 0,7 - 2,5 0,5 - 1,5
Industriegüter	• Standardprodukte • Spezialprodukte		2,0 - 100 0,3 - 2,0
Automobilmarkt	• Premiumsegment • Mittelklasse- und Kleinwagen • Autoreifen		1,0 - 3,0 2,5 - 5,0 1,3 - 4,3
Dienst-leistungen	• Verkehr	• Flugverkehr • Bahnverkehr	1 - 5 < 1,0
	• Transportdienstleistung	• Brief • Paket • Bahn (Fracht)	0,2 - 0,9 1,0 - 3,0 0,5 - 2,0
	• Bankdienstleistungen	• Kontoführung • Wertpapierdepot • Baufinanzierung	0,2 - 1,4 0,05 - 0,5 0,8 - 1,9
	• Mobilfunktarife (Sprache)	• Monatlicher Grundpreis • Minutenpreis	0,5 - 0,9 0,3 - 1,1
	• Weitere Dienst-leistungen	• Computerdienstleistungen • Online-Spiele • Werbung	0,5 - 1,5 0,6 - 3,5 0,8 - 2,1

Abb. 6.32 Empirisch ermittelte Preiselastizitäten

Um zu beurteilen, ob eine Preisänderung den Gewinn erhöht, muss die Kostenstruktur berücksichtigt werden. Ein guter Anhaltspunkt sind die **Trade-Off-Volumina** (Abb. 6.33). Diese zeigen für einen gegebenen Fixkostenanteil diejenige Mengenänderung an, die den Gewinn konstant lässt. So ist etwa bei einem Fixkostenanteil von 80 % eine Preissenkung um 10 % sinnvoll, solange sie das Volumen um mehr als 14 % steigen lässt, d. h. vereinfacht, solange die Preiselastizität größer ist als 1,4. Bei einem Fixkostenanteil von 20 % ist dagegen eine Verdopplung der Absatzmenge erforderlich.

Die Kostenstruktur beeinflusst die erforderlichen Trade-Off-Volumina entscheidend

	Fix cost game		Variable cost game
Fixkosten-Anteil	80%	50%	20%
Trade-off Volumen ...			
• ... bei 10% Preissenkung	14%	25%	100%
• ... bei 10% Preiserhöhung	-11%	-17%	-33%
• ... bei 20% Preissenkung	33%	65%	---
• ... bei 20% Preiserhöhung	-20%	-29%	-50%

Abb. 6.33 *Trade-Off-Volumina*

Insgesamt ist es für erfolgreiche Preismanagement-Maßnahmen unverzichtbar, die jeweiligen produktspezifischen Elastizitäten und deren voraussichtliche Entwicklung zumindest näherungsweise zu kennen. Außerdem müssen die Kostenstrukturen verstanden werden. Ein Instrument hierzu ist die bereits im Zusammenhang mit dem Komplexitätsmanagement ausführlich beschriebene Kundennutzen-Analyse und die dort ebenfalls behandelten Kostenanalysen.

Der Preis: schwer zu fassen
Ein weiteres Grundelement eines systematischen Preismanagements ist ein fundiertes Verständnis des tatsächlichen Preises eines Produkts bzw. einer Dienstleistung. Dies ist in der Praxis ein durchaus komplexes Thema: Bereits der Preis im engen Sinne ergibt sich aus vielen Einzelelementen, wie z. B. Listenpreis-Nachlässe, Mengenstaffeln, Bündel-Boni, Paket-Preise (Preise für Produktbündel), Naturalrabatte, Kickbacks u.v.m.

Hinzu kommt die Wirkung der Konditionenpolitik: Regelungen zur Absatzkreditpolitik oder Lieferungs- und Zahlungsbedingungen haben nicht selten die Natur eines (versteckten) Preisnachlasses. Gleiches gilt für die in verschiedenen Branchen übliche Übernahme gewisser Kosten des Abnehmers (z. B. Werbekostenzuschuss, Vergütung der Mitarbeiterschulung etc.).

Entscheidend *aus Unternehmenssicht* ist letztlich der **Pocket Price**, d. h. das, was dem Unternehmen tatsächlich zufließt. In der Praxis sind hier etwa 10 bis 30 Komponenten zu berücksichtigen. Sehr instruktiv ist das Konzept des „Pocket-Price-Waterfall", bei dem der Ausgangspreis (z. B. der Listenpreis) in den Pocket Price überführt wird, in dem die verschiedenen Komponenten stufenweise abgezogen werden. Abb. 6.34 skizziert das Konzept an einem Praxisbeispiel.

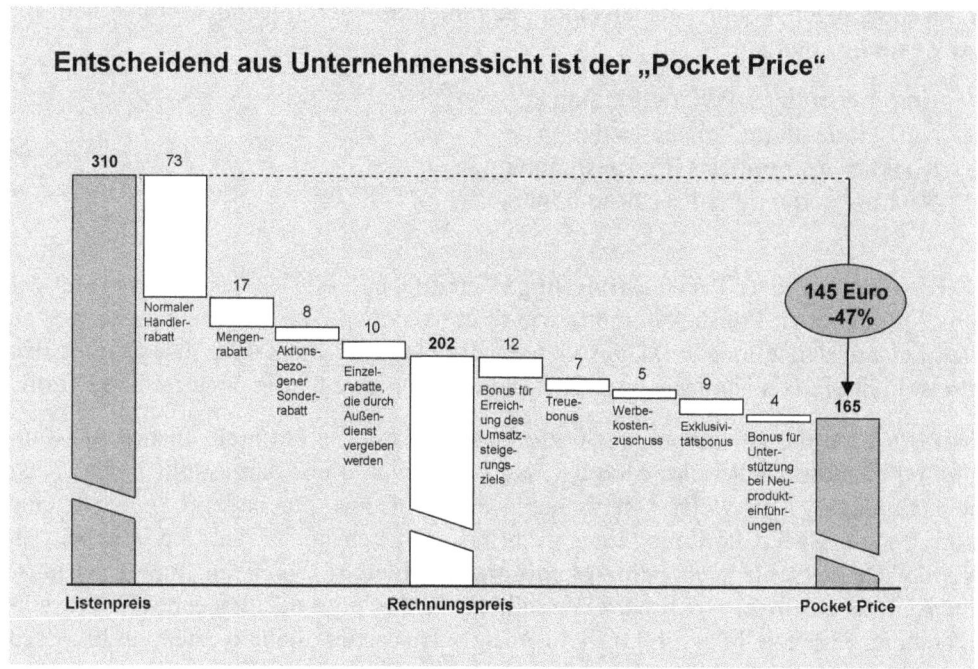

Abb. 6.34 *Praxisbeispiel zum Pocket-Price-Waterfall*

Angesichts der Vielzahl seiner Komponenten ist der Pocket Price in der Praxis oft nicht einfach zu ermitteln. Zusätzliche Schwierigkeiten ergeben sich für Situationen, in denen das „Produkt" nicht scharf abgegrenzt werden kann. Dies ist häufig im Pricing für Dienstleistungen der Fall. Trotz der genannten Schwierigkeiten ist die Kenntnis des Pocket Prices eine entscheidende Voraussetzung für effektives Preismanagement.

Aus Käufersicht ist zusätzlich zu berücksichtigen, was über den gesamten Gebrauchszyklus eines Produktes an weiteren Kosten anfällt (Life Cycle Cost). Die Bedeutung dieser nachlaufenden Kosten bei der Preisbewertung bzw. Kaufentscheidung ist allerdings sehr unterschiedlich. Sind die Abnehmer Privatkunden, wird die Entscheidung oft primär auf Basis der unmittelbaren Ausgaben (Out of Pocket Cost) getroffen. Bei gewerblichen Abnehmern geht die Entwicklung dahin, mehr und mehr eine Gesamtkostenperspektive einzunehmen. Um die Preispolitik richtig zu gestalten, ist es aus Sicht des Anbieters wichtig, zu verstehen, an welche Preis-Größe der Abnehmer seine Kaufentscheidung tatsächlich knüpft.

Prinzipien zur Preisbestimmung

Die Bestimmung des Preises für das Leistungsangebot ist in der Regel ein zentrales Gestaltungsmittel eines jeden Anbieters. Je nach Unternehmenssituation und Umfeldbedingungen können dabei eines oder mehrere der folgenden Prinzipien zur Anwendung kommen:

1. Kostenorientierte Preisbestimmung
2. Nutzenorientierte Preisbestimmung
3. Konkurrenzorientierte Preisbestimmung
4. Nachfrageorientierte Preisbestimmung

1. Kostenorientierte Preisbestimmung: Vereinfacht lässt sich das Grundmuster der kostenorientierten Preisbestimmung wie folgt darstellen: Ausgehend von den Kosten der Leistungserstellung wird ein Gewinnzuschlag aufgeschlagen. Dies ergibt den Preis. In der Praxis ist dieses sog. Cost-plus-Pricing eine häufig anzutreffende Form.

Mit Blick auf die gewinnmaximale Preissetzung ist diese Form aus mehreren Gründen problematisch: Wie im Modul 1 des Werkzeugkastens dargestellt, ist das Kostenrechnungssystem vieler Unternehmen oft nicht oder nur bedingt geeignet, eine zutreffende Kostenzuordnung zu gewährleisten. Doch auch wenn sie gegeben ist, verbleiben verschiedene **prinzipbedingte Probleme**: So neigt das Cost-plus-Denken zu einem prozyklischen Verhalten, da die zugrunde liegende Vollkostenrechnung tendenziell dazu führt, bei niedriger Auslastung hohe Kosten auszuweisen (und umgekehrt bei hoher Auslastung). Dies führt in Boomzeiten zu unangemessen niedrigen Preisen und bei Rezession zu unangemessen hohen Preisen. Das Problem kann zwar durch Ansatz einer sog. „Normalbeschäftigung" abgemildert werden. Die (richtige) antizyklische Lösung wird allerdings auch damit nicht erreicht. Weiter trägt diese Vorgehensweise den unterschiedlichen Wettbewerbsbedingungen in den vom Unternehmen bedienten Teilmärkten nicht Rechnung. In Märkten mit günstigen Bedingungen wird tendenziell auf Gewinnchancen verzichtet, während in Märkten mit ungünstigen Bedingungen die Gefahr besteht, sich aus dem Markt zu kalkulieren.

Eine Preiskalkulation auf Vollkostenbasis ist daher nicht geeignet, um zu gewinnmaximalen Preisen zu gelangen. Eine sinnvolle Lösung zur kostenorientierten Preissetzung ist die Preiskalkulation auf Grenzkostenbasis. Um die damit einhergehende Gefahr ruinöser Preissenkungen zu vermeiden, muss diese durch Solldeckungsbeiträge und – für schwierige Marktsituationen – um Preisuntergrenzen ergänzt werden.

2. Nutzenorientierte Preisbestimmung: Die nutzenorientierte Preisbestimmung versucht den realen Kaufprozess nachzubilden. Ausgangspunkt ist die im Rahmen des Komplexitätsmanagements vorgestellte Überlegung, dass der Käufer seinen Nettonutzen (Product Value) maximiert. Dieser ergibt sich aus dem durch das Produkt oder die Dienstleistung gestifteten Bruttonutzen, vermindert um den Preis (als negativer Nutzen interpretiert). Entsprechend ist der Preis so festzulegen, dass für den Abnehmer gerade noch ein höherer Nettonutzen als bei den Konkurrenzprodukten entsteht.

Auch wenn sich diese Überlegungen zunächst sehr theoretisch und konzeptionell lesen, ermöglichen sie es, unter Praxisbedingungen näherungsweise den optimalen Preis zu finden. Grundlage hierzu ist die im Zusammenhang mit Komplexitätsmanagement vorgestellte Conjoint-basierte Kundennutzen-Analyse (ausführlich S. 200ff.). Ihre Anwendung verdeutlicht das dort bereits genutzte Praxisbeispiel eines Herstellers langlebiger Gebrauchsgüter. Dieser ermittelte auf Basis der Teilnutzenwerte einer Conjoint-Analyse die Preis-Absatz-Funktion für seine Produktgruppen. Für das in Abb. 6.35 dargestellte Produktsegment ist klar zu erkennen, dass eine Preiserhöhung von maximal 10–12 % eine deutliche Ergebnissteigerung erbrächte, während eine Preissenkung nicht erfolgversprechend wäre. Dagegen ergab sich für andere Produktsegmente die genau umgekehrte Empfehlung. Anhand des Beispiels ist gut zu erkennen, dass mit der Kundennutzen-Analyse sehr differenzierte Gestaltungsempfehlungen zur Optimierung des Pricings gewonnen werden können.

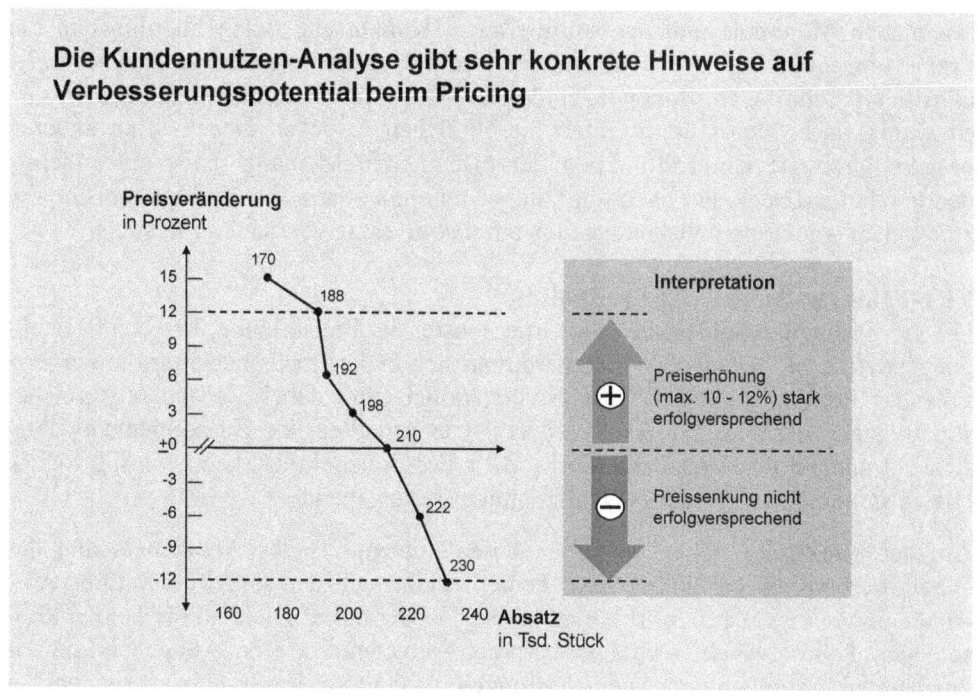

Abb. 6.35 *Praxisbeispiel: Preis-Absatz-Funktion als Basis für Preisoptimierung*

3. Konkurrenzorientierte Preisbestimmung: Grundsätzlich werden in der Praxis zur Preisbestimmung stets mehr oder minder der oder die Wettbewerber betrachtet. In der reinen Form der konkurrenzorientierten Preisbestimmung ist die Konkurrenz jedoch die einzige Referenz. Eine häufig praktizierte Form ist die Preisbestimmung mit Leitpreisen. Der Preis des Marktführers, des Hauptwettbewerbers oder der Durchschnittspreis des Marktes wird als Leitpreis genommen und die Preissetzung des Unternehmens an diesem Leitpreis orientiert, wobei der Preis auch über oder unter diesem Leitpreis liegen kann.

Faktisch wird mit diesem Vorgehen zugunsten einer Risikominimierung auf eine aktive Preispolitik weitgehend verzichtet. Die Kostenposition ist bei einer solchen Preisbestimmung nur insofern relevant, als anhand des Leitpreises und unter Berücksichtigung der minimal akzeptablen Gewinnspanne die gerade noch akzeptable Kostenhöhe bestimmt werden kann.

4. Nachfrageorientierte Preisbestimmung: Der Vollständigkeit halber sei abschließend noch die nachfrageorientierte Preisbestimmung erwähnt. Sie liefert die gewinnmaximalen Preise für die Fälle des reinen Monopols und der atomistischen Konkurrenz. Vereinfachter Grundgedanke ist, dass der Grenzerlös gleich den Grenzkosten sein muss. Die in der Theorie gerne diskutierten Fälle des vollkommenen Monopols und der atomistischen Konkurrenz treten allerdings in der Praxis nur selten auf. Auch die in der Realität vorkommenden natürlichen oder künstlich geschaffenen Monopole sind in der Regel unvollkommen: Zum einen gibt es zu praktisch allen Gütern Güter, die ähnlichen Zwecken dienen. Zum anderen besteht durch die Kontrollfunktion der öffentlichen Meinung meist ein außerordentlich hoher Druck, der dazu führt, dass Monopole – um sich die Monopolstellung zu erhalten – auf eine vollständige Gewinnmaximierung verzichten (müssen).

Vier-Faktoren-Modell der Preispolitik
Die vier Prinzipien beschreiben die Grundmuster der Preisbildung. Um den Preisbildungsprozess einfach zu gestalten, wird man sich in der Praxis meist für ein vorherrschendes Prinzip entscheiden. Selbstverständlich sind dabei die anderen preisbestimmenden Faktoren zu berücksichtigen. Der grundlegende Zusammenhang lässt sich gut anhand des Vier-Faktoren-Modells der Preispolitik erkennen (Abb. 6.36). Dieses stellt die Markt- und die Unternehmensseite gegenüber.

Auf der Marktseite stehen sich maximaler Nutzenpreis des Abnehmers und der Wettbewerberpreis gegenüber. Aus beiden ergibt sich der sog. Reservationspreis. Abhängig von der Wettbewerbssituation wird dieser näher an einem der beiden Preise liegen. Fehlt etwa ein Wettbewerberpreis weitgehend, wie bei weitgehend individualisierten Produkten oder Dienstleistungen, so liegt der Reservationspreis nahe an oder auf dem Nutzenpreis. Im Falle starken Wettbewerbs gilt das Umgekehrte.

Auf der Unternehmensseite stehen sich Kostenpreis und Strategiepreis gegenüber. Der Strategiepreis ist der Preis, den ein Unternehmen aufgrund seiner Preisstrategie anstrebt. Demgegenüber stehen seine vollen Kosten als längerfristige Preisuntergrenze. Aus beidem leitet sich der Angebotspreis ab.

Die Spanne zwischen Reservations- und Angebotspreis markiert den Raum für den Transaktionspreis. Je größer dieser Raum ist, desto einfacher wird es sein, Transaktionen zustande zu bringen. Ist der Reservationspreis kleiner als der Angebotspreis, wird kein nennenswertes Geschäft zustande kommen. In diesem Falle ist die Strategie zu ändern bzw. sind die Kosten zu senken.

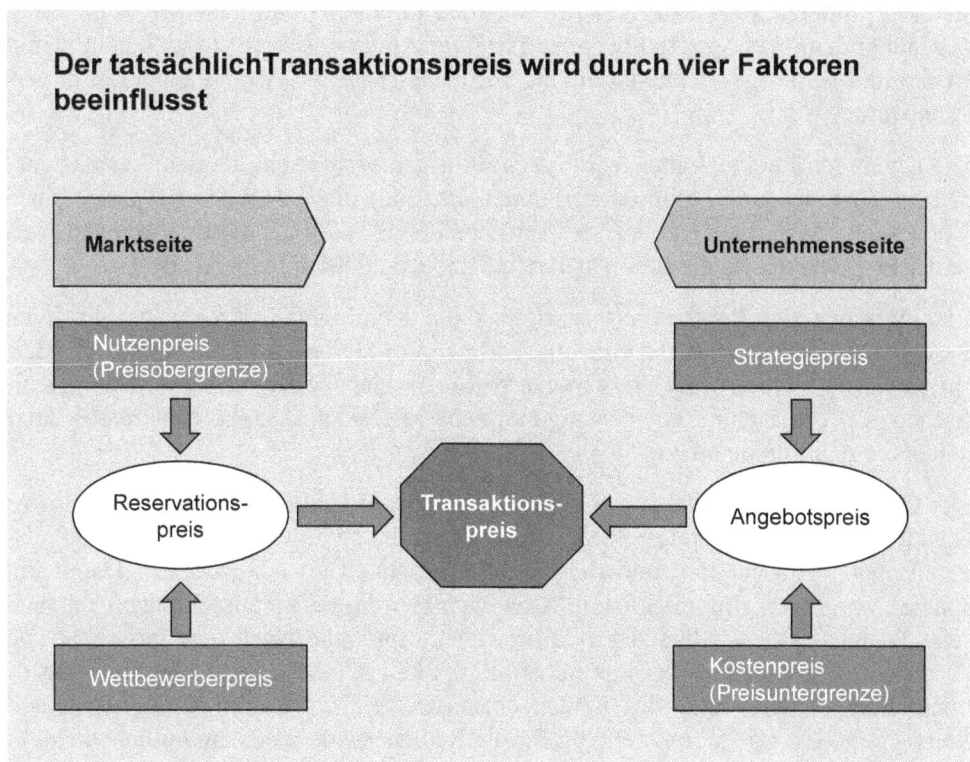

Abb. 6.36 *Vier-Faktoren-Modell zur Preisbildung*

Life-Cycle-Pricing
Unabhängig davon, welches (bzw. welche) der vier Prinzipien zugrunde gelegt wird, sollte bei der Bestimmung der Preisstrategie nicht nur die aktuelle Situation betrachtet werden, sondern auch die Entwicklung der wesentlichen Bestimmungsfaktoren (Wettbewerbssituation, Nachfrageverhalten und Kostensituation) im Zeitablauf, idealerweise über den gesamten Vermarktungszyklus (Life-Cycle-Pricing). Beson-

ders wichtig und schwierig ist das Preismanagement bei neuen Produkten. Hohe praktische Relevanz haben zwei Typen des Life-Cycle-Pricings: Penetrationspricing und Skimmingpricing.

Beim **Penetrationspricing** sollen mit relativ niedrigen Preisen Massenmärkte erschlossen bzw. deutliche Marktanteile gewonnen werden. Dazu werden in der Regel erfahrungskurvenbedingte Kostensenkungen antizipiert und an den Kunden weitergegeben. Damit ein solches Vorgehen erfolgreich ist, müssen einige Voraussetzungen gegeben sein: Die Nachfrage muss hinreichend elastisch sein, damit Preissenkungen auch tatsächlich zu erheblichen Volumensteigerungen bzw. Marktanteilsgewinnen führen. Das Kostensenkungspotential muss ausreichend groß sein, so dass sich ein größerer Marktanteil auch tatsächlich in einen signifikanten Kostenvorteil gegenüber dem Wettbewerb übersetzt. Der Markt muss ausreichend groß sein, damit Risiko und Anfangsverluste durch entsprechende spätere Gewinne angemessen vergütet werden.

Die genannten Punkte sollten vorab sorgfältig geprüft werden, da das Penetrationspricing durchaus mit Gefahren verbunden ist: zum einen aus den oft erheblichen Vorleistungen, zum anderen aus der Tatsache heraus, dass bei dieser Vorgehensweise der Preissetzungsspielraum in späteren Perioden deutlich reduziert ist.

Eine Variante des Penetrationspricings ist die Kombination eines sehr günstigen Preises für das Basisprodukt mit einem (hochprofitablen) Anschlussgeschäft. Beispiele hierfür sind Drucker und Druckerpatronen oder die Kombination einer spezifischen Kaffeemaschine mit der zugehörigen Kaffeekapsel (z. B. Nespresso). Hier gelten die o.g. Punkte analog.

Der Gegenentwurf zum Penetrationspricing ist das **Skimmingpricing**: Hier wird zu Beginn ein sehr hoher Preis gefordert. Ziel ist es, die anfangs tendenziell hohe Preisbereitschaft abzuschöpfen und die Investition schnell zu amortisieren. Damit ein solches Vorgehen erfolgreich ist, müssen auch hier einige Voraussetzungen gegeben sein: Es muss eine genügend große preisunempfindliche Nachfrage bestehen. Die Produkte dürfen nur eine geringe Substituierbarkeit aufweisen. Eine geringe Substituierbarkeit bedeutet u. a. das Fehlen eines Vergleichsmaßstabs für Leistung und Preis – eine wichtige Voraussetzung für die Realisierbarkeit des anfänglichen Hochpreisniveaus.

Generell angezeigt ist Skimmingpricing dann, wenn begrenzende Rahmenbedingungen, wie eine rasche Veralterungsgefahr des Produkts oder natürliche Begrenzungen in Form von nur langsam aufbaubaren Produktions- oder Vertriebskapazitäten, vorliegen.

Konzeptionell unterscheiden sich die beiden Strategien grundlegend in der Risikokomponente: Skimmingpricing stellt auf kurzfristige und damit relativ sichere Erträge ab, während das Penetrationspricing auf hohe langfristige Chancen setzt. (Abb.

6.37 zeigt den konzeptionellen Unterschied.) Hinsichtlich der praktischen Ausgestaltung ist zu berücksichtigen, dass die beiden Strategien Pole auf einem Kontinuum beschreiben, d. h. es können selbstverständlich auch Zwischenformen realisiert werden.

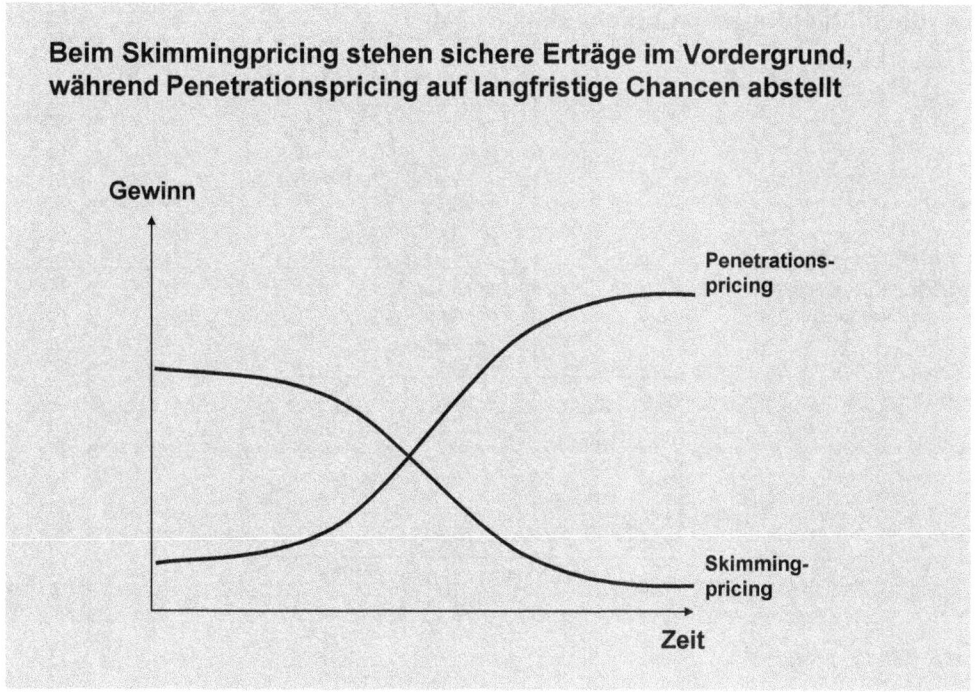

Abb. 6.37 *Gewinnverlauf (konzeptionell) bei Skimmingpricing und Penetrationspricing*

6.3.3 Preispositionierung als strategische Grundsatzentscheidung

Die zentrale Entscheidung eines Preismanagements ist die Preispositionierung, d. h., das Verhältnis, in dem die wahrgenommene Leistung zum wahrgenommenen Preis steht. In diesem Zusammenhang ist der Leistungsbegriff weit zu verstehen. Neben der funktionalen Leistung kann aus Kundensicht auch die emotionale, die symbolische oder die gesellschaftliche Leistung Nutzen stiften. Man kann grob zwischen einer Niedrigpreis-, einer Mittelpreis- und einer Hochpreisposition unterscheiden (Abb. 6.38). Die Entscheidung ist insofern strategisch hoch relevant, als jede dieser Positionierungen sehr unterschiedliche Anforderungen an die Ausrichtung der gesamten Wertschöpfungskette stellt und auch deutlich unterschiedliche Chancen und Risiken aufweist.[5]

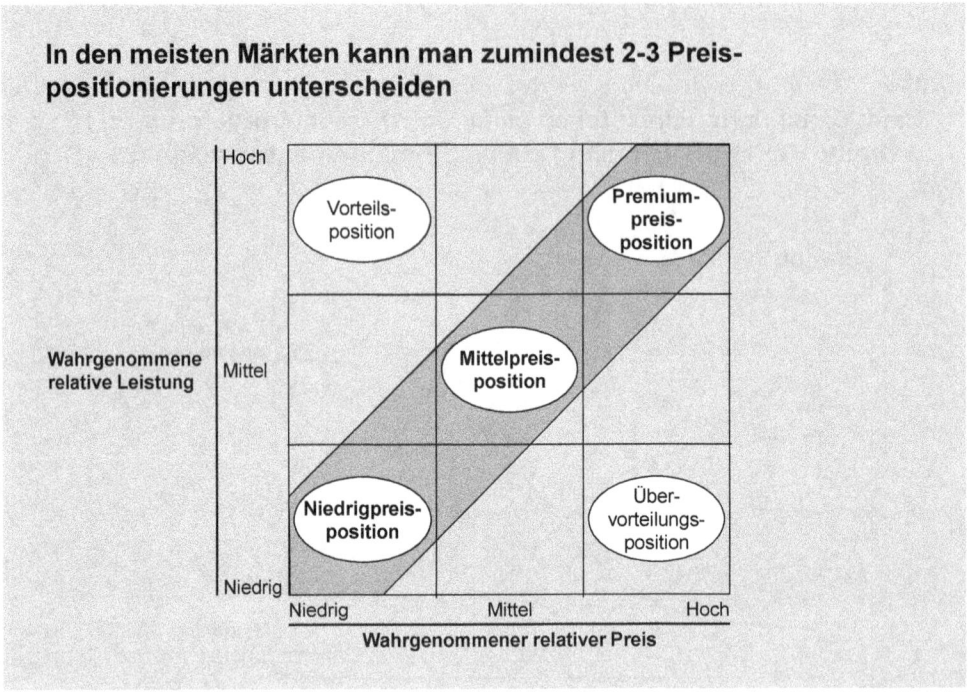

Abb. 6.38 *Value Matrix*

Bei der **Niedrigpreispositionierung** wird eine aus Kundensicht im Vergleich zum Durchschnitt des Marktes niedrigere Leistung zu einem dauerhaft niedrigeren Preis angeboten. Diese Positionierung hat in der jüngeren Zeit stark an Bedeutung gewonnen. Im Lebensmitteleinzelhandel haben Discounter mittlerweile einen Marktanteil von 40 %. In vielen anderen Bereichen haben sich starke Niedrigpreissegmente etabliert. Dies gilt z. B. für die Luftfahrt (Easyjet, Ryanair, Germanwings), Autovermietungen (Budget, Enterprise), Elektronik (Saturn, Media Markt, Dell) bis hin zum Bankensektor (Direktbanken) oder der Optik (Fielmann, Apollo-Optik). Die Profitabilität variiert stark. Eine ganze Reihe scheiden bald wieder aus dem Markt aus (z. B. div. Billigstrom- oder Billigtelefonanbieter), andere weisen deutlich überdurchschnittliche Margen auf (z. B. Aldi, Metro, Ryanair).

---

[5] Zum Weiteren vgl. Diller, Preispolitik, und insbesondere Simon/Fassnacht, Preismanagement. Dort finden sich auch konzeptionelle Vertiefungen und ergänzende Beispiele.

Um langfristig mit niedrigen Preisen erfolgreich zu sein, ist es erforderlich, nachhaltige Kostenvorteile zu haben. Entsprechend gilt es Größen- und Erfahrungskostenvorteile zu nutzen. Permanent ist die gesamte Wertschöpfungskette zu optimieren (ausführlich dazu im Abschnitt zum Redesign von Wertschöpfungsketten). Bei der Produktgestaltung steht die funktionale Leistung im Mittelpunkt des Angebots. Ein wesentliches Mittel ist die Produktgestaltung. Zentrale Hebel sind hier die weitgehende Standardisierung der Leistung und die Leistungsvereinfachung. Die Produktgestaltung ist in der Regel auf die Basiselemente der funktionalen Leistung beschränkt. So verzichten Billiganbieter in der Luftfahrt auf viele Zusatzleistungen der klassischen Airlines (keine Sitzreservierung, keine Lounges, keine Zeitschriften) oder bieten diese nur gegen Extra-Bezahlung (Speisen und Getränke). Dies geht so weit, dass teilweise sogar auf Elementarleistungen wie z. B. Gepäckbeförderung verzichtet wird (Ryanair).

Um erfolgreich zu sein, muss bei dieser Positionierung das zugehörige Segment dauerhaft genügend groß sein. Auch muss die Qualität für eine genügend große Zahl von Kunden akzeptabel sein. Wichtig ist weiter eine hohe Marketing-Kompetenz. So muss der niedrige Preis ohne hohe (Werbe-)Kosten kommuniziert werden. Auch muss ein hohes Kundenverständnis gegeben sein, vor allem um die Leistungsvereinfachung so zu gestalten, dass die Kosteneinsparung die Reduktion der Nutzenwahrnehmung überkompensiert. Unabhängig davon existieren strukturelle Gefahren. So können Kostenvorteile erodiert werden. Die Verteuerung der Treibstoffkosten beeinträchtigt etwa Billigairlines deutlich mehr als traditionelle Anbieter. Auch Veränderungen im sozialen Milieu können gefährlich werden. So kann etwa das Abrutschen der Stammklientel die breite Akzeptanz vermindern und damit die Zielgruppe so verkleinern, dass die Kostenposition nicht mehr gegeben ist.

Bei der **Mittelpreispositionierung** wird eine mittlere Leistung zu einem mittleren Preis angeboten. In vielen Märkten ist dies eine sehr wichtige Position. Viele klassische Markenartikel, wie z. B. Nivea, Persil, Sony, sind dort positioniert. In einer Reihe von Märkten, wie dem Reisemarkt oder der Bekleidung, ist es das wichtigste Marktsegment. Bei der Profitabilität zeigen empirische Untersuchungen, dass diese Strategie durchaus überdurchschnittliche Renditen erwirtschaften kann. Beispiele hierfür sind etwa Toyota, Haribo, Nivea.

Bei der Produktgestaltung kommt einer guten und konstanten Qualität hohe Bedeutung zu. Anderes als bei Niedrigpreispolitik werden Kostenvorteile weniger im Preis als bei der Leistung weitergegeben.

Auch wenn es zahlreiche Beispiele für erfolgreiche Mittelpositionierungen gibt, besteht die Gefahr, das Profil zu verlieren („Nicht Fisch, nicht Fleisch", d. h. deutlich teurer als Billigprodukte, aber nicht so gut wie Premium-Produkte). Auch können strukturelle Veränderungen, wie z. B. der demographische Wandel, das Segment gefährden.

Bei der **Premiumpreispositionierung** wird eine aus Kundensicht im Vergleich zur Konkurrenz fühlbar höhere Leistung zu einem dauerhaft höheren Preis angeboten. Premiumanbieter gibt es nahezu in jeder Branche. Im Konsumgüterbereich sind dies z. B. Apple, Mercedes-Benz, Miele, Lavazza, Faber-Castell oder Dior. Auch bei Investitionsgütern wird diese Positionierung häufig gewählt, wie z. B. durch KUKA (Industrieroboter), Heidelberger Druckmaschinen, Hilti (Bohrmaschinen), Claas (Landmaschinen), Würth (Montagetechnik) u.v.m. Ähnliches gilt für Dienstleistungen. So hat etwa nahezu jede größere Hotelkette eine oder mehrere Premiummarken.

Bei der Produktgestaltung kommt in der Regel der Innovation die höchste Bedeutung zu. Diese ist im Premiumsegment in der Regel sogar noch höher als bei Luxusgütern. Gut ist dies in der Automobilindustrie zu beobachten, wo bahnbrechende Innovationen im oberen Bereich der Premiumprodukte (Mercedes S-Klasse, BMW 7er-Reihe) eingeführt werden. Neben der funktionalen Leistung müssen auch die anderen Leistungskomponenten (emotionale, symbolische oder gesellschaftliche Leistung) gut ausgeprägt sein. Ist dies nicht gegeben, ist ein Misserfolg sehr wahrscheinlich. Der VW Phaeton kann hier als negatives Beispiel gelten. Erfolgskritisch ist auch, den Preis hoch zu halten und Schwankungen zu vermeiden. Auch im Falle von Absatzproblemen dürfen preisorientierte Förderungen (z. B. Rabattaktionen, Sonderangebote) nur äußerst vorsichtig eingesetzt werden.

Die wirtschaftliche Grundlogik des Premiumsegments ist es, hohe Margen in Verbindung mit angemessenen Stückzahlen zu realisieren. Entsprechend wird es gefährlich, wenn der Abstand zur Mittelpositionierung nicht mehr gehalten werden kann, z. B. weil es keine grundlegenden Innovationen mehr gibt oder das Qualitätsniveau generell im Markt so hoch ist, dass aus Kundensicht kaum mehr Vorteile bestehen. Dann kann entweder Volumen oder Preisniveau nicht mehr gehalten werden – mit der Konsequenz, dass diese strategische Positionierung nicht mehr erfolgversprechend ist.

In manchen Märkten gibt es oberhalb der Premiumposition noch eine **Luxuspreisposition**. Diese zeichnet sich dadurch aus, dass eine sehr deutlich höhere Leistung zu einem dauerhaft extrem höheren Preis angeboten wird. Der Luxusgütermarkt ist das weltweit am schnellsten wachsende Marktsegment. Führende Firmen, wie LVMH oder Richemont weisen seit Jahren hohe Steigerungsraten bei Umsatz und Gewinn aus. Viele Premiumhersteller haben ihr Angebot durch Luxusmarken ergänzt: Rolls Royce (BMW); Bentley, Bugatti, Lamborghini (VW). Jedoch bleibt dieses Segment ganzheitlich betrachtet ein Nischensegment – allerdings in den meisten Fällen ein höchst lukratives.

Bei der Produktgestaltung müssen Luxusprodukte durchgängig Höchstleistungen erbringen. Neben der funktionalen Produktleistung gilt das in noch höherem Maße für die emotionale und die symbolische Leistungskomponente. Dies stellt an nahezu jeden Teil der Wertkette extrem hohe Anforderungen.

Auch Luxusgüter benötigen trotz des hohen Preisniveaus eine gewisse Absatzmenge. Wird sie nicht erreicht, können die sehr hohen Kosten nicht gedeckt werden. (Beispiel: die Marke Maybach von Mercedes-Benz, welche 2013 wegen permanenter Verluste eingestellt wurde.) Die zweite Risikokomponente ist der Verlust der Exklusivität, die das Preisniveau in der Regel schnell und deutlich abfallen lässt. Letztere Gefahr kann neben generellen Marktveränderungen auch auf zu starke Wachstumsambitionen zurückzuführen sein.

Anpassung der Preispositionierung

Aus Managementsicht ist die Preispositionierung eine Frage mit erheblichen Konsequenzen für den Unternehmenswert. Passt die Positionierung nicht zum Unternehmen oder zum Markt, sind ganz erhebliche Probleme wahrscheinlich. Die Notwendigkeit von Anpassungen kann aus Veränderungen im Unternehmensumfeld kommen. Unabhängigkeit davon kann ein Unternehmen auch eine strategische Repositionierung anstreben, um Wettbewerbsvorteile zu erreichen.

Wesentliche externe Ursachen sind z. B. die Verschiebung von Kundenpräferenzen. So hat in verschiedenen Märkten eine Bi-Polarisierung hin zu Niedrig und Premium stattgefunden (Abb. 6.39). Ein gutes Beispiel hierfür ist der Röstkaffeemarkt. Dieser war in den 90er Jahren noch vom Mittelpreissegment dominiert. Innerhalb eines Jahrzehnts hat er sich deutlich hin zum Premium- und zum Niedrigpreissegment verschoben. Auch Innovationen können die Marktbedingungen drastisch verändern. So hat z. B. die Internet-Telefonie weite Teile der Mittel- und Premiumsegments im Telefonmarkt erodiert. Auch Konkurrenzeintritte können eine Positionierung grundsätzlich infrage stellen. Dies it z. B. in der pharmazeutischen Industrie regelmäßig zu beobachten, wenn der Patentschutz für die Medikamente abläuft.

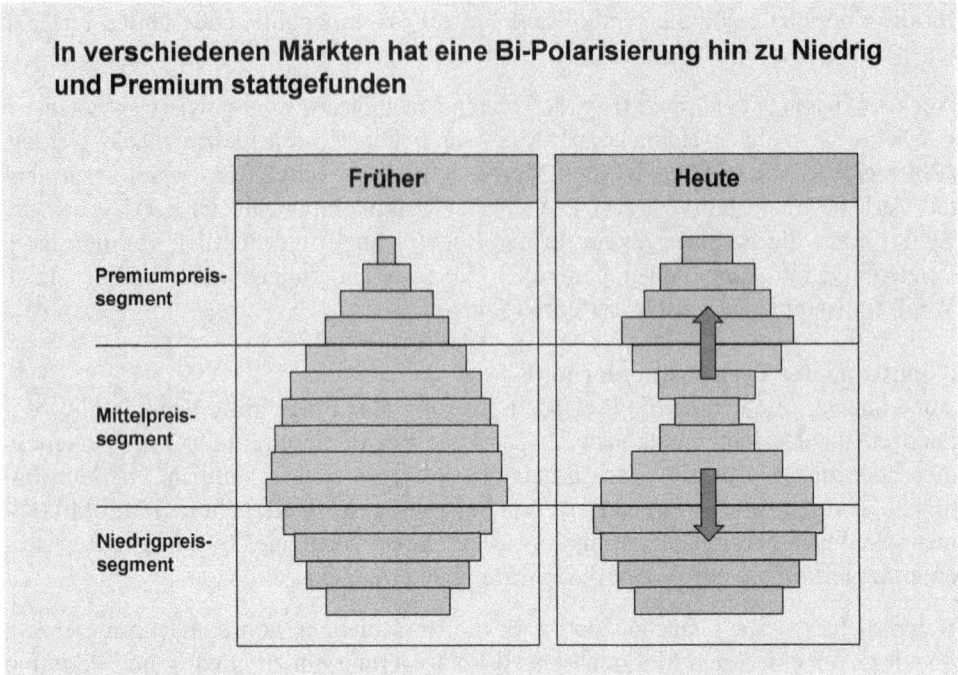

In verschiedenen Märkten hat eine Bi-Polarisierung hin zu Niedrig und Premium stattgefunden

Abb. 6.39 Verschiebung der Preissegmente

Neben dem externen Druck, der eine Repositionierung quasi erzwingt, kann auch eine bewusste Neupositionierung angestrebt werden. Zahlreiche Beispiele zeigen hier, dass damit die Wettbewerbsposition deutlich verbessert werden kann. So haben sich etwa Audi und BMW vom Mittelpreis- zum Premiumhersteller repositioniert und damit eine signifikante Verbesserung von Umsatz und Gewinn erreicht. Gleiches gilt für Boss, das sich von einem undifferenzierten Bekleidungsunternehmen zum Premiumanbieter entwickelt hat.

Die Implementierung einer Repositionierung ist eine sehr anspruchsvolle und langfristige Angelegenheit. Dies wird unmittelbar einsichtig, wenn man sich die Erfolgsfaktoren der unterschiedlichen Positionierungen vergegenwärtigt. So ist es etwa beim Upgrading erforderlich, viele Funktionen (vor allem F&E, Design, Qualität oder Vertrieb) grundsätzlich neu auszurichten. Weiter erfordert die Implementierung von Produktanpassungen in der Regel einen langen Zeitraum. Hinzu kommt die Zeit, die erforderlich ist, bis diese auch vom Kunden wahrgenommen und wertgeschätzt werden.

Ebenso ist auch Downgrading sehr anspruchsvoll. Zwar kann das Absenken des Preisniveaus kurzfristig implementiert werden. Die Einstellung auf ein deutlich niedrigeres Kostenniveau ist dagegen sehr schwierig – erfordert sie doch grundle-

gend neue Kompetenzen. Alle Elemente der Wertschöpfung müssen auf höhere Kos-
teneffizienz und Sparsamkeit ausgerichtet werden. Dies bedeutet in der Regel einen
fundamentalen Kulturwandel innerhalb des gesamten Unternehmens. Verschärft
werden die Herausforderungen eines Downgrading noch dadurch, dass das Preisniveau im bisherigen Stammgeschäft häufig überraschend schnell erodiert – lange
bevor die zusätzlichen Mengen die Ergebnissituation positiv beeinflussen.

6.3.4   Die Kunst der Preisdifferenzierung

Das Schlüsselkonzept des Pricing ist die Preisdifferenzierung.[6] Dabei wird ein gleiches oder ähnliches Produkt zu unterschiedlichen Preisen abgegeben. Im Idealfall
erlaubt die Preisdifferenzierung, das exakt gleiche Produkt teilweise zu einem signifikant höheren Preis zu verkaufen und damit die Gewinnmarge des Unternehmens
deutlich zu verbessern. Zahlreiche Beispiele zeigen, dass es etwa im internationalen
Kontext durchaus möglich ist, in Hochpreisländern einen vielfach höheren Preis zu
realisieren als in Niedrigpreisländern.

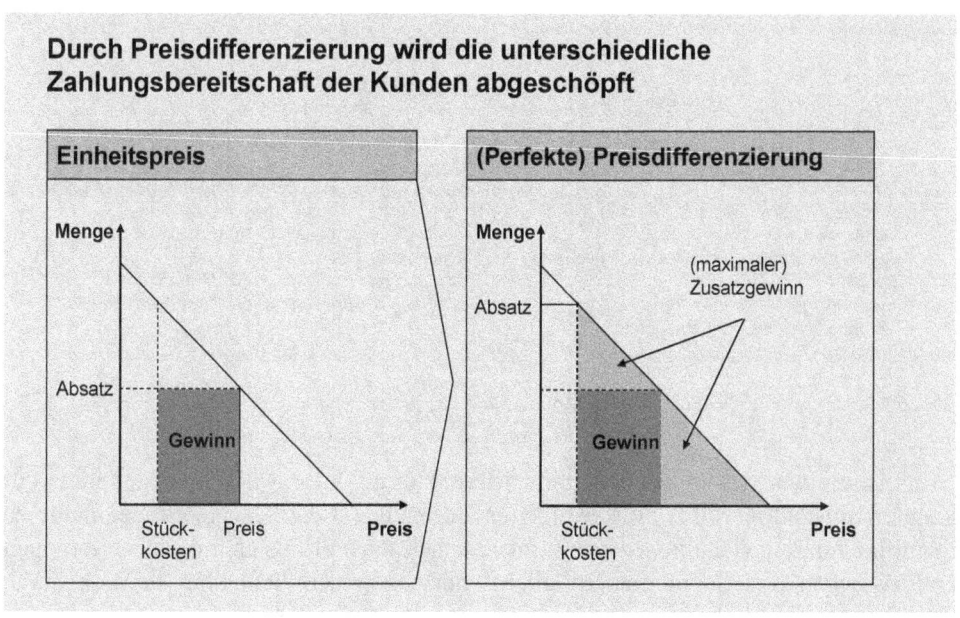

Abb. 6.40 Konzeptionelle Wirkung der Preisdifferenzierung

---

[6]   Vgl. zum Folgenden Simon/Fassnacht, Preismanagement. Dort findet sich auch eine ausführliche Erläuterung
     der theoretischen Grundlagen.

Konzeptionell geht es bei einer Preisdifferenzierung darum, die unterschiedliche Zahlungsbereitschaft der Kunden bzw. Kundensegmente abzuschöpfen und dadurch den Gewinn im Vergleich zur Einheitspreissetzung zu steigern (Abb. 6.40). Neben der Margensteigerung können mit einer Preisdifferenzierung aber auch eine Vielzahl anderer strategischer Ziele verfolgt werden (Abb. 6.41).

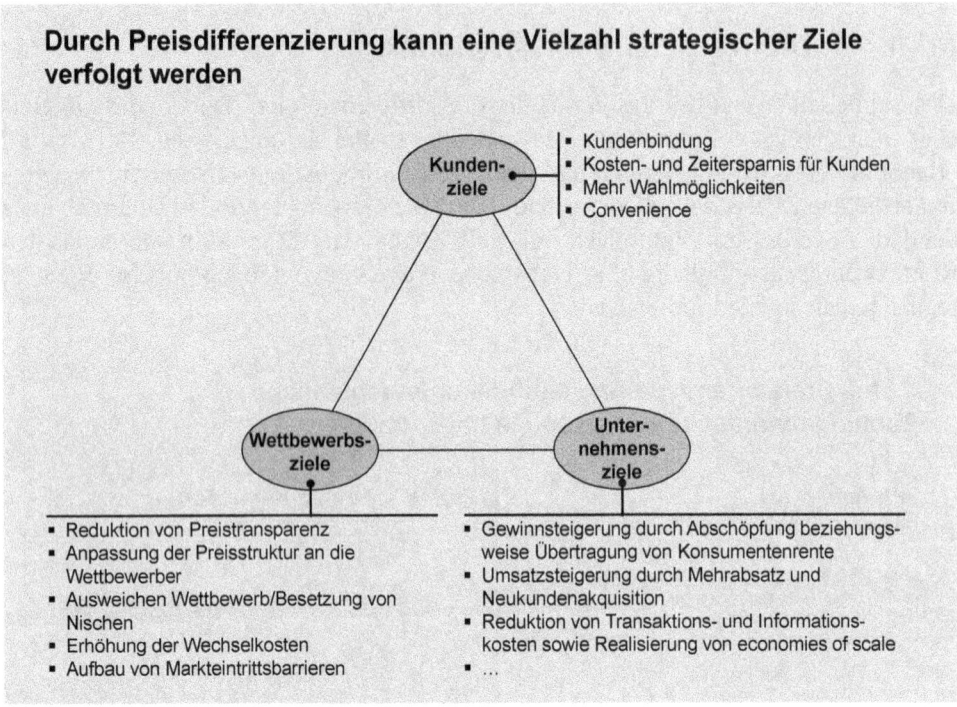

Abb. 6.41 Strategische Ziele der Preisdifferenzierung[7]

Grundlage einer systematischen Preisdifferenzierung ist ein klares Verständnis der Kunden hinsichtlich ihres preisbezogenen Verhaltens. Letztlich gilt es, Segmente zu identifizieren, die sich hinsichtlich ihrer Preisbereitschaft in sich möglichst homogen und zwischen den Segmenten möglichst heterogen verhalten und die sich durch segmentspezifische (Marketing-)Maßnahmen adressieren lassen.

Die Möglichkeiten in der Praxis Preise zu differenzieren sind extrem vielfältig. Es lassen sich drei grundlegende Ansätze identifizieren: (1) Individuelle Preisdifferenzierung, (2) Preisdifferenzierung durch Selbstselektion sowie (3) Preisdifferenzierung anhand von Kundenkriterien (Abb. 6.42).

---

[7]   Quelle: Simon/Fassnacht, Preismanagement, S. 258 (modifiziert)

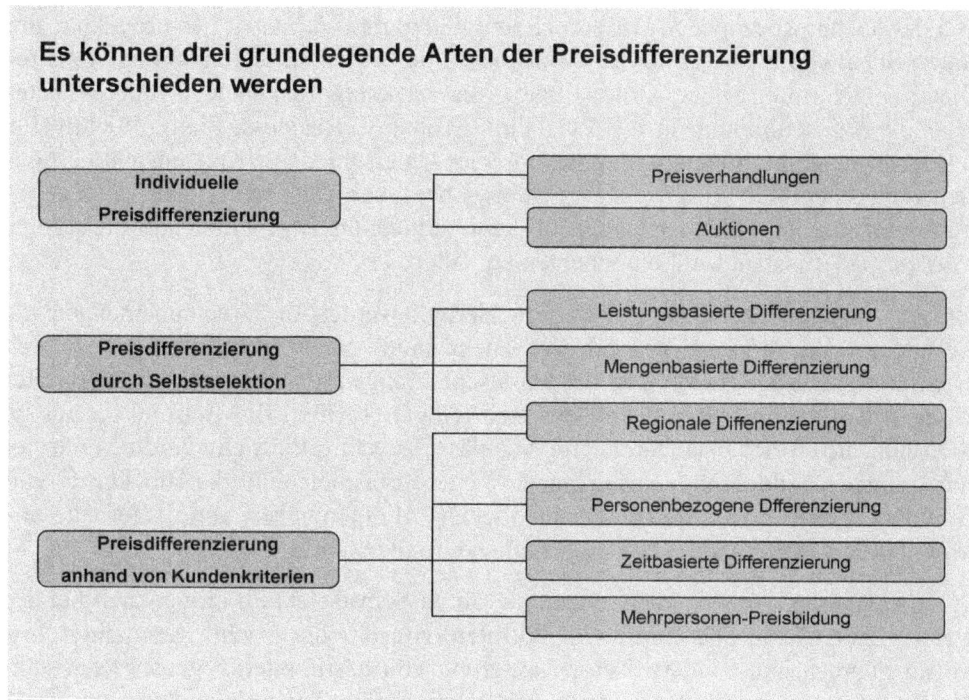

Es können drei grundlegende Arten der Preisdifferenzierung unterschieden werden

- Individuelle Preisdifferenzierung
  - Preisverhandlungen
  - Auktionen
- Preisdifferenzierung durch Selbstselektion
  - Leistungsbasierte Differenzierung
  - Mengenbasierte Differenzierung
  - Regionale Diffenenzierung
- Preisdifferenzierung anhand von Kundenkriterien
  - Personenbezogene Dfferenzierung
  - Zeitbasierte Differenzierung
  - Mehrpersonen-Preisbildung

Abb. 6.42 Checkliste Preisdifferenzierung[8]

1. Bei der **individuellen Preisdifferenzierung** fordert der Anbieter von jedem Kunden genau den individuellen Maximalpreis. Ökonomisch bedeutet dies, dass im Idealfall die gesamte Konsumentenrente abgeschöpft wird, weshalb man auch von einer perfekten Preisdifferenzierung sprechen kann.

Praktisch ist dies oft schwierig, da es ganz erhebliche analytische Vorarbeiten erfordert (z. B. Bestimmung der individuellen Zahlungsbereitschaft). Diese sind meist aufwendig und teuer zu erheben, wenngleich dies durch die neuen Informationstechnologien erleichtert wird.

Näherungsweise lässt sich die individuelle Preisdifferenzierung durch individuelle Preisverhandlungen und durch Auktionen erreichen.

2. Bei der **Preisdifferenzierung durch Selbstselektion** ordnen sich die Kunden selbst einem Preissegment zu. Dabei werden leistungsbezogene, mengenbezogene und regionale Differenzierungen unterschieden.

---

[8]   Quelle: Simon/Fassnacht, Preismanagement (modifiziert)

Bei der leistungsbezogenen Differenzierung nutzt man Varianten des Produktes, um unterschiedliche Preise zu fordern. Beispiele sind hier die Differenzierung von Kreditkarten (Normal, Silber, Gold, Platin), die Sitzkategorien in Kino oder Theater oder die Klassenbildung in der Luftfahrt (Economy, Business, First). Wichtig für eine erfolgreiche Differenzierung ist, dass der Unterschied aus Kundensicht tatsächlich wahrgenommen wird. Letzteres ist etwa bei innerdeutschen Flügen kaum gegeben. Dort werden höhere Klassen nur sehr rudimentär angenommen, weil sie nur sehr geringe Zusatznutzenkomponenten enthalten.

Bei der mengenbezogenen Preisdifferenzierung werden die Abnahmemengen als Differenzierungsmerkmal genutzt. Wer mehr kauft, erhält einen günstigeren Preis. Die traditionelle Möglichkeit ist der klassische Mengenrabatt. Zunehmend verbreitet ist auch die Nutzung von zwei- oder mehrteiligen Tarifen. Ein Beispiel hierfür ist die Bahncard, welche standardisierte Nachlässe gewährt, die sich allerdings nur bei einer entsprechenden Nutzung rechnen. Weitere Beispiele sind die Blocktarife von Stromerzeugern oder die unterschiedlichen Minutenpreise von Telefongesellschaften, in Abhängigkeit von der gezahlten Grundgebühr.

3. Im Gegensatz zur Preisdifferenzierung durch Selbstselektion ordnen sich bei der **Preisdifferenzierung anhand von Kundenkriterien** die Nachfrager nicht selbst einem Segment zu, sondern werden aufgrund von bestimmten Eigenschaften vom Unternehmen segmentiert. Es lassen sich dabei vier Implementierungsformen unterscheiden: Die personenbezogene, die zeitliche, die regionale und die Mehrpersonen-Preisbildung.

Bei der personenbezogenen Preisdifferenzierung basiert die Segmentierung auf Käufermerkmalen. Dies können sozio-demografische Eigenschaften wie etwa das Geschlecht, das Alter (Kinderpreise, Seniorenpreise), die Ausbildungssituation (Schüler-, Studentenrabatte) u.v.m. sein. Generell ist diese Form der Differenzierung sehr leistungsfähig bei Dienstleistungen. Bei Produkten, vor allem solchen, die einfach weitergegeben werden können, ist die Segmentabschottung u. U. nicht oder nur zu hohen Kosten möglich – und damit ökonomisch meist nicht sinnvoll.

Bei der zeitlichen Preisdifferenzierung werden im Laufe einer bestimmten Periode unterschiedliche Preise gefordert. Beispiele hierfür sind Preisdifferenzierungen nach Tageszeit (Elektrizität, Eintrittsgelder), nach Wochentagen (Fahrkarten, Hotels) oder nach Saison (Flugtarife, Tourismusangebote). Neben der Ausnutzung unterschiedlicher Preiselastizitäten wird die zeitliche Preisdifferenzierung auch zur Steigerung der Kapazitätsauslastung in weniger präferierten Zeiten genutzt. Da eine zeitliche Arbitrage meist nicht möglich ist, ist sie auch eine sehr effektive Methode zur Gewinnsteigerung, zumal keine oder nur geringe Kontrollkosten anfallen.

Bei der regionalen Preisdifferenzierung werden an verschiedenen Orten unterschiedliche Preise gefordert. Mietwagen sind an Orten mit hoher Attraktivität und Konkurrenz teurer. Einzelhandelsfilialen können in wohlhabenden Stadtvierteln höhere

Preise für das gleiche Produkt bzw. die gleiche Leistung verlangen als in weniger wohlhabenden Vierteln. Besonders gut kann die regionale Preisdifferenzierung im internationalen Kontext genutzt werden (ausführlicher in Abschnitt 6.3.5).

Bei der Mehrpersonen-Preisbildung werden Produkte oder Dienstleistungen an Personen*gruppen* verkauft, wobei der Gesamtpreis mit der Anzahl der Personen variiert. Beispiele sind die kostenlose oder preisreduzierte Unterbringung von Kindern in Hotels, kurzfristige Sonderpreise für mitreisende Partner bei Airlines oder Mehrnutzer-Lizenzen für Software. Wirtschaftlich besonders attraktiv ist diese Form der Preisdifferenzierung, wenn dadurch zusätzliche Nachfrage für Angebote mit geringen Grenzkosten generiert werden kann.

Ein leistungsfähiges Instrument, um die Preisdifferenzierung zu unterstützen, ist die **Preisbündelung**. Dabei wird für mehrere identifizierbare Teilleistungen – dies können Produkte, Dienste oder Rechte sein – ein Gesamtpreis ausgewiesen. Beispiele hierfür sind das Angebot vieler Fast-Food-Ketten (z. B. McDonald's Menü), das Angebot von Autos zusammen mit Versicherung und Wartungsleistungen (z. B. Ford Flatrate) oder der Verkauf von Softwarepaketen mit mehreren Anwendungsprogrammen (z. B. Microsoft Office). Neben dem sog. *pure bundling*, bei dem nur die Gesamtheit erworben werden kann, kann es auch möglich sein, dass alle Komponenten ebenso einzeln erhältlich sind (sog. *mixed bundling*). Der Bündelpreis liegt normalerweise unterhalb der Summe der Einzelpreise. Es ist jedoch durchaus denkbar, dass er darüber liegt. Ein sog. *premium bundling* ist z. B. bei kompletten Sammlungen denkbar.

Preisbündelung erlaubt es damit, durch eine intelligente Gestaltung von Kombinationen Preise zielgruppenspezifisch zu differenzieren und so Konsumentenrente abzuschöpfen. Neben dieser unmittelbaren Ertragssteigerung kann eine Bündelung eine Reihe anderer Vorteile bieten. So kann durch die damit verbundene Reduktion der Preistransparenz das Preisniveau generell erhöht werden. Es kann die Volumenausweitung unterstützen, indem es *cross selling* fördert oder die Neukundenakquisition erleichtert (Starter-Pakete). Sie kann durch eine Komplexitätsreduktion die Kostenposition verbessern. Die Kosten können auch durch eine Absatzausweitung und den damit verbundenen Größen- und Erfahrungskurveneffekt gesenkt werden. Außerdem können durch eine Bündelung u. U. grundlegende strategische Vorteile ggü. Spezialanbietern für Teilleistungen erreicht werden. Ein gutes Beispiel für Letzteres ist Microsoft Office, wo durch eine entsprechende Preisgestaltung Einzelanbieter, z. B. von Tabellenkalkulationsprogrammen, nahezu keine Chance haben. Schließlich kann die Bündelung mit Beratungsleistung genutzt werden, um „Trittbrettfahrern" entgegenzuwirken.

Mit den oben genannten Ansätzen zu Preisdifferenzierung bzw. -bündelung ist ein breites Analyseraster gegeben, um geeignete Differenzierungsmöglichkeiten zu identifizieren. Um Kundensegmente noch exakter anzusprechen, können diese nicht in reiner Form genutzt, sondern kombiniert werden. So werden bei Mobilfunktarifen Minutenpreise häufig nach Paketen (mengenmäßige Differenzierung) und Wochentagen (zeitliche Differenzierung) variiert. Deutlich komplexere Preisstrukturen gibt es in der Werbung. So werden die Preise für TV-Spots abhängig von Saison und Tageszeit (zeitliche Differenzierung), der Länge des Spots (leistungsbezogene Differenzierung) und des abgenommenen Gesamtvolumens (mengenmäßige Differenzierung) variiert.

Insgesamt ist Preisdifferenzierung ein enorm leistungsfähiges Mittel zur Gewinnsteigerung. Dabei ist der Nutzen grundsätzlich umso größer, je feiner die Preisstrukturen ausdifferenziert werden. Für die optimale Ausgestaltung sind jedoch gleichzeitig die Kosten der Differenzierung zu berücksichtigen. Diese liegen z. B. in der Erhebung der notwendigen Daten und in der Schaffung der internen Abläufe zur Durchsetzung. Auch ist zu berücksichtigen, dass ab einer gewissen Komplexität des Preissystems die Gefahr besteht, dass es vom Kunden nicht mehr verstanden wird. Dies kann zu Kundenverärgerung bis hin zur gänzlichen Unwirksamkeit der Differenzierung führen.

6.3.5   Internationales Preismanagement

Unterschiedliche Märkte bedeuten in der Regel unterschiedliche Wettbewerbs- und Nachfragebedingungen. Entsprechend diesen unterschiedlichen Bedingungen in den verschiedenen geographischen Märkten ist zur Gewinnmaximierung eine internationale Preisdifferenzierung erforderlich.

Die Preisvariation im internationalen Kontext ist ganz erheblich. So kostet eine Schachtel Marlboro in Norwegen etwa fünfmal mehr als in Polen. Eine Tafel Ritter Sport kostet in Melbourne mehr als doppelt so viel wie in Berlin. Aspirin-Tabletten kosten in Japan das 20-fache des indischen Preises. Ähnliche Verhältnisse sind im b-2-b-Markt zu beobachten. Zwar werden durch die neuen Informationstechnologien und durch die politischen Entwicklungen (z. B. EU-Binnenmarkt) bisher getrennte Märkte einander ähnlicher und Barrieren zwischen ihnen niedriger. Dennoch werden auch in absehbarer Zeit noch erhebliche Differenzen in den Preisniveaus verschiedener Länder bestehen, vor allem für solche Produkte, die keinen reinen Commodity-Charakter aufweisen.

Spezifika internationaler Geschäfte
Grundsätzlich gelten die bisher vorgestellten Konzepte auch für internationale Geschäfte. Um die Chancen zur Preisgestaltung optimal zu nutzen, sind bei grenzüberschreitenden Geschäften einige zusätzliche Aspekte zu berücksichtigen:

Zentraler Ansatzpunkt für Preisoptimierungen sind **unterschiedliche Kundenpräferenzen und Wettbewerbsbedingungen**. Zwar sind diese selbstverständlich nicht auf internationale Geschäfte beschränkt. Ihr Ausmaß ist jedoch in den meisten

Branchen deutlich größer. Kundenpräferenzen und Zahlungsbereitschaft unterscheiden sich oftmals markant. Gleiches gilt für die Rivalität zwischen den Wettbewerbern oder die generelle Intensität des Wettbewerbs.

Weiter bringen internationale Geschäfte häufig **Wechselkurseffekte** mit sich. Diese können den gewinnmaximalen Preis verschieben. Je nachdem, auf welcher Währungsbasis die Geschäfte abgeschlossen werden, können ungeplante Preisänderungen oder Effekte aus Währungsumrechnung der Erlöse und Ergebnisse entstehen.

Um die aus Wechselkursänderungen erwachsenden Risiken bzw. Probleme zu beherrschen, sind rechtzeitig geeignete Regelungen zu treffen: Ein wesentlicher Ansatzpunkt hierfür ist die Vertragsgestaltung. Durch entsprechende Festlegung der Fakturierungswährung oder durch Kurssicherungs- oder Anpassungsklauseln besteht in vielen Fällen die Möglichkeit, die jeweiligen preispolitischen Ziele auch bei fluktuierenden Wechselkursen zu verfolgen. Neben der Vertragsgestaltung sollten auch Maßnahmen wie Devisentermingeschäfte, Exportversicherung oder Export-Factoring geprüft werden.

Unterschiedliche Inflationsraten machen es zunächst erforderlich, die Preise im Zeitverlauf länderspezifisch anzupassen, wobei Frequenz und Höhe der Anpassung von Land zu Land verschieden sein werden. Solange ein freier Kapitalmarkt besteht, der über Wechselkursänderungen zumindest längerfristig den Effekt der Inflation näherungsweise neutralisiert, ist dies kein allzu großes Problem. Deutlich verschärft werden die Herausforderungen, wenn kein freier Kapitalmarkt und keine freie Preisbildung bestehen. Letzteres ist gerade in Hochinflationsländern an der Tagesordnung. Hier verhindern Preiskontrollen häufig die Durchsetzung von mitunter zwingend erforderlichen Preisanpassungen. Hier könnte es sinnvoll sein, die Anpassungsschwierigkeiten zu antizipieren und mit einem oberhalb des Optimums liegenden Preis einzusteigen (allerdings auf Kosten von Volumen in der Anfangsphase). Ein anderer Ansatz ist es, möglichst oft „neue" Produkte einzuführen und damit die Preiskontrolle zu umgehen. Allerdings ist auch dies mit teilweise erheblichen Kosten verbunden.

Unterschiedliche Länder sind in der Regel durch **unterschiedliche Steuern** gekennzeichnet. Für das Preismanagement sind hier insbesondere unterschiedliche Mehrwertsteuern und etwaige Verbrauchssteuern, wie z. B. Mineralölsteuern, Tabaksteuer etc. relevant.

In vielen Marktsegmenten orientiert sich die Kaufentscheidung am Bruttopreis. Dadurch wird häufig Druck auf den Nettopreis ausgeübt. Für den Anbieter besteht damit das Problem, zum einen die landesspezifischen (Brutto-)Preise an die jeweilige Nachfragesituation optimal anzupassen, zum anderen, die sich hieraus ergebenden Nettopreise so zu koordinieren, dass keine ungewünschten Störungen auf andere Länder davon ausgehen.

Ein den Steuern verwandtes Thema sind **Importzölle**. Allerdings wirken sie asymmetrisch, da sie die Güter ausländischer Anbieter verteuern. Der optimale Herstellerabgabepreis sinkt mit zunehmenden Steuern, während der Kundenpreis dadurch steigt. Die dadurch ausgelöste rückläufige Absatzmenge bewirkt, dass höhere Importsteuern den Gewinn meist spürbar reduzieren.

Weitere Möglichkeiten zur Begrenzung von Importen sind staatliche Eingriffe in Form von **Quoten**. So wurden über lange Zeit die Einfuhren japanischer Automobilhersteller in die USA begrenzt. Aktuell sind z. B. zwischen China und den USA Quoten für bestimmte Textilprodukte vereinbart. Für Importeure erleichtert dies das Preismanagement insofern, als es quasi als legales Kartell wirkt. Man setzt die Preise so, dass die Quoten möglichst genau ausgeschöpft werden. Damit ist der negative Einfluss auf den Gewinn begrenzt. Ein in der Wirkungsweise ähnliches Instrument sind Mindestpreise. So schreibt etwa die Türkei zum Schutz ihrer heimischen Industrie für diverse Produkte (z. B. Staubsauger) Mindestpreise vor. Da diese Mindestpreise typischerweise oberhalb der optimalen Preise liegen, wirken sie wie Höchstmengen. Entsprechend wird man im Normalfall den Mindestpreis fordern.

Arbitrageaktivitäten und internationale Verflechtungen der Abnehmer
Die meist größte Herausforderung im internationalen Preismanagement sind Arbitrageaktivitäten in Form von Reimporten bzw. Parallelexporten. Dies sind vom Hersteller ungewollte Warenströme zwischen verschiedenen Ländern. Dabei nutzen Händler oder Endkunden die Preisdifferenzen zwischen Ländern. In einigen Branchen mit erheblichen internationalen Preisdifferenzialen, wie z. B. der Pharma- oder der Automobilindustrie, existieren hierzu spezialisierte Unternehmen. Diese arrangieren sämtliche erforderlichen Aktivitäten, inklusive der notwendigen Produktanpassungen (Zum Beispiel Anpassung des Autos an abweichende Zulassungsvoraussetzungen, Austausch der Beipackzettel).

Arbitrageaktivitäten erschweren die internationale Preisdifferenzierung insofern, als sie Druck auf das höhere Preisniveau machen. Hinzu kommt, dass Parallelimporte Konflikte mit den lokalen Repräsentanzen im Hochpreisland begünstigen – dies gilt in besonderem Maße, wenn es sich dabei um eigenständige Gesellschaften handelt.

Inwieweit Parallelimporte zum Tragen kommen, hängt sehr stark von den Arbitragekosten ab. Je mehr die Unterschiede beim Preis die Kosten für Transport, Produktanpassungen etc. überschreiten, desto attraktiver werden Parallelimporte. Entsprechend ist eine Maßnahme, um Parallelimporte zu begrenzen, die Preisdifferenzen so zu wählen, dass Arbitrage nicht oder nur wenig attraktiv ist.

Zusätzlicher Koordinationsbedarf bei internationalen Geschäftsaktivitäten ergibt sich bei internationalen Verflechtungen der Abnehmer. Durch sie können autonom durchgeführte Preissenkungen in einem Land erhebliche Wirkungen auf das Preisniveau in anderen Ländern haben. Auch hier kommt der länderübergreifenden Preis-koordination hohe Bedeutung zu.

Optimierung internationaler Preise in der Praxis
Die genannten Spezifika internationaler Geschäfte machen deutlich, dass es in der Praxis äußerst schwierig ist, den gewinnoptimalen Preis für jedes Land tatsächlich durchzusetzen. Berücksichtigt man zusätzlich die Kosten für die Durchsetzung, ist es auch ökonomisch oft nicht sinnvoll. In der Praxis sind robuste Näherungs-lösungen gefragt.

Grundsätzlich gilt: Die Möglichkeit zur internationalen Preisdifferenzierung ist um-so größer, je stärker die bearbeiteten Märkte voneinander isoliert sind. Faktoren sind hier z. B. Produktunterschiede, Zulassungsbedingungen oder eine fehlende grenz-überschreitende Preistransparenz. Die Möglichkeiten werden durch Arbitrage be-grenzt.

Zentrale Voraussetzung, um Preise international effektiv und nachhaltig zu differen-zieren, ist eine länderübergreifende Preiskoordination. Ein in der Praxis bewährtes Mittel dazu ist das Vorgeben eines **internationalen Preiskorridors**, der festlegt, wie weit die Preise voneinander abweichen dürfen. Damit kann ein Mittelweg zwi-schen Einheitspreisen und unabhängigen Länderpreisen beschritten werden, wodurch dem langfristigen Absinken auf das Niveau der Niedrigpreismärkte entge-gengewirkt werden kann. Diese Lösung stellt einen Kompromiss zwischen der er-wünschten Preisdifferenzierung und der unvermeidbaren Preisharmonisierung dar. Wesentlicher Einflussfaktor ist die Sensitivität, mit der das Graumarktvolumen auf internationale Preisdifferenzen reagiert. Je höher diese Sensitivität, desto schmaler muss der Korridor sein. In der Praxis ist die gewinnoptimale Bestimmung des Kor-ridors nicht ganz einfach. Es existieren jedoch Tools, wie z. B. Interprice von Si-mon-Kucher, die diese Optimierung unterstützen.

Ein ergänzender Ansatz ist eine geeignete **internationale Produktdifferenzierung**. Hierzu besteht eine Vielzahl von Möglichkeiten. Neben der Produktvariation im engeren Sinne kann eine wirksame Differenzierung auch am Service oder an der Produktgewährleistung ansetzen. Helfen können auch unterschiedliche Marken, nationale Kennzeichnungen sowie flankierende Marketing-Maßnahmen, z. B. sol-che, die parallel importierte Produkte negativ belegen („minderwertige Grauimpor-te" etc.). Wichtig bei einer Entscheidung über internationale Produktdifferenzierung (i.w.S.) ist jedoch, gleichzeitig auch die teilweise erheblichen Kosten der Differen-zierung zu berücksichtigen. Siehe hierzu die ausführlichen Darstellungen im Rah-men des Abschnitts zum Komplexitätsmanagement, Kapitel 6.2.

6.3.6   Effektive Verankerung des Preismanagements im Unternehmen

In den vergangenen Abschnitten wurde eine Reihe von Konzepten zur *inhaltlichen* Ausgestaltung des Preismanagements dargestellt. Ohne eine nachhaltige Verankerung des Preismanagements in der Organisation werden die entsprechenden Verbesserungspotentiale nicht realisierbar sein.

Die geeignete Form der Verankerung in der Organisation variiert sehr stark mit den Markt- und Wettbewerbsbedingungen, der Art des Produkts u.v.m. Letztlich ist eine unternehmens- bzw. eine branchenspezifische Lösung erforderlich. Vier Aspekte sollten dabei besondere Beachtung finden:

- Eine preisbezogene Aufbau- und Ablauforganisation;
- effektive Unterstützungsfunktionen;
- ein kontinuierliches Preiscontrolling;
- eine hinreichende Pricing-Kultur.

Bei der **preisbezogenen Aufbau- und Ablauforganisation** stellt sich zunächst die Frage nach der grundlegenden Organisationsstruktur, hier insbesondere die Frage nach dem **zweckmäßigen Grad der (De-)Zentralisierung** der Preisentscheidung. Hier sind drei grundlegende Gestaltungsmodelle denkbar: Beim sog. Center of Scale sind die Entscheidungen unternehmensweit zentralisiert. Dies empfiehlt sich bei sehr homogenen Geschäften bzw. solchen mit erheblichen Interdependenzen. Ein Beispiel hierfür ist Microsoft. Beim sog. Center of Expertise werden die Preisentscheidungen durch eine zentrale Einheit unterstützt. Dies empfiehlt sich, wenn erhebliche geschäfts- oder regionenspezifische Elemente bestehen und gleichzeitig erheblicher Bedarf an Koordination oder spezifischem Wissen. Letzteres kann z. B. in einer aufwendigen Analytik liegen. Die schwächste Form der Zentralisierung ist die regionale bzw. geschäftsspezifische Unterstützungseinheit.

Ein weiterer Teilaspekt sind **klare Verantwortlichkeiten**. Es können vier Rechte im Zusammenhang mit einer Preisentscheidung unterschieden werden: Neben dem eigentlichen Entscheidungsrecht sind dies Inputrechte, Genehmigungs- und Informationsrechte. Wichtig mit Blick auf eine echte Verantwortlichkeit ist, dass die eigentliche Entscheidung eindeutig einer Person oder einem Gremium zugeordnet ist. Ist dies nicht gegeben, ist der Diffusion der Verantwortung und damit einer geringeren Preisdisziplin bzw. -durchsetzung Tür und Tor geöffnet.

Eng damit verbunden ist die Entscheidung zur **hierarchischen Positionierung** und zur **Professionalisierung der Preisverantwortlichen**. Insbesondere in den USA geht der Trend dahin, zunehmend dedizierte Preiskoordinatoren oder Preismanager einzusetzen – d. h. die Verantwortlichkeit nicht zusätzlich auszuüben, sondern hauptamtlich. Klar ist, dass die faktische Durchsetzungsfähigkeit mit der hierarchischen Positionierung steigt. Ein Beispiel für eine hochrangige Ansiedlung ist der Chief Pricing Officer bei General Electric. Dort sind diese Funktionen sowohl auf Gesamtunternehmens- als auch auf Divisionsebene direkt unter dem Vorstand positioniert. Hierdurch konnte man eine deutlich höhere Preisdisziplin und Preisverteidigung erreichen.

Der dritte Teilaspekt ist ein **klarer Prozess**. Hierzu gehören Abläufe und Entscheidungsgrundlagen. Ein wichtiger Teilaspekt sind gestufte Entscheidungskompetenzen (Limits of Authority). Oftmals können bereits einfache Genehmigungshürden (zusammen mit dem damit einhergehenden Begründungsbedarf und der erforderlichen Formalia) leichtfertige Preiszugeständnisse verhindern. Abb. 6.43 zeigt hierzu als Beispiel die Daten aus einem Pricing-Projekt.

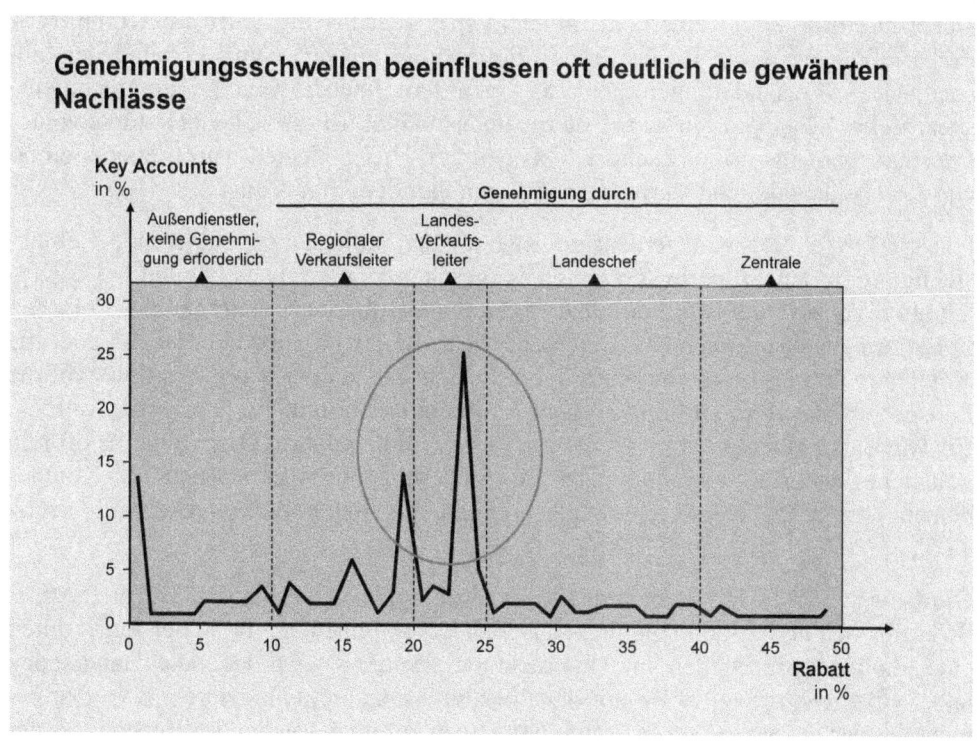

Abb. 6.43 Projektbeispiel: Wirkung von Genehmigungsschwellen[9]

Damit die Gestaltung der Aufbau- und Ablauforganisation ihre volle Wirkung entfaltet, sollten **geeignete Unterstützungsfunktionen** vorgesehen werden:

---

9   Quelle: Simon/Fassnacht, Preismanagement

Effektives Preismanagement setzt in der Regel einen entwickelten **IT-Support** voraus. Dieser kann einzelne Aspekte des Prozesses umfassen. Bei komplexeren Fragestellungen sollten sämtliche Prozess-Elemente von der Preisanalyse über die Preisentscheidung bis zur Preisdurchsetzung unterstützt werden. Wichtige Hilfsmittel sind Preis-Datenbanken, in denen ein Überblick über die aktuelle Preissetzung und deren Entwicklung gegeben wird. Gerade zur internationalen Preiskoordination sind diese unverzichtbar. Nahezu unerlässlich zur Preisdifferenzierung sind Kunden- bzw. Segmentergebnisrechnungen. Yieldmanagement ist in der Regel ohne IT-gestützte Algorithmen nicht erfolgreich machbar.

Zur praktischen Realisierung des IT-Supports existieren teilweise Standard-Software-Lösungen. So bieten CRM-Systeme, z. B. von SAP oder ähnlichen Anbietern, die Möglichkeit, preisrelevante Informationen zu erfassen und aufzubereiten. Daneben gibt es eine Reihe von Anbietern spezieller Pricing-Software. Komplexere Fragestellungen, wie z. B. das Pricing für Airlines mit den damit verbundenen tausendfachen Preisänderungen pro Tag, erfordern hochaufwendige unternehmensspezifische Lösungen. In der Unternehmensrealität ist die IT-Unterstützung des Preismanagements oftmals schwach ausgeprägt. Hier bedeuten häufig bereits einfache Tools eine deutliche Verbesserung gegenüber dem Status quo.

Um effektives Preismanagement zu unterstützen, sollte eine flankierende Berücksichtigung in den **Führungssystemen** vorgesehen werden. Dies beginnt bei der Integration von Pricing-Informationen in die Standardberichterstattung: das Vorsehen in Performance Measurement Systemen, wie z. B. der Balanced Scorecard, oder die Aufnahme in die Mitarbeiterbeurteilung. Besteht ein nennenswerter Einfluss auf die Preisperformance, so sollte dies auch im **Incentivesystem** berücksichtigt werden. Ein wichtiger Adressat ist hier z. B. der Vertriebsaußendienst. Hier sollte die oft rein volumenorientierte Ausrichtung der Incentivierung durch preisorientierte Komponenten, wie z. B. Preisdurchsetzungsprämien, ergänzt und im Extremfall ersetzt werden.

Die Umsetzung einer Pricingstrategie ist ein komplexer und störanfälliger Prozess. So ergibt sich der tatsächliche Preis aus vielen Komponenten, die in der Regel durch eine Vielzahl von Stellen im Unternehmen beeinflusst werden. Die Handelnden haben oft Ziele, die teilweise mit der Preisdurchsetzung konkurrieren, z. B. den Erhalt oder den Ausbau von Marktanteilen. Hinzu kommen Lücken im Verständnis der Anwendung von Pricing-Konzepten und -Vorgaben. Dies und anderes führt dazu, dass in der Praxis erhebliche Abweichungen wahrscheinlich sind – teilweise unbewusst, nicht selten aber bewusst, z. B. zum Erreichen von Incentive-Zielen. Um solche Abweichungen frühzeitig zu erkennen und gegensteuern zu können, ist ein **effektives Preiscontrolling** unverzichtbar.

Die von einem Controlling zu adressierenden Themen sind sehr heterogen. (Abb. 6.44 skizziert das Spektrum.) Die konkrete Ausgestaltung muss situations- und unternehmensspezifisch bestimmt werden. Nachfolgend einige praxisbewährte Analysen bzw. Tools zur Unterstützung:

- Die grundlegende Frage eines Controllings ist die **Preisrealisierung**, d. h. welche Transaktionspreise werden tatsächlich erreicht? Um konkrete Ansätze zu identifizieren, sollten diese differenziert ermittelt werden, z. B. nach Kunden bzw. Kundensegmenten, Produkten, Regionen, Vertriebskanälen.
- Eine Vertiefung dieser Analyse ist der bereits vorgestellte **Preiswasserfall** (siehe Abschnitt 6.3.2). Dieser erlaubt es, die Quellen von Preisverlusten zu identifizieren und damit fokussiert Gegenmaßnahmen einzuleiten.
- Neben der statischen Betrachtung der Preise gibt auch die Verfolgung der Entwicklung über **Trendanalysen** wichtige Erkenntnisse zu Handlungsbedarf und -ausrichtung.
- Preisdisziplin bzw. Preisdurchsetzung ist gut und wichtig, jedoch dürfen damit nicht unbeabsichtigt Geschäfte verhindert werden. Eine wichtige Beurteilungshilfe hierfür sind **Auftragsverlustanalysen** (Lost-Order-Analysis). Um fundierte Ergebnisse zu erreichen, sollten dabei sowohl interne Analysen als auch Kundenbefragungen zugrunde liegen. Gute Hilfestellung können hierbei auch externe Dritte, z. B. spezialisierte Berater, leisten.
- Über die vorangegangenen Analysen hinaus, welche primär auf die Implementierung abzielen, sollte ein Controlling in regelmäßigen Abständen auch die **Eignung des Gesamtsystems** kritisch hinterfragen. Hierbei geht es z. B. um die Frage, ob die angestrebten Preisziele tatsächlich ergebnismaximal sind, oder um die Eignung der angesetzten Konditionenpolitik (Rabattstaffeln, Sonderrabatte etc.).

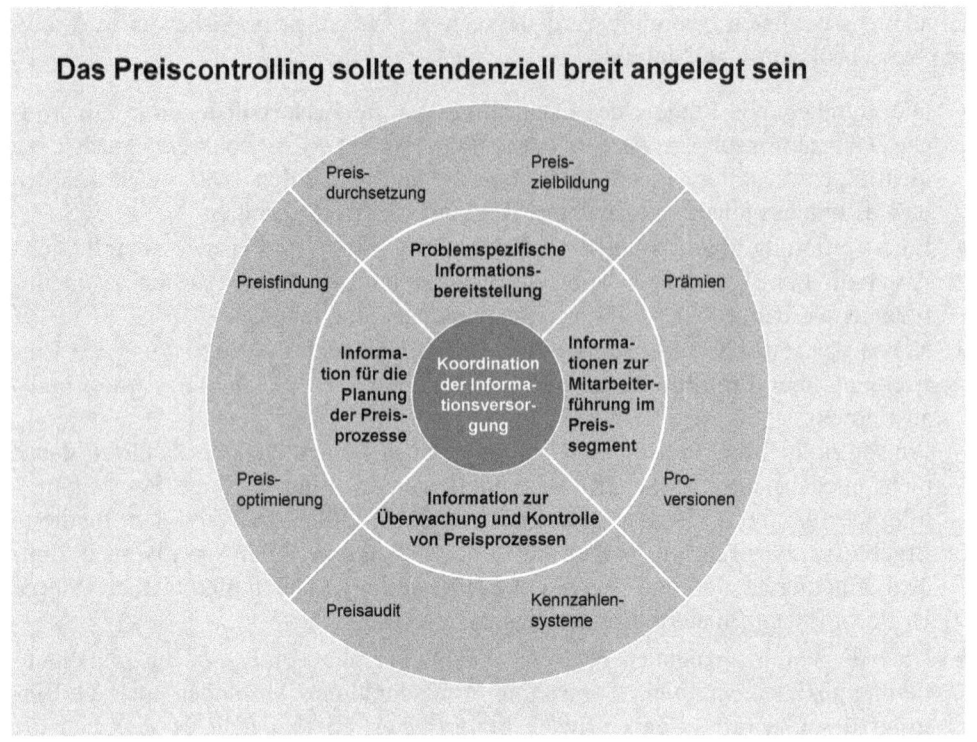

Abb. 6.44 *Mögliche Aufgabenfelder eines Preiscontrollings*[10]

Die Bausteine einer erfolgreichen Verankerung im Unternehmen müssen begleitet werden durch eine entsprechende **Pricing-Kultur,** d.h ein klares Bewusstsein zu preisbezogenen Werten und Zielen im Unternehmen. Themen wie Preisdisziplin oder Preisdurchsetzung müssen als eigenständige und wichtige Leistung gelebt und anerkannt werden. Wie diese genau ausgestaltet werden sollte, orientiert sich an den unternehmensspezifischen Bedingungen. Ein wichtiger Einflussfaktor ist die Preispositionierung (siehe Abschnitt 6.3.3). Klar ist, dass einer Premiumpositionierung andere Werte und Ziele zugrunde liegen als einer Niedrigpreisstrategie.

Eine Preiskultur muss gestaltet und gelebt werden. Schlüsselfaktor ist hier das obere Management (*walk-the-talk*). In der Unternehmensrealität kann gerade hier konsistentes preisorientiertes Verhalten keineswegs immer vorausgesetzt werden. Nur allzu häufig ist zu beobachten, dass, gerade bei Großprojekten, durch Vorstände last-minute-Zugeständnisse gemacht werden, um den Auftrag doch noch zu erhalten. Gleiches gilt, wenn bei bestimmten Kunden Regeln und Abläufe nicht gelten.

---

[10]   Quelle: Diller, Preispolitik (modifiziert)

Das zweite Teilelement einer Preiskultur ist die **Preisintelligenz** der am Preisbildungsprozess beteiligten Mitarbeiter. Hier muss genügend Wissen über preisrelevante Zusammenhänge sowie über Methoden der Entscheidungsfindung vorhanden sein. Dies beginnt bei Kalkulationsmethoden und Verhandlungstaktiken, betrifft aber auch ein grundlegendes Verständnis der Bedeutung des Preises für die Unternehmensrentabilität. In den meisten Unternehmen besteht hier hoher Aus- oder zumindest Weiterbildungsbedarf.

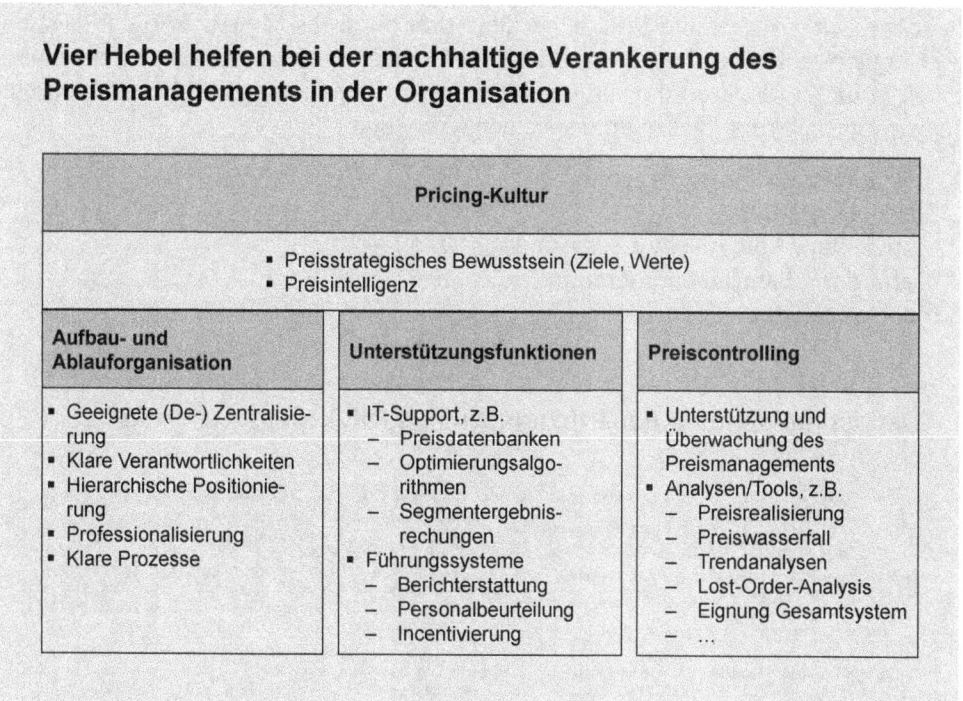

Abb. 6.45 Ansatzpunkte zur Verankerung eines Preismanagements im Unternehmen

6.3.7 Vorgehen zur Neuausrichtung des Preismanagements

In den bisherigen Abschnitten wurde eine Vielzahl von Bausteinen zur Gestaltung und Verankerung eines Preismanagements aufgezeigt. Im Folgenden wird nun das zweckmäßige Vorgehen beschrieben, wie hieraus eine unternehmensspezifische Strategie entwickelt wird.

Inhaltliches Preismanagement hat zwei Elemente, die es bei der Neuausrichtung bzw. Optimierung zu betrachten gilt: die Festlegung der generellen Preisstrategie des Unternehmens und die operative Preissetzung (Transaction Pricing).

Um das volle Potential eines systematischen Preismanagements zu erschließen, sollten beide Elemente betrachtet und einer Optimierung unterzogen werden. In einigen Fällen kann jedoch auf eine bloße Umgestaltung des Transaction Pricing abgestellt werden. Dies kann sinnvoll sein, wenn die strategischen Freiheitsgrade sehr gering sind oder die Problemanalyse klar auf Ausführungsprobleme hinweist.

Die Neuausrichtung des Preismanagements bei weltweiten Aktivitäten ist ein komplexes und analytisch aufwendiges Unterfangen. Es sollte als ein eigenständiges Projekt gestaltet werden. In der Regel werden zur Erarbeitung fünf bis zehn weitgehend vollzeitig abgestellte Mitarbeiter über drei bis sechs Monate erforderlich sein. Abhängig von der vorhandenen Pricing-Expertise sollte die Unterstützung durch einen in diesem Feld erfahrenen externen Berater geprüft werden. Bei der Erarbeitung lassen sich fünf Phasen unterscheiden (Abb. 6.46):

1. Bestimmung der Ausgangslage
2. Ideengenerierung
3. Entwicklung konkreter Verbesserungsansätze
4. Definition Maßnahmenprogramm
5. Implementierung

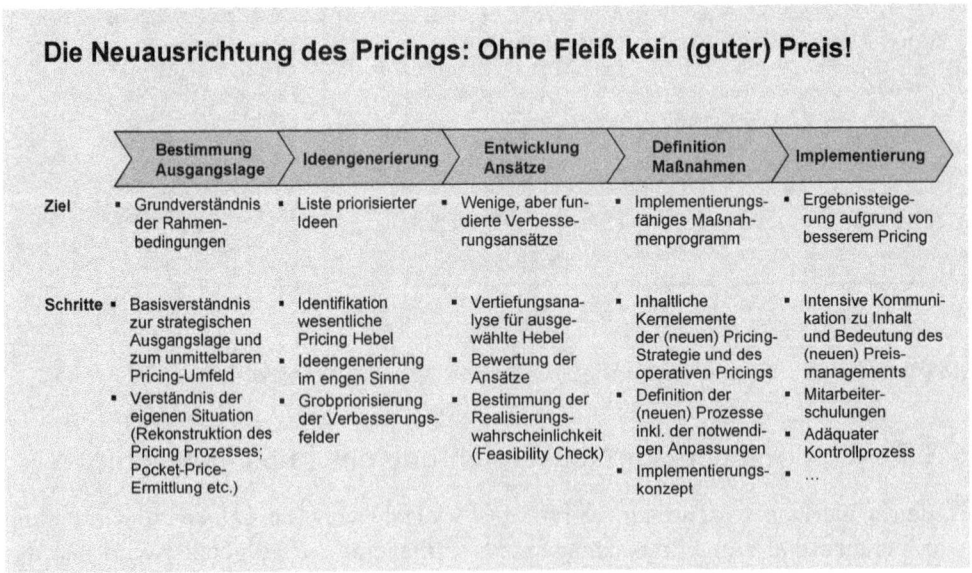

Abb. 6.46 *Vorgehen zur Neuausrichtung des Preismanagements*

1. Bestimmung der Ausgangslage: Ziel der ersten Phase ist es, ein Grundverständnis der Rahmenbedingungen eines Preismanagements sowie der eigenen Situation zu erarbeiten. Wesentliche Elemente dieser Standortbestimmung sind:

- Basisverständnis zur strategischen Ausgangslage: Es gilt, das Stärken-Schwächen-Profil des eigenen Unternehmens sowie wesentlicher Wettbewerber zu kennen. Ebenso sollten wesentliche Trends in der weiteren Branchenentwicklung bekannt sein.
- Basisverständnis zum unmittelbaren Pricing-Umfeld: Es ist die Pricing-Praxis innerhalb der Branche zu ermitteln. Wichtig sind hier auch Unterschiede innerhalb der Branche. Sie geben oft Anregungen für die Weiterentwicklung der eigenen Preispolitik. Weiter ist der Kaufentscheidungsprozess der eigenen Kunden zu ermitteln. Letzteres sollte faktenbasiert und nicht anekdotisch erfolgen.
- Drittes Element der Standortbestimmung ist das Verständnis der eigenen Situation: Es gilt, das Pricing-Vorgehen im eigenen Unternehmen zu ermitteln. Dies umfasst die Rekonstruktion des Pricing-Prozesses sowie eine quantitative Ermittlung des Pocket Price. Wichtig ist hier die tatsächliche Praxis. Sie unterscheidet sich häufig deutlich von der SOLL-Vorgehensweise. Entsprechend sollte sie auf Basis konkreter Transaktionen ermittelt werden. Aufwand und Nutzen dieser Analyse sollten nicht unterschätzt werden. Gerade bei weltweiten Geschäften wird die Vorgehensweise zur Preisbildung oft durchaus heterogen sein. Dies bedeutet Aufwand bei der Ermittlung, aber auch Anregungen für Ideen zur Verbesserung.

In der ersten Phase muss ein breiteres Verständnis der Ausgangslage geschaffen werden, um damit der Gefahr entgegenzuwirken, dass Strategien entwickelt werden, die konzeptionell gut, aber wegen der fundamentalen Bedingungen nicht durchsetzbar sind. Wichtig ist nicht der letzte Tiefgang, sondern ein Verständnis der fundamentalen Faktoren. Dies gilt nicht ganz für die interne Analyse: Pricing-Prozess und vor allem die wesentlichen Elemente eines Pocket Price sollten hinreichend (und quantifiziert) verstanden werden.

2. Ideengenerierung: Ist die Ausgangslage hinreichend verstanden, müssen Ideen generiert werden. Wesentliche Schritte hierzu sind:

- Die Identifikation wesentlicher Pricing-Hebel erfolgt auf Basis der Ergebnisse der Phase 1. Hilfreich hierzu ist der Pocket-Price-Waterfall, der die einzelnen Preisverluste aufzeigt. Dieser Schritt unterstützt auch die Fokussierung der Ideengenerierung auf Felder mit erheblichem Verbesserungspotential.
- Die Ideengenerierung im engen Sinne ist ein kreativer Prozess. Er geht entsprechend weit über den Pocket-Price-Waterfall hinaus. Es sollte auch bewusst über den Tellerrand der eigenen Branche hinaus gedacht werden. Alternative Preismodelle (z. B. Vorgehensweisen anderer Branchen) sollten ermittelt und ihre Nutzbarkeit bzw. teilweise Übertragbarkeit sollten geprüft werden.
- Der nächste Teilschritt ist die Grobpriorisierung der Verbesserungsfelder. In die Beurteilung ist neben der Höhe des Potentials auch die Übereinstimmung bzw. Verträglichkeit mit den Stärken und Schwächen des eigenen Unternehmens ein-

zubeziehen. Ebenso ist die Durchsetzbarkeit innerhalb der Branche und bezogen auf die Hauptkunden(-gruppen) zu berücksichtigen.

Das Endprodukt der Phase 2 ist eine Liste priorisierter Ideen. Dabei ist die Priorisierung wegen des hohen analytischen Aufwands in der Folgephase von hoher praktischer Bedeutung.

3. Entwicklung konkreter Verbesserungsansätze: Die deutlich reduzierten Hebel bzw. Ansätze sind eingehender zu betrachten und zu konkreten Lösungen weiterzuentwickeln.

- Vertiefungsanalyse für ausgewählte Hebel: Die konkrete Ausrichtung der Analysen hängt von den spezifischen Bedingungen sowie von der Natur der gefundenen Ideen ab. Hilfreiche Instrumente bzw. Mittel zur Vertiefung sind Interviews mit Vertriebsmitarbeitern, Kunden und ggf. Wettbewerbern. Bei weltweiten Aktivitäten ist wichtig, dass die Auswahl hinreichend repräsentativ für die Absatzstruktur ist. Es gilt eine unangemessene Gewichtung des Heimatmarktes zu vermeiden.
- Ggf. Kundennutzen-Analyse z. B. auf Basis von Conjoint Measurement, ausführlicher hierzu im Rahmen des Abschnitts zum Komplexitätsmanagement.
- Detaillierte Analysen ausgewählter Transaktionen möglichst in verschiedenen Ländern.
- Ggf. vertiefende Wettbewerber-Analysen und Analysen alternativer Vorgehensweisen.
- Bewertung der Ansätze: Bestimmung des Verbesserungspotentials der identifizierten Ansätze sowie der einmaligen und laufenden Kosten bei ihrer Implementierung. Ein wesentlicher und häufig unterschätzter Aspekt sind hier die Kosten der Produktdifferenzierung.
- Bestimmung der Realisierungswahrscheinlichkeit (Feasability Check): Einzubeziehen sind hier das Ausmaß der zu schaffenden Voraussetzungen (z. B. Informationssysteme, Verhaltensänderungen), die Wahrscheinlichkeit der Durchsetzbarkeit beim Kunden oder voraussichtliche Reaktionen des Wettbewerbs.

Endprodukt der Phase 3 sind wenige, aber fundierte Verbesserungsansätze, die einen hohen Nutzenüberschuss aufweisen und deren Realisierung hinreichend wahrscheinlich ist.

4. Definition Maßnahmenprogramm: Die Verbesserungsansätze müssen in ein implementierungsfähiges Maßnahmenprogramm überführt werden. Zu einem solchen gehören:

- inhaltliche Kernelemente sowohl der (neuen) Pricing-Strategie als auch des Transaction-Pricings;

- die Definition der (neuen) Prozesse inkl. der notwendigen Anpassungen (z. B. der Informationssysteme und der Verantwortlichkeiten bis hin zu aufbauorganisatorischen Änderungen oder Änderung der Incentivierung). Neben den „harten" Elementen sind hier auch „weiche" Faktoren zu berücksichtigen (Stichworte: Pricing-Kultur, Mitarbeiter-Mindset). (Ausführlich in Abschnitt 6.3.6.);
- ein Implementierungskonzept, welches den (weltweiten) Rollout der definierten Änderungen beschreibt. Zu allen wesentlichen Aktivitäten sind eindeutige Verantwortlichkeiten sowie Termine und Meilensteine festzulegen.

5. Implementierung: Die wesentlichen Elemente der Implementierung hängen von den spezifischen Maßnahmen ab. Unabhängig davon sind folgende Elemente in nahezu allen Fällen von Bedeutung:

- eine intensive Kommunikation zu Inhalt und Bedeutung des (neuen) Preismanagements;
- Mitarbeiterschulungen zur Schließung von häufig vorhandenen Kompetenzlücken;
- ein adäquater Kontrollprozess: Dieser muss sowohl die Durchführung der wesentlichen Implementierungsschritte als auch die inhaltlichen Fortschritte der Organisation verfolgen. Gerade bei weltweiten Geschäften sind hier einfache Instrumentarien gefragt, die es erlauben, Fehlentwicklungen frühzeitig zu erkennen. Im anschließenden Praxisbeispiel wird hierauf noch ausführlicher eingegangen.

Die vorangegangenen Ausführungen konnten das zweckmäßige Vorgehen nur in seinen Eckelementen skizzieren. Wichtig ist zu erkennen, dass erfolgversprechendes Preismanagement eine nennenswerte analytische Fundierung und eine ausgeprägte operative Tiefe erfordert. „30 000-Fuß-Analysen" und bunte Folien helfen nur für den Einstieg!

6.3.8 Praxisbeispiel: signifikante Ergebnisverbesserung durch Neuausrichtung des Preismanagements

Die Vorgehensweise und die Ergebnisverbesserungspotentiale eines optimierten Preismanagements sollen anhand eines Praxisbeispiels verdeutlicht werden. Optimiert bzw. neu gestaltet wurde das Preismanagement einer weltweit operierenden Serviceeinheit eines Großkonzerns.

Auslöser war ein (internes) Benchmarking zur Preisdurchsetzung in verschiedenen Ländern. Dieses brachte für die Kernländer der Geschäftseinheit ein hinsichtlich des Ausmaßes der Differenzen irritierendes bzw. beunruhigendes Ergebnis: Positionierte man etwa die in den Ländern erzielten Preisniveaus in Abhängigkeit vom wesentlichen preisbestimmenden Faktor des Geschäfts, so ergaben sich gravierende Unterschiede im Preisniveau (Abb. 6.47). Auch nach vertiefenden Analysen – die einen Teil der Unterschiede mit Sonderbedingungen erklärten – verblieben Unterschiede in einer Größenordnung, die signifikante Ergebnisverbesserungspotentiale aus einem optimierten Preismanagement vermuten ließen.

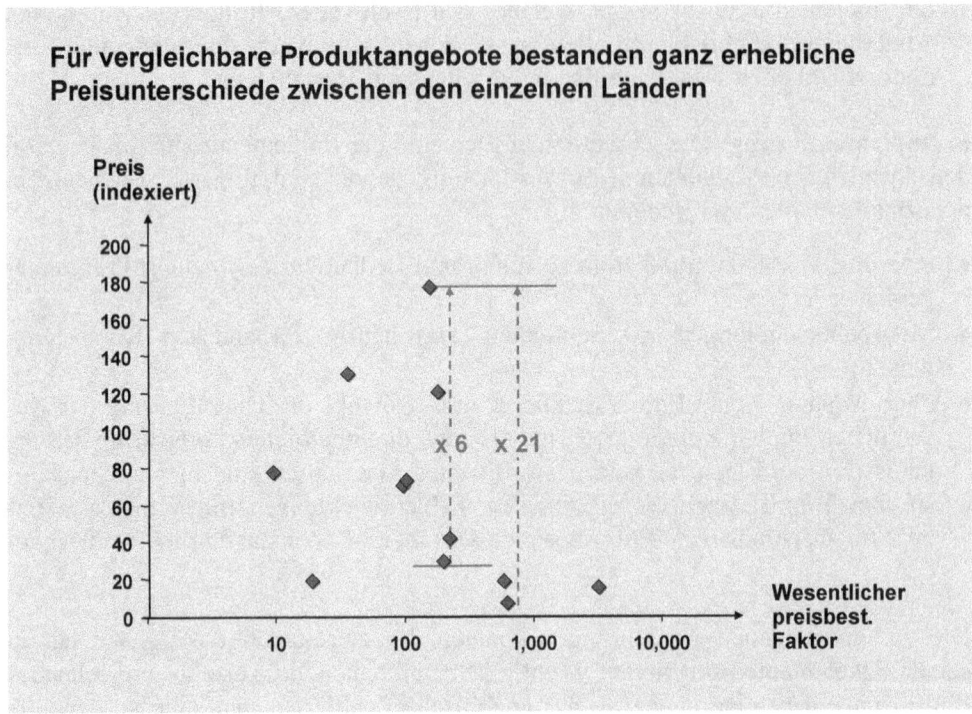

Abb. 6.47 *Praxisbeispiel: weltweite Preisunterschiede für vergleichbares Produktangebot*

Das Benchmarking sowie eine Unzufriedenheit des Managements mit dem gesamten Preisentscheidungsprozess waren der Anlass, ein Projekt zur systematischen Neuausrichtung des weltweiten Preismanagements zu starten. Das Projekt dauerte zunächst sechs Monate. Eingesetzt war ein Kernteam von sieben bis zehn Mitarbeitern, das fallweise durch Fachexperten unterstützt wurde. Die Projektleitung lag bei einem Mitglied des weltweiten Leitungskreises der Geschäftseinheit. Die Leiter der Geschäftseinheit waren eng eingebunden. Wegen des großen Erfolges wurde etwa ein Jahr nach Abschluss der Arbeiten ein Anschlussprojekt zur Verfeinerung und Weiterentwicklung des Preismanagements gestartet. Aufgrund der vorhandenen Datenbasis konnte dies mit einem erheblich niedrigeren Ressourceneinsatz durchgeführt werden. Um die Preis-Expertise der Geschäftseinheit zu verbreitern und z. B. auch Pricing-Konzepte anderer Branchen einzubeziehen, wurden beide Projekte durch eine externe Unternehmensberatung unterstützt.

Der **Projektablauf** entsprach der im Vorabschnitt dargestellten Vorgehensweise: Die Bestimmung der strategischen Ausgangslage konnte sehr kurz gestaltet werden, da eine umfassende strategische Analyse des Gesamtgeschäfts bereits vorlag. Dagegen erwies sich die Rekonstruktion der internen Pricing-Praxis und insbesondere die Ermittlung des Pocket-Price-Waterfall als sehr aufwendig: Erstens war das Produkt „Serviceleistung" sehr kundenspezifisch, was die klare Abgrenzung der einzelnen Pricing-Komponenten erschwerte. Zweitens waren die Prozesse in den verschiedenen Ländern sehr unterschiedlich. Dies machte eine breite Bestandsaufnahme erforderlich, was sich im Nachhinein als sehr nützlich erwies, da aus den Unterschieden wertvolle Ideen generiert werden konnten.

Charakteristisch für die Projektarbeit war die enge Einbeziehung von Vertriebsteams in repräsentativ ausgewählten Ländern. Diese geschah z. B. in Form von gemeinsamen Vor-Ort-Workshops und durch Interviews mit vielen mit der Preissetzung (im weiten Sinne) befassten Mitarbeitern. Die breite Einbeziehung erhöhte nicht nur die Qualität der entwickelten Maßnahmen, sondern unterstützte auch wesentlich deren spätere Implementierung.

Der Kernpunkt der Ideengenerierung waren umfangreiche Analysen zur Preisbildung bei Wettbewerbern und die Analyse von Pricing-Praktiken in anderen Branchen, ergänzt um die ausführliche Analyse des Einkaufsverhaltens der Kunden. Weitere gute Ideen konnten aus internen „best practices" abgeleitet werden. Gewonnen wurden die Informationen vor allem aus Interviews mit Kunden, Key Account Managern sowie mit Einkaufsexperten, die mit den Verhältnissen in der Abnehmerbranche sehr vertraut waren. Der Einsatz eines externen Unternehmensberaters erwies sich zur Herstellung einer breiten Perspektive als außerordentlich wertvoll.

Der neuen Preispolitik lag primär das Prinzip der nutzenorientierten Preisbildung zugrunde. Eine zentrale Analyse hierzu war die Nachbildung der Kaufentscheidung des Kunden und dabei insbesondere die Betrachtung der „second best alternative" des Kunden. Sie zeigte auf, dass in bestimmten (durchaus häufigen) Kundensituationen ein großer Spielraum bestand, die Preise zu erhöhen, ohne dass der Kunde dadurch verloren ging.

Ein wichtiges Projektelement war auch die Unterstützung ausgewählter Kundenanfragen von der Angebotserstellung bis zur Vertragsverhandlung. Dieses Mittel wurde doppelt genutzt: zunächst um Ideen zu generieren und später, nachdem konkrete neue Ansätze gefunden waren, um diese einem Praxistest zu unterziehen.

Als **Endprodukte der Projektarbeit** wurden u. a. folgende Bausteine für das (zukünftige) Preismanagement der Geschäftseinheit erarbeitet:

Es wurde ein „Masterplan" definiert, der das Gesamtkonzept zum Preismanagement sowie dessen Realisierung beschrieb. Dieser sah u. a. eine stufenweise Anpassung der Preispolitik vor. Damit sollte vermieden werden, dass durch allzu radikale Änderungen bestehende Kundenbeziehungen beschädigt werden.

Einen weiteren Baustein bildete ein Vertriebsleitfaden mit 10 Pricing-Guidelines. Diese stellten Regeln zu den wesentlichen Elementen der Preissetzung, der Verhandlungsführung sowie der Gewährleistungspolitik dar. Alle Regeln wurden anhand konkreter Kundenbeispiele erläutert. Zusätzlich standen Ansprechpartner bereit, die die jeweiligen Regeln bzw. Maßnahmen bereits in einer konkreten Kundensituation angewandt hatten. Ein wichtiges Merkmal der 10 Pricing-Guidelines war, dass viel Aufwand investiert wurde, um sie einfach und „anfassbar" zu machen. Der Versuchung, umfangreiche Prozesshandbücher zu schreiben, wurde erfolgreich widerstanden. Dies begünstigte entscheidend die Akzeptanz.

Zur Unterstützung des Preismanagements wurde eine eigenständige Organisationseinheit – das sog. Pricing Excellence Team – gebildet. Dieses bestand aus Knowhow-Trägern aus verschiedenen Ländern mit konkreter Anwendungserfahrung in den wesentlichen Pricing-Themen. Das Team war Ansprechpartner für alle die Neuausrichtung betreffenden Fragen und unterstützte die Erarbeitung komplexer Angebote. Außerdem konzipierte und koordinierte es die Schulungen.

Der abschließende Baustein war ein Kontrollkonzept. Neben den bereits in Abschnitt 6.3.6 ausführlich dargestellten Controllingkomponenten enthielt es auch eine spezifische Metrik, den sog. „Service Pricing Excellence Score", kurz: SPES (Abb. 6.48). Dieser erlaubte es, den Fortschritt in den 15 Kernländern zeitnah zu verfolgen und Abweichungen frühzeitig zu identifizieren.

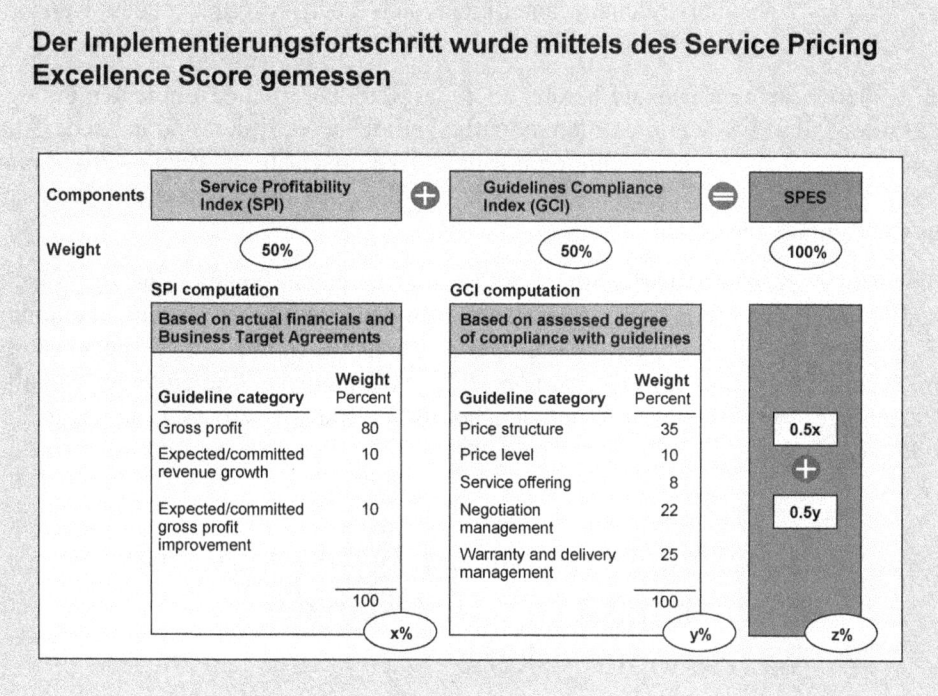

Abb. 6.48 Service Pricing Excellence Score

Zentraler Ansatzpunkt bei der **Implementierung** war die Mitarbeiterseite. Durch intensive Schulungen wurde die Fachkompetenz weiterentwickelt. Hierzu gehörten die Kenntnis von Pricing-Techniken und -Konzepten oder die Ertüchtigung zur geeigneten Argumentation bzw. Verhandlungsführung gegenüber dem Kunden. Wichtiges Element der Mitarbeiterschulung waren Fallbeispiele, die durch die Mitarbeiter vorgestellt wurden, die sie auch beim Kunden praktiziert hatten. Neben der Fachkompetenz stand die Entwicklung einer neuen Pricing-Kultur im Vordergrund. Es galt – plakativ gesprochen – den Wandel vom (eher passiven) „Price Taker" zum (aktiven) „Price Shaper" zu erreichen. Als flankierende Maßnahme wurden auf das Pricing bezogene Ziele in die individuellen Zielvereinbarungen der Mitarbeiter aufgenommen.

Als wertvoll erwies sich auch die Bündelung von Pricing-Know-how in einem Team. Neben den beschriebenen Unterstützungsleistungen war das Team mit seinem Überblick ein wesentlicher Faktor für die Weiterentwicklung des Preismanagements.

Unterstützt wurde der gesamte Rollout durch intensive Kommunikationsmaßnahmen. Hierzu gehörten regelmäßige Videobotschaften, Mailing-Aktionen sowie Workshops mit den wesentlichen Realisierungstragenden. Um die Bedeutung

des Pricings zu unterstreichen, beteiligten sich auch Mitglieder des Konzern-
vorstandes an den Workshops.

Ein weiteres Element war die bereits oben dargestellte laufende Implementierungskontrolle. Die SPES-Werte wurden monatlich erhoben, analysiert und im Bedarfsfall
unmittelbar Anpassungsmaßnahmen initiiert. Der Fortschritt des Pricing-Programms
war in Form des SPES-Gesamtwerts auch Teil der (Advanced) Balanced Scorecard
des Geschäftsbereichs.

Die systematische Neuausrichtung des Preismanagements brachte eine signifikante
Profitabilitätsverbesserung für die Geschäftseinheit. Bereits im ersten Jahr konnte
das Ergebnis um einen hohen zweistelligen Millionenbetrag bzw. die Ergebnismarge
um 6 Prozentpunkte gesteigert werden. Mit vollständiger Implementierung aller
Maßnahmen – nach etwa 30 Monaten – betrug die Margenverbesserung sogar über
10 Prozentpunkte.

6.4 Schaffung wesentlicher Wettbewerbsvorteile durch umfassendes Redesign der Wertschöpfungskette

Erfolgreiches Management bedeutet, die Leistungserstellung optimal zu gestalten.
Dies kann an den Einzelfunktionen ansetzen oder die Leistungserstellung ganzheitlich betrachten und optimieren. Ein Konzept für eine umfassende Optimierung der
Leistungserstellung ist das Redesign der Wertschöpfungskette. Beispiele wie IKEA,
PUMA, Sabre und viele mehr zeigen, dass damit die Wettbewerbsposition grundlegend verbessert werden kann. Im Folgenden werden die Kernelemente eines umfassenden Redesigns vorgestellt und an Beispielen erläutert. Außerdem werden wesentliche Herausforderungen bei der Realisierung dargestellt und Wege aufgezeigt, wie
diese zu bewältigen sind.

6.4.1 Grundprinzipien zur Gestaltung und Optimierung von Wertschöpfungsketten

Die Konzepte der Wertkette wurden bereits in Modul 1 bei der Identifikation von
Handlungsbedarf erläutert. Will man das volle Potential eines Redesigns realisieren,
ist es erforderlich, breit an das Thema heranzugehen. Hierzu hilft das Konzept eines
Wertnetzes. Dieses stellt die Kombination aus interorganisatorischen Verbindungen
und Beziehungen dar, die zur Schaffung eines Produkts oder einer Dienstleistung
erforderlich sind (Abb. 6.49). Auf Basis dieses Bezugsrahmens ist zu entscheiden,

welche Aktivitäten selbst durchgeführt und welche anderweitig erstellt werden sollten. Vier Kernfragen sollten dazu geklärt sein:[11]

- Welche Aspekte sind für die strategischen Fähigkeiten eines Unternehmens von entscheidender Bedeutung, welche sind weniger wichtig? So ist es häufig wichtig, die Hauptdifferenzierungsvorteile des Unternehmens unter eigener Kontrolle zu behalten, um sich Zugang zu und Weiterentwicklung dieser Fähigkeiten zu sichern.

- Wo sind die Gewinnreservoirs? In nahezu allen Branchen sind die Gewinnpotentiale an den verschiedenen Stellen der Wertkette unterschiedlich hoch. Ursache hierfür können z. B. abweichend ausgeprägte Wettbewerbsintensitäten sein. So sind etwa in der Computerindustrie die Märkte für Mikroprozessoren oder Software deutlich rentabler als der Markt für Hardware.

- Wo bestehen Make-or-Buy-Optionen? Die gezielte Fremdvergabe von Leistungselementen kann einen erheblichen Wettbewerbsvorteil begründen. Ein wichtiges Konzept hierfür ist z. B. das Outsourcing (ausführlich hierzu in Abschnitt 6.4.3). Allerdings ist es nicht für alle Leistungselemente möglich und erfordert teilweise ganz erhebliche Koordinierungskompetenzen.

- Welche Möglichkeiten bestehen zu Kooperationen? Kooperationen können ganz erhebliche Wettbewerbsvorteile begründen. So bringt etwa die StarAlliance den beteiligten Fluggesellschaften nicht nur Kosten-, sondern auch erhebliche Differenzierungsvorteile.

---

[11] Vgl. Johnson u.a., Strategisches Management

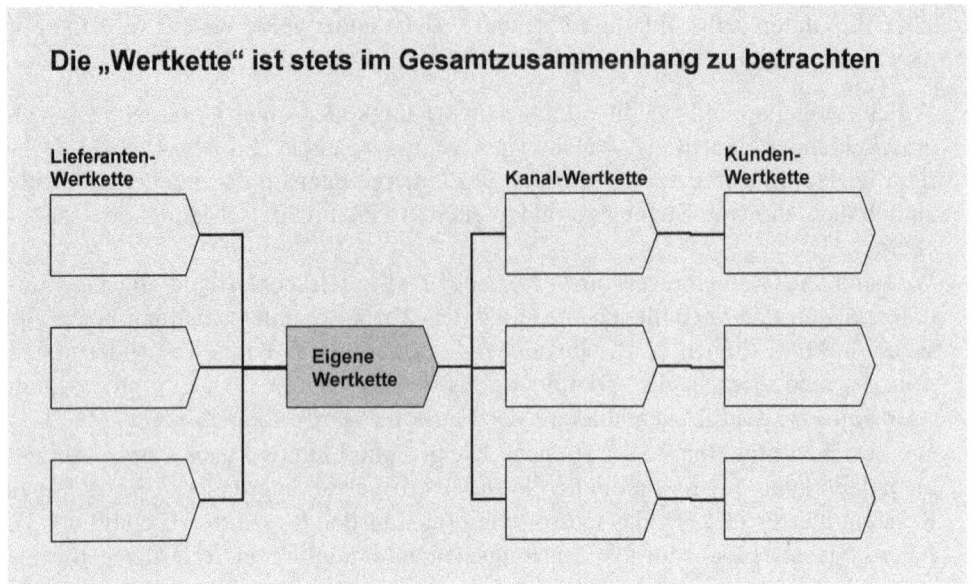

Abb. 6.49 *Das Wertnetz*

Auf der Basis des Wertnetzes lässt sich eine nahezu unendliche Anzahl von Möglichkeiten zur Gestaltung ableiten. Die in der Praxis vorkommenden Lösungen können in der Regel einem der vier Grundtypen von **Wertschöpfungsarchitekturen** zugeordnet werden:[12]

- **Schichtenspezialist** (Layer Player): Dies sind Unternehmen, die sich auf eine oder wenige Stufen der Wertkette konzentrieren. Sie lösen diese Stufe – z. B. die Produktions- oder Vertriebsfunktion – aus der bisher integrierten Wertkette heraus und bieten diese Funktion (häufig branchenübergreifend) eigenständig an. Gute Beispiele hierfür sind Flextronics und Foxconn. Diese sog. Electronic Manufacturing Services (EMS) übernehmen für eine Vielzahl von führenden Unternehmen der Elektronikindustrie und verwandter Branchen die Produktionsfunktion. So produziert Foxconn als Auftragshersteller unter anderem für Hewlett-Packard, Dell, Apple, Nintendo, Microsoft, Sony und Intel. Der Vorteil dieser Wertschöpfungsarchitektur liegt in den damit verbundenen Spezialisierungs- und Größenvorteilen, die sich in günstigeren Kosten und höherer Qualität niederschlagen.
- **Pioniere** (Market Maker) versuchen, bestehende Wertketten durch Innovation um zusätzliche Elemente zu ergänzen oder bestehende Elemente grundlegend zu modifizieren und damit neue Leistungen anzubieten. Ein Beispiel hierfür ist Sab-

---

[12]   Vgl. Hungenberg, Strateg. Management im Unternehmen; Dillerup/Stoi, Unternehmensführung

re (Akronym für: Semi-Automatic Business Research Environment), das weltgrößte Computer-Reservierungssystem für Reisebüros. Damit lassen sich weltweit Flüge, Hotelübernachtungen, Zugverbindungen und weitere Dienstleistungen auf Verfügbarkeit prüfen und online buchen. Dies macht die Arbeit der Reisebüros signifikant effizienter. Dank seiner dominanten Marktposition sind die o.g. Anbieter in hohem Maße bestrebt, in Sabre (und damit in den Reisebüros) vertreten zu sein. Da Sabres Geschäftsmodell darauf angelegt ist, an jedem gebuchten Ticket zu partizipieren, ist diese Wertschöpfungsarchitektur für Sabre sehr profitabel.

- **Virtuelle Unternehmen** (Orchestrator) konzentrieren sich ähnlich wie Schichtenspezialisten auf einzelne Elemente der Wertkette. Sie beschränken sich auf wesentliche Kernstufen, wie z. B. Produktentwicklung oder Marketing, und steuern ein Netzwerk an Partnerunternehmen, welche die übrigen Funktionen übernehmen. Gute Beispiele sind die Sportartikel-Hersteller Adidas, Puma und Nike, die diese Architektur nahezu perfektioniert haben.

- **Integratoren** sind generalistisch ausgerichtet und kontrollieren die Wertkette im Wesentlichen selbst. Ziel ist es, die Transaktionskosten zu minimieren. Dabei sind die Integratoren nicht gezwungen, dauerhaft alle Wertschöpfungsstufen selbst zu erbringen. Vielmehr können sie entlang der Wertschöpfungskette „wandern" – jeweils in die Stufen hinein, welche die höchste Profitabilität versprechen (siehe dazu auch die Überlegungen zur Profit-Pool-Analyse im Folgenden). Dieses Phänomen ist gut in der Automobilindustrie zu beobachten, wo die etablierten Hersteller zunehmend in die nachgelagerten Dienstleistungselemente (Finanzierung, Leasing, Service) drängen, während die bisherigen Zulieferer vermehrt die Produktionsfunktion übernehmen.

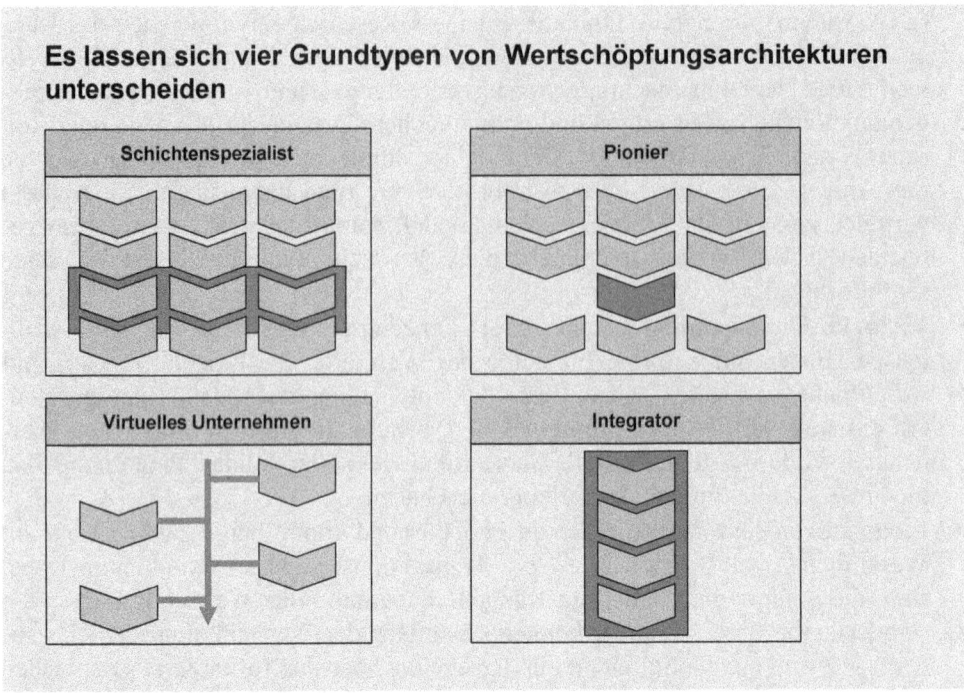

Abb. 6.50 *Grundlegende Wertschöpfungsstrukturen*[13]

Grundlegende Gestaltungsprinzipien im internationalen Kontext
Um in der Praxis zur optimalen Ausrichtung zu gelangen, muss die Wertkette differenziert betrachtet werden. Es ist für jede Funktion bzw. für jede wesentliche Aktivität die optimale Gestaltung zu finden. Auch wenn diese nur situationsspezifisch bestimmt werden kann, lassen sich zwei grundlegende Varianten der sog. Konfigurationsstrategie identifizieren: Konzentration und Dezentralisierung.

- Bei der **Konzentration** (bzw. Zentralisierung) wird das bestimmte Leistungselement nur an einem Standort für den weltweiten Bedarf erstellt. So produziert z. B. Ritter Sport seine Schokolade nur in Deutschland oder Boeing montiert seine Jets nur in Washington State. Der Standort muss dabei keineswegs das Heimatland sein. Vielmehr können spezifische lokale Bedingungen (z. B. Lohnkostenvorteile, Steuervorteile) für eine Konzentration an einem beliebigen Standort sprechen. So werden Produktionsaktivitäten in der Elektronik- oder der Bekleidungsindustrie häufig in einem asiatischen Land konzentriert, innovative Entwicklungsaktivitäten nicht selten in Kalifornien.

---

[13]   Quelle: Hungenberg, Strategisches Management im Unternehmen; Dillerup/Stoi, Unternehmensführung

Konzentration ist angeraten bei Vorliegen signifikanter Erfahrungskurven-Effekte oder erheblichen Economies of Scale bzw. Scope. Auch kurze Marktzyklen sprechen zumindest für Teilbereiche wie die Produktion für eine Konzentration. Mitunter ist sie sogar zwingend erforderlich, wie z. B. bei Immobilität von Schlüsselressourcen.

- Das Gegenstück dazu ist die **Dezentralisierung**. Hier wird das jeweils betrachtete Leistungselement an vielen oder allen Standorten erbracht. Dieses Gestaltungsprinzip empfiehlt sich für Leistungselemente, die eine hohe lokale Anpassung erfordern, wie dies bei Teilen der Vertriebsaktivitäten oftmals gegeben ist. Auch lassen hohe Transport- oder Lagerkosten oder Faktoren wie Risikostreuung häufig eine Dezentralisierung angeraten sein. So können Währungsrisiken oder Versorgungsrisiken damit oftmals reduziert werden. Mitunter bestehen auch spezifische Zwänge für eine Dezentralisierung, wie Local-Content-Erfordernisse oder zwingende Ausschreibungsanforderungen.

Will man zur optimalen Ausrichtung gelangen, muss für jede Aktivität von wesentlicher Kosten- oder Leistungsrelevanz die jeweils bestgeeignete Lösung gefunden werden. Hierfür sind die spezifischen Vor- und Nachteile der jeweiligen Konfiguration abzuwägen. (Abb. 6.51 skizziert dies für die Forschungs- und Entwicklungsfunktion.)

Potentielle Vorteile einer Konzentration bzw Dezentralisierung in F & E

Vorteile Konzentration	Vorteile Dezentralisierung
▪ Realisierung von Economies of Scale	▪ Größere Marktnähe der F&E (insbes. bei stark variierenden lokalen Anforderungen)
▪ Erzielung kritische Masse wahrscheinlicher (oft zwingend bei kleinen Unternehmen)	▪ Image-Gewinn durch lokale Präsenz
▪ Realisierung von Verbundeffekten (Economies of Scope)	▪ Streuung von Risiko
▪ Erleichterte Koordination	▪ Besserer Zugang zu knappem Know-how und zu lokalen Netzwerken (z.B. Lead-Märkte)
– Weniger Kultur-/Sprachbarrieren	
– Leichterer Face-to-Face-Kontakt	▪ Erleichtertes Umgehen rechtlicher Restriktionen (z.B. Gentechnik)
▪ Vermeidung von Doppelarbeiten/ „Verzettelung" wahrscheinlicher	▪ Erleichterte Möglichkeit zur 24/7 Verfügbarkeit
▪ Erleichterter Wissenstransfer	▪ Nutzen von Kostenunterschieden (insbes. Personalkosten)
▪ Tendenziell Beschleunigung der Projekte	
▪ Leichtere Geheimhaltung	▪ Nutzung staatlicher Förderung
▪ ...	▪ ...

Abb. 6.51 Potentielle Vorteile einer Konzentration bzw. Dezentralisierung in F&E

In der Praxis werden in der Regel Mischlösungen, d. h. die Kombination von zentralen und dezentralen Gestaltungen angezeigt sein. Der Nahrungsmittelhersteller Nestlé ist z. B. für erhebliche Teile des Produktspektrums gefordert, sich an die lokalen Anforderungen anzupassen. Analysiert man nun die Entwicklungsausrichtung, so bedeutet dies keineswegs eine konsequente Dezentralisierung. Vielmehr werden zur Erzielung von Skaleneffekten erhebliche Teile der Entwicklungsleistung – ca. zwei Drittel – zentral erbracht. (Abb. 6.52 skizziert die Ausrichtung.)

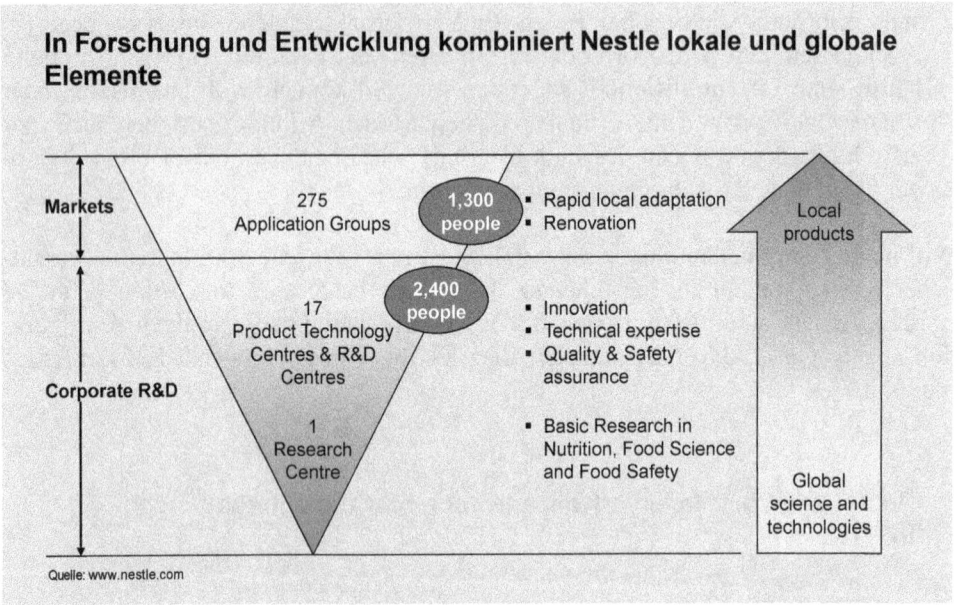

Abb. 6.52 *Nestlés Konfigurationsstrategie*[14]

Ähnliches gilt für viele andere Unternehmen. So unterhält z. B. SAP ca. 20 Entwicklungsstandorte. Durch diese breite Konfiguration wird es möglich, Lohnkostendifferenziale und Know-how-Verfügbarkeit zu nutzen und Anforderungen an lokale Präsenz, Risikostreuung u.v.m. zu erfüllen.

6.4.2   Ablauf eines umfassenden Redesigns

Aufgrund der erheblichen Komplexität sollte ein Redesign stets als ein eigenständiges Projekt mit entsprechender Ressourcenausstattung konzipiert werden. Wegen der meist grundlegenden länderübergreifenden Eingriffe in Aufbau- und Ablauforganisation ist eine hohe hierarchische Positionierung unverzichtbar – ebenso eine interdisziplinäre Ausstattung der Teams.

---

[14] Quelle: www.nestle.com

Die konkrete Vorgehensweise ist jeweils fallspezifisch zu bestimmen. Ausgangspunkt ist eine umfassende Analyse der weltweiten Leistungsprozesse. Neben einer intensiven Analyse der internen Situation in repräsentativen regionalen Einheiten ist die Einbeziehung der Kundenperspektive ein Muss. Um zu grundlegenden neuen Ideen zu gelangen, sollten auch Vorgehensweisen für vergleichbare Prozesse in anderen Branchen erhoben werden. Dies bildet die Grundlage, um den Soll-Prozess zu definieren (Blueprinting) und die erforderlichen Anpassungen zu bestimmen. Angesichts der vielfältigen Herausforderungen bei der Umsetzung ist eine sorgfältige Implementierungsplanung ein unverzichtbarer Bestandteil. Hier ist insbesondere auf die Aspekte einer adäquaten Kommunikation, die Anwendung risikoreduzierender Maßnahmen sowie einen Feedback-Mechanismus zum frühzeitigen Erkennen der (unvermeidlichen) Störungen zu achten (ausführlich in Abschnitt 6.4.5).

Auch wenn die konkrete Vorgehensweise jeweils fallspezifisch zu bestimmen ist, sollte bei Maßnahmenentwicklung unbedingt auf die richtige Sequenz geachtet werden. Ein umfassendes Redesign der Wertkette sollte an drei Hebeln ansetzen, die in dieser Reihenfolge zu durchlaufen sind (Abb. 6.53):

1. Optimierung des Wertschöpfungsanteils des eigenen Unternehmens
2. Verbesserung der Verknüpfungen mit umgebenden Unternehmen
3. Neugestaltung der (verbliebenen) Wertkette

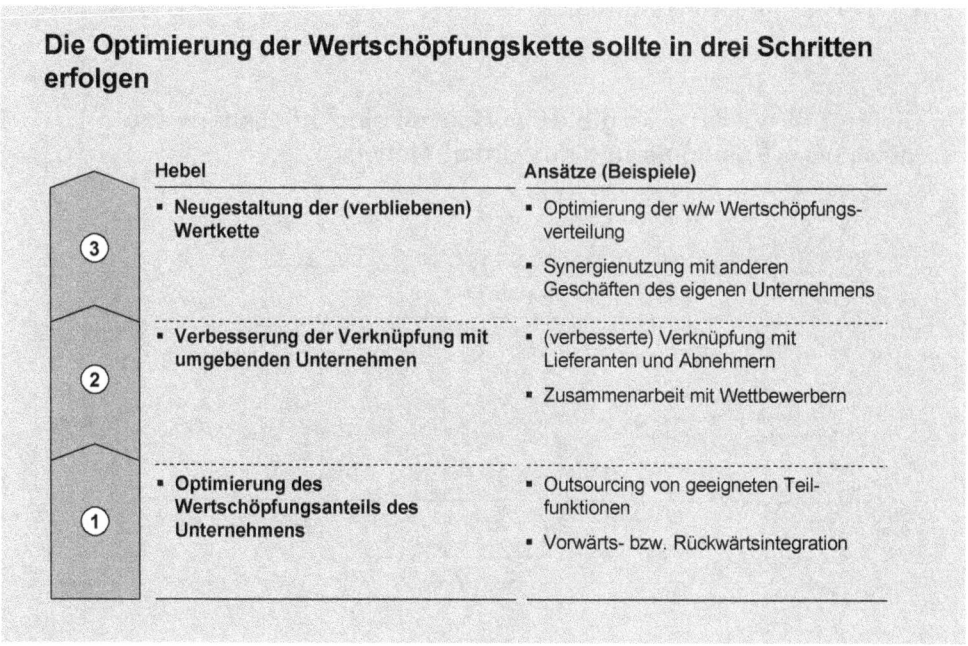

Abb. 6.53 Vorgehensweise zur Optimierung der Wertschöpfungskette

1. Optimierung des Wertschöpfungsanteils des Unternehmens

Zur Optimierung der Wertschöpfungskette können Teile der Aktivitäten auf andere
Unternehmen ausgelagert werden (Outsourcing). Sind diese Unternehmen auf einzelne Funktionen spezialisiert, können die Aktivitäten meist kostengünstiger und oft
auch qualitativ hochwertiger erbracht werden als im eigenen Unternehmen. Potentiell geeignet für Auslagerungen sind Funktionen wie z. B. IT-Dienstleistungen, An-
lagenwartung, Teile des Rechnungswesens oder die Logistik (ausführlich in Abschnitt 6.4.3).

Neben dem Outsourcing von Einzelfunktionen können auch größere Teile der Wertschöpfung verlagert werden. Ein anschauliches Beispiel für diese sog. Value-
Migration gibt die Automobilindustrie. Die Hersteller konzentrieren sich immer
mehr auf die Systementwicklung und -integration sowie auf die Vermarktung. Wesentliche Teile der Entwicklung und Produktion wurden an die Zulieferer verlagert.

Ein wichtiger Indikator für die geeignete Positionierung ist die Verteilung des Ge-
samtgewinns innerhalb des Wertschöpfungssystems. In vielen Branchen existieren
profitablere und weniger profitable Bereiche. Sind diese Unterschiede bekannt, kann
versucht werden, sich in den attraktiven Bereichen der Wertschöpfungskette zu posi-
tionieren. Eine gute Analyse, um hierfür Ansatzpunkte zu erhalten, ist die Profit-
Pool-Analyse. Sie zeigt, wie sich Wertschöpfung und Gewinn innerhalb des Wertschöpfungssystems verteilen. Im Falle des Beispiels in Abb. 6.54 könnte etwa eine
Rückwärtsintegration geprüft werden.

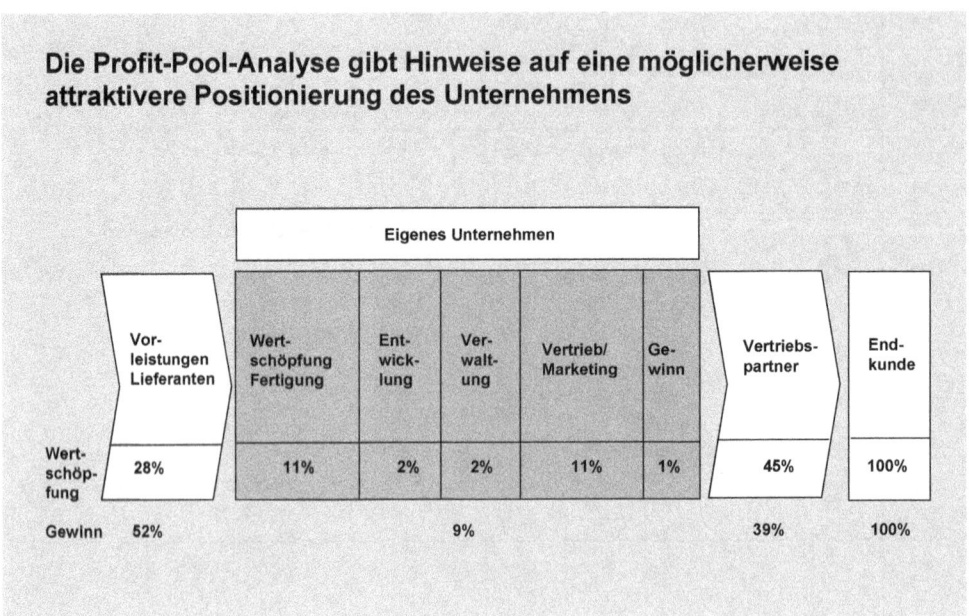

Abb. 6.54 *Profit-Pool-Analyse*

In der Praxis ist diese sog. Value Migration häufig zu beobachten. So gab es beispielsweise in der Computerindustrie in den 90er Jahren eine massive Wertverschiebung entlang der Wertkette. Während früher etwa 80 % des Marktwerts den Hardware-Herstellern zufiel, halbierte sich dieser Teil binnen eines Jahrzehnts auf 40 %. Dieses und viele andere Beispiele zeigen die hohe Wichtigkeit der Fragestellung nach der optimalen Positionierung. Sie sollte regelmäßig im Rahmen der Umfeldanalyse verfolgt werden.

2. Verbesserung der Verknüpfungen mit umgebenden Unternehmen
Der zweite Ansatzpunkt sind verbesserte Verknüpfungen der eigenen Wertschöpfung mit der Wertschöpfung umgebender Unternehmen, insbesondere mit der von Lieferanten, Abnehmern oder Konkurrenten.

Eine verbesserte Verknüpfung mit Lieferanten kann helfen, die eigenen Kosten zu senken oder – z. B. durch höhere Flexibilität oder kürzere Lieferzeiten – Differenzierungsvorteile zu schaffen. Ein Beispiel ist die fertigungssynchrone Anlieferung, die es erlaubt, Vormateriallager entfallen zu lassen und damit Bestandskosten zu senken. Eine geeignete Gestaltung der Verknüpfung kann durchaus eine Win-Win-Situation für beide Beteiligte darstellen. Liefert etwa ein Schokoladenproduzent Schokolade im Tankwagen, statt in festen Riegeln, an einen Konfekthersteller, so entfallen beim einen die Kosten des Formens und Verpackens, während der andere Handhabungs- und Schmelzkosten einspart.

Durch die verbesserte Verknüpfung mit den Abnehmern können eigene Kosten gesenkt bzw. die Abnehmerkosten oder der Abnehmernutzen verbessert werden. Beispiele hierfür sind die bereits genannte fertigungssynchrone Anlieferung zum Abnehmer und gemeinsame Anstrengungen zur Verbesserung der Qualität des Abnehmerprodukts oder zur einfacheren Handhabung, z. B. montagegerechtes Design oder geeignete Gebindegrößen.

Eine Zusammenarbeit mit Konkurrenten verbessert zwar in der Regel nicht die Wettbewerbsposition im Vergleich zu diesen Unternehmen. Sie kann jedoch die Position gegenüber anderen Unternehmen verbessern. Beispiele sind gemeinsame Entwicklungen für bestimmte Produktsegmente oder die Zusammenführung von Beschaffungsaktivitäten zur Senkung der Beschaffungskosten und Erhöhung der Einkaufsmacht.

3. Neugestaltung der (verbliebenen) Wertkette
Sind der Umfang der eigenerstellten Wertschöpfung und die Verknüpfungen mit umgebenden Unternehmen optimiert, gilt es, die verbliebene Wertkette optimal zu gestalten. Ziel ist es, die Verknüpfungen innerhalb und zwischen den einzelnen Wertaktivitäten zu optimieren. Wichtige Möglichkeiten sind die Neugestaltung der weltweiten Wertschöpfungsverteilung oder die Synergienutzung mit anderen Geschäften des Unternehmens.

Soll das volle Verbesserungspotential eines Redesigns erschlossen werden, ist es zweckmäßig, alle drei Verbesserungshebel zu untersuchen. Damit vermeidet man den Fehler, dass Abläufe optimiert werden, die sinnvollerweise gar nicht vom eigenen Unternehmen erbracht werden sollten. Idealerweise sind für jede Aktivität drei Kernfragen zu beantworten:

- Wie kann die Aktivität anders ausgeführt oder gar eliminiert bzw. so gestaltet werden, dass ein höherer Kundennutzen entsteht?
- Wie kann eine Gruppe miteinander verknüpfter Wertaktivitäten neu geordnet oder gruppiert werden?
- Wie können Koalitionen mit anderen Unternehmen Kosten senken oder Differenzierungsvorteile schaffen?

Insgesamt ermöglicht eine ganzheitliche Betrachtung der Wertschöpfung signifikante – statt nur graduelle – Verbesserungen der Wettbewerbsposition. Bei der praktischen Anwendung dieses Ansatzes sollte der Anspruch allerdings nicht darin bestehen, jedes Mal ein grundlegend neues Geschäftsmodell zu entdecken. Ziel sollte es vielmehr sein, durch einen breiteren Blick auf das eigene Unternehmen Möglichkeiten für eine nennenswerte Verbesserung zu identifizieren.

6.4.3   Outsourcing: Viel mehr als „run my mess for less"

Die Verlagerung von Teilen der unternehmerischen Wertschöpfung auf Dritte – das sog. Outsourcing – ist ein wesentlicher Baustein bei der Optimierung der Wertkette. Outsourcing ist in der Lage, die Kosten- und Leistungsposition eines Unternehmens grundlegend zu beeinflussen – im Guten wie im Schlechten. Wegen seiner außerordentlich hohen Bedeutung soll es im Folgenden ausführlicher behandelt werden.

Im Bereich der IT-Infrastruktur und bei IT-intensiven Prozessen ist Outsourcing seit langem etabliert, ebenso im Bereich der Fertigungsindustrie, wo immer anspruchsvollere Produktionsaufgaben an sog. Contract Manufacturer ausgelagert werden. Ein weiteres wichtiges Outsourcing-Feld sind das sog. Facility Management und die Übernahme ausgewählter kaufmännischer Prozesse. Das Volumen entwickelt sich entsprechend: Alleine der IT-Outsourcing-Markt hat in Deutschland ein Volumen von rund 8–10 Milliarden Euro (*non-captive*, d. h. durch nicht-konzernzugehörige Dienstleister). Das durchschnittliche Marktwachstum liegt bei etwa 10–12 %.

Outsourcing kann in höchst unterschiedlicher Form gestaltet werden. Für die Praxis sind die folgenden Gestaltungsdimensionen besonders wichtig:

- Zunächst können Umfang und Ausrichtung der fremdvergebenen Wertschöpfungselemente variiert werden. Häufige Typen sind hierbei die folgenden:
  - **Business Process Outsourcing (BPO):** Bei dieser Form geht ein *ganzer* Unternehmensprozess an ein Drittunternehmen. Beispielsweise wird die kom-

plette Einkaufsfunktion ausgelagert, das Human Resource Management oder das Transaktion-Banking. Generell handelt es sich beim BPO oft um IT-intensive Prozesse, die an entsprechend spezialisierte Dienstleister abgegeben werden.

- **Outtasking**: Anders als beim BPO übernehmen externe Dienstleister hier nur einzelne Aufgaben (*tasks*), wie etwa die Buchhaltung oder die Gebäudereinigung. Das auslagernde Unternehmen behält die Prozesskontrolle sowie Personalverantwortung und bleibt Eigentümer über die Vermögenswerte.
- **Selective Outsourcing**: Spezielle Teile eines Bereiches werden an ein Drittunternehmen vergeben. Das primäre Ziel ist meist nicht Kosteneinsparung, sondern z. B. die Kompensation mangelnden Wissens oder mangelnder kritischer Masse im Unternehmen. So kann etwa die Einführung neuer IT-Applikationen zum Anlass genommen werden, den Betrieb dieser Lösungen an ein Drittunternehmen zu vergeben und das Spezialwissen nicht selbst aufzubauen.
- **Business Transformation Outsourcing (BTO)**: Beim BTO überträgt ein Unternehmen während eines Technologiewechsels einen Prozess an einen Dienstleister. Dies kann ein bestehender Prozess sein (z. B. End-of-Life-Fertigung) oder die Entwicklung des neuen Prozesses (z. B. Next Generation Outsourcing)
- Die **End-of-Life-Fertigung** ist eine spezielle Form des Outsourcings. Hier werden Produkte, die sich am Ende ihres Lebenszyklus befinden und daher nur noch in kleineren Stückzahlen gefertigt werden, an Produktionsdienstleister übergeben. Diese übernehmen in diesem Stadium des Produktlebenszyklus, d. h. vom Übergang der Serienproduktion bis zur Abkündigung (Nachserienphase), für den Originalhersteller die Auslauf- und Ersatzteilproduktion.
- **Next Generation Outsourcing** (NGO) zielt auf eine durchgängige Trennung zwischen den Geschäftsprozessen der Fachbereiche und deren Unterstützung durch IT-Leistungen bzw. IT-Services ab. Beim NGO verläuft die Sourcing-Schnittstelle daher nicht mehr zwischen IT-Abteilung und IT-Dienstleister, sondern zwischen dem Fachbereich und einem IT-Produktlieferanten (meist in Form eines Generalunternehmers). Die Vertragsgestaltung bezieht sich konsequenterweise auch nicht mehr auf technische Liefereinheiten, sondern auf die Konformität und Qualität bei der Unterstützung der Geschäftsprozesse.

- **Unternehmensinternes vs. unternehmensexternes Outsourcing:** Outsourcing muss keineswegs zwingend die Vergabe an externe Fremdfirmen bedeuten. Insbesondere in größeren Unternehmen kann es durchaus sinnvoll sein, die Aktivitäten in gesonderte Einheiten (z. B. Service-GmbHs) auszulagern und gleichartige Aufgaben dort zu bündeln. Diese oft als *shared service units* bezeichneten internen Dienstleister können mitunter vergleichbare Kostensenkungen erzielen, bei gleichzeitig größeren Kontrollmöglichkeiten für das outsourcende Unternehmen.

Die Bildung solcher *shared service units* kann darüber hinaus ein erster Schritt zu externem Outsourcing sind.

- Eine wichtige Gestaltungsmöglichkeit von Outsourcing besteht in der Entscheidung darüber, ob nur eine Leistung outgesourct oder auch Mitarbeiter und Vermögenswerte übertragen werden. Wird das volle Spektrum genutzt, ist die Grenze zu einer Unternehmensübernahme (Mergers & Acquisitions) fließend, insbesondere, wenn der übernommene Unternehmensteil eine eigene Rechtsform hat. Daher gilt die Kompetenz zur Integration und zum Management von Personal als ein zentrales Erfolgskriterium.

- Nutzen und Risiken von Outsourcing werden oft stark vom **Ort der Leistungserbringung** beeinflusst. Die Schlagworte hierzu sind Onshoring, Nearshoring und Offshoring. Ziel eines Offshoring bzw. Nearshoring ist oft die Nutzung regionaler Faktorkostenunterschiede vor allem beim Lohnniveau. Offshoring ist keineswegs nur auf einfache Aufgaben wie Dateneingabe oder Schaubilderstellung in Indien oder Rechnungsprüfung in Tschechien oder Russland beschränkt. Es umfasst mittlerweile durchaus anspruchsvolle Tätigkeiten wie Marktforschung und Geschäftsanalyse. Für eine Entscheidung über die geeignete Gestaltung des Outsourcings sind allerdings auch potentielle zusätzliche Risiken, etwa durch die Entfernung (geographisch und kulturell) oder durch eine niedrigere politische Stabilität oder geringere Möglichkeiten zum Schutz geistigen Eigentums mit einzubeziehen.

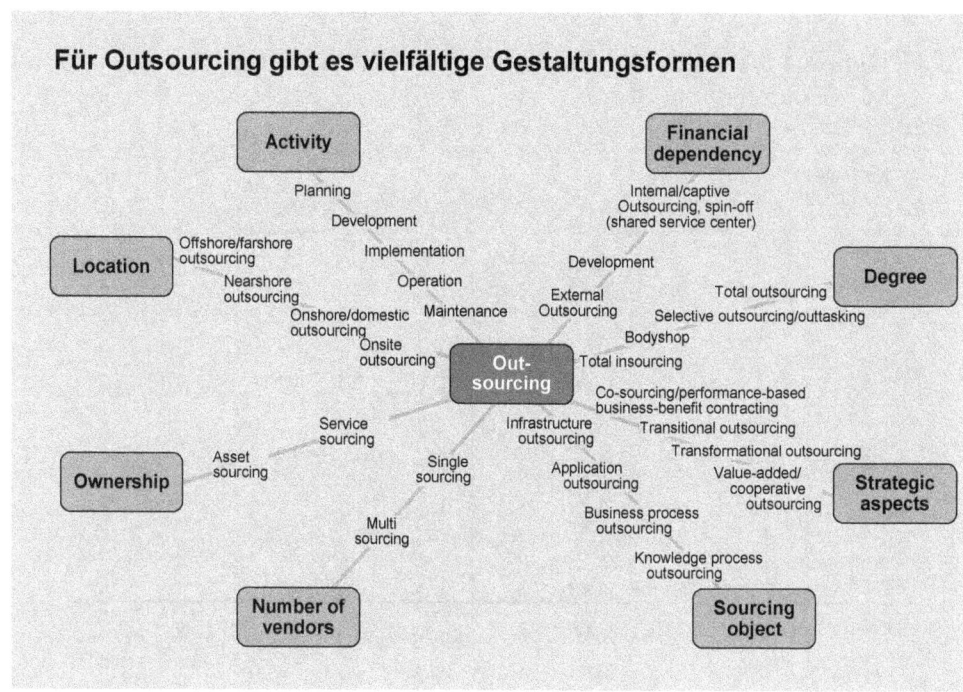

Für Outsourcing gibt es vielfältige Gestaltungsformen

Abb. 6.55 Optionen für Outsourcing[15]

Nutzen und Risiken von Outsourcing

Outsourcing ist potentiell in der Lage, den Unternehmenswert signifikant zu steigern. Es ist jedoch auch mit erheblichen Kosten und Risiken verbunden. Beide Wirkungen sind vor einer Entscheidung sorgfältig abzuwägen. Wesentliche **(potentielle) Nutzeneffekte** sind die Folgenden:

- **Kosteneinsparungen**: Durch die Spezialisierung des Outsourcers auf bestimmte Aufgaben sowie durch Skaleneffekte können Leistungen durch externe Dienstleister oft zu geringeren Kosten erbracht werden, als sie dem Unternehmen bei eigenem Betrieb entstehen würden. Diese Kosteneinsparungen erreichen häufig Größenordnungen von 10 % und mehr (Abb. 6.56).

---

[15] Quelle: Leimeister, Successful Governance of Information Systems Outsourcing Relationships (modifiziert)

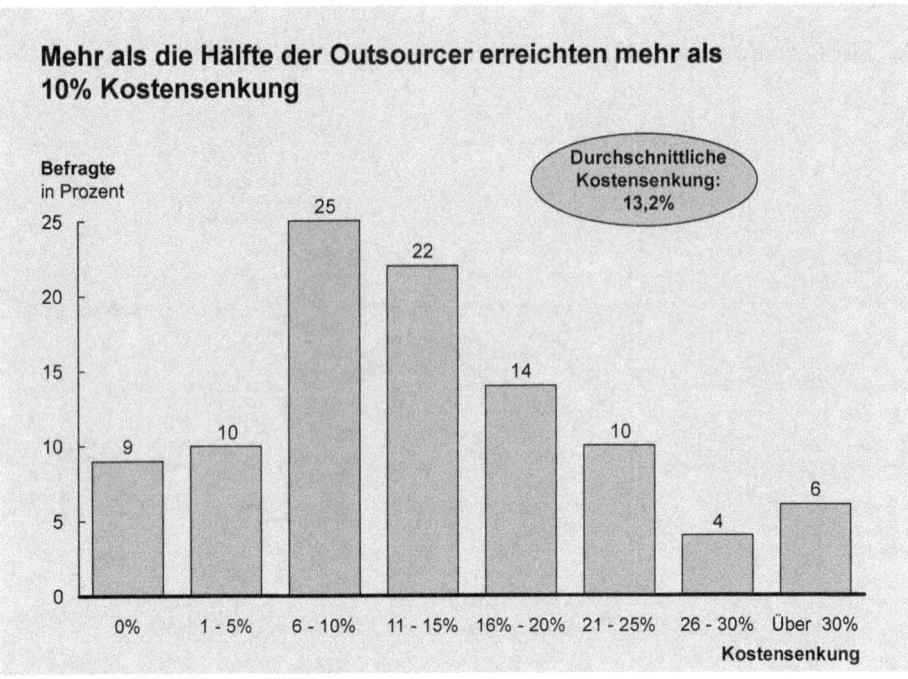

Abb. 6.56 *Einsparungspotential von Outsourcing-Projekten*[16]

- **Höhere Flexibilität:** In vielen Outsourcing-Projekten besteht die Möglichkeit, die abgenommene Leistung in gewissem Umfang zu variieren. Teilweise kann die Bezahlung sogar vollständig an die tatsächliche Leistungsabnahme gebunden werden (pay-per-use-Modelle). Dies erleichtert den Umgang mit Bedarfs-schwankungen und erlaubt es damit, Chancen u. U. besser wahrzunehmen, bzw. kann als Maßnahme zum Risikomanagement genutzt werden. Dies ist nachhaltig machbar – also kein Nullsummen-Spiel –, wenn der Outsourcing-Nehmer die Möglichkeit hat, aufgrund seiner anderen Kunden Ausgleichseffekte zu nutzen.
- **Konzentration auf Kernkompetenzen:** Werden Aufgaben effektiv, d. h. ohne gravierende Probleme, nach außen gegeben, wird das Management entlastet. Es kann sich stärker auf diejenigen Faktoren konzentrieren, die seine Wettbewerbs-position stärken – angesichts der Knappheit von Managementressourcen in vielen Unternehmen ein nicht zu unterschätzender Vorteil.
- **Verbreiterung der Know-how-Basis/Erschließung zusätzlichen Know-hows:** Für selbst durchgeführte Leistungen muss im Unternehmen das erforderliche Know-how vorhanden sein und ständig weiterentwickelt werden. In vielen Fällen fällt es gerade kleineren Unternehmen schwer, genügend entsprechend speziali-

---

[16] Quelle: Daten aus Accenture Executive Survey Outsourcing

sierte Mitarbeiter zu beschäftigen, oder es entsteht eine hohe Abhängigkeit von Einzelpersonen. Ähnliches gilt beim Übergang auf neue Technologien. Hier besteht häufig die Möglichkeit, Know-how, das der Outsourcing-Nehmer bereits bei anderen Kunden erworben hat, zu nutzen. Know-how-Vorteile können dabei auch dazu führen, dass die Leistungsqualität gesteigert wird.

- **Erhöhte Transparenz und Budgetkontrolle:** Outsourcing erhöht tendenziell die Transparenz. Durch die eindeutige Verrechnungsschwelle zwischen den Parteien werden Kosten und Verantwortlichkeiten wesentlich klarer. Auch können Leistungsniveaus (z. B. Systemverfügbarkeiten, Reaktionszeiten, Qualitätsniveau) einfacher vereinbart und durchgesetzt werden, als dies innerhalb gewachsener Strukturen eines Unternehmens möglich wäre. Wie das Fallbeispiel JP Morgan im Folgeabschnitt zeigt, kann eine effektive Budgetkontrolle sogar der Hauptgrund für ein Outsourcing sein.

- **Outsourcing als Finanzierungsinstrument:** Ein eher taktischer Nutzen von Outsourcing kann in einer Finanzierungswirkung liegen. So kann z. B. durch den Verkauf von Vermögensgegenständen an den Outsourcing-Nehmer kurzfristiger Mittelzufluss erzeugt werden. Eine ähnliche Wirkung hat es, wenn eigene Investitionen nicht durchgeführt werden müssen, weil die damit verbundene Leistung fremdbezogen wird. Klar ist, dass diese Wirkung meist nur kurz- bzw. mittelfristiger Natur ist. Längerfristig müssen Investitionen selbstverständlich amortisiert werden, unabhängig davon, wer sie tätigt.

Dem erheblichen potentiellen Nutzen eines Outsourcing stehen durchaus **nicht unerhebliche Kosten bzw. Risiken** gegenüber:

- Hier sind zunächst die **Kosten** zu sehen, die durch Vorbereitung und Steuerung der Outsourcing-Aktivitäten entstehen: Es ist ein Konzept zu entwickeln, Dienstleister auszuwählen, Verträge zu schließen und die nötigen unternehmensinternen Anpassungen durchzuführen. Anschließend ist der operative Outsourcing-Prozess dauerhaft zu steuern. (Die umfangreichen Aktivitäten hierzu sind im Folgeabschnitt ausführlicher dargestellt.) Neben den unmittelbaren Kosten für die genannten Aktivitäten sind auch mittelbare Effekte zu berücksichtigen. Sie ergeben sich aus etwaigen Widerständen, Leistungsminderungen in der Übergangszeit u. Ä.

- **Schlechterfüllung oder Nichterfüllung:** Neben den Kosten i. e. S. besteht stets die Gefahr, dass der Outsourcing-Nehmer die Leistung schlecht oder sogar gar nicht erbringt. Die Konsequenzen können im eher günstigen Fall Doppel- oder Nacharbeiten sein. Beim Ausfall von geschäftskritischen Prozessen können sie sogar bestandsgefährdend sein.

- **Verlust von Know-how-Komponenten:** Ein solcher Verlust kann z. B. darin bestehen, dass das outsourcende Unternehmen teilweise vom Kundenfeedback abgekoppelt wird (etwa beim Outsourcen von Vertriebs- oder Service-Prozessen). Weiter kann der Outsourcer von der Weiterentwicklung des Know-hows abgekoppelt werden – eine Gefahr, die etwa bei Entwicklungsoutsourcing durchaus droht. Inwieweit diese Effekte tatsächlich kritisch sind, hängt davon ab, ob und inwieweit die outgesourcten Prozesse ein Erfolgsfaktor für das eigene Geschäft sind.

- **Entstehen von Abhängigkeiten**: Ein verwandter Punkt ist das Entstehen von Abhängigkeiten. Der (für die Wirtschaftlichkeit oft notwendige) Abbau von interner Kompetenz und Personal schafft Abhängigkeiten vom Outsourcing-Nehmer. Dies gilt insbesondere bei sehr unternehmensspezifischen Outsourcing-Inhalten, bei denen keine alternativen Anbieter existieren. Die Konsequenzen dieser Abhängigkeiten können von steigenden Preisen bis zu einer akuten Gefährdung des Unternehmensbestands bei Ausfall des Dienstleisters reichen. So kann auch eine hochsolvente Geschäftsbank durch nur wenige Tage Ausfall ihrer IT in den Ruin getrieben werden.

- **Ausfall des Outsourcing-Nehmers**: Ein potentielles Risiko ist stets auch der Ausfall des Outsourcing-Nehmers. Dies kann sich aus ganz unterschiedlichen Ursachen ergeben: Insolvenz, höhere Gewalt (z. B. Unruhen oder Naturkatastrophen), Verlust von Schlüsselpersonal bis hin zur willentlichen Einstellung der betreffenden Geschäftätigkeit. Zwar betreffen eine Reihe dieser Faktoren grundsätzlich auch die Eigenerstellung. Allerdings ist dort die eigene Gestaltungsmöglichkeit in der Regel größer.

An dieser keineswegs abschließenden Liste ist einfach zu erkennen, dass Outsourcing durchaus mit nennenswerten Risiken verbunden ist. Angesichts der Vielzahl von Risiken ist nicht überraschend, dass die Ergebnisse von Outsourcing-Projekten häufig hinter den Erwartungen zurückbleiben. Der Accenture Executive Survey Outsourcing geht von Zufriedenheitsraten von etwa 60 % aus.

Ob und wieweit der potentielle Nutzen realisiert und der Eintritt von Risiken vermieden werden kann, ist in hohem Maße von der geeigneten Ausgestaltung und Durchführung des Outsourcings abhängig. Wie dies erfolgen soll, wird im Folgeabschnitt behandelt.

Die vier Schlüsselelemente eines effektiven Managements von Outsourcing

Die bisherigen Ausführungen haben gezeigt, dass die Realisierung des vollen Nutzenpotentials, als auch Umfang und Eintrittswahrscheinlichkeit von Risiken, vom Outsourcing-Konzept, vom Dienstleister, von den vertraglichen Regelungen sowie von der operativen Durchführung abhängen. Daran lassen sich vier Schlüsselelemente eines effektiven Outsourcings festmachen. Sie werden im Folgenden ausführlicher dargestellt.

Erstes Schlüsselelement: Klares Gesamtkonzept

Outsourcing ist kein Selbstzweck, sondern ein Mittel zur Steigerung des Unternehmenswertes. Entsprechend sollte zu Beginn ein klares Gesamtkonzept stehen, wie dieser Unternehmenswert gesteigert werden kann. Ein solches Konzept sollte Inhalt, Zielsetzung und wesentliche Rahmendaten beinhalten.

1. Teilelement: Geeigneter Inhalt

Der geeignete Inhalt lässt sich grundsätzlich nur fallspezifisch bestimmen. Es gilt die Chancen und Risiken gegeneinander abzuwägen. Einige allgemeine Aspekte können jedoch bei dieser Abwägung unterstützen:

So haben Projekte umso mehr Nutzenpotential, je mehr der Outsourcing-Nehmer strukturelle Vorteile, z. B. aufgrund von Spezialisierung, Größe oder vorangegangenen Projekterfahrungen, hat und je geringer die Know-how-Basis und der Beherrschungsgrad auf Seiten des Outsourcers ist. Eine solche Konstellation macht es wahrscheinlich, dass es etwas „zu verteilen" gibt, also ein Win-Win-Szenario für beide Seiten möglich ist. Umgekehrt werden bei Wertschöpfungsteilen, bei denen bereits ein guter Beherrschungsgrad und eine gute strukturelle Ausgangslage bestehen, die zu erwartenden Vorteile die potentiellen Risiken meist weniger rechtfertigen.

Ein anderer Aspekt zur Bestimmung eines geeigneten Outsourcing-Inhalts ist, dass es **einfachere und schwierigere Konstellationen** gibt:

- Vergleichsweise einfach und unproblematisch sind Leistungselemente, die sich hinsichtlich Vorgehen und Ergebnissen gut strukturieren lassen. Zusätzlich erleichternd ist, wenn es nur einen geringen Bedarf an Interaktion zwischen den Partnern gibt. Ein ambivalentes Kriterium ist die Projektdauer. Zum einen erhöht sie das relative Gewicht des Transfervorgangs, zum anderen reduziert sie die Anforderungen an die Stabilität des Outsourcing Partners, was insbesondere bei Offshoring-Projekten von Bedeutung ist.
- Umgekehrt gibt es Konstellationen, die schwierig und risikoträchtig sind. Dies ist oft der Fall, wenn Vorgehen und Ergebnis schwach strukturiert sind und/oder ein hoher Bedarf an Interaktion erforderlich ist. Gleiches gilt, wenn ein hohes Schadenspotential bei Nicht- oder Schlechterfüllung besteht. Das Schadenspotential kann sich aus der Bedeutung des outgesourcten Elements für die eigene Wertschöpfung oder aus dem Umfang des damit verlagerten Know-hows ergeben. Gerade Letzteres macht die Nutzung von Kostenpotentialen durch Offshoring-Konzepte häufig problematisch.

2. Teilelement: Klares Ziel

Zu einem Gesamtkonzept gehören neben den Inhalten auch klare Ziele, die mit dem Outsourcing erreicht werden sollen. Es sind zwei Fragen zu beantworten:

- Wo wird Unternehmenswert gesteigert? Es ist eine klare Vorstellung dazu zu entwickeln, wo und wie genau der Unternehmenswert durch Outsourcing gesteigert werden soll. (Wo wird zusätzlicher Kundenwert geschaffen? Wo und wie wird die Kostenposition des Gesamtunternehmens verbessert?) Die Orientierung am grundlegenden Ziel der Unternehmenswertsteigerung ist hilfreich, um oftmals kurzfristige Beweggründe, wie etwa die Überwindung eines aktuellen Prozessproblems oder die angestrebte Vermeidung einer aktuell nicht gewünschten Investitionsausgabe, in die richtige Perspektive zu setzen.

- Welche konkrete Verbesserung soll erreicht werden? Dies sollte hinreichend detailliert sein, also etwa: „Senkung der Entwicklungskosten um mindestens x % bei gleichzeitiger Verkürzung der Durchlaufzeit zwischen Projektdefinition und Meilenstein xy um drei Monate." Die Zielsetzung sollte auch evtl. Nebenbedingungen enthalten, die zwingend einzuhalten sind.

Die mit Outsourcing verfolgten Ziele können höchst unterschiedlich sein. In der bereits angeführten Accenture-Umfrage unter erfahrenen Outsourcern werden hier neben der Kostensenkung insbesondere auch verbesserter Management-Fokus, Verkürzung der Time-to-Market sowie diverse kundenorientierte Ziele genannt.

3. Teilelement: klare Spezifikation der Eckdaten des Outsourcings
Sind die zu verlagernden Inhalte und die damit verfolgten Zielsetzungen bestimmt, gilt es, das Outsourcing-Konzept zu konkretisieren. Es ist unter Nutzung der Vielzahl von Outsourcing-Möglichkeiten diejenige Form zu finden, die den verfolgten Zielen und den Bedingungen des Unternehmens am besten gerecht wird. Ein Ansatz dazu ist, das Formenspektrum eines Outsourcings als eine Art Checkliste zu nutzen. Wesentliche Einzelentscheidungen sind die folgenden:

Zunächst sind die Inhalte und Ausrichtung des Outsourcings weiter zu konkretisieren. Hierzu gehört, das beabsichtigte Ausmaß festzulegen. Es wird wesentlich bestimmt von den konkreten Zielen. Soll etwa eine aus Gesamtunternehmenssicht große Kosteneinsparung erreicht werden, ist eine Verlagerung ganzer Prozesse angezeigt (Business Process Outsourcing). Stehen Sicherheit und Stabilität der Wertschöpfung im Vordergrund, wird ein selektives Outtasking angezeigt sein. Soll der Managementfokus erhöht werden, kann z. B. ein Business Transformation Outsourcing (BTO) angezeigt sein, bei dem z. B. eine auslaufende Fertigung verlagert wird. Etc.

Weiter sollte eine Entscheidung zwischen unternehmensinternem und unternehmensexternem Outsourcing getroffen oder zumindest Eckpunkte dazu festgelegt werden. Unternehmensinternes Outsourcing erlaubt eine bessere Kontrolle, vermindert jedoch die Chance, an neues Know-how zu gelangen oder zusätzliche Flexibilität zu gewinnen. Letztere wird etwa dadurch eingeschränkt, dass in der Regel kaum externe Kunden gewonnen werden können. Eckpunkte sind auch dann angezeigt, wenn die Entscheidung offen gehalten werden soll – etwa um eine bewusste Wettbewerbssituation zwischen externen und internen Dienstleistern zu schaffen. Solche Eckpunkte können z. B. sein, dass bei Preisgleichheit der interne Anbieter den Vorzug erhält.

Eine andere wichtige Frage besteht darin, ob nur eine Leistung oder auch Mitarbeiter und bzw. oder Vermögenswerte outgesourct werden. Hier wird eine umfassende Lösung dem Outsourcing-Nehmer größere Optimierungsmöglichkeiten geben. Gleichzeitig werden die Abhängigkeiten erhöht und die Kontrollmöglichkeiten vermindert.

Ähnliches gilt für den Ort der Leistungserbringung. Offshoring kann oft grundlegende Kostensenkungsmöglichkeiten ergeben. Gleichzeitig entstehen beim Offshoring häufig Kontrollverluste und neue Risikokomponenten (z. B. von politischen Unruhen, der fehlenden Kontinuität aufgrund von Personalfluktuation, dem unzureichenden Schutz des geistigen Eigentums).

Die genannten Punkte zeigen die Wichtigkeit von Inhalten, Zielen und Konzept für ein erfolgreiches Outsourcing. Klare Vorstellungen zu Beginn sind allerdings nicht gleichbedeutend mit einem starren Festhalten. Vielmehr wird man im Laufe der Gespräche mit potentiellen Outsourcing-Nehmern, der Vertragsverhandlung oder der operativen Durchführung neue Erkenntnisse gewinnen, die zu einer Modifikation der ursprünglichen Vorstellungen führen. Ohne eine klare Vorstellung zu Beginn ist allerdings sehr unwahrscheinlich, dass man zu einer optimalen Lösung gelangt.

Zweites Schlüsselelement: Der richtige Partner
Die Auswahl des richtigen Dienstleisters ist aufgrund der hohen Abhängigkeit von entscheidender Bedeutung. Dies gilt umso mehr, je umfassender und bedeutsamer die auszulagernden Leistungen für das Unternehmen sind. Grundlage für eine zielgerichtete Auswahl sind geeignete Kriterien. Art und Gewichtung dieser Kriterien sind unternehmensspezifisch zu bestimmen. Folgende Aspekte sollten dabei berücksichtigt oder zumindest geprüft werden:

- Der **Preis**: Angesichts der vielen Sondereffekte (*in-scope*, *out-scope*; Service Levels; Einmalvergütungen; Kosten von Mengenänderungen etc.) ist dabei unbedingt auf eine „durchgerechnete", vergleichbare Basis abzustellen. Es ist gängige Praxis, durch vordergründig niedrige Preise zu glänzen, die dann durch – letztlich zwangsläufige – „Zusatzleistungen" ausgehebelt werden. Angesichts der meist länger laufenden Verträge und der damit einhergehenden Unsicherheiten ist es oft ratsam, mit Szenarien zu den wesentlichen preisbestimmenden Faktoren (z. B. Bedarfsänderungen) zu arbeiten.
- **Nachgewiesene Kompetenz** bezüglich der zu übernehmenden Aufgabe: So sollte ein Dienstleister Erfahrungen in der Durchführung der angebotenen Leistung haben. Bei der Einschätzung sollte man sich keineswegs nur auf PowerPoint-Darstellungen des Anbieters verlassen, sondern – in Abstimmung mit ihm – direkt mit den als Referenz angeführten Unternehmen sprechen.
- **Geeignete Größe und Struktur:** Die zu übertragenden Aufgaben müssen zum Anbieter passen. Ein Komplett-Outsourcing der IT eines Großunternehmens kann im Normalfall nur von einem großen IT-Service-Anbieter mit weltweiter

Präsenz geleistet werden. Dagegen ist ein mittelständisches Unternehmen, das ein selektives Outsourcing durchführen möchte, häufig besser bedient, wenn es kleinere, spezialisierte Anbieter wählt, die aufgrund ihrer eigenen Größe und Struktur eher die Sprache des Mittelstands sprechen und adäquate Angebote entwickeln können.

- **Technische und personelle Ausstattung:** Kann der Anbieter die in den Service Level Agreements (SLA) zugesicherten Leistungen mit großer Wahrscheinlichkeit dauerhaft erbringen? Ein wichtiges Qualitätskriterium ist dabei in vielen Projekten auch die Kontinuität der Leistungserbringung. Eine nennenswerte Instabilität, etwa aufgrund von Personalfluktuation oder wechselnden Subunternehmern, kann sie empfindlich stören.

- **Finanzielle Stabilität:** Ein verwandtes Kriterium ist die finanzielle Stabilität. Es sollte eine realistische Chance bestehen, dass sich der Anbieter langfristig auf dem Markt halten und seine vertraglichen Verpflichtungen erfüllen kann. Gerade sehr preisaggressive Angebote von Kleinunternehmen können sich bei fehlender finanzieller Stabilität als sehr teuer herausstellen.

- **Flexibilität:** Eine Outsourcing-Vereinbarung läuft in der Regel über eine längere Zeit. Entsprechend sind Bedarfsänderungen durchaus wahrscheinlich. Hier hilft es sehr, wenn Bedarfsschwankungen weitgehend kostenneutral kompensiert werden können. Flexibilität ist auch in einem anderen Sinne von Bedeutung: Auch wenn zunächst nur bestimmte Aufgaben ausgelagert werden sollen, ist dennoch in Betracht zu ziehen, auch weitere Leistungen an den Anbieter zu übertragen. Sonst ist u. U. später ein Wechsel oder die Nutzung eines zweiten Anbieters erforderlich.

- **Kulturelle Stimmigkeit und Vertrauen:** Um die im Laufe der Zusammenarbeit unausweichlichen Probleme erfolgreich meistern zu können, sollte man vor Vertragsabschluss die Frage klären: Kann und will man mit dem betreffenden Unternehmen und insbesondere mit den Menschen dauerhaft zusammenarbeiten?

- **Bisherige Erfahrung mit dem jeweiligen Anbieter:** Hat man mit einem Anbieter bereits gearbeitet, sollte man die bisherige Zusammenarbeit analysieren. Dabei ist ein hinreichender und faktenbasierter Tiefgang anzustreben, um zu vermeiden, dass die Wahrnehmung durch Erfahrungen der jüngsten Vergangenheit oder durch Einzelereignisse verzerrt wird.

Insgesamt gibt es eine Vielzahl möglicher Kriterien. Wichtig ist, bei der Beurteilung keinesfalls auf die „harten" Kriterien oder – wie nicht selten – nur auf den Preis zu sehen. Outsourcing ist eine längerfristige, in der Regel keineswegs vollständig strukturierbare Aktivität. Entsprechend kommt es auf eine nachhaltig gute Zusammenarbeit an. Von ganz standardisierten Projekten (wie z. B. der Vergabe der Gebäudereinigung o. Ä.) abgesehen, ist es wichtig, dass man mehr sucht als einen bloßen Bereitsteller von Dienstleistungen. Man braucht einen *Partner*. Wie wichtig „weiche"

Kriterien sind, zeigt auch die Befragung von erfolgreichen Outsourcern im Rahmen des Accenture Executive Survey (Abb. 6.57).

Bei der Auswahl des Outsourcing Partners spielen „weiche Faktoren" eine große Rolle

Erfahrung/Fähigkeiten	86%
Flexibilität	81%
Kosten/Preis	78%
Branchenverständnis	75%
Vertrauenswürdigkeit	74%
Reputation	69%
Kultureller Fit	55%
Kreativität	51%
Mitarbeiter	50%
Globale Abdeckung	39%
Vorangegangene Projekte	36%
Vertrautheit mit Unternehmen	34%
Offshore Fähigkeiten	30%

Abb. 6.57 Wesentliche Faktoren zur Auswahl eines Outsourcing-Partners

Der zweite Aspekt für die effektive Auswahl des Partners ist ein **geeigneter Prozess**. Ein klarer und transparenter Prozess reduziert nicht nur die eigenen Kosten, sondern motiviert auch potentielle Anbieter, sich engagiert an der Angebotserstellung zu beteiligen. Letzteres ist eine oft unterschätzte Voraussetzung, um zu einem guten Konzept zu gelangen.

Klar ist, dass Outsourcing-Situationen höchst unterschiedlich sein können. Entsprechend ist eine unternehmens- und situationsspezifische Gestaltung des gesamten Auswahlprozesses erforderlich. Diese sollte bereits zu Beginn der Auswahl gegeben sein. Wichtige Aspekte bei der Prozessgestaltung sind die folgenden:

- **Fundierte interne Basis schaffen**: Die Gestaltung eines Outsourcings ist eine komplexe Mischung aus administrativen, juristischen und technischen Aspekten. Zur Vermeidung einer einseitigen Betrachtung sollte das interne Team breit aufgestellt sein. Außerdem bietet sich eine eigenständige Projektorganisation an. Sie sollte auch einen Lenkungsausschuss umfassen, in dem wesentliche Entscheidungsträger vertreten sind.

- **Mehrstufige Vorgehensweise:** Der Auswahlprozess ist teuer für beide Seiten. Gleichzeitig gibt es in der Regel eine größere Anzahl von Anbietern. Daher bietet sich eine Vorgehensweise mit unterschiedlichem Detaillierungsgrad an: zu Beginn ein möglichst standardisiertes Vorgehen zur Vorauswahl und erst im zweiten Schritt detaillierte Diskussionen mit (wenigen) potentiell geeigneten Anbietern.

- **Klare Entscheidungspunkte:** Entscheidungsinhalte und (soweit möglich) Termine müssen klar definiert sein (und eingehalten werden!). Nicht selten wird seitens der Anbieter der Versuch gemacht, durch Topmanagement-Kontakte zu Vorfestlegungen zu gelangen, die dann später für die Teams implizit oder explizit zu Scheuklappen werden können. Dies untergräbt nennenswert Motivation und Qualität der zu treffenden Entscheidung. Ein klares Terminraster beschleunigt in der Regel interne Abläufe und gibt den Anbietern das Gefühl, nicht Teil einer „unendlichen Geschichte" zu sein.

- **Offenheit für neue Ideen und Konzepte:** Ein klares Gesamtkonzept zu Beginn ist wichtig (Schlüsselelement 1). Es darf jedoch nicht zu Starrheit und Denkverboten führen. Kompetente Anbieter zeichnen sich dadurch aus, dass sie auch abweichende Alternativen aufzeigen. Diese gilt es durchaus in Betracht zu ziehen, wobei darauf zu achten ist, dass Zeitplan und Entscheidungsprozess nicht unangemessen beeinträchtigt werden. Sollte das Konzept geändert werden, ist besonders wichtig, vor einer endgültigen Entscheidung eine Reevaluierung aus Unternehmensgesamtsicht durchzuführen.

Drittes Schlüsselelement: Ein guter Vertrag

Ist der geeignete Partner gefunden, muss die Zusammenarbeit vertraglich geregelt werden. Die zu treffenden Regelungen für Outsourcing-Beziehungen sind in der Regel recht umfangreich. Dies ist u. a. darauf zurückzuführen, dass es einen im Gesetz kodifizierten „Outsourcing-Vertrag" nicht gibt. Entsprechend müssen sehr viele Aspekte vertraglich vereinbart werden, weil sie vom Gesetz nicht geregelt sind. Das führt nicht selten dazu, dass Verträge Buchstärke erreichen oder sich bei komplexen Projekten in Aktenmetern messen lassen. Für die Praxis bedeutet dies auch, dass eine Vielzahl von Möglichkeiten besteht, Fehler zu machen.

Der erste Schritt zu einem guten Vertrag ist daher, Übersichtlichkeit zu schaffen. Angesichts des Umfangs der Regelungsthemen einerseits und der unvermeidlichen Änderungen andererseits, empfiehlt es sich, die Beziehung nicht in *einem* Vertrag, sondern in mehreren, modular aufgebauten Verträgen zu regeln. Als Beispiel könnte sich die Regelung zu einem IT-Outsourcing-Vertragswerk aus vier Kategorien zusammensetzen: Rahmenvertrag, Übernahmeverträge, Leistungsverträge, dazu noch sonstige Verträge (z. B. Infrastrukturverträge; Datenschutzkonzepte). Damit ist nicht nur die Transparenz erhöht, sondern auch die Möglichkeit gegeben, Teilaspekte herauszulösen oder zu ergänzen, ohne in das Gesamtkonzept grundlegend einzugreifen. Auch kann damit der Kreis der in eine konkrete Anpassung einzubeziehenden Personen meist deutlich kleiner gehalten werden.

Grundsätzlich kann eine Vielzahl von Aspekten entscheidend für einen guten Vertrag sein. Einige Aspekte sind jedoch in der Praxis besonders wichtig:

- **Leistungsbeschreibung (In scope – Out scope):** Ein ganz wesentlicher Aspekt sind der Umfang und die Abgrenzung der zu erbringenden Leistung (Scope). Was gehört zum Leistungsumfang und was ist eine (gesondert zu vergütende) Zusatzleistung? Unklare Regelungen sind oft die Ursache für lange Rechtsstreitigkeiten und geringe Zufriedenheit. Beide Parteien sollten hier an einer klaren und auch für Dritte nachvollziehbaren Regelung interessiert sein. Diese gilt auch für den Outsourcing-Nehmer. Große Verluste bei Outsourcing-Projekten – diese können durchaus die Höhe des Umsatzes überschreiten – sind nicht selten auf eine unklare Leistungsbeschreibung zurückzuführen.
- **Service-Level Agreements (SLAs):** In SLAs werden die qualitativen und quantitativen Leistungsniveaus definiert, um die Erfüllung der Leistungsbeschreibung zu beurteilen. Hier ist wichtig, einfache und objektiv messbare Größen zu definieren, die in einem hinreichenden Zusammenhang zur Gesamtzielsetzung des Projekts stehen. Unklare Regelungen ziehen auch hier oft Streit und Unzufriedenheit nach sich.
- **Risk and Reward Sharing:** Nicht nur bei besonders innovativen oder risikobehafteten Vorhaben ist ein gemeinsames Tragen von Chancen und Risiken wichtig. Es kann auch helfen, den Vertragspartner zu einer Übererfüllung zu ermutigen. Geeignet gestaltet, unterstützt es außerdem den partnerschaftlichen Geist von Outsourcing-Verträgen. Entsprechend wird dieses Instrument in der Praxis in nennenswertem Umfang genutzt. Untersuchungen von Accenture bei erfolgreichen Outsourcern zeigen etwa, dass knapp 60 % von ihnen solche Instrumente nutzen.
- **Flexibilisierungsregelungen:** Outsourcing-Verträge haben in der Regel eine längere Laufzeit. Entsprechend werden sich beinahe zwangsläufig Veränderungen bei Volumen und Inhalt ergeben (Change Requests). Die Prozeduren, wie diese Veränderungen gesteuert werden und welche Konsequenzen (vor allem hinsichtlich der Kosten) sie haben, sollten im Vorfeld klar definiert werden.
- **Kooperations- und Problemlösungsmechanismen:** Die Form der Zusammenarbeit sollte in ihren Eckpunkten bei Vertragsabschluss definiert werden. Sind diese geeignet definiert (siehe hierzu auch den Abschnitt zu Schlüsselelement 4), kann eine Reihe potentieller Probleme mitunter schon vor dem Entstehen vermieden werden. Da auch die besten Regelungen Probleme nicht völlig vermeiden können, sind Prozesse zur Problemlösung zu definieren und Haftungsfragen zu regeln. Außerdem sollte, für den Fall der Fälle, auch eine Regelung zu den Eckpunkten einer Rückabwicklung vorgesehen sein. (Siehe hierzu auch das Fallbeispiel JP Morgan im Folgeabschnitt).

Bei aller Wichtigkeit sollte man den Vertrag allerdings auch nicht überbewerten. Verträge können unmöglich alles regeln und selbst die beste Regelung nutzt wenig, wenn sie nicht durchgesetzt werden kann. (Man denke etwa an Haftungsregelungen, die die finanzielle Substanz überfordern, oder an die (Nicht-)Beachtung von Rechten an geistigem Eigentum, wie sie nicht selten im Falle von Offshoring auftritt.) Dennoch sind klare vertragliche Regelungen wichtig, um es gar nicht zu Streitigkeiten kommen zu lassen oder im Falle von Streitigkeiten eine gute Chance zu haben, die eigene Position durchsetzen zu können.

Viertes Schlüsselelement: Konsequentes Management der Durchführung – „Active Governance"

Ist der richtige Partner gefunden und mit ihm ein geeigneter Vertrag geschlossen, kommt es zur eigentlichen Stunde der Wahrheit: der operativen Durchführung des Outsourcings. Angesichts der nicht unerheblichen Risiken darf diese keinesfalls dem Outsourcing-Nehmer alleine überlassen werden. Vielmehr ist eine systematische und aktive Steuerung erforderlich. Um diese geeignet zu gestalten, sollte man sich mit drei Themenkomplexen beschäftigen:

- die gemeinsamen Steuerungsorgane und ihre Schnittstellen
- die administrativen Prozessabläufe
- das Beziehungsmanagement

Bei der **Gestaltung der Steuerungsorgane** ist zu beachten, dass es unterschiedliche Themen gibt, die durch unterschiedliche Personen bzw. Gremien wahrgenommen werden sollen. Abhängig von den spezifischen Bedingungen sind zwei oder drei Ebenen vorzusehen. (Ein Beispiel für eine Drei-Ebenen-Lösung mit den unterschiedlichen Aufgaben und Personen zeigt Abb. 6.58.)

Die Outsourcing-Beziehung sollte durch unterschiedliche Personen bzw. Gremien steuert werden

Management Level	Beschreibung	Beteiligte	
		Outsourcer	Partner
Strategie	• Beziehung zu Top-Management des Partners • Kritische Angelegenheiten (z.B. Vertragsverletzungen)	• CFO, CIO, CEO der Division/ Function	• CEO
Taktik	• Inhaltliche Gesamtabstimmung • Verfolgung service delivery • Bestimmung SLAs • Problemlösung (sofern von operativer Ebene eskaliert) • Management der Vertragsthemen (z.B. Revenue Sharing) • Anpassung bzw. Weiterentwicklung SLAs • Laufende Verbesserungen	• Einkauf • Leiter der abgebenden Einheit	• Account Management
Operativ	• Sicherstellung störungsfreie Leistungserbringung und Lösung Prozess-spezifischer Themen • Abstimmung monatliche Service/Cost Performance • SLA-Abweichungsanalysen • Anstoß zu SLA-Anpassungen • Anstoß/Fomulierung von Change Requests • Anstoß/Konkretisierung laufender Verbesserungen	• Center Manager • Operativer Support	• Projekt Manager

Abb. 6.58 Steuerungsgremien für Outsourcing-Projekte (Projektbeispiel)[17]

Prozesse und Abläufe: Eine Organisation alleine genügt nicht, um eine effektive Steuerung zu gewährleisten. Es bedarf zusätzlich gewisser administrativer und technischer Verfahren. Es sind z. B. wesentliche Prozesse zu beschreiben und Eskalations- und Berichtswege zu definieren. Die Regelungen sollten hinreichend robust und dennoch flexibel sein. Generell gültige Regeln gibt es hier nicht. Die zweckmäßige Gestaltung richtet sich nach dem Outsourcing-Gegenstand und den inhärenten Risiken. Der Betrieb eines Atomkraftwerks wird eine andere Detailtiefe und geringere prozessuale Freiheiten verlangen als der eines Call-Centers. Nach Erfahrung des Verfassers sollte man diese Regelwerke allerdings nicht übertreiben – *less is more*. Einige wenige Grundprinzipien leisten oft mehr als ein dickes Regelwerk mit vielen Vorschriften.

Auch die beste Organisation und beste Prozessbeschreibungen genügen alleine in der Regel nicht. Empirische Untersuchungen zeigen, dass schlechte und geschädigte Arbeitsbeziehungen der Hauptgrund für das Scheitern sind. Daher müssen die Elemente um eine weiche Komponente ergänzt werden („**Beziehungs-Management**" o. Ä.). Dabei geht es nicht darum, lieb und nett zueinander zu sein, sondern um effektive und effiziente Formen der Zusammenarbeit. Es geht letztlich um etwas so schwer Fassbares wie angewandte soziale Kompetenz.

---

[17] Quelle: McKinsey & Company (modifiziert)

Ein bei Outsourcing oft bewährtes Hilfsmittel ist die Einsetzung von sog. Relation-ship- oder Beziehungsmanagern auf beiden Seiten. Hierbei sollte es sich um ausge-wählte Führungskräfte der höheren (taktischen) Managementebene handeln. Ihre Aufgabe sollte die Beobachtung und die kontinuierliche Verbesserung der Arbeits- und Management-Beziehung zwischen den beteiligten Teams auf beiden Seiten um-fassen. Beide sollten verantwortlich sein für die übergreifende „Gesundheit" und den geschäftlichen Erfolg der Outsourcing-Beziehung.

Eine Vielzahl weiterer Hilfsmittel kann helfen, die Zusammenarbeit effektiver und effizienter zu machen. Das Spektrum reicht von partnerschaftlichen Grundregeln der Zusammenarbeit über Team- und vertrauensbildende Maßnahmen (z. B. gemein-same Breakouts, Beziehungsworkshops) bis hin zu gemeinsamer Incentivierung.

Wie groß der jeweilige Handlungsbedarf ist und was genau zu tun ist, kann nur in Abhängigkeit von der konkreten Bedingungslage unternehmensspezifisch bestimmt bzw. entwickelt werden. Wichtig ist jedoch, dass man den Beziehungs-Aspekt be-wusst adressiert. Eine bloße Beschränkung auf die „technische" Ebene mit Organisa-tion und Prozessbeschreibung garantiert kaum den Erfolg – eher das Gegenteil.

Fallbeispiele zur Umsetzung von Outsourcing
Nachfolgend vier Fallbeispiele. Sie zeigen große Outsourcing-Projekte mit höchst unterschiedlichen Abläufen und Erfolgsfaktoren. Ihnen ist gemeinsam, dass Out-sourcing jeweils eine hohe Bedeutung für den Unternehmenswert hatte.

Beispiel 1: British Petroleum – Outsourcing als strategisches Instrument
Ein Unternehmen, welches lange Jahre sehr erfolgreich Outsourcing genutzt hat, ist British Petroleum (BP). Das Engagement begann Mitte der 90er Jahre mit Antritt von Sir John Browne als CEO (Brown war von 1995 bis zu seinem Rücktritt im Jahr 2007 CEO von BP.). Dieser nutzte Outsourcing außer zum Kostensenken vor allem als strategisches Mittel zur Risikoreduktion bei Akquisitionen, insbesondere den Nichteintritt von Synergien. Der Anstoß für die große BP-Outsourcing-Initiative war die Übernahme des US-amerikanischen Ölunternehmens Amoco im Jahr 1998 – mit über 50 Mrd. US$ eine der größten Übernahmen überhaupt. Hinzu kamen die an-schließenden Übernahmen von Atlantic Richfield (1999; 27 Mrd.), Burma Castrol (2000; 5 Mrd.); Veba Öl (Aral; 4 Mrd.) sowie der russischen TNK (2003; 8 Mrd.).

Struktur der Vereinbarungen: In der ersten Phase des Outsourcing wurden die Aktivitäten nach dem Best-of-Breed-Prinzip vergeben, d. h. an (globale) Zulieferer mit spezifischen Kompetenzen im jeweiligen Feld. (BT Syncordia übernahm die Kommunikation; EDS/HP Enterprise Services die Großrechnersysteme, SEMA die Desktop-Services; die Finanz- und Verwaltungsservices wurden an Accenture aus-gelagert und die Human Resources-Prozesse an den damals noch weitgehend unbe-kannten Anbieter Exult.) Das Vorgehen brachte große Kostensenkungen, war jedoch nicht ganz frei von Problemen. Als Konsequenz hieraus und zur Erzielung weiterer

Einsparungen ging BP in der zweiten Phase deutlich mehr zum Generalisten-Ansatz über und übertrug ein Großteil der Aktivitäten auf EDS und IBM. Damit konnten weitere Einsparungen erzielt und außerdem die politischen Probleme zwischen den Anbietern vermindert werden.

Ergebnisse und Lessons learned: Insgesamt erbrachte Outsourcing für BP signifikante Kostenverbesserungen und trug maßgeblich dazu bei, aus einem mittelgroßen und mittelprofitablen Unternehmen einen weltweit führenden Spieler zu machen. (Die Erschütterung des Konzerns durch die Folgen der Explosion der Ölbohrplattform Deepwater Horizon am 20. April 2010 ereigneten sich erst später.) Der Nutzen ging deutlich über die reine Kostensenkung hinaus. BP übertrug zusätzlich das Risiko der Synergieerzielung aus seinen Akquisitionen auf die Outsourcing-Nehmer. Damit vermied es Einflüsse aus verminderten oder verzögerten Ergebnisbeiträgen auf den eigenen Unternehmenswert und Aktienkurs. Wesentlicher Erfolgsfaktor des BP-Vorgehens war das klare Gesamtkonzept sowie die eindeutige Unterstützung durch CEO und Senior Management (insbesondere durch den CIO John Leggate).

Beispiel 2: GECIS/Genpact – Erst Offshoring dann Verkauf
Der General Electric Konzern (GE) hat unter der Führung von Jack Welch schon früh das Potential von Outsourcing erkannt. GECIS (GE Capital International Services)/Genpact ist ein gutes Beispiel für erfolgreiches Offshoring und für einen Lebenszyklus von Outsourcing, der in Zukunft häufiger auftreten wird.

Im Jahr 1997 startet GE die Auslagerung seiner gesamten Backoffice-Funktionen (Buchhaltung, Finanzen, Auftragsabwicklung, Business Analytics sowie IT und Softwareentwicklung) in ein Niedriglohnland (Indien). Die zu diesem Zweck gegründete GECIS entwickelte sich sehr erfolgreich und war im Jahr 2004 mit 12 000 Mitarbeitern eine der größten Einheiten dieser Art, die jemals von einem westlichen Unternehmen in Indien aufgebaut wurden. Danach entschied GE, GECIS in Teilen zu veräußern. Die Gründe hierfür lagen zum einen darin, Mittel für weiteres Wachstum der Kernaktivitäten der GE zu generieren – zum anderen hoffte man, dass GECIS als unabhängiges Unternehmen mehr Wert generieren könne.

Die gewählte Lösung bestand darin, 60 % der GECIS an zwei Venture–Capital-Investoren zu verkaufen. General Atlantic Partners und Oak Hill Capital Partners erwarben für insgesamt rund 500 Mio. US $ jeweils 30 % der Firma. Um dem neuen Unternehmen eine gute Startbasis zu geben, verpflichtete sich GE über mehrere Jahre Serviceleistungen zu beziehen.

Das bald in Genpact umfirmierte Unternehmen entwickelte sich sehr positiv. Im Jahr 2009/10 arbeiteten über 40 000 Beschäftigte für über 400 Kunden und erzielten einen Umsatz von mehr als 1 Mrd. US$. Die Marktkapitalisierung des seit 2007 börsennotierten Unternehmens lag 2010 bei deutlich über drei Mrd. US$.

Die teilweise Trennung von GE hat sich nach Ansicht der Beteiligten als „Energie-spritze" für das Unternehmen erwiesen. Aufbauend auf dem umfangreichen Know-how und der Sicherheit des GE-Basisgeschäfts war es möglich, die Anzahl der Kunden deutlich auszubauen und das Angebots-Portfolio deutlich zu erweitern.

Für GE war es durch die Veräußerung möglich, einen Teil seines Gewinns zu sichern. Über seine verbleibende Beteiligung konnten Qualität und Stabilität der bezogenen Leistungen erhalten werden. Außerdem konnte man an der weiteren Wertsteigerung der neuen Einheit teilnehmen.

Beispiel 3: British Telecom HR-Outsourcing – Externe Verwertung des internen Know-hows
Wie viele staatliche Monopoltelefongesellschaften in Europa musste sich auch British Telecom (BT) nach der Privatisierung deutlich verschlanken. In den 90er Jahren wurde die Mitarbeiterzahl von 250 000 auf 100 000 reduziert und damit verbunden die Personalorganisation von 14 500 auf unter 2000 Mitarbeiter verkleinert und in eine Shared-Service-Struktur überführt. Auf dieser Basis hatte BT das Ziel, seine Kompetenzen im Personalbereich kommerziell zu nutzen und sie auf dem externen Markt anzubieten.

Zu diesem Zweck wurde im Jahr 2000 zusammen mit Accenture das Joint Venture e-peopleserve gegründet, an dem beide Unternehmen mit jeweils 50 % beteiligt waren. In dieses Joint Venture wurden die Personal-Transaktions-Aktivitäten ausgelagert. Dies ergänzt um diverse *best-of-breed*-Allianzen bildete für e-peopleserve die Basis, um ein Angebot zu entwickeln, welches den gesamten Lebenszyklus eines Beschäftigten abdeckte.

Der Start dieser neuen Gesellschaft verlief keineswegs friktionsfrei. Vor allem das Kulturproblem einer Umstellung von einer internen Shared-Service-Einheit zu einem externen Anbieter von Outsourcing-Leistungen war für die Mitarbeiter schwierig. Viele Dinge wurden weiterhin auf Zuruf und oft ohne Berechnung erbracht (was nicht zuletzt dadurch begünstigt wurde, dass man weiterhin in den gleichen Gebäuden beschäftigt war und die gleichen Tätigkeiten für die gleichen Adressaten erbrachte). Hinzu kam, dass auch die Gewinnung neuer Kunden wesentlich schwieriger war als erwartet. Laufende Fluktuation in der Leitung war die beinahe natürliche Konsequenz.

Der zusätzliche Einschnitt kam dadurch, dass (die mit 28 Mrd. £ hoch verschuldete) BT im Jahr 2002 unter der Führung des neuen CEO Ben Verwaayen (CEO 2002–2008) ein drastisches Schulden-Abbauprogramm startete, in dessen Verlauf auch die e-peopleserve-Anteile an Accenture verkauft wurden. Die Firma wurde in Accenture integriert und firmierte unter dem Namen Accenture HR-Services.

Mit Auslaufen des BT-Vertrages im Jahr 2005 drohte dann die Gefahr, mit BT den wichtigsten Kunden zu verlieren. Accenture nahm dies zum Anstoß für eine grundlegende Neuausrichtung mit dem Ziel, den Service deutlich zu verbessern und die Kosten wesentlich effektiver zu managen und deutlich zu senken. Durch diese Anstrengung gelang es Accenture HR-Services, das Kulturproblem zu überwinden und sich zu einem echten externen Outsourcer zu wandeln. Der Vertrag konnte 2005 um 10 Jahre verlängert werden. Der neue Vertrag umfasst ein Volumen von über 300 Mio. Pfund und ist damit eine der größten Vereinbarungen zu Human-Resources-Outsourcing überhaupt.

Dieses Beispiel zeigt sehr deutlich die ganz erheblichen kulturellen Stolpersteine, die beim Übergang von einer Shared-Service-Organisation zu einem unabhängigen Outsourcer bestehen. Außerdem musste Accenture HR-Services die Erfahrung vieler BPO-Anbieter machen, die die Bereitschaft ihrer potentiellen Kundenbasis für den Übergang auf neue, innovative Betriebsmodelle überschätzen. Auch wenn durch die Integration in Accenture keine klaren Daten vorliegen, kann man davon ausgehen, dass sich dieses Outsourcing für beide Partner positiv entwickelt hat – wenngleich nicht in der Art und vor allem dem Tempo, das sich beide Unternehmen zu Beginn vorgestellt hatten.

Beispiel 4: JP Morgan – Einmal IT-Outsourcing und zurück
JP Morgan (nach der Übernahme durch Chase im Jahr 2000: JP Morgan Chase) ist ein weltweit führendes Unternehmen für Investmentbanking und Finanzdienstleistungen. JP Morgan gilt als ein Pionier für groß angelegtes strategisches Outsourcing. Ausgelöst durch seine Wandlung hin zur Investmentbank mit ihren hohen Anforderungen an elektronische Systeme sah es sich in den 90er Jahren mit hohen und kontinuierlich steigenden Technologieausgaben konfrontiert. Besonders hohe Unzufriedenheit herrschte mit der Budgeteinhaltung. Trotz intensiver Bemühungen waren Überschreitungen der Normalfall. Um damit besser umgehen zu können, beschloss man eine groß angelegte Outsourcing-Initiative. Ziel war es, die Budgeteinhaltung zu verbessern und die Skaleneffekte großer Anbieter für Kostensenkungen zu nutzen.

Hierzu wurde 1994 die sog. Pinnacle Alliance geformt. Dabei wurden in Ergänzung des bereits bestehenden Netzwerk-Outsourcings mit AT&T, an CSC und Accenture (damals noch Arthur Andersen) weite Teile der IT-Organisation inklusive Netzwerk, Infrastruktur und Anwendungen ausgelagert – mit über zwei Mrd. US $ einer der ganz großen Outsourcing–Verträge weltweit.

Ende der 90er Jahre kam es zunehmend zu Spannungen zwischen Accenture und CSC, die gerichtlich ausgetragen wurden. Ökonomischer Hintergrund waren technologische Veränderungen (zunehmende Verarbeitungskapazitäten und sinkende Desktop-Preise), die in der gewählten Konsortiallösung CSC begünstigten. Durch eine Heraustrennung wesentlicher Teile aus dem Konsortium und Direktbeauftragung konnte JP Morgan die Spannungen reduzieren und die Leistungserbringung bis zum Vertragsende ermöglichen.

Bei der erweiterten Neuausschreibung im Jahr 2002 traten beide Anbieter nur noch in begrenzten Subunternehmer-Rollen an. Es setzte sich IBM Global Services am Ende der Verhandlungen gegen EDS durch und erhielt einen siebenjährigen Vertrag für nahezu alle IT-Funktionen, inklusive des Betriebs der Rechenzentren, des Helpdesk-Supports, des operativen Managements der dezentralen Computer sowie der Sprach- und Datennetzwerke. Es war der wohl größte Vertrag in der Geschichte des Finanzdienstleistungssektors überhaupt.

Der Vertrag sollte jedoch nicht zu Ende ausgeführt werden. Im Jahre 2004 übernahm JP Morgan für fast 60 Mrd. US Dollar die Bank One. Dies schaffte grundlegend neue Möglichkeiten für interne Lösungen. Hinzu kam, dass das Vertrauen des JP-Morgan-Managements in den kulturellen und geschäftlichen Nutzen des Outsourcings deutlich geringer wurde. Der Outsourcing-Vertrag wurde beendet und die Mitarbeiter wieder zu JP Morgan zurückgeholt.

Das Beispiel zeigt einen insgesamt gut zehn Jahre währenden Outsourcing-Zyklus: von der internen Leitungserbringung über die Auslagerung bis zur Zurückholung ins Unternehmen. Wirtschaftlich war das Outsourcing für JP Morgan ein großer Erfolg. Für die Zulieferer darf dies bezweifelt werden.

Das Beispiel zeigt gut den Wert der externen Verantwortlichkeit bei der Implementierung einer Strategie zur rigorosen Kostenkontrolle. Weiter zeigt es, dass auch bei großen Outsourcing-Deals ein Wechsel der Anbieter (hier: CSC zu IBM) und sogar ein anschließendes Insourcing möglich ist. (Wichtige Voraussetzung dafür ist eine Vertragsgestaltung, bei der auch diese Aspekte hinreichend vorgesehen sind. Siehe hierzu auch die Ausführungen zu den generellen Erfolgsfaktoren.) Diese potentielle Flexibilität sollten auch Outsourcing-Nehmer, die mitunter in trügerischer Sicherheit eine gefährliche Selbstzufriedenheit entwickeln, im Hinterkopf haben.

Zusammenfassung zu Outsourcing

Der Abschnitt zum wichtigen Redesignhebel Outsourcing sollte gezeigt haben, dass darin ganz erhebliche Potentiale zur Verbesserung liegen, es jedoch gleichzeitig auch mit erheblichen Risiken verbunden ist. Um die Potentiale zu nutzen, ist ein systematischer Prozess erforderlich. Die vier Schlüsselfaktoren hierzu sind in Abb. 6.60 zusammengefasst.

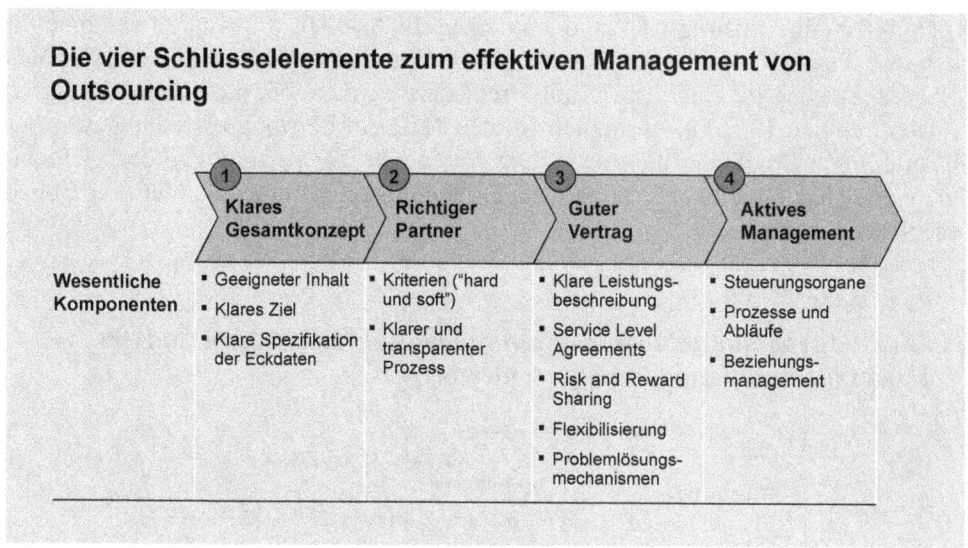

Abb. 6.59 Schlüsselelemente eines erfolgreichen Outsourcings

6.4.4   Praxisbeispiel: Schaffung grundlegender Wettbewerbsvorteile durch Redesign der globalen Wertschöpfung

Vorgehen, Herausforderungen und Ergebnisse eines umfassenden Redesigns sollen anhand des Beispiels einer großen, weltweit agierenden Serviceeinheit illustriert werden.

Ausgangspunkt und Anstoß für das Redesign war ein Wettbewerber-Benchmarking. Es zeigte für die Geschäftseinheit deutliche Nachteile sowohl bei der Kostenposition als auch bei wesentlichen Leistungsparametern, z. B. bei der First Time Fixed Rate oder bei der Response Time. Um nicht bei graduellen Verbesserungen von Einzelfunktionen stehenzubleiben, beschloss das Management, eine umfassende Optimierung der weltweiten Leistungserstellung durchzuführen.

Das **Vorgehen** bestand zunächst in einer umfassenden Analyse des weltweiten Serviceprozesses (Kosten, Produktivität bei der Erstellung der verschiedenen Leistungselemente, Schnittstellen, Leistungsparameter). Neben einer intensiven Analyse der internen Daten fanden Interviews mit Kunden und Serviceverantwortlichen in repräsentativen regionalen Einheiten statt. Ergänzend wurden Vorgehensweisen zur Serviceerbringung in anderen Branchen erhoben. Auf dieser Basis wurde ein Gesamtkonzept für den neuen Serviceprozess entwickelt und in enger Zusammenarbeit mit den regionalen Einheiten verfeinert.

Kern der Neugestaltung war es, die Kundenschnittstellen weltweit zu vereinheitlichen und die Leistungserstellung stark zu konzentrieren: Die Anzahl der regionalen Servicezentren sollte z. B. von 75 auf 7 reduziert werden oder die Anzahl der Reparaturzentren von 19 auf 3. Zusätzlich wurden Teile der Leistungserstellung an spezialisierte Subunternehmer übertragen. Die Anbindung der Kunden und der Lieferanten wurde durch weltweit einheitliche IT-Schnittstellen unterstützt und erheblich beschleunigt (Abb. 6.60).

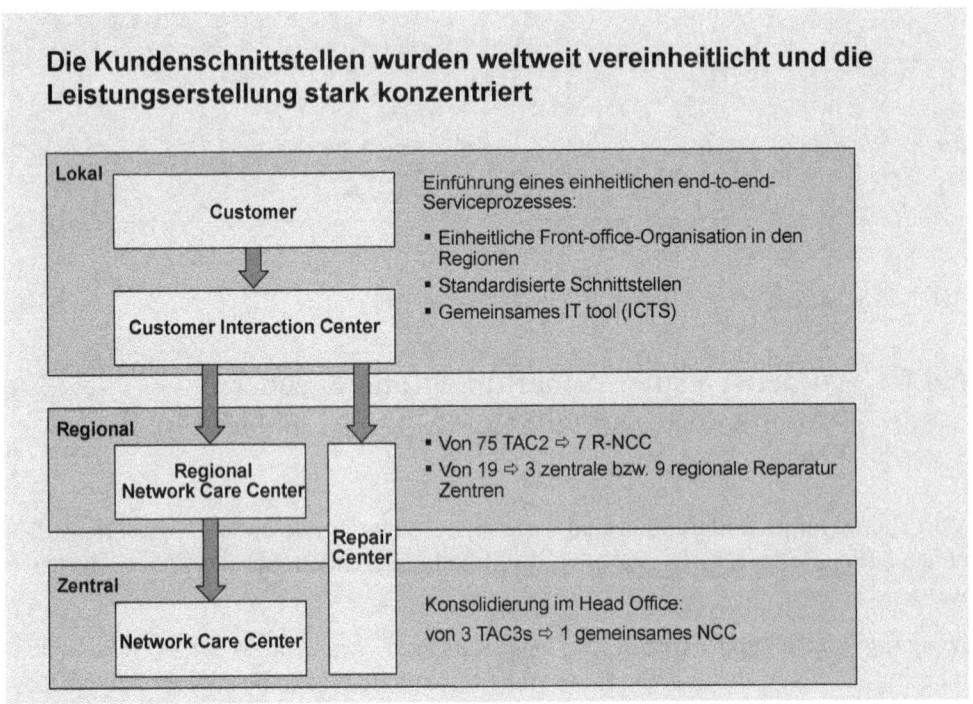

Abb. 6.60 *Grundelemente eines Redesigns (Praxisbeispiel)*

Konzeptionell wurde damit die bisherige Dezentralisierung der Wertschöpfung deutlich zurückgenommen, ohne jedoch auf eine vollständige Konzentration zu setzen. Letztere hätte die Kundennähe merklich beeinträchtigt und damit einen wesentlichen Wettbewerbsvorteil vor allem ggü. den asiatischen Anbietern reduziert. Das zweite zentrale Gestaltungsmerkmal war die klare Trennung zwischen den (für den Kunden) sichtbaren und den unsichtbaren Aktivitäten. Erstere wurden konsequent kundenorientiert konzipiert. Letztere wurden klar auf Effizienz und Produktivität hin ausgerichtet – und zwar umso mehr, je weiter sie vom Kunden entfernt waren. (Dieses für die Optimierung der Dienstleistungserstellung wichtige Analyseprinzip veranschaulicht Abb. 6.61.)

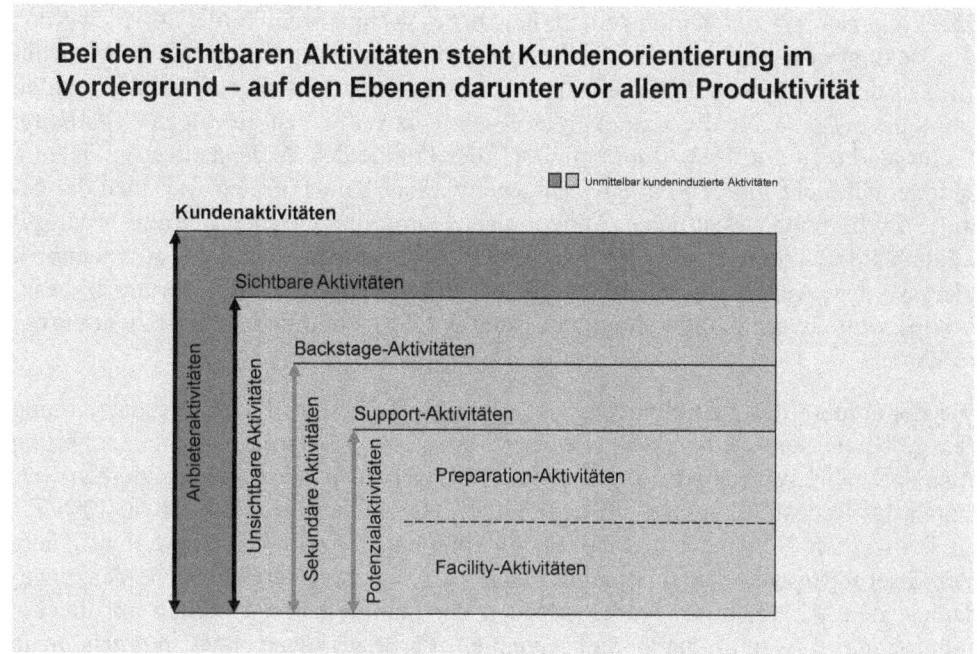

Abb. 6.61 *Analyseprinzip zur Serviceoptimierung*[18]

Eine **wesentliche Herausforderung** war es, die Zustimmung der (weitgehend selbstständigen) Regionalgesellschaften dazu zu gewinnen, die eigenen Ressourcen zu reduzieren und von regionalen und globalen Centern abhängig zu werden. Hierzu mussten sowohl vielfältige inhaltliche Probleme als auch – fast noch wichtiger – emotionale Barrieren überwunden werden. Die emotionalen Barrieren waren auf allen Ebenen der Hierarchie zu beobachten: auf der Leitungsebene der regionalen Gesellschaften, die einen Teil ihrer Macht und ihrer Unabhängigkeit aufgeben musste, bis hin zum einzelnen Mitarbeiter, der (teilweise berechtigte) Furcht um den Arbeitsplatz hatte. Zusätzliche Widerstände vor allem auf der Mitarbeiterebene entstanden durch den umfangreichen Umlernbedarf, der aufgrund der grundlegenden Prozessveränderungen erforderlich wurde. Neben diesen emotionalen Barrieren gab es auch eine Reihe inhaltlicher Herausforderungen. Besonders gravierend waren die Notwendigkeit, ein neues IT-Tool zu konzipieren und weltweit einzuführen, sowie die völlige Neugestaltung der Produktschulung.

Zum **Umgang mit den Herausforderungen** lässt sich sagen, dass ein Großteil der Widerstände bereits im Vorfeld des Projekts identifiziert und bei der Gestaltung des Projektablaufs berücksichtigt werden konnte. Wesentliches Element war die frühzei-

---

[18] Quelle: Fließ, Dienstleistungsmanagement, S. 194 (modifiziert)

tige Einbeziehung der regionalen Einheiten. Im Rahmen der Projektarbeit wurden von Beginn an wesentliche Herausforderungen identifiziert und geeignete Maßnahmen zu deren Überwindung entwickelt. Als Gegengewicht zu den Sorgen wurden die Nutzeneffekte für die Regionalgesellschaft bzw. für den einzelnen Mitarbeiter herausgearbeitet und breit kommuniziert. Dies konnte den Widerständen in vielen – naturgemäß nicht in allen Fällen – entgegenwirken. Sehr hilfreich war auch die gestufte Einführung wesentlicher Änderungen. Durch die Vorabeinführung in ausgewählten Pilotländern konnte die Wirksamkeit der Maßnahmen und Tools demonstriert werden. Außerdem ermöglichte es die Pilotierung, die bei Änderungen dieser Komplexität unvermeidliche Nachbesserung der Tools und Prozesse effizient durchzuführen.

Die **Ergebnisse des Projekts** waren insgesamt sehr erfreulich: Die Neuausrichtung des globalen Serviceprozesses erforderte bis zur vollständigen Implementierung etwa drei Jahre, wobei der überwiegende Teil nach zwei Jahren abgeschlossen war. Durch das Redesign konnten die Kosten der betrachteten Prozesse um ca. 30 % reduziert werden. Neben der Kostensenkung konnte gleichzeitig auch eine signifikante Verbesserung wesentlicher Leistungsmaße[19] erreicht und damit die Kundenzufriedenheit deutlich gesteigert werden. Neben der unmittelbaren Wirkung auf die Ergebnissituation war es durch die genannten Verbesserungen auch möglich, neue Marktsegmente zu erschließen, deren Bedienung bis dahin aufgrund fehlender Performance und/oder unzureichender Kostenposition nicht möglich bzw. wirtschaftlich nicht sinnvoll war. Damit führte das Redesign auch zu einem signifikanten Wachstumsschub.

6.4.5 Erhebliche Herausforderungen beim Redesign – frühzeitig berücksichtigen!

Wie die Ausführungen gezeigt haben, stellt ein umfassendes Redesign der Wertschöpfung eine Möglichkeit zur grundlegenden Verbesserung der Wettbewerbsposition dar. Bei allen potentiellen Nutzenwirkungen sollten allerdings die vielfältigen Herausforderungen nicht übersehen werden, die mit der Verwirklichung eines Redesigns weltweiter Wertschöpfung in der Regel verbunden sind:

- Ein Redesign beinhaltet in der Regel sehr umfangreiche und komplexe Eingriffe in die Unternehmensstruktur: Es sind meist vielfältige Eingriffe in der Aufbau- und Ablauforganisation erforderlich. Diese werden dadurch erschwert, dass die Veränderungen in der Regel mehrere Unternehmensfunktionen betreffen. Meist kommen tiefgreifende Veränderungen in den IT-Systemen hinzu.

---

[19] Z. B. die drastische Verbesserung der Response-Zeiten und die deutliche Verbesserung der First Time Fixed Rates durch umfassende (24/7) Verfügbarkeit und Konzentration des Know-hows.

- Redesigns berühren meist in erheblichem Maße die Individualinteressen der Mitarbeiter. Entsprechend werden sie, bewusst oder unbewusst, versuchen, die Findung und Implementierung von Entscheidungen in ihrem Sinne zu beeinflussen. In Praxi sind hieraus oft nennenswerte Widerstände zu erwarten.
- Weiter erschwert wird der Change-Prozess durch die meist weltweit verteilten Orte der Veränderung und die damit einhergehenden erheblichen kulturellen Unterschiede.

Diese Herausforderungen machen ein Redesign in der Praxis zu einer sehr anspruchsvollen Aufgabe. Um unter diesen Bedingungen erfolgreich zu sein, sollten sie idealerweise bereits bei der Gestaltung des Redesign-Projekts, spätestens jedoch bei der Erarbeitung der Veränderungsmaßnahmen berücksichtigt werden. Folgende Ansätze bzw. Mittel können dabei helfen:

- Die **frühzeitige Einbindung der wichtigsten Interessenträger** unterstützt sowohl die Qualität der Gestaltungsmaßnahmen als auch die Wahrscheinlichkeit der Implementierung. Bei weltweiten Veränderungen sollte der Kreis der einbezogenen regionalen Gesellschaften tendenziell breit gewählt werden, um der oft anzutreffenden Heterogenität der Bedingungen Rechnung zu tragen.
- Bei der Maßnahmenerarbeitung sollte neben der reinen Sachlogik, auch die **„emotionale" Sphäre hinreichend berücksichtigt** werden. Es gilt, die Sorgen der Menschen zu verstehen und in geeigneter Form mit ihnen umzugehen.
- Weiter legen Umfang und Komplexität der Eingriffe im Regelfall ein **stufenweises Implementierungsvorgehen** nahe. Durch Pilotimplementierungen können Vorgehensweisen getestet und verbessert werden. Außerdem besteht die Möglichkeit, Success Cases zu schaffen. Gerade Letztere helfen oft ganz erheblich bei der Motivation der Beteiligten und bei der Überwindung von Schwierigkeiten.
- Schließlich ist angesichts der unvermeidlichen Störungen bei der Implementierung ein **adäquates Kontrollinstrumentarium** vorzusehen, Dieses muss sowohl die Durchführung der wesentlichen Implementierungsschritte als auch die inhaltlichen Fortschritte der Organisation verfolgen. Gerade bei weltweiten Geschäften sind einfache Instrumentarien gefragt, die es erlauben, Fehlentwicklungen frühzeitig zu erkennen, damit zeitgerecht Anpassungsmaßnahmen erfolgen können.
- Abschließend sei noch auf die Notwendigkeit einer breiten **Unterstützung durch das Topmanagement** hingewiesen. Angesichts der auch bei bester Durchführung unvermeidlichen Störungen und Widerstände ist sie für den Projekterfolg absolut unverzichtbar!

6.5 Mergers & Acquisitions als grundlegendes Instrument zum Erhalt bzw. zum Ausbau der Wettbewerbsposition

Übernahme und Verkauf von Unternehmen oder Unternehmensteilen sind ein grundlegendes Gestaltungselement zur Unternehmensführung mit oft signifikantem Einfluss auf den Unternehmenswert. Solche Transaktionen – in Anlehnung an die Begriffsverwendung im US-amerikanischen Investmentbanking meist mit Mergers & Acquisitions, kurz: M&A, bezeichnet – werden zunehmend wichtiger, um die Wettbewerbsfähigkeit des Unternehmens zu erhalten bzw. auszubauen.

Die Notwendigkeit zu M&A-Aktivitäten kann sich aus unterschiedlichsten Gründen ergeben. Typische Anlässe für Akquisitionen sind, dass Kompetenz- oder Ressourcenlücken geschlossen werden müssen bzw. – im Falle von Verkäufen – bestimmte Teile nicht mehr im Unternehmen benötigt werden. Entsprechend ist die Realisierung größerer Verbesserungsprogramme in der Regel mit M&A-Transaktionen verbunden. Beispiele hierfür sind der Verkauf einer Fertigungsgesellschaft aufgrund eines Komplexitätsmanagementprogramms, der Erwerb einer Vertriebsgesellschaft zur Verwirklichung einer regionalen Expansionsstrategie oder der Verkauf einer regionalen Servicegesellschaft im Rahmen des Redesigns der weltweiten Wertschöpfung. Weiter sind M&A-Aktivitäten die natürliche Konsequenz eines aktiven Portfoliomanagements. Portfolio-Elemente, die nicht zum Kerngeschäft gehören oder Gewinnziele nicht erfüllen, werden verkauft. Gleichzeitig werden Unternehmen gekauft, um Portfoliolücken zu schließen oder um zu diversifizieren.

Generell kann man davon ausgehen, dass die laufende Veränderung der Umfeldbedingungen (z. B. Technologie-, Markt- oder Wettbewerbsveränderungen) sowie die Weiterentwicklung der eigenen Möglichkeiten dazu führen, dass laufend Bedarf besteht, die Unternehmensstruktur anzupassen. Damit werden M&A-Transaktionen zunehmend zum Normalfall der Unternehmensführung.

Besondere Relevanz haben M&A-Aktivitäten im Rahmen von Wachstumsstrategien. Hier sind sie nicht selten zentrales Strategieelement. So hat sich etwa BP durch eine Vielzahl von Akquisitionen wie z. B. Amoco, Atlantic Richfield, Burma Castrol, TNK u.v.m. innerhalb von 10 Jahren von einem mittelgroßen Spieler zu einem Ölgiganten entwickelt.

Aber auch ohne Wachstumszielsetzung sind M&A-Transaktionen unverzichtbar. Dies kann man gut am Beispiel des Siemens-Konzerns erkennen (Abb. 6.62).

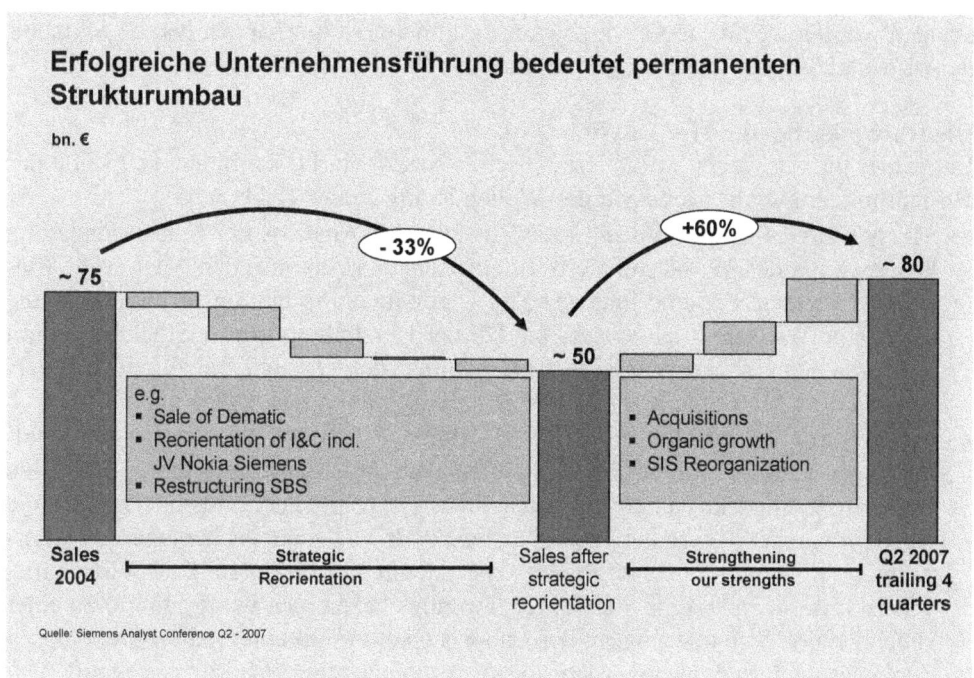

Abb. 6.62 Wirkung von M&A-Transaktionen bei Siemens

Betrachtet man die Umsätze, so sind diese zwischen 2004 und 2007 nur graduell gewachsen. Dahinter verbergen sich jedoch grundlegende Veränderungen des Portfolios. Unternehmensteile mit einem Umsatzäquivalent von 25 Mrd. Euro – ein Drittel des Gesamtumsatzes – wurden desinvestiert und gleichzeitig Geschäfte mit einem Umsatzwert in ähnlicher Höhe akquiriert. Ähnliches gilt für die Folgejahre. So wurden auch 2008–2013 weit über 100 mittlere oder größere Akquisitionen getätigt und nahezu ebenso viele Desinvestitionen.

6.5.1 Die Gesamtperspektive: M&A als Wellenphänomen

Das Phänomen der Unternehmenszusammenschlüsse bzw. -übernahmen ist keineswegs neu. Seit über 100 Jahren lassen sich mehr oder weniger ausgeprägte Wellen von M&A ausmachen, die jeweils von höchst unterschiedlichen Denkströmungen getrieben wurden.[20] Dies kann so weit gehen, dass teilweise jegliche Rationalität verloren geht, wie beispielsweise zum Ende der Dotcom-Blase zu beobachten war. Um M&A-Transaktionen bestmöglich zu gestalten, sollte dieser große Rahmen ver-

---

[20] Vgl. zur historischen Entwicklung Müller-Stewens/Kunisch/Binder: Mergers & Acquisitions. Dort werden die Phasen und Denkströmungen ausführlich analysiert.

standen werden, beeinflusst er doch ganz erheblich Erfolgschancen und zweckmäßige Ausgestaltung der jeweiligen Transaktion.

Die Entwicklung der M&A in den USA

Betrachtet man etwa den US-amerikanischen M&A-Markt, kann man seit Ende des 19. Jahrhunderts sechs große Merger-Wellen identifizieren (Abb. 6.63).

- **Merger zur Monopolbildung (1897–1899):** Als Ausfluss der Industrialisierung kam es Ende des 19. Jahrhunderts zu einer ersten Welle mit dem Ziel große Einheiten zu bilden. Prägend in dieser Zeit waren neue Produktionstechnologien, die erhebliche Wirtschaftlichkeitseffekte bei der Herstellung großer Stückzahlen mit sich brachten. Insbesondere die Unternehmen der Öl- und Tabakindustrie versuchten, ihre Marktmacht durch horizontale Übernahmen zu vergrößern

- **Merger zur Vertikalisierung (1916–1929):** Als Reaktion auf die Monopolbildungen kam es zu deutlich verstärkten Anti-Trust-Gesetzen, die horizontalen Diversifizierungsaktivitäten entgegenwirkten. Entsprechend verlagerte sich die Ausrichtung der Übernahmen auf den Erwerb vor- und nachgelagerter Unternehmen – die vertikale Integration. Die anhaltende Phase starken Wirtschaftswachstums, die später als die Golden Twenties bezeichnet wurde, führte zu einer zunehmenden Stimulierung. In der Endphase kam es zu einer nahezu bodenlosen Euphorie. Unternehmen wurden zu völlig überzogenen Multiples gekauft. Der Zusammenbruch der Börse im Oktober 1929 und die anschließende Weltwirtschaftskrise beendeten diese zweite M&A-Welle in dramatischer Form.

- **Merger zur Konglomeratsbildung (1963–1969):** Die Weltwirtschaftskrise und der zweite Weltkrieg mit seinen Nachwirkungen führten zunächst zu einer langen Phase wenig ausgeprägter M&A-Tätigkeit. Neu stimuliert wurde die M&A-Aktivität durch die in den 60ern sehr populäre Diversifikationstheorie. Unter dem Motto „Big is beautiful" entstanden riesige Finanzkonglomerate wie z. B. ITT, Gulf & Western oder Teledyne. Zentrales Entscheidungskriterium waren der erwartete Return on Investment (ROI) und der zeitliche Anfall der Cashflows, Letzterer als Maß für ein ausgeglichenes Beteiligungsportfolio. Finanziert wurden die Übernahmen im Wesentlichen durch Aktientausch. Mit dem Sinken der Aktienkurse Ende der 60er Jahre fand auch diese Welle ein Ende.

- **Merger-Mania (1982–1987):** Ende der 70er Jahre begann in den USA die spektakulärste Übernahmebewegung des Jahrhunderts. Die Deregulierung offenbarte, dass ganze Branchen in ihrer Wettbewerbsfähigkeit massiv erodiert waren. Hinzu kamen die Unterbewertung vieler Unternehmen an der Börse und die hohen Inflationsraten, die zu einer Verringerung der Buchwerte im Vergleich zu den Wiederbeschaffungswerten führten.

Leitmuster der Transaktionen war einerseits die Fokussierung auf das Kerngeschäft und den damit verbundenen Verkauf ganzer Unternehmensbereiche oder andererseits – getrieben von der Meinung, dass das Stammgeschäft alleine die Zukunft nicht sichern kann – ein Engagement in neuen Geschäften. Anders als die Diversifikation früherer Phasen war diese nicht primär finanziell motiviert, sondern vom Streben nach Synergien – dem neuen Zauberwort. Ein Ende fand diese Welle im Oktober 1987, als zunehmende Zweifel an der Werthaltigkeit der Papiere den Dow Jones massiv einbrechen ließen und mit ihm große Teile des weltweiten Finanzsystems.

- **Mega-Merger (1991–2000):** Im Anschluss an die Rezession der späten 80er Jahre kam es zu einer der längsten und intensivsten Merger-Wellen. Treiber waren die Globalisierung der Weltwirtschaft und die damit einhergehende Konsolidierung vieler Branchen sowie das Internet als Grundlage völlig neuer Geschäftsmodelle.

Wichtiger Grundgedanke der Transaktionen war das Konzept des Shareholder-Value. Da Wachstum und Effizienz in diesem Konzept ganz wesentliche Werttreiber sind, wurden Merger angestrebt, mit denen diese Ziele – tatsächlich oder vermeintlich – erreicht werden konnten. Getrieben vom Internetboom war der zweite Grundgedanke, dass es zur Konvergenz zwischen Medien-, Telekom- und Computerbranche kommen würde. So zeigten z. B. Telekommunikationsunternehmen den starken Drang, auch vom Geschäft mit den Inhalten zu profitieren. Es gab eine Vielzahl branchenübergreifender sog. click&mortar-Deals – der wohl spektakulärste war der Zusammenschluss von AOL und Time Warner. In der Endphase steigerten sich Euphorie und Bewertungen auf ein immer irrationaleres Maß. Das Platzen der „Dotcom-Blase" im Jahr 2000 mit ihrer in der bisherigen Geschichte einmaligen Wertvernichtung war die beinahe natürliche Konsequenz.

- **Private Equity (2003–2007):** Nach einer mehrjährigen Bereinigungsphase kam es zu einem erneuten Aufschwung. Mit den Private–Equity-Investoren kam eine neue Gruppe ins Spiel. Sie versuchte, in der Regel kurzfristig, Sanierungs- oder Konsolidierungspotentiale zu erschließen. Inhaltlich ging es meist um eine Finanzoptimierung. Eine hohe Fremdfinanzierung war häufig prägendes Merkmal. Begünstigt wurde die Zunahme der M&A-Transaktionen durch verstärkten „Shareholder Activism". Anteilseigner machten massiv Druck auf traditionelle Konzerne, durch M&A-Transaktionen den Unternehmenswert zu steigern. Dies begünstigte in erheblichem Maße Desinvestitionsaktivitäten. Ihr Ende gefunden hat diese Welle durch die Krise der internationalen Finanzmärkte im Jahre 2007 – ausgelöst durch zunehmende Zweifel an der Werthaltigkeit vor allem der Hypothekarkredite („Subprime-Krise"). Das Jahr 2008 war dann gekennzeichnet durch einen massiven Absturz der weltweiten Börsen. Markante Punkte waren die beinahe-Pleite von Bear Stearns, das nur durch eine Staatsbürgschaft von fast 30 Mrd. US\$ gerettet werden konnte, die 400 Mrd. US\$ teure Krise bei den staatlichen Hypothekenbanken Fannie Mae und Freddie Mac und schließlich die Lehmann-Insolvenz im September 2008. Eine neue – siebte – Welle wird sich sicher anschließen. Über deren zentrales Corporate–Strategy-Paradigma kann trefflich spekuliert werden.

Insgesamt ist zu erkennen, dass sich die M&A-Aktivitäten in Wellen vollziehen, deren Intensität tendenziell zunimmt. Die jeweils dominante Wertsteigerungslogik ist dabei höchst unterschiedlich: In den frühen Phasen waren es die Vorteile aus der Marktbeherrschung bzw. die Beherrschung der Wertkette, in der mittleren Phase die Vorteile aus Diversifizierung und Risikostreuung bzw. das Ausnutzen einer Unterbewertung. In der jüngeren Zeit sollten globale Skaleneffekte oder Vorteile aus Finanzoptimierungen genutzt werden.

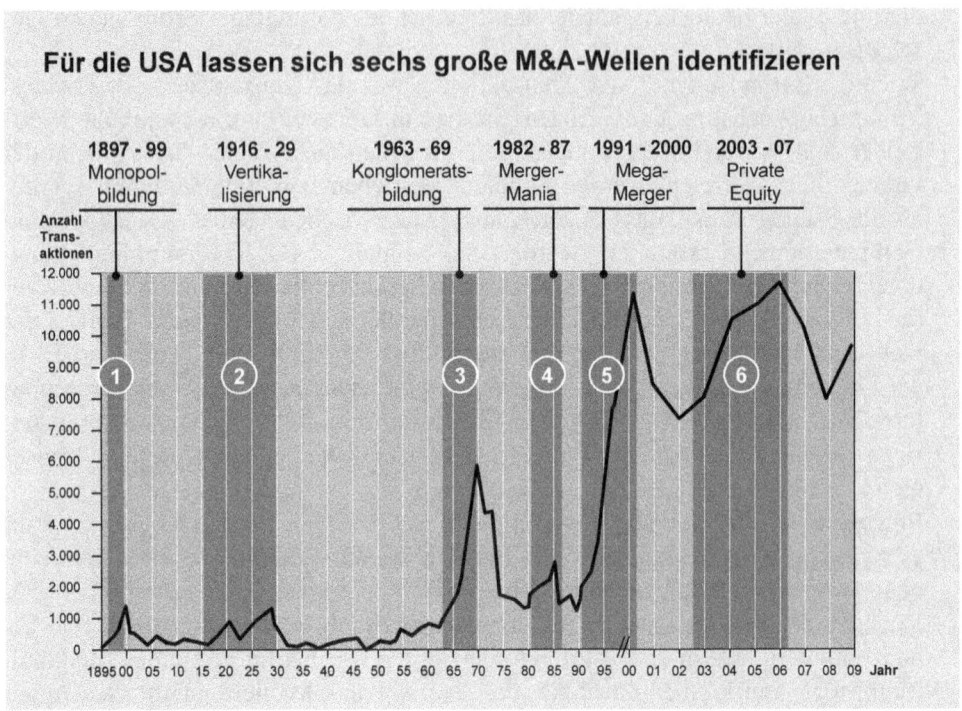

Abb. 6.63 *M&A-Zyklen in den USA*[21]

M&A in Deutschland

In Deutschland ist die M&A-Aktivität durch eine Reihe von Sonderfaktoren (Wiedervereinigung; hoher Verflechtungsgrad „Deutschland AG", Mitbestimmungsgesetze/vergleichsweise große Macht der Gewerkschaften etc.) überlagert. Man kann hier vier Phasen unterscheiden (Abb. 6.64):

---

[21] Quelle: Müller-Stewens/Kunisch/Binder: Mergers & Acquisitions, S. 16 (modifiziert)

- **Entstehung (1985–1990):** M&A als wahrnehmbares Phänomen trat erst ab Mitte der 80er Jahre auf. Die Anzahl der jährlichen Transaktionen lag in Größenordnungen von ca. 100 p.a. Der Professionalisierungsgrad war marginal. Transparenz über Kaufpreise war praktisch nicht gegeben. Selbst 1990 war nur bei etwa 15 % der Transaktionen professionelle Unterstützung eingesetzt. M&A war kaum mehr, als ein Mittel für externe Nachfolgeregelungen.

- **Wachstum und Professionalisierung (1990–1997):** Mit der deutschen Wiedervereinigung und der damit verbundenen Privatisierung von Betrieben der ehemaligen DDR kam es zu einem deutlichen Aufschwung, begleitet von einer stark zunehmenden Professionalisierung. Der Aufschwung wurde weiter verstärkt durch die Privatisierungen des Bundes (z. B. Deutsche Lufthansa, Deutsche Telekom).

- **Internet-Boom und -absturz (1997–2003):** Während man die beiden ersten Phasen letztlich als Werde-Prozess des M&A-Markts interpretieren kann, folgt mit dem Internet-Boom die erste wirkliche M&A-Welle. Ausgelöst von der Internet-Euphorie kam es zu – auch im internationalen Vergleich – großen Deals, allen voran die Mannesmann/Vodafone-Übernahme. Die treibenden Faktoren, die Euphorie und der jähe Absturz beim Platzen der Blase entsprachen dem der weltweiten Welle.

- **Globalisierung und Finanzinvestoren (2004–2009):** Wie schon der Internetboom folgte auch die nächste Phase der internationalen Entwicklung. Große Transaktionen wurden immer mehr zum Normalfall. Waren es im Jahr 2005 noch sechs Deals mit einem Volumen von über 4 Mrd. Euro, so waren es 2006 schon 15 Deals. Wie im weltweiten Umfeld kam es auch hier zum weitgehenden Zusammenbruch der M&A-Aktivitäten im Zusammenhang mit der Krise der internationalen Finanzmärkte.

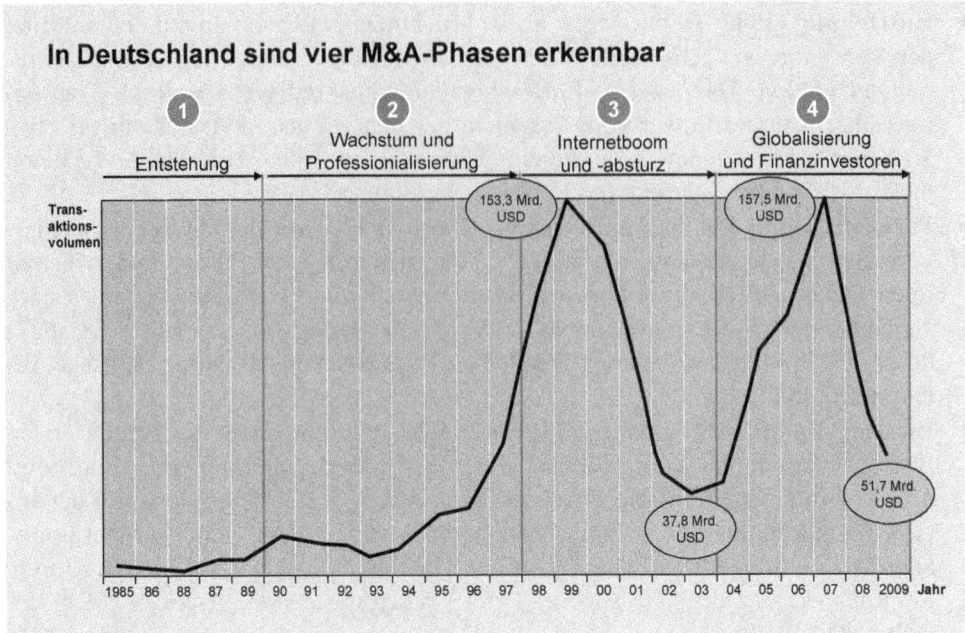

Abb. 6.64 *M&A Zyklen in Deutschland* [22]

Für die eigenen M&A-Entscheidungen ist das Verständnis der Wellen von großer Bedeutung. Idealtypisch sollte man sich antizyklisch verhalten, d. h. auf dem Höhepunkt einer Welle verkaufen und auf dem absoluten Tiefpunkt kaufen. Wie dies in der Praxis näherungsweise erreicht werden kann, wird im Abschnitt zu den Erfolgsfaktoren einer Akquisition (Kapitel 6.5.7) ausführlicher behandelt.)

6.5.2   Grundlagen zu M&A-Transaktionen

Im Nachfolgenden werden allgemeine Grundlagen zu den Formen von M&A-Transaktionen und zur Bewertung von Unternehmen skizziert. Zur Vereinfachung der Darstellung soll sich auf den Erwerb von Unternehmen beschränkt werden. Die Ausführungen gelten weitgehend analog für die Veräußerung.

Formen von Übernahmen
Unternehmensübernahmen können nach verschiedensten Kriterien differenziert werden. Für die Praxis sind besonders die folgenden vier Unterscheidungsmerkmale wichtig (Abb. 6.65).

---

[22]   Quelle: Müller-Stewens/Kunisch/Binder: Mergers & Acquisitions, S. 54 (modifiziert)

M&A-Transaktionen können sehr unterschiedliche Formen annehmen

Kriterium	Formen		
Wertschöpfungs-beziehung	Horizontale M&A	Vertikale M&A	Laterale M&A
Umfang der Eigentumsrechte	Beherrschender Einfluss	Maßgeblicher Einfluss	Minderheits-beteiligung
Kooperations-bereitschaft	Hostile Takeover		Friendly Takeover
Käufertypus	Strategischer Investor	Finanzinvestor	Management Buy Out/In

Abb. 6.65 Formen von M&A-Transaktionen

Ein wesentliches Merkmal ist die **Wertschöpfungsbeziehung** zum erworbenen Unternehmen(-steil). Hierbei können drei Arten unterschieden werden:

- Horizontale M&A: Erwerb von ehemaligen Konkurrenten der gleichen Branche. Ziel ist es in der Regel, die eigene Wettbewerbsposition, z. B. durch Volumeneffekte (Economies of Scale) oder durch Synergieerschließung zu stärken. Horizontale M&A sind derzeit die vorherrschende Form der Akquisition.
- Vertikale M&A: Erwerb von Unternehmungen, die bisher in vor- oder nachgelagerten Wertschöpfungsstufen aktiv waren, d. h. sie standen vor der Transaktion zumindest potentiell in einem Kunden- bzw. Lieferantenverhältnis. Ziel ist es in der Regel, die Verknüpfungen der Wertschöpfungsstufen zu verbessern oder in ertragreichere Wertschöpfungsstufen zu migrieren.
- Laterale M&A: Hier liegen weder horizontale noch vertikale Beziehungen vor. Diesen Transaktionen liegen in der Regel finanz- und risikopolitische Zielsetzungen zugrunde.

Ein anderes Merkmal mit besonderer Bedeutung für die Steuerungsmöglichkeiten ist der **Umfang der erworbenen Eigentumsrechte**. Sie lassen sich in drei Klassen einteilen:

- Beherrschender Einfluss: Dieser ist in der Regel bei einem Eigentumsanteil von über 50 % gegeben.

- Maßgeblicher Einfluss: Hier bestehen besondere Einflussrechte (z. B. Sperrminoritäten, Bestellungsrechte für Schlüsselpersonal). In der Regel liegen die Anteile zwischen 5 % und 50 %.
- Minderheitsbeteiligungen: Es bestehen keine relevanten Einflussmöglichkeiten. In der Regel liegt der Anteil bei 5 % und darunter.

Hinsichtlich der **Kooperationsbereitschaft** des Übernahmekandidaten können zwei Formen unterschieden werden:

- Feindliche Übernahme (Hostile Takeover bzw. Unfriendly Takeover): Hier wehrt sich die Führung des Übernahmekandidaten gegen die Übernahme. Diese Form der Übernahme ist insbesondere im US-amerikanischen Raum verbreitet. Wie die Beispiele Mannesmann-Vodafone, Hoesch-Krupp oder Krupp-Thyssen zeigen, gewinnt sie auch im deutschen Raum an Bedeutung. Die feindliche Übernahme ist in der Regel mit erheblichen Problemen, beginnend mit schlechterer Informationsverfügbarkeit bis hin zu einer meist wesentlich schwierigeren Integration, verbunden.
- Freundliche Übernahme (Friendly Takeover): Die Führung des zu übernehmenden Unternehmens stimmt der Akquisition grundsätzlich zu und kooperiert in gewissem Maße mit dem Erwerber. Dies ist in der Praxis der deutlich häufigere Fall. Er ist zwar weniger spektakulär, aber für den Übernehmenden ist er in der Regel ungleich effizienter und wertschaffender.

Die Unterscheidung nach dem **Käufertypus** ist von erheblicher Bedeutung für die Kalküle, die der Bewertung zugrunde liegen:

- Strategische Investoren sind in der Regel bereits im Geschäftsfeld bzw. in vor- oder nachgelagerten Stufen aktiv. Sie sind meist primär an inhaltlichen Zusammenhängen interessiert wie z. B. an der Erschließung von Synergien, Größenvorteilen oder an einem schnelleren oder kostengünstigeren Aufbau von Kapazitäten. Ihr Interesse ist in der Regel langfristiger Natur.
- Finanzinvestoren versuchen primär Unterbewertungen bzw. finanzwirtschaftliche oder operative Restrukturierungspotentiale eines Unternehmens zu nutzen. Der Zeithorizont eines Finanzinvestors ist tendenziell kurz- bis mittelfristig. Im Normalfall wird er nach etwa zwei bis fünf Jahren versuchen, seinen Gewinn zu realisieren, indem er das Unternehmen weiterveräußert (sog. Exit). Dies kann z. B. als Verkauf an einen strategischen Investor oder über einen Börsengang (sog. Initial Public Offer, kurz: IPO) erfolgen.
- Management Buy-Out (MBO) und Management Buy-In (MBI) sind häufiger auftretende Sonderformen. Hierbei wird ein Unternehmen durch die bestehende Unternehmensführung oder von externen Managern gekauft. Die verfolgten Ziele und ebenso der Zeithorizont unterliegen hier allerdings keinem einheitlichen

Muster. Sie sind im Vorfeld von Verhandlungen zu analysieren. Wegen der in vielen Fällen begrenzten Mittel der Erwerber kommt der Finanzierung bei diesen Transaktionen meist eine besondere Bedeutung zu.

Bewertung von Unternehmen: Price is what you pay, value is what you get

Zur Bewertung eines Unternehmens können grundsätzlich eine Vielzahl von Werten herangezogen werden, z. B. Börsenwert, Substanzwert, Liquidationswert, Reproduktionswert u.v.m. Welcher Wert der richtige ist, ergibt sich erst aus dem Bewertungszweck.

Betrachtet man den Sachverhalt aus Sicht des Käufers, bestimmt sich der Wert eines Unternehmens nach dem, was zukünftig aus dem erworbenen Unternehmen oder durch das erworbene Unternehmen „herausgeholt" werden kann. Grundsätzlich ist eine Akquisition – ebenso wie jede andere Investition – dann sinnvoll, wenn die Rückflüsse vermindert um die Kapitalkosten größer sind als die Investition. Etwas konkreter formuliert: wenn der sog. Enterprise Value im Unternehmensverbund größer ist als die gesamten Erwerbskosten (Abb. 6.66):

- Der **Enterprise Value im Unternehmensverbund** beinhaltet mehrere Komponenten. Die Grundlage ist der Gegenwartswert des zu akquirierenden Unternehmens *stand alone*. Bei diesem Wert sind Kostensenkungs- bzw. Erlössteigerungspotentiale zu berücksichtigen. Zu diesem Wert sind die Synergiewirkungen zu addieren, die sich aus der Integration des erworbenen Unternehmens ergeben. Bei den Synergien kann es sich um operative, finanzielle, Marktmacht- und Managementsynergien handeln. Bei strategischen Investoren sind Synergien meist von erheblicher Bedeutung.
- Zu den **gesamten Erwerbskosten** gehört zunächst der Kaufpreis im engeren Sinne. Weiter sind die Erwerbsnebenkosten zu berücksichtigen. Gerade bei weltweiten Aktivitäten können diese durchaus erheblich sein, wenn sich das erworbene Unternehmen aus vielen Gesellschaften in vielen Ländern zusammensetzt. Werden Schulden übernommen, sind diese natürlich anzusetzen. Dabei ist auch auf versteckte Lasten, wie zum Beispiel unterdotierte Pensionsverpflichtungen, zu achten.

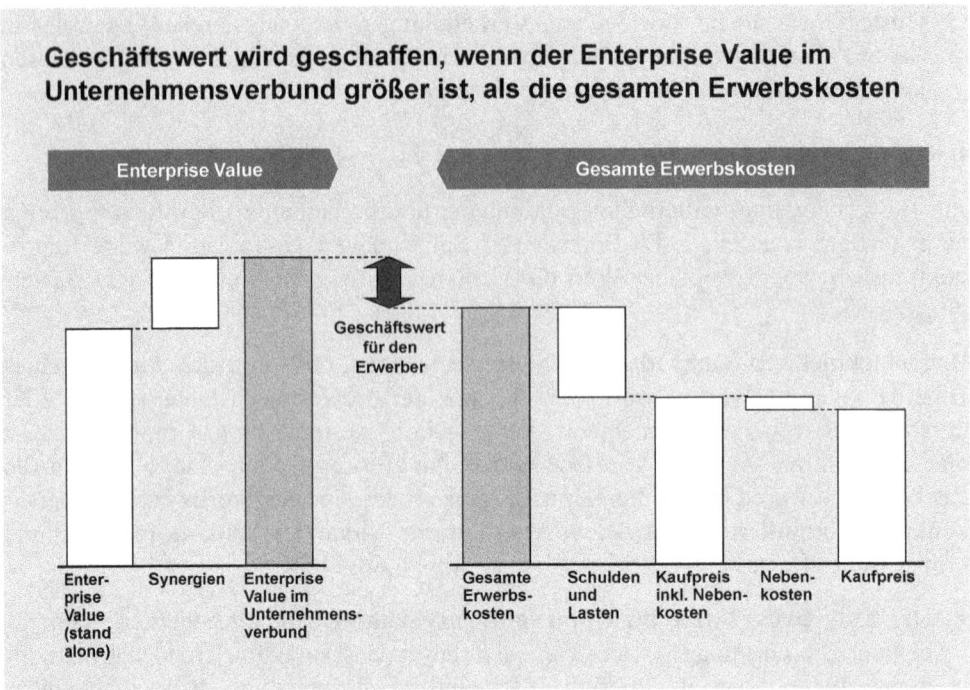

Abb. 6.66 *Basiskalkül bei M&A-Transaktionen*

Der Enterprise Value beschreibt den maximalen Wert des Unternehmens aus Sicht des Käufers. Um zum möglichen Kaufpreis zu gelangen, muss gleichzeitig die Verkäufersicht betrachtet werden. Konzeptionell liegt ein rationaler Kaufpreis für ein Unternehmen zwischen dem Grenzpreis des Verkäufers – also dem Betrag, den der Verkäufer mindestens verlangen muss, um seine wirtschaftliche Position nicht zu verschlechtern – und dem Grenzpreis des Käufers – also dem Betrag, den der Käufer höchstens bezahlen darf, um seine Position nicht zu verschlechtern. Innerhalb dieser beiden Grenzen ist eine (rationale) Einigung möglich. Je größer die so definierte Bandbreite ist, desto einfacher sollte es sein, zu einem Verhandlungsergebnis zu kommen.

Die zentrale Schwierigkeit ist nun, dass der Unternehmenswert von der Einschätzung der zukünftigen Geldströme abhängig ist. Diese Einschätzung wird noch dadurch erschwert, dass nicht nur das isolierte Unternehmen, sondern auch die Wechselwirkungen zwischen erworbenem und bestehendem Unternehmen (wie z. B. Synergien) berücksichtigt werden müssen. Weiter muss eine (in praxi sehr schwierige) Abschätzung zu den Integrationskosten durchgeführt werden.

Zur Unternehmensbewertung gibt es eine Vielzahl von Methoden

	Investitionsrechnerische Verfahren	Multiplikatorenverfahren	Sonstige
Basis	Fundamentalanalyse	Transaktionsmarkt-orientierung	Diverse
Verfahren	• Discounted Cash Flow – Entity Verfahren – Equity Verfahren • Ertragswertverfahren	• Trading Multiples (Börsenorientierte Unternehmen) • Comparable Trans-actions	• Liquidationswert • Substanzwert • Schiedswert • …

Abb. 6.67 *Übersicht über Methoden zur Unternehmensbewertung*

Um für eine konkrete Transaktion zum Unternehmenswert zu gelangen, gibt es eine Vielzahl von Verfahren. Grob lassen sich dabei die investitionsrechnerischen Verfahren, die am Transaktionsmarkt orientierten Multiplikatorenverfahren sowie eine Reihe sonstiger Verfahren unterscheiden. Einen Überblick hierzu gibt Abb. 6.67. Im Folgenden werden einige wichtige Verfahren skizziert:

- **Discounted-Cash-Flow-Methode (DCF):** Der Grundgedanke der DCF ist denkbar einfach. Der Wert des Unternehmens ist der Barwert aller zukünftigen Zahlungsströme aus bzw. in dieses Unternehmen. Für diese Methode sind folgende Aspekte zentral: Höhe und zeitlicher Anfall der Zahlungsströme sowie der genutzte Abzinsungssatz. Außerdem ist ein Endwert (Terminal Value) anzusetzen. Dies kann der prognostizierte Verkaufswert in der Zukunft sein oder der Barwert einer ewigen Rente. Vor allem die Cashflows und der Terminal Value sind dabei mit hohen Unsicherheiten behaftet und sollten sorgfältig erhärtet werden, um zu einer tragfähigen Bewertung zu gelangen.

- **Ertragswertverfahren:** Der Ertragswert ergibt sich konzeptionell aus den abgezinsten zukünftigen Erträgen. Diese werden auf der Grundlage der Vergangenheitsdaten geschätzt. Basis hierfür ist der durchschnittliche Betriebsertrag der Vergangenheit, der um betriebsfremde, periodenfremde sowie außerordentliche Aufwendungen und Erträge und den Unternehmerlohn bereinigt wird. Kritisch bei diesem Verfahren sind die genannten Bereinigungen und der zugrunde zu legende Zinssatz.

- **Multiplikatorenverfahren:** Diese Verfahren nutzen Verhältniszahlen von Vergleichsunternehmen (*multiples*), um anhand der Bezugsgröße des zu bewertenden Unternehmens dessen Wert zu bestimmen. Herangezogen werden Multiplikatoren börsenorientierter Unternehmen (Trading Multiples) bzw. die Multiplikatoren vergleichbarer Transaktionen (Comparable Transaction Multiples). Gängige Bezugsgrößen sind EBIT, EBITDA, Cashflow oder Umsatz. Daneben werden auch reale Größen wie Anzahl der Nutzer, Kunden etc. genutzt. Abb. 6.68 zeigt Beispiele für Multiplikatoren verschiedener Branchen.

Multiples geben eine marktorientierte Sicht zu Unternehmenswerten unter Berücksichtigung von Zukunftsaussichten und Risiken. Allerdings besteht das Problem der Vergleichbarkeit. Wirklich vergleichbare Unternehmen bzw. Transaktionen sind selten, und Unterschiede sind schwer zu bewerten. Außerdem ist bei Comparable Transaction Multiples zu berücksichtigen, dass diese in der Regel strategische Prämien enthalten, die auf die konkrete Bewertungssituation so nicht zutreffen müssen. Bei Trading multiples wiederum besteht die Gefahr, dass sie durch temporäre Börsenschwankungen verzerrt sind.

Multiples variieren stark von Branche zu Branche

| Branche | Börsen-Multiples | | Experten-Multiples Small-Cap* | | | |
	EBIT-Multiple	Umsatz-Multiple	EBIT-Multiple Von	Bis	Umsatz-Multiple Von	Bis
Beratende Dienstleistungen	–	–	5,9 ⬆	7,6 ⬇	0,60 ⬇	0,97
Software	15,6 ⬆	4,01 ⬆	6,4 ⬇	8,4 ⬇	0,94 ⬆	1,36 ⬆
Telekommunikation	11,0 ⬇	1,02 ⬇	6,3 ⬆	7,9	0,72 ⬆	1,05 ⬇
Medien	13,7 ⬇	3,14 ⬆	6,3 ⬇	8,3 ⬇	0,81 ⬆	1,30 ⬆
Handel und E-Commerce	13,0 ⬇	0,53 ⬇	6,4 ⬆	8,7 ⬆	0,65 ⬆	1,09 ⬆
Transport, Logistik und Touristik	12,9 ⬆	0,84 ⬆	5,6 ⬆	7,4	0,46 ⬆	0,79 ⬆
Elektrotechnik und Elektronik	13,9 ⬆	0,97 ⬆	6,1 ⬆	7,7	0,62 ⬆	1,01 ⬆
Fahrzeugbau und -zubehör	11,3 ⬇	1,03 ⬇	5,7	7,3 ⬆	0,48 ⬇	0,76 ⬆
Maschinen- und Anlagenbau	13,1 ⬇	1,01 ⬇	5,9 ⬆	7,6 ⬇	0,54 ⬇	0,83 ⬆
Chemie und Kosmetik	13,3 ⬆	1,44 ⬆	6,8 ⬆	8,6	0,72 ⬆	1,12 ⬆
Pharma	9,5 ⬇	1,37 ⬇	7,3 ⬇	9,3 ⬇	1,02 ⬆	1,54 ⬆
Textil und Bekleidung	10,9 ⬆	1,29 ⬇	5,5 ⬆	7,2 ⬆	0,54 ⬆	0,79 ⬆
Nahrungs- und Genussmittel	4,2 ⬇	0,50 ⬇	6,1 ⬆	7,9 ⬆	0,63 ⬆	1,02 ⬆
Gas, Strom Wasser	8,9 ⬇	0,38 ⬇	6,0 ⬆	7,9 ⬆	0,65 ⬆	0,94 ⬆
Umwelttechnologie und erneuerbare Energien	–	–	6,1 ⬆	8,0 ⬆	0,61 ⬆	0,99 ⬆
Bau und Handwerk	10,4 ⬇	0,99 ⬇	4,9 ⬆	6,3 ⬆	0,38	0,58

* Small-Cap: Unternehmensumsatz unter 50 Mio.

Abb. 6.68 *EBIT- und Umsatzmultiples*[23]

- **Liquidationswert:** Dieser entspricht dem potentiellen Marktpreis bei Unternehmenszerschlagung. Er errechnet sich aus der Einzelveräußerung der vorhandenen Substanz. Er ist damit die absolute Wertuntergrenze.
- **Substanzwert:** Der Substanzwert repräsentiert die potentiellen Aufwendungen für den Nachbau des Unternehmens. Er gibt damit im Gegensatz zum Liquidationswert nicht den Mindestwert eines Unternehmens wieder, da er durch Wie-

---

[23] Quelle: Finance Magazin Juni/Juli/August 2014

derbeschaffungsausgaben aufgebläht sein kann. Aufgrund der fehlenden Zu-kunftsbezogenheit ist er grundsätzlich nur eingeschränkt aussagefähig. Helfen kann er, wenn konkrete Assets benötigt werden und man vor der Wahl steht, die-se selbst zu erstellen oder einzukaufen.

Um zu einem belastbaren Wertansatz zu gelangen, sollten mehrere Methoden paral-lel angewandt werden. Dieses Vorgehen wird erfahrungsgemäß zu unterschiedlichen Wertansätzen führen. Abb. 6.69 skizziert die Ergebnisse aus einem Praxisprojekt. Dies ist nicht weiter überraschend, da den Verfahren höchst unterschiedliche Bewer-tungsperspektiven zugrunde liegen. So berücksichtigt etwa der Substanzwert die zukünftige Entwicklung überhaupt nicht, während das Discounted-Cash-Flow-Verfahren ausschließlich die Zahlungsströme der Zukunft betrachtet.

Entsprechend sind die Ergebnisse zunächst anhand der den Verfahren jeweils zu-grunde liegenden Bewertungsperspektiven zu plausibilisieren. Aus dieser Plausibili-sierung ergeben sich in der Regel Hinweise auf zusätzlichen Analysebedarf. Unab-hängig davon sind in jedem Falle wertbestimmende Schlüsselannahmen (wie z. B. der Terminal Value einer DCF-Analyse) zu erhärten. Verfahrensbedingt werden die Werte auch nach Durchführung dieser Qualitätssteigerungsmaßnahmen in der Regel noch deutlich variieren. Dies sollte man nicht als Problem, sondern als Chance ver-stehen und es für die eigene Verhandlungsposition nutzen.

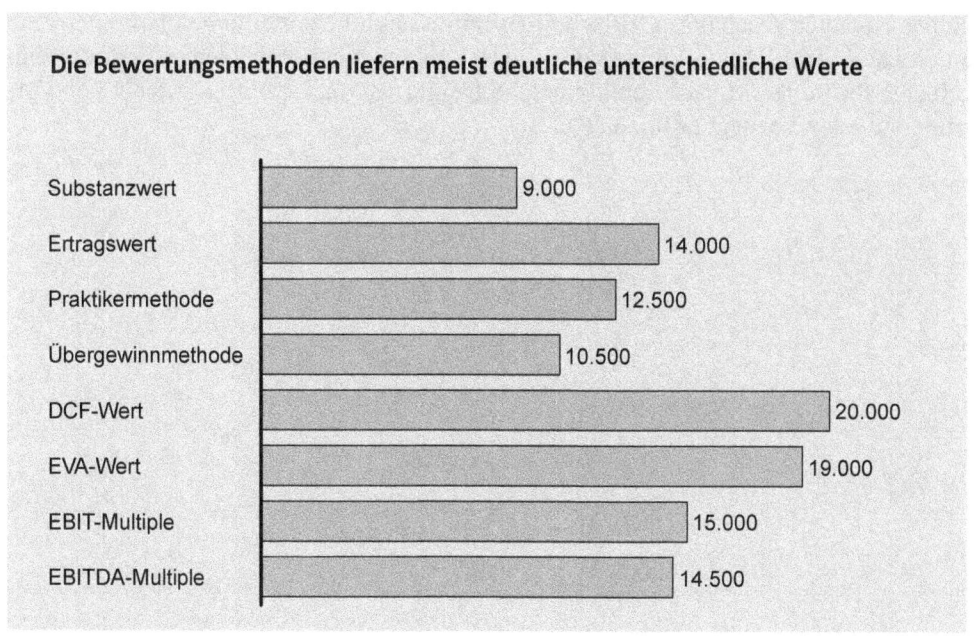

Abb. 6.69 *Variation von Unternehmenswerten (Praxisbeispiel)*

Bei aller Wichtigkeit einer professionellen Bewertung sind noch weitere Aspekte in der Praxis sehr relevant. Bei der Bewertung bzw. der Festlegung des Preises spielen häufig auch Ziele wie der Unternehmenserhalt (z. B. der Fortbestand des Namens bei Familienunternehmen) oder gesellschaftspolitische Ziele eine wichtige Rolle. Weiter werden vom Management oft eigene Ziele verfolgt. So bedeutet ein größeres Unternehmen in der Regel ein höheres Gehalt oder höhere Boni. Auch der Aspekt des Empire Building, d. h. der Zuwachs an Macht oder Prestige, spielt häufig eine nicht zu unterschätzende Rolle. Wie breit angelegte Untersuchungen zeigen, gilt dies insbesondere für Großunternehmen. (Manche Bewertungen können eigentlich nur unter Einbeziehung solcher Faktoren nachvollzogen werden.) Auch diese Aspekte sollten in einem Wertkalkül berücksichtigt werden.

6.5.3   Ablauf einer M&A-Transaktion

Unternehmenserwerbe und -veräußerungen gehören zu den risikoreichsten Entscheidungen der Unternehmensführung. Der entsprechende Prozess sollte daher sorgfältig konzipiert werden. Aufgrund von Komplexität und Vielzahl unterschiedlichster geschäftspolitischer, rechtlicher, finanzieller und steuerlicher Aspekte ist eine breite Know-how-Basis sicherzustellen. Auch bei Großunternehmen mit eigenen M&A-Abteilungen ist eine externe Unterstützung meist unerlässlich. Prädestiniert als externe Unterstützer sind Investmentbanken. Zusätzlich sind Rechtsanwälte, Steuerberater und Wirtschaftsprüfer in der Regel unverzichtbar. Ergänzend können Unternehmensberater geschäftsspezifische Erkenntnisse und Beurteilungen beitragen. Bei einer M&A-Transaktion können drei Phasen unterschieden werden, wobei die einzelnen Schritte leicht variieren können, abhängig davon, ob eine Käufer- oder Verkäufersituation vorliegt (Abb. 6.70):

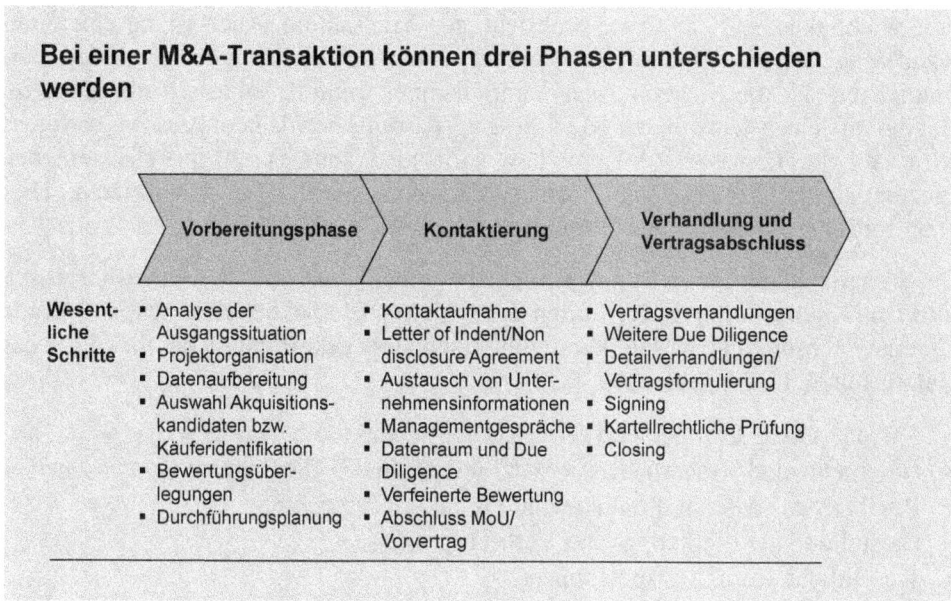

Abb. 6.70 *Phasen des Akquisitionsprozesses*

Phase 1: Vorbereitungsphase

M&A-Aktivitäten sind Mittel zur Steigerung des Unternehmenswertes und nicht Selbstzweck. Entsprechend sollte zu Beginn immer die klare Definition von Zielen stehen, die mit der Akquisition (bzw. dem Divest) erreicht werden sollen. Diese Ziele müssen aus der Strategie des Gesamtunternehmens abgeleitet bzw. zumindest mit ihr kompatibel sein. Für den Fall, dass durch eine Akquisition eine Geschäftseinheit verstärkt werden soll, bedeutet dies auch, dass Klarheit über die aus Gesamtunternehmenssicht gewünschte weitere Entwicklung dieser Einheit bestehen muss. Damit soll verhindert werden, dass aus Einzelfall-getriebener Dringlichkeit (z. B. Bedarf an zusätzlicher Vertriebskapazität) oder zufälligem Angebot heraus Transaktionen eingeleitet werden, die mit der aus der Gesamtsicht gewünschten Entwicklungsrichtung des jeweiligen Geschäfts nicht kompatibel sind.

Auf Basis dieser strategischen Ziele können dann die konkreten Handlungsoptionen ermittelt werden. Die Ziele sind außerdem wichtig für die Ausgestaltung der späteren Phasen und Entscheidungen im Transaktionsprozess. Beispielsweise beeinflussen sie die Auswahl der infrage kommenden Kandidaten, die Bewertung des Unternehmens oder die Vertragsgestaltung.

M&A-Transaktionen sind äußerst komplexe Vorhaben. Dies legt es nahe, nicht innerhalb der Linie abzuwickeln, sondern zumindest die Kernphase als temporäres Projekt zu organisieren. Dazu ist eine schlagkräftige **Projektorganisation** zu definieren. Die konkrete Ausgestaltung variiert dabei ganz erheblich in Abhängigkeit von Wichtigkeit und Natur der beabsichtigten Transaktion. Auch ist sie eine Gratwanderung zwischen einer breiten Kompetenz und der Wahrung der gebotenen Vertraulichkeit. Ist die Sicherung der Vertraulichkeit zentral, sollte sie zumindest zu Beginn auf einen ganz engen Kreis beschränkt sein, der dann sukzessive erweitert wird. Ist kein internes M&A-Know-how vorhanden, kann es sehr hilfreich sein, den Prozess durch Hinzuziehung externer M&A-Dienstleister zu strukturieren. Dies kann zunächst durchaus ohne Offenlegung der Inhalte geschehen.

Ein weiterer wichtiger Schritt vor allem bei einem Verkauf ist die **Aufbereitung und Dokumentation der Kerndaten des Objekts**. Ein Schlüsselelement ist hier die Unternehmensdokumentation. Diese gibt einen aussagekräftigen Überblick über das Unternehmen. Hierzu gehören z. B.:

- Eine klare Abgrenzung des Verkaufsgegenstandes
- Geschichte und wesentliche Entwicklungsstufen des Unternehmens
- Beschreibung Märkte, Produkte und Produktionsprozesse
- Darstellung der Marketing- und Vertriebsprozesse
- Wesentliche Vermögenspositionen
- Führungs- und Prozessorganisation
- Historische Entwicklung der Erfolgsrechnung, Bilanzen, Finanzierungssituation
- Finanz- und Ergebnisplanung der nächsten 3–5 Jahre

Soll das Objekt zunächst anonym angeboten werden, ist außerdem ein sog. Teaser zu erstellen. Teaser werden von Mittelsmännern genutzt, um das Interesse potentieller Bieter abzuklären, ohne die Identität des angebotenen Unternehmens offenzulegen.

Wichtig bei der Darstellung ist, dass ein zutreffendes Bild der tatsächlichen Vermögens-, Finanz- und Ertragskraft gegeben ist. Dies entspricht dem im angelsächsischen Umfeld bekannten Prinzip des *true and fair view*. Der Versuchung einer zu starken Schönfärbung gilt es zu widerstehen. Dies kann spätere Verhandlungen massiv belasten und auch haftungsrechtliche Konsequenzen auslösen.

Insgesamt ist davon auszugehen, dass die Erstellung einer überzeugenden Unternehmensdokumentation in erheblichem Maße Zeit kostet und Ressourcen bindet. Sie ist besonders schwierig, wenn gleichzeitig verhindert werden soll, dass intern Verkaufsabsichten bekannt werden.

Zur Vorbereitung gehört auch die Erstellung von Diskretionserklärungen und sonstigen Verfahrensvereinbarungen. Auch sollte vor allem im Falle eines Verkaufs bereits sehr früh eine Grobvorstellung zum Wert bestehen, die dann im laufenden Verfahren zunehmend verfeinert wird.

Ein weiterer Vorbereitungsschritt ist die **Auswahl der potentiellen Akquisitionskandidaten bzw. der potentiellen Käufer**. Die Überlegungen sind grundsätzlich ähnlich. Im Folgenden soll sich zur Vereinfachung auf den Akquisitionskandidaten bezogen werden. Hier können auf Basis der definierten Ziele potentielle Kandidaten bestimmt, ausgewählt und priorisiert werden. Grundlage der Auswahl ist eine hinreichend detaillierte Analyse möglicher Kandidaten. Dazu werden für die infrage kommenden Unternehmen Basisdossiers, sog. Company Profiles, erstellt und diese mit dem Anforderungsprofil abgeglichen. Hilfreich zur Objektivierung sind hierbei Scoring-Modelle. Gute Unterstützung können Investmentbanken oder sonstige professionelle Beteiligungsvermittler leisten.

In der frühen Phase eines Screenings sollte bewusst breit vorgegangen werden. So ist gerade in jüngerer Zeit auf der Käuferseite das Entstehen einer neuen Generation von Investoren zu beobachten. Zu dieser Generation gehören Staatsfonds (sog. Sovereign Wealth Fonds, SWF), Family Offices oder vermögende Einzelpersonen, z. B. aus Entwicklungs- und Schwellenländern. Diese Gruppen können sehr attraktive Bieter sein, da sie häufig viel Kapital und einen langfristigen Anlagehorizont haben.

Sofern die Kandidaten dem potentiellen Erwerber nicht angeboten wurden oder bekannterweise zum Verkauf stehen, ist festzustellen, ob eine grundsätzliche Verkaufsbereitschaft seitens der Eigentümer besteht bzw. ob eine realistische Kaufmöglichkeit im gewünschten Umfang gegeben ist. Im Falle horizontaler M&A wird dies häufig aufgrund informeller Kontakte auf Geschäftsführungsebene möglich sein. Ist dies nicht der Fall, können auch bei dieser Beurteilung Investmentbanken bzw. professionelle Beteiligungsvermittler gute Unterstützung leisten.

Im Zusammenhang mit der Ansprache sollte gleichzeitig eine Liste von Unternehmen erstellt werden, die keinesfalls angesprochen werden sollten. Die Kenntnis der eigenen Akquisitionsabsichten durch Konkurrenten kann den Kaufpreis deutlich erhöhen bzw. die Transaktion unmöglich machen.

Bei der **Bestimmung des weiteren Vorgehens** ist – im Falle eines Verkaufs – die Entscheidung über das **Verkaufsverfahren** eine ganz wichtige Entscheidung. Hier sind deutlich unterschiedliche Verfahren möglich:

- Exklusivverhandlungen (Negotiated Sale): In Fällen, in denen es „logische" Partner gibt oder aus anderen Gründen vom Verkäufer Exklusivität zugestanden wird, findet diese aus Käufersicht attraktive Lösung Anwendung. Nicht selten ist sie jedoch zeitlich befristet oder mit besonderen Zugeständnissen des Verkäufers verbunden.
- Parallele bilaterale Verhandlungen: Diese geben dem Verkäufer in der Regel die Möglichkeit, höhere Preise zu erzielen.
- Kontrollierte Auktionen: Sind viele Interessenten vorhanden, wird der Verkäufer häufig das Mittel der kontrollierten Auktion wählen. Dabei wird die Anzahl der Interessenten in mehreren Runden, in denen jeweils von den potentiellen Käufern

Gebote abgegeben werden müssen, zunehmend reduziert. Die Auktionsrunden unterscheiden sich in der Regel durch den Umfang der zur Verfügung gestellten Informationen. Ziel dieses aus Verkäufersicht attraktiven Verfahrens ist es, eine laufende Steigerung der Gebote – im Idealfall einen Bieterwettkampf – zu erreichen.

• Öffentliche Auktionen: Hier wird im Gegensatz zur kontrollierten Auktion eine offene Ausschreibung durchgeführt.

Hinsichtlich der Zeitplanung sollte eine klare Vorstellung bestehen. Diese ist besonders im Falle einer Auktion wichtig, da hier Sequenz und Timing sehr hohen Einfluss auf die möglichen Erlöse haben.

Phase 2: Kontaktierungsphase
Nach Abschluss der Vorarbeiten sollte eine tragfähige Basis für die Kontaktierung geschaffen sein. Diese geschieht in der Regel auf Topmanagement- oder Eignerebene. Abhängig vom Zugang können auch hier Banken oder professionelle Beteiligungsberater gute Unterstützung bieten. In den ersten Kontakten sollten neben der grundsätzlichen Bereitschaft auch grobe Strukturen einer möglichen Transaktion diskutiert werden. Die Ergebnisse werden häufig in einem Letter of Intent (LOI) zusammengefasst.

Vor den eigentlichen Verhandlungen ist es erforderlich, dass sich der Käufer einen möglichst tiefen Einblick in alle relevanten geschäftspolitischen, finanziellen, rechtlichen und steuerlichen Aspekte verschafft. Dies geschieht durch externe Informationsquellen und – im Falle eines Friendly Takeover – durch Bereitstellung umfangreicher Informationen durch den Übernahmekandidaten.

Im Rahmen dieser sog. Pre-Acquisition Due Diligence werden dem potentiellen Käufer bewertungs- und transaktionsrelevante Fakten durch eine Dokumentensammlung zur Verfügung gestellt. Hierfür hat sich bei vielen Transaktionen die Einrichtung eines sog. *data rooms* durch den Verkäufer durchgesetzt, zu dem Käufervertretern über einen kurzen Zeitraum Zugang gewährt wird. Dies kann ein physischer Raum mit wesentlichen Dokumenten oder – immer häufiger – ein elektronischer Data Room sein. Letzterer ermöglicht einen zeitgleichen Zugang mehrerer Interessenten und trägt zur Beschleunigung des Verfahrens bei. Auch kann damit der genaue Inhalt des Datenaustausches sehr einfach dokumentiert werden. Ergänzt wird die Information in der Regel durch Präsentationen des Managements sowie durch Besichtigungsmöglichkeiten in relevanten Unternehmensteilen.

Grundlage und Voraussetzung für einen Informationsaustausch sind Geheimhaltungsvereinbarungen (Confidentiality Agreements oder Statements of Non-Disclosure). Häufig werden ergänzend dazu auch Verbote zur Abgabe unfreundlicher Übernahmeangebote (Stand-Still Agreement) vereinbart.

Auf Basis der gesamten Informationen ist dann in der im Vorabschnitt beschriebenen Weise unter Einbeziehung der Zukunftserwartungen sowie der Potentiale aus der Integration der Wert des Unternehmens zu bestimmen.

Nach Abschluss und Bewertung dieses Informationsaustausches sollte das gemeinsame Verständnis nach Möglichkeit schriftlich durch ein Memorandum of Understanding (MoU) dokumentiert werden. Dabei ist es hilfreich sowohl die Übereinstimmungen als auch die Vorstellungen zum weiteren Vorgehen zu bestimmen. Ist die Klärung weit fortgeschritten oder sollen wesentliche Sonderrechte eingeräumt werden, können auch bereits Vorverträge abgeschlossen werden.

Phase 3: Verhandlung und Vertragsabschluss
Die Verhandlungen und die Verhandlungsstrategie hängen zunächst vom Verkaufsverfahren ab. Wie bereits beschrieben, sind hier deutlich unterschiedliche Verfahren möglich (z. B. Exklusivverhandlungen, parallele Verhandlungen oder Auktionen).

Inhalt der Verhandlungen sind neben den Kaufkonditionen im engeren Sinne auch ergänzende Vereinbarungen, z. B. zur Übernahme von Führungspersonal, zur Form der Integration oder Zusagen zur Beschäftigungssicherung. Die ergänzenden Vereinbarungen sollten in ihrer Bedeutung nicht unterschätzt werden. Abhängig von der Interessenslage der Parteien können sie durchaus wichtiger sein als der Kaufpreis. Weniger fallspezifisch sind die Elemente eines Kaufvertrags im engeren Sinne. Es sind in der Regel folgende:

- Kaufumfang: Grundsätzlich können entweder Anteile an der Rechtsgesamtheit des Unternehmens (sog. Share Deal) oder einzeln abgegrenzte Aktiv- bzw. Passiv-Positionen erworben werden (sog. Asset Deal).
- Kaufpreis: Dies ist im Idealfall ein präziser Betrag. Sollte jedoch zum Zeitpunkt des Vertragsabschlusses noch keine eindeutige Preisfestlegung möglich sein, so kann auf Preisformeln zurückgegriffen werden, die den Preis zu einem späteren Zeitpunkt in Abhängigkeit von dann bekannten Entwicklungen bestimmen. Zur Vermeidung späterer Streitigkeiten sollte die Berechnung präzise und möglichst objektivierbar definiert werden.
- Vorgehen und Termine: Es sind die wesentlichen Durchführungsschritte und deren Terminierung festzulegen. Auch müssen die Verhaltensweisen bis zur Gültigkeit des Vertrages festgelegt werden (z. B. eine Non-compete Clause).
- Gewährleistungs- und Haftungszusagen (Representations and Warranties): Dieser mitunter vernachlässigte Vertragskomplex kann von ganz erheblicher Bedeutung sein, um erkannte Risiken und kritische Annahmen abzusichern. Die Überprüfung, ob solche Freistellungen zum Tragen kommen, ist wesentlicher Inhalt der Post-Acquisition Due Diligence.
- Zahlungsmodalitäten: Hier ist festzulegen, was der Verkäufer als Gegenleistung für seine Unternehmensanteile konkret erhält. Dies können Geld (Cash Offer), Wertpapiere (Share Offer), andere Assets oder eine Kombination der vorgenann-

ten Punkte sein. Auch sind Zahlungstermine, Einbehaltungsrechte, Treuhandregelungen (Escrow) etc. zu bestimmen.

- Schiedsgerichtsvereinbarungen: Da gewisse Konflikte bei größeren Transaktionen eher der Normalfall sind, sollten geeignete Problemlösungsprozeduren vereinbart werden. Eine bewährte Konstruktion sind Schiedsgerichtsvereinbarungen. Sie vermeiden das rigide Prozessrecht und ermöglichen in der Regel schnellere und kostengünstigere Problemlösungen.

Zweckmäßig für eine effiziente Verhandlungsführung ist es, sich vorab auf eine Liste wesentlicher Verhandlungsthemen und auf Meilensteine zu einigen. Hilfreich ist meist – jedoch keineswegs immer –, frühzeitig Positionspapiere zu wesentlichen Themen auszutauschen. Weiter sollten erzielte Einigungen zeitnah gemeinsam dokumentiert werden.

Im Vorfeld der Verhandlungen sollte eine **Verhandlungsstrategie** festgelegt werden. Dazu ist es erforderlich, die Interessenlage der relevanten Verhandlungspartner wirklich zu verstehen. Unverzichtbares Element einer Verhandlungsstrategie sollte auch die Definition von sog. Walk-away Conditions sein. Neben dem Maximalpreis können dies auch spezifische Bedingungen des Vertrages wie z. B. besondere Haftungsfreistellungen, die minimale Beteiligungshöhe, Mitspracherechte o. Ä. sein. Eine wichtige Hilfestellung bei der Festlegung von Walk-away Conditions sind die in Phase 1 definierten Ziele der Akquisition.

Mit der Unterzeichnung des Kaufvertrages (**Signing**) ist die Übernahme noch keineswegs abgeschlossen. Bis zum Übergangsstichtag (**Closing**) sind in der Regel noch vielfältige Voraussetzungen zu schaffen. Diese können z. B. in einer kartellrechtlichen Genehmigung oder in der Zustimmung der Eigentümer zum Verkauf bzw. Kauf liegen. Weiter müssen wesentliche Vertragsbeziehungen auf den neuen Eigentümer umgestellt werden u.v.m.

Die **kartellrechtliche Prüfung** ist ein wichtiges Element der meisten M&A-Transaktionen. Die bestehende Gesetzgebung in vielen Ländern untersagt Fusionen und Übernahmen, die eine marktbeherrschende Stellung auf- oder ausbauen und sich somit wettbewerbsbeschränkend bzw. wettbewerbsverzerrend auswirken. Nach der europäischen Fusionskontrollverordnung (FKVO) von 2004 ist eine entsprechende kartellrechtliche Prüfung vor Vollzug eines Zusammenschlusses vorgeschrieben, wenn ein weltweiter Gesamtumsatz von mehr als fünf Mrd. Euro und ein gemeinschaftsweiter Gesamtumsatz von jeweils mehr als 250 Mio. Euro erreicht werden. Werden diese Größenordnungen nicht erreicht, sind in den meisten Ländern nationale Prüfungen erforderlich. In Deutschland prüft das Kartellamt die Zulässigkeit von Unternehmenszusammenschlüssen auf der Grundlage des Gesetzes gegen Wettbewerbsbeschränkungen (GWB). Abhängig vom Ergebnis kann es erforderlich sein, Nachbesserung in der Gestaltung der Transaktion vorzunehmen (z. B. nicht-Übernahme kritischer Geschäfte) – mit entsprechenden Konsequenzen für die Attraktivität der Transaktion. Im Extremfall kann der gesamte Deal untersagt werden.

Die Ausführungen zu Verhandlung und Vertragsgestaltung sollten deutlich gemacht haben, welche Komplexität in einem Unternehmensübergang liegt. Entsprechend sollte besonders kritisch geprüft werden, welche Leistungen selbst erbracht werden können und wo externe Unterstützung erforderlich ist. Neben den im Eingangsabschnitt genannten Unterstützungsmöglichkeiten sollte in dieser Phase auch der Einsatz einer PR-Agentur geprüft werden. Deren Einsatz sollte keineswegs nur spektakulären Übernahmeschlachten à la Mannesmann/Vodafone vorbehalten sein. Vielmehr kann eine flankierende Öffentlichkeitsarbeit auch in ungleich einfacheren Fällen eine große Hilfe sein.

6.5.4 Due-Diligence-Prüfungen: Kernelemente einer Unternehmenstransaktion

Die sog. Due-Diligence-Prüfungen sind ein Kernelement eines jeden Unternehmenserwerbs. Im Rahmen des Akquisitionsprozesses treten sie an drei Stellen mit jeweils unterschiedlicher Zielsetzung auf:

- **Pre-Acquisition Due Diligence** schafft die Grundlage für die Bewertung des Unternehmens und die Bestimmung des Kaufpreises.
- **Post-Completion Due Diligence**, auch Purchase Audit genannt, ist zwischen der Vertragsunterzeichnung (Signing) und der Vertragserfüllung (Closing) positioniert. Der Purchase Audit untersucht, ob die durch den Kaufvertrag zugesicherten Bewertungs- und Bilanzierungsgrundsätze auch eingehalten wurden. Werden Abweichungen festgestellt, berechtigt dies zu Kaufpreisanpassungen.
- **Post-Acquisition Due Diligence** findet nach dem Closing statt und nutzt den dann uneingeschränkten Informationszugang, um die Vertragserfüllung umfassend zu prüfen. Wichtiges Einzelelement dieser oft vernachlässigten Prüfung ist die Analyse, ob auf Basis der Gewährleistungs- und Haftungszusagen Forderungen geltend gemacht werden können.

Die Due-Diligence-Prüfungen sollen eine möglichst vollständige Ermittlung der bewertungs- und transaktionsrelevanten Fakten ermöglichen. Entsprechend breit sollte die Prüfung angelegt sein. Beispiele für Due-Diligence-Analysen sind:

- **Legal Due Diligence**: Zur Prüfung der rechtlichen Bedingungen und Risiken gehören z. B. anhängige Rechtstreitigkeiten, urheberrechtliche, arbeitsrechtliche und kartellrechtliche Prüfung, Prüfung bestehender Miet- und Pachtverhältnisse, Beziehung zu Lieferanten und Abnehmern.
- **Tax Due Diligence**: Hierbei geht es um zwei voneinander völlig unabhängige Themen, erstens um den Schutz des Erwerbers vor steuerlich begründeten Risi-

ken aus der Vergangenheit und zweitens um die steuerlich optimale Gestaltung der Akquisition für Käufer und Verkäufer. Zu Letzterer gehören z. B. die steuerliche Nutzung von Verlustvorträgen, die steuerschonende Behandlung der Finanzierungskosten und ergebnisbelastende bzw. -verbessernde Fördermaßnahmen (z. B. Sonderabschreibungen bzw. Zulagen/Zuschüsse).

- **Financial Due Diligence**: Hierzu zählen Prüfung und Prognose von Cashflow, Liquidität, Finanzierungsstruktur, Möglichkeiten zum Cash Pooling u.v.m.
- **Market/Commercial Due Diligence**: Die gesamte strategische Geschäftssituation inklusive relevanter Markt-, Branchen- und Wettbewerbsentwicklungen sind hierunter zusammengefasst.
- **Human Resources Due Diligence**: Zu verstehen sind darunter die Analyse des Humankapitals des Unternehmens als Ganzes und bezogen auf das Schlüsselpersonal. Wegen deren Bedeutung für eine erfolgreiche Integration sollte auch eine Beurteilung der Unternehmenskultur hinsichtlich der sich hieraus ergebenden Erfolgs- und Konfliktpotentiale stattfinden.
- **Technical Due Diligence**: Hierzu gehört eine Beurteilung des Anlagevermögens, z. B. des technischen Zustands von Produktionsanlagen und Gebäuden. Daneben – sofern nicht bei der Commercial Due Diligence erfolgt – eine Beurteilung der Produkttechnik.
- **Environmental Due Diligence**: Wesentliche Themen sind hier bspw. Altlasten (wie Untergrundkontamination), Gebäudeschadstoffe (z. B. Asbest in der Bausubstanz), aber auch Hinweise auf zukünftige umweltrechtliche Beschränkungen, die die geplante Nutzung der Akquisition einschränken oder signifikant verteuern.
- **IT Due Diligence**: Mit Blick auf die hohen Anpassungskosten und die potentiellen Ablaufstörungen kommt der Beurteilung der IT-Qualität und Sicherheit des Unternehmens und Kompatibilität der IT-Lösungen des bestehenden und des erworbenen Unternehmens in vielen Fällen hohe Bedeutung zu.

Angesichts der Vielfalt der Themen ist für eine qualifizierte Due-Diligence-Prüfung eine sehr breite Know-how-Basis erforderlich. Entsprechend sind Due-Diligence-Teams mit 20 und mehr Mitarbeitern keine Seltenheit. Eine externe Unterstützung ist zumindest für Teilbereiche in der Regel unverzichtbar.

Neben der Breite der Themen stellen sich insbesondere im internationalen Kontext zusätzliche Herausforderungen. Diese reichen von unterschiedlichen Bewertungs- und Rechnungslegungsbestimmungen über ungeklärte Eigentumsverhältnisse bis hin zu nicht ausgewiesenen Verpflichtungen (z. B. Pensionszusagen). Solche Schwierigkeiten sind in besonderem Maße wahrscheinlich, wenn der Erwerb oder Teile des Erwerbs in Entwicklungs- oder Transformationsländern liegt.

6.5.5   Post-Merger Management als Schlüsselfaktor für wertsteigernde M&A

Ob eine Transaktion ein Erfolg wird oder nicht, wird ganz entscheidend davon beeinflusst, wie erfolgreich die anschließende Integration ist. Sie entscheidet, ob geplante Synergien erschlossen oder im Gegenteil ungeplante Belastungen, z. B. aus Reibungsverlusten oder Abgang von Schlüsselressourcen, zu ungewollter Wertvernichtung führen. Die Aussagen zur exakten quantitativen Bedeutung der Integrationsphase variieren zwar – nicht jedoch zur grundsätzlichen Bedeutung. Stellvertretend für viele Analysen geht z. B. die McKinsey Post-Merger Management Practice davon aus, dass nahezu drei Viertel der schlechten Deals auf unzureichende Integration zurückzuführen sind. Erfolgreiches Post-Merger Management ist eine komplexe und sehr transaktionsspezifische Aktivität.[24] Im Folgenden werden einige übergreifende Aspekte dargestellt.

Klares Integrationskonzept als Grundlage
Grundsätzlich kann ein übernommenes Unternehmen in zweierlei Weise integriert werden: Es kann – unter Verlust seiner rechtlichen Selbstständigkeit – in dem kaufenden Unternehmen (i.w.S.) aufgehen oder kann als rechtlich selbstständiges Tochterunternehmen weiter bestehen. Eine besondere Form bilden die Zusammenschlüsse von Unternehmen in Form einer Fusion (Merger). Dabei werden die Unternehmen zu einer rechtlichen und wirtschaftlichen Einheit zusammengeführt. Abhängig von Form und Ausmaß der Integration steigen die damit verbundenen Herausforderungen.

Es ist davon auszugehen, dass die Integration ein Schlüsselfaktor für Erfolg oder Misserfolg einer Übernahme ist. Entsprechend ist sie frühzeitig – möglichst deutlich vor Abschluss des Kaufvertrags – zu planen. Inhalte dieses Integrationskonzepts sollten sein:

- Festlegung des gewünschten Integrationsgrades, d. h., ob das erworbene Unternehmen autonom bleiben soll, ob es partiell integriert oder vollständig integriert werden soll;
- Festlegung von Zeitpunkt und Geschwindigkeit der Integration;
- Definition des Integrationsteams: Themen sind hier die Festlegung der Beteiligten, die Projektorganisation, die Entscheidung über externe Unterstützung etc.;
- Planung der konkreten Integrationsaktivitäten.

---

[24] Ausführlichere Darstellungen zur Gestaltung des Integrationsprozesses finden sich z. B. bei Wirtz, Mergers & Acquisitions Management, oder Müller-Stewens/Kunisch/Binder, Mergers & Acquisitions.

Ein rechtzeitig ausgearbeitetes und durchdachtes Integrationskonzept ist eine wichtige Voraussetzung für eine erfolgreiche Integration. Bei der eigentlichen Integration sollten mindestens drei Bereiche abgedeckt werden:

- **Strategische Integration**: Es ist die strategische Grundausrichtung der neuen Aktivität(en) herzustellen. Hierzu gehören die Konsolidierung der häufig voneinander abweichenden strategischen Ausrichtung der beiden Unternehmen sowie der Transfer von Ressourcen bzw. Kompetenzen. Eine nicht zu unterschätzende Gefahr ist, dass die strategische Integration zugunsten der Realisierung kurzfristiger Ergebnisverbesserungen vernachlässigt wird.
- **Strukturelle Integration**: Sie bezieht sich auf die Abstimmung der Aufbauorganisation und der Prozesse sowie auf deren Weiterentwicklung. Eine besondere Herausforderung ist meist die Harmonisierung der Informationssysteme. Dies gilt besonders, wenn ein weltweit agierendes Unternehmen integriert wird, da hier die Heterogenität der Systeme in der Regel besonders groß ist.
- **Personelle und kulturelle Integration**: Sie ist in der Regel der schwierigste Teilaspekt der Integration. Das Zusammenführen von Unternehmen bedeutet das Aufeinandertreffen mehr oder minder ausgeprägter Unternehmenskulturen. Diese können signifikante Unterschiede aufweisen – man denke etwa an den Erwerb eines innovativen Kleinunternehmens durch einen Großkonzern. Hinzu kommt vor allem in der Anfangsphase eine meist erhebliche Verunsicherung der Mitarbeiter. Diese und andere Faktoren begünstigen vielfältige kontraproduktive Effekte in der Zusammenarbeit und den Verlust von Schlüsselpersonal. Entsprechend sind möglichst frühzeitig Maßnahmen vorzusehen, um diese Integration zu fördern. Die Mittel hierzu reichen von intensiven Kommunikations- und Team-Building-Maßnahmen über die Gestaltung der Anreizsysteme, Personalentwicklungsmaßnahmen bis hin zu sog. Retentionsregelungen für Schlüsselpersonal.

Wesentliche Erfolgsfaktoren einer Integration
Der schwierigste Teil einer Integration ist nahezu immer das Zusammenführen der Mitarbeiter und das Schaffen einer gemeinsamen, neuen Performancekultur. Damit dieses gelingt, sollten insbesondere vier Erfolgsfaktoren beachtet werden:

1. Grundlage ist das **Verständnis der kulturellen Ausgangslage**. Um über kurzfristige Verbesserungen eine nachhaltige Veränderung zu erreichen, ist die frühzeitige Identifikation von kulturbedingten Risiken sowie der kulturellen Stärken und Schwächen unverzichtbar. Um dies zu unterstützen, gibt es eine Reihe von Instrumenten wie z. B. den McKinsey Organizational Health Index (OHI). Dieser operationalisiert aktuelles Verhalten und Kultur einer Organisation anhand von neun Dimensionen.

2. **Akzeptanz schaffen und Veränderung vorleben**. Die Richtung der Veränderung muss klar definiert sein. Diese Veränderung muss für die Mitarbeiter fassbar und akzeptiert sein. Hierzu sollten auf Basis der Kulturdiagnose (z. B. OHI) ein breit

angelegter Ansatz unter Berücksichtigung kultureller Hebel entwickelt werden. Wichtig ist, diese Maßnahmen gemeinsam mit den Mitarbeitern bzw. ausgewählten Führungskräften zu definieren. Eine besondere Bedeutung kommt hier dem (Top-)Management zu. Es muss die gewünschten Werte und Verhaltensweisen vorleben.

3. Eine **kritische Masse erreichen.** Wandel bedeutet, dass Mitarbeiter informiert, überzeugt, befähigt und schließlich bewegt werden müssen. Um diesen Prozess zu verselbstständigen, ist das Erreichen einer kritischen Masse erforderlich. Zwar wäre es wünschenswert, 100 % der betroffenen Mitarbeiter von Beginn an zu bewegen – jedoch ist dies nicht realistisch. Erfahrungswerte sagen, dass etwa 30 % der Mitarbeiter erforderlich sind, um einen selbsttragenden Transformationsprozess zu erhalten. Wird diese Schwelle nicht schnell erreicht, droht die Gefahr, dass unvermeidliche Widerstände und Rückschläge den Integrationsprozess zum Stocken bringen. Unterstützt werden kann das Erreichen durch frühe Integrationserfolge. Entsprechend sollte der Integrationsprozess so gestaltet werden, dass Maßnahmen zu Beginn liegen, die schnell und mit hoher Wahrscheinlichkeit Erfolge bringen.

4. Alles muss begleitet werden von intensiv(st)er **Kommunikation.** Sie muss sehr früh einsetzen. Um mit der unvermeidlichen Verunsicherung der Mitarbeiter umzugehen, sollten die Integrationsstrategie (Vision für das neue Unternehmen, personelle Führung der Integration etc.) und der Integrationsblueprint (Vorstellung der organisatorischen Veränderungen; Meilensteine etc.) so früh als möglich breit kommuniziert werden. Auch der weitere Integrationsprozess sollte permanent begleitet werden. Dabei sollte auch die persönliche Kommunikation eine breite Rolle spielen. Generell ist davon auszugehen, dass – insbesondere in der frühen Integrationsphase – nicht zu viel kommuniziert werden kann.

Insgesamt sollte klar geworden sein, dass gutes Post-Merger Management einen zentralen Faktor für den Erfolg von M&A-Transaktionen darstellt. Zwar sind technische Aspekte zweifellos sehr wichtig. Ob eine Transaktion „good or great" ist, entscheidet sich jedoch meist bei der Integration der beteiligten Menschen. Dies kann man gut am Fall Syngenta sehen. Syngenta, im Jahr 2000 durch Abspaltung und Fusion der Agrogeschäftseinheiten von Novartis und AstraZeneca entstanden, ist ein Beispiel, bei dem es gelungen ist, die besten Eigenschaften von zwei Unternehmen miteinander zu vereinigen. Die ursprünglichen Synergieziele konnten weit übertroffen werden. Nach 10 Jahren hat sich das Unternehmen als globaler Marktführer im Bereich Agrochemie und Saatgut etabliert. Grundlage waren eine klare Integrationsvision, eine korrespondierende Integrationsplanung und deren nachhaltige Umsetzung mit dem Menschen als Mittelpunkt. Der aus dem Griechischen und Lateinischen abgeleitete Name Syngenta – „Wir bringen Menschen zusammen" – unterstrich den hinter der Fusion liegenden Geist auf das Trefflichste.

6.5.6   Notwendigkeit eines systematischen Akquisitions-Controllings

Akquisitionsentscheidungen haben meist erhebliche Relevanz für das Gesamt-unternehmen. Gleichzeitig bauen sie auf (unsicheren) Einschätzungen zu zukünfti-gen Entwicklungen auf. Hinzu kommt, dass die Implementierung außerordentlich komplex und risikobehaftet ist. Dies macht breit angelegte Aktivitäten erforderlich, die über eine reine Kontrolle spürbar hinausgehen. Es ist ein systematisches Akqui-sitions-Controlling notwendig. Damit sollten folgende Ziele verfolgt werden:

- **Definition eines konsistenten Entscheidungsprozesses**: Vor der Betrachtung konkreter Akquisitionsvorhaben ist sicherzustellen, dass ein geeigneter Entschei-dungsprozess vorliegt. Hierzu sind Entscheidungskalküle zu definieren, die si-cherstellen, dass die betrachteten Vorhaben für das Gesamtunternehmen werter-höhend sind. Weiter sind Prozessabläufe, Beteiligte sowie Mindestanforderungen an Inhalte festzulegen.

- **„Qualitätssicherung" der konkreten Entscheidungsgrundlagen**: Eine Akqui-sitionsentscheidung baut auf Einschätzungen zur Geschäftsentwicklung, zu Sy-nergien u. a. Effekten auf. Die Einschätzenden sind dabei keineswegs immer frei von Eigeninteresse. Hinzu kommt eine Vielzahl potentieller Arbeitsfehler. Ent-sprechend ist sicherzustellen, dass die wesentlichen Entscheidungsparameter hin-reichend erhärtet sind. Vertiefende Analysen, Konsistenzprüfungen u. Ä. können dazu beitragen. Unterstützt wird die Qualität auch dadurch, dass von vornherein eine Ex-post-Überprüfung angekündigt wird. Ist den Handelnden bekannt, dass die zur Begründung der Akquisition getroffenen Einschätzungen überprüft wer-den, so kann dies durchaus positiv auf die Qualität der Einschätzungen wirken.

- **Frühzeitiges Erkennen von Fehlentwicklungen**: Die Komplexität vor allem der Unternehmensintegration macht Störungen sehr wahrscheinlich. Hinzu kommen veränderte Bedingungslagen. Solche Abweichungen sollten frühzeitig erkannt werden, um Zeit für effektive Korrekturmaßnahmen zu haben.

- **Externe Auskunftsfähigkeit**: Akquisitionen mit größerer Relevanz für die Ge-samtperformance eines Unternehmens werden von den externen Interessenträ-gern (z. B. Analysten, Aktionäre) in der Regel aufmerksam verfolgt und hinter-fragt. Ein Akquisitionscontrolling stellt hier sicher, dass eine Faktenbasis gege-ben ist, die die Auskunftsfähigkeit in professioneller Weise ermöglicht.

- **Lernen für zukünftige Investitionsentscheidungen**: Akquisitionen sind zwar in den meisten Unternehmen keine Einzelfälle, jedoch alles andere als Standard-prozesse. Entsprechend sollte jede Transaktion genutzt werden, um das M&A-Know-how des Unternehmens auszuweiten. Das Know-how kann z. B. in der zu-treffenden Einschätzung von Synergien oder von Integrationskosten liegen oder in der geeigneten Verhandlungsführung.

Das Akquisitions-Controlling gestaltet die Entscheidungsprozesse und -regeln, verfolgt die Durchführung der wesentlichen Implementierungsaktivitäten und die Erreichung der mit der Akquisition angestrebten strategischen und finanziellen Ziele. Hilfreiche Instrumente dazu sind die Werkzeuge der strategischen Analyse. Die Implementierung i. e. S. kann durch Planfortschrittskontrollen, Meilenstein-Trend-Analysen sowie die verschiedenen Formen der Ergebnisanalyse unterstützt werden. Daneben können Prozessanalysen eingesetzt werden, um das Lernen für zukünftige Entscheidungen zu unterstützen.

Betrachtet man die Kontrolle für eine konkrete Akquisition, so muss sie spätestens mit dem Abschluss des Kaufvertrages einsetzen. Dann sollten die wesentlichen Parameter definiert und dokumentiert werden. Bei komplexeren Akquisitionen hat es sich als zweckmäßig erwiesen, die Kontrollstelle bereits in gewissem Umfang bei der Erarbeitung des Business Cases einzubinden.[25]

Um wirksam zu sein, ist es weiter notwendig, dass sich auch das Topmanagement regelmäßig mit wesentlichen Erkenntnissen befasst. Ein Mittel, um dies zu unterstützen, ist z. B. die Integration in eine (Advanced) Balanced Scorecard. Ausführlicher zu diesem Instrument in Kapitel 7.4.

6.5.7 Erfolgsfaktoren von Akquisitionen: drei grundlegende Regeln beachten

Eine große Anzahl von Akquisitionen erfüllen nicht die mit ihnen verbundenen Erwartungen. Je nach verwendetem Erfolgsmaßstab, betrachteter Branche und betrachtetem Land liegt die Misserfolgsrate in einer Größenordnung zwischen 50 und 80 %.[26] Während die Situation bei den Eignern des Zielunternehmens – vor allem bei Cash Deals – noch erfreulich ist, sind viele Übernahmen wenig erfolgreich. Spektakuläre Misserfolge wie AOL/Time Warner, Worldcom/MCI, Daimler/ Chrysler oder BMW/Rover sind nur die Spitze eines Eisbergs. Abb. 6.71 zeigt als eine Art *list of shame* spektakuläre Misserfolge.

---

[25] Dies darf selbstverständlich nicht so weit gehen, dass die Entscheidungsunterlagen durch diese Stelle eigenverantwortlich erarbeitet werden. Das würde die Unabhängigkeit signifikant gefährden.

[26] Eine breite Übersicht zum Erfolg von Unternehmensakquisitionen gibt Mohr, Erfolg und Misserfolg von M&A-Transaktionen. Darin werden über 48 Untersuchungen zu fast 300 000 Akquisitionen ausgewertet.

Mit Akquisition ist teilweise eine gravierende Vernichtung von Unternehmenswert verbunden

Jahr	Käufer	Target	Write-Downs/Wertvernichtung in Mrd. US $
1998	WorldCom	MCI	94
1998	Daimler	Chrysler	36
1999	Exxon	Mobil	8
1999	SBC	Ameritech	68
2000	Vodafone	Mannesmann	299
2000	Pfizer	Warner-Lambert	78
2000	Glaxo	SmithKline	40
2000	Chase	J.P. Morgan	26
2001	AOL	Time Warner	148
2005	Sprint	Nextel	30
2005	eBay	Skype	1,4
2006	Lucent	Alcatel	>10
2007	Rio Tinto	Alcan	8,9
2008	Bank Of America	Countrywide	40
2011	Hewlett-Packard	Autonomy	8,8
2012	Glencore	Xstrata	8,5

Abb. 6.71 List of shame von fehlgeschlagenen M&A-Transaktionen

Angesichts der Komplexität von M&A-Transaktionen gibt es keine Patentrezepte. Allerdings gibt es drei grundlegende Regeln, die geeignet sind, die Erfolgschancen deutlich zu erhöhen:

Erfolgsfaktor 1: Das Wellenphänomen verstehen und nutzen!

Wie eingangs des Kapitels (Abschnitt 6.5.1) ausführlich erläutert, vollzieht sich M&A-Aktivität in Wellen, deren Intensität tendenziell zunimmt. Für die Erfolgswahrscheinlichkeit einer Transaktion ist das Timing innerhalb der Welle von großer Bedeutung, beeinflusst es doch erheblich das zu zahlende Premium. Analysen der letzten vier M&A-Wellen zeigen, dass das entrichteten Premium am Peak einer Welle im Vergleich zu den vorangehenden „kalten" Zyklusphasen um rund 20 % steigen. Der allein auf Hypothesen basierende Aufschlag für das antizipierte Wertschaffungs- bzw. Synergiepotential beläuft sich dann auf weit mehr als 50 % des aktuellen Marktwerts des Unternehmens.

Damit ist unmittelbar einsichtig, dass das Verständnis der Wellen von großer Bedeutung für die eigenen M&A-Entscheidungen ist. Idealtypisch sollte man sich antizyklisch verhalten, d. h. dass auf dem Höhepunkt einer Welle verkauft und auf dem absoluten Tiefpunkt gekauft werden sollte. Nun ist dieser Anspruch zunächst sehr theoretisch. Jedoch können aus der Anatomie der Wellen und gewissen Indikatoren durchaus grobe Einschätzungen abgeleitet werden:

- **Unterer Wendepunkt:** Am Ende einer Überhitzung kommt es in der Regel zu einer rezessiven Entwicklung mit erheblicher Wertvernichtung. Damit einhergehend kommt es zu Verschlankungen und Restrukturierungen. Sind hier Fortschritte erkennbar, beginnt sich ein gewisser Optimismus einzustellen. Zudem warten Cashflows aus den Verbesserungsmaßnahmen auf Anlage. In dieser Phase dürfte es noch eine größere Anzahl günstig bewerteter Unternehmen geben.
- **Aufschwung:** Breitet sich der Optimismus aus und kommen technologische oder geostrategische Veränderungen hinzu, ist dies ein klares Signal für den Aufschwung. Dieser wird deutlich verstärkt, wenn sich eine neue Wertsteigerungslogik etabliert. Da die Zukunftserwartungen der Unternehmen in der Regel deutlich unterschiedlich sind, werden dies auch die Preisspannen für M&A Transaktionen sein. Entsprechend bestehen in einer frühen Phase des Aufschwungs noch günstige Einstiegschancen.
- **Oberer Wendepunkt:** Beim oberen Wendepunkt zeigt die historische Erfahrung, dass hier in der Regel binnen sehr kurzer Zeit ein außerordentlich steiler Abstieg folgt. Da M&A-Transaktionen einen nennenswerten Zeitbedarf haben, ist seine frühzeitige Antizipation besonders kritisch. Zwar ist es naturgemäß nahezu unmöglich, diesen genau zu prognostizieren, jedoch gibt es eine Reihe von Indikatoren, die bei genügender Sensitivität als Frühindikatoren genutzt werden können:
  - Multiples lassen sich immer weniger durch reale Fakten erklären, sondern nur in Hoffnung auf weiter steigende Kurse.
  - Die Gewinnerwartungen der Unternehmen sind rückläufig.
  - Die Anzahl der öffentlichen Ankündigungen von Transaktionen, die kurzfristig verschoben oder zurückgezogen werden, steigt spürbar.
  - Die Refinanzierung von Deals wird teurer und schwieriger.
  - Der Verschuldungsgrad der Unternehmen nimmt deutlich zu. Es gibt Warnungen vor sinkender Kreditqualität durch die Rating-Agenturen.
  - Es wird immer mehr in Aktien bezahlt, d. h. die Marktteilnehmer sind der Meinung, dass diese überbewertet sind.

Das Verständnis des Wellenphänomens ist nicht nur für das optimale Timing wichtig, sondern auch für die bestmögliche Gestaltung des M&A-Gesamtkonzepts. Hier sollte unbedingt der ganze Zyklus antizipiert werden. Dies gilt in besonderem Maße für Finanzierungsentscheidungen. So kann die in einer Aufschwungphase mit ihrem meist niedrigen Zinsniveau aufgenommene Schuldenlast in einer späteren Abschwungphase mit ihren deutlich höheren Risikoprämien eine wesentlich höhere Ergebnisbelastung bedeuten. Auch können sich Goodwill-Positionen (als Folge der bei der Akquisition gezahlten Prämie auf die erworbenen Vermögenswerte) in einer

Abschwungphase mit ihrem deutlich schlechteren wirtschaftlichen Umfeld als nicht mehr werthaltig erweisen – mit der Konsequenz erheblicher, mitunter bestands-gefährdender Wertberichtigungen.

Erfolgsfaktor 2: Günstige Dealstrukturen anstreben!
Eine Reihe von Untersuchungen zeigt, dass die Erfolgswahrscheinlichkeit von Transaktionen deutlich in Abhängigkeit von der Ausprägung bestimmter Deal-Charakteristika variiert. Nun ist jeder Deal einzigartig. Jedoch kann man davon aus-gehen, dass bei bestimmten Konstellationen besondere Vorsicht geboten ist. Dies bedeutet nicht, dass von solchen Deals zwangsläufig Abstand zu nehmen ist. Viel-mehr kommt in solchen Situationen einem professionellen Transaktionsmanagement noch höhere Bedeutung zu. Gemäß der breiten Untersuchung von Mohr, in der 48 Studien zu beinahe 300 000 Akquisitionen ausgewertet wurden, sollten dabei vor allem folgende Deal-Charakteristika, mit denen empirisch ein spürbar erhöhtes Risi-ko für eine unbefriedigende Wertschaffung bzw. eine Wertvernichtung einhergeht, berücksichtigt werden:

Listing-Effekt: Ein ganz erheblicher Risikofaktor ist es, wenn das Target börsenno-tiert ist. Hier zeigen die Analysen eine klar schlechtere Performance im Vergleich zu privaten bzw. *„subsidiary"* Targets. So kann die Entscheidung gegen ein gelistetes Unternehmen, unabhängig von anderen Transaktions-, Markt-, oder Unternehmens-Charakteristika, die Wahrscheinlichkeit einer erfolgreichen Transaktion um bis zu 14 % erhöhen. Wesentliche Gründe hierfür bestehen tendenziell im Liquidity Dis-count (Kaufpreisabschlag aufgrund der Illiquidität des Marktes) bzw. dem Liquidity Service (Bereitstellung der durch das Target benötigten Finanzmittel), die einen vergleichsweise günstigeren Erwerb privater Zielunternehmen möglich machen.

Cross-Border-Deal: Betrachtet man die geographische Ausrichtung einer M&A-Transaktion, ist festzustellen, dass grenzüberschreitende im Vergleich zu inländi-schen Deals eine deutlich geringere Belohnung durch den Kapitalmarkt erfahren. So ist bei Cross-Border-Deals mit einer im Mittel um 6 % schlechteren Performance und einer rund 14 % geringeren Erfolgswahrscheinlichkeit zu rechnen als bei den inländischen Äquivalenten. Ein wichtiger Grund kann hier die deutlich erhöhte Komplexität bei der Integration ausgehend von kulturellen, rechtlichen, steuerlichen oder gar die Transaktion direkt betreffenden Risiken im Zielland sein, die z. B. das Erschließen von Synergien (zumindest) erschweren. Empirische Ergebnisse belegen, dass sich der Erfolg grenzüberschreitender Transaktionen durch eine zielgerichtete Berücksichtigung landesspezifischer Faktoren, wie der (Corporate-)Country-Governance-Struktur oder des Regulierungsgrads, im Rahmen der Targetselektion und Integrationsstrategie verbessern lässt.

Starke Wettbewerbssituation: Die Wettbewerbssituation kann den (Miss-)Erfolg einer M&A-Transaktion grundlegend beeinflussen.

So wird die intuitive Annahme, dass sich ein Bieterwettstreit zwischen mehreren Kaufinteressenten im Vorfeld einer Akquisition für den Erwerber deutlich wertvernichtend auswirkt, durch die empirischen Daten klar bestätigt. Die negative Wirkung des Deals auf den Unternehmenswert resultiert hierbei vornehmlich aus höheren Prämienzahlungen. Induziert durch die starke Wettbewerbssituation werden, verglichen mit Single-Bidder-Transaktionen, rund 8 % höhere Aufschläge entrichtet. (Entsprechend ist es auch nicht überraschend, dass der Kapitalmarkt die kaufende Partei mit zusätzlichen Wertverlusten von durchschnittlich 10 % abstraft.)

Neben der Überzahlung durch Bieterkontests kann auch die marktspezifische Wettbewerbssituation, unabhängig vom eingangs dargestellten Wellenphänomen, über den Erfolg eines Unternehmenserwerbs entscheiden. Bieterunternehmen, die einen Unternehmenserwerb in einem Markt hoher Wettbewerbsintensität, wie z. B. in den USA, Kanada oder Großbritannien, planen, müssen bereits vorab mit Performanceeinbußen von rund 3 % verglichen mit den Transaktionen in anderen Ländern rechnen.

Late Mover: Ebenfalls bestätigt wird, dass ein Erwerb spät in einer M&A-Welle (Late Mover) eine deutlich geringere Erfolgswahrscheinlichkeit aufweist als im Falle eines Early Movers – eine Erkenntnis, die angesichts der Überlegungen zum Zyklus nicht überrascht.

Während sich die Verteilung zwischen Transaktionserfolg und -misserfolg bei normaler Marktlage ungefähr die Waage hält, zeigt die Erfahrung, dass Transaktionen in Zeiten von Hochkonjunktur am M&A-Markt in nur ca. 40 % der Fälle zum Erfolg führen. Mit weiterem Fortschritt einer Mergerwelle bis hin zu ihrem Höhepunkt nimmt die Misserfolgswahrscheinlichkeit nochmals um mehr als 6 % zu. Mit Zunahme des Wettbewerbs steigt nicht nur die Bereitschaft, sondern auch die Notwendigkeit, höhere Preise für das gewünschte Zielunternehmen zu entrichten. Die vorangehende Beobachtung, dass die Prämienzahlungen in „heißen" Märkten wesentlich höher sind als in „kalten" Märkten, scheint vor diesem Hintergrund nicht überraschend.

Großes Käuferunternehmen: Die absolute Größe des Akquisiteurs stellt empirisch einen wichtigen Treiber für den Misserfolg von Transaktionen dar. Die Untersuchungen zeigen, dass große Unternehmen dazu tendieren, zu viel für ihre Targets zu bezahlen. Deutlich wird dieses Phänomen nicht erst in der Bewertung bzw. Abstrafung durch den Kapitalmarkt. Vielmehr zeigt bereits der Unterschied von rund 9 % zwischen den von kleinen und großen Käuferunternehmen gezahlten Prämien, dass die entrichteten Aufschläge auf irrationalen Annahmen bzgl. des realisierbaren Synergiepotentials fußen. Ein wichtiger Grund hierfür mag sein, dass nicht-finanzielle Gründe, wie Hybris, Selbstüberschätzung der eigenen Fähigkeiten, Empire Building oder Machtmotive, dort ungleich stärker zum Tragen kommen.

Weit entwickelte und gut funktionierende Corporate-Governance-Systeme, die Verankerung pekuniärer Vorteile für erfolgreiche Transaktionen im Vergütungssystem sowie eine kontinuierliche Professionalisierung des Akquisitionscontrollings (ausführlicher in Abschnitt 6.5.6) stellen die größten Hebel dar, um Großunternehmen Schutz vor derartigen wertvernichtenden Absichten zu bieten.

Auf Basis der angeführten vier Dimensionen lassen sich Deal-Charakteristika mit maximaler bzw. minimaler Erfolgswahrscheinlichkeit identifizieren (Abbildung 6.72). Trotz gewisser statistischer Unschärfen kann man davon ausgehen, dass die günstigste Konstellation eine mehr als doppelt so hohe Erfolgswahrscheinlichkeit aufweist als die ungünstigste. Nun sind Deal-Charakteristika in der Realität nicht beliebig gestaltbar. Allerdings sollten die signifikanten Unterschiede bei der Erfolgswahrscheinlichkeit zur Vorsicht mahnen und – wo möglich – zum Vorsehen kompensierender Maßnahmen Anlass geben.

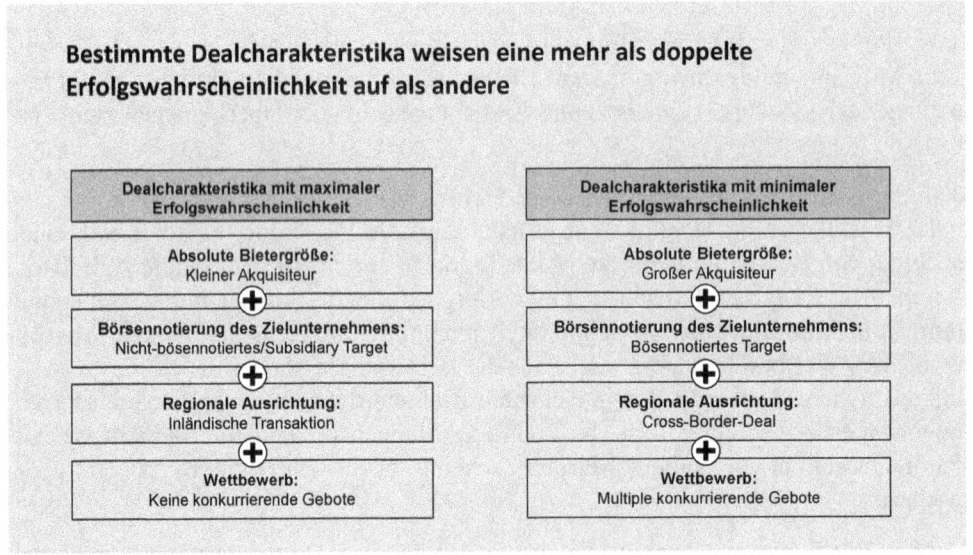

Abb. 6.72 Deal-Charakteristika mit maximaler/minimaler Erfolgswahrscheinlichkeit

Erfolgsfaktor 3: Professionelles Management der Transaktion
Sind die Erfolgsfaktoren 1 und 2 erfüllt, d. h. ist das Timing richtig und die Dealstruktur erfolgversprechend, dann gilt es, die Transaktion professionell durchzuführen. Grundsätzlich ist hierbei eine Vielzahl von Dingen zu beachten. Es lassen sich jedoch vier Problemfelder identifizieren, deren Beherrschung als Erfolgsfaktor gelten kann:

1. Unzutreffende Bewertung: Der Geschäftsplan vieler Akquisitionen ist tendenziell zu optimistisch. Nicht selten werden Synergien deutlich überschätzt, während der Integrationsaufwand erheblich unterschätzt wird. Entsprechend ist es wichtig, zentrale Annahmen des Kalküls zu identifizieren und kritisch zu hinterfragen.

Eine derartige Fehleinschätzung in Bezug auf das Synergiepotential aus ihrem „Merger of Equals" in 2005 holte nachträglich auch die beiden US-amerikanischen Mobilfunkbetreiber Nextel und Sprint ein. Die prognostizierten Synergieeffekte in Höhe von 12 Mrd. USD haben sich nie materialisiert, was eine massive Kapitalvernichtung für die Shareholder des Gemeinschaftsunternehmens bedeutete.

2. Keine konsequente Verhandlungsstrategie: Ein häufiges Problem ist, dass es keine zwingenden Walk-Away Conditions gibt. Die menschliche Neigung, den Deal zu finalisieren (Deal Fever), führt häufig zu unüberlegten Last-minute-Zugeständnissen beim Preis oder bei wesentlichen Vertragsbedingungen, die die Wirtschaftlichkeit des Vorhabens später massiv beeinträchtigen. Entsprechend ist vor der Verhandlung der Entwicklung einer Verhandlungsstrategie genügend Aufmerksamkeit zu schenken und diese auch während der Verhandlungen konsequent zu verfolgen. Das muss zudem den Mut beinhalten, ggf. von einer Transaktion Abstand zu nehmen.

Sobald Transaktionsverhandlungen eine Eigendynamik entwickeln und dadurch mehr Raum für das Wunschdenken oder möglicherweise auch die Irrationalität der beteiligten Parteien schaffen, verschwindet häufig das Bewusstsein für negative Aspekte sowie die Erinnerung an eine vorab definierte Strategie. Diese Erfahrung mussten z. B. Hewlett-Packard Co. und Rio Tinto machen, deren Euphorie in der Verhandlungsphase sich nur wenige Jahre später in enorme Wertberichtigungen ihrer Einkäufe Autonomy Corp. und Alcan Inc. verwandelte.

3. Unzureichende Due Diligence: Due-Diligence-Prüfungen sind sehr komplex und umfangreich. Es besteht die Gefahr, an der Ressourcenausstattung und bei der Hinzuziehung externer Know-how-Träger zu sparen. Besonders anfällig sind hier die Zeiträume nach dem Signing, d. h. die Post-Completion Due Diligence und insbesondere die Post-Acquisition Due Diligence.

Für Beispiele einer unzureichenden Due Diligence muss man gar nicht außerhalb der deutschen Landesgrenzen suchen. Einen markanten Fall stellt die Akquisition von Rolls Royce Motor Cars Ltd. durch die Volkswagen AG dar, bei der die unzureichende Prüfung der Vertragsinhalte dazu führte, dass Volkswagen zwar die Produktionsstätten, das Automobildesign und das Anlagevermögen, nicht aber die Marke „Rolls Royce" selbst erwarb. Ähnlich verhielt es sich vermutlich bei der Übernahme der Hypo- durch die Vereinsbank, bei der die Due Diligence Immobilienaltlasten in Höhe von 3,5 Mrd. DM nicht offenbaren konnte.

Um der Gefahr einer unzureichenden Due Diligence zu begegnen, sollten diese Prüfungen prozessübergreifend geplant und ressourcenseitig entsprechend ausgestattet werden.

4. Unzureichende Integration: Die Erreichung der gesetzten Ziele setzt die strategische, strukturelle und personelle Integration voraus. Dies ist aufgrund kultureller Unterschiede sowie verschiedenartiger Strukturen und Prozesse meist schwierig. Nicht realisierte Synergien oder Verluste von Schlüsselpersonal sind häufig die Folge. Entsprechend sollte der Integration auch seitens des Topmanagements hohe Aufmerksamkeit geschenkt werden. Weiter sollte das Integrationskonzept frühzeitig und umfassend geplant und mit entsprechenden Ressourcen ausgestattet werden.

Die Empirie zeigt, dass eine missglückte Integration oft die Ursache für das Scheitern ursprünglich verheißungsvoller Unternehmenszusammenschlüsse darstellt. Prominente und verlustträchtige Beispiele lassen sich schnell ausmachen. Wurde die sogenannte „Hochzeit im Himmel" zwischen Daimler Benz und Chrysler anfänglich noch als eine optimale Verbindung zweier Automobilhersteller mit gewaltigem Synergiepotential gewürdigt, entwickelte sich der Zusammenschluss nachträglich zu einem öffentlichen Trauerspiel. Die fehlende Berücksichtigung massiver kultureller Unterschiede im Post-Merger-Integrationsprozess verwandelte jegliche Erwartung an finanzielle oder strukturelle Nutzen durch die transatlantische Transaktion in eine der größten Wertvernichtungen der letzten Jahrzehnte.

Ein anderes, aber nicht weniger ausgeprägtes Beispiel mangelnder Planung und Vorbereitung der Integrationsphase nach einem Merger repräsentiert die Akquisition der Investmentbank Merill Lynch durch die Bank of America im Jahr 2009. Unzulänglichkeiten und Defizite bei der internen Kommunikation rund um die Struktur nach der Konsolidierung der beiden Investmentbanken führten zu einer rasanten Abwanderung bedeutender Broker und dadurch zur weitgehenden, wenn nicht sogar vollständigen, Aufhebung jeglicher Synergieeffekte.

M&A-Transaktionen sind in hohem Maße risikobehaftet. Mit den genannten Maßnahmen lässt sich dieses Risiko natürlich nicht völlig eliminieren. Allerdings kann die Erfolgswahrscheinlich deutlich gesteigert werden, wenn die genannten drei Regeln angemessen berücksichtigt werden (Abb. 6.73). Ein Erfolgsfaktor eigener Art sollte dabei stets hinzukommen: Das permanente Bewusstsein für das hohe Risiko und der entsprechende Respekt bei Planung und Durchführung von M&A-Maßnahmen.

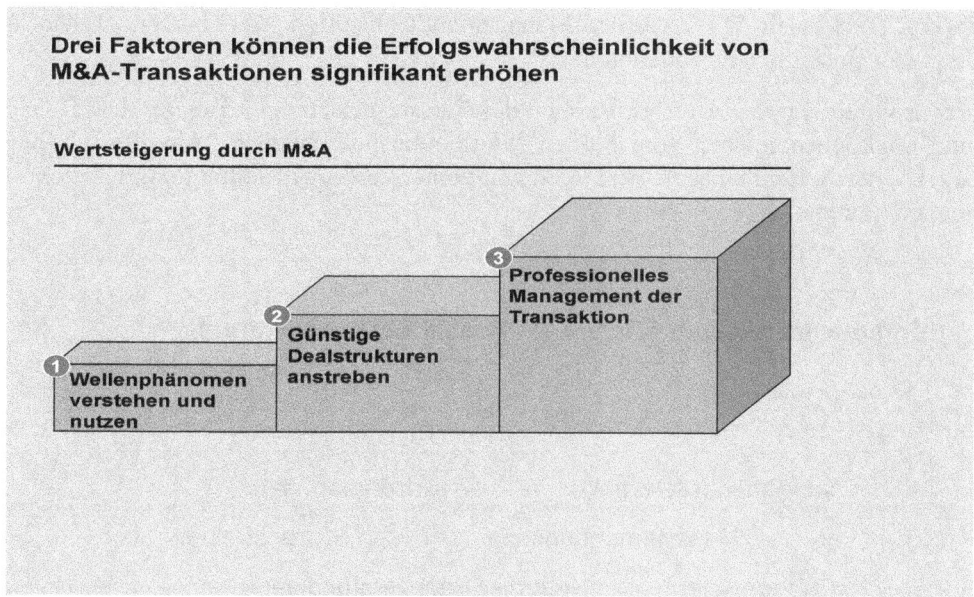

Abb. 6.73 Erfolgsfaktoren für Akquisitionen im Überblick

6.6 Einsatz eines Unternehmensberaters richtig gemacht

Eine häufig diskutierte Frage im Unternehmensalltag, insbesondere im Zusammenhang mit der Erarbeitung von Maßnahmenprogrammen, ist der Einsatz externer Unternehmensberater. Nahezu jedes Unternehmen greift in der einen oder anderen Form auf externe Beratungsleistungen zurück. Die Ergebnisse dieses Einsatzes sind allerdings sehr heterogen: Sowohl Erfolgsmeldungen als auch völlig unbefriedigende Ergebnisse werden häufig berichtet. Wie sollte das Thema Unternehmensberater-Einsatz nun gehandhabt werden?

6.6.1 Breites Angebot und Einsatzspektrum

Das Angebot an Beratungsleistungen ist riesig. Alleine in Europa stehen den Unternehmen über 300 000 Unternehmensberater zur Verfügung, die sie in Strategiethemen, Organisation, Geschäftsprozessen oder Personalthemen beraten wollen. Das Spektrum reicht von einer umfassenden General-Management-Beratung bis hin zur Unterstützung in eng fokussierten Einzelthemen, wie etwa der unternehmensspezifischen Anpassung eines IT-Tools. Beratungsleistungen werden durch Großunternehmen, wie etwa den weltweit agierenden Branchenführern McKinsey & Company und Boston Consulting Group, vielen meist fokussierten mittleren Unternehmen

(wie z. B. Horvath AG, TARGUS Management Consulting, h&z) bis hin zu Spezialisten für Einzelthemen angeboten.

Ebenso breit wie das Angebot ist auch das Einsatzspektrum der Berater. Die Rollen
und Funktionen reichen vom bloßen Informationslieferanten bis hin zum Change
Agent oder Krisenmanager. Abb. 6.74 zeigt eine Zusammenstellung möglicher Rollen und Funktionen.

Unternehmensberater haben ein breites Einsatzspektrum

Informationslieferant   Krisenmanager

Managementfunktion   Prozesstreiber

Change Agent   Neutraler Sachverständiger

Stabsfunktion   Schlichtungsfunktion

Katalysator   Managementcoach

Konfirmationsfunktion   Moderationsfunktion

Externer Problemlöser   Entwicklungsfunktion

Realisator   „Sündenbock"

...

Abb. 6.74 Rollen und Funktionen von Unternehmensberatern

6.6.2   Externe Beratung als Make-or-buy-Entscheidung

Im Unternehmensalltag ist das Meinungsbild zu Unternehmensberatern oft polari-
siert. Entschiedene Gegner treffen oft auf enthusiastische Befürworter. In der Regel
wird beides der Situation nicht gerecht. Letztlich ist es eine Make-or-buy-
Entscheidung, bei der die Kosten und Nutzen der verschiedenen Alternativen abzuwägen sind. Diese Entscheidung wird sehr stark von der Themenstellung abhängig
sein.

Bedingungen bzw. Zielsetzungen, bei denen der Einsatz eines Unternehmensberaters
oft zweckmäßig ist, sind folgende:

- **Erweiterung der eigenen Expertise**: Berater verfügen in der Regel über breitere Kenntnis verschiedener Branchen und konnten Methoden meist bereits bei anderen Klienten anwenden. Durch diese breitere Wissensbasis können sie Best Practices aus anderen Branchen, seien es Prozesse oder Benchmarks, einbringen. Sie helfen damit, Betriebsblindheit zu überwinden, und unterstützen die Identifizierung neuer innovativer Lösungen. Methodenerfahrung aufseiten des Beraters erlaubt es außerdem, auf ressourcenintensive Trial-and-Error-Lernprozesse im eigenen Unternehmen zu verzichten.
- **Politische Funktion**: Berater stehen naturgemäß außerhalb des Unternehmens. Dies ermöglicht es ihnen, die Rolle des neutralen Dritten einzunehmen. Damit können sie „verfahrene" Einigungsprozesse moderieren und auch als Katalysator agieren. Sie sind in der Regel frei von Machtkalkülen innerhalb des Unternehmens. Dies ist z. B. wichtig bei Projekten, die potentiell die Machverhältnisse innerhalb der Organisation deutlich ändern können. Nicht zu unterschätzen ist die Rolle als Sündenbock. Sie ermöglicht es, bei bestimmten Entscheidungen die Auswirkungen auf das Beziehungsgeflecht innerhalb des Unternehmens zu begrenzen.
- **Kapazitätsengpässe**: Der Beratereinsatz ermöglicht es, Themen anzugehen bzw. zu beschleunigen, bei der zwar das Know-how im Unternehmen vorhanden ist, die Know-how-Träger jedoch durch andere Themen bereits ausgelastet sind. Durch Beratereinsatz kann in diesen Fällen ein Nutzenfaktor eigener Art erschlossen werden, indem Verbesserungsmaßnahmen früher wirksam werden und damit frühere und insgesamt höhere Einsparungen erreicht werden können.

Damit gibt es eine Reihe von Situationen, in denen ein Beratereinsatz durchaus sinnvoll sein kann. Auf der anderer Seite gibt es auch Bedingungen bzw. Zielsetzungen, die eine interne Lösung nahe legen:

- Interne Lösungen sind bei Themenstellungen angezeigt, bei denen in **erheblichem Maße firmenspezifische Kenntnisse und/oder interne Netzwerke erforderlich** sind. Dies gilt in besonderem Maße dann, wenn die voraussichtliche Projektlaufzeit kurz ist. Verfügt der Berater nicht über ausgeprägte Vorkenntnisse und entsprechende Netzwerke (z. B. aus Vorprojekten), so wird sich die entsprechende Kenntnis nur zu unangemessen hohen Kosten einstellen – und der beabsichtigte Projekterfolg oft gar nicht.
- Eine interne Lösung ist oft sinnvoll, wenn die **Erschließung und Erhaltung von Wissen für die Organisation im Vordergrund** stehen. Zwar werden (gute) Berater auch nach Ende des Projekts zur Verfügung stehen, allerdings kann dies naturgemäß nur in begrenztem Maße möglich sein. Hilfreich zur Erhaltung von Wissen kann allerdings auch ein gemeinsames Projekt sein, bei dem der Berater evtl. fehlende Know-how-Elemente beiträgt. Allerdings sollte im Interesse der Tiefe des Lernens der wesentliche Teil der Arbeit intern erledigt und verantwortet werden.

- Eine interne Lösung ist auch angeraten, wenn im Unternehmen eine **ausgeprägt negative Einstellung gegenüber Beratern** besteht. Unabhängig davon, ob begründet oder unbegründet, kann dies die Projektarbeit und die Implementierung in erheblichem Maße erschweren oder gar unmöglich machen. Eine negative Einstellung ist, neben der generellen Imagekomponente, häufig auf schlechte Erfahrungen mit Beratern zurückzuführen. Sehr oft sind diese auf eine unzureichende Beraterselektion zurückzuführen. Wie sie vermieden werden kann, wird im Zusammenhang mit den Erfolgsfaktoren eines Beratereinsatzes dargestellt.

Die oft diskutierte Wahrung der Vertraulichkeit ist ein ambivalentes Kriterium. Intuitiv wird man die Vertraulichkeit besser gewahrt fühlen, wenn die Informationen innerhalb des Unternehmens verbleiben. In der Praxis ist dies jedoch keineswegs so eindeutig. Für professionell arbeitende Beratungsfirmen ist die Wahrung der Vertraulichkeit im ureigensten Interesse. Entstehen Zweifel, so gefährdet dies in massiver Weise Anschlussgeschäfte mit demselben Klienten und/oder Geschäfte mit anderen Unternehmen. Nahezu alle großen Beratungsfirmen bedienen seit vielen Jahren gleichzeitig konkurrierende Unternehmen. Dies wäre kaum möglich, wenn dort Zweifel an der Professionalität gegeben wären. Umgekehrt gibt es durchaus Fälle, in denen sensible Themenstellungen an externe Beratungsunternehmen gegeben werden, gerade um die Vertraulichkeit zu sichern.

Ein weiterer ambivalenter Faktor sind die Kosten. Zwar fordern gute Berater hohe Tagessätze. Die Weisheit, wonach *guter Rat teuer ist*, findet seine volle Bestätigung. Allerdings sind durch die Tagessätze alle Kosten abgedeckt. Auch entfallen die Kosten mit Beendigung des Projekts in der Regel vollständig. Wird dagegen interne Kapazität aufgebaut, entsteht dadurch ein dauerhafter Fixkostenblock. Generell sollte die Kostenthematik ohnehin nicht isoliert, sondern gleichzeitig mit dem geschaffenen Nutzen betrachtet werden. Kann etwa ein Projekt deutlich besser oder deutlich früher abgeschlossen werden und treten damit Nutzenwirkungen höher oder früher ein, so ist dies mit in das Kalkül einzubeziehen.

Abb. 6.75 fasst die genannten Gründe für und gegen den Einsatz von Unternehmensberatern zusammen. Die Aussagen decken sich mit aktuellen empirischen Untersuchungen.

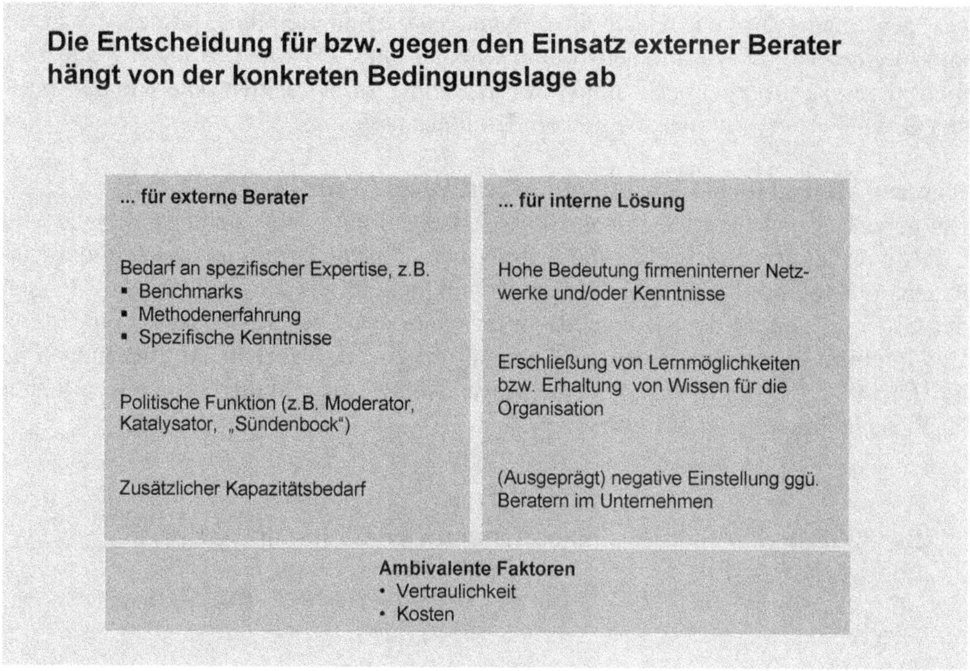

Die Entscheidung für bzw. gegen den Einsatz externer Berater hängt von der konkreten Bedingungslage ab

... für externe Berater	... für interne Lösung
Bedarf an spezifischer Expertise, z.B. • Benchmarks • Methodenerfahrung • Spezifische Kenntnisse	Hohe Bedeutung firmeninterner Netz-werke und/oder Kenntnisse
Politische Funktion (z.B. Moderator, Katalysator, „Sündenbock")	Erschließung von Lernmöglichkeiten bzw. Erhaltung von Wissen für die Organisation
Zusätzlicher Kapazitätsbedarf	(Ausgeprägt) negative Einstellung ggü. Beratern im Unternehmen

Ambivalente Faktoren
• Vertraulichkeit
• Kosten

Abb. 6.75 Hauptgründe für und gegen den Einsatz externer Unternehmensberater

6.6.3   Inhouse Consulting als Alternative bzw. Ergänzung

Eine gute Möglichkeit, die Vorteile der externen Unternehmensberatung mit den Vorteilen interner Lösungen zu verbinden, sind interne Unternehmensberatungen – neudeutsch: Inhouse Consulting. Sie werden in steigendem Maße vor allem von größeren Unternehmen genutzt. „Die größten Konkurrenten sind immer die Kunden", kommentiert Roland Berger, eine führende Persönlichkeit der deutschen Beraterszene, diese Entwicklung.

Was die Größe angeht, reichen Inhouse Consultants von einigen wenigen Mitarbeitern bis hin zu Stärken von weit über 100 Mitarbeitern. Sie sind meist als eigene Dienststelle oder als rechtlich selbstständige Einheit organisiert. Die organisatorische Zuordnung ist in der überwiegenden Zahl der Fälle bei der Unternehmenszentrale. Die Ansiedlung bei einer Teilfunktion ist die Ausnahme.

Eine wichtige Funktion interner Unternehmensberater ist die Personalentwicklung. Auch können sie in besonderem Maße zum Wissensaustausch im Unternehmen beitragen. Da sie ihre Beratungsleistungen in der Regel ausschließlich oder überwiegend für das eigene Unternehmen erbringen, haben sie gewisse Nachteile hinsichtlich der branchen- bzw. industrieübergreifenden Expertise.

Die genannten Vor- und Nachteile zeigen, dass beide Beratungsformen – externe und interne – in Teilen durchaus komplementär sind. Dies legt es nahe, beide Formen in gewissen Feldern als sinnvolle Ergänzung zu betrachten. Die Kunden müssen also keineswegs immer die größten Konkurrenten sein.

Siemens Management Consulting: „Great People and Great Projects"
Ein gutes Beispiel für erfolgreiches Inhouse Consulting ist die Siemens Management Consulting – kurz: SMC. Gegründet 1996, hat sich SMC zur Nummer 1 in der Managementberatung des Siemens-Konzerns entwickelt. Organisatorisch ist SMC seit der Gründung direkt dem Vorstandsvorsitzenden des Siemens-Konzerns unterstellt. Das Leitbild der SMC enthält zwei übergeordnete Ziele: Höchste Anforderungen an die Qualität der Projekte sowie die Entwicklung und Qualifizierung exzellenter Nachwuchsführungskräfte (Abb. 6.76).

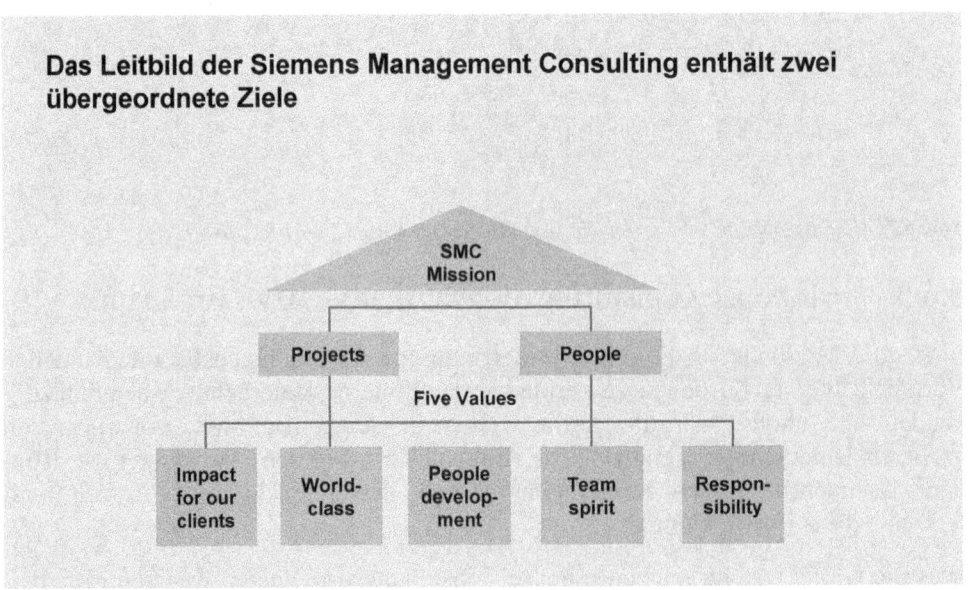

Abb. 6.76 Leitbild der Siemens Management Consulting

SMC ist mit ca. 200 Mitarbeitern in drei Büros – München, New York und Peking – weltweit tätig. Ungefähr die Hälfte der Consultants kommt direkt von (führenden) Universitäten, die andere Hälfte hat bereits Berufserfahrung gesammelt, entweder bei einer hervorragenden externen Beratung oder in der Industrie. Die Mitarbeiter bleiben im Durchschnitt fünf Jahre bei der SMC und wechseln dann in der Regel in Führungsaufgaben im Konzern.

Die **interne Struktur** der SMC unterscheidet drei Ebenen: Vice Presidents sind für die operative und strategische Steuerung der SMC verantwortlich. Außerdem sind sie die Ansprechpartner für das Topmanagement der beauftragenden Einheiten. Project Manager steuern die Projekte vor Ort. Sie führen und betreuen die dritte Ebene – die Consultants.

Die Themen werden in der Regel durch Projektteams, bestehend aus drei bis fünf Consultants, bearbeitet. „Nobody is perfect, but a team can be!", ist das Motto. Die Teams werden von Projekt zu Projekt neu besetzt. Es gibt keine feste Zuordnung zu den Vice Presidents. Auch gibt es auf der Ebene der Project Manager und Consultants keine feste Zuordnung zu Geschäftseinheiten. Damit soll bei den Mitarbeitern der Wissensaufbau über Siemens in der Breite sichergestellt werden.

Das **Beratungsportfolio** reicht von Strategiethemen und Wachstumsinitiativen bis hin zu Restrukturierung und M&A-Unterstützung. Im Vordergrund steht die Lösung drängender Management-Fragen wie z. B.: Wie sieht für das XY-Geschäft die Eintrittstrategie in Südostasien aus? Die Empfehlungen bleiben dabei nicht auf der Ebene von Hochglanzfolien stehen, sondern sind meist sehr konkret. Im Falle der Eintrittsstrategie bedeutet das u. a., dass nicht nur generelle Marktanalysen stattfanden, sondern auch ein Reverse Engineering von Wettbewerberprodukten und eine detaillierte Absatz- und Kundenanalyse. Die Empfehlung für den Auftraggeber war entsprechend handlungsorientiert. Sie umfasste auch das Lasten- und Pflichtenheft für das Produkt sowie die Gestaltung der Markteinführungskampagne.

Stolz ist man auch, wenn z. B. durch innovative Beschäftigungsmodelle die Kostenposition bestimmter Fertigungen entscheidend verbessert werden kann und so verloren geglaubte Arbeitsplätze in Deutschland erhalten werden können.

Die Ergebnisse können sich sehen lassen: Die halbjährliche Kundenzufriedenheitsabfrage durch eine neutrale Stelle bescheinigt SMC regelmäßig leicht höhere Zufriedenheitswerte als dem Durchschnitt der besten externen Beratungshäuser.

Fragt man nach dem **Nutzen der SMC für den Siemens-Konzern**, so ist neben der Wirkung aus den Empfehlungen der Beratungsprojekte vor allem die Personalentwicklung i.w.S. wichtig. Durch attraktive Karrierepfade von der Beratung in die operativen Managementfunktionen des Konzerns können Talente angezogen werden, die sich sonst für Angebote außerhalb von Siemens entschieden hätten. Die Personalentwicklung wird auch dadurch gefördert, dass fähige Mitarbeiter aus den operativen Siemens-Einheiten durch Einsatz bei SMC weiterentwickelt werden. Ein dritter Nutzenfaktor ist ganz profaner Art: Die Tagessätze der SMC sind niedriger als die vergleichbarer externer Berater. Damit können durch SMC Kosten gesenkt werden, unmittelbar durch den Einsatz der SMC oder mittelbar, indem Druck auf die Preise externer Anbieter ausgeübt wird.

Gewisse Einschränkungen sieht SMC bei der Breite ihrer Know-how-Basis. Diese ist aufgrund der Beschränkung auf den Siemens-Konzern schmäler ausgebildet als bei großen externen Beratern. Kompensiert wird dies durch einen unvoreingenommenen Umgang mit externen Unternehmensberatern. Bei bestimmten Themen teilt man sich Projekte oder bearbeitet Projekte gemeinsam. Dies erhöht nicht nur die unmittelbare Qualität der Projektergebnisse, sondern vermeidet auch „Betriebsblindheit" i.S. einer zu engen Fokussierung auf Siemens.

Fragt man nach der **zukünftigen Entwicklung** der SMC, so lässt sich diese folgendermaßen grob skizzieren: Die SMC wird weiterhin den Konzern mit ihrer Doppelmission unterstützen. Insbesondere die Konzerninitiativen sollen zukünftig mit noch mehr Nachdruck gefördert werden. Das heißt, mithilfe einer konzertierten Aktion sollen beherzte Richtungsimpulse in die strategischen Entwicklungsfelder gegeben werden. Die SMC wird dabei noch immer in einem Servicemodell arbeiten, aber einen höheren Anteil ihres Portfolios in den strategischen Entwicklungsfeldern haben. Doch auch wenn sich manches ändern wird, eines wird – so der Leiter der SMC – weiterhin gelten: „Great people and great projects".

6.6.4   Erfolgsfaktoren für den Beratereinsatz

Hat man sich aufgrund der Kosten-Nutzen-Betrachtung für ein „Buy" entschieden, d. h. ein Beratungsunternehmen zu beauftragen, sollten einige Regeln beachtet werden, um das Projekt erfolgreich zu gestalten. Diese Regeln gelten in besonderem Maße für externe Beratungsunternehmen, haben aber auch für Inhouse Consultants weitgehend Gültigkeit:

1. Sorgfältige Auswahl des Beraters: Die Vielzahl der Firmen, die Beratungsleistungen anbieten, und das gleichzeitige Fehlen verpflichtender Qualitätsstandards bringt es mit sich, dass die Qualität stark variiert. Entsprechend sorgfältig sollte der Berater ausgewählt werden. Wesentliche Aspekte der Beraterauswahl sind folgende:

- **Know-how der Beratungsfirma**: Ausgangspunkt ist die grundsätzliche Eignung des beratenden Unternehmens: Welche Expertise hat es generell und insbesondere in Bezug auf die Fragestellung? Welche vergleichbaren Projekte hat es bereits durchgeführt? Gibt es dazu Referenzen? Gibt das Unternehmen die Gewähr für eine professionelle Durchführung?
- **Kompetenz der operativ durchführenden Berater**: Die Beratungsleistung wird letztlich von den Menschen vor Ort erbracht. Die Einschätzung des Teams ist damit ein Schlüsselfaktor für den Beratungserfolg. Von wenigen Ausnahmen abgesehen sollte neben der analytischen oder methodischen Kompetenz auch die potentielle Akzeptanz bei den Mitarbeitern des beratenen Unternehmens und die Fähigkeit, implementierungsfähige Empfehlungen zu entwickeln, betrachtet werden. Untersuchungen zur Effektivität von Beratungsleistungen zeigen es immer wieder: Ein ganz wesentlicher Grund für Misserfolge liegt weniger in der analytischen oder diagnostischen Arbeit des Beraters, sondern vielmehr in der Fähigkeit, die Implementierung der Empfehlungen zu unterstützen. Dies gilt in besonderem Maße, wenn das Beratungsunternehmen in hohem Maße Mitarbeiter mit

wenig Berufserfahrung einsetzt. Wegen der hohen Bedeutung der operativ durchführenden Berater sollte das Team – zumindest aber der Projektleiter – vor einer
Beauftragung persönlich bekannt sein.

- **Stimmigkeit des Konzepts und des geplanten Vorgehens**: Eine gute Beratungsfirma wird bereits im Vorfeld hinreichend konkrete Vorstellungen zu Konzept und Vorgehensweise präsentieren. Hier ist zu prüfen, ob das vorgeschlagene
Vorgehen wirklich das Problem löst oder ob der Berater letztlich nur das vor-
schlägt, was er zufällig im Angebot hat. Ein wichtiger Teilaspekt ist dabei auch
die Gestaltung der Klienten-Berater-Zusammenarbeit. Das beauftragende Unternehmen sollte hierzu bereits im Vorfeld Vorstellungen entwickeln und diese hinsichtlich der Zweckmäßigkeit und Realisierbarkeit mit den Vorschlägen der Berater abgleichen.

- **„Emotionaler Fit"**: Weiter sollte ein eher „weicher" Punkt geprüft werden: Es
muss die Chemie (i.w.S.) zwischen Berater und beratenen Unternehmen hinreichend stimmen. Hierzu gehört auch ein gewisses Grundvertrauen. Ist dieser emotionale Fit nicht gegeben, ist die Wahrscheinlichkeit hoch, dass auch bei großer ana-
lytischer Kompetenz und Leistung kein befriedigendes Ergebnis erzielt wird.

Um Klarheit über die genannten Punkte zu gewinnen, sollte man sich Zeit nehmen.
Dies gilt in besonderem Maße dann, wenn das Thema neu ist und im Unternehmen
keine breite Erfahrung mit Beratungsfirmen vorliegt. Die Prüfung kann bei größeren
Projekten durchaus im Rahmen eines sog. *beauty contest* erfolgen, d. h. man bittet
mehrere Berater um Abgabe eines Angebots für die anstehende Fragestellung und
lässt anschließend die aufgrund der Papierform bestgeeigneten Firmen ihre Vor-
schläge präsentieren.

**2. Frühzeitige und konkrete Bestimmung von Form und Inhalt der Zusammen-
arbeit:** Die frühzeitige und konkrete Bestimmung von Form und Inhalt der Zusammenarbeit ist ein wichtiger Erfolgsfaktor. Wohlüberlegte Entscheidungen in der
Frühphase eines Projekts tragen wesentlich dazu bei, in der Projektdurchführung
auftretende Probleme zu minimieren und späteren, meist aufwendigen Reparaturen
vorzubeugen. Idealerweise sollte die Gestaltung der Zusammenarbeit bereits im
Rahmen des Auswahlprozesses bestimmt werden. In der Realität werden sich zumindest Teilaspekte erst nach einigen Projekttagen bzw. -wochen hinreichend konkret definieren lassen. In jedem Falle sollte damit nicht lange gewartet werden. Wichtige Punkte bei der konkreten Bestimmung der Zusammenarbeit sind folgende:

- **Art, Umfang und genaues Ziel** des Projekts: Hierzu gehört z. B. die genaue
Abgrenzung des Untersuchungsumfangs. Was konkret soll betrachtet werden –
und was nicht? Weiter sollte das Endprodukt abschließend beschrieben werden.
Dazu gehören neben konkreten Inhalten auch sog. weiche Punkte. So kann es

durchaus ein sinnvolles Projektziel sein, wenn das Commitment bestimmter Mitarbeitergruppen erreicht werden soll.

- Wichtige **Meilensteine** auf dem Weg zum Endprodukt sollten eindeutig beschrieben werden. Dies ermöglicht es frühzeitig und objektiv zu erkennen, wenn das Projekt „aus dem Ruder" läuft.

- **Projektorganisation**: Die geeignete Bestimmung der Klienten-Berater-Beziehung ist eine wichtige Voraussetzung für eine erfolgreiche Projektarbeit. Vollständig externe Beraterteams sind in der Regel nicht geeignet, um einen nachhaltigen, über die Projektdauer hinausgehenden Nutzen für die Klientenorganisation zu erreichen. Entsprechend sollte z. B. der Aspekt der Know-how-Transmission vom Berater auf die Organisation bei der Bestimmung der beteiligten Mitarbeiter und der Festlegung ihrer konkreten Rollen genau betrachtet werden. Ein weiterer wichtiger Aspekt der Projektorganisation ist auch die Einbeziehung ausgewählter Führungskräfte. Werden diese frühzeitig z. B. in einen Lenkungsausschuss eingebunden, so kann dies die spätere Akzeptanz der Empfehlungen deutlich erhöhen. Über diese spezifischen Punkte hinaus ist die Projektorganisation ein gutes Mittel für das Unternehmen, um die Kontrolle über das Projekt zu behalten.

3. Ex-post-Kontrolle des Beratungserfolgs: Beratungsleistungen sind teuer. Neben den direkten Zahlungen an das Beratungsunternehmen fallen meist auch erhebliche Kosten aus der Beanspruchung interner Ressourcen an. Es ist letztlich eine Investition wie jede andere. Entsprechend sollte sie sich lohnen! Um den Beratungserfolg beurteilen zu können, müssen zeitnah Messgrößen definiert werden, anhand derer eine Erfolgsmessung durchgeführt werden kann. Eine solche Kontrolle fördert den verantwortungsvollen Umgang mit der Beauftragung von Beratungsleistungen. Außerdem erlaubt sie die qualifizierte Beurteilung der tatsächlichen Leistung des Beratungsunternehmens. Damit unterstützt sie auch zukünftige Auswahlprozesse.

4. Vertrauensvolle Beziehung: Ein übergreifender Punkt für einen erfolgreichen Beratereinsatz ist eine vertrauensvolle Beziehung. Sie erhöht Effizienz und Effektivität des Beratereinsatzes. Dies bezieht sich sowohl auf die Projektarbeit i. e. S. als auch auf die Transaktionskosten etwa bei der Vertragsgestaltung.

Neben dem bereits genannten Grundvertrauen, welches von Anfang an gegeben sein muss, setzt dies auch eine gewisse Dauerhaftigkeit der Beziehung voraus. Entsprechend ist – bei gegebener Eignung des Beraters – eine längerfristige Beziehung anzustreben.

7 Feedback-Zyklus: die Implementierung sichern

Im vorangegangenen Kapitel standen Instrumente zur Erarbeitung unternehmens-wertsteigernder Maßnahmen im Fokus. Nun ist die Definition von Maßnahmen eine notwendige, aber keine hinreichende Gewähr für die Verbesserung der Unternehmenssituation. Da Implementierungsstörungen und veränderte Rahmenbedingungen nicht Ausnahme-, sondern Regelfall in der Unternehmensrealität sind, ist ohne einen systematischen Feedback-Zyklus eine erfolgreiche Unternehmensführung wenig wahrscheinlich. Praxiserprobte Instrumente hierzu werden im dritten Modul des Werkzeugkastens vorgestellt (Abb. 7.1).

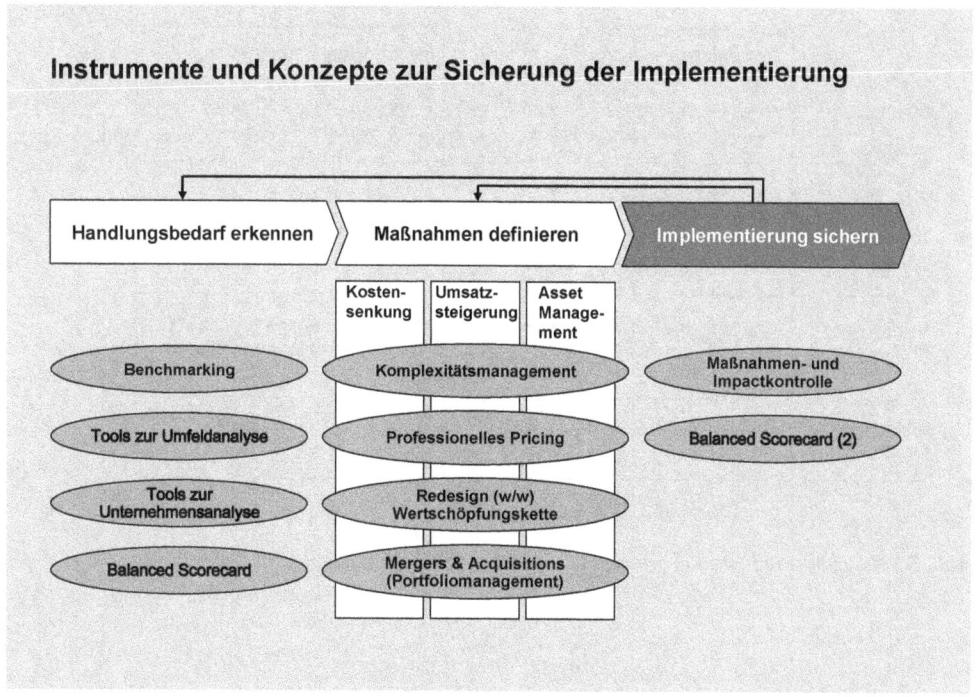

Abb. 7.1 Der Werkzeugkasten Modul 3

7.1   Erfolgsfaktoren einer Implementierung

Leistungsfähige Instrumente sind eine Schlüsselvoraussetzung für eine erfolgreiche Implementierung. Damit sie ihre volle Wirkung entfalten, müssen allerdings geeignete Rahmenbedingungen bestehen. Daher müssen zunächst der Gesamtprozess der Implementierung betrachtet und dessen Erfolgsfaktoren bestimmt werden.[1]

Die vorgestellten Verbesserungsprogramme beinhalten in der Regel signifikante Änderungen der Strategie und bedeuten grundlegende Eingriffe in das Unternehmen. Ihre Verwirklichung ist ein sehr komplexer Change-Management-Prozess, der weit über das Tagesgeschäft hinausgeht. Dieser Prozess gehorcht anderen Erfolgsfaktoren als die vorausgehende Entwicklung der Strategie und der sie konstituierenden Maßnahmen (Abb. 7.2).

Strategieentwicklung und -implementierung unterscheiden sich deutlich

	Strategieentwicklung	Strategieimplementierung
Inhalt	• Positioniert Kräfte und plant Aktivitäten vor der Umsetzung	• Koordiniert die Aktivitäten während der Umsetzung
Ziel	• Strebt Effektivität an	• Strebt Effizienz an
Wesen	• Ist ein intellektueller Prozess	• Ist ein operativer Prozess
Erfolgs-faktoren	• Gute Intuition und analytische Fähigkeiten	• Besondere Führungs- und vor allem Motivationsfähigkeiten
Koordinations-umfang	• Koordination zwischen wenigen Individuen	• Koordination von großem Personenkreis

Abb. 7.2 Gegenüberstellung Kernelemente von Strategieentwicklung und -implementierung[2]

---

[1]   Vgl. zum Folgenden insbes. Alter, Strategisches Controlling.
[2]   Quelle: Alter, Strategisches Controlling (leicht modifiziert)

Um diesen Prozess erfolgreich durchzuführen sind neben einer geeigneten instrumentellen Unterstützung weitere Voraussetzungen zu schaffen. Hierzu gehören insbesondere Topmanagement Commitment und Vertrauen, klare Ziele, Strategiegerechte Personen und Organisation sowie flankierende Führungssysteme.

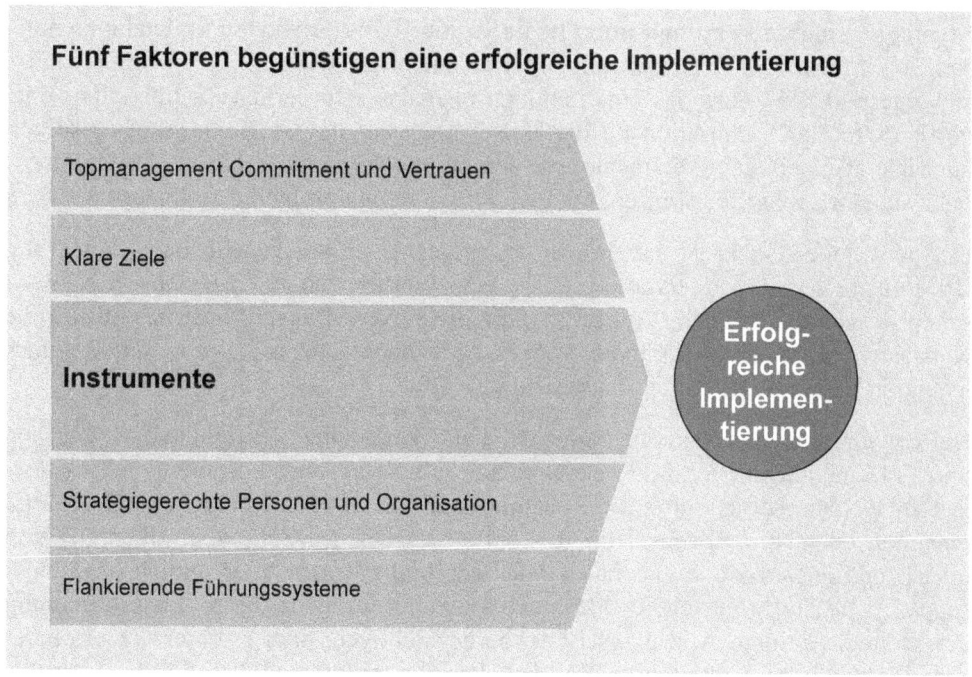

Abb. 7.3 *Erfolgsfaktoren der Implementierung*

Die zentrale Voraussetzung für eine erfolgreiche Implementierung von Maßnahmen ist das **Commitment und die Glaubwürdigkeit des Topmanagements**. Zahlreiche Untersuchungen bestätigen dies nachdrücklich. Fehlt dieses Commitment, dann ist gerade bei größeren Strategieänderungen ein Scheitern bei der Umsetzung nahezu programmiert. Dabei ist es nicht relevant, ob die Unterstützung objektiv fehlt oder nur von den Mitarbeitern nicht als solche wahrgenommen wird. Entsprechend muss ein Commitment in genügender Breite erzeugt und auch kommuniziert werden.

Ein eng damit verbundener Aspekt ist Vertrauen. Vertrauen der Mitarbeiter schafft die Voraussetzung, grundlegende Veränderungen aktiv zu unterstützen und auch im Falle von (unvermeidlichen) Rückschlägen nicht nachzulassen. Vertrauen wird durch Klarheit und Berechenbarkeit aufgebaut („walk-the-talk")

Damit sich die Mitarbeiter für die Implementierung einsetzen, muss auch die Veränderungsrichtung klar sein. Es bedarf **klarer Ziele**. Klarheit bedeutet hier, hinreichend konkretisiert und nach Möglichkeit auch messbar („What you can't measure, you can't manage"). Bleiben Unklarheiten bestehen, sind Reibungsverluste und Frustration bei der Implementierung unvermeidlich. Hilfreich – insbesondere in größeren Organisationen – ist auch eine klare Dokumentation der Ziele und Veränderungsmaßnahmen sowie eine gewisse Stabilität im Zeitablauf.

Strategiegerechte Personen und Organisation: Die erarbeiteten Maßnahmen müssen von Menschen in Organisationen implementiert werden. Entsprechend muss sichergestellt sein, dass das Unternehmen über das erforderliche Schlüsselpersonal verfügt und die Organisation für die Umsetzung geeignet ist. Beide Aspekte sollten zunächst als unabhängig betrachtet werden, um zu vermeiden, dass z. B. Organisationslösungen geschaffen werden, um ungelöste Personalprobleme zu lindern.

Der personelle Aspekt ist dabei umso wichtiger, je grundlegender die Veränderung ist. Entsprechend sind etwa im Falle eines umfassenden Redesigns der Wertschöpfungskette personelle Anpassungen meist unverzichtbar. Ähnliches gilt für die Neuausrichtung des Komplexitäts- oder Preismanagements, sofern dabei grundlegend in die Strategie eingegriffen wird.

Bei der Organisation sind im einfachen Falle Unterstützungseinheiten vorzusehen und Entscheidungsbefugnisse anzupassen. Nicht selten muss grundlegender eingegriffen werden, sei es durch die Zusammenführung oder Trennung von Geschäftseinheiten oder beim Wechsel des Organisationsprinzips, z. B. dem Übergang von einer funktionalen zur divisionalen oder zur Matrixorganisation. Solche Veränderungen sind häufig entscheidende Voraussetzung dafür, dass eine Neuausrichtung der Strategie gelingt. Allerdings ist zu berücksichtigen, dass je tiefer die Veränderung geht, desto anspruchsvoller die damit verbundene Change-Management-Herausforderung wird.

Die Neuordnung der Aufgaben und die damit verbundenen neuen Entscheidungsbefugnisse sollten durch **flankierende Führungssysteme** unterstützt werden. Von besonderer Bedeutung ist hier das Zielvereinbarungs- und Incentivesystem des Unternehmens. Abhängig von den Maßnahmen kann die Veränderung von der Anpassung individueller Ziele bis hin zur grundlegenden Neuausrichtung des gesamten Führungssystems reichen.

7.2 Das Instrumentarium: einfach und effektiv trotz großer Komplexität der Rahmenbedingungen

Sind die Rahmenbedingungen für eine strategiekonforme Implementierung geschaffen, ist die geeignete instrumentelle Unterstützung zu bestimmen. Sie muss sicherstellen, dass wesentliche Abweichungen mit hoher Wahrscheinlichkeit erkannt werden. Außerdem muss eine Unterstützung zur Priorisierung des Handlungsbedarfs und zu Ansatzpunkten für Korrekturmaßnahmen gegeben werden.

Große Komplexität der Rahmenbedingungen: Der Feedback-Prozess ist im Normalfall durch eine außerordentlich hohe Anzahl von Maßnahmen gekennzeichnet, deren Implementierung zu verfolgen ist. Mengengerüste von vielen tausend Maßnahmen sind keineswegs selten. Auch ist diesen Maßnahmen im Normalfall eine hohe Heterogenität eigen. Man denke etwa an die gleichzeitige Kontrolle von Pricing-Maßnahmen einerseits und Produktivitätssteigerungsmaßnahmen andererseits.

Effektivität: Um effektiv zu sein, muss das Instrumentarium Abweichungen bereits in einem frühen Stadium anzeigen – möglichst lange bevor Wirkungen finanziell sichtbar werden. Nur so können Korrekturmaßnahmen ihr volles Wirkungspotential entfalten.

Genügende „Einfachheit": Angesichts knapper Managementressourcen bestimmt sich die Wirksamkeit eines Instrumentariums entscheidend dadurch, wie unproblematisch der Zugang, wie leicht der Gesamtüberblick und wie klar seine Handlungsorientierung ist.

Wie dies unter Praxisbedingungen zu gewährleisten ist, wird in zwei Schritten dargestellt. Zunächst wird in einer Art „Mikrobetrachtung" gezeigt, wie die Implementierung konkreter Maßnahmenpakete ganzheitlich verfolgt werden kann. Anschließend wird der Blick ausgeweitet, um zu betrachten, wie das Gesamtunternehmen bei der Verwirklichung seiner Strategie vorankommt und wo Handlungsbedarf besteht.

7.3 Implementierungskontrolle: systematische Maßnahmen- und Impactkontrolle

Eine wirksame Implementierungskontrolle hat stets zwei Perspektiven zu berücksichtigen. Zum einen muss sichergestellt werden, dass die Maßnahmen plangemäß implementiert werden (Maßnahmenkontrolle), zum anderen, dass die mit den Maßnahmen beabsichtigten Effekte (z. B. Kostensenkung) auch tatsächlich eintreten (Impactkontrolle). Das Grundprinzip skizziert Abb. 7.4.

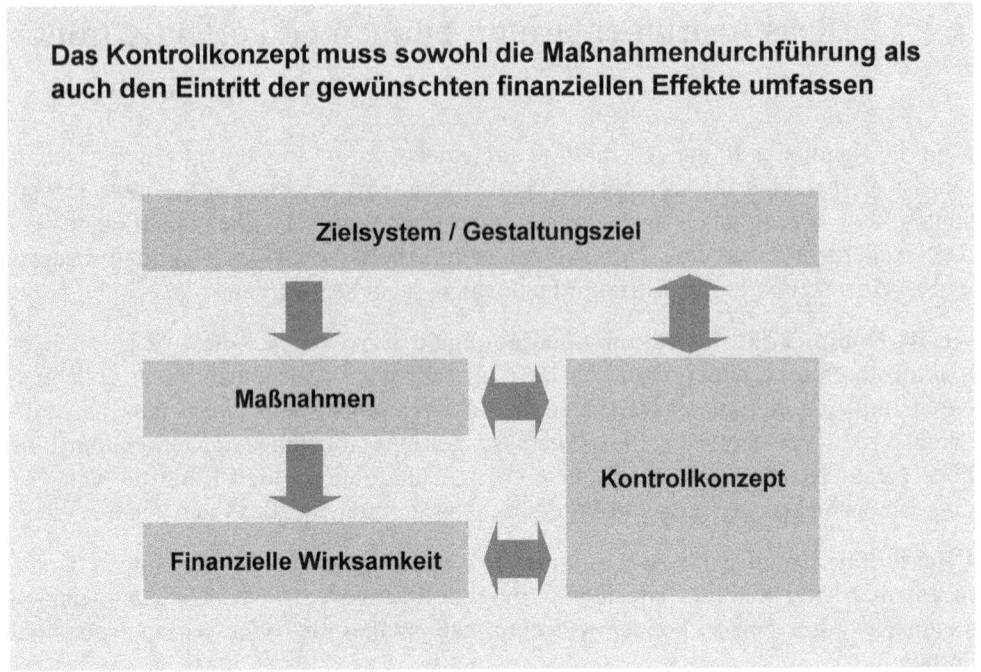

Abb. 7.4 Grundprinzip der Maßnahmen- und Impactkontrolle

Die **Maßnahmenkontrolle** dient zur Steuerung der Erarbeitung und Umsetzung der Maßnahmen. Dazu werden die Maßnahmen gestaffelt nach ihrer Wichtigkeit auf ihre generelle Wirksamkeit geprüft und bezüglich Wirkungszeitraum und Wirkungsgrad gesteuert.

Die **Impactkontrolle** konzentriert sich auf die Ergebniswirksamkeit der Maßnahmen. Zwar kann bei entsprechend sorgfältiger Prüfung der Maßnahmen davon ausgegangen werden, dass die ergriffenen Maßnahmen auch zu den geplanten Effekten führen. Allerdings treten in der Praxis in der Regel Änderungen der Bedingungslagen ein oder es treten Gegeneffekte, z. B. Einmalkosten zur Implementierung, auf.

Um angesichts von Vielzahl und Heterogenität der Maßnahmen den Gesamtüberblick über den Implementierungsfortschritt zu behalten, ist eine einheitliche Systematik zur Fortschrittsbewertung erforderlich. Als sehr nützlich hat sich hierzu die Härtegradsystematik erwiesen (Abb. 7.5). Sie klassifiziert jede Maßnahme entsprechend ihrem Implementierungsfortschritt.

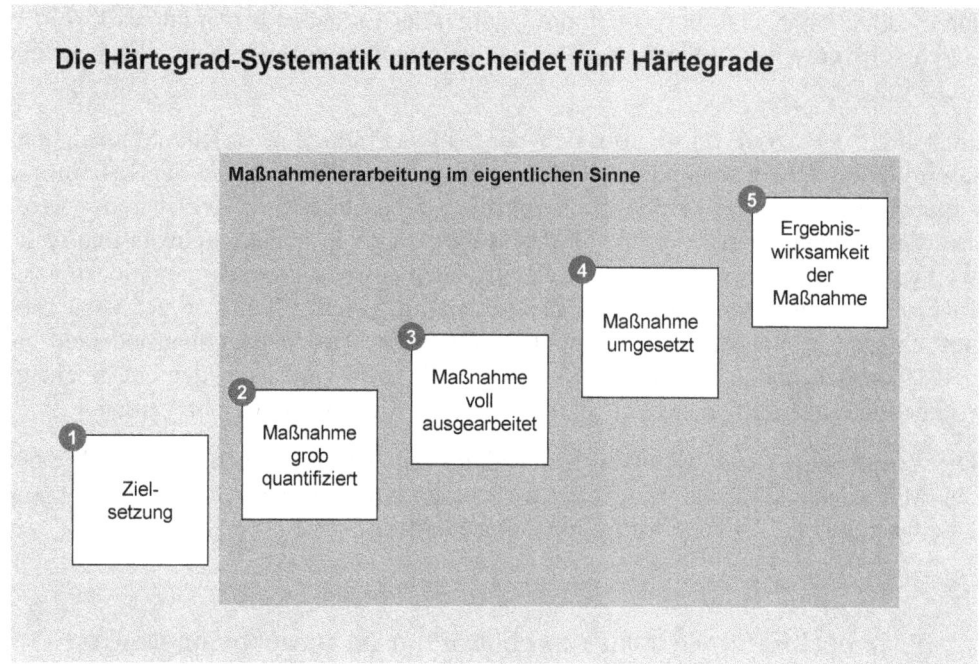

Die Härtegrad-Systematik unterscheidet fünf Härtegrade

Maßnahmenerarbeitung im eigentlichen Sinne

1 Ziel-setzung

2 Maßnahme grob quantifiziert

3 Maßnahme voll ausgearbeitet

4 Maßnahme umgesetzt

5 Ergebnis-wirksamkeit der Maßnahme

Abb. 7.5 *Härtegradsystematik*

Der in der Regel arbeitsintensivste Schritt liegt zwischen Härtegrad 2 und 3, da hier eine detaillierte Beschreibung der Maßnahme, mit Meilensteinen, Verantwortlichen und Wirkungen erfolgen muss. Sofern es sich um umfangreiche Maßnahmen handelt, ist auch der Übergang von Härtegrad 3 auf 4 ein großer Implementierungsfortschritt.

Um die regelmäßige Analyse und die Berichterstattung zu vereinfachen, ist es von Vorteil, ein Softwaretool zu verwenden und jeweils zu festgelegten Terminen ein Abbild des aktuellen Maßnahmenstandes zu fixieren. Dieser Stand dient dann für alle Beteiligten als einheitliche Diskussionsgrundlage. Für die einzelne Einheit wird jeweils ein Controller damit betraut, die IST-Werte und den Forecast der betreffenden Maßnahmen zeitgerecht zu erfassen und zu pflegen.

Um die Maßnahmenerarbeitung zu beschleunigen, hilft die Erstellung einer „Bundesliga-Tabelle", auf der die Maßnahmenteams mit großen Fortschritten auf den vorderen Plätzen zu finden sind und die Einheiten mit einer unterdurchschnittlichen Zielerfüllung am Tabellenende rangieren. Da kein Verantwortlicher seine Einheit ständig am Ende der Tabelle sehen will, entwickelt sich bei den meisten Beteiligten ein gesunder Ehrgeiz, die „Abstiegszone" zu verlassen.

Da die Qualität des Outputs durch die Qualität der Eingaben bestimmt wird, sollten durch softwareseitige Algorithmen bestimmte Qualitätsanforderungen sichergestellt werden.[3]

Jetzt mag der Leser fragen, ob sich der Aufwand für eine solche Maßnahmen-kontrolle lohnt. Hier sei an die Ausführungen zu den Anforderungen der Steuerungs-situation erinnert. Eine Maßnahmenkontrolle der beschriebenen Art ist in der Lage, die Maßnahmengenerierung und -fortschreibung auch in hochkomplexen und welt-weit verteilten Strukturen sicherzustellen. Je nach gewünschtem Aggregationsniveau ist eine laufende Beobachtung der Zielerreichung, von der kleinsten erfassten Ein-heit bis zur Gesamtorganisation, möglich. Damit hat das Management jederzeit ei-nen Überblick über den Status quo und den Forecast und kann dementsprechend rechtzeitig eingreifen, wenn sich abzeichnet, dass Ziele nicht erreicht werden.

Die zweite Säule eines effektiven Kontrollkonzepts ist die Impactkontrolle. Wie bei der Maßnahmenkontrolle ist ein fokussiertes, systematisches Gesamtkonzept zur Überwachung der Ergebniswirksamkeit entscheidend.

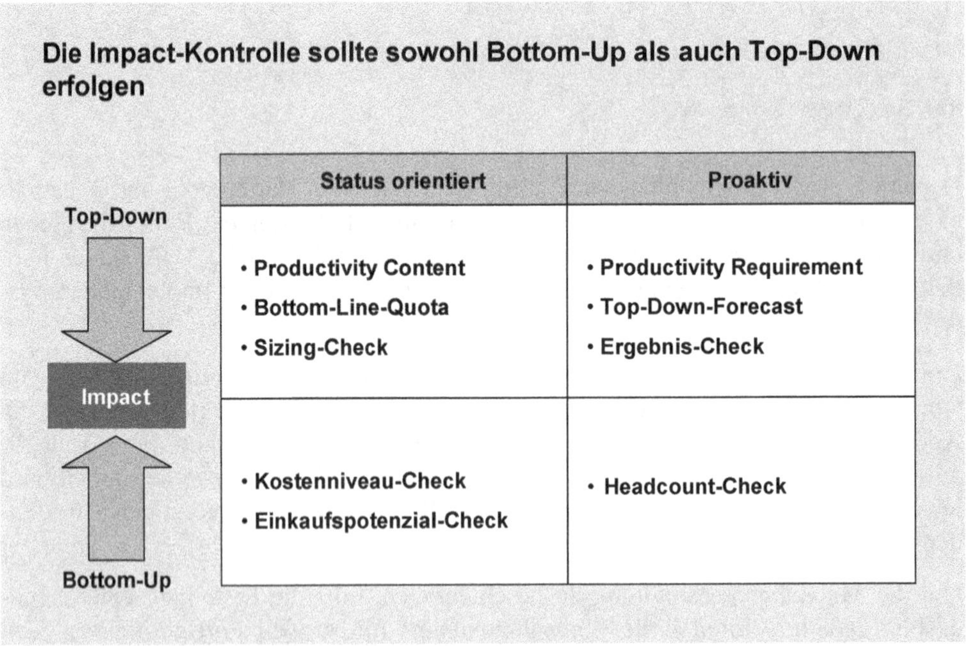

Die Impact-Kontrolle sollte sowohl Bottom-Up als auch Top-Down erfolgen

	Status orientiert	Proaktiv
Top-Down	• **Productivity Content** • **Bottom-Line-Quota** • **Sizing-Check**	• **Productivity Requirement** • **Top-Down-Forecast** • **Ergebnis-Check**
Bottom-Up	• **Kostenniveau-Check** • **Einkaufspotenzial-Check**	• **Headcount-Check**

Impact

Abb. 7.6 Elemente der Impactkontrolle

---

[3]   Z. B. können je nach vergebenem Härtegrad bestimmte Informationen zwingend verlangt werden. Ist dies nicht der Fall, entsteht eine Fehlermeldung.

Abb. 7.6 zeigt mögliche Elemente einer Impactkontrolle. Für Globalanalysen werden einfache **Top-Down-Rechnungen** herangezogen, die zum einen Informationen zum aktuellen Stand und zum anderen zu den Forecasts für das Geschäftsjahresende liefern. Mittels dieser Auswertungen können grobe Aussagen gemacht werden, inwieweit die Ziele erreicht wurden oder noch erreichbar sind.

Um den Fortschritt im IST zu erkennen, bieten sich vor allem zwei Analysen an: zum einen ein Vergleich der Produktivität zwischen dem IST des letzten Jahresabschlusses und dem aktuellen Monatsabschluss (Productivity Content) und zum anderen ein „Drill-down" dieser Analyse auf die Teileinheiten, der angibt, welcher Anteil der Maßnahmen sich im jeweiligen Ergebnis niederschlägt (Bottom-Line-Quota). Ergebnis beider Analysen ist die Antwort auf die oft gestellte Frage: „Wie viel der Maßnahmen finde ich tatsächlich im Ergebnis wieder?" Denn: in jedem Geschäft gibt es Gegeneffekte, die einer vollständigen Wirksamkeit entgegenlaufen. Sie sollten allerdings im begrenzten Rahmen bleiben oder (noch besser) kompensiert werden.

Zu den möglichen Top-Down-Analysen bei tiefgreifenderen Maßnahmenpaketen zählt auch die Beobachtung bestimmter kritischer Erfolgsgrößen (Sizing-Check). Welcher Gedanke steckt dahinter? Geschäftsmodelle funktionieren innerhalb gewisser Parameter mit zufriedenstellenden Ergebnissen. Wird dieser Rahmen verlassen, müssen zusätzlich kapazitative Anpassungen stattfinden. Ein guter Indikator für ein evtl. notwendiges Sizing sind Umsatzvolumina. Neben einer generellen Anpassung ist auch eine Kombination aus Anpassung und Umverteilung der Ressourcen eine mögliche Alternative. Wie immer man sich entscheidet, wichtig ist, dass die für ein Sizing relevanten Größen auf wenige kritische limitiert werden. Über die im nächsten Kapitel vorgestellte Balanced Scorecard findet der monatliche Review dieser Größen statt. Werden bestimmte Schwellenwerte überschritten, werden Anpassungsprozesse angestoßen.

Ebenso wichtig wie eine Beobachtung der Entwicklung im IST ist eine Abschätzung der Situation zum Geschäftsjahresende (Productivity Requirement). Hier geht es um die Antwort auf die Frage: „Wie viele Maßnahmen braucht das Unternehmen, um ein gesetztes Ergebnisziel bei einem bestimmten Umsatzvolumen zu erreichen?" Diese Analyse wird umso wichtiger, je mehr sich die Geschäftsvolumina verändern.

Wie bereits beschrieben, ergeben sich insbesondere in größeren Unternehmen zusätzliche Probleme durch die Komplexität der Strukturen und Abläufe. Das hat auch Konsequenzen auf die Forecastmeldungen. Je mehr Organisationseinheiten an der Erzeugung eines Gesamtforecasts beteiligt sind, desto eher muss sich die Projektleitung ein eigenes Bild der Gesamtsituation machen. Das bedeutet, die Summe der Teilmeldungen der Einzeleinheiten muss kritisch hinterfragt und entsprechend korrigiert werden (Top-Down-Forecast). Bei Bedarf kann diese Analyse für besonders große oder komplexe Einzeleinheiten entsprechend spezifiziert werden (Ergebnis-Check).

In einer zweiten Stufe werden für jede Teileinheit mehr oder weniger detaillierte **Bottom-Up-Analysen** durchgeführt. In den Einheiten, die nicht direkt durch die Umsatzentwicklung zu steuern sind – dies gilt typischerweise für die so genannten Zentralen – ist eine Bottom-Up-Analyse der Verminderung der absoluten Kosten sehr hilfreich (Kostenniveau-Check). Ein solcher Report erzeugt Transparenz und damit auch Akzeptanz und kann darüber hinaus auch als Entscheidungsgrundlage für Outsourcing-Entscheidungen herangezogen werden.

Wo möglich und (aufgrund der fremdbezogenen Volumina) relevant, sollte auch eine Analyse der Einkaufsvolumina erfolgen (Einkaufspotential-Check). Ist das Einkaufsvolumen ermittelt, können die Volumina in bestimmte Cluster aufgeteilt werden. Mit dieser Datenbasis lässt sich relativ zuverlässig ein Forecast für das Beschaffungsvolumen je Cluster abschätzen. Auf Basis dieser Analyse können auch die tatsächlich in der Einheit wirkenden Kosteneffekte mit den Möglichkeiten aus Sicht des Einkaufs abgeglichen werden. Diese Analyse kann sowohl zur Verifikation der Einkaufspotentiale als auch zur Identifikation zusätzlicher Einsparmöglichkeiten genutzt werden. Hier liegen oftmals große Einsparungspotentiale verborgen.

Die Analyse Headcount-Check dient zur zeitnahen Beobachtung der Kopfzahlentwicklung für jede einzelne Einheit. Je nach Branche finden sich hier 30 bis 70 % der Gesamtkosten wieder. Damit wird deutlich, wie wertvoll diese Analyse zur Gewinnung von Fortschrittsaussagen ist.

7.3.1   Analysebeispiele zur Implementierungskontrolle

Mittels der Härtegrad-klassifizierten Daten lassen sich eine Reihe sehr aufschlussreicher Analysen durchführen, die eine qualifizierte Beurteilung des Implementierungsfortschritts erlauben und bei der Identifikation evtl. notwendiger Anpassungsmaßnahmen unterstützen.

Vergleich der erarbeiteten Maßnahmen mit dem Verbesserungsziel: Der einfachste Vergleich ist die Gegenüberstellung von identifizierter Kostenlücke bzw. Kostenverbesserungsziel und dem zu einem bestimmten Zeitpunkt gegebenen Implementierungsstatus, ausgedrückt in Härtegraden (Degree of Implementation, DI). Anhand der relativen Anteile von hohen bzw. niedrigen Implementierungsgraden kann der Gesamtfortschritt qualifiziert beurteilt werden. Abb. 7.7 zeigt links ein Beispiel für einen nur sehr geringen Fortschritt: 80 % der Maßnahmen sind nur als Ziel oder grober Ansatz vorhanden; rechts dagegen ein hoher Fortschritt: über die Hälfte ist bereits implementiert oder sogar schon ergebniswirksam.

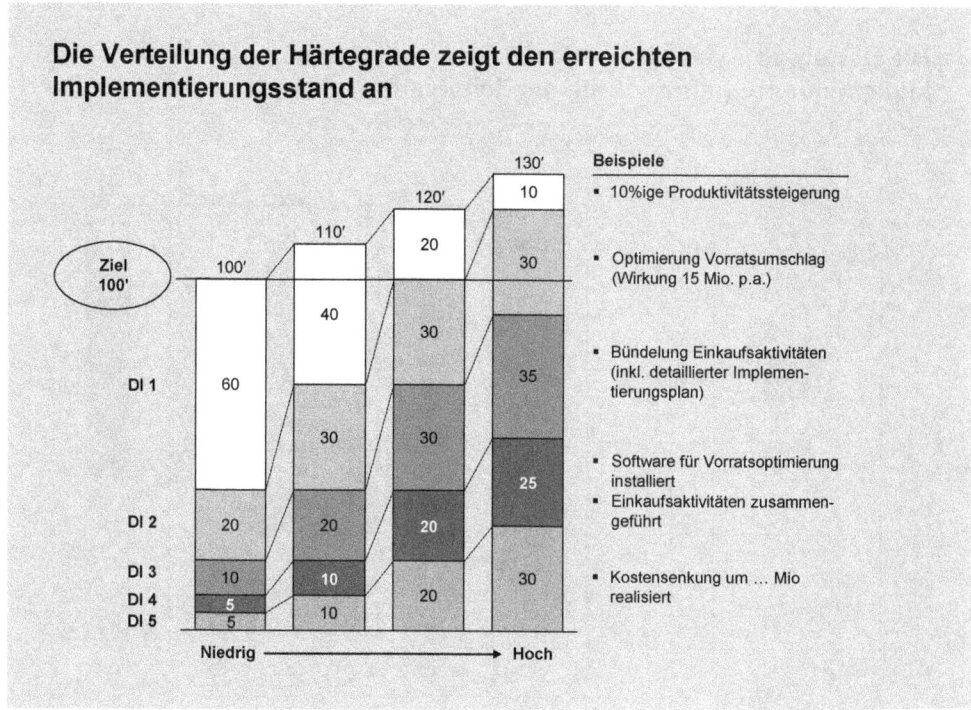

Abb. 7.7 *Beispiele für unterschiedliche Implementierungsfortschritte*

Implementierungsfortschritt im Zeitablauf: Sehr aussagefähig vor allem bei längeren Projekten ist die Entwicklung des Implementierungsfortschritts im Zeitablauf. Abb. 7.8 zeigt z. B. einen sehr geringen Fortschritt in der Ergebniswirksamkeit zwischen Q4 2012 und Q2 2013 oder einen sogar absoluten Rückgang des Volumens in Q1 und Q3 2013. Diese Situation gibt einen klaren Hinweis auf die Notwendigkeit von Korrektur- oder Beschleunigungsmaßnahmen.

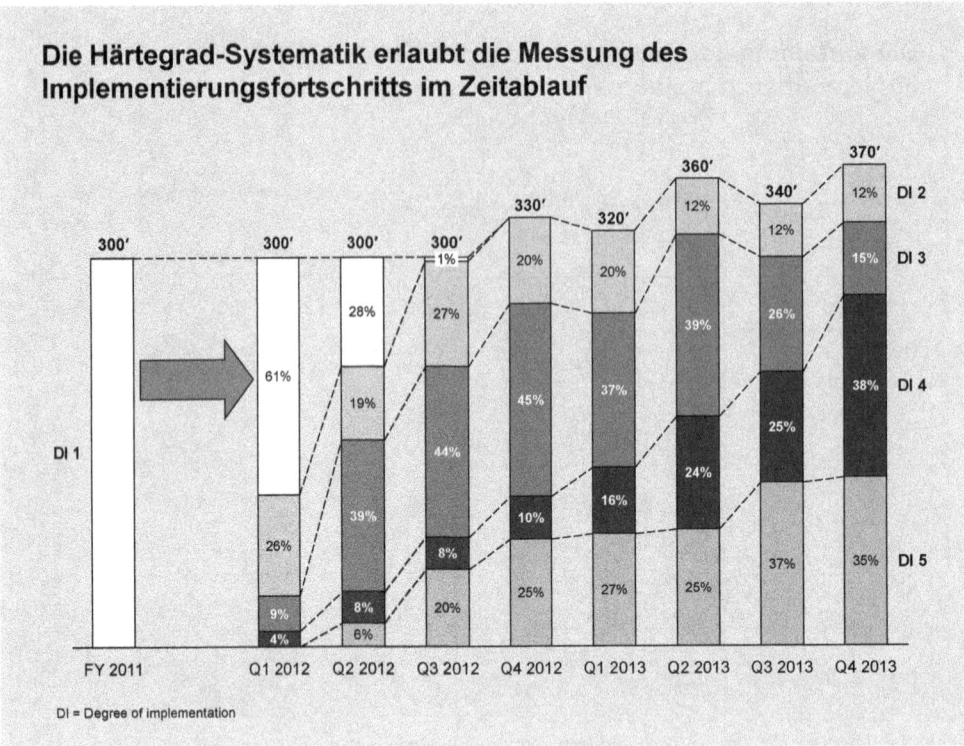

Abb. 7.8 *Praxisbeispiel: Implementierungsfortschritt im Zeitablauf*

Einbeziehung der Forecast-Dimension: Betrachteten die bisherigen Analysen bereits *realisierte* Fortschritte, so muss ein wirksames Controlling zwingend auch die Forecast-Dimension berücksichtigen. Nur so kann der Anspruch, drohende Abweichungen frühzeitig zu erkennen, auch eingelöst werden. Abb. 7.9 integriert neben dem aktuellen Stand auch die Forecasts für die nächsten acht Monate. Damit werden Hinweise auf potentielle zukünftige Zielabweichungen gegeben. Diese ermöglichen es dem Management, bereits frühzeitig Korrekturmaßnahmen zu ergreifen. Der Vergleich zwischen geplantem und tatsächlichem Fortschritt kann sich dabei selbstverständlich nicht nur auf die Ergebniswirksamkeit, sondern auch auf jeden anderen Härtegrad beziehen.

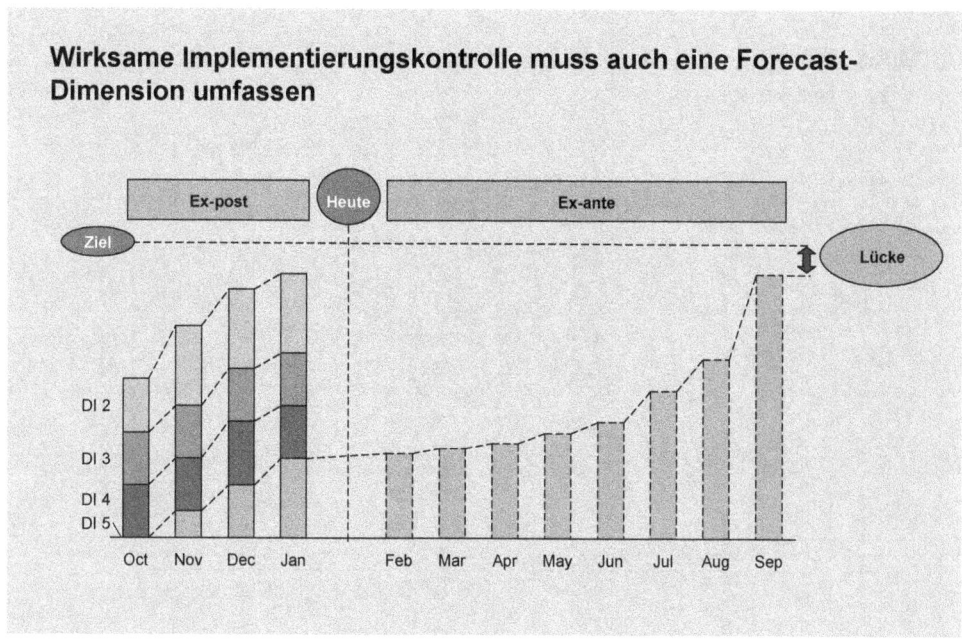

Abb. 7.9 Praxisbeispiel: Einbeziehung der Forecast-Dimension in die Implementierungskontrolle

Mit den gezeigten Analysen können vielfältige Fragen zur differenzierten Beurteilung des Implementierungsstandes beantwortet werden, wie z. B.:

- Wie ist der aktuelle Implementierungsstatus?
- Wie war der Fortschritt bis heute?
- Welche ergebniswirksamen Verbesserungen werden für die Folgequartale erwartet? Genügen diese für die Gesamtzielerreichung?
- Wurden bzw. werden die Meilensteine eingehalten?
- (Unter Hinzuziehung von zeitlich vorangegangenen Auswertungen): Wurden Forecasts bisher eingehalten?

Die bisherigen Beispiele bezogen sich auf die Kostenseite. Selbstverständlich lässt sich das gleiche Prinzip auch auf die Umsatzseite anwenden. Härtegrad 3 wäre dann das abgegebene Angebot und Härtegrad 4 der Auftragseingang. Abb. 7.10 zeigt ein Beispiel für eine Analyse der Maßnahmenerarbeitung auf der Umsatzseite. Wichtig ist auch hier die Berücksichtigung der Forecastdimension. Damit wird es möglich, den Maßnahmenfortschritt in Bezug auf die Umsatzziele des Folgejahres zu beurteilen. Erreicht wird dies durch ein Simulationsmodell, welches auf Basis der Übergangszeiten und -wahrscheinlichkeiten zwischen den Härtegraden die Umsätze prognostiziert.

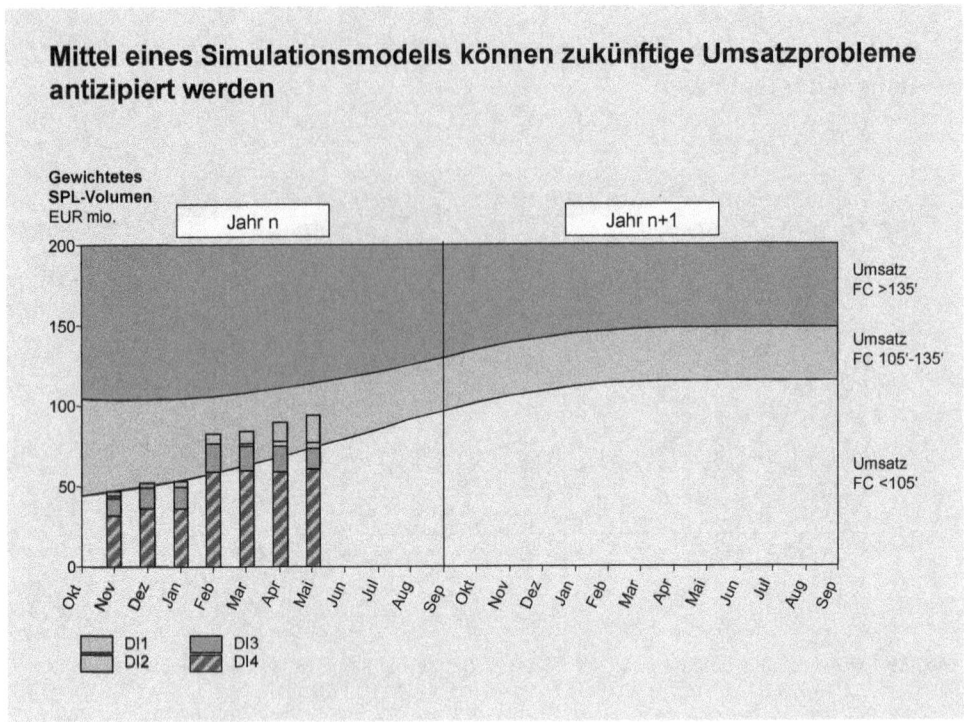

Abb. 7.10 *Praxisbeispiel: Umsatzcontrolling*

7.3.2 Herausforderungen bei der praktischen Durchführung

Neben der Qualitätssicherung der Basisdaten, die wegen ihrer überragenden Bedeutung in einem gesonderten Abschnitt behandelt wird, treten bei der praktischen Umsetzung einige Probleme auf, die es frühzeitig anzugehen gilt:

Datenverfügbarkeit: Teilweise müssen die für die Implementierungskontrolle benötigten Daten erst ermittelt werden, da sie im „normalen" Berichtswesen nicht enthalten sind. Das gilt in besonderem Maße, wenn es sich um Maßnahmen in einer Ausnahmesituation (z. B. ein Turnaround-Projekt) handelt.

Vergleichbarkeit: Vor allem bei länger laufenden Projekten sind Organisationsänderungen nicht der Ausnahme-, sondern der Regelfall. Es ist daher fortlaufend auf die Vergleichbarkeit der Zahlen zu achten. Hier sollte der Grundsatz gelten, Manager nur an dem zu messen, was sie auch beeinflussen können. Verändert sich etwa der beeinflussbare Kostenblock, sollte sich das auch in den Zielen niederschlagen.

Gegeneffekte: Nicht vorhersehbare Gegeneffekte müssen zumindest näherungsweise ermittelt werden, um sicherzustellen, dass beide Perspektiven – Maßnahmen- und Impactkontrolle – zum gleichen Ergebnis führen. Typische Gegeneffekte

sind einerseits gewollte, wie Investitionsentscheidungen, oder andererseits ungewollte, wie z. B. Währungsverluste oder -gewinne. Manchmal kann es notwendig
sein, solche Effekte aus der Kostenbasis zu eliminieren, da diese sonst die tatsächliche Leistung der betrachteten Teileinheit verzerren.

7.3.3 Systematische Qualitätssicherung als conditio sine qua non

Das beschriebene Konzept zur Implementierungskontrolle erlaubt mit seinen vielfältigen Analysemöglichkeiten eine ausgezeichnete Beurteilung und Steuerung des
Implementierungsfortschritts. Voraussetzung ist jedoch, dass die eingehenden Daten
auch zutreffend sind. Sonst gilt: „Junk in – junk out!" Wesentliche Herausforderungen bei der Implementierungskontrolle sind die folgenden:

- **Zutreffender Ausweis des Härtegrads:** Die Einstufung nach Härtegraden ist
  die Basis für die Beurteilung des Implementierungsfortschritts. In größeren Projekten ist häufig eine Neigung zu beobachten, den Härtegrad zu positiv zu sehen.
  Dies führt dazu, dass ein Implementierungsfortschritt suggeriert wird, der noch
  gar nicht gegeben ist. Damit wird die Identifikation von Problemen tendenziell
  verzögert – und damit die Effektivität von Korrekturmaßnahmen.
- **Sicherung der Werthaltigkeit der Maßnahmen:** Die Bestimmung des voraussichtlichen wirtschaftlichen Effekts von Maßnahmen ist vor allem bei arbeitsteiligen Prozessen häufig schwierig. Werden die prognostizierten Wirkungen überschätzt, kommt es zu negativen Überraschungen im Rahmen der Impactkontrolle.
  Durch die verspätete Identifikation ist wertvolle Zeit für Gegenmaßnahmen ver-
  ronnen.
- **Vermeidung von Doppelzählungen:** Ein verwandtes Problem in komplexen
  arbeitsteiligen Prozessen sind Doppelzählungen. Ursache sind hier oftmals Über-
  schneidungen mit bereits vorhandenen Maßnahmen. Diese sind besonders wahrscheinlich, wenn im nennenswerten Maße organisatorische Änderungen stattfinden.

Verschiedene Maßnahmen können dabei helfen, die Qualität bei der Implementierungskontrolle sicherzustellen:

- **Klare und eindeutige Festlegung wesentlicher Prämissen:** Zuständigkeiten,
  Bewertungsfragen etc. müssen im Vorfeld eindeutig dokumentiert werden. Außerdem muss durch entsprechende Trainingsmaßnahmen ein fundiertes Verständnis
  bei den Betroffenen erreicht werden.
- **Automatisierte Verprobungen:** Soweit DV-basierte Tools verwendet werden,
  kann Eingabefehlern durch automatisierte Basisverprobungen entgegengewirkt
  werden.

- **Systematische Audits:** Vor allem bei größeren Projekten sollte durch eine unabhängige Instanz, z. B. die interne Revision, stichprobenartig die generelle Werthaltigkeit und Überschneidungsfreiheit geprüft werden. Im Rahmen der Stichprobe könnten zu Beginn alle Maßnahmen ab einer bestimmten (hohen) Wirkgröße auditiert werden. Zusätzlich sollten kritische Maßnahmen fortlaufend verfolgt werden.
- **Verprobung finanzielle Wirksamkeit:** Schließlich sollte regelmäßig geprüft werden, ob die in der Ergebnisüberleitung ausgewiesenen „Produktivitätsfortschritte aus Maßnahmen" (ausführlich in Kapitel 5.3.2) mit den als Härtegrad 5 angegebenen Wirkungen näherungsweise übereinstimmen.

7.3.4   Wesentliche Elemente bei der Einführung einer Implementierungskontrolle

Die Einführung einer umfassenden Implementierungskontrolle vor allem im Kontext weltweiter Aktivitäten ist eine anspruchsvolle Aufgabe. Um sie erfolgreich zu meistern, sollten folgende Elemente berücksichtigt werden:

- **Definition des Kontrollkonzepts:** Zu Beginn ist das Gesamtkonzept zu definieren. Dabei sind Fragen zu klären, wie etwa: Was genau soll verfolgt werden? Was sind die Messgrößen? (Ein Pricing-Projekt erfordert andere Größen als eine Produktivitätssteigerungsmaßnahme.) Was sind Meilensteine zur Beurteilung des Fortschritts des Gesamtprojekts? Zu den Inhalten des Kontrollkonzepts gehören auch Festlegungen zu wesentlichen Einzelfragen, wie etwa der genauen Definition für einen Härtegrad oder der Behandlung von Organisationsänderungen.
- **Definition der Standardberichte:** Entsprechend dem Gesamtkonzept sind einheitliche Berichtsformen und -formate zu bestimmen. Gerade in größeren Einheiten ist der Regelberichterstattung große Aufmerksamkeit zu schenken. Hier erleichtert die Einheitlichkeit wesentlich vertiefende Analysen. Auch unterstützt sie ganz erheblich die Effizienz von Fortschrittsmeetings.
- **Aufbau einer IT-Infrastruktur:** Das große Mengengerüst lässt sich in der Regel nicht ohne eine gewisse IT-Unterstützung bewältigen. Gleiches gilt für die angesprochenen Qualitätssicherungsmaßnahmen. Da beim Rollout ein funktionierendes Tool vorliegen muss, ist genügende Zeit für Konzeption und für ausführliche Tests vorzusehen.
- **Definition von Kontrollorganisation und -prozessen:** Zielgerichtete Steuerung fordert klare Verantwortlichkeiten. Wirksame Kontrolle setzt auch eine Einbindung des Managements in die Reviews voraus. Weiter müssen zur Sicherstellung des laufenden Statusüberblicks die Unterstützungsprozesse – z. B. Prozesse für Datenlieferung, Aufbereitung von Managementinformation – definiert werden.

- **Rollout in die Organisation:** Die genannten vier Elemente sind nicht wirksam, wenn nicht durch entsprechende Information und Schulung die wesentlichen Handelnden und Verantwortlichen eingebunden und ertüchtigt werden. Gerade bei weltweiten Programmen ist dies mit nennenswertem Aufwand verbunden.
- **Organisation und Durchführung von Audits:** Entsprechend der Wichtigkeit der Qualitätssicherung sind bereits früh die entsprechenden Maßnahmen zu initiieren. Besonders empfiehlt es sich, erste Auditierungen frühzeitig durchzuführen, um ggf. Anpassungen beim Kontrollkonzept vorzusehen.

7.4 (Advanced) Balanced Scorecard zur strategiefokussierten Ausrichtung des Unternehmens

Mit der Maßnahmen- und Impactkontrolle wurde eine enge Betrachtung des Feedback-Prozesses vorgenommen. Sie war beschränkt auf die Umsetzung konkreter Programme. Für einen vollwertigen Feedbackzyklus ist die grundlegende Frage zu beantworten, wie das Gesamtunternehmen bei der Verwirklichung seiner Strategie vorankommt und wo Handlungsbedarf besteht.

Im Unternehmensalltag mit seinem meist hohen Zeitdruck ist die systematische Verfolgung strategischer Ziele nicht immer leicht. Themen des operativen Tagesgeschäfts mit hoher Dringlichkeit verdrängen nicht selten das strategisch Wichtige. Um unter Praxisbedingungen beides gleichgewichtig verfolgen zu können, ist ein leistungsfähiges Instrumentarium erforderlich. Hierfür hat sich die Balanced Scorecard als sehr wertvoll erwiesen.

Leider ist die Balanced Scorecard durch eine Reihe von ungeeigneten Anwendungen etwas in Verruf geraten. Dadurch, dass die inhaltliche Beschäftigung mit der Strategie unterblieb und die Scorecard letztlich auf eine attraktive grafische Gestaltung reduziert wurde, gingen wesentliche Elemente der Philosophie einer strategiefokussierten Organisation – und damit der Nutzen zur Unterstützung der Strategieimplementierung – verloren. Um sich von diesen wenig tauglichen Anwendungen abzugrenzen, wird im Folgenden von einer (Advanced) Balanced Scorecard gesprochen werden. Die konzeptionellen Grundlagen und die praktische Anwendung einer solchen Scorecard werden in den kommenden Abschnitten dargestellt.

7.4.1   Konzept der (Advanced) Balanced Scorecard

Das Konzept der (Advanced) Balanced Scorecard (oder – weiter betrachtet – der strategiefokussierten Organisation) enthält zwei Hauptelemente. Es sind die Strategie zu operationalisieren und auf dieser Basis die Aktivitäten der unterschiedlichen Teile eines Unternehmens an der Gesamtstrategie auszurichten.

Die Operationalisierung der Strategie geschieht folgendermaßen: Ausgehend von strategischen Zielen werden wesentliche treibende Faktoren (Driver) bestimmt. Für jeden dieser Driver werden eine oder mehrere Messgrößen (Metrics) definiert, für die dann konkrete Ziele festgelegt werden (vgl. Abb. 7.11).

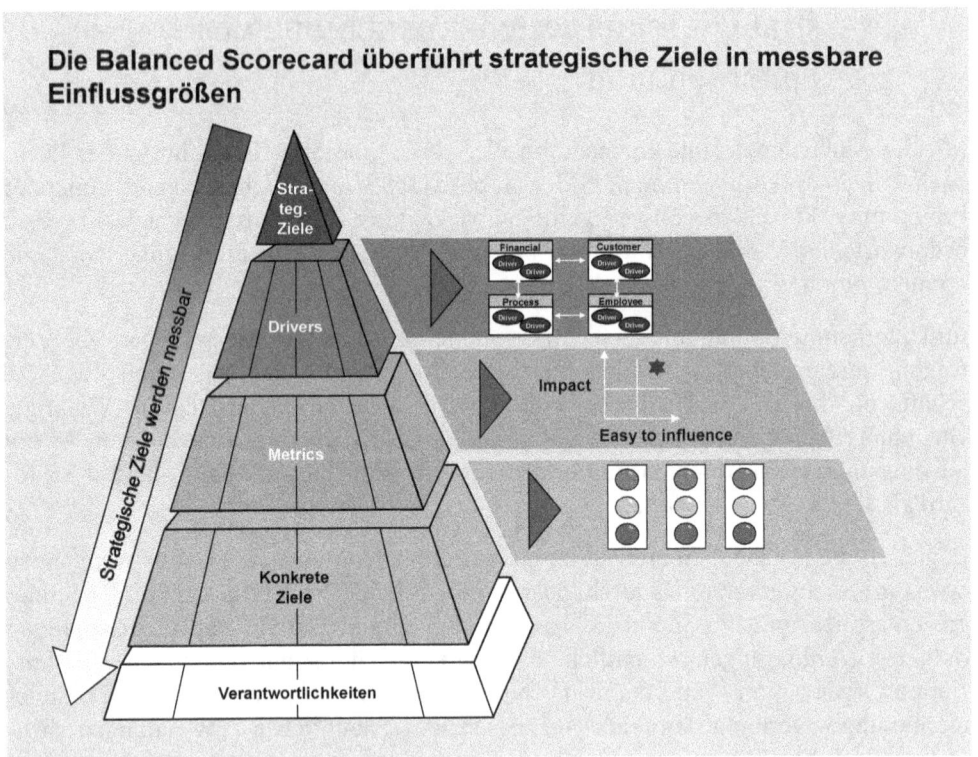

Abb. 7.11 *Operationalisierung strategischer Ziele*

Ein einfaches Beispiel hierzu: Angenommen, ein strategisches Ziel eines Unternehmens sei die Verbreiterung der weltweiten Marktabdeckung zur Verminderung der Abhängigkeit vom Heimatmarkt. Dann könnte ein treibender Faktor die Verbesserung der Marktposition in China sein. Als Messgröße hierfür wäre der Umsatz oder Auftragseingang in China denkbar. Das Ziel könnte sein, im folgenden Geschäftsjahr 100 Mio. Euro Auftragseingang in China zu haben.

Der Erfolg eines Unternehmens und damit auch seine finanzielle Performance ergeben sich aus einer Vielzahl meist nicht-finanzieller Aspekte, wie etwa der Zufriedenheit der Kunden und der Mitarbeiter oder der Qualität der internen Abläufe im Unternehmen. Entsprechend sollten im Rahmen eines systematischen Feedback-Prozesses bei der Bestimmung der Driver mehrere Perspektiven eingenommen werden. Bewährt haben sich vier Perspektiven:

- **Finanzen:** Die Strategie wird hier im Hinblick auf Umsatz, Profitabilität und Risiko betrachtet. Typische treibende Größen sind die Produktivitätsentwicklung, das Unternehmenswachstum, aber auch risikobestimmende Größen wie der durchschnittliche Break-even-Zeitraum oder die Entwicklung des Break-even-Umsatzes.
- **Kunden** oder **Kunden/Märkte:** Hier erfolgt die Betrachtung aus Sicht der Abnehmer und/oder des Markt- und Wettbewerbsumfelds. Treibende Faktoren können z. B. die Kundenzufriedenheit oder bestimmte Marktpositionen sein.
- **Interne Geschäftsprozesse:** Voraussetzung für die Schaffung von Kundennutzen und Markterfolg (und damit guter finanzieller Performance) sind die internen Aktivitäten zur Leistungserstellung. Typische treibende Größen sind die Qualität der entscheidenden Prozesse des jeweiligen Unternehmens.
- **Lernen und Entwicklung** oder **Mitarbeiter und Innovation**: Hier sollen die Größen betrachtet werden, die die Weiterentwicklung der Geschäftsprozesse treiben. Treibende Faktoren können z. B. die Mitarbeiterzufriedenheit oder die Anzahl neuer Patente sein.

Zwischen den einzelnen treibenden Faktoren bzw. den verschiedenen Perspektiven gibt es vielfältige Wechselbeziehungen und Ursache-Wirkungs-Zusammenhänge. Abb. 7.12 skizziert diesen Sachverhalt. Führt man das vorstehende (China-)Beispiel fort, so sind zur Verbesserung der Marktposition bzw. der Realisierung der Auftragseingangssteigerung möglicherweise neue Vertriebsprozesse, zusätzliche Chinesisch sprechende Mitarbeiter sowie u. U. auch neue Produkte erforderlich.

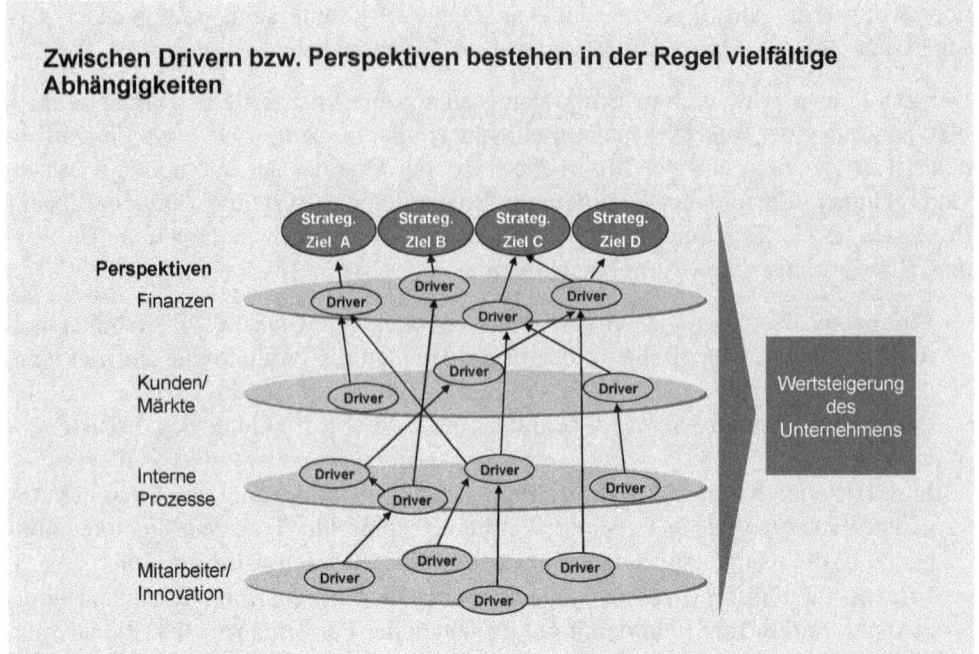

Abb. 7.12 *Abhängigkeiten zwischen den Elementen einer (Advanced) Balanced Scorecard*

Die Zusammenhänge zwischen den einzelnen Perspektiven unterscheiden sich deutlich zwischen verschiedenen Branchen und auch zwischen konkurrierenden Unternehmen. Die Operationalisierung der Strategie muss daher *unternehmensspezifisch* erfolgen. Dies ist ein Kernelement einer (Advanced) Balanced Scorecard. Grundsätzlich kann die Operationalisierung in vielfältiger Weise erfolgen. Eine einfache, aber sehr leistungsfähige Möglichkeit, um eine gemeinsame, verständliche Bezugsbasis für alle Beteiligten zu schaffen, ist die **Strategy Map**. Sie legt die Annahmen der Strategie offen. Jede einzelne Messgröße in der Scorecard ist in eine logische Ursache-Wirkungs-Kette eingebunden. Abb. 7.13 zeigt die Grundstruktur einer Strategy Map zur Beschreibung der Unternehmensstrategie. Diese generische Struktur ist freilich nur der Ausgangspunkt. Sie muss unternehmensspezifisch weiterentwickelt werden, bis sie eine geschlossene und logische Beschreibung zur Umsetzung der Strategie darstellt.

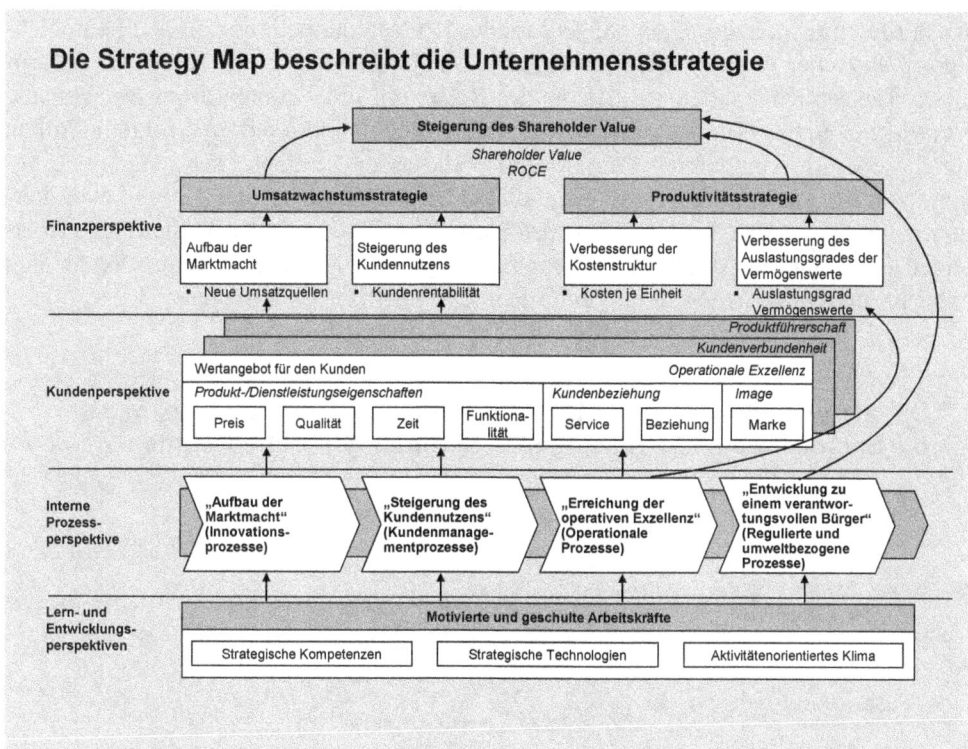

Abb. 7.13 *Grundstruktur einer Strategy Map*[4]

Neben der anschaulichen Beschreibung der Strategie ermöglicht die Strategy Map auch das „Reverse-Engineering" einer bestehenden Balanced Scorecard. Kehrt man die logischen Verknüpfungen um, müsste sich die Strategie aus der (vorhandenen) Balanced Scorecard herleiten lassen. Dies ist eine gute Möglichkeit, um die Qualität der vorhandenen Balanced Scorecards zu beurteilen bzw. zu überprüfen. Sie wird von einer Reihe von Firmen auch in dieser Weise genutzt. So verwendet etwa Mobil Oil diese Umkehrung, um die Qualität der Scorecards seiner strategischen Geschäftseinheiten zu beurteilen.

Hat man auf Basis einer konsistenten Analyse die Strategie rekonstruiert und in operative Parameter (Driver, Metriken, Ziele) überführt, hat man ein exzellentes Instrumentarium zur Hand. Die solcherart entwickelte Scorecard fasst – vergleichbar dem Cockpit eines Düsenjets – alle wichtigen Parameter zur Situationsbestimmung des Unternehmens zusammen und zeigt dem Management Abweichungen und Handlungsbedarf frühzeitig an.

---

[4] Quelle: Kaplan/Norton, Strategiefokussierte Organisation

Kaskadierungsprozess: Zum Abschluss der Konzeptdarstellung soll noch ein wichtiger praktischer Aspekt genannt werden. Bisher wurde von *einer* Scorecard gesprochen. Tatsächlich handelt es sich in der Regel um ein Scorecard-*System*. Um die Verwirklichung der Strategie effektiv zu unterstützen, müssen die verfolgten Größen für die operativ Handelnden hinreichend konkret sein. Entsprechend sind – ausgehend von der Gesamt-Scorecard – die einzelnen Elemente auf die Teileinheiten herunterzubrechen. Abb. 7.14 skizziert das Vorgehen. Wo dieser Kaskadierungsprozess endet – es kann die Abteilung und sogar der einzelne Mitarbeiter sein –, ist anhand einer Kosten-Nutzen-Abwägung unternehmensspezifisch festzulegen.

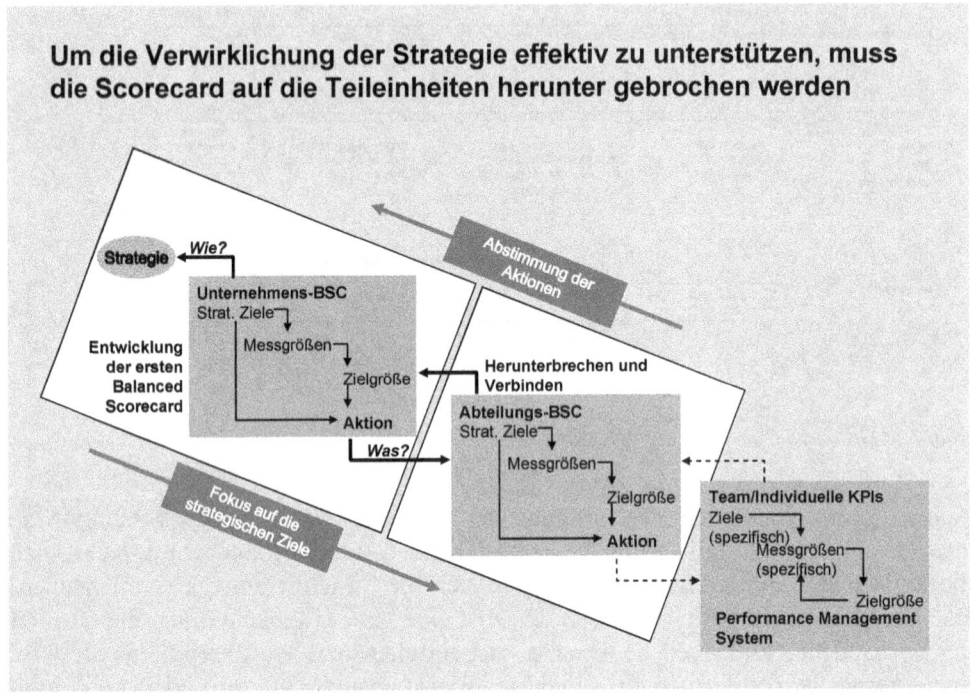

Abb. 7.14 *Kaskadierungsprozess der Balanced Scorecard*

7.4.2 Vorgehen zur Erarbeitung der (Advanced) Balanced Scorecard

Die erstmalige Erarbeitung einer (Advanced) Balanced Scorecard ist ein aufwendiger Vorgang. Er läuft typischerweise in drei Phasen ab: Zunächst ist ein Strategie-Review erforderlich. Anschließend sind die Treiber, Metriken und Ziele zu definieren und abschließend ein Implementierungskonzept zu erarbeiten. Der Zeitbedarf dafür liegt bei drei bis sechs Monaten – je nach Vorbereitungsgrad und Anzahl der Kaskadierungsebenen. Diese auf den ersten Blick lange Zeitspanne ist durchaus anspruchsvoll. Sie setzt ein Team von zwei bis fünf erfahrenen Mitarbeitern sowie die ausdrückliche Unterstützung und hinreichende zeitliche Verfügbarkeit des Managements der betrachteten Einheit voraus.

Phase 1: Strategie Review
In der ersten Phase wird die Strategie in ihren Eckdaten rekonstruiert und ein erster Grobentwurf der Scorecard erarbeitet. Abhängig vom Vorbereitungsgrad ist hierfür von einem Zeitbedarf von ca. drei bis acht Wochen auszugehen:

- **Kick-off-Veranstaltung:** Ausgangspunkt ist eine Veranstaltung mit den Mitgliedern des Kernteams unter Beteiligung des Topmanagements der betrachteten Einheit. Ziel ist es, ein gemeinsames Verständnis und Commitment zu Methodologie, Zeitplan und Ressourcenbedarf zu schaffen.
- **Strategieaufbereitung/-rekonstruktion:** Anschließend werden die Strategie sowie die wesentlichen finanziellen Eckdaten transparent gemacht (bzw. in vielen Fällen zumindest teilweise neu erarbeitet). Dabei ist im Regelfall davon auszugehen, dass noch in nennenswertem Umfang Daten zu Markt, Wettbewerb, Kunden sowie zu Produkten, Technologie und Geschäftsprozessen erhoben werden müssen. Eine gute Unterstützung hierbei kann häufig die eingangs skizzierte Strategy Map leisten. Wichtige Hilfsmittel hierzu sind strukturierte Interviews mit den wichtigsten Entscheidungsträgern. Um die Strategieumsetzung wirkungsvoll unterstützen zu können, ist neben der „objektiven" Strategie auch zu verstehen, welche *Wahrnehmung* der Strategie bei den wesentlichen Entscheidungsträgern vorliegt.
- **Erster Management Workshop:** Aufbauend auf diesen Vorarbeiten sollte ein Workshop mit dem Management der betrachteten Einheit stattfinden. Ziel dieses Workshops ist es, ein gemeinsames Verständnis der Strategie herzustellen und einen ersten Rohentwurf der (Advanced) Balanced Scorecard zu erstellen. In der Praxis sind hier erhebliche Diskussionen zu erwarten, da auch in gut geführten und eingespielten Managementteams häufig ein deutlich unterschiedliches Verständnis über einzelne Strategieelemente (wenn nicht der ganzen Strategie) vorliegen wird. Für eine erfolgreiche Scorecard ist jedoch von essentieller Bedeutung, dass eine weitgehende Akzeptanz wesentlicher Strategieelemente gegeben ist, bevor eine Detaillierung erfolgt.

Endprodukt der ersten Phase ist ein Grobentwurf der Scorecard. Beinahe wichtiger als dieses fassbare „Produkt" ist ein gemeinsames Verständnis von Leitung und Team zur Strategie der betrachteten Einheit.

Phase 2: Definition der Treiber, Metriken und Ziele
Ist ein erster Grobentwurf der Scorecard vorhanden, müssen die einzelnen Elemente verifiziert und konkretisiert werden. Dies ist ein zeitaufwendiger und arbeitsintensiver Vorgang, der vier bis zwölf Wochen in Anspruch nimmt. Wegen der

Vielzahl der Teilaufgaben und der erforderlichen Detailkenntnisse sind die Aufgaben in spezialisierten Subteams durchzuführen:

- **Treiber-Verifikation:** Zunächst müssen die einzelnen Treiber verifiziert werden. Dies hat eine inhaltliche und eine operative Dimension: Auf der inhaltlichen Seite ist sicherzustellen, dass die identifizierten Treiber wirklich relevante Faktoren für den Erfolg des betrachteten Unternehmens sind. Hilfreich kann hier ein Abgleich mit den üblichen Erfolgsfaktoren der Branche oder der Geschäftsart sein.[5] Neben der inhaltlichen Seite ist auch sicherzustellen, dass die gefundenen Größen für die operative Nutzung geeignet sind. Besonders wichtig ist, dass sie hinreichend konkret, messbar und aktiv beeinflussbar sind. Außerdem sollte die Möglichkeit von Zwischenzielen gegeben sein.

- **Entwicklung Metriken:** Anschließend sind geeignete Metriken für die Treiber zu entwickeln. Es gilt messbare und reproduzierbare Größen zu definieren. Auch sollte mit Blick auf die spätere Anwendung darauf geachtet werden, dass die Metriken hinreichend einfach ermittelbar sind, d. h. im Idealfall der Standardberichterstattung zu entnehmen bzw. durch einfache mathematische Umformungen daraus abzuleiten.

- **Bestimmung Zielgrößen:** Schließlich muss für jede Messgröße eine Zielgröße ermittelt werden. Diese muss anspruchsvoll, jedoch erreichbar sein. Außerdem muss sichergestellt sein, dass das jeweilige Ziel für die Messgröße kompatibel mit den strategischen Zielsetzungen ist.

- **Konsolidierung der Teilergebnisse:** Nun folgt der häufig anspruchsvollste Teilschritt: Die Ergebnisse der vorangegangenen drei Schritte müssen konsolidiert werden. In der Praxis ist zu erwarten, dass zunächst zu viele und teilweise widersprüchliche Größen definiert werden. Dies würde die Einfachheit und die Akzeptanz des Instruments erheblich gefährden. Die Konsolidierung ist sowohl intellektuell als auch emotional anspruchsvoll: *intellektuell*, da teilweise sehr komplexe Wechselwirkungen zu berücksichtigen sind; *emotional*, da die einzelnen Subteams häufig die Neigung zeigen werden, ihre Größen wiederfinden zu wollen. Mit Blick auf die Akzeptanz der Ergebnisse ist sicherzustellen, dass ein gemeinsam getragenes Ergebnis gefunden wird. Dies setzt in der Regel intensive Kommunikation und weitere vertiefende Analysen voraus.

- **Zweiter Management Workshop:** Auf Basis dieser umfangreichen Vorarbeiten ist ein zweiter Management-Workshop vorzusehen. In diesem Workshop sollte die
Scorecard verabschiedet werden. Hierzu ist es erforderlich, dass eine gemeinsame Akzeptanz der Beteiligten hinsichtlich der Treiber, Messgrößen und Ziele gegeben ist. Außerdem müssen die Verantwortlichkeiten für die Erhebung der Grö-

---

[5] Allerdings ist eine völlige Übereinstimmung der gefundenen mit den üblichen Faktoren nicht zu erwarten. Eine solche ist eher als ein Warnsignal denn als ein Qualitätsmerkmal zu sehen.

ße und für die Zielerreichung definiert werden. Mit Blick auf spätere Anwendung der Scorecard sollte die Zielerreichung für jede verfolgte Größe jeweils einem Mitglied des Managementteams direkt zugeordnet werden.

Das Endprodukt der zweiten Phase ist eine gemeinsam getragene Scorecard. Dies beinhaltet eine detaillierte Dokumentation für jede Einzelgröße. Die Dokumentation sollte enthalten:

- Die genaue Beschreibung von Treiber, Messgröße und des Zusammenhangs mit der Strategie;
- Frequenz der Erhebung;
- Zielwerte für jeden Messpunkt;
- „Ampelschaltungen", d. h., ab welchen Abweichungen vom Ziel welcher Handlungsbedarf angezeigt werden soll;
- Verantwortlichkeiten für Datenerhebung und Zielerreichung.

Phase 3: Erstellung des Implementierungskonzepts
Nicht unterschätzt werden sollte das Implementierungskonzept. Ohne detaillierte Vorarbeiten ist die erfolgreiche Einführung einer Scorecard in hohem Maße gefährdet. In größeren Organisationen sollte man hierfür einen Zeitbedarf von drei bis fünf Wochen vorsehen. Wichtige Elemente des Implementierungskonzepts sind:

- **Berichtskonzept:** Es ist beispielsweise zu klären, in welchen Intervallen berichtet werden soll (z. B. monatlich oder quartalsweise). In welcher Form und in welchem Umfang? In welchen Gremien?
- **IT-Konzept:** Es ist ein IT-Konzept festzulegen. Ziel ist es, soweit einfach machbar, vorhandene Daten direkt zu übernehmen und auch die verbleibenden Eingabeprozesse weitgehend standardisiert ablaufen zu lassen. Abhängig von der Komplexität der betrachteten Einheit und der vorhandenen Daten-Infrastruktur bieten sich eine einfache, z. B. Excel-basierte Lösung oder die Nutzung einer bereits vorhandenen Data-Warehouse-Lösung an. Wegen des möglicherweise erheblichen Zeitbedarfs sollten die Basisarbeiten zur Vermeidung von Implementierungsverzögerungen schon früher (Phase 1 oder Phase 2) begonnen werden.
- **Implementierungsplan/Kommunikationskonzept:** Ein detaillierter Implementierungsplan und ein stringentes Kommunikationskonzept müssen erstellt werden. Besondere Anforderungen werden an diesen Schritt gestellt, wenn die Scorecard auch zur Incentivierung der Mitarbeiter herangezogen werden soll.
- **Dritter Management Workshop:** Zur Herstellung der Akzeptanz und zur Beschleunigung der Implementierung hat es sich bewährt, das ganze Konzept in einem formalen Management-Workshop zu verabschieden.

Endprodukt der 3. Phase ist eine detaillierte Planung der Einführung, die von den wesentlichen Verantwortlichen gestützt wird. Eine geeignete Vorbereitung (inkl. hinreichender Tests) vorausgesetzt, kann die Einführung anschließend sehr schnell erfolgen. Um den Implementierungserfolg zu sichern, sollten ausgewählte Projektbeteiligte die Einführungsphase teilzeitig begleiten.

7.4.3   Beispiel einer erfolgreichen (Advanced) Balanced Scorecard

Um das Konzept der (Advanced) Balanced Scorecard zu veranschaulichen, wird im Folgenden eine konkrete Praxisanwendung vorgestellt. Genutzt wird hierfür die (Advanced) Balanced Scorecard, die für eine weltweit agierende Serviceeinheit eines Großkonzerns sehr erfolgreich implementiert wurde.

Die oberste Ebene der Scorecard der Geschäftseinheit zeigt Abb. 7.15. Die betrachteten Perspektiven sind neben der finanziellen Ebene die internen Prozesse, „Kunden und Märkte" sowie „Mitarbeiter und Innovation". Diesen Perspektiven sind jeweils mehrere, für den Geschäftserfolg der Einheit wesentliche Treiber zugeordnet.

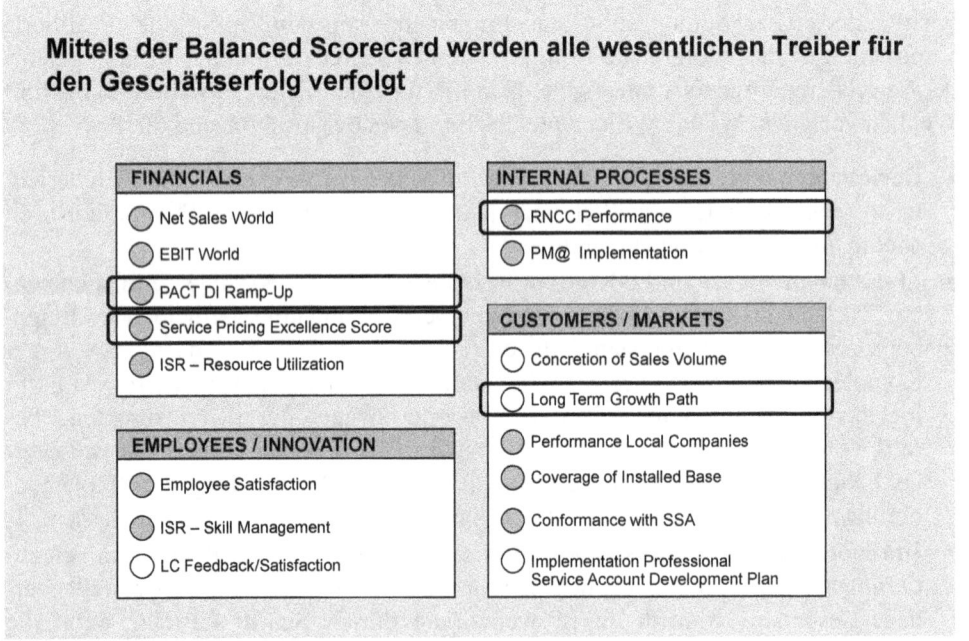

Abb. 7.15 *(Advanced) Balanced Scorecard einer Serviceeinheit eines Großkonzerns*

Der in Abb. 7.15 dargestellte Status soll anhand von vier Treibern erläutert werden (in der Abbildung durch Rahmen markiert):

Der Treiber PACT DI Ramp-Up gibt den Implementierungsstatus des weltweiten Produktivitätssteigerungsprogramms wieder. Messgrößen sind hier der Anteil der mit Härtegrad 5 und Härtegrad 4 vorliegenden Maßnahmen zur Produktivitäts-steigerung sowie der Forecastwert für den Ergebnisbeitrag der Maßnahmen für das gesamte Geschäftsjahr. Da alle Teilziele erreicht wurden, ist der Indikator („Ampel") der Gesamt-Scorecard auf „grün". Es besteht somit für das Thema Produktivitätssteigerung kein Handlungsbedarf für das Topmanagement der Einheit.

Der Treiber Service Pricing Excellence Score beschreibt den Fortschritt für die Implementierung des Pricing-Projekts. Wegen seiner hohen Bedeutung für die Verbesserung der Service Marge ist das Pricing-Projekt ein zentrales Element der Strategie. Um eventuelle Implementierungsstörungen frühzeitig zu identifizieren, wurde eine spezielle Messgröße – der Service Pricing Excellence Score – entwickelt. Dieser Score wird für alle wichtigen Länder ermittelt. Messgröße in der Scorecard ist der „Gesamtscore Welt". Dieser wird mit dem Fortschrittsziel zu einem bestimmten Zeitpunkt verglichen und daraus die Ampelschaltung abgeleitet. Die besondere Eignung dieses Indikators liegt darin, dass Störungen bereits identifiziert werden können, lange bevor das eigentliche Ziel – Verbesserung der Marge – eintritt. Damit wird dem Management frühzeitig die Möglichkeit zu Korrekturmaßnahmen gegeben. Die fokussierte Ausrichtung der Korrekturmaßnahmen wird dadurch stark erleichtert, dass durch eine Vertiefungsanalyse sehr einfach die Länder oder Einheiten festgestellt werden können, deren Implementierungsfortschritt ungenügend ist.

Der Treiber RNCC Performance beschreibt den Implementierungsfortschritt bei einem zentralen Element der Neuausrichtung, der weltweiten Wertschöpfungskette. Metriken sind verschiedene Leistungsdaten für den Service-Prozess, wie etwa die „First Time Fix Rate". Auch hier kann gut der vorauseilende Charakter des Indikators gesehen werden: Er zeigt deutlich vor einer Verschlechterung der Kundenzufriedenheit und vor einem Nicht-Eintritt von Kostensenkungen an, dass Handlungsbedarf besteht.

Das letzte der vier Treiber-Beispiele ist Long Term Growth Path. Ausgangspunkt ist das strategische Ziel, zur langfristigen Wachstumssicherung in ein neues Marktsegment einzutreten. Als (Zwischen-)Ziel bei der Verwirklichung dieser Strategie wurde ein bestimmtes Umsatzvolumen im Folgejahr angesetzt. Um die Wahrscheinlichkeit der Erreichung dieser Ziele zu beurteilen, wurden die Umsatzsteigerungsmaßnahmen nach Härtegraden klassifiziert und mit der SOLL-Entwicklung (aus einem Prognosemodell) verglichen. Im Beispiel ist zu erkennen, dass die zum Betrachtungszeitpunkt vorliegenden Aktionen die Erreichung dieses Zwischenziels als gefährdet erscheinen lassen. Durch den frühzeitigen Hinweis auf Handlungsbedarf besteht die Möglichkeit, durch Intensivierungsmaßnahmen die potentielle Planabweichung zu vermeiden.

Neben geeigneten Treibern ist ein laufender Reviewprozess Schlüsselvoraussetzung für eine effektive Scorecard. Die nachfolgende Abbildung skizziert das in diesem Beispiel gewählte Vorgehen.

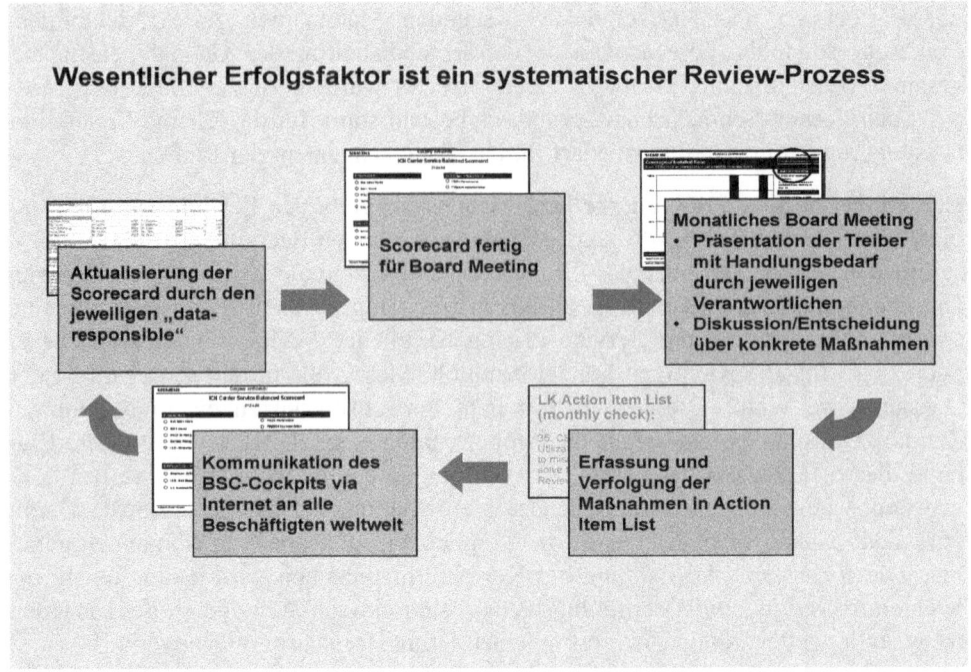

Abb. 7.16 *Praxisbeispiel: Reviewprozess zur (Advanced) Balanced Scorecard*

Monatlich wurde für alle Treiber der aktuelle Status erfasst und die eingangs vorgestellte Scorecard aktualisiert. Die Scorecard wurde im obersten Führungsgremium
durchgesprochen. Für Fälle, in denen Handlungsbedarf angezeigt wurde („gelbe"
und „rote" Ampel), wurde vom jeweiligen für den Treiber verantwortlichen Leitungskreismitglied der Status erläutert und Korrekturmaßnahmen vorgeschlagen.
Auf dieser Basis wurden konkrete Aktionen beschlossen und diese systematisch
verfolgt.

Unmittelbar im Anschluss an die Durchsprache wurde der Gesamtstatus der Scorecard allen Mitarbeitern via Intranet zur Verfügung gestellt und ggf. größere neue
Maßnahmen erläutert. Damit wurde die nötige unternehmensweite Transparenz über
den Status der Strategieumsetzung geschaffen und außerdem die Themen mit dem
größten Handlungsbedarf eindeutig kommuniziert. Letzteres ermöglichte es den
Mitarbeitern, die Aktivitäten in ihrem Arbeitsfeld richtig zu bewerten, und ihren
Beitrag zur Umsetzung der Strategie zu fokussieren, womit auch die Verwirklichung
des Anspruchs, Strategie zu „everyone's everyday job" zu machen, unterstützt wurde.

7.4.4   Breiter Nutzen der (Advanced) Balanced Scorecard

Eine Vielzahl von Anwendungserfahrungen zeigt, dass eine erfolgreich eingeführte (Advanced) Balanced Scorecard sehr gut geeignet ist, den Feedback-Prozess in Unternehmen zu unterstützen. Die Erfolge sind insbesondere auf folgende Nutzenwirkungen zurückzuführen:

- **Verknüpfung der Strategie mit dem Tagesgeschäft:** Die (Advanced) Balanced Scorecard wird direkt aus der Strategie abgeleitet, d. h. die Strategie wird anhand von Messgrößen operationalisiert. Damit wird es möglich, die Umsetzung der Strategie direkt an den Parametern des Tagesgeschäfts zu messen und dem einzelnen Mitarbeiter seinen Beitrag zur Erreichung der Unternehmensziele zu verdeutlichen.
- **Erfassung auch nicht-finanzieller Erfolgsfaktoren:** Sucht man nach wesentlichen Faktoren für den wirtschaftlichen Erfolg eines Unternehmens, fällt auf, dass ein erheblicher Teil dieser Parameter nicht (direkt) in Geld gemessen werden kann. Ein umfassendes Instrumentarium muss auch solche Faktoren – wie z. B. Prozessperformance, Marktanteile, Kundenzufriedenheit – berücksichtigen, da sich auch hieraus wesentliche Chancen und Bedrohungen für das Unternehmen ergeben können. Dies kann die (Advanced) Balanced Scorecard in hervorragender Weise leisten.
- **Fokus auf (noch) gestaltbare zukunftsorientierte Größen:** Eng mit dem vorangegangenen Aspekt ist verbunden, dass wesentlich auf solche Indikatoren zurückgegriffen wird, die vorlaufenden Charakter haben, also Abweichungen anzeigen, lange bevor sie sich in verschlechterten Geschäftszahlen zeigen.
- **Reduktion der Geschäftskomplexität auf handhabbares Maß (Einfachheit):** Gerade in der Managementsituation mit hohem Zeitdruck bei begrenzten Managementressourcen sind Instrumente erforderlich, die Führungskräften helfen, sich auf die wirklich entscheidenden Steuergrößen zu fokussieren und Handlungsbedarf dort einfach zu erkennen.
- **(Fokussierte) Mobilisierung der Mitarbeiter:** Die (Advanced) Balanced Scorecard zeigt den Mitarbeitern die strategierelevanten Themen in den Parametern des Tagesgeschäfts. Damit unterstützt sie die strategiekonforme Ausrichtung der Einzelaktivitäten des Mitarbeiters. Strategie wird zu „everyone's everyday job".
- **Strategieorientierte Performance-Messung:** Die (Advanced) Balanced Scorecard ordnet klare Verantwortlichkeiten für die zu verfolgenden Ziele zu und misst die zugehörige Zielerreichung. Damit ist eine gute Möglichkeit zur Performance Messung bis hin zur Incentivierung gegeben.[6]

---

[6] Ob und inwieweit diese Möglichkeiten genutzt werden sollten, ist fallspezifisch zu entscheiden. Insbesondere die Nutzung zur Incentivierung setzt eine nennenswerte Stabilität der Größen hinsichtlich Art und Messung voraus. Dies legt es nahe, die Verbindung erst in einem zweiten Schritt vorzusehen.

7.4.5   Sieben Fallstricke vermeiden

Die (Advanced) Balanced Scorecard hat sich in einer Vielzahl von Unternehmens-
anwendungen als sehr erfolgreich erwiesen. Gleichzeitig gibt es durchaus auch Be-
richte über wenig erfolgreiche oder eingestellte Scorecard-Initiativen. Um solche
Misserfolge zu vermeiden, sollten folgende Fallstricke vermieden werden:

1. Fehlendes Commitment bzw. fehlende Einbindung der obersten Führung
Der wahrscheinlich wichtigste Grund für ein Scheitern ist ein fehlendes Commit-
ment der obersten Führung. Dieses Problem tritt oft dann auf, wenn das Scorecard-
Projekt vollständig auf eine mittlere Ebene des Managements delegiert wird. Dies
wird häufig dadurch begünstigt, dass Scorecard-Initiativen als ein Kennzahlen- oder
Performance-Measurement-Projekt (miss-)verstanden werden.

Die Einbindung des mittleren Managements ist aufgrund seiner differenzierten
Kenntnis der Strukturen und Prozesse und zur Vermeidung einer Überlastung des
Topmanagements wertvoll. Gleichwohl ist die Teilhabe der obersten Führung aus
verschiedenen Gründen unverzichtbar: So wird die Strategie einer Organisation
letztlich durch die oberste Führung artikuliert. In der mittleren Ebene liegt im Normalfall kein solches Verständnis der Strategie vor, das es erlauben würde, die vielfältigen Vereinfachungen einer Scorecard zutreffend durchzuführen.

Wichtiger noch als die *fachliche* Komponente ist die *emotionale* Verpflichtung der
obersten Führung. Sie entscheidet letztlich darüber, ob entsprechende Zeitbudgets
zur Erarbeitung und zur laufenden Durchführung von Reviews zur Verfügung gestellt werden. Außerdem hat sie im Normalfall entscheidenden Einfluss auf die
Ernsthaftigkeit, mit der die Beteiligten das Thema betreiben.

Um das Commitment zu erreichen, ist eine breite Einbeziehung des Topmanagements bereits in einer frühen Phase der Erarbeitung der Scorecard sicherzustellen.

2. Fehlende Teilhabe der Mitarbeiter
Zwar sollte die Erarbeitung der Scorecard aus Gründen der Effizienz auf eine geringe Anzahl von Mitarbeitern beschränkt werden. Gleichzeitig muss jedoch sichergestellt werden, dass die Grundelemente der Strategie, das Wissen über die Schlüssel-
prozesse der Organisation und die (aus dem jeweiligen „Treiber-Status" abgeleiteten) Handlungsschwerpunkte des Unternehmens breit bekannt sind. Dies ist entscheidend dafür, dass die einzelnen Initiativen stimmig mit der Gesamtausrichtung
sind. Vereinfacht ausgedrückt: „Make strategy everyone's everyday job". Einer breiten Kommunikation kommt damit große Bedeutung zu.

3. Dogmatische Anwendung
Ein verbreiteter Fehler ist die unreflektierte Übernahme des Konzepts in all seinen
Facetten. Das Konzept der (Advanced) Balanced Scorecard stellt einen Denkrahmen
dar, der unternehmensspezifisch ausgestaltet werden muss. Ziel ist es, die Verwirkli-

chung der Strategie zu unterstützen. Hierfür kann es z. B. durchaus zweckmäßig sein, Anzahl oder Inhalt der Perspektiven zu verändern. Dies gilt in besonderem Maße für Scorecards unterer Ebenen. Wichtig ist allerdings, dass die Konzeptänderung eine bewusste und fundierte Entscheidung ist.

4. Ungeeignete Komplexitätsreduktion (vor allem: zu viele Treiber-Größen)
Ein zentrales Merkmal der Scorecard ist, dass sie die komplexe Führungssituation auf eine begrenzte Anzahl von Treibern reduziert. Ein möglicher Fehler besteht darin, dass diese Reduktion übertrieben wird und nur wenige Treiber und Perspektiven betrachtet werden. Damit entsteht die Gefahr, dass wesentliche Entwicklungen durch das Instrumentarium nicht erkannt werden. Außerdem wird die generelle Akzeptanz des Tools bei den Beteiligten untergraben, wenn die Einschätzung aufkommt, dass ohnehin nur ein Teil der relevanten Punkte betrachtet wird.

Bei einer intensiven Erarbeitung ist allerdings die Gefahr ungleich größer, dass *zu viele* Treiber verwendet werden. Dies gilt in besonderem Maße, wenn die Erarbeitung mit einer (an sich gewünschten) breiten Einbindung von Unternehmensfunktionen erfolgt. Eine zu hohe Zahl von Größen macht die Datenbeschaffung für die Aktualisierung aufwendiger und vor allem den Zeitbedarf für Durchsprachen deutlich größer. Dies begünstigt geringeren Tiefgang der Reviewmeetings oder deren geringere Frequenz. Beides gefährdet u. a. das Ziel, geeignete Gegenmaßnahmen frühzeitig einzuleiten – und damit die Qualität der Steuerungsfunktion.

5. Häufiger Wechsel der Verantwortlichen
Der vollständige Erfolg der (Advanced) Balanced Scorecard setzt kontinuierliche Anwendung und personifizierte Verantwortung voraus. Dies wird in erheblichem Masse gefährdet, wenn es zu häufigeren Wechseln innerhalb des Schlüsselpersonals kommt. Schlüsselfunktionen bei einer (Advanced) Balanced Scorecard sind das Topmanagement, die Verantwortlichen für die einzelnen Treiber und der Verantwortliche für die operative Durchführung der Reviews.

6. Scorecard als einmaliges Projekt
Die Betrachtung der Scorecard als einmaliges Projekt gefährdet den Erfolg in zweierlei Hinsicht. Zum einen begünstigt es eine Überperfektion: Es wird eine perfekte Scorecard angestrebt. Der damit verbundene Ressourceneinsatz und der hohe Zeitbedarf zwischen Erarbeitung und erster Anwendung machen Ermüdungserscheinungen wahrscheinlich. Das Beste wird zum Feind des Guten. Ein (gewisses) Learning by Doing führt oft zu wesentlich besseren Ergebnissen. Zum anderen wird dadurch die laufende Fortentwicklung – die angesichts laufender Veränderungen in der Unternehmensumwelt wesentliche Erfolgsvoraussetzung ist – tendenziell behindert.

7. Einsatz unerfahrener Berater
Mangels eigener Expertise und Ressourcen bedienen sich viele Unternehmen bei der Einführung der Unterstützung externer Berater. Da das Thema Balanced Scorecard in gewisser Weise en vogue ist, wird es von vielen Beratern angeboten – darunter

auch von solchen, die über keine nennenswerte Anwendungserfahrung verfügen. Der Einsatz solcher Berater ist im Normalfall ein sicheres Rezept für einen Misserfolg. Entsprechend sollte bei der Auswahl des Beraters dieser Punkt sorgfältig geprüft werden.

8 Zusammenfassung: Spitzenleistungen durch professionelles Management

In den vorangegangenen sieben Kapiteln wurden der Gesamtprozess des Managements weltweiter Geschäfte sowie wesentliche Konzepte und Instrumente zu dessen Unterstützung vorgestellt. Standen bisher einzelne Konzepte und deren zweckmäßige Anwendung in der Unternehmenspraxis im Vordergrund, wird jetzt der Blick wieder auf das Ganze gerichtet. Es werden die beschriebenen Themen in den Gesamtkontext des Managementprozesses eingeordnet.

Keine Patentrezepte, sondern unternehmensspezifische Lösungen
Zur Einordnung ist zunächst zu berücksichtigen, dass es keine Patentrezepte, keine Bündel an Managementmaßnahmen gibt, welche für alle Unternehmen gleich gelten. Wie bereits dargelegt: Die internen Strukturen und Prozesse – und vor allem die Menschen – unterscheiden sich zwischen den Unternehmen; ebenso die Markt- und Wettbewerbskräfte, die auf das Unternehmen wirken. Eine dogmatische Sicht trägt der Vielfalt der Unternehmensrealität nicht angemessen Rechnung oder ist sogar kontraproduktiv.

Die vorgestellten Instrumente und Konzepte sollen daher nicht im Sinne einer Checkliste verstanden werden, die eins zu eins abzuhaken ist. Vielmehr ist, abhängig von der konkreten Unternehmenssituation und den bereits eingesetzten Instrumenten, eine bewusste Entscheidung über Einsatz oder Nicht-Einsatz zu treffen.[1]

Breiter Nutzen eines professionellen Managements
Aus Sicht des General Managers ist die Kernfrage: Was bringt dem Unternehmen die Nutzung der dargestellten Instrumente und Konzepte?

Um diesen Nutzen zu verdeutlichen, werden im Folgenden wesentliche Wirkungen eines professionellen Managements zusammengefasst. Es wird aufgezeigt, wie bzw.

---

[1] Dies soll allerdings nicht dahingehend (miss-)verstanden werden, dass die dargestellten Elemente beliebig sind. Die vielen erfolgreichen Praxisanwendungen legen nahe, dass zumindest ein Großteil der Werkzeuge für jedes Unternehmen hilfreich ist.

an welcher Stelle die vorgestellten Instrumente und Konzepte dazu beitragen können, den Managementprozess effektiver zu machen. Die Darstellung ist untergliedert in fünf wesentliche Nutzenwirkungen, die professionelles Management dem Unternehmen bringt.

Nutzen 1: Vorausschauende Analyse lässt Probleme bzw. Chancen frühzeitig erkennen

Eine frühzeitige Identifikation von Problemen und Chancen ist oft unverzichtbar, um effektive Maßnahmen ergreifen zu können. In jedem Falle schafft sie bessere Möglichkeiten, um durchdachte Aktionen zu initiieren. Klar ist, dass unter Praxisbedingungen immer überraschende Störungen auftreten werden, auf die kurzfristig reagiert werden muss. Wichtig ist jedoch, eine Häufung von „Crash-Aktionen" aufgrund „überraschender" Störungen zu vermeiden.

Die frühzeitige Identifikation von Chancen und Bedrohungen beginnt mit einer systematischen Strategieerarbeitung (dargestellt in Kapitel 3) und setzt sich mit einem leistungsfähigen Risikomanagementsystem (Kapitel 4) fort.

Unterstützt wird die frühzeitige Identifikation durch die Vielzahl der vorgestellten Werkzeuge zur Umfeld- und Unternehmensanalyse (Kapitel 5). Portfoliotechniken erlauben es, drohende Schieflagen – aber auch potentielle Chancen – frühzeitig zu identifizieren, und damit die Möglichkeit für ein frühzeitiges Agieren zu geben. So können durch marktorientierte Portfolios zukünftige Liquiditätsprobleme antizipiert werden. Die Technologie-Portfolio-Methode erlaubt es, technologische Trendbrüche zu erkennen, lange bevor sie sich in – möglicherweise unternehmensgefährdenden – Marktveränderungen manifestieren. Mittels des Five-Forces-Konzepts kann das Wettbewerbsumfeld systematisch auf potentielle Chancen und Bedrohungen analysiert werden.

Die proaktive Steuerung wird auch unterstützt durch das Konzept der vorauseilenden Indikatoren, welches Kapitel 7 zugrunde liegt. In Ergänzung der üblicherweise genutzten (vergangenheitsorientierten) finanziellen Größen und Budgets erlauben sie es, Probleme zu erkennen, lange bevor sie sich in schlechten Zahlen manifestieren – und ermöglichen damit effektive Korrekturmaßnahmen.

Nutzen 2: Balance zwischen operativen und strategischen Aspekten:

In vielen Unternehmen wird der gesamte Managementprozess um Budget und operative Planung herum konzipiert. Managementmeetings beschäftigen sich den größten Teil ihrer Zeit mit dem zugehörigen SOLL-IST-Vergleich – letztlich einer Abweichungsanalyse *vergangener* Leistungen und Aktivitäten. Klar ist, dass die Vernachlässigung operativer Aspekte, z. B. das Verfehlen von kommunizierten Quartalszielen, gravierende Probleme für Unternehmen und Manager schaffen kann. Entsprechend ist nicht problematisch, dass man sich mit diesem operativen Vergleich beschäftigt, sondern dass strategische Aspekte – und damit die langfristige Wertschaffung – einen zu kleinen Raum einnehmen.

Erreicht wird die Balance durch die systematische Verbindung strategischer Ziele mit den Aktivitäten des Tagesgeschäfts im Rahmen der (Advanced) Balanced Scorecard (Kapitel 7). Die gleichgewichtige Berücksichtigung wird weiter unterstützt durch konsistente Unternehmensprogramme, wie sie zur Implementierung von Verbesserungsinitiativen in Kapitel 4 und 6 vorgestellt wurden. Letztere übersetzen die Strategie in operative Aktivitäten und ermöglichen es, weltweit verteilte Aktivitäten so zu koordinieren, dass die Gesamtziele des Unternehmens erreicht werden.

Nutzen 3: Permanenter, kontrollierter Umgang mit Risiken
Beim Umgang mit Risiken ist grundsätzlich zu berücksichtigen, dass nichts ohne Risiko geschieht, dass aber auch ohne Risiko nichts geschieht. Entsprechend ist das Ziel eines Risikomanagements nicht die völlige Vermeidung von Risiken, sondern ein permanenter, kontrollierter Umgang mit Risiko.

Ein Risikomanagement in der in Kapitel 4 vorgestellten Form unterstützt dies. Es beinhaltet die laufende Beurteilung und Gestaltung von wesentlichen Risiken hinsichtlich ihrer Auswirkungen auf die Gesamtrisikoposition des Unternehmens. Durch systematische Strukturierung, Priorisierung und Steuerung von Risiken kann mit vertretbarem Aufwand die risiko-optimale Positionierung des Unternehmens erreicht bzw. erhalten werden.

Nutzen 4: Fallweiser Mut zu großen Schritten
Laufende graduelle Verbesserungen sind ein Kernelement zur Erhaltung der Wettbewerbsfähigkeit. Die ausschließliche Beschränkung auf kleine Verbesserungen birgt jedoch die Gefahr, zu kurz zu springen. Mitunter sind große Schritte unverzichtbar, etwa um sich nachhaltig vom Wettbewerb abzusetzen oder im Falle eines Turnarounds große Lücken zu schließen. *Die Beschäftigung mit der Deckbestuhlung hätte die Titanic nicht gerettet!*

Um grundlegende Verbesserungen zu erreichen, sind ganzheitliche Ansätze erforderlich. Solche Ansätze, wie z. B. ein integriertes Komplexitätsmanagement oder Redesign weltweiter Wertschöpfungsketten, wurden in Kapitel 6 vorgestellt. Viele erfolgreiche Beispiele zeigen es: Mit diesen Instrumenten ist es möglich, Quantensprünge in Kosten, Zeit und Qualität zu erreichen und so auch große Lücken zu schließen oder signifikante Wettbewerbsvorteile auf- bzw. auszubauen.

Nutzen 5: Unternehmenswertsteigerung als „everyone's everyday job"
Nachhaltige Unternehmenswertsteigerung setzt die zielgerichtete Unterstützung durch die Mitarbeiter voraus. Ideen und Gestaltungspotential der Mitarbeiter sollten genutzt werden. Mitarbeiter sind fähiger und williger, als viele Unternehmen bzw. Führungskräfte glauben. Eine wichtige Voraussetzung zur Nutzung dieses Potentials ist, dass die Mitarbeiter die Strategie hinreichend kennen und verstehen. Die zu geringe Beschäftigung mit Strategie und deren fehlender Operationalisierung macht sie jedoch in vielen Unternehmen zu einem mehr oder weniger virtuellen „Geheimpapier" des Managements. Um Strategie Wirklichkeit werden zu lassen, müssen alle

Teileinheiten des Unternehmens und alle Aktivitäten seiner Mitarbeiter auf die Verwirklichung ausgerichtet werden bzw. zumindest konsistent mit der Strategie sein. Strategie muss „everyone's everyday job" werden.

Wesentlich dazu beitragen können ein systematischer Strategieentwicklungsprozess (Kapitel 3) und die (Advanced) Balanced Scorecard (Kapitel 7). Letztere ermöglicht es in besonderer Weise, die Verbindung zwischen der Gesamtstrategie und den einzelnen Aktivitäten des Tagesgeschäfts herzustellen. Damit erlaubt sie es, die Brücke zu schlagen zwischen den Aktivitäten des einzelnen Mitarbeiters und einer sonst (für ihn) nicht greifbaren Gesamtunternehmenszielsetzung. Außerdem identifiziert sie für alle Mitarbeiter – vom Topmanagement bis zur operativen Ebene – die strategierelevanten Themen und den wesentlichen Handlungsbedarf des Unternehmens.

Die wesentlichen Nutzenwirkungen eines professionellen Managements sind in Abb. 8.1 zusammengefasst.

Professionelles Management bringt vielfältigen Nutzen

Professionelles Management ...	statt	... kurzfristig orientierte, wenig systematische Steuerung von Einzelaspekten
Vorausschauende Analyse lässt viele Probleme frühzeitig erkennen	...	Viele „überraschende" Störungen erfordern Crash-Aktionen
Balance zwischen operativen und strategischen Aspekten	...	Dominanz kurzfristiger (Quartals-) Orientierung
Permanenter, kontrollierter Umgang mit Risiken	...	Kein Riskomanagement bzw. „No risk, no fun" bzw. „Vermeidung aller Risiken"
Fallweiser Mut zu großen Schritten	...	Bloße Beschränkung auf kleine Verbesserungen
Unternehmenswertsteigerung als „everyone's everyday job"	...	Gestaltungspotential der Mitarbeiter wenig genutzt bzw. wenig gerichtet

Abb. 8.1 Nutzen eines professionellen Managements

Einfachheit als Gestaltungsprinzip

Ein anderer Blickwinkel ist die Frage nach den inhaltlichen Gemeinsamkeiten der Instrumente und Konzepte. Mit allen Vorbehalten, die generalisierende Aussagen begleiten sollten, lässt sich als roter Faden „Einfachheit" erkennen – Einfachheit als

Gestaltungsprinzip: Die Einfachheit beginnt bei der Planung. Sie wird durch Verzicht auf unnötiges Detail kostengünstiger, genauer und schneller. Auch die Ausrichtung von Verbesserungsmaßnahmen ist an vielen Stellen durch Einfachheit geprägt. So sorgt ein einfaches Produktprogramm oft für Wachstum ("Wachstum durch Verzicht"). Beim Komplexitätsmanagement zielen die leistungsfähigsten Maßnahmen darauf ab, Komplexität zu vermeiden, statt sie (aufwendig) zu beherrschen. Die Vereinfachung der Prozesse ist ein wesentlicher Ansatz zur grundlegenden Kostensenkung im Rahmen des Redesigns der Wertschöpfungsketten. Einfachheit zeichnet auch effektive Kontrollen aus. Besteht ein konsistentes Zielsystem, dann können Kontrollen auf wenige Kernparameter beschränkt werden, statt – aufwendig und für die Mitarbeiter oft demotivierend – viele Details zu überwachen.

Einfachheit als Gestaltungsprinzip darf freilich nicht mit Einfachheit der Werkzeuge verwechselt werden. Das völlig schmerzfreie, aufwandsarme Instrument, welches alles richtet, existiert allenfalls in den Hochglanzbroschüren mancher Berater. In der Realität ist der Weg zur Einfachheit häufig schwierig, erfordert Arbeit und Konsequenz.

*****

Damit ist das Ende dieses Buches erreicht. Es ist klar geworden, dass ein professioneller Managementprozess in der Lage ist, die Leistungsfähigkeit von Unternehmen in signifikanter Weise zu steigern und Quantensprünge in Wachstum und Ertrag zu erreichen.

Eine Vielzahl von Beispielen zeigt es: Es ist nicht einfach – aber einfacher als man glaubt, Probleme und Chancen frühzeitig zu erkennen, die Balance zu schaffen zwischen operativen und strategischen Aspekten, mit Risiken kontrolliert umzugehen, Mut zu großen Schritten aufzubringen und die Unternehmenswertsteigerung zu "everyone's everyday job" zu machen.

Die Beispiele haben auch gezeigt: Werden leistungsfähige Instrumente und Konzepte mit harter Arbeit und Konsequenz kombiniert, dann sind Spitzenleistungen die beinahe zwangsläufige Folge!

Abbildungsverzeichnis

Abb. 2.1 Ebenen der Unternehmensführung 8

Abb. 2.2 Management weltweiter Geschäfte 10

Abb. 2.3 Entwicklung der weltweiten Exporte 12

Abb. 2.4 Entwicklung der Bruttowertschöpfung in Europa nach Sektoren 13

Abb. 2.5 Bedeutung der Leistungskomponenten im Produkt-Lebenszyklus 14

Abb. 2.6 Potentielle Optimierungssituationen international tätiger
Unternehmungen 18

Abb. 3.1 Grundprinzip des Managementprozesses 22

Abb. 3.2 Beispiel: Themen des Planungs- und Kontrollprozesses..................... 23

Abb. 3.3 Elemente einer systematischen strategischen Planung 25

Abb. 3.4 Elemente der Umfeldanalyse... 26

Abb. 3.5 Beispiele für disruptive Technologien... 28

Abb. 3.6 PESTEL-Analyse 29

Abb. 3.7 Grundprinzipien der Strategieformulierung 33

Abb. 3.8 Wert von Marken... 37

Abb. 3.9 Strategischer Würfel.. 38

Abb. 3.10 Optionen zur Konfiguration des Gesamtunternehmens....................... 40

Abb. 3.11 Verwandtschaftsgrad von Geschäften 41

Abb. 3.12 Möglichkeiten der Bedienung von Auslandsmärkten 45

Abb. 3.13 Strategiespektrum international agierender Unternehmen 46

Abb. 3.14 Merkmale internationaler Strategien 48

Abb. 3.15 Potentielle Interessenträger 50

Abb. 3.16 Die strategische Position des traditionellen Möbeleinzelhandels.......... 51

Abb. 3.17 Erfolgsfaktoren einer Kostenführerschaft bzw.
einer Differenzierungsstrategie 52

Abb. 3.18 Entwicklung von Geschäftsstrategien 54

Abb. 3.19 Strategieprozess „gelenkte Evolution" 56

Abb. 3.20 Überblick über grundlegende Steuerungsprinzipien 59

Abb. 3.21 Beispiel für Zielsystem zum Geschäftswertbeitrag 60

Abb. 3.22 Prinzip der rollierenden Planung 63

Abb. 3.23 Prinzip der revolvierenden Planung 63

Abb. 3.24 Phasen des Budgetierungsprozesses 64

Abb. 3.25 Ableitungsrichtung von Budgets in der Unternehmenspraxis 67

Abb. 3.26 Praxisbeispiel: Budgetplanungs- und -verabschiedungsprozess 68

Abb. 3.27 Mögliche Kontrollformen 75

Abb. 3.28 Grundkonzept der Strategischen Kontrolle 76

Abb. 3.29 Beispiele für Prämissen 77

Abb. 3.30 Prinzipdarstellung des Forecast-Prozesses 82

Abb. 3.31 Beispiel eines operativen Reviewprozesses 84

Abb. 3.32 Ausprägung der Controlling Merkmale
bei verschiedenen Strategietypen 86

Abb. 3.33 Prozess zur Verwirklichung der Unternehmensziele 88

Abb. 4.1 Management geschäftsführender Einheiten 93

Abb. 4.2 Praxisbeispiel: Inhalte eines Business Target Agreements 97

Abb. 4.3 BTA als Transmissionsmechanismus für die Unternehmensziele 98

Abb. 4.4 Rolle von Programmen im internationalen Kontext 100

Abb. 4.5 Praxisbeispiel: Gesamtprogramm einer Geschäftseinheit (1) 102

Abb. 4.6 Praxisbeispiel: Gesamtprogramm einer Geschäftseinheit (2) 102

Abb. 4.7 Elemente eines Risikomanagement-Systems 106

Abb. 4.8 Beispiel Risiko-Checkliste 107

Abb. 4.9 Strategien zur Risikosteuerung 108

Abb. 4.10   Bildung von Risikoklassen 111

Abb. 4.11   Analysedimensionen eines Risikomanagements 112

Abb. T2.1   Der Werkzeugkasten für das Management weltweiter Geschäfte 117

Abb. 5.1   Vergleichsobjekte eines Benchmarking 122

Abb. 5.2   Kosten-Benchmarking mit dem Wettbewerb 123

Abb. 5.3   Analysebeispiel zu Reverse Engineering 124

Abb. 5.4   Kostenvergleich auf Basis eines Reverse Engineering 125

Abb. 5.5   Effektive Personalkosten 126

Abb. 5.6   Beispiel: Kostenlücke nach Ursachen 127

Abb. 5.7   Berechnung der dynamischen Kostenlücke 128

Abb. 5.8   Phasen eines Benchmarking-Projekts 131

Abb. 5.9   Positionierungen innerhalb der Marktwachstums-
              Marktanteils-Matrix 134

Abb. 5.10   Produktlebenszyklus 135

Abb. 5.11   Normstrategien der Marktwachstums-Marktanteils-Matrix 136

Abb. 5.12   Normstrategien der Marktattraktivitäts-
               Geschäftsfeldstärken-Matrix 138

Abb. 5.13   Value-Creation-Matrix 139

Abb. 5.14   Konzept der wertorientierten Lückenanalyse 140

Abb. 5.15   BCG Ampelportfolio 141

Abb. 5.16   Teilmatrix zur Ermittlung des strategischen Potentials 142

Abb. 5.17   Scoring-Model zur Ermittlung des strategischen Potentials 143

Abb. 5.18   Teilmatrix zur Ermittlung des Wertschaffungspotentials 144

Abb. 5.19   Normstrategien zum BCG Ampelportfolio 145

Abb. 5.20   Vorgehen zur Technologie-Portfolio-Analyse 146

Abb. 5.21   Technologie-Portfolio nach Pfeiffer 148

Abb. 5.22   Handlungsempfehlungen auf Basis der Technologie-
               Portfolio-Analyse 150

Abb. 5.23   Porters Five-Forces-Konzept 156

Abb. 5.24   Wertkette eines Unternehmens..159

Abb. 5.25   Vorgehen zur Durchführung der Wertkettenanalyse..........................162

Abb. 5.26   Praxisbeispiel zur Source of Change...164

Abb. 5.27   Basismodell der Break-Even-Analyse..166

Abb. 5.28   Nutzung der Break-Even-Analyse zur Portfoliobeurteilung..............167

Abb. 5.29   Einsatzbereich der Break-Even-Analyse...168

Abb. 5.30   Varianten-Teufelskreis...171

Abb. 5.31   Konzeptionelle Darstellung des Activity-Based-Costing..................173

Abb. 5.32   Praxisbeispiel: Renditevergleich auf Kundengruppenebene..............177

Abb. 6.1   Werkzeugkasten Modul 2..181

Abb. 6.2   Vorgehensweise zum Zero-Base-Budgeting.......................................186

Abb. 6.3   Optimierungsziel eines Komplexitätsmanagements.........................188

Abb. 6.4   Spektrum der potentiellen Kostenquellen
                bei steigender Produktvielfalt...191

Abb. 6.5   Dynamisches Verhalten der Komplexitätswirkungen.......................193

Abb. 6.6   Auseinanderfallen von Einzel- und Gesamtoptimierung..................193

Abb. 6.7   Stückkostenänderung in Abhängigkeit von
                den Vielfaltsanforderungen...194

Abb. 6.8   Werksgemeinkosten in Abhängigkeit von der Anzahl
                der Produktfamilien...195

Abb. 6.9   Wirkung der Vielfalt auf die wesentlichen Leistungsmaße...............197

Abb. 6.10   Zusammenhang (konzeptionell) zwischen Komplexitäts- und
                Mengeneffekt...198

Abb. 6.11   Gesamtkonzept zur Optimierung der Produktvielfalt.......................199

Abb. 6.12   Vorgehen zur Kundennutzen-Analyse 201

Abb. 6.13   Kosten-Nutzen-Beurteilung von Produktmerkmalen.......................204

Abb. 6.14   Simulationsmodell zur Optimierung der Produktvielfalt 205

Abb. 6.15   Praxisbeispiel: modellgenerierte Preis-Absatz-Funktion 206

Abb. 6.16   Praxisbeispiel: Ausgangssituation bei der Varianteneffektivität........209

Abb. 6.17 Praxisbeispiel: teilnutzenbasierte Segmentcharakteristik 210

Abb. 6.18 Die fünf Stellhebel zur Beherrschung der Produktvielfalt 211

Abb. 6.19 Beispiel Modulbaukasten in der Automobilbranche 213

Abb. 6.20 Entwicklung der Baureihen-Vielfalt bei Mercedes-Benz..................214

Abb. 6.21 Möglichkeiten zur Vielfaltsbeherrschung durch Produktgestaltung ..215

Abb. 6.22 Suchraster zur Optimierung des Integrationsgrades..........................217

Abb. 6.23 Alternative Komplexitätsentwicklung
bei gegebener Produktvielfalt...218

Abb. 6.24 Wirkungsweise von Leistungs- und Strukturoptimierung.................221

Abb. 6.25 Vorgehen zur Erarbeitung einer Variantenstrategie 222

Abb. 6.26 Ergebnisse von Komplexitätsmanagement-Projekten.......................223

Abb. 6.27 Praxisbeispiel: Verbesserungspotentiale eines umfassenden
Komplexitätsmanagements...225

Abb. 6.28 Komplexitätsmanagement als Wachstumsmotor..............................226

Abb. 6.29 Kostenbeeinflussungspotential von Vielfaltsänderungen..................228

Abb. 6.30 Wirkung verschiedener Verbesserungshebel auf die
Unternehmensprofitabilität...230

Abb. 6.31 Ergebniswirkungen von Pricing-Projekten......................................231

Abb. 6.32 Empirisch ermittelte Preiselastizitäten 233

Abb. 6.33 Trade-Off-Volumina..234

Abb. 6.34 Praxisbeispiel zum Pocket-Price-Waterfall.....................................235

Abb. 6.35 Praxisbeispiel: Preis-Absatz-Funktion als Basis
für Preisoptimierung...237

Abb. 6.36 Vier-Faktoren-Modell zur Preisbildung 239

Abb. 6.37 Gewinnverlauf (konzeptionell) bei Skimmingpricing und
Penetrationspricing...241

Abb. 6.38 Value Matrix...242

Abb. 6.39 Verschiebung der Preissegmente..246

Abb. 6.40 Konzeptionelle Wirkung der Preisdifferenzierung...........................247

Abb. 6.41   Strategische Ziele der Preisdifferenzierung...248

Abb. 6.42   Checkliste Preisdifferenzierung...249

Abb. 6.43   Projektbeispiel: Wirkung von Genehmigungsschwellen....................257

Abb. 6.44   Mögliche Aufgabenfelder eines Preiscontrollings 260

Abb. 6.45   Ansatzpunkte zur Verankerung eines Preismanagements im
                Unternehmen 261

Abb. 6.46   Vorgehen zur Neuausrichtung des Preismanagements......................262

Abb. 6.47   Praxisbeispiel: weltweite Preisunterschiede für vergleichbares
                Produktangebot...266

Abb. 6.48   Service Pricing Excellence Score..269

Abb. 6.49   Das Wertnetz..272

Abb. 6.50   Grundlegende Wertschöpfungsstrukturen...274

Abb. 6.51   Potentielle Vorteile einer Konzentration bzw.
                Dezentralisierung in F&E..275

Abb. 6.52   Nestlés Konfigurationsstrategie...276

Abb. 6.53   Vorgehensweise zur Optimierung der Wertschöpfungskette............277

Abb. 6.54   Profit-Pool-Analyse...278

Abb. 6.55   Optionen für Outsourcing..283

Abb. 6.56   Einsparungspotential von Outsourcing-Projekten............................284

Abb. 6.57   Wesentliche Faktoren zur Auswahl eines Outsourcing-Partners........291

Abb. 6.58   Steuerungsgremien für Outsourcing-Projekte (Projektbeispiel).........295

Abb. 6.59   Schlüsselelemente eines erfolgreichen Outsourcings.......................301

Abb. 6.60   Grundelemente eines Redesigns (Praxisbeispiel)............................302

Abb. 6.61   Analyseprinzip zur Serviceoptimierung..303

Abb. 6.62   Wirkung von M&A-Transaktionen bei Siemens................................307

Abb. 6.63   M&A-Zyklen in den USA 310

Abb. 6.64   M&A Zyklen in Deutschland 312

Abb. 6.65   Formen von M&A-Transaktionen..313

Abb. 6.66   Basiskalkül bei M&A-Transaktionen..316

Abb. 6.67 Übersicht über Methoden zur Unternehmensbewertung 317

Abb. 6.68 EBIT- und Umsatzmultiples 318

Abb. 6.69 Variation von Unternehmenswerten (Praxisbeispiel) 319

Abb. 6.70 Phasen des Akquisitionsprozesses 321

Abb. 6.71 List of shame von fehlgeschlagenen M&A-Transaktionen 334

Abb. 6.72 Deal-Charakteristika mit maximaler/minimaler
Erfolgswahrscheinlichkeit 338

Abb. 6.73 Erfolgsfaktoren für Akquisitionen im Überblick 341

Abb. 6.74 Rollen und Funktionen von Unternehmensberatern 342

Abb. 6.75 Hauptgründe für und gegen den Einsatz
externer Unternehmensberater 345

Abb. 6.76 Leitbild der Siemens Management Consulting 346

Abb. 7.1 Der Werkzeugkasten Modul 3 351

Abb. 7.2 Gegenüberstellung Kernelemente von Strategieentwicklung
und -implementierung 352

Abb. 7.3 Erfolgsfaktoren der Implementierung 353

Abb. 7.4 Grundprinzip der Maßnahmen- und Impactkontrolle 356

Abb. 7.5 Härtegradsystematik 357

Abb. 7.6 Elemente der Impactkontrolle 358

Abb. 7.7 Beispiele für unterschiedliche Implementierungsfortschritte 361

Abb. 7.8 Praxisbeispiel: Implementierungsfortschritt im Zeitablauf 362

Abb. 7.9 Praxisbeispiel: Einbeziehung der Forecast-Dimension in die
Implementierungskontrolle 363

Abb. 7.10 Praxisbeispiel: Umsatzcontrolling 364

Abb. 7.11 Operationalisierung strategischer Ziele 368

Abb. 7.12 Abhängigkeiten zwischen den Elementen einer
(Advanced) Balanced Scorecard 370

Abb. 7.13 Grundstruktur einer Strategy Map 371

Abb. 7.14 Kaskadierungsprozess der Balanced Scorecard 372

Abb. 7.15   (Advanced) Balanced Scorecard einer Serviceeinheit eines
Großkonzerns 376

Abb. 7.16   Praxisbeispiel: Reviewprozess zur (Advanced) Balanced
Scorecard...378

Abb. 8.1   Nutzen eines professionellen Managements 386

Literaturverzeichnis

Verzeichnis verwendeter und ergänzender Quellen zu den einzelnen Kapiteln des Buches.

Zu Kapitel 2 bis 4 (Gesamtprozess)

Achleitner, A.-K./Behr, G./Schäfer, D.: Internationale Rechnungslegung. Grundlagen, Einzelfragen und Praxisanwendungen, 4. Aufl., München 2009.

Alter, R.: Strategisches Controlling, München 2013.

Brauweiler, H.G. (Hrsg.): Unternehmensführung heute, München 2008.

Dillerup, R./Stoi, R.: Unternehmensführung, München 2013.

Dülfer, E./Jösingmeier, D.: Internationales Management in unterschiedlichen Kulturbereichen, München 2008.

Fließ, S.: Dienstleistungsmanagement, Wiesbaden 2009.

Friedl, G.: Budgetierung, in: Köhler/Küpper/Pfingsten (Hrsg.): Handwörterbuch der Betriebswirtschaft (HWB), 6. Auflage, 2007, S. 185–194.

Friedl, G./Hilz, C./Pedell, B.: Controlling mit SAP, 5. Auflage, Wiesbaden 2008.

Friedl, G./Hofmann, C./Pedell, B.: Kostenrechnung, 2. Auflage, Wiesbaden 2014.

Hope, J./Fraser, R.: Beyond Budgeting, Stuttgart 2003.

Hunger, J.D./Wheelen, Th. L.: Strategic Management, New York 2000.

Keitsch, D.: Risikomanagement, Stuttgart 2004.

Küpper, H.-U./Friedl, G./Hofmann, C./Hofmann, Y./Pedell, B.: Controlling. Konzeption, Aufgaben, Instrumente, Stuttgart 2013.

Kutschker, M./Schmid, S.: Internationales Management, München 2011.

Lamarre, E./Pergler, M.: Risk – Seeing around the Corners, in: McKinsey on Finance, Autumn 2009, S. 2–7.

Müller-Stewens, G./Lechner,Chr.: Strategisches Management. Wie strategische Initiativen zum Wandel führen, Stuttgart 2011.

Neumair, S./Schlesinger, D./Haas, H.: Internationale Wirtschaft, München 2012.

Pellens, B.: Internationale Rechnungslegung, Stuttgart 2001.

Pfeiffer, W./Weiß, E.: Technologie-Management, Göttingen 1990.

Rathnow, P./Priller, C.: Steuerung global agierender Unternehmen. Konzepte, Controllinginstrumente und deren Umsetzung, in: Controlling und Management, Januar–Februar 2007, S. 31–36.

Rathnow, P./Priller, C.: Konzepte und Instrumente zur Steuerung weltweit verteilter Strukturen, in: Controlling, Zeitschrift für erfolgsorientierte Unternehmenssteuerung, August/September 2005, S. 523–529.

Sure, M.: Moderne Controlling-Instrumente, München 2009.

Welge, M./Holtbrügge, D.: Internationales Management, Stuttgart 2010.

Wild, J.J./Wild, K.L.: International Business. The Challenges of Globalization, Pearson Education 2014.

Zu Kapitel 5 (Handlungsbedarf erkennen)

Günther, Th.: Unternehmenswertorientiertes Controlling, München 2000.

Kaplan, R. S./Cooper, R.: Prozesskostenrechnung als Managementinstrument, Frankfurt 1999.

Pfeiffer, W./Metze, G./Schneider, W./Amler, R.: Technologie-Portfolio zum Management strategischer Zukunftsgeschäftsfelder, Göttingen 1991.

Pfeiffer, W./Weiß, E.: Methoden zur Analyse und Bewertung technologischer Alternativen, in: Zahn, E. (Hrsg.): Handbuch Technologiemanagement, Stuttgart 1995, S. 663–679.

Pfeiffer, W./Weiß, E./Volz, T./Wettengl, S.: Funktionalmarkt-Konzept zum strategischen Management prinzipieller technologischer Innovationen, Göttingen 1997.

Porter, M. E.: Wettbewerbsstrategie. Methoden zur Analyse von Branchen und Konkurrenten, Frankfurt a.M./New York 2008.

Porter, M. E.: Wettbewerbsvorteile. Spitzenleistungen erreichen und behaupten, Frankfurt a.M./New York 2010.

Rathnow, P.: Effektive Unternehmenswertsteigerung durch Activity-Based-Management, in: Controller Magazin, 36. Jg. (2011), S. 48–52.

Rathnow, P.: Everyday Job. Der Werkzeugkasten des General Managers, in: Economag 09/2010.

Rathnow, P./Priller, C.: Die Balanced Scorecard. Instrument zur Steuerung des Unternehmens in stürmischen Zeiten, in: Zeitschrift für Organisation, 73 Jg. (2004) Heft 2, S. 102–106.

Rathnow, P./Priller, C.: Die Balanced Scorecard in einem Change Prozess, in: Controller Magazin, 26. Jg. (2001), S. 375–379.

Simon, H.: Hidden Champions des 21. Jahrhunderts. Die Erfolgsstrategien unbekannter Weltmarkführer, Frankfurt a.M./New York 2007.

Weiß, E.: Functional Market Concept for Planning Technological Innovations, in: International Journal of Technology Management, 2004, Vol. 27, nos. 2/3, S. 320–330.

Zu Kapitel 6 (Maßnahmen definieren)

Ballwieser, W.: Unternehmensbewertung, Stuttgart 2007.

Diller, H.: Preispolitik, Stuttgart 2008.

Jansen, S.: Mergers & Acquisitons. Unternehmensakquisitionen und -kooperationen. Eine strategische, organisatorische und kapitalmarkttheoretische Einführung, Wiesbaden 2008.

Hüttenrauch, M./Baum, M.: Effiziente Vielfalt. Die dritte Revolution der Automobilindustrie, Berlin 2008.

Hungenberg, H.: Strategisches Management in Unternehmen, Wiesbaden 2012.

Kuhner, C./Maltry, H.: Unternehmensbewertung, Berlin, Heidelberg, New York 2006.

Leimeister, S., IT Outsourcing Governance. Client Types and Their Management Strategies, Wiesbaden 2010.

Leimeister, S., Successful Governance of Information Systems Outsourcing Relationships, München 2009.

Mohr, A., Erfolg und Misserfolg von M&A-Transaktionen, München 2013.

Müller-Stewens, G./Kunisch, S./Binder, A.: Mergers & Acquisitions. Analysen, Trends und Best Practices, Stuttgart 2010.

Müller-Stewens, G./Lechner,Chr.: Strategisches Management: Wie strategische Initiativen zum Wandel führen, Stuttgart 2011.

Nissen, V. (Hrsg.): Consulting Research. Unternehmensberatung aus wissenschaftlicher Perspektive, Wiesbaden 2007.

Porter, M. E.: Wettbewerbsvorteile. Spitzenleistungen erreichen und behaupten, Frankfurt/New York 2010.

Picot, G. (Hrsg.): Handbuch Mergers & Acquisitions. Planung – Durchführung – Integration, Stuttgart 2008.

Rathnow, P.: Everyday Job. Der Werkzeugkasten des General Managers, in: Economag 09/2010.

Rathnow, P.: Integriertes Variantenmanagement. Bestimmung, Realisierung und Sicherung der optimalen Produktvielfalt, Göttingen 1993.

Rathnow, P.: Wachstum durch Verzicht. Durch integriertes Variantenmanagement Quantensprünge in Kosten und Umsatz erreichen, in: Weiß, E./Dirsch, H.: Innovative Unternehmensführung, Nürnberg 1998, S. 201–214.

Rathnow, P./Mohr, A.: „Dieses Mal könnte alles anders sein". Erfolgsfaktoren für Akquisitionen, in: Controller Magazin, 39. Jg. (2014) Nov./Dez., S. 25ff.

Simon, H./Fassnacht, M., Preismanagement. Strategie – Analyse – Entscheidung – Umsetzung, Wiesbaden 2009.

Welge, M./Al-Laham, A., Strategisches Management. Grundlagen – Prozesse – Implementierung, Wiesbaden 2012.

Wirtz, B.: Mergers & Acquisitions Management, Wiesbaden 2012.

Zu Kapitel 7 (Implementierung sichern)

Alter, R.: Strategisches Controlling, München 2013.

Kaplan, R.S./Norton, D.P.: Die strategiefokussierte Organisation, Stuttgart 2001.

Niven, P.R.: Balanced Scorecard, Weinheim 2009.

Rathnow, P./Priller, C.: Die Balanced Scorecard. Instrument zur Steuerung des Unternehmens in stürmischen Zeiten, in: Zeitschrift für Organisation, 73 Jg. (2004) Heft 2, S. 102–106.

Rathnow, P./Priller, C.: Controlling komplexer Turnaroundprojekte, in: Kostenrechnungspraxis, 46 Jg. (2002) Heft 6, S. 347–354.

Rathnow, P./Priller, C.: Die Balanced Scorecard in einem Change Prozess, in: Controller Magazin, 26. Jg. (2001), S. 375–379.

Sure, M.: Moderne Controlling-Instrumente, München 2009.

Über den Autor

Prof. Dr. Peter Rathnow lehrt strategisches und internationales Management an der International School of Management und an der Technischen Universität München. Als Unternehmensberater berät er Mittel- und Großunternehmen.

Er war über 20 Jahre lang in leitender Funktion für die Siemens AG und McKinsey & Company im In- und Ausland tätig:

Für McKinsey bediente er eine Vielzahl von Klienten in unterschiedlichsten Branchen. Er deckte dabei das volle Spektrum des Topmanagement-Consulting von der Unternehmens- und Geschäftsstrategie bis hin zu operativen Verbesserungsprogrammen ab.

Bei Siemens war er für verschiedene große Produkt- und Dienstleistungsgeschäfte weltweit verantwortlich. Für die Geschäftserfolge wurde er u. a. mit dem Profit & Growth Award des Konzerns ausgezeichnet. Außerdem war er Leiter der Planungs- und Controllingabteilung für den Gesamtkonzern.

Er ist Autor einer Reihe von Veröffentlichungen zu übergreifenden Managementthemen (Schwerpunkte: Turnaround-Management, Komplexitätsmanagement, M&A sowie diverse Controlling-Themen).

Kontakt: Info@Rathnow.de